英文ビジネス契約フォーム大辞典

TAKAO YAMAMOTO
山本孝夫

A DICTIONARY FOR STANDARD
BUSINESS CONTRACT FORMS

Trust yourself. Nothing is as trustworthy as your own judgement. Nevertheless, the English language is a double-edged sword, and must be used with all the precision of a surgeon handling a scalpel.

日本経済新聞出版社

はしがき Preface

　国際取引、国際投資は、ますます活発化、成長し、大企業のみでなく、中小企業、ベンチャー企業、新規事業にも、程度の差こそあれ、そのビジネスの成長のチャンス、恩恵と厳しい競争が及んでいる。その取引、投資などの基盤となる国際契約、英文ビジネス契約書の重要性は増大し、修得の必要性を増し続けているといえよう。国際取引における契約書とは、互いに異なる文化、法制度、社会を基盤とする企業同士のビジネスの内容、条件、紛争解決のルールを取り決め、確認するものだからである。

　そのようなニーズに対応すべく2001年に刊行した『英文ビジネス契約書大辞典』(日本経済新聞出版社)の初版を改訂し、『英文ビジネス契約書大辞典〈増補改訂版〉』(日本経済新聞出版社)を2014年2月に上梓して5年が経過した。その上梓の際に、書籍のボリュームの大きさ、執筆・編集時間などの制約により、増補改訂用に執筆した原稿で収録しきれなかったものや、執筆・編集途中で収録を断念した原稿があった。また、『英文ビジネス契約書大辞典』が、初版も増補改訂版も、いわば英文契約条項(Contract Terms)の辞典的な性格を帯びていて、契約書ごとにその冒頭の前文から最終文言というべき締結文言まで、すべての通しの契約書(Contract Forms)の例を収録していない点で、通しで契約書を見たいという方々の期待には応えていなかった。

　実際には、『英文ビジネス契約書大辞典』の元となった契約条項の集積である数千葉の京大カード(B6版ファイルノート)には、一般にTable of Contentsと呼ばれる条項の見出しがあり、それをもとに通しの契約書例を紹介することが現場の実務に有用であることは著者として認識していた。ただ、Table of Contentsを活用するには、その選抜すべき条項がうっかりすると、見出しの与える印象にかかわらず、内容面で重複し、あるいは脱落するリスクがある。そのため、『英文ビジネス契約書大辞典』では、初版も増補改訂版も、Table of Contentsを収録しない選択をした。また、2014年2月の増補改訂にあたり、初版でカバーしていた一部の領域について、割愛して対処した分野もあった。たとえば、プロジェクト契約、プラント契約などがその例である。ボリュームを抑えるために選択した方法だった。

　著者にとって心残りだっただけでなく、増補改訂版の読者の方々、大学、大学院、研修機関で講義やゼミナールをきっかけに親しく意見を交わすゼミ生たち、また、現役・退官後も通して、いくつかの研究機関・研修団体、出版社などの主催で開催される講義、ゼミナールの受講生の方からもリクエストを受けた。本書は、そのような2014年の

増補改訂時に収録しきれなかった原稿、領域、分野を中心に、その姉妹編として上梓するものである。増補改訂版そのものに今回の原稿を加え、さらに増補改訂するには、ボリュームの大きさ、製本技術、使用の便宜などの制約上、無理があり、姉妹編としての刊行を選択した。日経文庫に当初(1993年)『英文契約書の書き方』として初版を上梓したのが、改訂時(2006年)には『英文契約書の書き方〈第2版〉』と『英文契約書の読み方』の2冊として上梓したのと同様の発想に基づく。姉妹編とはいえ、上梓する以上、前書とは独立して活用していただけるように、執筆・編集を行うよう心がけた。

　本来、前書上梓の直後から執筆開始する選択肢もあったが、増補改訂版刊行の翌月の2014年3月から月刊誌『ビジネスロー・ジャーナル』(レクシスネクシス・ジャパン株式会社)に、「英文契約書 応用講座」の連載を開始し、その最初の21回分をまとめ、2015年秋から2016年10月冒頭までは、400ページ分の解説を加筆のうえ、『山本孝夫の英文契約ゼミナール』(レクシスネクシス・ジャパン株式会社、2016年10月)の上梓に没頭していた。(東日本大震災直後の2011年6月号に巻頭言「ゼミナールのすすめ」を寄稿した際に依頼を受け、執筆を約束していた)先約を果たしたかったのだ。同時に、その連載は、1999年より15年間奉職した明治大学法学部教授退官記念講義の役割(性質)も帯びていた。

　なお、現時点で連載59回(2019年3月号)になる「英文契約書 応用講座」には、本書の原稿下書き資料として(新人時代の1966年より最近まで京大カードに)蒐集・研究していた英文契約書条項も、ストーリー仕立てでしばしば登場している。本書では、ストーリー仕立てにはしていないが、契約書は、そのドラフティングにおいても、交渉においても、フォームだけでは存立しえず、必ず契約書を必要とする前提のビジネスがあり、契約当事者がいる。このことを、いつも念頭において、契約書に取り組む必要がある。本書の契約書の例に登場する各企業名は、それぞれ契約フォーム作成の便宜上、使用しているものであり、類似あるいは同じ名称であっても、ストーリーとはかかわりがない。

　本書の構成ならびに特色は次の通りである。

1　秘密保持契約の重視

　秘密保持契約は、あらゆる契約書のなかで、その使用頻度が高いにもかかわらず、秘密保持契約の締結だけでは、対価の支払い、受領を伴わないため軽視されがちである。しかし、実際には、企業の現場でドラフティング・交渉を行う必要性が高いこと、さまざまなビジネスのスタートとしての重要性などから考えて、重要性・ニーズがずばぬけ

て高い契約書であるといえよう。本書では、秘密保持契約書をとりわけ重視し、最初(第一部)にとりあげ、さまざまな形態、様式、ドラフティングのものを数多く取り上げ、解説も詳細に行った。いずれの秘密保持契約書フォームも、通しで取り上げるという方針を堅持し、重要条項について解説も添えた。

2　その他の各種契約書

　秘密保持契約書以外の各種契約書について、その種類ごとに通しで契約を取り上げた。個別の契約書の種類ごとに章立てとし、その冒頭で、各契約書の特徴、ドラフティング、交渉時に考慮すべきリスク、重点事項などについて解説した。各章、契約書種類ごとの中でのフォームごとの解説は冒頭の簡潔な解説、分類などにとどめ、英文契約書条項の紹介に力点を置いた。

　英文契約書には極力、和訳または解説を付すよう心がけたが、一部、和訳を付さない英文契約書フォームも収録した。英文契約の講座・セミナーなどを開催して、意見交換をしていると、さまざまなご意見に接する。なかには、商社・多国籍企業など国際的な舞台で広く活動する企業の海外派遣要員・出張要員の教育にあたる部門の方からは、「これから海外に行って活躍を期待される面々の研修には、英文契約のみで充分、和訳は不要です」と言われることもある。和訳がないと不安という姿勢で仕事に臨むようでは、海外赴任や、海外出張の研修にならないという。海外赴任や海外出張時には、英文契約は英語だけで勝負する。和訳や通訳を付けることはしない。将来、英文契約書だけを収録した分に和訳を補足・追加するかどうかについては、次回改訂の際に、本書を利用いただいた読者の方のご意見をうかがい、反映させたいと考えている。

　本書で、カバーしようとした通しの契約書の種類は下記のとおりである。収録場所、部・章立てについては、それぞれの契約条項・フォームのねらいに基づき、いくつかの部に独立させてまとめ、契約交渉やドラフティングの現場で参考資料として、使いやすいように工夫を試みた。

① 　秘密保持契約書
② 　販売店契約
③ 　ライセンス契約書
④ 　海外技術指導契約書
⑤ 　株式売買による事業譲渡契約書

⑥　雇用契約書
⑦　合弁事業契約書

　プロジェクト契約など、ボリュームが大きく、契約書全体を通しで取り上げられない契約や相殺通知書、知的財産侵害者への警告状などについては別にまとめ、その主要あるいは重要と考えた条項、文書の紹介を行った。各種契約とは別に、各契約の中でも、特に重要な条項のフォームを研究し、独立した部・章として取り上げ、編集している。本書の構成(15部)と具体的な内容については、本書冒頭の目次をご覧いただきたい。45頁、1200項目にわたる詳細な案内であり、部・章・款の見出しに加え、すべての例文・フォームのタイトルまで紹介している。

　シェイクスピアの戯曲「ジュリアスシーザー」の中に、「Men may construe things after their fashion, clear from the purpose of the things themselves(ひとは、それぞれ、そのものの元の意味から離れて、自分流に解釈しようとする傾向がある)」という言葉がある。
　ブルータスによるシーザー暗殺前夜のローマでは、焰(ほのお)の雨が降りそそぎ、その前日の昼には梟(ふくろう)(夜の鳥)が啼く異常な自然現象が見られた。シーザー暗殺を狙う元老議員キャスカはこれらを見て「不吉の前兆に違いない」と恐れおののく。ところが、冷静さで知られる元老議員シセロは、異なる解釈をする。ここでは、シーザー暗殺前夜の焰(ほのお)の雨などについてふたりの解釈の違い、シェイクスピアの解釈に深入りしない。

　シーザー暗殺前夜のローマでなくとも、国際ビジネスの世界では、苦境に追い込まれると、契約書をその締結時の本来意図した内容からかけ離れて、それぞれの当事者が自己流(after their fashion)に解釈(construction)することがある。一見無理と思われる場合でも、人々が自分流の解釈を主張することは、現実のビジネスの世界では珍しくない。それぞれの文化や考え方、習慣が異なる国際ビジネスの世界では、時には、それが自然に見えることさえある。

　そのような文化の差や人の性(さが)を踏まえ、文化の異なる当事者がどんな立場にたって自分流に解釈しようとしても、当初意図した内容にのみ解釈できるよう、契約書をドラフティングするためにさまざまな努力、工夫をする営みが、ビジネス契約を作成する現場で、あるいは、それを助ける法務部門の人々や、社外弁護士により繰り広げられてきた。

そのような英文契約書のドラフティングにあたって、何が大事か、筆者も尋ねられることがある。ひとつの答えはなかなか浮かばないが、そのようなとき、私がミシガン大学ロースクール時代に学び、いつも思い浮かべ、口ずさみそうになる言葉で、姉妹編と本書の表紙にも記した次の言葉をもって返事に代えたい（複数の方の言葉を基に著者の表現で制作した）。

"Trust yourself. Nothing is as trustworthy as your own judgement.
Nevertheless, the English language is a double-edged sword, and must be used with all the precision of a surgeon handling a scalpel."

（あなた自身を信じよ。あなた自身の判断にすぐる信頼できるものはない。しかしながら、英語という言語は、諸刃の剣であり、外科医が手術のメスを扱う精緻さで、扱わなければならない）

本書に収録した「通しの英文契約書」の各条項を吟味、検討し、代替的な契約条項を探る際には、姉妹編『英文ビジネス契約書大辞典〈増補改訂版〉』に収録の関連各条項が有力な選択肢になること、また、その解説が道案内になることはいうまでもない。互いに独立しながらも、両書の読者の方による活用法により、補完関係を保ち、役立つよう祈念しつつ、執筆・編集した。

本書は実用書の衣装をまとっているが、著者にとっては、姉妹編同様、社会人1年目の夏（1966年7月）に思い立ち、取り組んできた国際契約の研究書であり、教育論の書、教科書でもある。

2019年2月

駿河台　山の上ホテル・ヒルトップにて

山本　孝夫

目次 Contents

第1部 秘密保持契約　Confidentiality Agreement … 1

第1章 秘密保持契約書（和訳付き） … 2
- 第1節　秘密保持契約書　フォームNo.1 … 2
  - 例文1　秘密保持契約書〜簡潔で両当事者に公平な契約 … 2
- 第2節　秘密保持契約書　フォームNo.2 … 6
  - 例文1　秘密保持契約書〜公平な秘密保持契約書（バリエーション） … 6
- 第3節　秘密保持契約書　フォームNo.3 … 15
  - 例文1　秘密保持契約書〜一方から開示する秘密保持契約 … 15
- 第4節　秘密保持契約書　フォームNo.4 … 25
  - 例文1　公平な秘密保持契約 … 25
- 第5節　秘密保持契約書　フォームNo.5 … 37
  - 例文1　事業提携を前提に、その吟味のため、双方が情報を開示し合う秘密保持契約 … 37

第2章 秘密保持契約の代表的条項（和訳・解説付き） … 52
- 第1節　はじめに … 52
- 第2節　秘密保持契約の各条項とそのバリエーション … 53
  - ●第1款　前文　Preamble … 53
    - 例文1　前文-01 … 53
    - 例文2　前文-02 … 53
  - ●第2款　リサイタルズ　Recitals: Whereas Clause … 54
    - 例文1　リサイタルズ-01 … 54
    - 例文2　リサイタルズ-02 … 55
  - ●第3款　秘密情報（定義条項）　Confidential Information … 56
    - 例文1　秘密情報-01 … 56
    - 例文2　秘密情報-02 … 57
    - 例文3　秘密情報-03 … 58
    - 例文4　秘密情報-04 … 59
  - ●第4款　秘密情報の用途（制限）　Use of Confidential Information: Non-use … 59
    - 例文1　秘密情報の用途（制限）-01 … 59
    - 例文2　秘密情報の用途（制限）-02 … 60
  - ●第5款　秘密保持義務　Non-Disclosure Obligations: Maintenance of Confidentiality … 61
    - 例文1　秘密保持義務-01 … 61
    - 例文2　秘密保持義務-02 … 62

例文3	秘密保持義務-03	63
例文4	秘密保持義務-04	63
例文5	秘密保持義務-05	64

◉ 第6款　秘密情報に該当しない情報　Non-Confidential Information ... 65
- 例文1　秘密情報に該当しない情報-01 ... 65
- 例文2　秘密情報に該当しない情報-02 ... 65
- 例文3　秘密情報に該当しない情報-03 ... 67
- 例文4　秘密情報に該当しない情報-04 ... 68

◉ 第7款　受領当事者の範囲、受領当事者の人員　Scope of Receiving Party: Receiving Party Personnel ... 68
- 例文1　受領当事者の人員-01 ... 68
- 例文2　受領当事者の人員-02 ... 69

◉ 第8款　秘密情報の所有権、知的財産権の帰属
　　　　Ownership of Confidential Information: Intellectual Property ... 70
- 例文1　秘密情報の所有権、知的財産権の帰属-01 ... 70
- 例文2　秘密情報の所有権、知的財産権の帰属-02 ... 70

◉ 第9款　契約締結義務の不存在　No Obligation to Conclude Any Agreement ... 71
- 例文1　契約締結義務の不存在-01 ... 71
- 例文2　契約締結義務の不存在-02 ... 72

◉ 第10款　不保証　No Warranty ... 72
- 例文1　不保証-01 ... 72
- 例文2　不保証-02 ... 73

◉ 第11款　使用許諾をしていないこと、権利の使用許諾をしていないこと
　　　　No License: No Grant of Rights ... 73
- 例文1　使用許諾をしていないこと-01 ... 73
- 例文2　使用許諾をしていないこと-02 ... 74
- 例文3　使用許諾をしていないこと-03 ... 75

◉ 第12款　差し止めによる救済、救済、衡平法・法律上の救済
　　　　Injunctive Relief : Remedies: Equitable and Legal Relief ... 75
- 例文1　差し止めによる救済、救済、衡平法・法律上の救済-01 ... 75
- 例文2　差し止めによる救済、救済、衡平法・法律上の救済-02 ... 76
- 例文3　差し止めによる救済、救済、衡平法・法律上の救済-03 ... 77

◉ 第13款　秘密情報の返還　Return of Confidential Information ... 78
- 例文1　秘密情報の返還 ... 78

◉ 第14款　限定的な関係　Limited Relationship: No Joint Venture or Partnership ... 79
- 例文1　ジョイントベンチャー、パートナーシップではないこと ... 79

◉ 第15款　累積的な義務　Cumulative Obligations ... 79
- 例文1　累積的な権利・義務を保有・負担すること ... 79

◉ 第16款　完全合意、変更の禁止　Entire Agreement: No Amendment: Integration ... 80
- 例文1　完全合意、変更の禁止-01 ... 80

	例文2	完全合意、変更の禁止-02	80

- ●第17款　分離可能　Severability 81
  - 例文1　分離可能-01 81
  - 例文2　分離可能-02 81
- ●第18款　不放棄　No Waiver 82
  - 例文1　不放棄-01 82
  - 例文2　不放棄-02 83
- ●第19款　契約期間と終了　Duration and Termination: Deadline for Dealing(Decision) 83
  - 例文1　契約期間と終了-01 83
  - 例文2　契約期間と終了-02 84
- ●第20款　準拠法　Governing Law 85
  - 例文1　準拠法-01 85
  - 例文2　準拠法-02 85
- ●第21款　紛争解決、裁判管轄、仲裁　Settlement of Disputes: Jurisdiction and Court: Arbitration 85
  - 例文1　紛争解決、裁判管轄、仲裁-01 85
  - 例文2　紛争解決、裁判管轄、仲裁-02 86

第3章　秘密保持期間ならびに秘密情報開示範囲に関する条項（バリエーション） 87

第1節　標準的な秘密保持期間条項 87

- ●第1款　個別の秘密情報開示から7年間が経過するまで、秘密保持義務があると規定する例 87
  - 例文1　秘密保持期間 87
- ●第2款　本契約有効期間中ならびに本契約終了後5年間、秘密保持義務があると規定する例 87
  - 例文2　秘密保持期間 87

第2節　長期の秘密保持期間を定める条項 88

- ●第1款　長期の秘密保持期間を規定する例 88
  - 例文1　秘密保持期間 88
- ●第2款　秘密保持期間に秘密情報が秘密裡に保たれている限り、(無期限に)存続すると規定する例 88
  - 例文2　秘密保持期間 88

第3節　秘密情報の開示範囲を定める条項 89

- ●第1款　秘密情報の開示の範囲は、本契約を遂行するために、その情報を知ることを必要とする者(personnel who need to know)と規定する例 89
  - 例文1　開示範囲 89
- ●第2款　開示を受ける個人の秘密保持誓約書を取り付け、(要求あり次第)開示者に提出すると規定する例 89
  - 例文2　開示範囲 89

- ◉第3款　第三者に開示するときは、その第三者との間に、開示者、受領者との3者による秘密保持契約書を締結し、かつ、受領者がかかる第三者と連帯責任を負うことを条件とする例 90
  - 例文3　第三者への開示〜秘密保持契約 90
- ◉第4款　秘密情報開示者が受領者側の開示を受けるメンバーを事前に審査し、承認または拒絶することができると規定する例 90
  - 例文4　開示範囲〜事前承認 90
- ◉第5款　受領者側で、秘密情報にアクセスする従業員、代理人から受領者を宛先とする秘密保持誓約書(英語版)を取り付けるが、開示者には提出しない例 91
  - 例文5　開示範囲〜秘密保持契約 91

第4章　秘密保持義務の注意水準を定める規定(バリエーションと解説) 92

第1節　国際契約における善管注意義務 92
- ◉第1款　自己の秘密情報と同等の注意義務を規定 92
  - 例文1　注意義務水準 92

第2節　「善良な管理者の注意義務」を基準に契約交渉をしたい場合 93
- ◉第1款　UCCによる注意水準の規定 94
  - 資料1　注意義務水準 94
- ◉第2款　UCCによる"merchant"の規定 94
  - 資料2　商人 94
- ◉第3款　いずれか高いほうを基準とする注意義務の規定 95
  - 例文1　注意義務水準 95
- ◉第4款　最低限の基準を示す注意義務の規定 95
  - 例文2　注意義務水準 95

第3節　秘密保持義務の注意水準を定める契約条項(バリエーション) 96
- ◉第1款　飛鳥凛がドラフトした秘密保持条項 96
  - 例文1　秘密保持 96
- ◉第2款　相手側が提示した秘密保持条項 97
  - 例文2　秘密保持 97
- ◉第3款　自らの最も秘密性の高い情報を扱うのと同じ注意水準を定める 97
  - 例文3　秘密保持 97
- ◉第4款　飛鳥凛による改定ドラフト 98
  - 例文4　秘密保持 98

第5章　新製品開発委託を目的とする3者間の秘密保持契約(和訳付き) 99

第1節　ファーストドラフト 99

- ●第1款　ファーストドラフト ……………………………………………………………………… 99
  - 例文1　秘密保持契約 ……………………………………………………………………… 99
- 第2節　ドラフトの吟味 …………………………………………………………………………… 103
  - ●第1款　第3条（Article 3）に対する修正・代替案（開示者側からの検討テーマ）………… 103
    - 例文1　秘密情報の指定方法 ……………………………………………………………… 103
  - ●第2款　秘密情報開示の目的である評価と正式契約の締結の諾否の決断の期限を設定する条項 … 104
    - 例文1　正式契約を締結するか否かの決断の期限 ………………………………………… 104

第6章　秘密保持契約（通し）（バリエーション） ……………………………………………… 105

- 第1節　秘密保持契約　フォームNo.6（前文のみ和訳） ……………………………………… 105
  - ●第1款　公平な秘密保持契約〜業務提携を念頭に双方から秘密情報を開示し合う契約 ……… 105
    - 例文1　秘密保持契約 ……………………………………………………………………… 105
- 第2節　秘密保持契約　フォームNo.7（和訳を付さない） …………………………………… 112
  - ●第1款　一方が相手方に対し、秘密情報を開示する秘密保持契約 ……………………… 112
    - 例文1　秘密保持契約 ……………………………………………………………………… 112
    - 例文2　秘密情報の開示 …………………………………………………………………… 113
    - 例文3　秘密保持義務 ……………………………………………………………………… 114
    - 例文4　一般条項 …………………………………………………………………………… 115
- 第3節　秘密保持契約　フォームNo.8（和訳を付さない） …………………………………… 117
  - ●第1款　ライセンスまたは他の提携契約を正式に締結するかどうかを吟味するために
    双方から秘密情報を開示し合う秘密保持契約 ………………………………………… 117
    - 例文1　秘密保持契約 ……………………………………………………………………… 117
- 第4節　秘密保持契約　フォームNo.9（和訳を付さない） …………………………………… 123
  - ●第1款　Need to Knowベースで秘密情報の開示を受ける各従業員から取り付ける
    秘密保持誓約書フォーム ………………………………………………………………… 123
    - 例文1　秘密保持契約 ……………………………………………………………………… 123
- 第5節　秘密保持契約　フォームNo.10（特色のある条項のみ和訳） ……………………… 124
  - ●第1款　従業員から雇用主に提出する秘密保持誓約書 ……………………………………… 124
    - 例文1　秘密保持誓約書 …………………………………………………………………… 124
- 第6節　秘密保持契約　フォームNo.11（和訳を付さない） ………………………………… 128
  - ●第1款　従業員が雇用者に提出する秘密保持誓約書 ………………………………………… 128
    - 例文1　秘密保持契約 ……………………………………………………………………… 128

第2部 販売店契約　Distributorship Agreement　131

第1章 販売店契約 フォームNo.1（簡単な短い販売店契約フォーム、和訳付き） 132

第1節 販売店側に立ったDistributorship Agreement 132
第2節 販売店契約 133

- 第1款　前文-01（Recitalsを含む）　Preface of Distributorship Agreement 133
  - 例文1　前文・リサイタル 133
- 第2款　定義条項-01　Definitions 134
  - 例文2　定義 134
- 第3款　販売店指定条項-01　Appointment of Distributor 135
  - 例文3　販売店指定 135
- 第4款　個別売買契約条項-01　Individual Sales and Purchase Contracts 136
  - 例文4　個別売買契約 136
- 第5款　在庫とサービス条項-01　Stock and Services 137
  - 例文5　在庫・サービス 137
- 第6款　保証条項-01　Warranty 138
  - 例文6　保証 138
- 第7款　契約期間と自動更新条項-01　Term and Renewal 139
  - 例文7　期間・更新 139
- 第8款　準拠法条項-01　Governing Law 140
  - 例文8　準拠法 140
- 第9款　仲裁条項-01　Arbitration 140
  - 例文9　仲裁 140
- 第10款　契約締結文言と署名欄 141
  - 例文10　契約締結文言・署名欄 141

第2章 販売店契約 フォームNo.2（海外メーカーとのDistributorship Agreement）
（詳細版フォームA、和訳・解説付き） 142

第1節 前書き 142
第2節 販売店契約の契約書の冒頭、前文、約因条項 143

- 第1款　前文とリサイタル条項の例 143
  - 例文1　前文・リサイタル 143
- 第2款　前文と約因条項（リサイタル条項なし） 145

	例文2 前文・約因		145
第3節	定義条項		147
	●第1款　関連会社を定義する条項		147
	例文3 関連会社		147
第4節	外国のメーカーが日本の商社をDistributorに指定する(Distributorship)契約条項		148
	●第1款　Distributorに指定する条項		148
	例文4 販売店指定		148
	●第2款　Distributorによる販売地域外への再輸出等への制限規定		150
	例文5 販売地域制限		150
	●第3款　一定の販売地域における独占的な販売権(Exclusive Distributorship)を規定する契約条項		151
	例文6 販売店指定(バリエーション)		151
	●第4款　Distributorの排他的な販売権を保護するための規定と同時にDistributorがKVSとの競合品を取り扱うことを禁止・制限される契約条項		152
	例文7 独占地域		153
第5節	本製品の販売に関するDistributorとKVS社間の了解事項についての条項		154
	●第1款　販売許諾品目の変更、KVS社による販売地域に対する直接販売権の留保に関する契約条項		154
	例文8 製品		154
第6節	Distributorに対する価格に関する条項		155
	●第1款　Distributorに対する価格に関する契約条項		156
	例文9 価格		156
	●第2款　製品の価格の下落に対処し、KVSがDistributorを助けるPrice Protectionプログラムについての契約条項		158
	例文10 クレジット付与		158
第7節	製品にかかる税金負担条件		160
	●第1款　製品にかかる間接税などはDistributor負担と規定する条項		160
	例文11 税金		160
第8節	製品の引き渡し条件を規定する条項		161
	●第1款　引き渡しをEx Works条件による(Delivery Terms)と規定する条項		161
	例文12 引き渡し		161
第9節	Distributorの義務を規定する契約条項		163
	●第1款　Distributorの義務を規定する条項		163
	例文13 販売店の義務-01		163
	●第2款　Distributorの義務を規定する条項(その2)		165
	例文14 販売店の義務-02		165

第10節 Distributorに対して競合避止義務（Non-competition）を課する契約条項 166
　　◉第1款　　競合避止義務を規定する契約条項 166
　　　　例文15　競合防止 166
第11節 販売促進活動・広告についての契約条項 167
　　◉第1款　　Distributorによる本製品の販売促進活動、広告についての契約条項 167
　　　　例文16　販売促進 167
第12節 Distributorに課せられた販売状況等の報告義務に関する条項 170
　　◉第1款　　DistributorのKVSに対する報告義務（Report）の契約条項 170
　　　　例文17　販売報告 170
第13節 DistributorからKVSへの買い注文に関する契約条項 173
　　◉第1款　　買い注文についての契約条項　Terms and Conditions of Sale 173
　　　　例文18　買い注文 173
　　◉第2款　　KVSの引き渡し不履行によるDistributorからの個別注文の取り消し、および、
　　　　　　　　KVSに十分な数量の本製品がないときのKVSの割り振りの権利等についての契約条項 176
　　　　例文19　注文の取り消し 176
　　◉第3款　　本製品の購入代金の支払い条件、支払い遅延に対しての遅延利息等についての
　　　　　　　　契約条項 177
　　　　例文20　支払い条件 177
　　◉第4款　　本製品の引き渡し期日についてKVSは期日を修正する権利を有すると規定する
　　　　　　　　契約条項 179
　　　　例文21　引き渡し 179
第14節 製品の品質等に関する保証（Warranties）についての契約条項 181
　　◉第1款　　本製品に関する保証（Warranties）の規定 181
　　　　例文22　保証 181
　　◉第2款　　KVSによる本製品の保証期間に関する規定 183
　　　　例文23　保証期間 183
　　◉第3款　　売り主側の保証違反の場合の本製品の扱い（補修、交換、払い戻し）・救済手続きに
　　　　　　　　関する契約条項 185
　　　　例文24　補修・交換・払い戻し 185
　　◉第4款　　売り主側（KVS）の保証責任（Warranties）を規定する契約条項 187
　　　　例文25　保証責任 187
第15節 KVSの賠償責任の限度を規定する条項 188
　　◉第1款　　売り主側の賠償責任の限度（Limitation of Liability）を取り決める契約条項 189
　　　　例文26　賠償責任限度 189
第16節 KVS商標の使用についての条項 191
　　◉第1款　　KVS商標の使用（Use of Trademarks）についての契約条項 191
　　　　例文27　商標の使用 191

第17節 特許権侵害(Infringement)に関する補償(patent indemnity)条項 195
　◉第1款　本製品の供給に関し、発生する特許権侵害のクレームについてのKVSの対応と責任(patent indemnity)についての契約条項 195
　　例文28　特許侵害 195

第18節 本製品の用途の制限(Restricted Use/Indemnity)を定める条項 201
　◉第1款　本製品の用途の制限を定める契約条項 201
　　例文29　用途制限 202

第19節 秘密情報(Confidential Information)に関する条項 204
　◉第1款　秘密情報(Confidential Information)に関する秘密保持(Confidentiality)条項 204
　　例文30　秘密情報 204

第20節 不可抗力(Force Majeure)に関する条項 207
　◉第1款　不可抗力(Force Majeure)条項 207
　　例文31　不可抗力 207

第21節 Distributorの在庫と調整に関する契約条項 209
　◉第1款　Distributorの在庫の定期的(年2回)な調整に関する条項 210
　　例文32　在庫 210

第22節 契約期間と解除(Term of Agreement and Termination)に関する条項 213
　◉第1款　契約期間と帰責事由(Cause)のない解除
　　　　　Term of Agreement and Termination without Cause 213
　　例文33　期間・終了 213
　◉第2款　DistributorがCause(帰責事由)に該当し、KVSが解除権を発動する場合に関する契約条項　Termination by KVS for Cause 215
　　例文34　帰責事由に基づく解除 215
　◉第3款　Distributorship Agreement解除後の製品の販売と取り扱い条件に関する条項 218
　　例文35　解除後の販売 218
　◉第4款　Distributorship Agreementが解除されたときのDistributorの義務に関する条項 220
　　例文36　解除に伴う義務 220
　◉第5款　KVSの都合により、本契約が解除された場合の契約終了時の措置についての条項 221
　　例文37　契約終了時の処置 221
　◉第6款　Distributor側に帰責事由があってKVSにより解除された場合、ならびにDistributor側が解除した場合のKVSの在庫品の買い戻しオプションに関する条項 223
　　例文38　在庫品買い戻し 223

第23節 契約終了後も存続させる条項(Survival条項)に関する条項 224
　◉第1款　本契約が終了してもその効力が存続する条項(Survival)を確認する契約条項 224
　　例文39　存続条項 224

第24節 契約当事者の関係 225

- ● 第1款　当事者の関係について規定する契約条項　Relationship of Parties 226
  - 例文40　当事者の関係 226
- 第25節　輸出制限(Export Control)に関する条項 228
  - ● 第1款　輸出制限(Export Control)に関する契約条項 228
    - 例文41　輸出制限 228
- 第26節　譲渡制限(Assignment and Binding Effect)に関する条項 230
  - ● 第1款　譲渡制限(Assignment and Binding Effect)に関する契約条項 230
    - 例文42-1　譲渡制限-01 230
  - ● 第2款　双方に公平な契約の譲渡制限に関する契約条項 231
    - 例文42-2　譲渡制限-02 231
- 第27節　紛争の仲裁(Arbitration of Disputes)による解決に関する条項 232
  - ● 第1款　紛争を仲裁により最終的に解決することを約定する契約条項 232
    - 例文43　仲裁 232
- 第28節　準拠法、管轄についての条項 234
  - ● 第1款　準拠法(Governing Law)、管轄(Jurisdiction)、法廷地(Venue)に関する契約条項 234
    - 例文44　準拠法 234
- 第29節　契約の一部が無効の場合の対処についての条項 235
  - ● 第1款　契約の一部が無効の場合の対処方法についての契約条項 235
    - 例文45　一部無効 235

第3章　販売店契約　フォームNo.3(詳細版フォームB、和訳・解説付き) 237

- 第1節　前提条件:サンフランシスコに事務所を持つKaren View社の販売店契約書 237
- 第2節　販売店契約の各条項 237
  - ● 第1款　前文　Preface 237
    - 例文1　前文 237
  - ● 第2款　定義条項　Definitions 239
    - 例文2-1　定義の方法:単数と複数、大文字など 239
    - 例文2-2　秘密情報の定義 242
    - 例文2-3　コントロールの有無をどう取り決めるか 244
    - 例文2-4　その他一般的な用語の定義 245
  - ● 第3款　販売店としての指定とその受諾販売店の指定条項　Appointment of Distributor 252
    - 例文3　販売店指定 252
  - ● 第4款　販売店が賄賂など不正、イレギュラーな支払いやその約束をしていないこと
    (贈賄防止条項No Bribery) 255
    - 例文4　贈賄防止条例 255

- ●第5款　販売店によるメーカーからの本製品の購入と顧客への販売条件
  　　　　（個別の売買契約Individual Contracts） 256
  - 例文5 256
- ●第6款　本製品ラインにおける財産権、本製品の商標、特許等の知的財産権のすべてが
  　　　　売り主側に帰属し、販売店に対する販売によって移転することがないこと 262
  - 例文6　知的財産権 263
- ●第7款　秘密保持条項　Confidentiality 266
  - 例文7　秘密保持 267
- ●第8款　顧客に対する本製品の品質保証ならびにその制限・排除規定
  　　　　（顧客への義務Warranty to Customers） 272
  - 例文8　保証 273
- ●第9款　知的財産権の補償　Indemnity 277
  - 例文9　知的財産権補償 278
- ●第10款　責任の上限　Limitation of Liability 281
  - 例文10　責任の制限 281
- ●第11款　有効期間と解除条項　Term and Termination 283
  - 例文11　期間と終了 284
- ●第12款　一般条項　General 286
  - 例文12　一般条項 286

第3部 技術指導契約・ライセンス契約　Technical Assistance Agreement

295

第1章　海外技術指導契約締結の検討のための秘密保持契約（和訳付き） …… 296
第1節　技術者派遣・指導契約の締結を検討するための秘密保持契約 …… 296
- 第1款　技術者派遣・指導契約の締結を検討するための秘密保持契約（和訳通し付き） …… 296
  - 例文1　秘密保持契約 …… 296

第2章　海外技術者派遣・指導契約（和訳付き） …… 302
第1節　技術援助契約の冒頭とリサイタル条項 …… 302
- 第1款　技術援助契約の冒頭とリサイタル条項（和訳付き） …… 302
  - 例文1　前文・リサイタル …… 302
第2節　工場用地、製品の仕様、（技術情報の）ライセンス許諾 …… 304
- 第1款　工場用地、製品の仕様、（技術情報の）ライセンス許諾等（和訳付き） …… 304
  - 例文1　工場用地 …… 304
第3節　派遣技術者の現地での待遇 …… 306
- 第1款　派遣技術者の現地での待遇（和訳付き） …… 306
  - 例文1　技術者の待遇 …… 306
第4節　アブセンス・フィー条項 …… 308
- 第1款　アブセンス・フィー条項（和訳付き） …… 308
  - 例文1　アブセンス・フィー …… 308
第5節　支払先銀行口座には、タックスヘイブンに所在する口座は認めないとする特別規定 …… 308
- 第1款　支払先銀行口座には、タックスヘイブンに所在する口座は認めないとする特別規定（和訳付き） …… 308
  - 例文1　支払い方法 …… 308
第6節　技術情報および技術援助の提供 …… 309
- 第1款　技術情報および技術援助の提供（和訳付き） …… 309
  - 例文1　技術援助 …… 309
第7節　完成したプラントで生産される製品の数量および品質等に関する保証条項 …… 311
- 第1款　完成したプラントで生産される製品の数量および品質等に関する保証条項（ローレル・フォース社から希望された保証を規定したドラフト）（和訳付き） …… 311
  - 例文1　生産数量・品質保証 …… 311
第8節　設備・原材料の購入（仕入）先および工事業者の選択 …… 313

- ● 第1款　設備・原材料の購入(仕入)先および工事業者の選択(和訳付き) 313
  - 例文1　設備・原材料仕入先 313
- 第9節　ロイヤルティの支払いと記録 314
  - ● 第1款　ロイヤルティの支払いと記録(和訳付き) 314
    - 例文1　ロイヤルティ 314
- 第10節　オーロラ・カーメル社による記録の検査 316
  - ● 第1款　オーロラ・カーメル社による記録の検査(和訳付き) 316
    - 例文1　記録検査 316
- 第11節　知的財産権条項 317
  - ● 第1款　知的財産権条項(和訳付き) 317
    - 例文1　知的財産権 317
- 第12節　秘密保持条項 318
  - ● 第1款　秘密保持条項(和訳付き) 318
    - 例文1　秘密保持 318
- 第13節　グラントバック条項 319
  - ● 第1款　グラントバック条項(和訳付き) 319
    - 例文1　グラントバック 319
- 第14節　技術情報の交換 320
  - ● 第1款　技術情報の交換(グラントバック条項に対する相手側の提案)(和訳付き) 320
    - 例文1　技術情報交換 320
- 第15節　不可抗力条項 321
  - ● 第1款　不可抗力条項(和訳付き) 321
    - 例文1　不可抗力 321
- 第16節　契約期間・延長 322
  - ● 第1款　契約期間・延長(和訳付き) 322
    - 例文1　契約期間 322
- 第17節　途中解除条項 323
  - ● 第1款　途中解除条項(和訳付き) 323
    - 例文1　途中解除 323
- 第18節　通知に24時間ルールを採用した解除条項 325
  - ● 第1款　通知に24時間ルールを採用した解除条項(和訳付き) 325
    - 例文1　通知 325
- 第19節　親会社による履行保証(簡潔な規定) 325
  - ● 第1款　親会社による履行保証(簡潔な規定)(和訳付き) 325
    - 例文1　履行保証-01 325
  - ● 第2款　親会社による履行保証(詳しい規定) 326

| | 例文2 | 履行保証-02 | 326 |

第20節　重大な契約違反に対する損害賠償条項 ... 327
- ●第1款　重大な契約違反に対する損害賠償条項(和訳付き) ... 327
  - 例文1　損害賠償 ... 327

第21節　契約譲渡制限条項 ... 327
- ●第1款　契約譲渡制限条項(和訳付き) ... 327
  - 例文1　契約譲渡制限 ... 327
- ●第2款　契約譲渡制限条項(譲渡希望を自由に拒絶できる規定) ... 328
  - 例文2　譲渡制限 ... 328

第3章　技術情報の開示・指導契約・見学受け入れ等による情報開示契約(和訳付き) ... 329

第1節　技術情報開示 ... 329
- ●第1款　技術情報開示(和訳付き) ... 329
  - 例文1　技術情報開示 ... 329

第2節　現地への技術者派遣義務を負担しないことを明記した規定 ... 333
- ●第1款　現地への技術者派遣義務を負担しないことを明記した規定(和訳付き) ... 333
  - 例文1　技術者派遣義務がないこと ... 333

第3節　日当(Per Diem Charges)支払い条項 ... 334
- ●第1款　日当(Per Diem Charges)支払い条項(和訳付き) ... 334
  - 例文1　日当 ... 334

第4節　秘密保持義務違反に対する損害賠償額の予定 ... 334
- ●第1款　秘密保持義務違反に対する損害賠償額の予定(和訳付き)　Liquidated Damages ... 334
  - 例文1　秘密保持義務違反に対する賠償 ... 334

第4章　技術契約～開発　委託契約の交渉時の重要条項(和訳付き) ... 336

第1節　開発受託者が技術上の困難に遭遇したときの開発中止条項 ... 336
- ●第1款　イエロー・ストーン社(開発受託者)による技術上の困難に遭遇したときの開発中止条項(和訳付き) ... 336
  - 例文1　開発中止 ... 336

第2節　特定の研究者の割当条項 ... 337
- ●第1款　特定の研究者の割当条項(和訳付き) ... 337
  - 例文1　特定研究者の割り当て ... 337

第3節　受託開発前の成果はその開発者(委託者)に帰属すると規定 ... 337
- ●第1款　受託開発前の成果は、その開発者に帰属すると規定(和訳付き) ... 337
  - 例文1　受託開発前の成果の帰属 ... 337

第4節　知的財産権の帰属(序文にあたる部分) 338
　　●第1款　知的財産権の帰属(序文にあたる部分)(和訳付き) 338
　　　例文1　知的財産権の帰属 338
第5節　開発委託者の都合による解除条項 339
　　●第1款　開発委託者の都合による解除条項(和訳付き) 339
　　　例文1　都合による解除 339

第5章　特許ライセンス契約(特許・情報開示ライセンス契約とは区別される) 341

第1節　特許ライセンス契約 341
　　●第1款　特許ライセンス契約 341
　　　例文1　特許ライセンス契約 341

第6章　特許・技術情報ライセンス契約 348

第1節　特許・技術情報ライセンス契約 348
　　●第1款　特許・技術情報ライセンス契約(和訳なし) 348
　　　例文1　特許・技術情報ライセンス契約 348

第7章　ライセンス契約(技術指導契約) 366

第1節　技術援助契約 366
　　●第1款　技術援助契約(一部主要項目ごとに和訳付き) 366
　　　例文1　技術援助契約 366

第4部 株式譲渡契約　Agreement for Transfer of Shares　383

第1章 株式譲渡契約フォーム1（和訳付き） …… 384
第1節 はじめに …… 384
第2節 株式売買契約(1) …… 385
- 第1款 前文　Preamble …… 386
  - 例文1　前文 …… 386
- 第2款 株式の売買条項 …… 387
  - 例文2　株式の売買 …… 387
- 第3款 定款をあらかじめ、買い主の指示に従い変更する義務を規定 …… 389
  - 例文3　定款変更 …… 389
- 第4款 株式譲渡の対価 …… 390
  - 例文4　対価 …… 390
- 第5款 株式の対価の支払い時期 …… 390
  - 例文5　支払い条件 …… 390
- 第6款 会社資産のうち、不動産(社長社宅兼迎賓館)の売り主への売渡条項 …… 391
  - 例文6　社長社宅 …… 391
- 第7款 会社資産(社長社宅兼迎賓館)の売買における支払いについての売り主のオプション …… 392
  - 例文7　売り主オプション …… 392

第3節 株式売買契約(2) …… 393
- 第1款 譲渡前(直近)の財務諸表の正確さに関する条項 …… 393
  - 例文8　財務諸表 …… 393
- 第2款 売り主の借入金返済義務に関する条項(約定) …… 394
  - 例文9　借入金返済 …… 394
- 第3款 家族からの借入金 …… 395
  - 例文10　家族からの借入金 …… 395
- 第4款 売り主の表明と保証 …… 396
  - 例文11　売り主による標準的な各種の表明・保証(簡略版) …… 397
- 第5款 売り主による誓約・競合避止条項　Covenant Not To Compete …… 398
  - 例文12　売り主の競合避止義務の誓約条項　5年間は競合する事業に従事しないこと …… 398
- 第6款 売り主による補償・免責条項　Indemnification …… 399
  - 例文13　売り主補償 …… 399

| 第2章 | 株式譲渡契約フォーム2（公証人活用の契約例）（和訳付き） ... 400

第1節　はじめに ... 400
第2節　公証人を介在させる株式譲渡契約 ... 401
　●第1款　前文、リサイタル、定義、事業移転のための株式譲渡ならびに対価の支払い ... 401
　　例文1　前文 ... 401
　　例文2　定義条項 ... 403
　　例文3　株式の売買条項 ... 404
　　例文4　株式売買価格と支払い条件 ... 405
　●第2款　表明保証と補償 ... 406
　　例文5　表明と保証条項 ... 407
　　例文6　補償条項 ... 408
　　例文7　第三者からのクレームに対する防御 ... 408
　　例文8　クロージング前の売り主の誓約 ... 409
　●第3款　クロージング ... 410
　　例文9　クロージング ... 410
　　例文10　契約解除 ... 410
　　例文11　解除の効果 ... 411
　●第4款　共通条項 ... 411

| 第3章 | 株式（事業）譲渡契約の重要条項のバリエーション（和訳付き） ... 413

第1節　株式譲渡条項、財務諸表の正確さの表現・保証条項、デューデリジェンス条項 ... 413
　●第1款　株式譲渡条項 ... 413
　　例文1　株式譲渡 ... 413
　●第2款　財務諸表等の正確さの表明・保証条項 ... 413
　　例文2　財務諸表 ... 413
　●第3款　デューデリジェンス条項 ... 414
　　例文3　情報へのアクセス ... 415
第2節　株式（事業）譲渡者が一定期間、競合制限を受ける規定フォーム ... 415
　●第1款　競合避止条項 ... 415
　　例文4　競合避止 ... 415
第3節　保証人の求償権放棄のフォーム ... 416
　●第1款　保証人の保証債務履行とそれにより発生する被保証人に対する求償権の放棄条項 ... 416
　　例文5　求償権放棄 ... 416

第4章 合弁参加の決定のためにデューデリジェンスをおこなう約定 …… 418

第1節 双方が互いに情報交換しデューデリジェンスをおこなう約定（和訳付き） …… 418
●第1款 投資を受ける側（Santorini）がドラフトしたデューデリジェンスの規定 …… 418
例文1 デューデリジェンス-01 …… 418

第2節 飛鳥凛がオーロラ社の立場で作成したデューデリジェンス条項（和訳付き） …… 419
●第1款 飛鳥凛がドラフトしたデューデリジェンスの規定 …… 419
例文1 デューデリジェンス-02 …… 419

第5部 雇用契約と出向契約　Employment Agreement; Service Agreement　421

第1章 雇用契約　基本条項(和訳・解説付き) 422
第1節 雇用契約の例(前文を含む主要条項一式) 422
- ●第1款　雇用契約の前文 422
  - 例文1　雇用契約前文 422
- ●第2款　雇用について合意する条項 423
  - 例文2　雇用合意 423
- ●第3款　雇用期間 424
  - 例文3　雇用期間 424
- ●第4款　報酬 425
  - 例文4　報酬 425
- ●第5款　担当業務 426
  - 例文5　担当業務 426
- ●第6款　業務の環境と備品等 428
  - 例文6　業務環境・備品 428
- ●第7款　秘密保持 428
  - 例文7　秘密保持 428
- ●第8款　業務上の接待費、交通費等の償還 429
  - 例文8　接待費・交通費 429
- ●第9款　休暇 430
  - 例文9　休暇 430
- ●第10款　福利厚生 431
  - 例文10　福利厚生 431
- ●第11款　傷病による長期欠勤の場合の報酬引き下げと契約終了 432
  - 例文11　傷病による長期欠勤 432
- ●第12款　正当事由による解除 433
  - 例文12　解除 433
- ●第13款　契約譲渡禁止 434
  - 例文13　譲渡禁止 434
- ●第14款　権利の不放棄 435
  - 例文14　不放棄 435

第2節	元の雇用主の秘密情報を新しい就職先で開示しないという保証	435
	◉第1款 従業員による(元の雇用主の秘密情報を開示しない義務に反しないという)表明と保証	436
	例文15 表明・保証	436
	◉第2款 従業員による秘密保持の約定フォーム	436
	例文16 秘密保持	436
第3節	従業員のリロケーション(転居に伴う住宅手当)条項——帯同家族がいるケース	437
	◉第1款 リロケーション　Relocation	437
	例文17 リロケーション	437
第4節	その他一般条項	438

第2章　出向契約および事務所(海外拠点)設営への人員派遣サービス提供契約 (和訳付き) ... 439

第1節	出向契約(レター形式)(和訳付き)	439
	◉第1款 レター・アグリーメント形式による出向契約	439
	例文1 出向契約	439
第2節	事務所(海外拠点)設営への人員派遣サービス提供契約(和訳付き)	442
	◉第1款 カレンビュー社による米国オーロラ社へのサービス提供契約	442
	例文1 サービス提供契約	442

第6部 帰責事由のない解除・契約更新権・最低購入
Termination Without Cause; Right to Renew; Minimum Purchase … 447

第1章 帰責事由のない解除条項（和訳・解説付き） … 448
第1節 帰責事由のない解除条項 … 448
第2節 Termination without Cause条項が実際に活用される例 … 449
　●第1款　販売店契約における帰責事由のない解除条項例 … 449
　　例文1　帰責事由のない解除 … 449
　●第2款　上記例文1 (Termination without Cause) の基本構造と解説 … 450
　●第3款　用語の注意点 … 450
　●第4款　さらなる条件を設ける場合 … 451
第3節 Termination without Causeを定める条項フォームのバリエーション … 451
　●第1款　当社 (ABC) 側が一方的に解除権を持つ途中解除条項 … 451
　　例文1　都合による解除 … 451
　●第2款　双方の当事者が解除権（事由のない解除権）を持つ条項 … 452
　　例文2　事由のない解除 … 452
　●第3款　ABC社側のみが解除権を持つフォーム（バリエーション1） … 453
　　例文3　裁量による解除 … 453
　●第4款　ABC社のみが解除権を持つフォーム（バリエーション2） … 454
　　例文4　事由のない解除 … 454

第2章 自動更新条項と更新権条項（和訳・解説付き） … 455
第1節 自動更新条項の交渉の典型的パターン … 455
　●第1款　契約期間と自動更新条項 … 456
　　例文1　自動更新 … 456
　●第2款　オーロラ社の標準的な自動更新条項 … 456
　　例文2　自動更新（バリエーション） … 456
　●第3款　更新拒絶通知 … 457
　　例文3　更新拒絶通知 … 457
第2節 ライセンシー側が自動更新しやすくしたいとき … 457
第3節 ライセンサー側に有利な更新条項──協議による更新 … 458
　●第1款　契約期間と更新 … 458
　　例文1　契約終了 … 458

		◉第2款 （延長しないことに対し）補償はしない特約 459
		例文2 補償しない約定 459
		◉第3款 契約期間についての飛鳥凛のドラフト 459
		例文3 契約期間更新オプション 459
第4節	弱者であるライセンシー側のRight to Renew 460
		◉第1款 （ライセンス契約を）更新権により、延長できるという条項 460
		例文1 更新権 460
		◉第2款 Right to Renew（更新権）条項の狙いと解説 461

第3章 独占的販売店契約でミニマムコミットメント不達成の場合の対処条項
（和訳・解説付き） 462

第1節	独占的販売店契約において、今期のミニマムコミットメントが達成できそうにない場合 462
		◉第1款 最低購入金額 462
		例文1 最低購入金額 462
		◉第2款 最低購入義務の不達成の場合のメーカー側の解除権 463
		例文2 解除権 463
		◉第3款 年間最低購入数量の目標の設定 464
		例文3 購入金額目標 464
第2節	製造元から継続供給を確保するための修正ドラフト 465
		◉第1款 販売店に非独占的な製品供給を受ける権利を付与する条項 465
		例文1 非独占的販売 465
第3節	独占販売権付与（競合品取扱制限）条項、最低購入数量条項 466
		◉第1款 独占的販売権 466
		例文1 独占的販売権 466
		◉第2款 最低購入数量についてのドラフト 467
		例文2 最低購入数量 467

第7部 商標ライセンス契約の基本条項
Basic Terms for Trademark License Agreement ... 469

第1章 ライセンス契約の構成と主要条項 ... 470
第1節 はじめに ... 470
第2節 商標ライセンス契約の主な構成 ... 471
- 第1款 商標ライセンス契約の主な契約条項 ... 471
第3節 前文 ... 472
- 第1款 契約締結前に交わした覚書よりも本契約が優先することを記載 ... 472
  - 例文1 前文-01 ... 472
- 第2款 文法的に正確、丁寧に記載した前文（フォーマルな表現方法のもの） ... 473
  - 例文2 前文-02 ... 473
第4節 リサイタル条項 ... 475
- 第1款 標準的なスタイル ... 475
  - 例文1 リサイタルズ-01 ... 475
- 第2款 スタイリッシュな表現で規定したもの ... 477
  - 例文2 リサイタルズ-02 ... 477
- 第3款 フォーマルなスタイルの規定——ライセンスの内容、契約当事者の商標権との権利関係などについて詳細に説明するもの ... 478
  - 例文3 リサイタルズ-03 ... 478
第5節 商標の使用許諾条項 ... 479
- 第1款 一般的な商標の使用許諾条項例 ... 479
  - 例文1 使用許諾-01 ... 479
- 第2款 サブライセンシーを起用できることを規定、許諾地域外への転売禁止 ... 481
  - 例文2 使用許諾-02 ... 481
- 第3款 ライセンス商品を輸入する場合の規定——ライセンス生産の対象外の高級品目等を輸入、販売することを想定 ... 482
  - 例文3 使用許諾-03 ... 482
- 第4款 マスターライセンシーがサブライセンシーを起用して、ライセンスビジネスを広く展開する規定 ... 483
  - 例文4 使用許諾-04 ... 483
- 第5款 ライセンサーがライセンシーに対しておこなう支援項目を列挙する ... 485
  - 例文5 使用許諾-05 ... 485

第6節	許諾地域		486
	● 第1款	販売許諾地域とは別に製造許諾地域を規定する条項 （製造した全量を販売許諾地域に積み出すことが条件）	486
		例文1　許諾地域-01	486
	● 第2款	許諾地域内でも、ライセンサーはブティックの経営による販売、航空関連市場など 一定の許諾除外項目を確保し、ライセンス許容から除外される規定	488
		例文2　許諾地域-02	488
	● 第3款	ライセンシーに許諾した地域内で、ライセンサーが許諾製品を製造することが 認められる規定	489
		例文3　許諾地域-03	489
第7節	ライセンス許諾製品		491
	● 第1款	後日、ライセンシーの選択によりライセンス対象（許諾）製品を増加する ファースト・リフューザル・ライトが付与される規定	491
		例文1　ライセンス許諾製品	491
第8節	契約期間		492
	● 第1款	両者による事前（契約終了前）の書面による合意がなければ、延長されず 終了する規定	492
		例文1　契約期間-01	492
	● 第2款	終了の6か月前までに両者で協議し、延長するかどうかを決める規定	494
		例文2　契約期間-02	494
	● 第3款	終了の1年前までに次の延長の可否について合意する規定	494
		例文3　契約期間-03	494

第8部 損害賠償の制限・高度の安全性を要求される用途
Limitation of Liability; High Safety Required Use

第1章 損害賠償額の上限を規定する契約条項フォームズ（和訳・解説付き） 498
第1節 米国UCCによる契約の公序良俗違反制限規定 498
- 第1款　不当な契約もしくは条項　Unconscionable Contract or Terms 498
- 第2款　UCC 2-302　UCC 2-302 498
  - 資料　UCCによる契約の公序良俗違反制限規定 498
第2節 損害賠償額の上限を規定する契約条項 499
- 第1款　標準的な規定（その1） 499
  - 例文1　損害賠償責任の上限-01 499
- 第2款　標準的な規定（その2） 501
  - 例文2　損害賠償責任の上限-02 501
- 第3款　標準的な規定（その3） 503
  - 例文3　損害賠償責任の上限-03 503
- 第4款　損害賠償責任の上限に例外を置く規定 504
  - 例文4　損害賠償責任の上限-04 504
- 第5款　損害賠償責任の上限規定（バリエーション1） 505
  - 例文5　損害賠償責任の上限-05 505
- 第6款　損害賠償責任の上限規定（バリエーション2） 506
  - 例文6　損害賠償責任の上限-06 506
- 第7款　プラント契約等における損害賠償責任の上限規定 507
  - 例文7　損害賠償責任の上限-07 508
第3節 損害賠償額制限条項（バリエーション） 508
- 第1款　プラント契約における（損害賠償）責任制限条項 508
  - 例文1　責任制限-01 508
- 第2款　販売店（EJIS）からのドラフトフォーム 509
  - 例文2　責任制限-02 509
- 第3款　ライセンス契約における損害賠償責任の上限条項 510
  - 例文3　損害賠償責任の上限 510
- 第4款　損害賠償の上限条項が履行者の過失による人身の負傷に対する責任には不適用と明示的に規定する条項のフォーム 512
  - 例文4　履行者側の過失による損害に対する損害賠償の上限規定 512

| 第2章 | 高度の安全性を要求される用途向けに供給（使用）される場合の売り主免責条項（和訳・解説付き） 513

第1節　損害賠償額の上限の規定が適用されない場合に、どう対応するか 513
　　●第1款　　UCC第2章719条3項 514
　　　　資料　UCC第2章719条3項 514
第2節　生命維持装置等に使用する目的の販売をしないよう規定する条項 515
　　●第1款　医療・生命維持装置向け供給を禁止・制限する条項-01 515
　　　　例文1　用途による供給制限-01 515
　　●第2款　医療・生命維持装置向け供給を禁止・制限する条項-02 517
　　　　例文2　用途による供給制限-02 517
第3節　高度の安全性を要求される用途への製品供給の制限と供給者免責とする条項 518
　　●第1款　高度の安全性を要求される用途への製品供給を制限し、供給者免責とする条項-01 ... 518
　　　　例文1　用途による供給制限・免責-01 518
　　●第2款　高度の安全性を要求される用途への製品供給を制限し、供給者免責とする条項-02 ... 520
　　　　例文2　用途による供給制限・免責-02 520
第4節　高度の安全性を要求される用途に対する制限条項フォームのバリエーション 521
　　●第1款　高度の安全性を要求される用途に対する制限 521
　　　　例文1　用途による供給制限・免責-03 521

第9部 リコール・贈賄禁止・最優遇顧客条項
Recall; Anti-Bribery; Most Favored Customer Clauses ... 525

第1章 リコール条項 ... 526

第1節 販売店契約におけるリコール条項1（政府の指示） ... 526
- 第1款 リコール条項 ... 526
  - 例文1 リコール（政府指示） ... 526

第2節 販売店契約におけるリコール条項2（当事者の意思） ... 528
- 第1款 メーカーと販売店のリコール条項-01 ... 528
  - 例文2 リコール（随意） ... 528
- 第2款 メーカーと販売店のリコール条項-02 ... 530
  - 例文3 リコール（回収） ... 530

第3節 ライセンス契約におけるリコール条項 ... 531
- 第1款 ライセンス契約のリコール条項 ... 531
  - 例文4 リコール（費用） ... 531

第4節 リコール条項フォームのバリエーション ... 532
- 第1款 ライセンシーがリコール費用を負担する規定 ... 532
  - 例文1 リコール条項 ... 532
- 第2款 ライセンサー指定の仕様・指示により引き起こされたリコール費用をライセンサー負担と取り決める規定 ... 533
  - 例文2 リコール（ライセンサー指定仕様） ... 533
- 第3款 ブランドライセンス（繊維製品）等で、名声維持のため自主回収したがライセンシーの社内販売は認める規定 ... 533
  - 例文3 リコール品（Substandard Products）の社内販売許容条項 ... 533
- 第4款 リコール発生を予防するための工夫としての条項 ... 534
  - 例文4 オーロラ商標許諾製品のブランドイメージ・名声ならびに品質維持のための条項 ... 534
- 第5款 M&Aのケースで売り主側に在庫品にはリコール対象品が含まれないことを表明させる規定 ... 534
  - 例文5 在庫品、リコールに関する表明保証条項（事業買収の買い主側に立った規定） ... 534

第2章 贈賄禁止条項 ... 536

第1節 外国公務員に対する贈賄防止条約と米国の海外腐敗行為防止法 ... 536
第2節 No Bribery：古典的な贈賄禁止条項 ... 537
- 第1款 贈賄禁止条項-01 ... 537

		例文1	贈賄禁止-01 537
	● 第2款	贈賄禁止条項-02 537
		例文2	贈賄禁止-02 537
第3節	法令遵守条項の一つとして贈賄禁止を規定する 538
	● 第1款	法令遵守条項-01 539
		例文1	法令遵守-01 539
	● 第2款	法令遵守条項-02 540
		例文2	法令遵守-02 540
第4節	贈賄禁止条項フォームのバリエーション 541
	● 第1款	販売店契約における贈賄禁止条項 541
		例文1	贈賄禁止(販売店) 541
	● 第2款	双方当事者による保証 542
		例文2	贈賄禁止(双方) 542
	● 第3款	ファシリテーション・ペイメントを例外的に許容する規定 543
		例文3	ファシリテーション・ペイメント 543

第3章　最優遇顧客条項 544

第1節	最優遇顧客条項 544
	● 第1款	ライセンス契約における最優遇条項 545
		例文1	最優遇顧客(ライセンス) 545
第2節	売買契約におけるMost Favored Customer Clause 545
	● 第1款	最優遇顧客(Most Favored Customer)条項 545
		例文1	最優遇顧客(売買) 545

第4章　黙示保証排除・条項 547

第1節	黙示保証排除・制限条項 547
第2節	黙示保証排除条項 548
	● 第1款	売り主による黙示保証排除条項 548
		例文1	黙示保証排除・制限条項 548
	● 第2款	ライセンサーによる黙示保証排除制限条項 549
		例文2	ライセンサーによる黙示保証・排除制限条項 549

第10部 紛争解決条項 Disputes Resolution ... 551

第1章 紛争解決方法（和訳・解説付き） ... 552

第1節 協議、裁判、仲裁 ... 552
- 第1款 当事者間の協議 ... 552
- 第2款 裁判による解決 ... 552
- 第3款 仲裁による解決 ... 553

第2節 言語、場所の選択、移行の時期などは自由に指定できるか？ ... 553

第2章 基本的な仲裁条項ならびに関連条項（和訳・解説付き） ... 555

第1節 仲裁条項 ... 555
- 第1款 被告地（Respondent）主義の仲裁条項 ... 555
  - 例文1 仲裁（被申立人の地） ... 555
- 第2款 上記例文1に関連する準拠法の規定 ... 556
  - 例文2 準拠法（カリフォルニア州法） ... 556
- 第3款 AAAルールによる仲裁条項 ... 557
  - 例文3 仲裁（AAA） ... 557
- 第4款 仲裁約款中の仮差止処分申立許容条項 ... 558
  - 例文4 仮差止処分申立 ... 558
- 第2節 仲裁約款における仲裁人に関する条項 ... 560
- 第1款 仲裁人は懲罰的な損害賠償額を認定する権限がないと定める条項 ... 561
  - 例文5 仲裁（懲罰的損害を含まない）-01 ... 561
- 第2款 仲裁人は懲罰的損害賠償額を認定する権限がないと定める条項（バリエーション） ... 561
  - 例文6 仲裁（懲罰的損害を含まない）-02 ... 562
- 第3款 仲裁人に契約書の文言を尊重し、契約条件に忠実に仲裁判断を下すことを求める条項 ... 562
  - 例文7 仲裁（英語） ... 562
- 第4款 仲裁に勝った側（Prevailing Party）は、弁護士料を相手方に請求できるが、金額は仲裁人が決めると合意する条項 ... 563
  - 例文8 弁護士料 ... 563
- 第5款 仲裁に対し、不合理に仲裁手続きを遅らせる当事者に、罰則（Sanction）を科す権限を付与する条項 ... 564
  - 例文9 仲裁（罰則） ... 564

第3節　欧州各国や日本での仲裁による紛争解決条項 564
　　●第1款　ロンドン国際仲裁裁判所（民間仲裁機関）による仲裁 565
　　　　例文10　仲裁（LCIA） 565
　　●第2款　シンガポールでの仲裁 565
　　　　例文11　仲裁（SIAC） 565
　　●第3款　パリにおいて、ICCルールにより仲裁と定める条項 566
　　　　例文12　仲裁（ICC） 566
　　●第4款　スイスのジュネーブで、UNCITRAL仲裁ルールで解決するという条項 567
　　　　例文13　仲裁（スイス） 567
　　●第5款　東京においてJCAA仲裁ルールによる仲裁により解決するという条項 568
　　　　例文14　仲裁（JCAA）-01 569
　　●第6款　東京においてJCAAの仲裁により解決する条項（バリエーション） 570
　　　　例文15　仲裁（JCAA）-02 570
第4節　裁判による紛争解決条項 570
　　●第1款　当事者が合意する国の都市において裁判により解決すると取り決める条項 ... 570
　　　　例文16　裁判（合意した場所） 570
　　●第2款　サンフランシスコ市において裁判により解決すると取り決める条項 572
　　　　例文17　裁判（サンフランシスコ） 572
　　●第3款　ニューヨーク市の米国連邦地方裁判所を専属管轄裁判所と指定する条項 572
　　　　例文18　裁判（ニューヨーク） 572
　　●第4款　陪審による裁判（Trial by Jury）を受ける権利を放棄すると合意する条項 ... 573
　　　　例文19　裁判（陪審を受ける権利を放棄） 573
　　●第5款　東京地方裁判所による裁判で解決すると取り決める条項 574
　　　　例文20　裁判（東京地方裁判所）-01 574
　　●第6款　東京地方裁判所を非専属管轄裁判所と指定する契約条項 575
　　　　例文21　裁判（東京地方裁判所）-02 575
　　●第7款　国営企業などが、主権免除特権（Sovereign Immunity）を放棄することに合意する
　　　　　　　契約条項 575
　　　　例文22　主権免除特権の放棄 575

第3章　協議・仲裁・裁判管轄条項（和訳・解説付き） 577

第1節　協議条項 577
　　●第1款　当事者による協議により紛争を解決する最善の努力をする義務 577
　　　　例文1　協議による解決 577
第2節　仲裁人は実損に基づき損害賠償額を算定することを規定する条項 577
　　●第1款　仲裁人の損害賠償額の認定は懲罰的損害賠償によらず、実損に基づき算定する規定 577

		例文2　仲裁（実損）	577
第3節	主権免除特権放棄条項		578
	●第1款　主権免除特権放棄条項		578
		例文3　主権免責特権の放棄	578
第4節	被告地・被申立人の地主義の仲裁条項		578
	●第1款　被告地・被申立人の地主義の仲裁条項		578
		例文4　仲裁（被申立人の地）-01	578
第5節	仲裁を申し立てられた側の地で仲裁をおこなう規定		579
	●第1款　仲裁を申し立てられた側の地で仲裁をおこなう規定		579
		例文5　仲裁（被申立人の地）-02	579
第6節	裁判は陪審裁判によらないと規定する条項		580
	●第1款　訴訟は陪審裁判によらないと規定する条項		580
		例文1　裁判（陪審によらない）	580

第4章　弁護士起用契約——成功報酬による訴訟提起引き受け・防御成果反映条項（和訳・解説付き） ... 581

第1節	弁護士報酬に成果を反映させる条項		581
	●第1款　成功報酬による（原告側からの）訴訟代理引受条項（抜粋）		581
		例文1　弁護士報酬	581
第2節	弁護士報酬の算出に訴訟遂行結果を加味する条項		582
	●第1款　弁護士起用		582
		例文1　弁護士起用と報酬	582

第5章　商標権の第三者による侵害への対処につき、役割・費用を取り決める条項（和訳・解説付き） ... 585

第1節	ライセンサーが許諾する商標が第三者商標を侵害しないと信ずるという保証条項		585
	●第1款　表明と保証		585
		例文1　表明と保証	585
第2節	商標ライセンス契約における第三者による商標権侵害への対処条項		586
	●第1款　ライセンサーがその費用で、独占的に対処する。ただし、訴訟提起などの義務は負わない		586
		例文1　商標	586
第3節	フランチャイズ契約における第三者による商標権侵害への対処条項		587
	●第1款　侵害への対処		587
		例文1　侵害への対処-01	587

	第4節	ブラック・パンサー社商標権侵害への対処を規定する条項	588
		◉ 第1款　第三者へ対抗する措置の費用は、ライセンサー、ライセンシーの折半とし、獲得した賠償金も折半	588
		例文1　侵害への対処-02	588
	第5節	パープル・ゼファーズ社商標権侵害への対処を規定する条項	590
		◉ 第1款　ライセンサーの判断で、第三者に対する措置をオプションの一つとしてとりうると規定	590
		例文1　侵害への対処-03	590
	第6節	第三者による商標権侵害があった場合の対抗措置	591
		◉ 第1款　侵害への対処	591
		例文1　侵害への対処-04	591

第6章　紛争解決のための和解契約の解決金支払いに関する条項（和訳・解説付き） …… 594

第1節	和解金の支払いが損害賠償であることを明記した条項		594
	◉ 第1款　和解		594
	例文1　和解-01		594
第2節	和解金の支払いが平穏を入手するためだとする和解条項		595
	◉ 第1款　和解契約の中核となる条項（被告側弁護士からの提示案より抜粋）		595
	例文1　和解-02		595

第7章　契約書ドラフト担当側に、不利に解釈されない合意（和訳・解説付き） …… 596

第1節	ドラフト担当当事者に不利に解釈されない合意	596
	◉ 第1款　解釈	596
	例文1　解釈	596

第8章　売約証と買約証で自社フォームを優先適用させるための条項（和訳・解説付き） …… 597

第1節	当社（クローヴァー社）の売約書の条件を優先させる条項	597
	◉ 第1款　売買確認	597
	例文1　売買確認	597
	◉ 第2款　当社の本売約書以外の契約を無効とする条項	597
	例文1　当社売約書中の条件が優先	597
第2節	当社（英国オーロラ社）買注文書の条件を優先させる条項	598
	◉ 第1款　英国オーロラ社注文書の警告文言	598
	例文1　買い主の注文書中の条件が優先	598

第3節　売約証の裏面約款中の完全合意条項 598
　●第1款　売り主側の売約書の裏面約款中の完全合意条項の規定 598
　　　例文1　売約証の規定の優先 598
第4節　売約証の裏面約款中の紛争解決条項 599
　●第1款　売約証の裏面約款中の紛争解決条項(前半) 599
　　　例文1　当事者協議による解決 599

第11部 合弁契約中のファースト・リフューザル・ライト、資金援助、プットオプション
First Refusal Right; Financial Assistance; Put Option in J.V. Agreement 601

第1章 株式譲渡制限とファースト・リフューザル・ライト条項（和訳・解説付き） 602
第1節 合弁会社の株式の譲渡の仕方——ファースト・リフューザル・ライト 602
- 第1款 株式譲渡制限条項 603
  - 例文1 合弁会社における株式の譲渡制限 603
- 第2款 ファースト・リフューザル・ライト条項 604
  - 例文2 合弁会社における株式譲渡とファースト・リフューザル・ライト 604
- 第3款 関連会社への譲渡を条件付きで認める条項 606
  - 例文3 関連会社への株式譲渡は自由とする条項。重畳的履行義務負担条件付き 606
- 第4款 ファースト・リフューザル・ライト条項（バリエーション） 606
  - 例文4 ファースト・リフューザル・ライト 606
- 第5款 株式譲渡以降ももとの株主に譲渡人による（合弁事業契約の）履行を保証させる条項のフォーム 608
  - 例文5 譲渡人による履行保証条項 608

第2章 株主による合弁会社の資金調達に対する協力に関する条項フォーム（和訳・解説付き） 610
第1節 株主は出資比率に応じて合弁会社の資金調達に協力、援助する約定フォーム 610
- 第1款 合弁会社が運転資金を商業銀行から借り入れることができない場合、出資会社（株主）が出資比率の割合に応じて援助 610
  - 例文1 資金調達支援条項 610
第2節 株主が出資比率により、借入保証・融資をおこなうとする条項フォーム 611
- 第1款 合弁会社自身による調達が基本だが、無理な場合は株主が出資比率により借入保証または融資をおこなうと規定 611
  - 例文1 資金調達援助 611
第3節 株主が合意した場合、出資比率に応じた融資・保証により、資金援助をおこなうフォーム 612
- 第1款 株主間で、都度案件ごとに協議し、合意した場合は、合弁会社に対する出資比率に応じた融資・保証による資金援助をおこなう 612
  - 例文1 合弁会社の資金調達支援 612
第4節 合弁会社自身が借り入れできないとき、株主は連帯ではなく、それぞれ出資比率に応じ、借入保証ができると規定するフォーム 612

- ●第1款　合弁会社の資金調達支援条項のドラフト ……………………………… 612
  - 例文1　資金調達支援(バリエーション) …………………………………… 612
- 第5節　出資比率を限度とする個別の(株主)保証状フォーム ……………………… 613
  - ●第1款　連帯ではなく、個別の割合を限度とする保証を記載 ………………… 613
    - 例文1　出資比率を限度とした個別の保証状 ……………………………… 613

第3章　マイノリティー株主のプットオプション条項(和訳・解説付き) …………… 616

- 第1節　マジョリティー株主に売り戻す権利を定めるプットオプション条項 ……… 616
  - ●第1款　プットオプション条項 ……………………………………………… 616
    - 例文1　プットオプション-01 ……………………………………………… 616
- 第2節　固定金額で株式をマジョリティー株主に対し売り渡すプットオプション条項 …… 617
  - ●第1款　プットオプション条項(バリエーション) ………………………… 617
    - 例文1　プットオプション-02 ……………………………………………… 617
- 第3節　マジョリティー株主の親会社による履行保証条項 ………………………… 618
  - ●第1款　履行保証条項 ………………………………………………………… 618
    - 例文1　履行保証-01 ……………………………………………………… 618
- 第4節　上記履行保証条項フォームのバリエーション ……………………………… 619
  - ●第1款　履行保証(バリエーション) ………………………………………… 619
    - 例文2　履行保証-02 ……………………………………………………… 619
  - ●第2款　上記例文の条項(保証)フォーム使用の場合のリサイタル条項 ……… 620
    - 例文3　リサイタル条項(保証) …………………………………………… 620

第12部 分離可能条項と不可抗力条項 Severability; Force Majeure ... 621

第1章 分離可能（Severability）条項（和訳・解説付き） ... 622
第1節 分離可能（Severability）条項の狙いと結果 ... 622
第2節 分離可能（Severability）条項のバリエーションと効果 ... 622
- 第1款 標準的な分離可能（Severability）条項 ... 623
  - 例文1 Severability条項-01 ... 623
- 第2款 分離可能（Severability）条項（バリエーション1）（代替条項を作る） ... 623
  - 例文2 Severability条項-02 ... 623
- 第3款 分離可能（Severability）条項（バリエーション2）（いずれか一方の当事者の利益が損なわれるとき、代替規定を置く） ... 624
  - 例文3 Severability条項-03 ... 624

第3節 どの方針が実務上適切なのか ... 625
第4節 分離可能（Severability）条項には依存せず、当事者での解決を規定できるか ... 626
第5節 分離可能（Severability）条項 ... 627
- 第1款 標準的なフォーム-01 ... 627
  - 例文1 Severability条項-01 ... 627
- 第2款 標準的なフォーム-02 ... 627
  - 例文2 Severability条項-02 ... 627
- 第3款 標準的なフォーム-03 ... 628
  - 例文3 Severability条項-03 ... 628
- 第4款 標準的なフォーム-04 ... 628
  - 例文4 Severability条項-04 ... 628
- 第5款 ビジネス上重大な不均衡をもたらさない限り、他の規定に影響を与えないと定める条項 ... 629
  - 例文5 Severability条項-05 ... 629
- 第6款 無効・履行強制ができないと判定された規定を両者協議により適法な規定に変更するよう改訂努力を払うが、無理なときは、削除するという条項 ... 629
  - 例文6 Severability条項-06 ... 629
- 第7款 Partial Invalidityを使った表現のSeverability条項 ... 630
  - 例文7 Effect of Partial Invalidity条項（Severability条項の別な名称）-01 ... 630
- 第8款 無効・違法となった条項の代わりの規定について両者が合意できないとき、（不利益を受ける）一方（当方側）は、解除権を有すると定める条項 ... 630

	例文8	Effect of Partial Invalidity条項(Severability条項の別な名称)-02	630
	●第9款	第8款のフォームの代替条項フォーム(バリエーション)――双方当事者が公平に解除権を持つ条項	631
	例文9	Effect of Partial Invalidity条項(Severability条項の別な名称)-03	631

第2章 不可抗力(Force Majeure)条項(和訳・解説付き) ……………………… 633

第1節 不可抗力条項 …………………………………………………………………………… 633

第2節 不可抗力条項の狙いは何か？ ………………………………………………………… 634

- ●第1款 不可抗力条項――60日超の不可抗力事由継続により解除権発生 …………… 634
  - 例文1 不可抗力条項-01 …………………………………………………………………… 634
- ●第2款 不可抗力条項(バリエーション1)――90日超の不可抗力事由継続により解除権発生 ……………………………………………………………………… 636
  - 例文2 不可抗力条項-02 …………………………………………………………………… 637
- ●第3款 不可抗力条項(バリエーション2)――外国為替規制を事由に加える ………… 638
  - 例文3 不可抗力条項-03 …………………………………………………………………… 638
- ●第4款 不可抗力条項(バリエーション3)除去努力 ……………………………………… 639
  - 例文4 不可抗力条項-04 …………………………………………………………………… 639

第3節 金銭支払債務は不可抗力による免責の対象としない規定条項 …………………… 640

- ●第1款 不可抗力により免責される債務の中に金銭支払債務を含まない ……………… 640
  - 例文5 不可抗力条項-05 …………………………………………………………………… 640
- ●第2款 金銭支払債務は、不可抗力事由により履行遅延が免除される債務から除外されると規定する ………………………………………………………………… 641
  - 例文6 不可抗力条項-06 …………………………………………………………………… 641
- ●第3款 あとに2項として加筆することにより金銭支払債務を不可抗力条項による免責の対象外とする規定 …………………………………………………………… 642
  - 例文7 不可抗力条項(免責の対象外を加筆) ……………………………………………… 642
- ●第4款 最後にただし書きを加筆することにより、金銭支払債務の履行について、不可抗力条項の援用をしないことを規定する条項 ………………………………… 643
  - 例文8 不可抗力条項(ただし書きを加筆) ………………………………………………… 643

第4節 さまざまな不可抗力条項――主に支払い義務との関係の観点から ……………… 643

- ●第1款 標準的な不可抗力条項――免責を規定 …………………………………………… 643
  - 例文1 不可抗力条項-01 …………………………………………………………………… 643
- ●第2款 標準的な不可抗力条項―― 一定期間継続により、解除権が発生する規定 …… 644
  - 例文2 不可抗力条項-02 …………………………………………………………………… 644
- ●第3款 標準的な不可抗力条項――金銭債務の履行には不適する条項 ………………… 645
  - 例文3 不可抗力条項-03 …………………………………………………………………… 645
- ●第4款 標準的な不可抗力条項――金銭債務は履行を免除されないと明記する条項 … 645
  - 例文4 不可抗力条項-04 …………………………………………………………………… 645

第13部 各種レター形式の文書　Notices, Letters　647

第1章　法的効果を伴う通知書（和訳付き） …… 648
第1節　自動更新条項に基づく契約更新拒絶通知 …… 648
- ● 第1款　契約更新拒絶通知書 …… 648
  - 例文1　更新拒絶通知 …… 648
第2節　相殺通知 …… 648
- ● 第1款　相殺通知書 …… 648
  - 例文2　相殺通知 …… 648

第2章　委任状（和訳付き） …… 650
第1節　契約書調印のための代理人指定委任状 …… 650
- ● 第1款　代理人の指定、委任状の有効期間、復代理人の指定権限の付与
  （委任状〈Power of Attorney〉より抜粋） …… 650
  - 例文1　委任状-01 …… 650
- ● 第2款　委任状の有効期間 …… 651
  - 例文2　委任状-02 …… 651

第3章　警告状（和訳付き） …… 652
第1節　商標権侵害に対する警告状 …… 652
- ● 第1款　警告状 …… 652
  - 例文1　警告状 …… 652

第4章　レターの交換による（履行困難に陥った）契約の解除（和訳付き） …… 654
第1節　オーロラ社が相手方へ送付したレター（法務部飛鳥凛によるドラフト） …… 654
  - 例文1　解除希望レター …… 654
第2節　相手国（英国ライセンサー）から届いた返事のレター …… 656
  - 例文2　解除合意レター …… 656

第14部 海外合弁事業契約（株主間契約） Shareholders Agreement 659

第1章 海外合弁事業契約の研究とリスクマネジメント ... 660

- 第1節 はじめに ... 660
- 第2節 海外合弁事業に伴うリスクと回避策の探求 ... 661
  - 第1款 はじめに ... 661
  - 第2款 「合弁事業の目的は何か＝合弁事業の基本問題」を把握する。なぜ、完全子会社方式でその事業をおこなわないのか？ ... 662
  - 第3款 基本問題——合弁事業方式を選ぶ理由は？ 強いられたものか、それとも積極的な理由があるのか？ 狙いは何か？ ... 678
- 第3節 リスク・紛争の回避・予防を目指す合弁事業契約のドラフティングと契約交渉 ... 682
  - 第1款 はじめに ... 682
  - 第2款 リスク・紛争を防止あるいは抑えるための合弁事業契約のドラフティングと交渉 ... 683
- 第4節 結びにかえて ... 688
  - 第1款 合弁事業に伴うリスクの認識とそのコントロール ... 688
  - 第2款 合弁事業と合弁事業契約 ... 688
  - 第3款 合弁事業が国際社会において果たす役割 ... 689
- 第5節 おわりに ... 689
  - 第1款 国際商事法研究所（IBL）「海外合弁事業契約講座（1997年3月〜）」 ... 689
  - 第2款 明治大学法学部教授時代（1999〜2014年）の研究 ... 690
  - 第3款 エピローグ——ジョン・ジャクソン教授（WTOの父、元ミシガン大学教授）を京都に迎えて ... 691
  - 第4款 中東の合弁事業（IJPC） ... 691

第2章 海外合弁事業契約のドラフティングの手引き（解説付き） ... 693

- 第1節 株主間契約書フォームと解説 ... 693
  - 第1款 前文 ... 693
    - 例文1 標準的な前文 ... 694
  - 第2款 リサイタル条項 ... 695
    - 例文2 リサイタル条項-01——一般的な条項 ... 695
  - 第3款 米国での株主間契約のリサイタル条項 ... 696
    - 例文3 リサイタル条項-02——バリエーション ... 696

- 第4款　定義条項 697
  - 例文4　合弁事業契約の主要用語の定義 697
- 第5款　合弁会社の設立に関する規定 698
  - 例文5　合弁会社の設立-01 698
  - 例文6　合弁会社の設立-02 699
- 第6款　合弁会社の資本金に関する規定 699
  - 例文7　資本金に関する規定 699
- 第7款　株式の引き受け、払い込みに関する規定 700
  - 例文8　合弁会社の株式の引き受け・払い込み 700
- 第8款　新会社の定款に関する規定 700
  - 例文9　定款に関する規定 700
- 第9款　株主総会の招集・成立・決議に関する規定 701
  - 例文10　株主総会に関する規定-01（総会の開催場所）............................. 701
  - 例文11　株主総会に関する規定-02（定足数、決議要件）........................... 702
  - 例文12　株主総会に関する規定-03（委任状による代理出席、総会の招集）...... 703
- 第10款　取締役の選任・取締役会の決議に関する規定 703
  - 例文13　標準的な選任・決議方法　取締役会、取締役の選任 703
  - 例文14　取締役の選任・取締役会決議 705
  - 例文15　取締役会の決議方法に関する規定（補充）................................... 705
- 第11款　株主の事前同意を要する重要事項 706
  - 例文16　株主の事前承認事項 706
- 第12款　代表取締役の指名権・派遣に関する規定 707
  - 例文17　代表取締役選任 707
- 第13款　監査役の選任に関する規定 707
  - 例文18　監査役の選任 707
- 第14款　製品の製造・販売、新会社とパートナーとの契約に関する規定
  　　　　――サービス契約、ライセンス契約、販売店契約 708
  - 例文19　各株主の合弁新会社との契約、経営協力 708
- 第15款　帳簿閲覧権に関する規定 709
  - 例文20　合弁契約当事者による帳簿閲覧権 709
- 第16款　配当・配当受取権に関する規定 710
  - 例文21　配当に関する規定 710
- 第17款　株式譲渡の制限に関する規定 710
  - 例文22　株式の譲渡制限規定-01――ファースト・リフューザル・ライト 710
  - 例文23　株式の譲渡制限規定-02――他の株主の同意を要すると規定するケース ... 712
  - 例文24　株式の譲渡制限規定-03――譲渡株式についての他の株主の優先的購入権 ... 712
- 第18款　新会社の運営・資金調達に関する規定 712
  - 例文25　新会社の資金調達 713

	例文26 新会社の運営の独立性を強調する規定——新会社の運営	713
◉第19款	競合の制限に関する規定	714
	例文27 競合制限規定-01——株主と合弁会社との標準的な競合制限規定	714
	例文28 競合制限規定-02——世界市場での競合制限規定	715
◉第20款	株式のリパーチェス(Repurchase)条項	715
	例文29 株式のリパーチェス	715
◉第21款	当事者の破産・契約違反などに関する規定	716
	例文30 当事者の破産・契約違反など	716
◉第22款	一般条項 General Provisions; Miscellaneous Provisions	717
◉第23款	No Partnership、No Joint Venture条項	718
	例文31 No Partnership条項	718
◉第24款	フォース・マジュール(Force Majeure)条項	718
	例文32 不可抗力(Force Majeure)	719
◉第25款	上記各条項の和文訳ならびに一般条項の趣旨、文例とドラフティング上の注意点	719

第3章 海外合弁事業契約(株主間契約)01——海外合弁契約 ... 721

第1節 合弁事業契約(株主間契約)フォーム01——単純なフォーム ... 721
　◉第1款　SHAREHOLDERS AGREEMENT ... 721

第4章 合弁事業契約(株主間契約)02 ... 732

第1節 合弁事業契約(株主間契約)フォーム02 ... 732

第5章 合弁事業契約(株主間契約)03 ... 751

第1節 合弁事業契約(株主間契約)フォーム03 ... 751

第6章 標準的な合弁事業契約04 ... 760

第1節 日本などに設立するケース——フォーム04 ... 760

第15部 プラント契約　E.P.C. Agreement　779

第1章　プラント契約の基本知識 …… 780
- 第1節　はじめに——プラント契約の基本 …… 780
- 第2節　国際的プラント契約の重要条件・項目 …… 780
- 第3節　国際的プラント契約の教科書 …… 781
- 第4節　プラント契約の種類および特徴・用語 …… 781
  - 第1款　ターンキー契約 …… 781
  - 第2款　ランプサム契約とコスト・プラス・フィー契約 …… 782
  - 第3款　プライム・コントラクター …… 782
  - 第4款　コンソーシアム契約 …… 782
  - 第5款　技術ライセンス・指導を受ける場合における発注者の役割 …… 783
  - 第6款　オーナーズ・サプライ・ポーション …… 783
  - 第7款　発注者の基本的な義務 …… 783
  - 第8款　複合的・国際的なプラント契約 …… 783
  - 第9款　多様な資金調達方法を模索する試み …… 784

第2章　プラント契約の各条項（和訳付き） …… 785
- 第1節　基本用語の定義条項フォームズ …… 785
  - 第1款　Contractor（コントラクター）の定義（その1）
    ——コンソーシアムを組成することを明確に規定 …… 785
    - 例文1　コントラクターの定義-01 …… 785
  - 第2款　Contractor（コントラクター）の定義（その2）
    ——コンソーシアムの組成に触れず、単に契約者を複数並べる規定 …… 785
    - 例文2　コントラクターの定義-02 …… 786
  - 第3款　コントラクター各社は連帯履行責任を負うと明確に規定する発注者側に有利なドラフト …… 786
    - 例文3　コントラクターの連帯履行責任 …… 786
  - 第4款　複数のメンバーがコントラクターとなる場合に、そのうち1社を契約の連帯履行責任から免除する規定（その1） …… 786
    - 例文4　連帯履行責任からの免除-01 …… 786
  - 第5款　複数のメンバーがコントラクターとなる場合に、そのうち1社を契約の

		連帯履行責任から免除する規定（その2）	787
		例文5　連帯履行責任からの免除-02	787
	●第6款	Turn Key Basis（ターンキーベース）の定義	787
		例文6　ターンキーベース	787
	●第7款	Work（業務、工事）の定義	788
		例文7　工事の定義	788
	●第8款	Construction and Erection Work（建設および設置工事）の定義	788
		例文8　建設および設置工事	788
	●第9款	Equipment and Materials（設備および資材）の定義	789
		例文9　設備および資材	789
	●第10款	Facilities（施設）の定義	789
		例文10　施設	789
第2節	コントラクターの基本的な義務の条項フォームズ		790
	●第1款	コントラクターの基本的な義務（簡潔な規定・その1）	790
		例文1　コントラクターの義務-01	790
	●第2款	コントラクターの基本的な義務（簡潔な規定・その2）	790
		例文2　コントラクターの義務-02	790
第3節	価格に関する条項フォームズ		790
	●第1款	固定価格ベースで契約する場合の基本条項	790
		例文1　固定価格	790
	●第2款	契約金額を日本円で表す場合	791
		例文2　日本円建て	791
	●第3款	契約金額を米ドルで表す場合	791
		例文3　米ドル建て	791
第4節	現地政府の意向によりコントラクターに課される付帯条件（例）フォームズ		792
	●第1款	現地製の資材・機器の優先使用および現地労働者の雇用促進に関する努力義務	792
		例文1　現地品・雇用調達優先	792
	●第2款	現地企業および現地技術者・労働者への技術移転の促進に関する協力義務	793
		例文2　現地側への技術移転	793
	●第3款	訓練の実施および見学に関する規定	793
		例文3　訓練実施	793
第5節	プラント工事、工事現場の安全確保に関する条項例のフォームズ		795
	●第1款	安全対策および事故防止に関する規定（コントラクターに厳しい）	795
		例文1　事故防止	795
	●第2款	健康で安全な労働環境が確保されない状況に陥った場合に人員を退避させる権利（コントラクターに有利）	796

| | 例文2 | 安全な労働環境 | 796 |

第6節 公害防止および植物保護 796
  ● 第1款 公害防止および植物の保護に関する規定 796
    例文1 公害防止と植物の保護 796

第7節 コントラクターの表明条項例——利益相反行為なきこと;現地労働慣行の習熟 797
  ● 第1款 利益相反行為、不適正な支払いもしくは受領の禁止に関する規定 797
    例文1 利益相反行為 797
    例文2 現地の労働慣行の習熟 798

第8節 診療所の設置義務の規定 799
  ● 第1款 診療所の設置義務(コントラクターに有利) 799
    例文1 診療所 799

第9節 プラント建設用地の整備、引き渡し、および有害物資の除去義務に関する規定 799
  ● 第1款 プラント建設用地の引き渡しに関する確認条項(オーナー側に有利) 799
    例文1 用地引き渡し 799
  ● 第2款 有害物質の除去義務(コントラクターに有利) 800
    例文1 有害物質の除去 800

第10節 稀に用いられる条項フォームズ 801
  ● 第1款 遺跡、鉱脈、油田などを発見した場合の規定 801
    例文1 遺跡・鉱脈などの発見 801
  ● 第2款 死傷事故が発生した場合の規定 802
    例文2 死傷事故 802
  ● 第3款 不可抗力事由に該当する事態が発生した場合の証明方法に関する規定 803
    例文3 不可抗力の証明 803

第3章 プラント契約に付随する保証状および保証規定フォームズ(和訳付き) 804

第1節 ダウンペイメントの返還に関する銀行保証状フォーム 804
  ● 第1款 ダウンペイメントの返還に関する銀行保証状 804
    例文1 銀行保証 804

第2節 親会社によるコントラクターのための履行保証文言フォーム 806
  ● 第1款 工事契約の中で履行保証を記載する場合の規定 806
    例文1 親会社保証 806

英文索引	810
和文索引	820
謝　辞	826

第1部

秘密保持契約

Confidentiality Agreement

第1章 秘密保持契約書
（和訳付き）

第1節 秘密保持契約書　フォームNo.1

例文1　秘密保持契約書〜簡潔で両当事者に公平な契約

CONFIDENTIALITY AGREEMENT

［和訳］
秘密保持契約

THIS CONFIDENTIALITY AGREEMENT is made this 1st day of June 20＿, between Aurora Borealis Corporation, a corporation incorporated under the laws of Japan, and having its principal office at ＿＿＿＿＿＿＿＿＿＿ Chiyoda-ku, Tokyo, Japan, and, Karen View Corporation, a corporation incorporated under the laws of California, U.S.A., and having its principal office at ＿＿＿＿＿＿＿＿＿＿＿＿ San Francisco, California, U.S.A.

［和訳］
本秘密保持契約は、日本法に基づき設立され、日本国東京都千代田区＿＿＿＿＿＿＿＿＿＿＿＿＿＿＿＿＿に主たる事務所を有するオーロラ・ボレアリス・コーポレーションと、米国カリフォルニア州法に基づき設立され、米国カリフォルニア州サンフランシスコ市＿＿＿＿＿＿＿＿＿＿＿＿＿＿＿に主たる事務所を有するカレンビュー・コーポレーションとの間に、20＿年6月1日に締結された。

RECITALS

［和訳］
リサイタルズ

A the parties hereto wish jointly to assess and evaluate _____ technology of the _____ project (the "Project"), and

[和訳]
A 本契約の当事者は、_____プロジェクト（以下「本プロジェクト」）の_____技術を共同で審査し、評価することを希望しており、

B in the course of the Project each party may disclose to the other party information that is of a secret or confidential nature.

[和訳]
B 本プロジェクトの過程で、各当事者は、他の当事者に対し、秘密の、または秘密性を帯びた情報を開示することがある。

AGREEMENT

[和訳]
合意事項

NOW, THEREFORE, in consideration of the premises and mutual covenants hereinafter contained, the parties hereto agree as follows:

[和訳]
そこで、本契約の以後に含まれる約束ならびに相互の誓約を約因として、本契約の当事者は以下の通り、合意する。

ARTICLE 1 CONFIDENTIALITY OBLIGATION

[和訳]
第1条　秘密保持義務

Each party shall treat all information supplied by the other party pursuant to or in connection with the Project as being confidential whether such information supplied orally, in documentary form, in machine readable form or is embodied in equipment such as prototype or models,

[和訳]
各当事者は、本プロジェクトに従って、または関連して、他の当事者から提供されたすべての情報を、かかる情報が口頭で、書面形式で、あるいは、機械（コンピュータ）読み取り可能な方法で、提供されたものかどうか、また、プロトタイプまたはモデルなどの設備に具現されたものかどうか、を問わず、すべて秘密なものとして取り扱うものとする。

provided that neither party shall be obliged to treat as confidential any information which it can show is or was:

[和訳]
ただし、いずれの当事者も、その当事者が、その情報が下記に該当し、または該当したことを証明することができる情報については、秘密に扱う義務を負わないものとする。

(a) in the public domain otherwise than following default under this Agreement, or

[和訳]
(a) 本契約上の違反によらず、パブリックドメインになっていること。

(b) in the possession of the receiving party with full rights to disclose, being either independently developed by the receiving party or supplied by a third party without restriction on disclosure,

[和訳]
(b) 受領者が独自に開発したものであれ、開示の制限を受けない第三者から提供されたものであれ、開示する完全な権利を有する形で受領者の保有になっていること。

(c) disclosed by the other party four or more years earlier.

[和訳]
(c) 他の当事者により4年前、または、4年より前に開示されたものであること。

ARTICLE 2 BEST ENDEAVORS OBLIGATION

[和訳]
第2条　最善の努力を払う義務

Each party shall generally use its best endeavors to keep secret the other's confidential information and, in particular, shall not, without the specific prior written consent of the other, permit the confidential information:

[和訳]
各当事者は、他の当事者の秘密情報を秘密に保つようその最善の努力を払うものとし、とりわけ、他の当事者の個別の事前の書面による同意なしには、その秘密情報について、下記行為をしないものとする。

(a) to be disclosed except to those of its employees and consultants who may need to have such information in connection with the Project and who have confirmed their adherence to the terms of this Agreement,

[和訳]
(a) 本プロジェクトに関連し、かかる情報にアクセスすることを必要とし、本契約上の秘密保持誓約を確認した従業員ならびにコンサルタント以外の者に対し、漏洩すること。

(b) to be copied,

[和訳]
(b) コピーする(=複製を作成する)こと。

(c) to be commercially exploited in any way, or

[和訳]
(c) いかなる方法であれ、商業的に利用すること。

(d) to pass outside the receiving party's control.

[和訳]
(d) 受領者の制御できない外部に引き渡すこと。

ARTICLE 3 GOVERNING LAW

[和訳]
第3条　準拠法

This Agreement shall be construed in accordance with the laws of ＿＿＿＿＿＿.

[和訳]
本契約は、＿＿＿＿＿＿＿＿＿＿法に従って、解釈されるものとする。

IN WITNESS WHEREOF, each party hereto has caused this Agreement executed by its respective duly authorized representative.

[和訳]
上記の証明として、各当事者は、本契約をそれぞれ正当に代表する代表者により、調印せしめるものとする。

第2節　秘密保持契約書　フォームNo.2

例文1　秘密保持契約書～公平な秘密保持契約書(バリエーション)

CONFIDENTIALITY AGREEMENT

[和訳]
秘密保持契約

This Agreement is made and entered into this ＿th day of ＿＿＿＿, 20＿ by and between:
YELLOW STONE SYSTEMS, INC., a corporation organized and existing under the laws of the State of Delaware, and having its principal office at ＿＿＿＿＿＿＿＿＿＿＿＿＿＿＿ U.S.A. (hereinafter "YELLOW STONE"), and, AURORA BOREALIS CORPORATION, a corporation organized and existing under the laws of Japan, and having its principal office at ＿＿＿＿＿＿＿＿＿, Japan (hereinafter "AURORA").

［和訳］
本契約は、デラウェア州法に基づき、設立され、存続する会社で、米国＿＿＿＿＿＿＿＿＿＿＿＿＿＿＿＿に主たる事務所を有するイエローストーン・システム株式会社（以下「イエローストーン」という）と、日本法に基づき、設立され存続する会社で、日本国＿＿＿＿＿＿＿＿＿＿＿＿＿＿＿に主たる事務所を有するオーロラ・ボレアリス・コーポレーション（以下「オーロラ」という）との間に、20＿＿年＿＿月＿＿日に締結されたものである。

RECITALS

［和訳］
リサイタルズ＝契約締結に至る経緯

1　The parties identified above wish to exchange information concerning the advanced, proprietary YELLOW STONE technologies, that have been developed by YELLOW STONE, for the purpose of evaluating possible business relationships between the parties, and,

［和訳］
1　上記の当事者は、当事者間の可能なビジネス提携について評価するために、イエローストーンが開発した進歩性がある知的財産であるイエローストーン技術に関する情報（秘密情報）を交換したいと希望しており、また、

2　Much of information that will be exchanged between the parties hereto is considered confidential or proprietary (the "Confidential Information") by the disclosing party.

［和訳］
2　本契約者間で、交換し合う情報の多くは、開示者側により秘密性があり、かつ、知的財産価値があると考えられる情報（以下「秘密情報」）である。

AGREEMENT

［和訳］
合意

NOW, THEREFORE, in consideration of the premises and mutual covenants hereinafter contained, both parties agree as follows:

[和訳]
したがって、本契約に含まれる約束ならびに相互の誓約を約因として、両当事者は、以下の通り、合意する。

ARTICLE 1　CONFIDENTIALITY OBLIGATIONS

[和訳]
第1条　秘密保持義務

1.1　Both parties shall hold the Confidential Information received from the other party in strict confidence and shall use such information only for the purpose of evaluating possible business relationships between the two parties.

[和訳]
1.1　両当事者は、相手方から受領した秘密情報を厳格に秘密裡に保つものとし、かつ、かかる情報を、2者間の可能なビジネス関係を評価する目的のためにのみ使用するものとする。

1.2　Each party hereto agrees that it will not disclose the Confidential Information to any third party without the prior written consent of the disclosing party.

[和訳]
1.2　各当事者は、いずれも、秘密情報をその開示当事者の事前の書面による同意なしには、他の第三者に開示しないことに合意する。

1.3　This confidential obligation of the receiving party hereunder shall extend for four years from the effective date of this Agreement.

[和訳]
1.3　本契約に基づく受領者のこの秘密保持義務は、本契約の発効日から4年間有効とする。

ARTICLE 2　DISCLOSING PARTY'S MARKING OBLIGATION PRIOR TO DELIVERY

[和訳]
第2条　開示者による引き渡し前の明示義務

2.1　All Confidential Information shall be clearly marked by the disclosing party as "CONFIDENTIAL INFORMATION" or "PROPRIETARY INFORMATION".

[和訳]
2.1　すべての秘密情報は、開示者により、"秘密情報"あるいは、"財産的価値ある情報"として、明示されなければならない。

2.2　It is the responsibility of the disclosing party to ensure that all the Confidential Information is clearly marked prior to delivery to the receiving party.

[和訳]
2.2　すべての秘密情報が受領者への引き渡し前に明瞭に明示することを確保するのは、開示者の責任とする。

ARTICLE 3　PREVENTION EFFORTS AGAINST UNAUTHORIZED DISCLOSURE

[和訳]
第3条　許諾されない開示に対する防止努力

3.1　Each party hereto as a receiving party of the Confidential Information from the disclosing party shall undertake every effort to prevent third parties from obtaining access to disclosed Confidential Information.

[和訳]
3.1　開示者からの秘密情報の受領者としての本契約各当事者は、第三者が開示された秘密情報のアクセスを獲得することを防止するためのあらゆる努力を払うものとする。

3.2 Each party hereto shall undertake every effort to ensure that its employees, officers and advisors adhere to these confidentiality obligations.

［和訳］
3.2 本契約各当事者は、その従業員、役職員ならびにアドバイザーが本秘密保持義務を遵守することを確保するためにあらゆる努力をするものとする。

ARTICLE 4 EXCEPTIONS OF THE CONFIDENTIALITY OBLIGATIONS

［和訳］
第4条　秘密保持義務の免除

4.1 These confidentiality obligations shall not apply to any information:

［和訳］
4.1 本秘密保持義務は、以下の情報には適用しないものとする。

(i) lawfully obtained from other sources,

［和訳］
(i) 他のソース（＝情報源）から適法に取得された情報。

(ii) generally available to the public,

［和訳］
(ii) 一般に公衆が入手できる情報。

(iii) known by the receiving party in advance of disclosure, or

［和訳］
(iii) または、開示の前に受領者により知られていた情報。

(iv) otherwise obtained from a source that is not under a confidentiality obligation hereto.

[和訳]
(iv) 本契約の秘密保持義務を負わないソース（＝情報源）から他の方法で取得された情報。

ARTICLE 5 NO WARRANTIES AS TO ACCURACY OR COMPLETENESS OF INFORMATION

[和訳]
第5条　情報の正確さまたは完全さについての不保証

5.1　The disclosing party makes no warranties, promises or representations as to the accuracy or completeness of the information disclosed.

[和訳]
5.1　開示者は、開示された情報の精確さまたは完全さについて何ら保証、約束または表明をしない。

5.2　The disclosing party is not responsible for any expenses or losses incurred by the other party as a result of receipt of the Confidential Information.

[和訳]
5.2　開示者は、秘密情報の受領の結果として、相手方により被った費用または損失について、一切責任を負わないものとする。

ARTICLE 6 PROPERTY RIGHT OF THE CONFIDENTIAL INFORMATION

[和訳]
第6条　秘密情報についての財産的権利

6.1　The Confidential Information disclosed by the disclosing party remains the property of the disclosing party.

[和訳]
6.1　開示者により開示された秘密情報は、開示者の財産であり続けるものとする。

6.2 The receiving party shall immediately return the Confidential Information to the disclosing party upon receipt of written request of the disclosing party.

［和訳］
6.2 受領者は、開示者の書面の要請の受領次第、開示者に対し、秘密情報をただちに返還するものとする。

ARTICLE 7 NO GRANTING OR CONFERRING OF RIGHTS TO RECEIVING PARTY

［和訳］
第7条　受領者に対して権利の許諾も、移転もなきこと

7.1 No aspect of this Agreement may be construed as granting or conferring any rights or licenses from one party to this Agreement to the other party, other than the confidentiality obligations detailed herein.

［和訳］
7.1 本契約に詳細に定める秘密保持義務以外、本契約のどの部分も、本契約の一方の当事者から他の当事者に対し、いかなる権利をも許諾し、または、移転するものと解釈されてはならない。

ARTICLE 8 GOVERNING LAW AND ARBITRATION

［和訳］
第8条　準拠法および仲裁

8.1 This Agreement shall be interpreted under the laws of the (State of California, United States of America/Japan いずれかを選択), without regard to its rules of conflicts of laws.

［和訳］
8.1 本契約は、衝突法のルールにかかわりなく、(米国カリフォルニア州法／日本法＜いずれかを選択＞)により解釈されるものとする。

8.2　All disputes which may arise between the parties out of or in relation to this Agreement shall be settled by arbitration without submission to ordinary court.

［和訳］

8.2　本契約から、または、関連し発生するすべての紛争は、通常の裁判所に付託せず、仲裁により解決されるものとする。

8.3　The arbitration shall be conducted in San Francisco, California, U.S.A., by the American Arbitration Association in accordance with the rules thereof in the case where the respondent is YELLOW STONE, and shall be conducted in Tokyo, Japan by the Japan Commercial Arbitration Association in accordance with its rules in the case where the respondent is AURORA.

［和訳］

8.3　仲裁は、被申立人がイエローストーンの場合は、米国仲裁協会によりその規則に従って、米国カリフォルニア州サンフランシスコで、おこなわれるものとし、また、被申立人がオーロラの場合は、日本商事仲裁協会により、その規則に従って、日本国東京でおこなわれるものとする。

8.4　The award shall be final and binding upon both parties.

［和訳］

8.4　裁定は最終的であり、当事者を拘束するものとする。

8.5　Notwithstanding the above, each of the parties shall be entitled to injunctive relief for a breach by the other party of its confidentiality obligations and may seek injunctive relief to any court having jurisdiction over such breach.

［和訳］

8.5　上記規定にかかわらず、各当事者は、相手方による秘密保持義務の違反に対する差止救済を求める訴えを提起することができるものとし、かかる違反を管轄するどの裁判所に対しても、その差止請求をなしうるものとする。

IN WITNESS WHEREOF, the parties hereto have executed this Agreement by their duly authorized representatives.

[和訳]
上記の証として、本契約当事者は、その正当に権限を付与された代表者により本契約を調印せしめた。

Aurora Borealis Corporation

[和訳]
オーロラ・ボレアリス・コーポレーション

Yellow Stone Systems, Inc.

[和訳]
イエローストーン・システム株式会社

By：＿＿＿＿＿＿＿＿

[和訳]
署名

Name：＿＿＿＿＿＿＿

[和訳]
氏名

Title：＿＿＿＿＿＿＿

[和訳]
肩書き

Date：＿＿＿＿＿＿＿

[和訳]
日付

By：_____

[和訳]
署名

Name：_____

[和訳]
氏名

Title：_____

[和訳]
肩書き

Date：_____

[和訳]
日付

第3節 秘密保持契約書　フォームNo.3

秘密保持契約 〜 一方から開示する秘密保持契約

例文 1

◇正式なライセンス契約締結の前に、締結の是非の吟味のために一方（開発者側）から開示される秘密情報の秘密保持契約例

CONFIDENTIALITY AGREEMENT

[和訳]
秘密保持契約

This Agreement is made as of the _____day of _____, 20__ between:
_____

_____("Mikonos Systems"), and _____
_____
_____("Elnox").

[和訳]
本契約は、_____
_____(以下「ミコノス・システムズ」
という)と、_____
_____(以下「エル
ノックス」という)との間に、20__年__月__日付で締結された。

RECITALS

[和訳]
リサイタルズ

A. Mikonos Systems has developed a new method for _____ (the "Method").

[和訳]
A. ミコノス・システムズは、_____についての新しい方法(以下「本方法」という)を開発しており、

B. Elnox desires to receive certain information relating to the Method (the "Confidential Information") for specific purpose of evaluating the Method to determine whether or not enter into a definitive agreement with Mikonos Systems for further research and development of the Method (the "Purpose").

[和訳]
B. エルノックスは、本方法に関する一定の情報(以下「秘密情報」という)を、本方法のさらなる研究と開発のため、ミコノス・システムズと正式な契約の締結をするかどうかについて決定するために、本方法を評価するという特定の目的(以下「本目的」という)のために、受領したいと希望しており、

C. Mikonos Systems wishes to disclose to Elnox its Confidential Information for the Purpose.

[和訳]
C. ミコノス・システムズは、本目的のために、秘密情報をエルノックスに開示することを希望している。

AGREEMENT

[和訳]
合意

NOW, in view of the above premises and the foregoing promises, Mikonos Systems and Elnox agree as follows:

[和訳]
したがって、上記の事項ならびに上記の約束を踏まえ、ミコノス・システムズとエルノックスは、以下の通り合意する。

ARTICLE 1 DEFINITIONS

[和訳]
第1条　定義

The "Confidential Information" includes scientific, technical, engineering, operating and economic information, relating to the Method, which Mikonos Systems has provided for or communicate to Elnox.

[和訳]
秘密情報は、ミコノス・システムズがエルノックスに提供し、または連絡する、本方法に関する科学上、技術上、エンジニアリング上、操作上または、経済的な情報を含み、それ（＝提供または連絡）が、下記のいずれによるものかを問わないものとする。

whether:
(i) in writing, in the form of drawings, patterns or models, and which is expressly marked and identified at the time of disclosure as being "Confidential Information" of Mikonos Systems, or

[和訳]
(i) 書面によるか、図面・パターン画もしくはモデルの形式によるかを問わず、また、それが、開示の際に、ミコノス・システムズの秘密情報であることが明示的に記されているか、指定されているかを問わないものとし、

(ii) orally or visually or in some other manner, whether in permanently recorded form or not, and which is designated by Mikonos Systems at the time of such disclosure or within twenty (20) days thereafter as being "Confidential Information" of Mikonos Systems.

[和訳]
(ii) 永久に記録される方法であるかどうかを問わず、口頭、視覚的または他の方法で、また、それが、ミコノス・システムズにより、ミコノス・システムズの秘密情報であることを、開示の際またはその（開示）後20日以内に指定された場合。

ARTICLE 2 CONFIDENTIAL OBLIGATIONS

[和訳]
第2条　秘密保持義務

In respect of the Confidential Information disclosed under this Agreement, Elnox agrees:

[和訳]
本契約に基づき開示される秘密情報について、エルノックスは、（以下の通り）合意する。

(i) to keep all the Confidential Information in safe custody at all times and treat all the Confidential Information as confidential regardless of when disclosed;

[和訳]
(i) すべての秘密情報を常時、安全な管理下に保ち、すべての秘密情報をそれがいつ開示されたかを問わず、秘密のものとして取り扱うこと。

(ii) not to disclose the Confidential Information to any third party without the prior written consent of Mikonos Systems.

［和訳］
(ii) 秘密情報をミコノス・システムズの事前の書面による同意なしにいかなる第三者に対しても開示しないこと。

(iii) not to make any recording or duplications of the Confidential Information without prior written consent of Mikonos Systems.

［和訳］
(iii) 秘密情報をミコノス・システムズの事前の書面による同意なしに、いかなる記録または複製も作成しないこと。

(iv) to limit access to the Confidential Information to its employees reasonably required it for the Purpose;

［和訳］
(iv) 秘密情報を本目的のためアクセスを合理的に必要とするその従業員に限定すること。

(v) to require all employees given access to the Confidential Information to sign a written agreement as to secrecy and non-use comparable in scope and duration to that herein set out and provide Mikonos Systems with copies of the same; and

［和訳］
(v) 秘密情報にアクセスすることを認められた従業員に対し、本契約に規定する秘密保持誓約と同じ範囲（＝内容）と期間の秘密保持と目的外使用禁止誓約について、書面の契約に署名させ、その契約書の写しをミコノス・システムズに対し提出すること。

(vi) not to use any of the Confidential Information in any manner which would be harmful to the best interests of Mikonos Systems;

［和訳］
(vi) いかなる秘密情報をもミコノス・システムズの最良の利益に対し、有害な方法で使用しないこと。

(vii) not to use any of the Confidential Information in any way other than for the Purpose;

[和訳]
(vii) 秘密情報を本目的以外のためにいかなる方法でも、使用しないこと。

ARTICLE 3 EXCEPTIONS OF THE CONFIDENTIAL OBLIGATIONS

[和訳]
第3条　秘密保持義務の除外事項

3.1　Elnox's obligations hereunder shall not extend to any of the Confidential Obligations:

[和訳]
3.1　本契約上のエルノックスの義務は、以下に掲げるいかなる秘密情報にも適用されないものとする。

(i) that is publicly available at the time of its disclosure to Elnox;

[和訳]
(i) エルノックスに開示されたときに公に入手可能なもの。

(ii) that is, at the time of disclosure to Elnox, already properly in the possession of Elnox in written form from sources other than Mikonos Systems;

[和訳]
(ii) エルノックスに対する開示の際に、既に、ミコノス・システムズ以外の情報源から書面で、正当に占有していたもの。

(iii) that, after the time of its disclosure to Elnox, becomes available to Elnox on a non-confidential basis from a third party having no obligation of confidentiality to Mikonos Systems with respect thereto; or

[和訳]
(iii) エルノックスに対する開示のあと、ミコノス・システムズとの秘密保持義務を負わない第三者から秘密保持義務を負わない条件で、入手されたもの。

(iv) is independently developed by an employee engaged by Elnox having no knowledge of the Confidential Information.

[和訳]
(iv) 秘密情報について何ら知識を有しない、エルノックスにより雇用された従業員により、独立して開発されたもの。

3.2 The burden of showing that any of the Confidential Information is not subject to the obligations of confidentiality hereunder shall rest on Elnox.

[和訳]
3.2 秘密情報が本契約上の秘密保持義務を負わないことを証明する負担（＝挙証責任）は、エルノックスにあるものとする。

ARTICLE 4 RETURN OF THE CONFIDENTIAL INFORMATION

[和訳]
第4条　秘密情報の返還

At any time upon the written request of Mikonos Systems, Elnox shall return to Mikonos Systems the Confidential Information disclosed to Elnox hereunder and shall destroy all copies of such Confidential Information and any documents, records, photograph etc. derived from such Confidential Information.

[和訳]
ミコノス・システムズの書面による要請があるときは、いつでも、エルノックスは、本契約に基づき開示された秘密情報をミコノス・システムズに返還するものとし、また、秘密情報のコピーならびに秘密情報から派生したいかなる書類、記録または写真等を破棄処分するものとする。

ARTICLE 5 NO GRANT OF INTELLECTUAL PROPERTY RIGHTS

[和訳]
第5条　知的財産権を許諾したわけではないこと

5.1 Elnox will obtain no intellectual right or license of any kind to the Confidential Information disclosed to it and acknowledges that all intellectual property rights subsisting therein belongs exclusively to Mikonos Systems.

[和訳]
5.1 エルノックスは、エルノックスに開示されたいかなる秘密情報についても、知的財産権あるいは、その使用許諾を取得するわけではなく、また、秘密情報に内在するすべての知的財産権は、すべてミコノス・システムズに所属することを確認する。

5.2 Ownership of intellectual property rights arising from Elnox's use of the Confidential Information disclosed hereunder shall vest exclusively in Mikonos System.

[和訳]
5.2 本契約に基づき開示された秘密情報のエルノックスの使用から発生する知的財産権の所有権は、排他的にミコノス・システムズに帰属するものとする。

ARTICLE 6　PERMITTED DISCLOSURE

[和訳]
第6条　許容される開示

Notwithstanding any other provision of this Agreement to the contrary, Elnox shall be permitted to disclose Confidential Information received by Elnox to any of its affiliates and to the employees of any such affiliates,

[和訳]
本契約中のいかなる反対の趣旨の規定にもかかわらず、エルノックスは、秘密情報を、いかなるその関連会社にも、かかる関連会社の従業員に対しても開示できるものとするが、以下の事項を条件とする。

provided that Elnox shall be liable for any loss incurred by Mikonos Systems as a result of any use of the Confidential Information by such affiliates or such employees which, were such use to have made by Elnox or any of its employees, would have constituted a breach of this Agreement.

[和訳]
エルノックスは、もし、エルノックス自身またはその従業員がかかる使用をしたら、本契約の違反にあたるような秘密情報のいかなる使用をも、かかる関連会社または、関連会社の従業員が、おこなった場合は、その結果、ミコノス・システムズが被った損害を賠償する責任を負う。

ARTICLE 7 INJUNCTIVE RELIEF

[和訳]
第7条　差し止めによる救済

Elnox acknowledges that Mikonos Systems may obtain injunctive relief against Elnox for any breach of this Agreement.

[和訳]
エルノックスは、ミコノス・システムズが本契約の違反について、エルノックスに対し、差止救済を求めることができることを確認する。

ARTICLE 8 NO MODIFICATION OR AMENDMENT

[和訳]
第8条　契約の変更または修正

This Agreement shall only be modified or amended by a written agreement signed by Mikonos Systems and Elnox.

[和訳]
本契約は、ミコノス・システムズならびにエルノックスにより署名された書面契約によってのみ、変更または修正されるものとする。

ARTICLE 9 DURATION

[和訳]
第9条　期間

Subject to Article 3 hereof, the confidentiality obligation of Elnox hereunder shall be unlimited, and endure until the lawful publication of the Confidential Information disclose it to the public.

［和訳］
本契約第3条には従うが、本契約上のエルノックスの秘密保持義務は、制限がなく、また、秘密情報の適法な開示が公衆に開示されるまで、存続する。

ARTICLE 10
This Agreement shall be governed by and construed in accordance with the laws of _____ and Mikonos Systems and Elnox hereby agree to submit to the non-exclusive jurisdiction of the courts of that state.

［和訳］
第10条
本契約は、_____(国)の法律に従って、支配され、解釈されるものとし、ミコノス・システムズならびにエルノックスは、当該国の裁判所を非排他的な管轄裁判所とすることに合意する。

IN WITNESS WHEREOF, Mikonos Systems and Elnox have caused by their duly authorized representatives to execute this Agreement as of the day and year first above written.

［和訳］
以上の合意を証するため、ミコノス・システムズならびにエルノックスは、それぞれの正当な代表者をして冒頭の年月日をもって本契約を調印せしめる。

MIKONOS SYSTEMS, INC.

［和訳］
ミコノス・システムズ株式会社

By: ___signature___
Typed Name: _____
Typed Title: _____
and in the presence of:
_____

Witness : Typed Name and Title

[和訳]
立ち合い人：＿＿＿＿＿＿＿＿＿＿

ELNOX CORPORATION

[和訳]
エルノックス株式会社

By: ＿＿signature＿＿
Typed Name ＿＿＿＿＿＿＿＿
Typed Title ＿＿＿＿＿＿＿＿
and in the presence of:
＿＿＿＿＿＿＿＿＿＿＿＿＿
Witness: Typed Name and Title

[和訳]
立ち合い人：＿＿＿＿＿＿＿＿＿＿

第4節　秘密保持契約書　フォームNo.4

公平な秘密保持契約

例文 1

◇ビジネス提携をするかどうかを吟味するため、互いに秘密情報を提供し合う際に締結する秘密保持契約

CONFIDENTIAL NON-DISCLOSURE AGREEMENT

[和訳]
秘密保持契約

This Agreement is entered into on the ＿＿＿th day of ＿＿＿＿＿＿＿＿, 20＿ (the "Effective Date"), between ＿＿＿＿＿＿＿＿＿＿＿＿＿＿＿＿, ＿＿＿＿＿＿＿＿,
＿＿＿＿＿＿＿＿＿＿＿＿＿＿＿＿＿＿＿＿ (hereinafter referred to as

"_____") and _____, a corporation incorporated under the laws of Japan and located at _____ Japan (hereinafter referred to as "_____"; hereinafter jointly also referred to as the "Parties";

[和訳]
本契約は、_____(以下「_____」という)と、日本法に基づき設立された会社で、日本国_____に所在する_____(以下「_____」という)(これ以降、両当事者を「本当事者」と呼ぶことがある)との間に、20__年__月__日に締結された。

RECITALS

[和訳]
リサイタルズ＝契約締結の経緯

A the Parties intend to explore joint business opportunities; and

[和訳]
A 本契約当事者は、共同のビジネス提携の機会を探求しており、また、

B in the pursuance of this interest the Parties may disclose certain confidential technical and business information that the Parties desire the Receiving Party to treat as, and keep strictly, confidential;

[和訳]
B この利益を追求する過程で、本契約当事者は、当該当事者が、受領者に対し、秘密扱いのものとして、また、秘密を保持することを希望する一定の秘密の技術的およびビジネス上の情報を開示することがある。

AGREEMENT

[和訳]
合意事項

NOW THEREFORE, in consideration of the promises made in this Agreement, the Parties have agreed upon the following:

[和訳]
よって、本契約によりなされる約束を約因として、本契約当事者は、以下の通り、合意した。

ARTICLE 1 CONFIDENTIAL INFORMATION

[和訳]
第1条　秘密情報

1.1　The "Confidential Information" means any information disclosed to the Receiving Party (hereinafter the "Receiving Party") by the disclosing party (hereinafter the "Disclosing Party") either directly or indirectly in writing, or orally or by inspection of the tangible goods, including without limitation, documents, blue prints, technical data, prototypes, samples or business plans.

[和訳]
1.1　「秘密情報」は、開示当事者（以降「開示当事者」と呼ぶ）により、受領当事者（以降「受領当事者」と呼ぶ）に対し開示された情報を意味するものとし、直接、間接あるいは、書面または口頭あるいは、書類・設計図・技術データ・プロトタイプあるいは見本またはビジネスプランを含みそれらに限定されない有形物の検査により開示されたものを問わず含まれる。

1.2　The Confidential Information shall, however, not include any information which the Receiving Party can establish;

[和訳]
1.2　しかしながら、秘密情報は、受領当事者が以下に該当することを立証できる情報は含まないものとする。

(i)　was publicly known and generally available after disclosure to the Receiving Party by the Disclosing Party;

[和訳]
(i)　開示当事者から受領当事者に対する開示のあと、公衆に知られ、一般に入手可能であること。

(ii) becomes publicly known and made available after disclosure to the Receiving Party through no action of, or breach of this Agreement by, the Receiving Party;

[和訳]
(ii) 受領当事者に対する開示のあと、受領当事者の行為または、受領当事者による本契約の違反によらずに、公衆に知られるようになり、一般に入手可能になったもの。

(iii) at the time of disclosure had been available to the Receiving Party if, to the knowledge of the Receiving Party, such source was not under a duty to the Disclosing Party to keep such information confidential; or

[和訳]
(iii) 開示のときに、既に、受領当事者により、受領当事者の知るところでは、かかる秘密保持義務を負担しない条件のもとで、入手済みであったもの、または、

(iv) at the time of disclosure, had been independently developed by the Receiving Party as evidenced by the Receiving Party's records.

[和訳]
(iv) 開示のときに、既に、受領当事者によって、独自に開発済みであり、その開発の事実が、受領当事者により、証明できるもの。

ARTICLE 2 NON-DISCLOSURE OBLIGATIONS

[和訳]
第2条　秘密保持義務

2.1 The Parties shall hold in confidence and shall not disclose any Confidential Information to third parties or to its employees, except where a bona fide need to know is required for evaluation or to engage in discussion concerning the possible business relationship.

[和訳]
2.1 本契約当事者は、秘密情報を秘密に保ち、かつ、第三者またはその従業員に対し、評価のため、ならびに、可能なビジネス提携について討議に参加するために、善意で知ることが必要とされる場合を除き、開示しないものとする。

2.2 All said employees, though not signatories to this Agreement, shall be bound by its covenants.

[和訳]
2.2 すべての上記の従業員は、本契約の署名者ではないものの、本契約の誓約に拘束されるものとする。

2.3 The Receiving Party agrees not to copy, reverse engineer, decompile any prototypes or tangible objects which embody the Disclosing Party's Confidential Information and which may be provided to the Receiving Party under this Agreement.

[和訳]
2.3 受領当事者は、開示当事者の秘密情報を構成するいかなるプロトタイプまたは有形物も複製を作り、リバースエンジニアリングをおこない、または分解をしないものとする。

ARTICLE 3 NON-USE OBLIGATIONS

[和訳]
第3条　不使用義務

3.1 The Receiving Party shall not use any Confidential Information disclosed by the Disclosing Party for any purpose except to evaluate and engage in discussions concerning a potential business relationship between the Parties and/or their clients.

[和訳]
3.1 受領当事者は、開示当事者により開示されたいかなる秘密情報も、本契約当事者間またはその顧客との可能なビジネス関係について、評価あるいは、議論する目的以外にはいかなる目的のためにも使用しないものとする。

3.2 The Receiving Party agrees to take all reasonable measures to avoid unauthorized use of the Confidential Information.

[和訳]
3.2 本受領当事者は、秘密情報の許諾されていない目的のための使用を防ぐため、あらゆる合理的な手だてをとるものとする。

ARTICLE 4 MEASURES FOR THE PROTECTION OF THE CONFIDENTIALITY

[和訳]
第4条　秘密保持を守るための手だて

4.1　The Receiving Party shall take all reasonable measures to protect the confidentiality of and avoid unauthorized disclosure of the Confidential Information.

[和訳]
4.1　受領当事者は、秘密情報の保護をおこない、また、秘密情報の許諾されない漏洩を防止するためにあらゆる合理的な手だてを講ずるものとする。

4.2　Without limiting the foregoing, the Receiving Party agrees to take at least those measures that the Receiving Party takes to protect its own most highly confidential information, and shall have its employees and/or subcontractors or consultant who have access to the Confidential Information execute a non-disclosure agreement of the Confidential Information in context substantially same or similar to the provisions hereof, prior to any disclosure of the Confidential Information.

[和訳]
4.2　上記に制約されることなしに、受領当事者は、最低限、受領当事者が、その最も高い秘密性を帯びた秘密情報を守るために自ら講じている手法を講ずることに合意し、また、秘密情報にアクセスするその従業員、サブコントラクターまたはコンサルタントに対し、その秘密情報を開示する前に、本契約の規定と実質的に同じまたは類似の内容の秘密保持契約書に署名させるものとする。

4.3　The Receiving Party agrees not to make copies of any Confidential Information unless the same are previously approved by the Disclosing Party in writing.

[和訳]
4.3　受領当事者は、コピー作成が、開示当事者により書面で事前に承諾されていない限り、いかなる秘密情報も、そのコピーを作成してはならないものとする。

4.4 The Receiving Party agrees to reproduce proprietary rights notice on any such approved copies, in the same manner in which such notices were set forth in or on the original.

[和訳]
4.4 受領当事者は、かかる承諾のもとに、作成するコピーには、知的財産権の表示がオリジナルに規定されているのと同じ様式で、知的財産権の表示をおこなうことに合意する。

4.5 The Receiving Party agrees to immediately notify the Disclosing Party in the event of any unauthorized disclosure of the Confidential Information.

[和訳]
4.5 秘密情報の許諾されない漏洩が発生した場合は、受領当事者は、ただちに、開示者に対し通知をおこなうことに合意する。

ARTICLE 5　INTELLECTUAL PROPERTY RIGHTS

[和訳]
第5条　知的財産権

5.1 The Disclosing Party reserves intellectual property rights, including industrial property, such as patent rights, patent applications and copy rights, with respect to the Confidential Information and/or derivatives thereof.

[和訳]
5.1 開示当事者は、その秘密情報ならびにその派生物についての特許権、特許出願ならびに著作権を含む知的財産権を留保する。

5.2 The Receiving Party shall not modify or remove copyright-notices, source indications, serial numbers or other features or contents of the Confidential Information.

[和訳]
5.2 受領当事者は、秘密情報の著作権表示、源(原典)表示、連続番号、あるいは他の特徴または内容を、変更あるいは除去しないものとする。

ARTICLE 6 NO WARRANTY

[和訳]
第6条　不保証

6.1 The Parties acknowledge and agree that all Confidential Information will be provided 'as is' under this Agreement.

[和訳]
6.1 本契約当事者は、すべての秘密情報が、本契約のもとで「現状有姿」条件で提供されるものであることを確認し、合意する。

6.2 The Parties make no warranties, express, implied or otherwise, regarding its accuracy, completeness or performance.

[和訳]
6.2 本契約当事者は、その（＝秘密情報の）精確さ、完全さ、または性能について、明示的、黙示的、あるいは他の方法によるかを問わず、一切保証しないものとする。

ARTICLE 7 NO LICENSE

[和訳]
第7条　許諾しないこと

Nothing herein is intended to grant any rights to the Receiving Party under any patent or copyright, nor shall this Agreement grant any rights in or to the Confidential Information except as expressly provided in this Agreement.

[和訳]
本契約によっては、受領当事者に対しいかなる特許権あるいは著作権上の権利も許諾することを意図しておらず、また、本契約は、本契約に明示的に規定した事項以外では、秘密情報に対する権利を許諾するものではない。

ARTICLE 8 REMEDIES FOR PROTECTION OF CONFIDENTIALITY

[和訳]
第8条　秘密保護のための救済

8.1　The Receiving Party acknowledges and agrees that any violation or threatened violation of this Agreement will cause irreparable injury to the Disclosing Party, entitling to obtain injunctive relief in addition to all available legal remedies.

[和訳]
8.1　受領当事者は、本契約の違反または違反の恐れが、開示当事者に対し取り返しのつかない（修復不能な）損害を与えうるものであり、開示当事者にすべての法的な救済に加えて、差止救済を取得しうる権利が付与されることを容認し、合意する。

8.2　In the event that the Receiving Party breaches this Agreement resulting in legal action by the Disclosing Party, and such action is decided in favor of the Disclosing Party, the Receiving Party agrees to bear all legal costs, in addition to any other form of relief resulting from said action.

[和訳]
8.2　受領当事者が本契約に違反し、それが、開示当事者による法的手段（＝訴訟）を引き起こし、かかる訴訟が開示当事者の勝訴に決定されたときは、受領当事者は、かかる訴訟から得られるどのような救済に加えても、すべての法的費用を負担することに合意する。

ARTICLE 9　DURATION AND TERMINATION

[和訳]
第9条　期間と終了

9.1　This Agreement shall become effective immediately upon signing thereof by the Parties, and shall apply to all the Confidential Information exchanged by the Parties, including any information of confidential nature exchanged prior to such signing.

[和訳]
9.1 本契約は本契約当事者により署名されたときただちに発効し、本契約当事者により交換されるすべての秘密情報に適用されるものとし、それ（＝適用対象の秘密情報）には、本契約の署名の前に交換される秘密性を帯びたすべての情報が含まれるものとする。

9.2 The provisions of this Agreement shall continue in full force and effect, regardless of whether the Parties decide not pursue any joint business opportunities together, for a period of seven (7) years after the Effective Date or six (6) years from the date of notice of such decision, whichever is shorter.

[和訳]
9.2 本契約の規定は、共同のビジネスの機会を追求するかどうかについての決定の如何にかかわらず、本契約の発効日から7年間、または、かかる決定の通知の日から6年間のうち、いずれか、短いほうの期間、有効とする。

ARTICLE 10　ENTIRE AGREEMENT AND NO MODIFICATION

[和訳]
第10条　完全な合意と不変更

10.1 This Agreement, together with all documents attached hereto, contains and constitutes the entire agreement between the Parties with respect to the subject matter hereof.

[和訳]
10.1 本契約は、本契約に付随するすべての書類とともに、本契約の主題について、本契約当事者間のすべての合意を含み、構成する。

10.2 This Agreement may not be amended, nor any obligation waived except by written agreement signed by all the parties hereto.

[和訳]
10.2 本契約はすべての本契約当事者により署名された書面契約による場合を除き、変更されないものとし、また、いかなる義務も免除されないものとする。

ARTICLE 11　NO WAIVER

［和訳］
第11条　不放棄

Any failure to enforce any provision of this Agreement shall not constitute a waiver thereof or any other provision hereof.

［和訳］
本契約の規定を強制することを懈怠することは、その規定またはいかなる他の規定の放棄にも該当しないものとする。

ARTICLE 12　NO OBLIGATION TO ENTER INTO ANY AGREEMENT

［和訳］
第12条　いかなる契約をも締結する義務を負わないこと

12.1　Nothing contained in this Agreement shall create on either Party the obligation to enter into any agreement the other Party in respect of any potential joint business opportunities and, subject to the provisions of Section ＿, below, each Party reserves the right to terminate, in its sole discretion, the discussions with the other Party regarding such potential joint opportunities.

［和訳］
12.1　本契約のどの規定も、いずれの当事者に対しても、可能性ある共同ビジネスの機会についていかなる契約をも締結する義務を課さないものとし、また、第＿条の規定には従うが、各当事者は、その自由裁量により、かかる共同の機会についての討議を打ち切る権利を留保するものとする。

12.2　Upon such termination, or if a definitive agreement regarding such potential business opportunities has not been reached by the end of business on ＿＿＿th of ＿＿＿＿＿＿, 20＿, the Receiving Party shall, at the Disclosing Party's selection, destroy or return to the Disclosing Party the originals and any copies in the Receiving Party's possession of all of the Confidential Information received under this Agreement.

[和訳]
12.2 上記の解除がなされたとき、あるいは、もし、可能性あるビジネスの機会に関する正式な契約が20__年__月__日の営業時間の終了までに、締結されていないときは、受領当事者は、開示当事者の選択に従って、本契約に基づき受領し、受領当事者の占有にある秘密情報のオリジナルまたは、すべてのコピーを破棄し、または、開示当事者に返還するものとする。

ARTICLE 13 GOVERNING LAW AND COURT(S)

[和訳]
第13条　準拠法および裁判所

13.1 This Agreement shall be governed by the laws of _____, without reference to conflict of laws principles.

[和訳]
13.1 本契約は、準拠法選択のルールにかかわらず、_____法に準拠するものとする。

13.2 All disputes or conflicts arising out of this Agreement or breach thereof shall be finally settled by _____.

[和訳]
13.2 本契約またはその違反から発生するすべての紛争または（意見の）衝突は、_____により最終的に解決されるものとする。

IN WITNESS WHEREOF, this Agreement is entered into by the undersigned by their duly authorized representatives as of the Effective Date set forth above.

[和訳]
上記の証として、本契約は、下記の当事者により、その正当に権限付与された代表者により、冒頭に規定する発効日に調印された。

_____

By:_____
Name:_____

```
Title:_____


_____
By:_____
Name:_____
Title:_____
```

第5節 秘密保持契約書　フォームNo.5

事業提携を前提に、その吟味のため、双方が情報を開示し合う秘密保持契約

例文 1

◇事業提携を前提に、その吟味のため、双方が情報を開示し合う秘密保持契約

CONFIDENTIALITY AND NON-DISCLOSURE AGREEMENT

［和訳］
秘密保持および非開示契約

THIS CONFIDENTIALITY AND NON-DISCLOSURE AGREEMENT is made and entered into as of the _____th day of _____, 20__ by and between: Winchester Communications Inc., a _____ corporation, having its principal place of business at _____ ("Winchester Communications"), and Thousand Springs Corporation, a _____ corporation, having its principal place of business at _____("TSC").

［和訳］
本秘密保持および非開示契約は、_____に主たる事務所を有する_____法人であるウインチェスター・コミュニケーションズ株式会社（以下「ウインチェスター・コミュニケーションズ」という）と、_____に主たる事務所を有する_____法人であるサウザンド・スプリングス株式会社（以下「TSC」という）との間に20__年__月__日付で締結された。

RECITALS

[和訳]
リサイタルズ

A. In connection with the evaluation and pursuit of certain mutually beneficial business opportunities, Winchester Communications and TSC may disclose valuable proprietary information to each other relating to their respective operations and business.

[和訳]
A. 相互に有益なビジネス機会の吟味および追求に関連し、ウインチェスター・コミュニケーションズは、彼らの各々の経営およびビジネスに関連し互いに他の当事者に価値ある営業秘密情報を開示することがありえ、

B. Winchester Communications and TSC wish to protect the confidentiality of, maintain their respective rights in and prevent the unauthorized use and disclosure of such information.

[和訳]
B. ウインチェスター・コミュニケーションズとTSCはかかる情報の秘密を保護し、それに関わるそれぞれの権利を維持し、権限付与されない使用ならびに開示を防ぐことを希望している。

AGREEMENT

[和訳]
合意

Winchester Communications and TSC hereby agree as follows:

[和訳]
ウインチェスター・コミュニケーションズとTSCは本契約により以下の通り合意する。

ARTICLE 1 CONFIDENTIAL INFORMATION

[和訳]
第1条　秘密情報

1.1 As used herein, the "Confidential Information" means all information of either party that is not generally known to the public, whether of a technical, business or other nature (including, without limitation, trade secrets, know-how and information relating to the technology, customers, business plans, promotional and marketing activities, finances and other business affairs of such party), that is disclosed by one party (the "Disclosing Party") to the other party (the "Recipient Party").

[和訳]
1.1 本契約で使用する場合、「本秘密情報」は技術上、ビジネス上または他の性格のものであれ、一方の当事者(「開示者」)により相手方(「受領者」)に対し、開示された、一般公衆に知られていない各当事者のすべての情報のことをいうものとし、その中には、かかる当事者の技術、顧客、ビジネス、販売促進および市場活動に関連するトレードシークレット、ノウハウならびに情報を含むものとする。

1.2 The Confidential Information may be contained in tangible materials such as drawings, models, data, specifications, reports or computer programs, or may be in the nature unwritten knowledge.

[和訳]
1.2 本秘密情報は、書面、モデル、データ、仕様、レポートまたはコンピュータプログラムのように有形物、あるいは、書面化されない性質のもの(＝無形物)に含まれることがある。

1.3 In addition, the Confidential Information includes all information (i) that the non-disclosing party may obtain by walk-through examination of the Disclosing Party's premises, or (ii) concerning the existence, progress and contents of discussion between the parties.

[和訳]
1.3 さらに、本秘密情報は(i)非開示者が開示者の事務所を見学時に取得することがある情報、または、(ii)当事者間の会話の存在、発展および内容に関する、あらゆる情報を含むものとする。

ARTICLE 2 USE OF THE CONFIDENTIAL INFORMATION

[和訳]
第2条 本秘密情報の使用

2.1 The Recipient Party, except as expressly set forth in this Agreement, shall not disclose the Confidential Information disclosed by the Disclosing Party hereunder to anyone without the prior written consent.

[和訳]
2.1 本契約で別途明瞭に規定された場合を除き、受領者は、本契約のもとで開示者により開示された本秘密情報を、事前の書面による同意なしには第三者に開示しないものとする。

2.2 The Recipient Party shall not use, or permit others to use, the Confidential Information for any purpose other than the following:
_____
_____
_____
_____.

[和訳]
2.2 受領者は、下記の目的以外には、本秘密情報を使用し、または他の者に使用させてはならないものとする。

2.3 The Recipient Party shall take all reasonable measures to avoid disclosure, dissemination or unauthorized use of the Confidential Information, including, at a minimum, those measures it takes to protect its own confidential information of a similar nature.

[和訳]
2.3 受領者は、本秘密情報について、漏洩、散逸または許諾外の使用を防ぐためのあらゆる合理的な手段を講ずるものとし、最低限、自己の類似した性質の秘密情報を保護するために自身が講じている手段を含むものとする。

ARTICLE 3 EXCEPTIONS

[和訳]
第3条　除外事項

3.1　The provisions of Article 2 shall not apply to any information which;

[和訳]
3.1　第2条の規定は、下記に該当する情報には適用されないものとする。

(i)　is or becomes publicly available without breach of this Agreement;

[和訳]
(i)　本契約に違反することなしに、公知であるか、または公知になった情報。

(ii)　can be shown by documentation to have been known to the Recipient Party at the time of its disclosure from the Disclosing Party;

[和訳]
(ii)　書面証拠により、開示者から受領者が受領時に既に知っていたということが示される情報。

(iii)　is rightfully received from a third party who did not acquire or disclose such information by a wrongful or tortious act; or

[和訳]
(iii)　悪行や不法行為によらずして、取得し、または、開示した第三者から正当に受領した情報、または、

(iv)　can be shown by documentation to have been independently developed by the Recipient Party without reference to any Confidential Information.

[和訳]
(iv)　いかなる秘密情報にも関係なく、受領者によって独自に開発されたことが書面証拠により示される情報。

ARTICLE 4　THE RECIPIENT PARTY'S PERSONNEL

[和訳]
第4条　受領者人員

4.1　The Recipient Party shall restrict the possession, knowledge, development and use of the Confidential Information to its employees, agents, subcontractors and entities controlled by the Recipient Party (collectively the "Recipient Party's Personnel") who have a need to know the Confidential Information in connection with the purposes set forth in Article 2 (the "Purposes").

[和訳]
4.1　受領者は、本秘密情報の所有ならびに使用を、本契約に定める目的に関連し、知ることを必要とする従業員、代理人、サブコントラクターならびに受領者により支配される企業（集合的に「本人員」）に限るものとする。

4.2　The Recipient Party's Personnel shall have access only to the Confidential Information they need for the Purposes.

[和訳]
4.2　受領者の本人員は、かかる目的のために必要な秘密情報にのみ、アクセスできるものとする。

4.3　The Recipient Party shall ensure that the Recipient Party's Personnel comply with this Agreement.

[和訳]
4.3　受領者は、その従業員が本契約に定める受領者の秘密保持義務を完全に遵守することを確保するものとする。

ARTICLE 5 DISCLOSURE TO GOVERNMENTAL ENTITIES

[和訳]
第5条　政府機関に対する開示

5.1　In case the Recipient Party becomes legally obligated to disclose the Confidential Information by any governmental entity with jurisdiction over it, the Recipient Party will make its efforts to give the Disclosing party prompt written notice sufficient to allow the Disclosing Party to seek a protective order or other remedy.

[和訳]

5.1 万一、受領者が、その管轄地のいずれかの政府機関により本秘密情報を開示することが法的に要求されることとなった場合は、受領者は開示者に対し、開示者が秘密取り扱い命令または他の救済のための手続きをとれるよう、迅速な書面通知を与えるよう最善の努力をするものとする。

ARTICLE 5 OWNERSHIP OF THE CONFIDENTIAL INFORMATION

[和訳]
第5条　本秘密情報の所有権

5.1 All of the Confidential Information shall remain the exclusive property of the Disclosing Party, and the Recipient Party shall have no rights, by license or transfer otherwise, to use the Confidential Information except as expressly set forth in this Agreement.

[和訳]

5.1 すべての秘密情報は、排他的に開示者の財産であり、また、受領者は本契約で明示的に規定された以外は、使用許諾あるいは他の方法であれ、秘密情報を使用する権利を有しないものとする。

ARTICLE 6 RETURN OF THE CONFIDENTIAL INFORMATION

[和訳]
第6条　本秘密情報の返還

6.1 The Recipient Party shall promptly return all tangible material embodying the Confidential Information, in any form and including, without limitation, all copies and excepts of the Confidential Information, upon the earlier of;
   (i) the completion or termination of the dealings between the Disclosing Party and the Recipient Party, and
   (ii) the Disclosing Party's written request.

[和訳]

6.1 受領者は、(i)開示者と受領者との間の取引が完了または終了したとき、または、(ii)開示者の書面の要求のうち、いずれか早いほうが到来したとき、本秘密情報を含む有形の資料を速やかに返還するものとし、かかる有形の資

料には、本秘密情報のすべての要約、または抜粋を含み、それに限定されない形態を含むものとする。

ARTICLE 7 INDEPENDENT DEVELOPMENT

[和訳]
第7条　独立した開発

7.1　The Disclosing Party acknowledges that the Recipient Party may currently or in the future be developing information internally, or receiving information from other parties, that is similar to the Confidential Information.

[和訳]
7.1　開示者は、受領者が現在または将来、本秘密情報に類似する情報を内部的に開発し、または他の当事者から受領する可能性があることについて了承する。

7.2　Accordingly, nothing in this Agreement shall be construed as a representation or agreement that the Recipient Party shall not develop or have developed for it products, concepts, systems or techniques that are similar to or compete with the products, concepts, systems or techniques contemplated by or embodied in the Confidential Information, provided that the Recipient Party does not violate any of its obligations under this Agreement in connection with such development.

[和訳]
7.2　したがって、本契約のいかなる内容をもっても、受領者が将来または過去に本秘密情報で企画され、または体現される製品、コンセプト、システムまたは技術を開発しない旨の表明または合意とは解釈されないものとする。ただし、受領者が当該開発との関連で本契約に基づくその義務に反しない場合に限る。

ARTICLE 8 INJUNCTIVE RELIEF

[和訳]
第8条　差し止めによる救済

8.1 The Recipient Party acknowledges that disclosure or use of the Confidential Information in violation of this Agreement could cause irreparable harm to the Disclosing Party for which monetary damages may be difficult to ascertain or an inadequate remedy.

［和訳］
8.1 本契約に違反した秘密情報の開示または使用は、開示者に対し、その対処のために金銭による損害賠償では算定できないか、または不十分な救済にしかならない、回復不可能な損害を発生させることを、受領者は認識している。

8.2 The Recipient Party agrees that the Disclosing Party shall have the right, without prejudice to its other rights and remedies, to seek and obtain injunctive relief for any violation of this Agreement.

［和訳］
8.2 開示者が、開示者の権利ならびに救済に追加して本契約の違反に対する差止救済を取得することを要求し、得られる権利を有することについて、受領者は合意する。

ARTICLE 9 LIMITED RELATIONSHIP

［和訳］
第9条 限定的な関係

9.1 This Agreement shall not create a joint venture, partnership or other formal business relationship or entity of any kind, or an obligation to form any such relationship or entity.

［和訳］
9.1 本契約は、ジョイントベンチャー、パートナーシップ、または他の正式なビジネス関係あるいは事業体を創設するものではない。

9.2 Each party will act as an independent contractor and not as an agent of the other party for any purpose, and neither shall have the authority to bind the other party.

[和訳]

9.2 各当事者は、いかなる目的のためであれ、他の当事者の代理人としてではなく、独立した契約者として振る舞うものとし、いずれの当事者も他の当事者を拘束する権限を有しないものとする。

ARTICLE 10 CUMULATIVE OBLIGATIONS

[和訳]
第10条 累積的な義務

10.1 Each party's obligations under this Agreement are in addition to, and not exclusive of, any and all of its other obligations and duties to the other party, whether express, implied, in fact or in law.

[和訳]
10.1 本契約上の各当事者の義務は、他の当事者に対し、それが明示的、黙示的、あるいは事実上または法律上であれ、すべての義務に対して追加するものであり、それらに代わる排他的なものではない。

ARTICLE 11 DISCLOSURES TO GOVERNMENTAL ENTITIES

[和訳]
第11条 政府機関に対する開示

11.1 If the Recipient Party becomes legally obligated to disclose all or any portion of the Confidential Information by any governmental entity with jurisdiction over the Recipient Party, the Recipient Party shall give the Disclosing Party prompt written notice sufficient to allow the Disclosing Party to seek a protective order or other appropriate remedy.

[和訳]
11.1 万一、受領者が受領者を管轄する法域の政府機関により本秘密情報の全部または一部を開示するよう法的に要求された場合には、受領者は、開示者に対し、開示者が保護命令または他の適切な救済を取得することを許容するのに十分で速やかな書面による通知を与えるものとする。

11.2 The Recipient Party shall disclose only such information as is legally required and shall use its best efforts to obtain confidential treatment for any Confidential Information that is so disclosed.

[和訳]
11.2 受領者はかかる情報の提供にあたっては、法的に請求される情報のみを開示するものとし、かつ、開示する秘密情報について、秘密取り扱いを取得するよう最善を尽くすものとする。

ARTICLE 12 TERMINATION OF THIS AGREEMENT

[和訳]
第12条　本契約の終了

12.1 This Agreement is intended to cover the Confidential Information disclosed by each party both prior and subsequent to the date hereof.

[和訳]
12.1 本契約は、本契約の日付の前後の両方の秘密情報をカバーすることを意図しているものである。

12.2 This Agreement shall automatically terminate upon the completion or termination of dealings between Winchester Communications and TSC, provided, however, that each party's obligations with respect to the other party's Confidential Information shall survive completion or termination of the dealings between the parties.

[和訳]
12.2 本契約は、ウインチェスター・コミュニケーションズとTSCとの取引の完了または終了と同時に終了するものとするが、各当事者の相手方の秘密情報についての義務は、当事者間の取引の完了または終了ののちも存続するものとする。

ARTICLE 13 EFFECT OF PARTIAL INVALIDITY

[和訳]
第13条　部分的な無効の効果

13.1 If a provision of this Agreement is held invalid under any applicable law, such invalidity shall not affect any other provision of this Agreement that can be given effect without the invalid provision.

[和訳]
13.1 万一、本契約の一部の規定が、いずれかの適用法のもとで無効と判断されたときは、その無効は、本契約の他の規定には影響を及ぼさないものとし、その無効とされた規定なしに有効とされるものとする。

13.2 Further, all terms and conditions of this Agreement shall be deemed enforceable to the fullest extent permissible under applicable law, and, when necessary, the parties are required to make their reasonable efforts, through mutual consultation, to reform any and all terms or conditions to give them such effect.

[和訳]
13.2 さらに、本契約のすべての条項および条件は、適用法のもとで、許容されうる最大限度で、強制執行力があるものとし、また、必要な場合は、両当事者は、相互の協議により、いかなる条項または条件についても、そのような効果をそれらに付与されうるよう改訂するよう合理的な努力を尽くすものとする。

ARTICLE 14 NO WAIVER

[和訳]
第14条　不放棄

14.1 Any failure by either party to enforce the other party's strict performance of any provision of this Agreement shall not constitute a waiver of its right to subsequently enforce such provision or any other provision of this Agreement.

[和訳]
14.1 本契約のいずれかの規定について、他の当事者の厳格な履行をいずれかの当事者により強制されないということは、それをもって、その規定または本契約の他の規定のそれ以降の履行を強制する権利を放棄したものとならない。

ARTICLE 15 ENTIRE AGREEMENT

[和訳]
第15条　完全なる合意

15.1 This Agreement constitutes the entire agreement between the parties relating to the matters discussed in this Agreement and may be amended or modified only with the mutual written consent of the parties.

[和訳]
15.1 本契約は、本契約で議論された事項に関し、当事者で合意されたすべての合意を構成し、また、当事者の相互の書面による同意なしに修正または変更されることはないものとする。

ARTICLE 16 GOVERNING LAW

[和訳]
第16条　準拠法

16.1 This Agreement shall be governed by internal laws of the State of California, U.S.A., without reference to its choice of law rules, and may be executed in counterpart copies.

[和訳]
16.1 本契約は、その適用法選択に関するルールにかかわらず、米国カリフォルニア州の(州)法に準拠するものとする。

16.2 Any dispute or controversy which may arise between the parties hereto out of or in connection with this Agreement or for the breach thereof shall be amicably settled by both parties undue delay through faithful discussion.

[和訳]
16.2 本契約またはその違反から、または関連して当事者間に発生する紛争または対立は、両当事者の誠実な協議に基づき遅滞なく友好的に解決されるものとする。

16.3 Disputes or controversies which cannot be amicably settled by the parties by mutual agreement in accordance with the Section 16.2 shall be finally settled by arbitration as follows:

[和訳]
16.3 16.2項の規定に従って相互の合意により当事者により友好的に解決できない紛争または対立は、最終的に次の通り、解決されるものとする。

(i) If the respondent in such arbitration is TSC, the arbitration shall be held in Tokyo, Japan in accordance with the rules of the Japan Commercial Arbitration Association, and

［和訳］
(i) もし、かかる仲裁の被申立人がTSCの場合には、日本において、日本商事仲裁協会の規則に従って行われる。

(ii) If the respondent in such arbitration is Winchester Communications, the arbitration shall be held in San Francisco, California, in accordance with the rules of American Arbitration Association.

［和訳］
(ii) もし、かかる仲裁の被申立人がウインチェスター・コミュニケーションズの場合は、カリフォルニア州サンフランシスコ市において、米国仲裁協会の規則に従って行われる。

16.4 The award of the said arbitration shall be final and binding.

［和訳］
16.4 その仲裁の裁定は、最終であり、拘束力があるものとする。

The parties have executed this Agreement on the date first written above.

［和訳］
当事者は、本契約を本契約冒頭の日付にて調印した。

For ＿＿＿＿＿＿＿＿＿＿＿＿＿＿＿＿＿＿＿＿＿＿＿
　　(full name of Winchester Communications)

Signature:＿＿＿＿＿＿＿＿＿＿＿＿＿＿＿＿＿＿＿＿＿＿＿
Printed Name:＿＿＿＿＿＿＿＿＿＿＿＿＿＿＿＿＿
Title:＿＿＿＿＿＿＿＿＿＿＿＿＿＿＿＿＿＿＿
Date:＿＿＿＿＿＿＿＿＿＿＿＿＿＿＿＿＿＿＿
Place:＿＿＿＿＿＿＿＿＿＿＿＿＿＿＿＿＿＿＿

For _____
        (full Name of Thousand Springs)

Signature:_____
Printed Name:_____
Title:_____
Date:_____
Place:_____

第2章 秘密保持契約の代表的条項
（和訳・解説付き）

秘密保持契約の読み方・書き方の手引き

第1節 はじめに

●─秘密保持契約の条項フォームズ集

　事業提携を検討するための検討・前段階としての秘密保持契約。双方から秘密保持情報を開示する規定をおこなう。
　ここに示すものは、秘密保持契約（Non-Disclosure Agreement: NDA）の条項例である。
　この条項例は、双方に公平な条件で、事業提携などを視野に入れており、双方から秘密情報を開示し合うものである。
　実際の秘密保持契約は、短い簡単な文面のものも多い。
　秘密保持契約自体の特色は対価の支払いを伴わないことである。この契約を締結しただけでは両当事者とも利益はあげられないため、契約文面の審査、吟味、対案準備などにあまり時間や費用をかけられないという特徴がある。ともすれば軽く扱われる傾向もあり、法務部では新人に担当させる候補になりやすい契約だ。
　また、秘密保持契約の件数の多さに閉口し、法務部で審査せずに事業部に担当させる傾向もある。しかし、文面に無関心でいると、それぞれのサービス提供や商品売買についての契約などよりはるかに大きなリスクを背負い込むことになりかねないのが秘密保持契約である。事業を支える基盤となる経営ノウハウ・顧客情報の漏洩や製品製造の基盤となる製法ノウハウなどの漏洩を引き起こしかねないため、その開示先の範囲、開示情報の範囲、開示先での開示目的外の使用制限の誓約の取り付け、秘密情報の管理方法の確認などの規定には特に注意すべきである。
　法務部が審査をしない場合は、その代わりに推薦すべきフォームや、ひな形、参考となる契約条項およびその読み解き方や指針などを記載したハンドブックを用意するなどして、リスク軽減に努めるなどの工夫が必要であろう。
　なお、以下に紹介する条項例に付している和訳は、契約条項の狙いをお伝えすることを意図して意訳したもので、直訳ではないことをお含みいただきたい。

第2節 秘密保持契約の各条項とそのバリエーション

●―第1款 前文 Preamble

前文-01   例文1

◇秘密保持契約の当事者(開示者および受領者)名、締結日を明記のうえ、契約締結したことを確認する規定(締結されたことを重視した表現である"is made"を用いる)

NON-DISCLOSURE AGREEMENT
This Non-Disclosure Agreement (hereinafter called this "Agreement") is made on the ___ th day of ____, 20__, by and between Aurora Borealis Corporation, a Japanese corporation of _____, Japan (hereinafter called "ABC"), and Karen View Corporation, a _____ corporation of _____, (hereinafter called "KVC")."

[和訳]
秘密保持契約
本秘密保持契約(以下「本契約」という)は、日本国_____にある日本法人のオーロラ・ボレアリス社(以下「ABC」という)と、_____にある___法人のカレンビュー社(以下「KVC」という)との間に20__年_月_日付で締結された。

前文-02   例文2

◇01と同趣旨のバリエーション(契約日付を重視した表現である"is dated"を用いる)

Non-Disclosure Agreement
This Agreement is dated as of the ___th day of _____, 20__, between Aurora Borealis Corporation, a Japanese corporation of _____, Japan ("ABC"), and Karen View Corporation, a _____ corporation of _____, ("KVC").

[和訳]
本契約は、日本国_____の日本法人であるオーロラ・ボレアリス社(「ABC」)と_____の_____法人であるカレンビュー社(「KVC」)との間に20__年__月__日付で締結された。

解説

上記1項、前文-01と2項、前文-02は、その役割(前文)としては、あまり差がないが、契約にはさまざまな表現方法があることを示すためにあえて2例文を紹介している。"is made on the _____"は、その記載日に契約が調印されたことを示す。"is dated as of the

_____" という表現は、記載の日に両当事者が実際にサインしたかどうかは別として、その記載の日付にこの契約が調印されたことに合意する旨を明確に示す。国際契約などでは、一堂に会してそろって調印することは稀であり、実際のサインする日が2〜5日異なっていることがよくある。記載した日付で、調印したことにするという意思を"dated as of"で表している。丁寧な表現なのだ。前文-01の"is made on the"という表現の場合も、実際には、サインの日にずれがあっても、この記載日に調印されたものとして扱うという意図だが、あえてその記載日に調印しただけという意味を持つ。契約書の最後にある双方の調印欄に、実際にサインした日付を記載する調印者もいるが、その日付にかかわらず、この契約では、前文冒頭の日付で調印したものとして扱い、その日から契約を有効とし、契約期間などの起算点とする。契約の前文の冒頭でこのように調印日が記載されていても、契約最後の調印欄に実際に双方がサインするまでは、契約効力が発生しないことはいうまでもない。

●—第2款　リサイタルズ　Recitals: Whereas Clause

例文1　リサイタルズ-01

◇両当事者が、事業提携を前提に両当事者の事業に関わる秘密情報を相互に開示し合うことがあること、双方とも情報の開示を受けた側が秘密保持義務を負うことを希望していることをこの秘密保持契約締結の背景、根拠として説明したうえで、約因文言を記述する

> WHEREAS, in connection with the evaluation or pursuit of certain mutually beneficial business opportunities, ABC and KVC may disclose valuable proprietary information to each other relating to their respective operation and business, and, WHEREAS, ABC and KVC would like to protect the confidentiality of, maintain their respective rights in and prevent the unauthorized use and disclosure of such information.
> NOW, THEREFORE, in consideration of the discussions and sharing of information between the parties hereto, and premises and covenants herein contained, the parties agree as follows:
>
> [和訳]
> 相互に利益のあるビジネスの機会を評価し、追求することに関連して、ABCとKVCは、それぞれの運営とビジネスに関わる貴重な財産的情報を相互に開示する可能性があり、またABCとKVCは、かかる情報の秘密性を守り、それぞれの権利を維持し、また、かかる情報の許諾を得ない使用ならびに漏洩を防止したいと希望している。
> 当事者間の討議ならびに情報の共有、本契約に含まれる約束ならびに誓約を約因として、当事者は以下の通り合意する。

解説

　事業提携やライセンス契約締結の準備の段階で情報の提供がおこなわれる場合に結ばれる秘密保持契約では、通常のビジネスのように対価の支払いが伴わないため、英米法で法的拘束力のある契約を結ぶための約因（Consideration）がない、という主張が一方から提起される可能性もある。

　約因の存在を擬制で作り出すために、通常は前述の例文のように前文の一部で約因に言及することが多いが、契約書本文中に規定を置くケースもある。一つの例として、紹介する。

ARTICLE __ CONSIDERATION
The parties hereto agree that the premises and obligations exchanged by this Agreement constitute good and valuable consideration, the receipt and sufficiency of which is hereby acknowledged.

［和訳］
第__条　約因
本契約当事者は、本契約により交換する約束ならびに義務が約因を構成することに合意し、その受領と十分さを本契約により確認する。

リサイタルズ-02

◇この秘密保持契約により互いに開示される技術的・商業的情報を、共同の事業の推進をおこなうかどうかの吟味・判断をする目的以外には使用しない旨を双方が確認したいという意図・背景を規定

例文 2

RECITALS
1　Parties hereto intend to explore joint business opportunities, and in pursuance of this interest Parties may, orally and/or in writing, disclose certain confidential technical and business information, which Parties desire the recipient Party to treat as, and keep strictly, confidential.
2　Both Parties intend that any confidential information disclosed by either Party shall be used by the other Party only to further the business purposes described in this Agreement, and that both Parties intend that any confidential information shall be protected from further disclosure by the terms of this Agreement.

AGREEMENT
ABC and KVC hereby agree as follows.

[和訳]
リサイタルズ
1 本契約当事者は、共同のビジネスの機会を開発することを意図し、かつ、その利益の追求のために、口頭または書面で、一定の秘密の技術ならびに商業的情報を開示することがあり、その情報については、当事者はその受領者が厳格に秘密扱いをおこなうように希望している。
2 当事者は、いずれかの当事者により開示された秘密情報は、他の当事者により本契約に記載するビジネスの目的を進めるためにのみ使用されることを意図しており、両当事者とも、秘密情報が本契約によるさらなる開示を防止するよう意図している。

合意
ABCとKVCは以下の通り合意する。

第3款　秘密情報（定義条項）　Confidential Information

例文1　秘密情報-01
◇広汎な範囲の情報が秘密情報に該当することを示す規定

ARTICLE 1 CONFIDENTIAL INFORMATION
1 Confidential Information means all information of either party that is not generally known to the public, whether of a technical, business or other nature, including, without limitation, trade secrets, know-how and information relating to the technology, customers business plans, promotional and marketing activities, finance and other affairs of such party.
2 The "Disclosing Party" means the party disclosing the Confidential Information. The "Receiving Party" means the party receiving the Confidential Information.
3 Confidential Information may be contained in tangible materials, such as drawings, or models, data, specifications, reports, computer programs, or may be in the nature of unwritten knowledge.
4 Confidential Information include all information (i) that the non-disclosing party may obtain by walk-through examination of the Disclosing Party's premises, or (ii) concerning the contents of the discussions between the parties.

[和訳]
第1条　秘密情報

1 秘密情報とは、技術的、商業的または他のものであれ、公衆にまだ一般的に知られていない情報で、それは、かかる当事者の技術、顧客のビジネスプラン、販売促進・マーケティング活動、財務、または他の事項に関連するものを含み、それらに限定されない、いずれかの当事者のすべての情報を指すものとする。
2 本開示者とは、秘密情報を開示する当事者を指す。本受領者とは、秘密情報の開示を受ける当事者を指す。
3 秘密情報は、図面、モデル、データ、仕様、報告書、コンピュータプログラムなどの有形の材料に含まれることがあり、また、書面化されない知識の状態であることもある。
4 秘密情報には、(i)開示しない側の当事者が、開示者の施設を見学することにより取得した情報、または、(ii)当事者の打ち合わせ議論の内容に関する情報のすべてが含まれる。

解説

上記の条項例では、たとえば、互いに開示し合う秘密情報には書面、口頭、図面、ソフトウェアを問わないさまざまな形態があること、また、技術情報、ビジネス情報、双方の打ち合わせや見学により入手される情報なども含まれることを示している。

話は変わるが、和訳の際に、「本契約」などのように「本(ほん)」という用語を定義対象の言葉の冒頭に使って定義することがある。これは、契約中の定義語であることを示すための一つの用法である。ただ、「本開示者」「本受領者」というふうに使うと、日本語としてなじめないという方もいるだろう。そのような場合は、迷うことなく自分にとって分かりやすい言葉を探し、和訳すればよい。

たとえば、開示当事者、受領当事者のような表現でもよい。また、単純に、開示者、受領者でもよい。受領者のことを被開示者と表現することもある。

秘密情報-02

◇有形の情報だけでなく、口頭による情報提供も秘密情報と定義する規定

例文 2

ARTICLE 1 CONFIDENTIAL INFORMATION
Confidential Information means any information disclosed to the recipient party (the "Receiving Party") by the disclosing party (the "Disclosing Party") either directly or indirectly, in writing, orally or by inspection of tangible objects, including, without limitation, business plans, documents, prototypes and/or samples.

[和訳]
第1条　秘密情報
秘密情報は、開示者(「本開示者」)により受領者(「本受領者」)に対し、直接または間接的に、口頭または、ビジネスプラン、書類、プロトタイプ、または見本を含み、それらに限られない有形物の検査により、開示されるあらゆる情報を指す。

例文3 　秘密情報-03
例文4 　秘密情報-04
例文1 　秘密情報の用途(制限)-01

例文3　秘密情報-03

◇開示時または、開示後20日以内に開示者が秘密情報を指定することを秘密情報の要件として限定する規定

ARTICLE 1　CONFIDENTIAL INFORMATION
Confidential Information shall mean;
(i) any information disclosed by one party to the other party with regard to the topics listed in Appendix A and specifically identified as confidential at the time of disclosure; and
(ii) any other information which the Disclosing Party has identified to the other party in writing as confidential before or within twenty (20) days after disclosure of the Confidential Information.

[和訳]
第1条　秘密情報
秘密情報は、次のものを指す。
(i) 一方の当事者により他方の当事者に対し、添付別紙Aに記載したテーマについて開示した情報で、開示の際に秘密情報であることを特に指定したもの。
(ii) 本開示者が、他の当事者に対し、秘密情報の開示の前、または、開示後20日以内にConfidential（秘密）であると書面で指定した他の情報。

―― 解説 ――

　本来は、開示者側が開示する情報について「秘密情報である」ことを指定するのは、次ページの秘密情報-04のように開示の前であるべきであろう。しかし、実務上もしくは現場では、技術者たちが相手方の質問に答える形でうっかり秘密情報を開示してしまうことがある。
　そのような場合は、気がついたときに、一定期間の猶予をもって秘密性を指定できる救済措置が欲しい。そのニーズに応えるために、法務部や弁護士が苦心してドラフティングをおこなったのが、上記の(ii)項である。開示後、書面で指定する前に速やかに第三者に開示されてしまうとこの規定では手遅れになるが、残念ながら、どのようなケースにも手当てができる名案はない。
　また、口頭開示の場合に必ず「これから口頭で開示する情報は、秘密保持契約における秘密情報に当たりますから、秘密保持をしっかりしてください」と注意を促すということは可能であるが、このことを相手方（受領者）の秘密保持義務の負担の前提条件と規定すると、口頭で注意喚起したかどうかという事実は記録しようがなく、立証のことを考えると、契約に反映する際には注意が必要である。
　しかし、開示を受ける側であれば、秘密保持契約を検討する場合は、口頭であれ書面であれ、秘密情報開示前に開示側が秘密情報に該当することを明示するよう求めることは、賢明な選択肢である。次ページの例文の規定は、その場合に使用される規定例である。

秘密情報-04

◇秘密情報については、開示者がその引き渡し前に秘密情報であることを明示する

ARTICLE 1 CONFIDENTIAL INFORMATION
All Confidential Information shall be clearly marked as 'Confidential Information' and it is the responsibility of the Disclosing Party to ensure that all Confidential Information is clearly marked prior to delivery or disclosure to the Receiving Party.

[和訳]
第1条　秘密情報
すべての秘密情報は「秘密情報」であると明確に明示されるものとし、すべての秘密情報が、本受領者に対する引き渡し、または開示の前に明確に表示されるようにすることは、本開示者の責任とする。

――――――― 解説 ―――――――
上記例文規定は、開示を受ける側（Receiving Party）にとっては、有利な規定である。

●―第4款　秘密情報の用途（制限）　Use of Confidential Information: Non-use

秘密情報の用途（制限）-01

◇開示目的外の使用を禁止する規定

ARTICLE 2 USE OF THE CONFIDENTIAL INFORMATION AND NON-DISCLOSURE OBLIGATION
1 The parties hereto agree not to use any Confidential Information of the other party for any purposes except to evaluate and engage in discussions concerning a potential business relationship between the parties hereto.
2 The Receiving Party shall hold in confidence and agrees not to disclose any Confidential Information to third parties or to its employees, except where a bona fide need to know is required for evaluation or to engage in discussion concerning the possible business relationship.
3 The Receiving Party agrees not to copy, reverse engineer or disassemble any prototypes or tangible objects which embody the Disclosing Party's Confidential Information and which may be provided to the Receiving Party under this Agreement.

[和訳]
第2条　秘密情報の使用と秘密保持義務

例文1 秘密情報の用途(制限)-01
例文2 秘密情報の用途(制限)-02
例文1 秘密保持義務-01

1 本契約当事者は、他の当事者の秘密情報について、可能性ある当事者間のビジネス関係を評価・協議するための目的以外には、使用しないことに合意する。
2 本受領者は、いかなる秘密情報も、秘密裡に保たれるものとし、第三者または、本受領者の従業員に対し、その可能性あるビジネス関係の評価・協議に従事するために、善意で知ることを必要とする場合を除き、開示しないものとする。
3 本受領者は、本開示者の秘密情報を包含し、本契約に基づき本開示者により提供されるいかなるプロトタイプまたは有形物をも複製し、もしくはリバースエンジニアリングをおこない、分解しないことに合意する。

解説

本条項例では、秘密情報の開示においては、開示された情報が秘密に管理されることと並んで、その開示目的の範囲内でのみ使用されることを確認している。リバースエンジニアリングなども禁止し、その用途の制限を明確にしている。

ちなみに、"agree not to use""agrees not to copy"などの表現は、実務上、"to"を落とすミスが起きやすい。予防策の一つとしてagree that they shall not useやagrees that it shall not copyといった表現にし、shall notを使うことが挙げられる。

例文2 秘密情報の用途(制限)-02

◇開示された秘密情報の受領者側で、開示範囲、情報にアクセスをした者の秘密保持義務を規定

ARTICLE 2 USE OF THE CONFIDENTIAL INFORMATION
1 The Recipient Party, except as expressly provided herein, agrees not to disclose the Confidential Information to anyone without the prior written consent of the Disclosing Party.
2 The Recipient Party agrees not to use, or permit others to use, the Confidential Information for any purpose other than the purpose set forth herein.
3 The Recipient Party agrees to take all reasonable measures to avoid disclosure or unauthorized use of the Confidential Information, including at a minimum, those measures the Recipient Party takes to protect its own confidential information of a similar nature.

[和訳]
第2条　秘密情報の使用
1 本契約に明確に規定がある場合を除き、本受領者は、本開示者の事前の書面による同意がない限り、秘密情報を誰にも開示しないことに合意する。
2 本受領者は、本契約に規定された目的以外のいかなる目的のためにも、秘密情報を(自ら)使用あるいは、他者に使用させることをしないことに合意する。

3 本受領者は、秘密情報の開示あるいは、許容されない用途への使用を防止するために、最低限、本受領者が、類似の自己の秘密情報を保護するために採用している措置を含む、あらゆる合理的な措置をとるものとする。

●―第5款　秘密保持義務　Non-Disclosure Obligations: Maintenance of Confidentiality

秘密保持義務-01　　　　　　　　　　　　　　　　　　　　　　　　例文 1

◇開示を受けた秘密情報に対する秘密保持義務をその開示目的以外の用途に使用しないこと、ならびに、秘密情報の開示を受ける従業員およびサブコントラクターにも遵守させること、複写制限を規定

ARTICLE 3　NON-DISCLOSURE OBLIGATION
1　The Receiving Party shall take all reasonable measures to protect the secrecy and avoid disclosure and unauthorized use of the Confidential Information.
2　Without limiting the foregoing, the Receiving Party shall take at least those measures that the Receiving Party takes to protect its own most highly confidential information and shall have its employees and/or subcontractors or consultants, who have access to the Confidential Information sign confidentiality and non-use agreement in content substantially similar to the provisions hereof, prior to any disclosure of the Confidential Information.
3　The Receiving Party agrees not to make copies of any Confidential Information unless such copying is previously approved by the Disclosing Party in writing.
4　The Receiving Party agrees to reproduce proprietary right notices on any such approved copiers, in the same manner in which such notices were set forth in or on the original.
5　The Receiving Party agrees to immediately notify the Disclosing Party in the event of any unauthorized use or disclosure of the Confidential Information.

［和訳］
第3条　秘密保持義務
1　本受領者は、秘密を保護し、秘密情報の漏洩ならびに許容されない用途への使用を防止するためのあらゆる合理的な措置をとるものとする。
2　上記に限定されることなく、本受領者は、最低限、本受領者が受領者自身の最も秘密性の高い秘密情報を保護するためにとっている措置を講ずるものとし、また、秘密情報にアクセスする機会のあるその従業員、サブコントラクターまたはコンサルタントに対し、秘密情報の開示の前に、実質的に本契約の規定と類似の内容の秘密保持ならびに用途外不使用契約に調印させるものとする。

3 本受領者は、コピー作成について、事前に書面で本開示者による許諾を得ない限り、秘密情報のコピーを作成しないものとする。
4 本受領者は、知的財産権の告知がオリジナルに記載されたのと同じやり方で、かかる承諾を受けた複製に対して知的財産権の告知を複製することに同意する。
5 本受領者は、秘密情報の承諾を得ない使用または開示の発見の場合、ただちに本開示者に対し通知するものとする。

解説

秘密情報が営業秘密として法律（具体的には「不正競争防止法」）により保護されるためには、前提として、その保有者が秘密裡に管理していることが必要である。開示を受けた者がその秘密を守るかどうか以前に、まず秘密保持契約を結んでおくことが、その相手（受領者）に対し秘密保持義務を主張する前提条件となる。

そのためには、秘密保持義務を単に努力義務として取り決めることは、当方が秘密情報を開示するケースではあまり賢明ではない。実務上は、開示先の相手からの強い主張や要請があると、つい努力義務としてしまう場合があるが、避けるべきであろう。

また、開示側の当事者には推奨しないが、例文として努力義務による規定を紹介しておく。当方が開示を受ける際に使用するのであれば実害はない。筆者も幾度か活用したことがある。当方が開示者側であれば、下記のようなドラフトを相手方から提示された場合は、1行目の6語"generally use its best endeavors to"を削除するよう要求すればよい。一見、響きのいい6語であるが、秘密保持義務を努力義務に変更してしまう狙いと効果がある。

例文 2　秘密保持義務-02

◇開示を受ける側の秘密保持義務を努力義務として規定する（開示を受ける側にとって有利な規定）
　※秘密保持義務を努力規定にしない場合は、下線部分を削除する

The Receiving Party shall <u>generally use its best endeavors to</u> keep secret the Disclosing Party's Confidential Information and, in particular, shall not, without the prior written consent of the Disclosing Party permit the Confidential Information:
(i) to be disclosed except to those of its employees and consultants who may need to have such Confidential Information in connection with the Project set forth herein, and who have confirmed their adherence to the terms of this Agreement;
(ii) to be commercially exploited in any way; or
(iii) to pass outside the control of the Receiving Party.

［和訳］
受領者は、<u>一般に開示者の秘密情報を秘密に保持する努力を尽くすものとし</u>、とりわけ、開示者の事前の書面による同意なしには、下記行為をおこなわないものとする。

(i) 本契約に規定する本プロジェクトに関連してかかる秘密情報を知ることを必要とし、かつ、本契約に規定する秘密保持義務遵守を確認した従業員およびコンサルタント以外の者に対し、開示すること。
(ii) いかなる方法であれ、商業的な開発をすること。または、
(iii) 受領者のコントロールの及ばない外部に移転すること。

秘密保持義務-03

◇簡潔に秘密保持義務を規定(両当事者に公平な規定)

ARTICLE 3 NON-DISCLOSURE OBLIGATIONS
Each party hereto agrees:
1 to hold the other party's Confidential Information in strict confidence;
2 to exercise at least the same care in protecting the other party's Confidential Information from disclosure as the party uses with regard to its own Confidential Information;
3 not to disclose such Confidential Information to third parties;
4 not to use any Confidential Information for any purpose except for the purpose set forth in this Agreement.

［和訳］
第3条　秘密保持義務
本契約各当事者は、以下に合意する。
1 他の当事者の秘密情報について厳格に秘密保持すること。
2 最低限、他の当事者の秘密情報を保護するにあたり、自分自身の秘密情報の保護について行使しているのと同じ水準の注意義務を行使すること。
3 かかる秘密情報を第三者に漏洩しないこと。
4 秘密情報を本契約に規定された目的以外の目的に使用しないこと。

秘密保持義務-04

◇03と同趣旨のバリエーション(用途制限ならびに秘密保持期間も規定)

ARTICLE 3 CONFIDENTIALITY OBLIGATION
1 Both parties shall hold the Confidential Information received from the other party in strict confidence and shall use such information only for the purpose of evaluating possible business relationship between the parties.
2 Each party agrees and warrants that it will not disclose the Confidential Information to any third party.

例文 4	秘密保持義務-04
例文 5	秘密保持義務-05
例文 1	秘密情報に該当しない情報-01
例文 2	秘密情報に該当しない情報-02

3　This confidentiality obligation shall extend for _____ (_) years from the effective date of this Agreement.

[和訳]
第3条　秘密保持義務
1　両当事者は、他の当事者から受領した秘密情報について厳格に秘密保持し、かかる情報を当事者間の可能性のあるビジネス関係の評価の目的のためにのみ、使用するものとする。
2　当事者は、自らが、秘密情報をいかなる第三者に対しても開示しないことに合意し、保証する。
3　秘密保持義務は、本契約の効力発生日から_____(_)年間有効とする。

---解説---

本例文の3項では、交換した秘密情報の秘密保持期間について扱っている。秘密情報の重要性の度合いにより、単に秘密保持契約を結んだ両社間のビジネス関係の検討期間だけでなく、その結果の首尾・不首尾を問わず、長期の秘密保持期間を取り決めることが必要な場合もあろう。その場合は、契約終了後2年から4年くらいまでも視野に入れた、さまざまな選択肢を検討すべきである（たとえば、during the effective period hereof and for _____ (_) years after the expiry or termination of this Agreement ＜本契約の有効期間中ならびに、本契約の満了または終了後___(_)年間＞などの表現を使うことができる）。

提携関係が強化されるときには、その新しい契約により、秘密保持期間の延長をすることもできる。

例文 5　秘密保持義務-05

◇秘密保持義務の履行について要求される注意義務の水準（自己の財産のために使う注意義務水準と善管注意義務のいずれか高いほう）を規定する

Each party hereto agrees;
(i)　to exercise to use at least the due care of a prudent merchant or the same care as the Receiving Party uses to protect its own Confidential Information, whichever is higher;

((ii)以下省略)

[和訳]
各当事者は、以下に合意する。

(i) 最低限、善良な管理者の十分な注意義務または、本受領者が自分自身の秘密情報を保護するために払うのと同じ水準の注意義務のうち、いずれか、高い水準のほうの注意義務を払うものとすること。

((ii)以下省略)

第6款　秘密情報に該当しない情報　Non-Confidential Information

秘密情報に該当しない情報-01　例文1

◇秘密保持義務の対象としない情報について規定する(秘密保持義務の対象外とする標準的な理由・根拠を簡潔に列挙する)

ARTICLE 4 NON-CONFIDENTIAL INFORMATION
The Confidential Information shall not include information which:
(i) is or becomes publicly available without breach of this Agreement;
(ii) can be shown by documentation to have been known to the Receiving Party at the time of its receipt from the Disclosing Party;
(iii) is rightfully received from third party who did not acquire or disclose such information by a wrongful or tortious act; or
(iv) can be shown by documentation to have been independently developed by the Receiving Party without reference to any Confidential Information.

[和訳]
第4条　秘密情報に該当しない情報
秘密情報には、下記のいずれかに該当する情報を含まないものとする。
(i) 本契約に違反することなしに、公知であるか、または、公知になった場合。
(ii) 書面証拠により、本開示者から本受領者が受領時に既に知っていたということが示される場合。
(iii) かかる情報を悪行や不法行為によらずに、取得し、または、開示した第三者から正当に受領した場合。
(iv) いかなる秘密情報にも関係なく、本受領者により独自に開発されたことが書面証拠により示される場合。

秘密情報に該当しない情報-02　例文2

◇秘密保持義務の対象としない情報について、受領者側が立証することを規定し、各項目について詳細に規定

例文2　秘密情報に該当しない情報-02
例文3　秘密情報に該当しない情報-03

ARTICLE 4 NON-CONFIDENTIAL INFORMATION
The Confidential Information shall not include any information which the Receiving Party can establish;
(i) was publicly known and generally available after the disclosure to the Receiving Party by the Disclosing Party;
(ii) becomes publicly known and made generally available to the Receiving Party after disclosure to the Receiving Party by the Disclosing Party through no action of, or breach of this Agreement by, the Receiving Party or any party acting its behalf;
(iii) at the time of disclosure had been made available to the Receiving Party on a non-confidential basis by a source other than the Disclosing Party if, to the knowledge of the Receiving Party, such source was not under a duty to the Disclosing Party to keep such information confidential; or
(iv) at the time of disclosure, had been independently developed by the Receiving Party as evidenced by the Receiving Party's records.

[和訳]
第4条　秘密情報に該当しない情報
本受領者がその情報が下記のいずれかであることを証明した場合は、秘密情報に該当しないものとする。
(i) 本開示者による本受領者に対する開示のあとに、公知になり、一般に知られるようになった場合。
(ii) 本受領者または本受領者のために行動する者の行為、または本契約の違反によらずに本開示者による本受領者に対する開示のあとに公衆に知られ、一般に本受領者に知られるようになった場合。
(iii) 開示のときに、既に本開示者以外の情報源による秘密保持義務を伴わない条件で本受領者に提供されている場合で、かかる情報源がその情報を秘密に保つ義務を開示者に対して負担していない場合。
(iv) 開示のときに、既に本受領者により独自に開発されていた場合で、その事実が本受領者の記録により立証できる場合。

解説

　上記のドラフトで、2行目からの"which the Receiving Party can establish"の代わりに、単に、"which"とだけあるドラフトで交渉が始まることもある。そのような際には、上記の用語の挿入により、挙証責任をReceiving Partyに負わせる方法と、もう一つ、新たに一文を追加して、挙証責任をReceiving Partyに負わせることを明確にする方法がある。後者の場合には、上記の契約の最後に以下の表現を挿入する方法がある。

Notwithstanding any provision herein to the contrary, the burden of proving that applicability of any of the foregoing exceptions shall be upon the Receiving Party by clear and convincing evidence.

[和訳]
反対趣旨の本契約の規定にかかわらず、上記の例外の適用がなされるための挙証責任は、本受領者の負担とし、明瞭で説得力ある証拠によらねばならない。

　"by clear and convincing evidence"は厳しい条件である。経験上、ライセンス契約の交渉などでは、ライセンシーからこの語句を削除してほしいとの要請が入ることが多い。また、この語句を削除しても上記の例文契約条項と挙証責任をライセンシー側に負わせる効果を維持できる。相手からこの要請があるのを予測してこの契約条項案を提示することも一つのテクニックだ。

秘密情報に該当しない情報-03　　　　　　　　　　　　　　　　　例文 3
◇秘密情報に該当しない情報を簡潔に列挙する標準的な規定例(挙証責任については、規定の冒頭で、受領者側が負うことを規定)

ARTICLE 4　NON-CONFIDENTIAL INFORMATION
The Receiving Party shall be relieved of its obligations of confidence as imposed herein, if the Receiving Party proves that the information sought to be disclosed:
(i) is published or public knowledge through sources other than this Agreement at the time the disclosure;
(ii) becomes published or public knowledge after disclosure to the Receiving Party under this Agreement, except by breach of this Agreement;
(iii) was in the possession of the Receiving Party at the time of disclosure under this Agreement, as evidenced by written records of the Receiving Party and was not acquired directly or indirectly from the Disclosing Party.

[和訳]
第4条　秘密情報に該当しない情報
本受領者は、もし本受領者が開示を求められた情報が、下記のいずれかに当たることを証明した場合は、本契約で課された秘密保持義務から免除される。
(i) 開示のときに、本契約以外の情報源により公表されている、または公知の知識となっているとき。
(ii) 本契約違反による場合を除き、本契約の下での本受領者に対する開示後に公表され、または公知の知識となったとき。
(iii) 本契約の下での開示のときに、本受領者により保有されていたことが本受領者の書面の記録により証明でき、本開示者から直接または間接的に取得されたのではないとき。

例文 4　秘密情報に該当しない情報-04

◇立証責任に言及しない、短く、簡単な表現(立証責任に言及していないが、両当事者に公平に適用されることを前提にする。これも選択肢の一つと考える)

ARTICLE 4 NON-CONFIDENTIAL INFORMATION
The confidentiality obligation shall not apply to any information lawfully obtained from other sources, generally available to the public, known by the Receiving Party in advance of disclosure or otherwise obtained from a source that is not under a confidentiality obligation hereto.

[和訳]
第4条　秘密情報に該当しない情報
秘密保持義務は、開示の前に適法に他の情報源から取得されていた情報、一般に公知となっている情報、本受領者により知られていた情報、または、本契約の秘密保持義務を負担することなしに他の情報源から取得された情報には、適用しない。

●─第7款　受領当事者の範囲、受領当事者の人員　Scope of Receiving Party: Receiving Party Personnel

例文 1　受領当事者の人員-01

◇業務遂行上、開示された秘密情報にアクセスすることが必要な従業員が人的な開示(対象)範囲であることを明確に規定し、開示を受けた者(コンサルタント、弁護士を含む従業員)に対し、開示者の事前の書面による許諾がない限り第三者への開示を制限することを徹底させる趣旨を付加的に規定

ARTICLE 5 RECEIVING PARTY PERSONNEL
1　Each party may disclose the other party's Confidential Information to its responsible employees with a bona fide need to know, but only to the extent necessary to carry out the business purpose herein set forth.
2　Each party shall instruct all of its employees, including consultants and lawyers, not to disclose such Confidential Information to any third party without prior written permission of the Disclosing Party.

[和訳]
第5条　受領当事者の人員
1　各当事者は、他の当事者の秘密情報について、知ることが必要な善意の責任ある従業員に対し、開示することができるものとするが、本契約に定めるビジネス上の目的を遂行するのに必要な範囲に限られるものとする。

2 各当事者は、すべてのかかる従業員に対し、コンサルタント、弁護士を含む第三者に、本開示者の書面による許諾なしにはかかる秘密情報を開示しないよう指示するものとする。

解説

上記例文の1項中の"need to know"の基準は以下のように考える。
(1) 開示の範囲の基準の一つは、その開示先候補の人員がその秘密情報を取得することが、その契約を締結した目的を遂行するために"need to know"か否かである。
(2) 秘密情報の開示範囲について、これがライセンス契約などの場合であれば、当事者(被開示者)のaffiliate(s)(関連会社)に対しての開示は許容されるかどうか、という点も重要な論点になる。特に、subsidiary(子会社)などについて検討することが必要である。Parent company(親会社)に対しての開示が認められるかどうかも、その決定のために親会社の意向も確認しなければならないときには関わってくる。

ただ、今回、ここで、取り上げているような企業提携の検討のための秘密保持契約では、通常は、関連会社まで巻き込まないことも多い。

受領当事者の人員-02

例文2

◇01と同趣旨のバリエーション

ARTICLE 5 RECEIVING PARTY PERSONNEL
1 The Receiving Party shall restrict the possession and use of the Confidential Information to its employees, agents, subcontractors and entities controlled by the Receiving Party (collectively the "Personnel") who have a need to know the Confidential Information in connection with the purposes set forth in this Agreement.
2 The Receiving Party's Personnel will have access only to the Confidential Information they need for such purposes. The Receiving Party shall ensure that its employees fully comply with the non-disclosure obligations of the Receiving Party set forth in this Agreement.

[和訳]
第5条　本受領者の人員
1 本受領者は、本秘密情報の所有ならびに使用を、本契約に定める目的に関連し、知ることを必要とする従業員、代理人、サブコントラクターならびに本受領者により支配される企業(集合的に「本人員」)に限るものとする。
2 本受領者の本人員は、かかる目的のために必要な秘密情報にのみアクセスできるものとする。本受領者は、その従業員が本契約に定める本受領者の秘密保持義務を完全に遵守することを確保するものとする。

解説

本契約締結の目的を遂行するためにアクセスが必要な人員に対してのみ開示を認めることを規定し、かつ、秘密情報へのアクセスを認める従業員（代理人、サブコントラクター、支配する関連企業を含む）に秘密保持義務（用途制限）を遵守させる義務を受領者が負うことを明確に規定している。

●─第8款　秘密情報の所有権、知的財産権の帰属　Ownership of Confidential Information: Intellectual Property

例文1　秘密情報の所有権、知的財産権の帰属-01

◇秘密情報が開示されると受領者の中には、あたかも自社が獲得した情報（財産）のように振る舞うケースがあるが、そのようなライセンス（使用許諾）などの権利を受領者に付与したものでは決してないことを明示的にし、開示目的外の使用をしないよう注意を喚起する規定

ARTICLE 6 OWNERSHIP OF THE CONFIDENTIAL INFORMATION
All Confidential Information will remain the exclusive property of the Disclosing Party, and the Receiving Party will have no rights, by license or otherwise, to use the Confidential Information except as expressly provided in this Agreement.

［和訳］
第6条　秘密情報の所有権
すべての秘密情報は、排他的に本開示者の財産であり、また、本受領者は本契約で明示的に規定された以外は、使用許諾あるいは他の方法であれ、秘密情報を使用する権利を有しないものとする。

例文2　秘密情報の所有権、知的財産権の帰属-02

◇開示者側から開示された情報についての知的財産権が開示側にあることを明記し、また、その情報の改変や派生物の創作・使用等を一切禁止する規定

ARTICLE 6 INTELLECTUAL PROPERTY
1 The Disclosing Party reserves intellectual property, including patents/patent applications, and copyright, with respect to the Confidential Information and/or derivatives thereof.
2 The Receiving Party shall not modify, obscure or remove copyright notice, source indications, serial numbers or other features or contents of the Confidential Information.

[和訳]
第6条　知的所有権
1　本開示者は、秘密情報およびその派生物について、特許権、特許出願権、著作権を含む知的財産権を保有する。
2　本受領者は、秘密保持情報の著作権表示、原産地表示、連続番号、または他の形状あるいは内容を変更し、不明確にし、あるいは、除去しないものとする。

解説

コンピュータプログラムなどの開示の際には、受領者側で自社の技術を使ってその修正版を創作したり、実際に開示目的と乖離した目的に使用したりするリスクがある。ライセンサー等の立場からは、そのような改変のための使用を禁止することが重要となる。

第9款　契約締結義務の不存在　No Obligation to Conclude Any Agreement

契約締結義務の不存在-01　例文1

◇事業の推進、正式契約の締結の是非を決定するために、互いの秘密情報あるいは一方の秘密情報を開示する本契約の締結が、次の段階である正式契約を締結する義務を課すものでなく、単に推進や締結についての判断をする義務を課すだけということを明確に規定

ARTICLE 7　NO OBLIGATION TO CONCLUDE ANY AGREEMENT
1　Nothing in this Agreement shall create on either party the obligation to enter into any agreement with the other in respect of any potential joint business opportunities and, subject to the provisions of Article ___ hereof, each party reserves the right to terminate, in its sole discretion, the discussions regarding such potential business opportunities.
2　Upon such termination as set forth above in Article ___, or if a final agreement or definitive agreement regarding such potential business opportunities has not been reached on or before 16:00, _th day _____ of 20__, each party shall, at the Disclosing Party's election, destroys or return to the other party the originals and any copies in its possession of all Confidential Information received hereunder.

[和訳]
第7条　他の契約を締結する義務
1　本契約によっては、いずれの当事者に対しても、可能性のある共同の事業の機会について、他の当事者と契約を締結する義務を発生させるものではないものとし、かつ、本契約の第___条の規定に基づき、その自由裁量で、かかる可能性のあるビジネスの機会に関する協議を終了させることができるものとする。

例文2	契約締結義務の不存在-02
例文1	不保証-01
例文2	不保証-02
例文1	使用許諾をしていないこと-01

> 2 第___条に規定される終了あるいは、かかる可能性のあるビジネスの機会に関する最終的な契約または正式な契約が20__年__月__日の16時までに合意されない場合は、各当事者は、本開示者の選択により、本契約に基づき受領したすべての秘密情報のオリジナルならびに保有するすべての複製物を破棄するか、または、他の当事者に返却するものとする。

解説

相手方によっては、正式契約の締結をしない場合はそれまでにかけた費用を開示を受ける側に請求し、または、正式契約の締結を強いるケースがある。本条項はそのようなリスクを抑えるのが狙いである。一定期限までにその決定をすればよく、正式契約に進まないからといって損害賠償などを求める紛争を予防する。秘密情報の流用をしないために、開示者の選択により、受領者は秘密情報を破棄・返還する義務を明確に規定する。開示をする側と開示を受ける側の両者の双方の思惑、心配に配慮した規定である。

例文2　契約締結義務の不存在-02

◇01と同趣旨のバリエーション（秘密情報の開示を受けた側が、開示を受けたあと、正式な契約を締結する義務を負うわけではないことを明確に規定）

> ARTICLE 7　NO OBLIGATION TO CONCLUDE ANY AGREEMENT
> The execution of this Agreement and performance of its terms by the parties hereto does not oblige either party to enter into any subsequent or additional agreement with respect to the business purposes described herein except as might be required by the express terms of this Agreement.
>
> ［和訳］
> 第7条　契約を締結する義務
> 本契約の締結ならびに本契約当事者によるその条件の履行は、いずれの当事者に対しても、本契約の明示的な条件により要求される場合を除き、本契約に記載されたビジネスの目的に関して、いかなるその後の契約または追加の契約を締結する義務も負わせるものではない。

●――第10款　**不保証**　No Warranty

例文1　不保証-01

◇開示側が現状有姿条件での秘密情報の開示であり、特に保証をしないことを規定（保証をしてもよいが、本例文規定ではあえて保証まではしていない）

ARTICLE 8 NO WARRANTY
1 All Confidential Information is provided 'as is'.
2 Each party makes no warranties, express, implied or otherwise, regarding its accuracy, completeness or performance.

［和訳］
第8条　不保証
1 すべての秘密情報は、「現状有姿」で提供される。
2 各当事者は、その（＝提供した秘密情報の）正確さ、完全さまたは性能について、明示的であれ、黙示的であれ、他の方式であれ、いかなる保証もしない。

解説

ロイヤルティなどの支払いがなく、事業提携などを検討するために開示した秘密情報であることを踏まえた規定である。

不保証-02　　　　　　　　　　　　　　　　　　　　　　　　　　　　　例文2

◇01と同趣旨のバリエーション（開示を受けた側が情報の吟味・使用の過程で損害を被っても保証しないと規定する）

ARTICLE 8 NO WARRANTY
1 The Disclosing Party makes no warranties, promises or representations as to the accuracy or completeness of the information disclosed.
2 The Disclosing Party is not responsible for any expenses or losses incurred by the other party as a result of receipt of the Confidential Information.

［和訳］
第8条　不保証
1 本開示者は、開示された情報についての正確さまたは完全さについて、いかなる保証、約束、表明もしない。
2 本開示者は、他の当事者が秘密情報の受領の結果として被った費用または損失については責任を負わない。

●──第11款　使用許諾をしていないこと、権利の使用許諾をしていないこと
No License: No Grant of Rights

使用許諾をしていないこと-01　　　　　　　　　　　　　　　　　　　例文1

◇ライセンスではないと明記する規定

例文1	使用許諾をしていないこと-01
例文2	使用許諾をしていないこと-02
例文3	使用許諾をしていないこと-03
例文1	差し止めによる救済、救済、衡平法・法律上の救済-01

ARTICLE 9 NO LICENSE
Nothing herein is intended to grant any rights to the Receiving Party under any patent or copyright, nor shall this Agreement grant any rights in or to the Confidential Information except as expressly set forth in this Agreement.

［和訳］
第9条　使用許諾をしていないこと
本契約は、いかなる意味でも、本受領者に対し、特許または著作権上の権利を許諾することを意図していないものであり、本契約に明示的に規定されている場合を除き、秘密情報に関して、いかなる権利も許諾するものではない。

解説

　事業提携などの検討のために秘密情報を開示したにもかかわらず、受領者側がライセンスを許諾されたかのように秘密情報を使用するリスクがあるという事情を踏まえた規定である。
　技術者は、新たな技術情報を自らのさまざまな技術と組み合わせて活用する工夫をおこなったり、活用方法を発展させ使用したりすることがある。そのため、リスクがなくならないという意見もあるため、あえて規定するものである。権利者、開示側の心配に配慮した規定といえる。

例文2　使用許諾をしていないこと-02

◇01と同趣旨のバリエーション

ARTICLE 9 NO GRANT OF RIGHTS
Each party recognizes and agree that nothing contained in this Agreement shall be construed as granting any rights to the Receiving Party, by license or otherwise, to use any of the Disclosing Party's Confidential Information except as expressly set forth herein.

［和訳］
第9条　権利の使用許諾をしていないこと
各当事者は、本契約のいかなる規定によっても、本受領者に対し、使用許諾であれ他の方法であれ、本契約に明示的に規定されている場合を除き、本開示者のいかなる秘密情報についても使用する権利を許諾するものと解釈されてはならない。

解説

　開示側が受領者側に何らライセンスしていないということを、使用許諾をしていないこと-01とは別の表現(license or otherwise)で規定したものである。契約ドラフティングにおいては、同趣旨をさまざまな表現で言い表す訓練をしておき、自分にあった表現を求め、

磨くとよいだろう。そのためには多くのバリエーションの規定・表現に触れ、自分に適合する言い回しを選びとっていくことが大事である。

使用許諾をしていないこと-03　　　　　　　　　　　　　　　　　　　　例文3
◇01、02とほぼ同内容の規定。端的でスタイリッシュな表現が使われている

ARTICLE 9 NO GRANTS OF RIGHTS
No aspect of this Agreement may be construed as granting or conferring any rights, licenses, understandings or opportunities from one party to this Agreement to the other party, other than the confidentiality obligations obtained herein.

［和訳］
第9条　権利の許諾をしていないこと
本契約のいかなる面でも、本契約により取得された秘密保持義務のほかには、他の当事者に対し、本契約の一方の当事者によりいかなる権利、ライセンスまたは了解または機会を許諾あるいは付与されるものと解釈されてはならない。

●―第12款　差し止めによる救済、救済、衡平法・法律上の救済
Injunctive Relief: Remedies: Equitable and Legal Relief

差し止めによる救済、救済、衡平法・法律上の救済-01　　　　　　　　　例文1
◇秘密保持義務の違反の恐れがある場合は、特別な取り返しのつかない損害に対しては、差止救済(injunctive relief)を可能とする根拠をなす簡潔な規定

ARTICLE 10 INJUNCTIVE RELIEF
The Receiving Party agrees that any violation or threatened violation of this Agreement will cause irreparable injury to the Disclosing Party, entitling to obtain injunctive relief in addition to all available legal remedies.

［和訳］
第10条　差止救済
本契約に対するいかなる違反あるいは違反の恐れがある場合は、本開示者に対し取り返しの不可能な損害を発生させるものとみなし、本開示者はすべての法律上の救済に加えて差止救済を得る権利があるということに、本受領者は合意する。

―――――――――解説―――――――――
秘密保持義務の違反がなされる恐れがある場合、一番効果的な阻止方法は差し止めであ

る。しかし、米国法などの下では、特別な取り返しのつかない損害が発生する場合に限られるため、その趣旨（irreparable injuryの発生）を確認し、差止救済（injunctive relief）を可能とする根拠を規定するのがこの条項例である。

英文契約では、差止救済を可能にするために、日本での契約になじんでいる側からすれば驚いてしまう表現が頻繁に使用される。irreparable injury or harm（回復不能の損害）やmoney damages amount of which is difficult to ascertain（算定できない金額にのぼる損害）などである。慣れていない方はこのような規定、表現を見ると、不安になることがあるだろう。

しかし、これには英米法上の救済制度に理由がある。英米法の下では、契約違反に対する救済として、当然のものとしてspecific performance（特定履行）と呼ばれるものの一つである差止請求を認められないからである。英米法の下では、救済は金銭賠償が原則であり、当事者の意思に反する差し止めを容易には認めない制度を採用している。その例外として、特定履行の差止を認めさせる目的でこのような規定が置かれるのだ。巨額の賠償を相手方（被開示者）からとるために置いている規定ではない。日本法の下では、特定履行も標準的な救済の一つであるため、このような規定は必要ない。

例文2　差し止めによる救済、救済、衡平法・法律上の救済-02

◇01と同趣旨のバリエーション

ARTICLE 10 INJUNCTIVE RELIEF

1 The Receiving Party acknowledges that disclosure or use of the Confidential Information in violation of this Agreement could cause irreparable harm to the Disclosing Party for which monetary damages may be difficult to ascertain or an inadequate remedy.

2 The Receiving Party agrees that the Disclosing Party shall have the right, in addition to its other rights and remedies, to seek and obtain injunctive for any violation of this Agreement.

［和訳］

第10条　差止救済

1 本契約に違反した秘密情報の開示または使用は、本開示者に対し、その対処のために金銭による損害賠償では算定できないか、または不十分な救済にしかならない。回復不可能な損害を発生させることを、本受領者は認識している。

2 本開示者が、開示者の他の権利ならびに救済に追加して本契約の違反に対する差止救済を取得することを請求し、得られる権利を有することについて、本受領者は合意する。

――――解説――――

本例文は裁判所による差止救済を求める根拠をなす規定であり、同時に、この救済を求めることにより、秘密保持義務違反について他の救済（損害賠償請求など）を受ける権利、

また、秘密保持義務違反以外の違反行為についての差止救済を求める権利を放棄するわけではないことを付加的に規定する。

英米法には、違反者側からの歴史的な争い方(主張)として、一つの救済方法を選択して行使したときに他の救済を受ける権利を放棄した、という主張がなされることがあるからである。このように、明確に他の権利を維持するという合意があれば、他の権利を失うことがない。

差し止めによる救済、救済、衡平法・法律上の救済-03　　　例文3
◇01と02と同趣旨のバリエーション

ARTICLE 10 INJUNCTIVE RELIEF
1　Each party acknowledges that all of the Disclosing Party's Confidential Information is solely owned by the Disclosing Party and that the unauthorized disclosure or use of such Confidential Information would cause irreparable harm and significant injury, the degree of which may be difficult to ascertain.
2　Each party agrees that the Disclosing Party shall have the right to obtain an immediate injunction from any court of competent jurisdiction enjoining breach of this Agreement and disclosure of the Confidential Information.
3　Each party shall also have the right to pursue any other rights or remedies available by law or equity for such a breach.

［和訳］
第10条　差止救済
1　各当事者は、本開示者のすべての秘密情報は、本開示者により単独で保有されていること、ならびに、かかる秘密情報の許諾を得ない開示または使用が取り返しのつかない損害ならびに重大な損失をもたらし、その損害の程度が算定することが困難であることを認識している。
2　各当事者は本開示者が本契約の違反ならびに秘密情報を漏洩することを禁止する。
3　各当事者は、かかる違反に対し、法律上あるいは衡平法上可能な、いかなる権利または救済をも請求する権利を有するものとする。

―――― 解説 ――――
秘密情報の秘密保持義務違反に対する差止救済を裁判所に求める権利を確保するという狙いとその差止救済を求めたために他の救済方法を放棄したわけでなく、累積的に活用・請求できるという権利を維持することを明確に規定している。差し止めによる救済、救済、衡平法・法律上の救済-01、02のバリエーションであるが、本条項例では"each party"を毎回使用することにより、双方に公平であることを強調したドラフティングで、交渉時に双方ともに受け入れやすい言い回しにしているのが特徴である。

例文1	秘密情報の返還
例文1	ジョイントベンチャー、パートナーシップではないこと
例文1	累積的な権利・義務を保有・負担すること

●—第13款　秘密情報の返還　Return of Confidential Information

例文1　秘密情報の返還

◇開示者側の選択により、秘密情報の返還義務を規定(秘密情報の開示方法により、書面、複製、要約などを含むことを規定)

ARTICLE 11 RETURN OF THE CONFIDENTIAL INFORMATION
The Receiving Party shall promptly return all tangible materials embodying the Confidential Information in any form including, without limitation, all summaries, copies and excerpts of the Confidential Information, upon the earlier of (i) the completion or termination of the dealings between the Disclosing Party and the Receiving Party, and (ii) the Disclosing Party's written request.

［和訳］
第11条　秘密情報の返還
本受領者は、(i)本開示者と本受領者との間の取引が完了または終了したとき、または、(ii)本開示者の書面の要求のうち、いずれか早いほうが到来したとき、秘密情報を含む有形の資料を速やかに返還するものとし、かかる有形の資料には、秘密情報のすべての要約、複製、または抜粋を含み、それに限定されない形態を含むものとする。

解説

　事業提携を推進するかどうかを決定するために、開示した秘密情報を推進しないと決定したあと、受領者側でどう扱うかは実務上なおざり・曖昧になりがちである。開示者側にとって、不利益を被らないように、秘密情報の返還義務を規定する必要がある。

　秘密情報の返還に関する条項例としては、本第2節第9款 契約締結義務の不存在-01(契約が合意されない場合は返却もしくは廃棄する)の2項を参照のこと。返還を求めることに代えて、受領者に破棄を求めるのも選択肢の一つである。ただし、その実効性については、慎重な判断をする必要があろう。

　ここでは深入りしないが、研究開発やソフトウェアのライセンスビジネスなどでは、受領者が交渉時に、相手方(ライセンサーや開示者)から受領した秘密情報の内容を法務部や知的財産部が正確に確認するために、秘密情報の1セットを返還も破棄もせず残しておく必要がある、と主張することがある。実際に一理あるということで、1セットを相手方が手元に残すことを認める契約条項を置き、契約を結ぶこともある。これは、法務部や知的財産部が本当に信頼に足る部門や、人々であることをライセンサーや開示側が納得することが前提条件である。

●―第14款　限定的な関係　Limited Relationship: No Joint Venture or Partnership

ジョイントベンチャー、パートナーシップではないこと　例文1

Article 12 Limited Relationship
1 This Agreement will not create a joint venture, partnership or other formal business relationship or entity.
2 Each party shall act as an independent contractor and not as an agent of the other party for any purpose, and neither will have the authority to bind the other party.

[和訳]
第12条　限定的な関係
1 本契約は、ジョイントベンチャー、パートナーシップ、または他の正式なビジネス関係あるいは事業体を創造するものではない。
2 各当事者は、いかなる目的のためであれ、他の当事者の代理人としてではなく、独立した契約者として振る舞うものとし、いずれの当事者も他の当事者を拘束する権限を有しないものとする。

解説
　事業提携交渉の一環としておこなわれる秘密保持情報の開示は、第三者から見ると、両当事者によるジョイントベンチャーなどに向けての進展の過程ととられるリスクがある。本規定はそのリスクを排除している。

●―第15款　累積的な義務　Cumulative Obligations

累積的な権利・義務を保有・負担すること　例文1

ARTICLE 13 CUMULATIVE OBLIGATIONS
Each party's obligations hereunder are in addition to, and not exclusive of, any and all of its obligations to the other party, whether express, implied, in fact or in law.

[和訳]
第13条　累積的な義務
本契約上の各当事者の義務は、他の当事者に対し、それが明示的、黙示的、あるいは事実上または法律上であれ、すべての義務に対して追加するものであり、それらに代わる排他的なものではない。

解説
　英米法の下では、一つの権利の選択的行使が、他の権利を失う根拠として相手方により

例文1	完全合意、変更の禁止-01
例文2	完全合意、変更の禁止-02
例文1	分離可能-01
例文2	分離可能-02

主張されるリスクがある。そうではなく、累積的な権利・義務を保有・負担するのだということを、明確に規定する。たとえば、契約を解除すると損害賠償権を失うと相手方が主張するリスクがあり、そうではなく累積的なものだということを明確にする狙いがある場合などである。

●―第16款　完全合意、変更の禁止　Entire Agreement: No Amendment: Integration

例文1　完全合意、変更の禁止-01

◇契約書面に記載された事項が当事者間の合意事項のすべてであると確認し、矛盾する、あるいは変更する合意の存在を否定する規定

ARTICLE 14 ENTIRE AGREEMENT; NO AMENDMENT
This Agreement sets forth the entire agreement between the parties with respect to the subject matter hereof, and may not be modified or amended except by written agreement executed by the parties hereto.

［和訳］
第14条　完全合意、変更の禁止
本契約は、本契約の主題についての当事者間のすべての合意事項を規定するものであり、また、本契約当事者による書面の合意書なしには、変更または修正することができないものとする。

―――――― 解説 ――――――

英米法の下では、書面による合意がなされるとき、書面に記載された事項とは別に追加的な合意、あるいは、矛盾した合意があるかどうかが、事実の問題(fact of issue)となる。この規定により、この契約書面に記載された事項が当事者間の合意事項のすべてであると確認し、それと矛盾する、あるいは、変更する合意の存在を否定する。書面重視を明確にすることにより、合意内容の立証を容易にし、権利の実現を迅速にするのが狙いである。後日に契約による修正・変更をおこなう際の方法を書面合意に限定し、補強している。

例文2　完全合意、変更の禁止-02

◇01と同趣旨のバリエーション。契約書に記載した事項が両者間の合意の全部であり、その後の修正も書面によることを明確にし、合意内容の立証を容易にする規定

ARTICLE 14 ENTIRE AGREEMENT; AMENDMENT
This Agreement constitutes the entire agreement between the parties hereto relating to the matters herein and may be amended only with the mutual written consent of the parties.

［和訳］
第14条　完全合意、変更の禁止
本契約は、本契約中の事項について、当事者間のすべての合意を構成するものであり、かつ、当事者の相互の書面の同意によってのみ、修正できる。

解説

完全合意、変更の禁止-01のバリエーション。狙いは同一であるが、表現方法に工夫が凝らされている。

●──第17款　分離可能　Severability

分離可能-01　　　　　　　　　　　　　　　　　　　　　　　　　　　例文 1

◇契約締結時には適法であった事項が以降の立法、判決などで、無効あるいは強制不可能とされた場合に、他の残りの規定をそのまま有効であるとする規定（契約の安定を図るもの）

ARTICLE 15 SEVERABILITY
If any provision of this Agreement is declared to be invalid, or unenforceable, the remaining provisions of this Agreement shall continue in full force and effect.

［和訳］
第15条　分離可能
もし、本契約のいずれかの規定が無効または強制履行不可能と判断された場合は、本契約の残りの規定はそのまま完全に有効で効力あるものとする。

解説

契約締結時に有効であると理解していた規定が、後日、裁判あるいは他の理由で無効とされた場合に、本契約の他の規定には影響を及ぼさず、その無効規定の部分だけを切り離し、削除し、残りの規定はそのまま有効に存続すると規定する条項である。

実務上残された問題は、このように他の規定に影響を与えず、残りを有効とすることが賢明かどうかという問題である。あまりにも重要な規定が無効とされた場合、契約自体が無意味になるリスクがあることを否定しきれないからだ。その場合、この規定の方針が適切かどうか疑義が発生するが、そのときには、不可抗力規定も関わってくることがあろう。

分離可能-02　　　　　　　　　　　　　　　　　　　　　　　　　　　例文 2

◇01と同趣旨のバリエーション

ARTICLE 15 SEVERABILITY
If any part of this Agreement for any reason is declared invalid, such decision shall not affect the validity of any remaining portion, which remaining portion shall remain in force and effect as if this Agreement had been executed with invalid portion thereof eliminated.

[和訳]
第15条　分離可能
もし何らかの理由により、本契約のいずれかの部分が無効と判断された場合は、かかる決定は残りの部分の効力に影響を与えないものとし、その残りの部分はあたかも本契約がその無効と判断された部分を削除した形で調印されたかのように、完全に有効とする。

―――― 解説 ――――
本規定は、分離可能-01よりも丁寧な言い回しで表現している。

● ― 第18款　**不放棄**　No Waiver

例文 1 　**不放棄-01**

◇一度契約違反があった場合に差し止めや損害賠償請求をしなかったために、次の違反に対してクレームする権利を放棄したわけではないことを明確にする規定

ARTICLE 16 NO WAIVER
Any failure to enforce any provision of this Agreement shall not constitute a waiver thereof or of any other provision hereof.

[和訳]
第16条　不放棄
本契約のいずれかの規定の不行使は、その規定または本契約の他の規定を放棄することにはならないものとする。

―――― 解説 ――――
「権利の上に眠る者には保護を与える必要はない」という考え方がある。英米法の下では、契約違反などに対し本来契約当事者が行使できる権利があっても、幾度か行使しないままでいる（＝眠っている）と、その後、実際に行使しようとしても、相手方がこれまで同様な違反に対して何も権利行使しなかったのだから、もはや喪失したとして扱うことがある。そのような相手方の主張を封じ、一度看過したからといって、次には行使しないということはないことを明瞭にするため、不放棄の条項を置く。

不放棄-02

◇上記例文01のバリエーション

ARTICLE 16 NO WAIVER
1 No waiver by either party whether express or implied, of any provision of this Agreement shall constitute a continuing waiver of such provision or a waiver of any other provision of this Agreement.
2 No waiver by either party, whether expressed or implied, of any breach or default by the other party, shall constitute a waiver of any other provision of this Agreement.

［和訳］
第16条　不放棄
1 明示的であれ、黙示的であれ、いずれかの当事者による本契約の規定の放棄は、本規定の継続的な放棄または本契約の他の規定の放棄には当たらないものとする。
2 各当事者による、明示的であれ、黙示的であれ、他の当事者の違反または不履行に対して権利の不行使は、本契約の他の規定の権利放棄にはならないものとする。

解説

不放棄-01と狙いは同一であるが、"expressed or implied"（明示的または黙示的に）、"breach or default"（契約違反または不履行）などの表現を加え、01よりその趣旨を詳細、丁寧に説明し規定する。言葉を尽くし、丁寧に説明することにより、具体的に少々違ったさまざまな場合にもこの条項が適用されることを確保しようとする目的。

●——第19款　契約期間と終了　　Duration and Termination: Deadline for Dealing (Decision)

契約期間と終了-01

◇事業提携の判断のため相互の情報を開示し合う契約の有効期間中、秘密保持義務が有効であることを規定

ARTICLE 17 DURATION AND TERMINATION
1 This Agreement shall become effective immediately upon execution thereof by the parties hereto, and will apply to all Confidential Information exchanged by the parties, including any Confidential Information exchanged prior to such execution.
2 The provision of this Agreement shall continue in full force and effect, regardless of whether the parties decide not to pursue any business opportunities together, for so long as the Confidential Information remains confidential in nature, as determined by the Disclosing Party.

[和訳]
第17条　契約期間と終了
1　本契約は、当事者による調印と同時にただちに有効となり、本契約の調印前に交換した秘密情報を含む当事者により交換したすべての秘密情報に適用するものとする。
2　本契約の規定は、当事者が共同でビジネスの機会を追求することをしないと決定するかどうかにかかわらず、秘密情報が本開示者の決定により秘密裡に管理されている限り、有効に存続するものとする。

解説

上記条項例では、併せて期限終了後も秘密保持義務が存続することを明示的に規定し、その秘密保持期間を情報の開示側で秘密裡に保持されている限り存続する長期間の秘密保持義務を規定している。

例文2　契約期間と終了-02

◇事業提携を目的に秘密情報を開示し合う場合に、その本来の目的（事業提携を推進するかどうかの決定）のための期限を規定

ARTICLE 17 DEADLINE FOR DECISION
The parties shall, as soon as practicable, evaluate and examine the Confidential Information exchanged by the parties hereunder, and shall make best efforts to make their decisions on whether or not the parties enter into a final agreement or any additional agreement setting forth the joint business intended herein, on or before _____ _____, 20__.

[和訳]
第17条　決断の期限
当事者は、なるべく早く、本契約に基づき当事者により交換した秘密情報を評価し、検討するものとし、本契約で意図した共同のビジネスを規定する最終的な、あるいは付随的な契約を調印するかどうかの決定を、20__年__月__日までに決定できるように最善の努力をおこなうようにする。

解説

上記は、実務上うっかりすると、目的を忘れて相手方の情報収集自体を目的とする行動をとる不誠実な当事者がいることに対応するものである。事業提携決定の期限を規定することは、目的外使用を禁止するためにも有用である。

●―第20款　準拠法　Governing Law

準拠法-01　　　　　　　　　　　　　　　　　　　　　　　　例文 1
◇抵触法の原則に関係なく、実体法（国法）を選択する標準的な準拠法の規定

ARTICLE 18　GOVERNING LAW
This Agreement shall be governed by the substantive laws of _____, without reference to conflict of laws principles.

[和訳]
第18条　準拠法
本契約は、抵触法の原則にかかわりなく、_____法に準拠するものとする。

準拠法-02　　　　　　　　　　　　　　　　　　　　　　　　例文 2
◇準拠法選択の原則にかかわらず、米国州法を選択する標準的な規定

ARTICLE 18　GOVERNING LAW
This Agreement shall be governed by internal laws of the state of _____, USA, without reference to its choice of laws rules.

[和訳]
第18条　準拠法
本契約は、準拠法の原則にかかわらず、米国_____州法の国内法に準拠する。

――――――――――― 解説 ―――――――――――
　準拠法-01では適用すべき国法を選択しているのに対し、本規定では州法を選択している。また、抵触法の原則（conflict of laws principles）という表現に対し、準拠法選択の原則（choice of laws rules）という表現、実体法（substantive laws）に対し、国内法（internal laws）という表現を用いている。実質的な法的効果は準拠法-01と同じである。

●―第21款　紛争解決、裁判管轄、仲裁　Settlement of Disputes: Jurisdiction and Court: Arbitration

紛争解決、裁判管轄、仲裁-01　　　　　　　　　　　　　　　例文 1
◇裁判管轄と法域を規定

例文1	紛争解決、裁判管轄、仲裁-01
例文2	紛争解決、裁判管轄、仲裁-02
例文1	秘密保持期間
例文1	秘密保持期間

ARTICLE 19 JURISDICTION AND VENUE

In any lawsuit brought to enforce the terms and conditions of this Agreement, or for damages for breach hereof, the parties hereto agree that jurisdiction and venue shall be in the _____ court of _____.

[和訳]

第19条　裁判管轄と法域

本契約の条項および条件の履行を強制するため、または、本契約の違反による損害賠償を請求するために提起された訴訟については、本契約当事者は裁判管轄ならびに法域が_____国の_____裁判所とすることに合意する。

例文2　紛争解決、裁判管轄、仲裁-02

◇仲裁による紛争解決を規定

ARTICLE 19 ARBITRATION

1. Any controversy or claim arising out of or relating to this Agreement or breach thereof shall be settled by arbitration.
2. Such arbitration shall be conducted at _____ in accordance with the rules then pertaining to the _____ with a panel of three (3) arbitrators. Judgment upon the award rendered by the arbitration may be entered in any court having the jurisdiction thereof.

[和訳]

第19条　仲裁

1. 本契約またはその違反から、またはそれらに関連して生ずる紛争またはクレームについては、仲裁によって解決されるものとする。
2. かかる仲裁は、_____の仲裁規則に基づき、3名の仲裁により_____でおこなわれるものとする。その仲裁により下された裁定は、その裁判管轄を有する裁判所に付託することができるものとする。

第3章 秘密保持期間ならびに秘密情報開示範囲に関する条項
（バリエーション）

第1節 標準的な秘密保持期間条項

● 第1款　個別の秘密情報開示から7年間が経過するまで、秘密保持義務があると規定する例

秘密保持期間　　　　　　　　　　　　　　　　　　　　　　　　　　例文1

The secrecy obligation of the Receiving Party under this Article ___ with respect to each item of Confidential Information shall expire seven (7) years each after the disclosure of such Confidential Information to the Receiving Party hereunder.

［和訳］
本第__条における秘密情報の各開示についての受領者の秘密保持義務は、本契約の下での受領者に対する開示後7年経過をもって消滅するものとする。

● 第2款　本契約有効期間中ならびに本契約終了後5年間、秘密保持義務があると規定する例

秘密保持期間　　　　　　　　　　　　　　　　　　　　　　　　　　例文2

The secrecy obligation of the Receiving Party shall continue during the effective period of this Agreement and for five (5) years after the expiry or termination of this Agreement.

［和訳］
受領者の秘密保持義務は、本契約の有効期間中ならびにその満了または終了から5年間存続するものとする。

例文 1	秘密保持期間
例文 2	秘密保持期間
例文 1	開示範囲
例文 2	開示範囲

第2節 長期の秘密保持期間を定める条項

―第1款　長期の秘密保持期間を規定する例

例文 1　秘密保持期間

The secrecy obligation of the Recipient of the Confidential Information shall exist while this Agreement is in force and for a period of twelve (12) years after the termination thereof.

[和訳]
秘密情報の受領者の秘密保持義務は、本契約が有効である期間中ならびにその終了後12年間存続するものとする。

―第2款　秘密保持期間に秘密情報が秘密裡に保たれている限り、(無期限に)存続すると規定する例

例文 2　秘密保持期間

The secrecy obligation of the Receiving Party hereunder shall continue, subject to the provisions of this Article, indefinitely as long as the Confidential Information remains confidential in nature as determined by the Disclosing Party.

[和訳]
本契約上、受領者の秘密保持義務は、本条の(早期終了の)規定に服するが、開示者が、秘密情報がその性質上、秘密裡に保たれていると判定する限り、無期限に存続するものとする。

解説

　実際に使用する際には、実際の適用法上での有効性を都度吟味し、上記例文中、"indefinitely"(無期限)という用語は削除したり、双方に公平な義務とするなど工夫を凝らすことがある。"indefinitely"は"permanently"(永久的)に比較すると、一方の当事者から、相当期間の通知(予告)をしたうえで終了させることができる("permanently"より弱い)。

第3節　秘密情報の開示範囲を定める条項

● 第1款　秘密情報の開示の範囲は、本契約を遂行するために、その情報を知ることを必要とする者(personnel who need to know)と規定する例

開示範囲　　　　　　　　　　　　　　　　　　　　　　　例文 1

The Receiving Party may disclose the Confidential Information to its employees for the purpose of the execution of the project set forth herein on a "need to know" basis, subject to the Receiving Party taking customary precautions to ensure the Confidential Information is kept confidential.

[和訳]
受領者は、秘密情報をその従業員に対し、プロジェクト実行のためにその情報を知ることが必要なベースで、開示することができるが、その場合は、受領者は、秘密情報を秘密に保つことを確実にするために通常とる(秘密漏洩)予防策を実施するものとする。

● 第2款　開示を受ける個人の秘密保持誓約書を取り付け、(要求あり次第)開示者に提出すると規定する例

開示範囲　　　　　　　　　　　　　　　　　　　　　　　例文 2

1　The Recipient shall undertake procedures to insure that each of its officers, employees or agents to whom the Confidential Information is disclosed;
 (i)　understands that the confidential nature of the Confidential Information; and,
 (ii)　understands that he has an obligation to hold such Confidential Information strictly confidential.
2　When requested by the Disclosing Party in writing, the Recipient shall submit letters of acknowledgement executed by each of the approved officers, employees or agents in such form as approved by the Disclosing Party.

[和訳]
1　受領者は、開示を受ける役職者、従業員または代理人に下記の事項を認識させ、守らせることについて責任を負うものとする。

(i) 開示される秘密情報が秘密性を帯びた情報であること
(ii) 開示された秘密情報について秘密を保持すること
2 開示者の書面による要求を受けたときは、受領者は、開示者が承認する秘密保持契約書のフォームに開示を受けることを承認された受領者の役職者、従業員または代理人の署名を取り付けて、開示者に提出するものとする。

●—第3款　第三者に開示するときは、その第三者との間に、開示者、受領者との3者による秘密保持契約書を締結し、かつ、受領者がかかる第三者と連帯責任を負うことを条件とする例

例文3　第三者への開示〜秘密保持契約

The Recipient may disclose the Confidential Information to a third party on a need to know basis for the performance of this Agreement, provided that (i) such third party has entered into a three-way confidential disclosure agreement with the Disclosing Party and the Recipient, and (ii) the Recipient shall jointly and severally liable to the Disclosing Party with such third party with respect to the obligations of such third party hereunder.

[和訳]
受領者は、秘密情報を、本契約の目的を遂行するために開示することが必要な基準に基づき、第三者に対し、開示することができるものとし、その場合には次の2条件を満たすことが前提となる。(ⅰ)かかる第三者が、受領者、開示者との間で、3者間の秘密保持契約を締結していること、ならびに(ⅱ)受領者が、かかる第三者との本契約上の秘密保持義務について、開示者に対し、連帯して責任を負うこと。

●—第4款　秘密情報開示者が受領者側の開示を受けるメンバーを事前に審査し、承認または拒絶することができると規定する例

例文4　開示範囲〜事前承認

The Disclosing Party will disclose the Confidential Information only to seven (7) members of the Recipient's officers, employees or agents who the Recipient shall name and identify in a letter to the Disclosing Party no later than fourteen (14) days prior to the first date on which the Confidential Information is disclosed under this Agreement.

The Disclosing Party shall have the absolute right to approve or disapprove any person named and identified by the Recipient in such letter.

[和訳]
開示者は、受領者の役職者、従業員、代理人の7名にのみ、秘密情報を開示するものとし、受領者は、本契約書に従って開示を受ける最初の日の14日前までに、レターでそのメンバーの指定と人物の連絡を開示者に対しておこなうものとする。
開示者は、受領者が指定してレターで連絡してきたメンバーを、その自由裁量により承認することも拒絶することもできるものとする。

第5款　受領者側で、秘密情報にアクセスする従業員、代理人から受領者を宛先とする秘密保持誓約書（英語版）を取り付けるが、開示者には提出しない例

開示範囲〜秘密保持契約　　　　　　　　　　　　　　　　　　　例文 5

The Recipient agrees that the Recipient has or shall have its employees and agents who have access to the Confidential Information signed a non-disclosure agreement with the Recipient in the Recipient's designated form in English language prior to any disclosure of the Confidential Information.

[和訳]
受領者は、秘密情報にアクセス権を有する従業員ならびに代理人については、秘密情報の開示の前に、受領者の指定する英語版の受領者との秘密保持契約書に署名させているか、または、（これから）署名させるものとする。

秘密保持義務の注意水準を定める規定
（バリエーションと解説）

第1節 国際契約における善管注意義務

　業務提携などの契約締結の準備段階において、企業同士が秘密情報を開示し合うことがある。あえて秘密保持契約を締結しないこともあるが、注意深い企業同士なら、簡単な短い文面のものでもよいので、通常は何らかの秘密保持契約を結ぶだろう。

　開示の目的は方針の検討や内容の吟味のためである。しかし、相手方から開示を受けた秘密情報に適用する秘密保持義務の注意水準については、普段あまり気にされることがない。日本法の下では、注意水準は「善良な管理者の注意義務」が基準となると考えられているからだ。根拠は、たとえば、民法の400条（特定物の引渡しの場合の注意義務）の規定である。400条は、「債権の目的が特定物の引渡しであるときは、債務者は、その引渡しをするまで、善良な管理者の注意をもって、その物を保存しなければならない」と規定している。

　ところが、海外の相手方に「善良な管理者の注意義務」に当たる"with the due care of a good manager"あるいは"with the due care of a prudent manager"と提案しても、相手方の理解を得られないことが多い。筆者の経験では、米国ではこの善管注意義務が通じなかった。日本とは法文化が異なるため、この言葉に相当する概念がないのだ。「自己の財産に対するのと同一の注意をもって」という用語が民法で登場するのは、後述の659条（無償受寄者の注意義務）である。

　よくドラフティングの参考とされるUCC（Uniform Commercial Code：米国統一商事法典）の関連規定を見ても、UCCには「善良な管理者」という用語は登場しない。

　企業、弁護士を筆頭とする海外の相手方から、たとえば以下のように、「自己の物（＝秘密情報）と同等の注意義務で、相手から開示を受けた秘密情報の秘密保持義務を負う」（意訳）という契約条項の提案をされ、最初は驚くこともあるだろう。

●―第1款　自己の秘密情報と同等の注意義務を規定

例文1　注意義務水準

> Each party agrees to exercise the same care in protecting the other Party's Confidential Information from disclosure as the Party uses with regard to its own Confidential Information.

[和訳]
各当事者は、他の当事者の秘密情報を保護するために、その当事者(＝受領当事者)が自分自身の秘密情報を漏洩から保護するために払うのと同じ水準の注意義務を払うことに合意する。

解説

　日本法の下では、善管注意義務に比べて、自己の所有物・財産に対して払う注意義務の水準のほうが一段低いとされる。そのように考える根拠となっているのは、たとえば、民法659条が「無報酬で寄託を受けた者は、自己の財産に対するのと同一の注意をもって、寄託物を保管する義務を負う」と規定し、その有償寄託者の注意義務の水準(民法400条)である「善良な管理者の注意義務」に比べて、その水準を低くしているからだ。有償で他人から寄託を受けて寄託物を保管する者の注意義務水準が、無償で寄託を受けて保管する者の注意水準より高いというのは、合理的であり、疑念を挟む余地がない。

　ところが外国人から見ると、この認識は単なる建前で、虚偽、偽善だと言われることがある。

　たとえば、2015年秋に日本では、有名な建設業者が手がけた中層マンションで、杭打ちデータが改竄・流用され、杭が打ち込まれていないことが報道され、社会の注目をあびた。あたかも打ち込まれたかのように見せかけられたまま建設され、のちにマンションが傾いたのだ。外国の交渉相手ならこう言うかもしれない。

　「もし、ビジネスのためでなく、建設業者、中でも杭打ち業者の担当者自身やその家族が住むためのマンションならば、傾く危険性が高いことを承知のうえで必要な杭打ちをせず、スケジュールや利益を優先するでしょうか。自分自身や家族の生命・安全が関わる場合は、第三者のための仕事の場合と比べ、はるかに真剣に取り組みます。それが人間として自然な対応なのでは？」

　これは、日本と諸外国の法文化の違いに起因する議論だともいえよう。日本法の下でのビジネスでは、一般的に自己の財産・情報の管理に対しての注意水準に比べ、他人から預かった財産・情報に対する注意水準がはるかに重い。日本人の仕事に対する責任感、真面目さ、あるいは期待が反映されているのだろうか。

第2節　「善良な管理者の注意義務」を基準に契約交渉をしたい場合

　「善良な管理者の注意義務」が使えないならば、あっさり諦めて上述の相手方の提案を呑み、譲歩して契約を締結するケースが一般的だろう。"keep strict confidence with the due care of a prudent merchant" "with the due diligence of a prudent merchant"という表現も、実際に大西洋、太平洋をまたぐ国際的なビジネス契約で使用されることがあるものの、秘密保持契約を扱う実務のうえでは、"with the same care as the Receiving Party uses to protect its own Confidential Information"という趣旨の表現のほうが主流である。短期的に

も実務的にも、たいして支障が生ずるわけではない、と割り切るのは簡単である。しかし、日本法を踏まえて考えると、後味はすっきりしない。放置するべきか。

オーロラ社法務部の飛鳥凛が日本法文化の「善良な管理者の注意義務」を基盤に交渉したいと考え、選んだ表現を2つ、第3款、第4款で取り上げる。

筆者はUCCでの合理性を欠かなければ、当事者で、合意によりduty of care（注意義務）を含む水準を決めることが妥当と考えている。つまり、契約自由の原則に従うということだ。UCCは、"1-302. Variation by Agreement（合意によるバリエーション）"の規定で、以下のように定めている。

●―第1款　UCCによる注意水準の規定

資料1　注意義務水準

(b) The obligations of good faith, diligence, reasonableness, and care prescribed by the Uniform Commercial Code may not be disclaimed by agreement. The parties, by agreement, may determine the standards by which the performance of those obligations is to be measured if those standards are not manifestly unreasonable.

[和訳]
(b) 米国統一商事法典に規定された誠実、注意、合理性ならびに保管の義務は、合意によって否定されないものとする。当事者は、合意によって、かかる義務の履行における水準について、（それが）明瞭に不合理でない限り、定めることができる。

―――解説―――
注意義務の水準をどう決めるかは、合理的な基準である限り、当事者に委ねられている。この考え方を踏まえると、UCCの「2-104. Definitions: "Merchant"; "Between Merchants"; "Financing Agency"（定義：「商人」「商人間」「金融機関」）」でも定義がある以下の用語を「善良な管理者」の代わりに使う戦略をとることができる。

●―第2款　UCCによる"merchant"の規定

資料2　商人

a merchant (=a person that deals in goods of the kind or otherwise holds itself out by occupation as having knowledge or skill peculiar to the practices or goods involved in the transaction…)

[和訳]
商人(=その種類の商品を取り扱い、または、自身を職業上、かかる取引に含まれる慣行あるいは商品について特有の知識または技能を保有すると称する者)

解説

そうすると、欧州企業と米国企業の3者が関わる合弁事業、提携契約、秘密保持契約などでは、海外企業と交渉するためにmerchantを使った表現を提示することができる。尋春部長による「2つ並べて記載した注意義務水準のうち、いずれか高いほう(whichever is higher)という趣旨を加えるともっといいね」というアドバイスをうけて、飛鳥凛がドラフトしたものである。善良な管理者の注意義務と自己の所有物・財産に対して払う注意義務のいずれか高いほうを基準としている。

第3款　いずれか高いほうを基準とする注意義務の規定

注意義務水準　　　　　　　　　　　　　　　　　　　　　　　　　　　　例文1

The Receiving Party shall use the due care of a prudent merchant or the same care as the Party uses to protect its own confidential information, whichever is higher.

[和訳]
受領当事者は、注意深い商人の十分な注意義務(=善良な管理者の注意義務)または、当事者が、自己の秘密情報を守るために使うのと同じ水準の注意義務のうち、いずれか高い水準のほうの注意義務を払うものとする。

第4款　最低限の基準を示す注意義務の規定

注意義務水準　　　　　　　　　　　　　　　　　　　　　　　　　　　　例文2

The Receiving Party shall keep the Confidential Information of the Disclosing Party in strict confidence, at least with the due diligence of a prudent merchant, or with the same care as the Receiving Party uses to its own Confidential Information.

[和訳]
受領当事者は、開示当事者の秘密情報を、最低限、善良な管理者の注意義務をもって、あるいは、受領当事者が、その自己の秘密情報に使うのと同じ水準の注意義務をもって、厳格に秘密保持するものとする。

解説

　自らが敬意を抱く法文化を臆することなく外国の相手方にも説明し、引き下がることなく辛抱強く交渉することで一歩前に進むことができる場合もある。ときには迷惑がられることもあるかもしれないが。

　仮に相手方の国では自己の秘密情報の秘密保持の水準が、法律上でも、「善良な管理者の注意義務」より高いのであれば、もちろん、それでもよいだろう。しかし実際には、逆の場合のことも多いのではないだろうか。

　自国の法律が準拠法になっていなくても、自国で修得した法律、法的考え方、価値観を大事にすることは自己の業務に誇りをもって遂行するうえで重要である。日本法の下では、裁判で争う場合、「善良な管理者の注意義務」のほうが注意義務水準が高いことに自信を持っているならば、自国の法のルールを主張してはいけないということはない。

第3節　秘密保持義務の注意水準を定める契約条項（バリエーション）

ここでは、オーロラ社法務部・飛鳥凛がドラフティングと交渉に取り組んだ条項フォームズを紹介する。

● 第1款　飛鳥凛がドラフトした秘密保持条項

例文1　秘密保持

ARTICLE 2 NON-DISCLOSURE OBLIGATION
Each of Aurora Borealis Corporation("ABC") and Karen View Corporation("KVC") agrees:
(a) to hold the other party's Confidential Information in strict confidence;
(b) to treat the Confidential Information disclosed by the Disclosing Party with the due diligence of a prudent merchant;
(c) not to use any Confidential Information for any purpose except for the Business Purpose set forth in this Agreement;
(d) not disclose such Confidential Information to third parties.

［和訳］
第2条　非開示義務
オーロラ・ボレアリス社（「ABC」）ならびにカレンビュー社（「KVC」）のいずれの当事者も、以下の通り合意する。
(a) 相手方の秘密保持情報を厳に秘密に保持すること。

(b) 開示側から開示された相手方の秘密保持情報について善良な管理者の注意義務をもって扱うこと。
(c) 本契約に規定する事業以外の目的に使用しないこと。
(d) 第三者に対して秘密情報を開示しないこと。

第2款　相手側が提示した秘密保持条項

秘密保持　　　　　　　　　　　　　　　　　　　　　　例文 2

Each of ABC and KVC agrees:
(b) to exercise at least the same care in protecting the other party's Confidential Information from disclosure as the party uses with regard to its own Confidential Information;

[和訳]
ABCならびにKVCのいずれの当事者も、以下の通り合意する。
（b）少なくとも自らの秘密情報に対して払うのと同程度の注意を、相手方当事者の秘密情報の保護において行使することに同意する。

第3款　自らの最も秘密性の高い情報を扱うのと同じ注意水準を定める

秘密保持　　　　　　　　　　　　　　　　　　　　　　例文 3

ARTICLE 3 NON-DISCLOSURE
The Receiving Party agrees to take all reasonable measures to protect the secrecy of the Confidential Information received by the other party. Without limiting the foregoing, the Receiving Party shall take at least those measures that the Receiving Party takes to protect its own most highly confidential information and shall have its employees who have access to the Confidential Information sign a nondisclosure agreement in content substantially same or similar to the provisions hereof, prior to any disclosure of the Confidential Information.

[和訳]
第3条　秘密保持
被開示当事者は、相手方から開示された秘密情報を保持するための一切の合理的な措置を講ずるものとする。上記の制約に服することなく、被開示当事者は、少

なくとも、被開示当事者が自らの最も秘密性の高い情報を保護するために講ずる措置を施し、秘密情報へのアクセス権を有する自らの従業員について、秘密情報の開示の前に本条項と実質的に同じまたは類似する内容の秘密保持契約書に署名させるものとする。

第4款　飛鳥凛による改定ドラフト

例文 4　秘密保持

The Receiving Party agrees to treat the Confidential Information received by the Disclosing Party with the same care the Receiving Party applies to its own confidential information or at least the due diligence of a prudent merchant.

[和訳]
被開示当事者は、開示当事者によって開示された秘密情報について、被開示当事者自身の秘密情報を扱う際に払うのと同等の注意義務、または、少なくとも、善良な管理者の注意義務を払って扱うものとする。

新製品開発委託を目的とする3者間の秘密保持契約
（和訳付き）

本章では、オーロラ社法務部・飛鳥凛が取り組んだConfidential Agreement（一般条項は省略）を通しで取り上げ、あとに一括して和訳を紹介する。

同社は、カレンビュー社と組んで新製品開発に携わってきたが、最終段階で、新しくガリレオ社の技術協力を得たいと考えている。

第1節 ファーストドラフト

● 第1款 ファーストドラフト

秘密保持契約　　　　　　　　　　　　　　　　　　　　　　　　　　例文 1

CONFIDENTIALITY AGREEMENT
THIS AGREEMENT is made in San Francisco, this _____th day of May, 20__, by and between;
Galileo Systems and Technologies, Inc., a Delaware corporation, with its principal place of business at _____, California, U.S.A. (hereinafter referred to as "Galileo"),
Aurora Borealis Corporation, a Japanese corporation, with its principal place of business at _____, Tokyo, Japan, (hereinafter referred to as "Aurora"), and Karen View Inc., a Delaware corporation, with its principal place of business at _____, California, U.S.A. (hereinafter referred to as "Karen View").

WHEREAS
A. Karen View is being establishing itself as one of industry leaders in the provision of _____ devices, and has contracted with Aurora to design and develop certain device software and hardware sets (hereinafter referred to as "Devices") for the primary purpose of selling such Devices to third parties; and,
B. Karen View, together with Aurora, are seeking to find a suitable subcontractor to assist Karen View and provide design and development services and works which will be required to complete under its contract with Aurora; and,
C. Galileo been selected as a candidate of such subcontractor who is believed to have the technical and professional capability, qualification and technology required to design and develop software to accomplish requirements of Karen View and Aurora, and,

D. the parties identified above wish to exchange information (hereinafter referred to as the "Confidential Information") concerning the Devices under development and the technologies of the parties, for the purpose of evaluating and assessing possible business relationships between the parties, and,
E. much of information that will be exchanged between the parties hereto is considered confidential by the disclosing party.

NOW IT IS HEREBY AGREED
ARTICLE 1 PURPOSE OF MUTUAL EXCHANGE OF CONFIDENTIAL INFORMATION
1 Each party shall treat and hold the Confidential Information supplied by the other party or parties pursuant to this Agreement in strict confidence.
2 The parties hereto shall use such Confidential Information only for the purpose of evaluating possible business relationships between and among the parties hereto, whether such information is supplied orally, in documentary form, in machine readable form or in embodied in equipment, devices or chips (such as prototype models).

ARTICLE 2 CONFIDENTIALITY OBLIGATIONS OF THE PARTIES
1 Each party hereto guarantees and warrants that it will not disclose the Confidential Information to any third party without the prior written consent of the disclosing party.
2 Each party's obligation of confidence hereunder shall be fulfilled by using the same degree of care with the other party's Confidential Information as it uses to protect its own confidential information.
3 This confidentiality obligation hereunder shall extend for three (3) years from the effective date of this Agreement.

ARTICLE 3 MARKING OF CONFIDENTIAL INFORMATION PRIOR TO DELIVERY
1 All Confidential Information shall be clearly marked as 'Confidential Information' and it is the responsibility of the disclosing party to ensure that all Confidential Information is clearly marked prior to delivery to the receiving party.
2 Each party hereto as receiving party of the Confidential Information from the disclosing party will undertake every effort to prevent third parties from obtaining access to disclosed Confidential Information and shall undertake every efforts to ensure that its employees and advisors adhere to these confidentiality obligations provided herein.

ARTICLE 4 INFORMATION EXCEPTED FROM THE CONFIDENTIALITY OBLIGATION

These confidentiality obligations shall not apply to any information lawfully obtained from other sources, generally available to the public, known by the receiving party in advance of disclosure or otherwise obtained from source that is not under a confidential obligation provided herein.

ARTICLE 5 NO WARRANTY

1. The disclosing party makes no warranties, promises or representations as to accuracy or completeness of the information disclosed.
2. The disclosing party is not responsible for any expenses or losses incurred by the other party as a result of receipt of the Confidential Information.

ARTICLE 6 OWNERSHIP OF CONFIDENTIAL INFORMATION

The Confidential Information disclosed shall remain the property of the disclosing party and shall be returned by the receiving party upon request from the disclosing party.

ARTICLE 7 NO LICENSE OF CONFIDENTIAL INFORMATION

No aspect of this Agreement may be construed as granting or conferring any rights, licenses, undertakings or opportunities from one party or parties to this Agreement.

（以下、準拠法条項、紛争解決条項、通知条項、分離可能性条項など省略）

［和訳］

秘密保持契約

本契約は、下記の当事者間で、サンフランシスコにおいて20__年5月__日に締結された。

デラウェア州法人で、米国カリフォルニア州_____に主たる事務所を有するガリレオ・システムズ＆テクノロジーズ社（以下「ガリレオ社」）と、

日本法人で、日本国東京都_____に主たる事務所を有するオーロラ・ボレアリス社（以下「オーロラ社」）と、

デラウェア州法人で、米国カリフォルニア州_____に主たる事務所を有する、カレンビュー・エレクトロニクス・アンド・コミュニケーションズ社（以下「カレンビュー」）。

経緯

A. カレンビュー社は自らを、_____装置の供給分野では業界のリーダーの一社と位置付けようとしており、また、オーロラ社と、第三者に販売することを目的に、あるソフトウェアとハードウェアの装置のセット（以下「本装置」）をデザインし、開発する契約を締結しており、また、

B. カレンビュー社は、オーロラ社とともに、カレンビュー社を援助し、そのオーロラ社との契約の下で、完成することを要求されているデザインおよび開発サービスならびに業務を提供することができる適切なサブコントラクターを探しており、また、

C. ガリレオ社は、カレンビュー社ならびにオーロラ社の要求を完成させるためのデザインとソフトウェア開発に必要な技術、プロフェッショナルとしての能力、資質ならびに技術を保有しているとして、かかるサブコントラクターの候補に選ばれており、また、

D. 上記に規定した当事者は、当事者間の可能なビジネス関係を評価し、測るために、開発中の本装置ならびに当事者の技術に関する秘密情報(以下「秘密情報」)を交換することを希望しており、また、

E. 本契約当事者間で交換される多くの情報は、開示者にとって秘密情報と考えられている。

そこで、本契約により、次の通り合意する。

第1条　秘密情報の相互交換の目的
1　各当事者は、本契約に基づき、相手方から提供された秘密情報を厳格に秘密裡に扱い、保持するものとする。
2　本契約の当事者は、かかる秘密情報を、それが、口頭、書面、または機械で読み取る方法で、あるいは、(たとえば、プロトタイプモデルの)機器・装置またはチップに組み込まれた形で提供されるかを問わず、本契約当事者間の可能なビジネス連携を評価する目的にのみ使用するものとする。

第2条　当事者の秘密保持義務
1　本契約各当事者は、開示者の事前の書面による同意なしには、自らは秘密情報をいかなる第三者に対しても漏洩しないものとする。
2　本契約に基づく各当事者の秘密保持義務は、他の当事者の秘密情報を、自己の秘密情報を保護することと同じ水準の注意義務を払うことにより充足されるものとする。
3　本契約に基づくこの秘密保持義務は、本契約の発効日から3年間有効とする。

第3条　引き渡しの前に秘密情報を明示すること
1　すべての秘密情報は、「秘密情報」であると明瞭に表示されなければならないものとし、すべての秘密情報について受領者に引き渡す前に明瞭に示すことを保証することは、開示者の責任とする。
2　開示者から秘密情報を受領した本契約各当事者は、開示された秘密情報に第三者がアクセスすることを防ぐためにあらゆる努力をおこない、また、その従業員ならびにアドバイザーをして確実に、本契約に定められた秘密保持義務を遵守せしめるためにあらゆる努力をおこなう。

第4条　秘密情報義務から除外される情報
この秘密保持義務は、他の情報源から適法に受領した情報、一般的に公に入手できる情報、受領者により、開示の前に知られていた情報または、本契約の秘密保持義務を負担しない情報源から取得された情報には、適用しないものとする。

第5条　不保証
1　開示者は、開示情報の正確さ、または、完全さについて、いかなる保証、約束または表明もしないものとする。
2　開示者は、秘密情報の受領の結果、他の当事者が被る費用または損失に対しては一切責任を負わないものとする。

第6条　秘密情報の所有権
開示された秘密情報は、開示者の所有のままであり、開示者からの要請があるときは、受領者により、返還されなければならないものとする。

第7条　秘密情報の非許諾
本契約のいかなる面についても、ある当事者または当事者らから本契約に対し、いかなる権利、ライセンス、約束または、機会も許諾され、あるいは、付与されていると解釈されてはならない。

(以下、準拠法条項、紛争解決条項、通知条項、分離可能性条項など省略)

第2節　ドラフトの吟味

●―第1款　第3条(Article 3)に対する修正・代替案
(開示者側からの検討テーマ)

秘密情報の指定方法　　　　　　　　　　　　　　　　　　　　例文1

Confidential Information shall include, among others;
any other information which the disclosing party has identified to the other party in writing as confidential prior to or within twenty (20) days after disclosure or delivery of such information concerning the Device or technologies hereunder.
....

［和訳］
秘密情報には、これらの他の情報を含めるものとする。
開示者が、本契約に基づく本装置または技術に関する情報の開示または引き渡しの前、または（開示引渡後）20日以内に、書面で秘密であると指定した他の情報。

解説

技術者による説明などのケースでは、後日、その情報を秘密情報に追加指定したいことがある。そのときの対処規定である。

●─第2款　秘密情報開示の目的である評価と正式契約の締結の諾否の決断の期限を設定する条項

例文1　正式契約を締結するか否かの決断の期限

Each party hereto shall, as soon as practicable, evaluate the Confidential Information received from the other parties hereunder, and shall, on or before _____th day of June, 20__, at latest, determine and notify the other parties of its decision on whether or not it wishes to enter into a definitive agreement with other parties hereto, and its proposed terms.

［和訳］
本契約各当事者は、本契約に基づき他の当事者から受領した秘密情報をなるべく速やかに評価し、かつ、遅くとも20__年6月__日までに、他の当事者に対して、正式な契約の締結を希望するか否か、また、その希望条件を決定し、通知するものとする。

解説

情報開示目的を踏まえ、期限を設定する規定である。

秘密保持契約（通し）
（バリエーション）

原則、英文のみ。本文には和訳を付さない。

第1節　秘密保持契約　フォームNo.6（前文のみ和訳）

◉―第1款　公平な秘密保持契約～業務提携を念頭に双方から秘密情報を開示し合う契約

秘密保持契約

例文 1

CONFIDENTIALITY AGREEMENT

［和訳］
秘密保持契約

This Confidentiality Agreement is made on the ＿＿＿day of ＿＿＿＿＿＿, 20＿＿, by and between

［和訳］
本秘密保持契約は、下記の当事者の間で、20＿年＿月＿日に締結された、

1 ＿＿＿＿＿＿＿, ＿＿＿＿＿＿＿＿, ＿＿＿＿＿＿＿＿＿＿＿＿＿
＿＿＿＿＿＿＿＿＿＿＿＿＿＿＿（"KENWOOD HOUSE"), and,

［和訳］
1 ＿＿＿＿＿＿＿, ＿＿＿＿＿＿＿＿, ＿＿＿＿＿＿＿＿＿＿
＿＿＿＿＿＿＿＿＿＿＿＿＿＿＿（以下「ケンウッドハウス」という）、と、

2 _____, _____, _____
_____ ("THE COMPANY").

[和訳]
2 _____、_____、_____
_____（以下「本会社」という）との間、

hereinafter jointly also referred as the "Parties";

[和訳]
以降で、両当事者を共同で「両当事者」ということがある。

RECITALS

[和訳]
リサイタルズ＝契約締結の経緯

A. KENWOOD HOUSE is in the business of developing, marketing, selling and _____ the Products hereinafter set forth; and

[和訳]
A. ケンウッドハウスは、本契約に規定する本製品を開発し、マーケティングし、販売し、_____する事業に従事しており、また、

B. THE COMPANY is engaged in the business of _____; and

[和訳]
B. 本会社は、_____事業に従事しており、また、

C. KENWOOD HOUSE and THE COMPANY are pursuing discussions to further the Business Purpose described in Exhibit A attached hereto (hereinafter the "Business Purpose"); and

[和訳]
C. ケンウッドハウスと本会社は、本契約に添付する添付書類Aに記載する事業目的を推進する協議をおこなうことを希望しており、また、

D. KENWOOD HOUSE and THE COMPANY recognize that in the course of their discussions to further the Business Purpose, it may become necessary for either or both parties to disclose the Confidential Information as described below orally and/or in writing; and

[和訳]
D. ケンウッドハウスと本会社は、事業目的を推進するための両者の協議の過程で、いずれかあるいは、双方が口頭または書面により、下記に規定する秘密情報を開示することが必要となることがあると認識しており、

E. The Parties intend and wish that any Confidential Information disclosed hereunder will be used by the other party only to further the Business Purpose; and

[和訳]
E. 両当事者は、本契約のもとで、開示された秘密情報が、他の当事者により、事業目的を推進することだけのために、使用されることを意図し、希望しており、また、

F. Further, the Parties wish that any Confidential Information disclosed hereunder shall be protected from further disclosure by the terms of this Agreement.

[和訳]
F. さらに、両当事者は、本契約に基づき開示された秘密情報が、本契約の条項により、さらなる開示から保護されるよう希望している。

AGREEMENT

[和訳]
合意

NOW, THEREFORE, in consideration of the discussions and sharing of confidential information between the Parties, and promises, conditions and warranties herein contained, KENWOOD HOUSE and THE COMPANY hereby agree as follows:

[和訳]
したがって、本契約に含まれる協議、当事者間の秘密情報の開示、約束、条件、保証を約因として、ケンウッドハウスと本会社は、以下の通り、合意する。

ARTICLE 1 DEFINITIONS

1.1 For the purposes of this Agreement, the following terms shall have the following meanings:

(a) "Confidential Information" shall mean:
  (i) any information disclosed by one party to the other party with regard to the topics listed in Exhibit B and specifically identified as confidential at the time of disclosure; and
  (ii) any other information which the Disclosing Party has identified to the other party in writing as confidential before or within twenty (20) days after disclosure.

(b) The "Disclosing Party" shall mean the party disclosing the Confidential Information.

(c) The "Recipient Party" shall mean the party receiving disclosure of the Confidential Information.

ARTICLE 2 NON-DISCLOSURE OBLIGATION

2.1 Each party agrees:
(a) to hold the other party's Confidential Information in strict confidence;
(b) to exercise at least the same care in protecting the other party's Confidential Information from disclosure as the party uses with regard to its own Confidential Information;
(c) not to disclose such Confidential Information to third parties;
(d) not to use any Confidential Information for any purpose except for the Business Purpose.

2.2 The non-disclosure obligation of the Recipient Party under this Agreement shall be effective during the term of this Agreement, and shall further continue for a period of five (5) years from the date of expiry of this Agreement, or any termination of this Agreement, if any, whichever comes earlier.

2.3 The non-disclosure obligation of the Recipient Party set forth above shall survive such expiry or termination of this Agreement.

ARTICLE 3 DISCLOSURE TO THE RECIPIENT PARTY'S EMPLOYEES

3.1 The Recipient Party may disclose the other party's Confidential Information to its own responsible employees with a bona fide need to know, but only to the extent necessary to carry out the Business Purpose.

3.2 The Recipient Party shall instruct all such employees not to disclose such Confidential Information to third parties, including consultants, without the prior written approval of the Disclosing Party.

ARTICLE 4 NON-CONFIDENTIAL INFORMATION

4.1　The Confidential Information shall not include information which:
 (a) is now or hereafter becomes, through no act or omission on the part of the other party receiving the disclosure, generally known or available within the industry concerned or is now or later enters the public domain through no act or omission on the part of the party receiving the disclosure;
 (b) as acquired by the Recipient Party before receiving such information from the Disclosing Party and without restriction as to use or disclosure;
 (c) is hereafter rightfully furnished to the Recipient Party by a third party, without restriction as to use or disclosure;
 (d) is information which the Recipient Party had independently developed and the fact of such development was successfully proved by the Recipient Party by documents to the satisfaction of the Disclosing Party.

ARTICLE 5 RETURN OF CONFIDENTIAL MATERIALS

5.1　Upon the Disclosing Party's request, the Recipient Party shall promptly return to the Disclosing Party all materials or tangible items containing the Disclosing Party's Confidential Information and all copies thereof.

ARTICLE 6 NO GRANT OF RIGHTS

6.1　Each party agrees that nothing contained herein shall be construed as granting any rights to the Recipient Party, by license or otherwise, to use any of the Disclosing Party's Confidential Information except set forth in this Agreement.

ARTICLE 7 NO ASSIGNMENT OR TRANSFER

7.1　This Agreement shall not be assigned or transferred by either party without the prior written consent of the other party.

7.2　Any such assignment or transfer without such consent shall be null and void.

ARTICLE 8 NOTICE

8.1　Any notice to be given hereunder by either party to the other party shall be in writing and may be effected by personal delivery in writing or certified mail, return receipt requested.

8.2　Notice shall be made to the following:
KENWOOD HOUSE:
_____
_____

THE COMPANY:

_____

_____

_____

_____

ARTICLE 9 EQUITABLE RELIEF TO SEEK INJUNCTION

9.1 Each party acknowledges and agrees that all of the Disclosing Party's Confidential Information is owned by the Disclosing Party and/or its licensors, and that the unauthorized disclosure or use of such Confidential Information would cause great and irreparable harm and injury, the degree of which may be difficult to ascertain.

Further, each party acknowledges and agrees that in the event of threatened or actual unauthorized disclosure or misappropriation of the Confidential Information, monetary damages alone will be inadequate to compensate the Disclosing Party.

9.2 Each party agrees that the Disclosing Party shall have the right to obtain an immediate injunctive and other equitable relief from any court of competent jurisdiction to cease and prevent breach of this Agreement and/or disclosure of the Confidential Information.

9.3 The relief set forth above in Section 9.2 shall be in addition to, and not in lieu of, any other remedies the Disclosing Party may have at law, equity or under this Agreement.

ARTICLE 10 ENTIRE AGREEMENT

10.1 This Agreement sets forth the entire agreement between the parties with respect to the subject matter hereof.

10.2 This Agreement may not be modified or amended except by written agreement signed by the duly authorized representatives of the parties hereto.

ARTICLE 11 SEVERABILITY

11.1 If any provision of this Agreement is declared to be invalid, void or unenforceable, the remaining provisions of this Agreement shall continue in full force and effect.

ARTICLE 12 NON-WAIVER

12.1 No waiver by either party, whether express or implied, of any provision of this Agreement shall constitute a continuing waiver of such provision or a waiver of any other provision of this Agreement.

12.2 No waiver by either party, whether express or implied, of any breach or default by the other party, shall constitute a waiver of any other provision of this Agreement.

ARTICLE 13 GOVERNING LAW

13.1 This Agreement shall be deemed to have been made in Japan and has been entered into in contemplation of and shall be in all respects be governed by the laws of Japan, without reference to or principles of choice of law, and.

ARTICLE 14 RESOLUTION OF DISPUTES

14.1 All disputes, controversies or difference of opinion which may arise between the Parties, out of, or in connection with this Agreement, or for any breach hereof, shall be settled amicably and promptly by mutual consent of KENWOOD HOUSE and THE COMPANY though faithful discussion of duly authorized representatives of each parties.

14.2 If such disputes, controversies or differences of opinion cannot be settled between the Parties, then, they shall be finally settled in Tokyo, Japan in accordance with the commercial arbitration rules of the Japan Commercial Arbitration Association.

14.3 The award rendered by arbitrator(s) shall be final and binding upon the Parties.
IN WITNESS WHEREOF, KENWOOD HOUSE and THE COMPANY have signed this Agreement through their duly authorized representatives on the date set forth above.

KENWOOD HOUSE:

_____
(full name of KENWOOD HOUSE)
Signature:_____

Printed Name:_____
Title:_____

Date:_____

In witness of :_____
(signature of Witness)

Printed Name and Title of Witness:
_____

THE COMPANY:
_____
　　　　(full name of THE COMPANY)
Signature:_____
Printed Name:_____
Title:_____

Date:_____

In witness of:_____
　　　　　(Signature of Witness)
Printed Name and Title of Witness:
_____

第2節 秘密保持契約　フォームNo.7（和訳を付さない）

●—第1款　一方が相手方に対し、秘密情報を開示する秘密保持契約

例文1　秘密保持契約

CONFIDENTIALITY AGREEMENT
This Confidential Disclosure Agreement is made on the day of _____, 20__, (hereinafter the "Effective Date") by and between:
Serena Park Investment Corporation, a corporation organized and existing under the laws of _____, having its principal place of business at _____
_____
(hereinafter referred to as "Serena Park")
and
_____, a corporation organized and existing under the laws of Japan, having its principal place of business at _____
_____, Japan
(hereinafter referred to as the "Company")
and
Serena Park and the Company shall be hereinafter referred to collectively as the "Parties" and each as a "Party".

WITNESSETH:

WHEREAS,

(A) Serena Park owns title to certain proprietary and confidential technology and other supplementary technical information (hereinafter referred to as the "Confidential Information") more fully set forth in Exhibit A attached hereto and incorporated herein for all purposes.

(B) The Company desires to inspect, examine, and/or investigate the Confidential Information for the purpose of determining whether or not the Company desires to enter into a definitive agreement with Serena Park for the further development, sale, licensing, marketing or other use of the Confidential Information.

(C) The purpose of this Agreement is to insure that, in the course and as a result of the Company's inspection, examination, and/or investigation of the Confidential Information, the Company shall maintain absolute ownership interests therein.

NOW, THEREFORE, in consideration of the promises and obligations exchanged by this Agreement, the Parties agree as follows:

秘密情報の開示

例文 2

CHAPTER 1   DISCLOSURE

ARTICLE 1   PERSONS TO WHOM DISCLOSED

1.1   Serena Park will disclose the Confidential Information only to seven (7) members of the Company's employees who the Company shall name and identify in a letter to Serena Park no later than seven (7) days prior to the first date the Confidential Information is disclosed.

1.2   Serena Park shall have the right to disapprove any person named in such letter, and Serena Park shall have the absolute right to approve, or disapprove, disclosure to additional members of the Company's employees upon the written request of the Company.

1.3   The Parties agree that the Company's agent(s) or sub-contractor(s) are not permitted to be listed up as candidate(s) for such access to, and examination of, the Confidential Information in the letter for application to Serena Park.

ARTICLE 2   OBLIGATIONS OF PERSONS TO WHOM DISCLOSED

2.1   The Company shall undertake procedures to insure that each of its employees to whom the Confidential Information is disclosed:

    (i)   understands the restrictions of this Agreement;

    (ii)   understands the confidential nature of the Confidential Information;

    (iii)   understand that he or she has an obligation to hold the Confidential Information confidential.

例文 2　秘密情報の開示
例文 3　秘密保持義務
例文 4　一般条項

2.2　Such procedures that the Company shall implement to comply with this Agreement, shall include the signing by each approved employee of the Company of an acknowledgement in the form substantially same or similar to the form provided in Exhibit B attached hereto.

ARTICLE 3　MANNER OF DISCLOSURE
3.1　Serena Park will permit the Company to examine the patent applications filed by Serena Park pertaining to the Confidential Information and any other additional technical information.
3.2　Serena Park will permit the Company to examine laboratory notebooks, log books, diaries, technical reports or other written technical information.
3.3　The Company agrees not remove any materials or items mentioned above in Section 3.2 containing any of the Confidential Information from the premises of Serena Park without the prior written consent of Serena Park.
The Company agrees to comply with any and all items and conditions that Serena Park imposes upon approved removal of such materials or items, including without limitation that the removed materials or items must be returned by a certain date, and that no copies of the removed materials or items are to be made.
3.4　All disclosed material described in this Article shall be included in and treated by the Company as the Confidential Information, even if such information is specifically identified by Serena Park at the time of such access to disclosed materials or oral disclosure.

例文 3　秘密保持義務

CHAPTER 2　PROTECTION OF CONFIDENTIALITY
ARTICLE 4　PROPRIETARY INTEREST
4.1　The Company recognizes the proprietary nature of the Confidential Information and agrees that no title or interest of any part or character of the Confidential Information is conveyed by Serena Park or claimed by the Company.
4.2　During the term of this Agreement, the Company and its employees shall not disclose the Confidential Information to any person, company, organization or other entity of any character, whether or not affiliated with the Company.

ARTICLE 5　EXCEPTIONS TO OBLIGATIONS OF CONFIDENTIALITY
5.1　The Company shall be relieved of its obligations of confidentiality as imposed herein, if the Company proves that the information sought to be disclosed:
　　(i)　is published or public knowledge through sources other than this Agreement at the time of such disclosure;

(ii) becomes published or public knowledge after disclosure to the Company under this Agreement, except by breach of this Agreement;
(iii) was in the possession of the Company at the time of disclosure under this Agreement, as evidenced by written records of the Company and was not acquired directly or indirectly from Serena Park.
(iv) was learned by the Company from a third party specifically empowered by Serena Park to disclose to the Company.
5.2 Notwithstanding any provision in this Agreement to the contrary, the burden of proving that applicability of any of the foregoing exceptions shall be upon the Company by clear and convincing evidence.

ARTICLE 6 NO PUBLICITY
6.1 The Company shall keep the existence of this Agreement strictly confidential and shall not disclose any provisions, in whole or in part, except to the Company's officers or employees, unless such disclosure is required by the Company to examine and determine its policy on whether the Company should enter into a definitive agreement or not.
6.2 This provision shall survive the termination of this Agreement or expiry of the term of this Agreement for a period of five (5) years after such termination or expiry, whichever comes earlier.

ARTICLE 7 COMPLIANCE
7.1 In connection with its performances of the terms and conditions of this Agreement, the Company shall observe and comply with all state and local laws, rules and regulations of _____, including all applicable laws and regulations restricting the export of technology.
7.2 The Company shall insure that all of its employees visiting the premises of Serena Park in connection with this Agreement observe the rules and regulations of Serena Park.

ARTICLE 8 INDEMNIFICATION
The Company shall indemnify and hold Serena Park harmless from any claims made against Serena Park arising out of the negligent or willful act or omissions of the Company or its employees in connection with obligations performed under this Agreement.

一般条項

例文 4

CHAPTER 3 GENERAL PROVISIONS

ARTICLE 9 ENTIRE AGREEMENT

9.1 This Agreement contains the entire agreement of the parties relating to the subject matter hereof, rights herein granted, or obligations herein assumed.

9.2 Each party acknowledges that no representations, inducements, promises, or agreements, orally or otherwise, have been made by either Party or anyone acting on behalf of either Party, which are not embodies herein, and no other agreement, statement, or promise not contained in this Agreement shall be valid and binding.

ARTICLE 10 SEVERABILITY

10.1 If any portion of this Agreement for any reason is held to be invalid, illegal or unenforceable in any respect, such decision shall not affect the validity of any remaining portion, which remaining portion shall remain in full force and effect as if this Agreement had been signed with the invalid, illegal or unenforceable portion thereof eliminated.

ARTICLE 11 NO ASSIGNMENT

11.1 This Agreement may not be assigned or transferred by either party without the prior written consent of the other party.

11.2 Any assignment or transfer of this Agreement made by either Party without the required written consent set forth above shall be null and void.

ARTICLE 12 REMEDIES CUMULATIVE

12.1 The rights and remedies in the event of default of this Agreement are cumulative, and the exercise thereof shall be without prejudice to the enforcement of any other right or remedy authorized by law or this Agreement.

ARTICLE 13 TERM

13.1 This Agreement shall remain in effect until the earliest of the following occurs:
  (i) an exception described in Section 5.1 hereof occurs, but only to the extent of such exception;
  (ii) this Agreement is terminated by a written declaration of Serena Park or a subsequent written agreement between Serena Park and the Company; or
  (iii) the expiration of two (2) years from the Effective Date, whichever is later.

ARTICLE 14 CHOICE OF LAW

14.1 The validity of this Agreement, and of any of its terms or provisions, as well as the rights and obligations of the Parties hereunder, shall be interpreted and construed pursuant to, and in accordance with, the laws of _____.

ARTICLE 15 JURISDICTION AND VENUE

15.1　In any lawsuit brought to enforce the terms and conditions of this Agreement, or for damages for breach of this Agreement, the Company and Serena Park agree that non-exclusive jurisdiction and venue shall be in the ＿＿＿＿＿＿ district court(s) of ＿＿＿＿＿＿＿＿＿＿＿＿＿＿＿＿＿.

ARTICLE 16 HEADINGS

16.1　The headings and subheadings of the various chapters and articles of this Agreement are inserted merely for the purpose of convenience and do not express or imply any limitation, definition or extension of the specific terms of the chapter or article so designated.

IN WITNESS WHEREOF, the Parties have caused this Agreement to be duly signed as of the Effective Date shown above.

On behalf of Serena Park　　　　　　On behalf of the Company

＿＿＿＿＿＿＿＿＿＿＿＿＿　　　　　＿＿＿＿＿＿＿＿＿＿＿＿＿

By:＿＿＿＿＿＿＿＿＿＿＿　　　　　By:＿＿＿＿＿＿＿＿＿＿＿
Name:＿＿＿＿＿＿＿＿＿＿　　　　　Name:＿＿＿＿＿＿＿＿＿＿
Title:＿＿＿＿＿＿＿＿＿＿＿　　　　　Title:＿＿＿＿＿＿＿＿＿＿＿
Date:＿＿＿＿＿＿＿＿＿＿＿　　　　　Date:＿＿＿＿＿＿＿＿＿＿＿

第3節　秘密保持契約　フォームNo.8（和訳を付さない）

●─第1款　ライセンスまたは他の提携契約を正式に締結するかどうかを吟味するために双方から秘密情報を開示し合う秘密保持契約

秘密保持契約　　　　　　　　　　　　　　　　　　　　　　　例文 **1**

NON-DISCLOSURE AGREEMENT

THIS AGREEMENT is made and entered into effective on the ＿＿＿th of ＿＿＿＿＿＿, 20＿, (hereinafter referred to as the "Effective Date") by and between:

_____ Limited, a Japanese corporation having its registered place of business at _____ _____, Japan (hereinafter referred to as "_____", and _____ Corporation, a _____ corporation, having its principal place of business at _____ _____ _____ (hereinafter referred to as "_____").

RECITALS
1 The parties hereto intends to explore joint business opportunities, such as license or other business cooperation;
and
2 In the pursuance of this interest, the parties may disclose certain confidential technical and business information that the parties desire the Receiving Party to treat as confidential.

AGREEMENT
In consideration of mutual covenants herein contained, the parties hereto agree as follows:

ARTICLE 1 MUTUAL DISCLOSURE OF THE CONFIDENTIAL INFORMATION
1.1 In connection with presentations, proposals, meetings and/discussions relating to Devices set forth in Exhibit A attached hereto and related technologies, in order to determine the feasibility of the parties entering into a licensing or other business arrangement (hereinafter the "Business Purpose"), the parties may, from time to time, disclose to each other, specifications, data, drawings, documentation or other confidential technical or business information in written or tangible form which have been marked by the Disclosing Party as being confidential (hereinafter the "Confidential Information").
1.2 Any disclosure made orally or digitally by presentation or at meetings shall be treated as the Confidential Information to the extent it is identified by the Disclosing Party as confidential at the time of disclosure thereof, and shall be reduced to writing and marked confidential and provided to the Receiving Party within twenty (20) days after such disclosure.

ARTICLE 2 CONFIDENTIAL OBLIGATIONS
2.1 With respect to the Confidential Information provided under this Agreement, the Receiving Party agrees with the Disclosing Party to;
 (i) restrict disclosure of the Confidential Information solely to those employees of the Receiving Party having a need to know;

(ii) not disclose the Confidential Information to any other purpose;

(iii) advise those employees of the Receiving Party of their obligations with respect to the Confidential Information;

(iv) use the Confidential Information only for the purposes of determining the feasibility or in connection with the Business Purpose, except as may otherwise be mutually agreed upon in writing;

(v) promptly inform the Disclosing Party of any requirement or request by any third person that the Confidential Information be disclosed pursuant to legislation, public regulation or court decision or the like.

2.2 Notwithstanding restrictions set forth above, the Receiving Party may disclose the Confidential Information to those of its contract personnel (namely, individuals performing tasks which are customarily performed by its employee) involved in the activity described in Article 1 hereof, who have signed confidentiality agreements with the Receiving Party in the form provided for substantially same with or similar to the form as Exhibit B attached hereto.

ARTICLE 3 EXCEPTIONS

3.1 The Receiving Party shall have no obligation to preserve the confidential nature of any Confidential Information that;

(i) was previously known to the Receiving Party free of any obligation to keep confidential and free of any restriction on use and disclosure; or

(ii) is received from third persons without restrictions on use and disclosure and without breach of any agreement with the Disclosing Party;

(iii) is disclosed to the third persons by the Disclosing Party without restrictions on use and disclosure; or

(iv) is or becomes publicly available by authorized disclosure by the Disclosing Party and without any restrictions on use and disclosure; or

(v) is independently developed by or for the Receiving Party; and

(vi) is approved for release by written approval of the Receiving Party.

3.2 In connection with the above in this Section 3.1, the burden of proof shall be imposed on and borne by the Receiving Party.

ARTICLE 4 PROPERTY RIGHTS

4.1 The Confidential Information shall be deemed to be the property of the Receiving Party.

4.2 Upon the written request of the Disclosing Party, the Receiving Party shall return all of the Confidential Information disclosed by the Disclosing Party to the Receiving Party or destroy all of such information.

ARTICLE 5 NO GRANTING OF RIGHTS

5.1　Nothing contained herein shall be construed as granting or conferring any rights under any trademark, patent, copyright or any other intellectual property rights by license or otherwise in any of the Confidential Information or in any confidential rights related thereto.

ARTICLE 6 NO OBLIGATION TO LICENSE OR PURCHASE PRODUCTS OR SERVICES

6.1　Nothing herein shall obligate or otherwise commit either party in any way, directly or indirectly to initiate, produce, or complete any study, analysis or report of any product or services, or any aspect thereof, or to take any other action with respect to such products or services.

6.2　Nothing herein shall obligate or otherwise commit either party to license or purchase any product or service from anyone.

ARTICLE 7 INDEPENDENT DEVELOPMENT BY THE RECEIVING PARTY

7.1　The Disclosing Party understands that the Receiving Party may currently or in the future be developing confidential information internally, or receiving confidential information from third party that may be similar to the Confidential Information disclosed by the Disclosing Party to the Receiving Party.

7.2　Accordingly, nothing contained in this Agreement shall be construed as a representation or inference that the Receiving Party will not develop products, or have products developed for the Receiving Party, that without violation of this compete with the products or systems contemplated by the Disclosing Party's Confidential Information.

ARTICLE 8 EXPORT CONTROL

8.1　The Receiving Party shall observe all applicable export control laws and regulations in Japan, U.S.A. and other related countries, with respect to the Confidential Information or products received from the Disclosing Party.

ARTICLE 9 NO ASSIGNMENT OR TRANSFER

9.1　This Agreement shall not be assignable or transferrable by either party without the prior written consent of the other party.

9.2　Further, this Agreement may not be assigned or transferred by insolvency proceedings, mergers, consolidation, purchase, operation of law or otherwise.

9.3　Any such purported assignment or transfer shall be null and void without such written consent.

9.4　However, this Agreement may be assigned by either party to a successor in interest of substantially all of the assets or business of that party relating to this Agreement.

ARTICLE 10　NO REPRESENTATION OR WARRANTY

10.1　THE DISCLOSING PARTY MAKES NO REPRESENTATION IN RESPECT TO AND DOES NOT WARRANT ANY CONFIDENTIAL INFORMATION FURNISHED HEREUNDER.

10.2　THE DISCLOSING PARTY, HOWEVER, WILL FURNISH SUCH INFORMATION IN GOOD FAITH TO THE BEST OF ITS KNOWLEDGE AND ABILITY.

10.3　WITHOUT RESTRICTING THE GENERALITY OF THE FOREGOING, THE DISCLOSING PARTY MAKES NO REPRESENTATIONS OR WARRANTIES, INCLUDING WITHOUT LIMITATION, ANY WARRANTY OF MERCHANTABILITY OR FITNESS FOR A PARTICULAR PURPOSE, IN CONNECTION WITH THE CONFIDENTIAL INFORMATION OR TECHNICAL ASSISTANCE WHICH MAY BE PROVIDED HEREUNDER.

ARTICLE 11　INJUNCTIVE RELIEF

11.1　In the event of a breach or threatened breach or intended breach of this Agreement by the Receiving Party, the Disclosing Party, in addition to any other rights and remedies available to it at law or in equity (except as otherwise limited by this Agreement), shall be entitled to seek injunctive relief, both preliminary and final, enjoining and restraining such breach or threatened or intended breach.

11.2　Should litigation arise concerning this Agreement, the prevailing party shall be entitled to all reasonable attorney's fees and court costs in addition to any other relief, which may be awarded by a court of competent jurisdiction.

ARTICLE 12　TERM OF THIS AGREEMENT

12.1　This Agreement shall become effective on the Effective Date and shall continue for a period of two (2) years from the Effective Date, unless earlier terminated in writing by both parties, or terminated by one party in accordance with the provisions of this Agreement.

12.2　If either party;

　　(i)　commits any irreparable breach of this Agreement, including in particular failing to comply with any of its obligations under Articles _____ above; and

(ii) is guilty of a material breach of any term of this Agreement and such breach is not remedied within twenty (20) days of receipt of written requiring it to do so; or

(iii) commences or has commenced against it receivership, liquidation, bankruptcy or insolvency proceedings; or

(iv) ceases to function as a going concern to conduct its operations in the normal course of business or becomes unable to pay its debts when they fall due:

then the other non-defaulting party may immediately terminate this Agreement by giving a written notice to the defaulting party.

12.3 Termination of this Agreement shall not affect the confidentiality obligations of the Receiving Party.

ARTICLE 13 PERIOD TO PROTECT THE CONFIDENTIALITY OBLIGATIONS

13.1 The obligations of the Receiving Party to protect the Confidential Information that was received by the Receiving Party prior to any termination of this Agreement or expiration of the term hereof, shall be effective from the date of such receipt of the Confidential Information, and shall survive and continue for a period of six (6) years beyond such termination or expiration of this Agreement.

ARTICLE 14 NOTICES

14.1 All notices to be given under this Agreement shall be in writing and shall be personally delivered or sent by facsimile (and confirmed by a copy sent by mail) or registered mail to the respective address of the parties set out in this Agreement or such alternative address as an authorized signatory of either party shall notify to the other party in writing from time to time.

ARTICLE 15 GOVERNING LAW

15.1 This Agreement shall be governed by and construed under the substantive laws of _____, without regard to choice of law rules.

15.2 The parties agree to submit any dispute of any kind to the jurisdiction of the District Court of Tokyo, Japan, failing to reach an amicable settlement after good faith discussions.

IN WITNESS WHEREOF, the parties have caused this Agreement to be executed in duplicate by their duly authorized representatives.

_____

_____

BY:_____

NAME:_____

TITLE:_____

DATE:_____

BY:_____

NAME:_____

TITLE:_____

DATE:_____

第4節 秘密保持契約　フォームNo.9（和訳を付さない）

●—第1款　Need to Knowベースで秘密情報の開示を受ける各従業員から取り付ける秘密保持誓約書フォーム

秘密保持契約　　　　　　　　　　　　　　　　　　　　　　　　　例文 **1**

◇FORM OF CONFIDENTIALITY AGREEMENT TO BE SIGNED BY EMPLOYEES OF RECEIVING PARTY

◇TO BE SIGNED BY THE RECEIVING PARTY'S EMPLOYEES WITH ACCESS TO THE CONFIDENTIAL INFORMATION

_____ ___, 20__

TO : _____

I, undersigned employee of _____ Corporation, a _____ corporation of _____

_____ (address), the Corporation in a Confidentiality Agreement with _____

_____ (the "_____"), acknowledge that:

(i) I have read such Agreement; and
(ii) I understand the restrictions of the Agreement and the confidential nature of the Confidential Information described in the Agreement; and
(iii) I specifically understand and agree that I have an obligation to hold such information strictly confidential.
(iv) I agree that my confidentiality obligation under this Letter Agreement shall survive the termination of my employment agreement with the Corporation, and shall be effective for a period set forth in the said Agreement.

I promise and agree to observe and abide by the terms of the Agreement in fulfilling that obligation of confidentiality.

SIGNATURE:
_____
PRINTED NAME:_____
ADDRESS:_____
PASSPORT NUMBER:_____

DATE:_____

第5節　秘密保持契約　フォームNo.10（特色のある条項のみ和訳）

●―第1款　従業員から雇用主に提出する秘密保持誓約書

例文 1　秘密保持契約書

CONFIDENTIALITY AGREEMENT

[和訳]
秘密保持契約書

In consideration and as a condition of my employment or continued employment by PARASEC CORPORATION (hereinafter "PARASEC") and the compensation paid therefor:

[和訳]
パラセック・コーポレーション（以下、「パラセック社」という）により継続的に雇用され、対価が支払われることを約因ならびに条件として、

ARTICLE 1 CONFIDENTIALITY OBLIGATIONS

[和訳]
秘密保持義務

1.1　I, _____, hereby agree that, without the prior express approval of PARASEC, I will not, during my employment by PARASEC, engage directly or indirectly, in any employment, consulting or activity other than for PARASEC in any business in which PARASEC is now or may hereafter become engaged.

[和訳]
1.1　私_____、は、パラセック社の事前の明示的な承諾なしには、私が、パラセック社による雇用期間中、パラセック社が現在もしくは将来従事する事業においては、直接または間接的に、いかなる雇用にも、また、コンサルティングもしくは活動にも従事しないことに合意します。

1.2　Further, I agree that I will not during my employment by PARASEC or thereafter at any time disclose directly or indirectly to any person or entity or use for my own benefit any trade secrets or confidential information relating to products, processes, know-how, designs, drawings, software, formulas, test data, marketing data, business plans and strategies, applications for patents, or any other subject matter pertaining to any of the business of PARASEC (hereinafter the "Confidential Information"), known, learned or acquired by me during the period of my employment, except to such an extent as may be necessary in the ordinary course of performing my duties as an employee of PARASEC.

[和訳]
1.2　さらに、私は、私が、パラセック社による雇用期間中またはそれ以降いかなる時点においても、私の雇用期間中に、私により、知られ、修得され、もしくは取得された、パラセック社の事業に関連し、製品・製法、ノウハウ、デザイン、図面（＝製図）、ソフトウェア、フォーミュラ、テストデータ、事業計画ならびに戦略に関する営業秘密、または秘密情報、特許出願、あるいは、他の事項について、直接的または間接的にいかなる人または機関に対し

ても、開示しないこと、また、私自身の利益のために使用しないことに合意します。ただし、パラセック社の従業員としての私の義務を履行する過程で、必要とされる開示または使用の範囲については、この制限は適用されないものとします。

1.3 I acknowledge that all the Confidential Information is proprietary to PARASEC and is a special, valuable and unique asset of the business of PARASEC, and that my employment creates a relationship of confidential and trust between myself and PARASEC with respect to the Confidential Information.

［和訳］
1.3 私は、すべての秘密情報が、パラセック社の財産であり、また、パラセック社の事業の特別、価値のある独特の資産であること、ならびに、私の雇用が、秘密情報に関して、私とパラセック社との間に秘密保持と信頼の関係を築くものであることを認識しております。

ARTICLE 2 INJUNCTIVE RELIEF

［和訳］
差止救済

2.1 I acknowledge and agree that it would be difficult to measure the damage to PARASEC from any breach by me of the promises set forth above in Article 1 herein, that injury to PARASEC from such breach would be impossible to calculate, and money damages would therefore be inadequate remedy for any such breach.

［和訳］
2.1 私は、上記本契約第1条に規定する約束への私による違反からパラセック社におよぼす損害が計算しがたいものであり、パラセック社に対する損害が算出困難で、金銭的な賠償が、かかる違反に対する不十分な救済にしかならないことを認識し、合意します。

2.2 Accordingly, I agree that if I breach provisions of Article 1 hereof, then, PARASEC shall be entitled, in addition to all other remedies PARASEC may have, to injunctions or other appropriate orders to restrain any such breach without showing or proving any actual damage to PARASEC.

[和訳]
2.2 したがって、私は、もし私が、本契約第1条の規定に違反した場合は、パラセック社が、パラセック社に対する現実の損害を立証することなく、パラセック社が有する他のすべての救済に加えて、かかる違反を抑制するための差し止めもしくは他の適切な命令を求める権利があることに合意します。

ARTICLE 3 TRADE SECRET OF PRIOR EMPLOYERS

[和訳]
以前の雇用者の営業秘密

3.1 I represent that my performance of all the terms of this Agreement and as an employee of PARASEC does not and will not breach any agreement to keep in confidence proprietary information or trade secrets acquired by me in confidence or in trust prior to my employment with PARASEC.

[和訳]
3.1 私は、本契約のすべての条項ならびにパラセック社の従業員としての履行が、パラセック社による私の雇用以前に私により秘密裡に保たれ、もしくは、信託される条件で、取得された財産的価値または営業秘密の秘密保持義務に違反しないものであり、(将来にわたって)違反しないことを表明します。

3.2 I will not disclose to PARASEC, or induce PARASEC to use any confidential information or material belonging to any previous employer or others.

[和訳]
3.2 私は、これまでの雇用者または他者に帰属する秘密情報もしくは資料をパラセック社に開示し、あるいは、パラセック社に使用するよう仕向けません。

ARTICLE 4 ASSIGNMENT OF INVENTIONS

4.1 I hereby agree to assign and transfer to PARASEC my entire right, title and interest in and to all inventions, improvements, ideas, design and other technical data, whether patentable or not patentable, made or first reduced to practice by me, whether solely or jointly with others, during the period of my employment with PARASEC, which relate in any manner to the actual or anticipated business or development of PARASEC.

ARTICLE 5 RETURN OF CONFIDENTIAL MATERIAL

5.1 On termination of my employment with PARASEC, I agree to return to PARASEC, promptly after the written request of PARASEC, all memoranda, records, reports, drawings, blueprints and other documents of a confidential nature belonging to PARASEC.

5.2 I further agree that upon termination of my employment that I will not take with me any documents or data of any description containing the proprietary information of PARASEC as set forth in Article 1 hereof.

ARTICLE 6 NON-COMPETITION AFTER TERMINATION OF EMPLOYMENT

6.1 I agree that I will not;
   (i) solicit or take away any employees of PARASEC, either for myself or any other person or entity;
   (ii) call on, solicit, or take away any of the customers of PARASEC, who purchase products that are competitive with PARASEC's products.

ARTICLE 7 ENTIRE AGREEMENT

7.1 I agree that this Agreement is my entire agreement with PARASEC and supersedes any previous oral or written understanding or agreements with PARASEC.

7.2 I agree that this Agreement may not be changed or modified in whole or in part, except by an agreement in writing signed by me and PARASEC.

Signed at _____, this _____day of _____, 20__.

_____
(Printed Name of the Employee)

Signature:_____

第6節　秘密保持契約　フォームNo.11（和訳を付さない）

●─第1款　従業員が雇用者に提出する秘密保持誓約書

例文1　秘密保持契約

CONFIDENTIALITY AGREEMENT

NAME OF EMPLOYEE:_____
(Printed Name)

Hereinafter sometimes, will be referred to as the "Employee".

In consideration of my employment by Blue Lake Communications Limited (hereinafter the "Company"),

I agree as follows:

ARTICLE 1 CONFIDENTIALITY OBLIGATIONS

1.1 I will keep secret and confidential any and all knowledge of proprietary and confidential information not in the public domain or knowledge that was received or acquired by me by reason of my employment with the Company, whether such knowledge or information be generated within the Company or as a result of a client relationship with the Company (hereinafter sometimes will be referred to as the "Confidential Information"), except as required in the context of the Company's business or as authorized by the Company, unless and until such knowledge or information shall have become the public domain.

1.2 I will not, either during said employment, and/or for a period of six (6) years after termination of said Employment, divulge to anyone, or use for the Employee's won or another's benefit any of the Confidential Information or Confidential Materials (as hereinafter set forth), except as required in the Employee's duties of the Company, unless authorized in writing by the Company.

ARTICLE 2 RETURN OF DOCUMENTS UPON TERMINATION

2.1 I acknowledge and agree that all documents, records, books, computer discs, or models, prototypes and other tangible evidence of proprietary information (hereinafter the "Confidential Materials") which shall at any time come into the possession of, or generated by the Employee shall be the sole property of the Company.

2.2 I agree that I will promptly return such Confidential Materials to the Company at the request of the Company upon termination of my employment with the Company.

ARTICLE 3 PROPERTY RIGHT OF INVENTIONS

3.1 All inventions, or discoveries or made by the Employee, either individually or jointly with other employees from the time of entering the employment of the Company until I leave, shall be and remain the property of the Company, whether or not a patent is obtained, or applied for such inventions and improvements.

3.2 I have no rights to such inventions and improvements as mentioned in Section 3.1 above.

ARTICLE 4 NO EXISTENCE OF INCONSISTENT AGREEMENT
4.1 The Employee represents that the Employee has not entered into, and will not enter into, any agreement inconsistent herewith.

ARTICLE 5 ENTIRE AGREEMENT
5.1 This Agreement is the entire agreement between the Employee and the Company concerning the subject matter hereof and supersedes all prior oral or written communications concerning such subject matter.

Dated: _____, 20__
    (Date of signing by the Employee)

Signed:_____
    (Signature of the Employee)

販売店契約

Distributorship Agreement

第1章 販売店契約 フォームNo.1
（簡単な短い販売店契約フォーム、和訳付き）

第1節 販売店側に立ったDistributorship Agreement

　はじめて、英文契約に取り組むという方には、本第2章で紹介するKaren View社とのDistributorship Agreementは、和訳解説つきとはいえ、相当手強い契約である。ビジネスそのものに馴染みがないと、なかなか理解できないのが英文契約である。和訳できても、それだけで、身近なものになるとは限らない。

　そこで、ここでは、そのような方のために、一番簡素と思われるDistributorship Agreementの例を和訳とともに紹介しておきたい。

　米国当事者（PARASEC）が、アジアなど海外のメーカー（売り主）から、米国内などでの販売のために、独占販売店（Exclusive Distributor）に指定されることを想定したフォームである。したがって、相手先の海外メーカーには厳しく、販売店にはやや有利な条件となっていると想像できよう。たとえば、独占的な販売権を取得しながら、最低購入数量の規定がなく、一定数量あるいは、一定金額以上の製品を購入する義務を負担していない。また、販売店は、独占的販売権を有しながら、競合品の取り扱い制限を受ける制約条項がない。立場が逆の場合は、別な手当てを施すことを考慮する必要がある。アジアなどの新興国の中には、植民地時代を経験している歴史などを踏まえ、Territoryに領土の意味があることから、あえて、中立的なGeographic Areaを選んで、使うことがある。米国も、英国の植民地時代を経験している。独立戦争を経て、英国から独立したのだ。筆者もアジア地域などの相手先とのライセンス契約などで、このGeographic Areaなどの表現を使ったことがある。当方は、そのような感覚がなくとも、植民地支配を受けた国の相手先には、Territory（領土）を使っているうちに、ライセンサーがあたかも宗主国であるかのように、植民地支配を連想させるような厳しい響きを持つことがあるという。真偽は分からないままであったが、用語の工夫で、余計な緊張感を避けることができるなら、それも選択肢のうちだろう。

第2節　販売店契約

第1款　前文-01（Recitalsを含む）　Preface of Distributorship Agreement

前文・リサイタル

例文 1

Distributorship Agreement

[和訳]
販売店契約

This Agreement is made in San Francisco, California, U.S.A., this __th day of _____, 20__, by and between Paramount Semiconductor and Electronics Corporation, a Delaware corporation, having its office at _____ _____, San Francisco, California, U.S.A., (PARASEC), and, _____, a _____ corporation, having its office at _____, (the "Manufacturer").

[和訳]
本契約は、カリフォルニア州サンフランシスコで、20__年__月__日に米国カリフォルニア州サンフランシスコに事務所を有するデラウェア州法人であるパラマウント・セミコンダクター＆エレクトロニクス・コーポレーション（以下「PARASEC」という）と、_____国_____に事務所を有する_____法人である_____（以下「本メーカー」という）との間に締結された。

WHEREAS, the Manufacturer is engaged in the business of manufacturing and sale of _____ products (the "Products"), and, desires to develop its business in the Geographic Area as defined below;
WHEREAS, PARASEC desires to do the business of importation and distribution of the Products in the Geographic Area, and;
WHEREAS, the Manufacturer desires to grant PARASEC distributorship for its Products in the Geographic Area and PARASEC is willing to accept it; NOW, THEREFORE, in consideration of mutual covenant hereinafter set forth, Both parties hereby do agree as follows:

例文1　前文・リサイタル
例文2　定義
例文3　販売店指定

[和訳]
本メーカーは、さまざまな_____製品（以下「本製品」という）の製造・販売業に従事しており、下記に定義する「本販売地域」で、そのビジネスを開拓することを希望している。一方、PARASECは、本製品を本販売地域に輸入、販売することを希望しており、本メーカーは、PARASECに対して、本販売地域におけるその製品の販売権を付与したいと希望しており、PARASECは、受けたいと希望している。
よって、本契約に含まれる相互の約束を約因として、両当事者は、次の通り合意する。

第2款　定義条項-01　Definitions

例文2　定義

ARTICLE 1 DEFINITION

[和訳]
第1条　定義

In this Agreement, the following words and expressions shall, unless the context otherwise requires, shall have the following meanings:

[和訳]
本契約で、次の用語と表現は、前後の文脈で別な意味を与えられていない限り、次の意味を有するものとする。

1　The "Products" shall mean _____, which are manufactured by the Manufacturer and such other products as agreed upon in writing from time to time between the parties.

[和訳]
1　「本製品」とは、本メーカーによって製造された_____と、両者間で随時合意する他の製品をいう。

The "Geographic Area" shall mean _____.

[和訳]
「本販売地域」とは、＿＿＿＿＿＿＿＿＿＿＿＿＿＿＿をいう。

第3款　販売店指定条項-01　Appointment of Distributor

販売店指定

ARTICLE 2　APPOINTMENT OF DISTRIBUTOR

[和訳]
第2条　販売店の指定

1　The Manufacturer appoints PARASEC as an exclusive distributor of the Products within the Geographic Area on the terms and conditions of this Agreement.

[和訳]
1　本メーカーは、PARASECを本契約の各条項、条件に従い、本製品の本販売地域における排他的な販売店に指定する。

2　PARASEC accepts such appointment and undertakes to exert its best efforts, at its own expense, to promote the sale of the Products in the Geographic Area at all times during the term of this Agreement.

[和訳]
2　PARASECは、かかる指定を受諾し、本契約有効期間中、自己の費用で、本販売地域で、本製品の販売促進をおこなうために、最善の努力を尽くすものとする。

3　The Manufacturer shall not, during the term of this Agreement, appoint any other distributor for the Products in the Geographic Area, nor supply, export, or sell the Products to any person or company other than PARASEC in the Geographic Area.

[和訳]
3　本メーカーは、本契約有効期間中、本販売地域において、本製品について他の販売店を指定してはならないものとし、本販売地域向けには、PARASEC以外に対しては、個人、会社を問わず、誰にも本製品を供給、輸出しないものとする。

4 Any inquiry received by the Manufacturer with regard to the Products from any person in the Geographic Area shall be referred to PARASEC.

［和訳］
4 本販売地域内から、本製品について本メーカーが引き合いを受けたときは、すべてPARASECに移牒するものとする。

第4款　個別売買契約条項-01　Individual Sales and Purchase Contracts

例文4　個別売買契約

ARTICLE 3 INDIVIDUAL SALES AND PURCHASE CONTRACTS

［和訳］
第3条　個別の売買契約

1 Subject to the terms and conditions of this Agreement, the Manufacturer agrees to sell the Products to PARASEC and PARASEC agrees to purchase from the Manufacturer for resale.

［和訳］
1 本契約の条項、条件に従って、本メーカーは、本製品をPARASECに売り渡し、PARASECは本製品を本メーカーから転売のために買い受けるものとする。

2 Each sale and purchase shall be evidenced by a separate individual sales and purchase contract, which shall become effective and binding upon the parties hereto at the time when an order placed by PARASEC is accepted by the Manufacturer.

［和訳］
2 個別の売買は、別途個別の契約書によって、確認されるものとし、その個別の契約は、PARASECが注文を出し、本メーカーが受諾したときに有効となり、両当事者を拘束するものとする。

3 The Manufacturer shall exert its best efforts to accept any reasonable orders for the Products placed by PARASEC.

[和訳]
3　本メーカーは、PARASECが出すあらゆる合理的な注文を受諾するよう最大限の努力を尽くすものとする。

4　The forms of such individual sales and purchase contract(s) to be used for the performance of this Agreement are hereby agreed and confirmed by both parties, and copies of which are attached hereto f reference and confirmation.

[和訳]
4　本契約の履行のために使用される、かかる売買契約のフォームは、本契約により両当事者により確認されるものとし、そのフォームの写しを参照と確認のために本契約に添付する。

第5款　在庫とサービス条項-01　Stock and Services

在庫・サービス　　　　　　　　　　　　　　　例文 5

ARTICLE 4 STOCK AND SERVICES

[和訳]
第4条　在庫とサービス

1　PARASEC agrees to make best efforts to (i) maintain an adequate stock of the Products so as to enable it to meet the requirement and supply promptly orders reasonable anticipated in the Geographic Area; and, (ii) maintain an adequate spare parts and adequately trained staff to qualified customer services.

[和訳]
1　PARASECは、(i)本販売地域で、合理的に期待される需要と注文にただちに応えることができるよう、また、(ii)十分なスペアパーツを保管し、熟練した顧客サービスを提供できるよう最善の努力を尽くすものとする。

2　The Manufacturer agrees to supply PARASEC with repair parts required to perform the free repair servicing as agreed by the parties without charge.

[和訳]
2　本メーカーは、PARASECに対し、両者間で、合意する無料サービスを顧客に提供できるよう、そのサービスに適用するための修理用部品を無償で提供するものとする。

●第6款　保証条項-01　Warranty

例文6　保証

ARTICLE 5 WARRANTY

[和訳]
第5条　保証

1 The Manufacturer warrants that the Products shall meet the quality and specifications provided for in each individual contact and is free from any defects in title, design, material or workmanship.

[和訳]
1　本メーカーは、本製品が個別の売買契約書に記載された品質、性能に合致すること、ならびに、本製品がその所有権、意匠、材料、製造技術上の瑕疵がないことを保証する。

2 The Manufacturer warrants that the Products are merchantable products quality, and fit for the purposes for which they are, expressly or impliedly, indicated by PARASEC to the Manufacturer.

[和訳]
2　本メーカーは、本製品が商品性のある製造品質のもので、本製品が使用される目的をPARASECが本メーカーに連絡したときは、その目的に適合することを保証する。

ARTICLE 6 PROMOTION AND ADVERTISING

[和訳]
第6条　販売促進と広告

PARASEC will exert its best efforts in promoting the sale of the Products in the Geographic Area at its own costs.
The Manufacturer shall provide PARASEC free of charge with such quantities of catalogues, leaflet, posters and other advertising as may agreed by the parties.

[和訳]
PARASECは、自己の費用で、本販売地域での本製品の販売促進のために、最善を尽くすものとする。
本メーカーは、両者間で合意する数量のカタログ、リーフレット、ポスターその他の広告材料を、無償で提供するものとする。

第7款　契約期間と自動更新条項-01　Term and Renewal

期間・更新

ARTICLE 7 TERM AND AUTOMATICAL RENEWAL

[和訳]
第7条　契約期間と自動更新

This Agreement shall become effective on the date hereof and, unless earlier terminated, remain in force for a period of five (5) years, and, shall be automatically renewed and continued from year to year, unless either party gives to the other party a written notice not renew this Agreement at least two (2) months before the end of the term then in effect.

[和訳]
本契約は、本契約の日付で有効となり、かつ、中途で、解除されることがない限り、5年間有効とし、期限満了の2か月前までに更新しない旨の書面による通知がいずれか一方から、相手方に対してなされない限り、1年ずつ、自動的に更新されるものとする。

第8款　準拠法条項-01　Governing Law

例文8　準拠法

ARTICLE 8 GOVERNING LAW

[和訳]
第8条　準拠法

This Agreement shall be governed and construed by the laws of the state of California, U.S.A. without reference to the conflict of laws rules and United Nations Convention of Contracts for the International Sales of Goods.

[和訳]
本契約は、国際私法ならびに国連動産売買法条約を適用することなく、米国カリフォルニア州法に準拠し、同法に従って、解釈されるものとする。

第9款　仲裁条項-01　Arbitration

例文9　仲裁

ARTICLE 9 ARBITRATION

[和訳]
第9条　仲裁

Any and all disputes arising from this Agreement shall be finally settled by an arbitration in San Francisco, California, U.S.A. in accordance with the arbitration rules of American Arbitration Association.
The award of arbitration shall be final and binding upon both parties.

[和訳]
本契約から発生する紛争は、最終的には、すべて、カリフォルニア州サンフランシスコの仲裁により、米国仲裁協会の仲裁規則に従って、解決されるものとする。仲裁裁定は、最終的なものとし、両者を拘束する。

第10款　契約締結文言と署名欄

契約締結文言・署名欄　　　　　　　　　　　　例文 10

IN WITNESS WHEREOF, the parties hereto have caused their duly authorized representatives to execute this Agreement on the day and year first above written.

［和訳］
上記契約締結の証として、本契約当事者は、それぞれの当事者の権限ある代表(代理人)により、調印させたものである。

PARASEC : PARAMOUNT SEMICONDUCTOR AND ELECTRONICS CORPORATION

_____
　　　　(Name and Title)

［和訳］
　　　　(氏名と肩書き)

Manufacturer : _____

_____
　　　　(Name and Title)

［和訳］
　　　　(氏名と肩書き)

販売店契約 フォームNo.2（海外メーカーとのDistributorship Agreement）

第2章

（詳細版フォームA、和訳・解説付き）

第1節 前書き

　このフォーム（詳細版フォームＡ）だけでも相当なヴォリュームになるが、もう一つ、詳細版フォームBも第3章に収録し、紹介する。いずれのフォームにも、和訳と詳細な解説を付す。国際契約を修得する道、特にドラフティング力、交渉力を強化するには、まず、ビジネスへの知識と理解を深め、次に契約書のヴォリュームに負けずに取り組むことが肝要である。

　筆者は、鉄鋼製品、電子情報機器、アパレル（ブランド）、化学品、石油・鉄鉱石、食糧、エンターテインメント、プラント契約とならび、なぜか、半導体製品関連の業界、事業、ビジネス（製造販売・卸売業（ディストリビューターシップ））に関わる機会が多かった。半導体（CPU）の開発事業に携わることも、半導体製品の輸入販売事業にも、半導体製品の国内製造業にも関わることがあった。そのような環境の中で、アカデミズムの世界に身を置きながらも、半導体製品関連の契約の研究会やセミナー開催、学内・学外（事業体など）でのゼミナールの実施にも長期間、関わってきた。ゼミ生や受講生からの半導体業界への進出、就職もあり、ゼミナールでも真剣に取り組んできた。その際には、常に英文契約原文をもとに議論をかわし、研究を遂行した。授業（ゼミナール）や研修をおこなうことがあっても、その和訳を筆者が作成して、講義や議論をおこなうことはなかった。

　既刊の『英文ビジネス契約書大辞典〈増補改訂版〉』の姉妹編として、『英文ビジネス契約フォーム大辞典』を刊行するにあたり、この半導体製品の事業に関わる英文契約書を通して丁寧に取りあげてみたいと思う。和訳と解説を詳しく付して紹介する。本フォーム（詳細版）では、Karen View社グループ企業を登場させて、そのフォームとして紹介し、吟味をしている。半導体ビジネスに従事する日本企業は、この10年を振り返っても、ルネサス エレクトロニクス、富士通グループ半導体事業（富士通セミコンダクター）、パナソニックグループ半導体事業など数多いが、それぞれ、厳しい半導体製品の国際競争環境の中で、事業のあり方につき、再編や見直しに絶えず迫られつつ、成長あるいは生存を図ってきた。そのような事業の中では、さまざまな契約書、契約条件が採用されているが、その中でも、筆者が、典型的な国際契約条件と考える契約条件をもとに、大幅に手を入れ作り上げたのが、このフォームである。読者のおひとり、おひとりにも、一緒に読み、ドラフティングの技術を磨いていただければとの願いを込めて紹介する。決まった定型的なフォームではなく、双方の希望や考えに基づき、作り上げていくフォーム、

契約条件なのだ。このフォームの基盤には、自社が生き抜き、同時に、相手方も生き抜かせる工夫を施している。それゆえ、あらゆる商品・部品、製品の取引にも活用可能な汎用性を備えているといえるだろう。

第2節 販売店契約の契約書の冒頭、前文、約因条項

●─第1款　前文とリサイタル条項の例

前文・リサイタル　　　　　　　　　　　　　　　　　　　　　　　　例文 1

This Agreement is made and entered into as of June, 20__ (the "Effective Date"), between Karen View Semiconductor Corporation, a Delaware corporation, having a principal place of business at _____, California, U.S.A. (hereinafter referred to as KVS), and Aurora Borealis Electronics & Systems Corporation, a Japanese corporation, having a principal place of business at _____, Japan (hereinafter referred to as ABE or the Distributor).

［和訳］
本契約は、米国カリフォルニア州_____に主たる事務所を有するデラウェア法人であるカレンビュー・セミコンダクター・コーポレーション（以下「KVS」と称する）と、日本国_____に主たる事務所を有する日本法人のオーロラ・ボレアリス・エレクトロニクス・アンド・システムズ・コーポレーション（以下「ABE」または「ディストリビューター」と称する）との間に、20__年6月1日（発効日）に締結された。

WHEREAS, KVS has been engaged in producing and selling the products described in Exhibit A (hereinafter referred to as the Products), and

［和訳］
KVSは、添付別紙Aに記載の製品（以下「本製品」）の製造ならびに販売に従事しており、

WHEREAS, the Distributor has been experienced and successfully engaged in importing and distributing the semiconductor products and wishes to obtain certain rights to distribute the Products from KVS in the market area as set forth herein.

例文1 前文・リサイタル
例文2 前文・約因

[和訳]
ディストリビューターは、本製品の輸入ならびに販売の経験があり、成功裏に従事しており、かつ、本契約に規定する地域でKVSより本製品を販売する権利を取得することを希望している。

NOW, THEREFORE, in consideration of the foregoing and for other good and valuable consideration, the receipt and sufficiency of which are hereby acknowledged, the parties agree as follows:
ARTICLE 1. (DEFINITIONS)

[和訳]
よって、上記経緯と本契約によりその受領と十分さを確認する他の価値ある約因を約因として、両当事者は、以下の通り合意する。
第1条（定義）

―――― 解説 ――――

① 重要な用語…entered into; whereas; consideration; それぞれ、「契約を締結する」、「なので」、「約因」という意味である。

② madeとentered intoは、どちらも、「（契約を）締結する」ことを意味する。いずれか一つの用語でも十分であるが、慣例で、並べて使うことが多い。順番は変わらず、madeがいつも先に来る。

③ whereasは、現代の用語では、asと同じである。ただ、契約では、asは使われることは少なく、古めかしい形式のwhereasが使われる。これは、契約が締結されるに至った背景を紹介するのが目的である。契約条項としての拘束力などはないが、当事者がどのような立場にあるか、また、どのような経験、専門的な経験・力量があり、いかにこの契約の当事者になるのに、ふさわしいかを示す役割を果たしている。契約の発効や有効性に必ずしも必要ではない。そのため、省略されることも多い。また背景を記述するという目的で、whereasという古めかしい用語の代わりに、recitalsという用語を使う表現方法もある。一見、無用なようで、相手方のことをメーカーと信じていたら、代理店にすぎなかったという事態を防ぐのに役立つので、無意味ではない。リサイタル条項と呼ぶこともある。

④ "a Delaware corporation"とあるのは、米国では、会社法が、それぞれの州法であり、連邦会社法がないことがその背景にある。カリフォルニア州にその主たる事務所がある会社なら、カリフォルニア州法がそのもとになっているように思いがちであるが、米国では、実務上、出資し、会社を経営する側にとって、有利で使いやすいデラウェア州の会社法を基盤に登録し、その会社法の適用を受け、実際の主たる事務所を現実の事業の中心地に置くことが普通におこなわれている。そのため、head placeという用語を使わず、代わりに広い意味を持つ "a principal place of business" という用語を使っている。

構文として、冒頭のAgreementのあとのisを省き、この冒頭の数行をまとめて、一つの

大きな主語とし、whereas条項の直前に"witnesseth"という述語を置く構文が使われることも多い。witnessethは証明するという意味である（witnessesにあたる）。

⑤ この例文では、一方の当事者の外国の製品メーカーをKaren View Semiconductor Corporation、略称をKVSとした。KVSは、Karen View Corporation（サンフランシスコとシリコンバレーに拠点のある企業）の子会社で、半導体製品ビジネスに従事すると設定した。略称を単にSupplier（供給者）とすれば、当事者が、KVSでなくても、一般的に使用できる。ここでは、略称のもとでも、当事者を特定するために、あえて、Supplierを使っていない。

日本側のdistributorを仮称として、Aurora Borealis Electronics & Systems Corporation、略称をABEまたはthe Distributorとしている。

このように略称を決めると、契約書中で、どちらの略称を使ってもよく、便利である。略称を作成するときは、少なくとも、アルファベットの3文字を使う。4文字でもよいが、あまり長く、語句を増やすと、きびきびした感覚が弱くなるのですすめない。2文字では少ないし、また、一般的な名称を使うと、文中で、同じつづりで、別な意味の用語が契約書に登場することがあり、誤解を生む遠因になりかねない。たとえば、Japanという略称は不適である。GEやBPという2文字からなる商号や略称もあるが、通常は、契約書では、3文字以上を使った略称にすることをすすめたい。

⑥ 約因は、英米法に独特の考え方で、契約には約因（いわば、give and takeの関係）がなければ、裁判所が取り上げないというルールがある。そのため、双方がその契約から利益を得るのだということを、飾りのようであるが、契約書の最初のほうで、記述することがおこなわれる。直接、約因に言及しなくても、かかる関係があれば、英米法上も、契約には拘束力がある。

●―第2款　前文と約因条項（リサイタル条項なし）

前文・約因

例文 2

This Distributor Agreement ("Agreement") is made and entered into in San Francisco, on ＿＿＿＿＿＿, 20＿ ("Effective Date"), by and between Karen View Semiconductor Corporation, for and on behalf of itself and its subsidiaries and affiliates, a Delaware corporation, and having its principal place of business at ＿＿＿＿＿＿＿＿＿＿＿＿＿＿, U.S.A., (hereinafter referred to as "KVS"), and Aurora Borealis Electronics & Systems Corporation, a Japanese corporation, having its place of business at ＿＿＿＿＿＿＿＿＿＿＿＿, Japan (hereinafter referred to as "ABE" or "the Distributor").

例文 2　前文・約因
例文 3　関連会社

[和訳]
本ディストリビューター契約は、米国＿＿＿＿＿＿＿＿＿＿＿＿＿＿＿に主たる事務所を有するデラウェア法人であるカレンビュー・セミコンダクター・コーポレーション（以下「KVS」と称する）ならびにその関連会社を含む一方当事者と、日本国＿＿＿＿＿＿＿＿＿＿＿＿＿＿＿に主たる事務所を有する日本法人であるオーロラ・ボレアリス・エレクトロニクス・アンド・システムズ・コーポレーション（以下「ABE」または「ディストリビューター」と称する）との間に、20＿＿年＿＿＿＿＿＿にサンフランシスコで締結された。

In consideration of the mutual covenants and agreements hereinafter set forth, KVS and the Distributor agree as follows.

[和訳]
以下の本契約に定める相互の誓約と合意を約因として、KVSとディストリビューターは、以下の通り、合意した。

―――――― 解説 ――――――

① リサイタル条項がないが、契約としての効力は変わらない。
② 本例文では、製品メーカー側の当事者であるKVS社にその子会社（subsidiaries）と関連会社（affiliates）を加えている。善意のみで判断すると、製品メーカーがその子会社や関連会社によって製造した製品を当方Distributor側に提供してくれるわけで、当方に有利な規定と受け取ることも可能である。しかし、そのような面と裏腹に、別な問題もなくはない。現実には、相手方が善意で振る舞う限り、問題が出てこないのが、通常であるが、心配性の法務部門から見ると、このような規定が置かれるときには、2つの問題をはらむ。一つは、subsidiaries、affiliatesの定義が明確でないと、両当事者の間にその意味について誤解が発生するリスクがある。当事者により、50パーセントちょうどの出資の場合にこの用語の適用があると考えるケースと否定するケースがあり、実際には、両方の解釈が、拮抗している。そもそも、当事者に加わるかどうかという問題や、秘密保持義務などの適用が関わってくることがあるので、実際には大事なことがある。もう一つは、具体的にかかる会社が、どこにあるか、どこの国の会社であるかを契約上、明確にしていないことから発生するリスクの問題がある。たとえば、この例でこのような関連会社、子会社が、本来、外交や戦略上の理由で好ましくない国に存在した場合、どんなリスクがあるか。どう対処できるか。かかる用語を抹消することやそれらの具体的な名称をリストアップさせることなども、対処案の選択肢にある。
③ 相手方の会社がどの州あるいは国の会社法によって設立されているかを契約書の冒頭で確認することは、相手方の確定のためには大切である。うっかりすると、事務所の所在地が同じであっても、別な国の会社かもしれないというリスクがある。破産法を、交渉などを有利に進めるために、戦略的に活用する相手もいるのが、国際取引の世界である。相手方の特定が契約書上でできていないようでは、思いがけないリスク

がある。

第3節　定義条項

●―第1款　関連会社を定義する条項

関連会社　　　　　　　　　　　　　　　　　　　　　　　　　例文 3

SECTION 1　DEFINITIONS

[和訳]
第1条　定義

1.1　"Affiliate" means, with reference to any Party (hereafter defined), any corporation, company, or other entity that agrees to be bound by the terms and conditions of this Agreement, and that is, directly or indirectly, controlled by, or under common control with such Party, as of the Effective Date and/or thereafter during the term of this Agreement, provided that such entity shall be considered an affiliate only for the time during which such control exists.

[和訳]
1.1　「関連会社」とは、発効日またはその後の本契約有効期間中、本契約の条項ならびに条件に拘束されることに合意した（以下に定義する）当事者、会社、法人、または他の事業体で、かつ、直接的または間接的に、そのような当事者により制御され、または制御し、または共通の制御のもとにある場合を指すものとするが、その制御が存在する間に限り、その期間中について、関連会社とみなすものとする。

For the purpose of this definition, "control" shall mean direct or indirect ownership or control of greater than fifty percent (50%) of the voting rights of such entity or possession of the power to direct or cause the direction of management and policies of such entity, whether through the ownership of voting securities, by contract or otherwise.

例文3　関連会社
例文4　販売店指定

[和訳]
　本定義上の目的のためには、「制御（＝コントロール）」というのは、その事業体の議決権の50パーセントを超える直接または間接の所有またはコントロールまたは、投票権つきの証券によるか、契約あるいは、他の手段を問わず、かかる事業体の経営ならびに方針を決定し、または決定させる権限の保有を指すものとする。

解説

① 重要なポイントは、関連会社を定義するときには、過半数の支配をコントロールとし、50パーセントより大きい割合の議決権株式またはそれに代わる支配権を保有することを要求する場合と、半数（50パーセント）ちょうどの議決権株式保有で足りるとする定義と両方の場合がある。そのいずれの立場を選択するのかをしっかり把握することが大事である。2社で折半（50パーセント）して出資する合弁会社のようなケースで、関連会社をどう定義するかは、その秘密保持義務規定などの適用も関わってくる。
② 関連会社には、親会社、子会社、兄弟姉妹会社がある。controlという用語に続いて使われる用語に注目してその区別を知ることが大事である。
③ 近年、契約書実務における「関連会社」の定義のしかたの一つとして、契約締結時に既に存在する特定の関連会社名を具体的に列挙する方式をみかけるようになってきた。出資比率は50パーセント超や50パーセント以上にこだわらず、25パーセント以上の会社も含める場合もある。貿易戦争をはじめ、国際間の経済対立が強まる情勢下では、企業の国籍なども考慮して、定義を考えることが大切なのであろう。

第4節　外国のメーカーが日本の商社をDistributorに指定する（Distributorship）契約条項

●—第1款　Distributorに指定する条項

例文4　販売店指定

SECTION 2　DISTRIBUTORSHIP

[和訳]
第2条　ディストリビューターシップ：販売権

2.1 Subject to the terms and conditions set forth herein, KVS hereby appoints the Distributor as a non-exclusive wholesale distributor for the products as set forth in KVS's Product Price List attached hereto as Appendix A (the "Products").

[和訳]
2.1 本契約に規定する条件に従って、KVSは本契約により、ディストリビューターを本契約に別紙Aとして添付するKVSの製品価格リストに規定する製品(「本製品」)についての非独占的なディストリビューター(＝販売店)に指定する。

The Distributor's geographic area of responsibility for distribution of Products is as set forth in Appendix B (the "Marketing Area").

[和訳]
ディストリビューターが本製品の販売に関する責任を負う販売地域は、別紙Bに規定する通りとする。

The Distributor accepts such appointment and agrees to conduct its distribution of the Products in accordance with the terms of this Agreement and the Appendices annexed hereto and incorporated herein by reference, and upon such terms of sale that KVS shall establish from time to time.

[和訳]
ディストリビューターは、かかる指定を受諾し、本契約ならびに本契約に添付する別紙に記載し本契約に組み込まれた条件ならびに、KVSが随時決定する販売条件に従って本製品を販売することに合意する。

―――――――― 解説 ――――――――

① subject to the terms and conditions set forth hereinは、「本契約に規定された条項と条件に従って、」の意味である。hereinは、in this Agreementと同じ。

② a non-exclusive wholesale distributorというのは、「非排他的な卸売り販売店」という意味である。non-exclusiveは、「非独占的な」と訳すこともある。wholesaleはretail saleに対比する言葉であり、前者が、卸売り、後者が、小売りである。

③ geographic areaやmarketing areaという用語は、途上国などの人々の心情に配慮して、近年広く使われるようになった「地理的地域」「販売地域」という意味の用語である。従前は、このような場面やライセンス契約、フランチャイズ契約ではむしろ、許諾地域などの意味で、territory(領域)という用語が使われるのが、伝統的・標準的な表現方法である。現在でも、広く使われる。ただ、ときどき契約交渉時に、植民地時代を経験した地域の人々から、territoryという言葉が持つ「領土」という響きに抵抗を示されること

例文 4　販売店指定
例文 5　販売地域制限
例文 6　販売店指定（バリエーション）

がある。外交上も、領土問題ほど、両国間で解決困難な問題はない。不必要にterritoryという用語の使用に固執する理由はない。そのような場合には、geographic area（地理的地域）、marketing area（販売地域）という中立的、客観的な表現方法をとるのは、賢明な使用方法である。

④ Appendices（添付別紙）は、Appendixの複数の場合の用語である。添付別紙を表すのに、Exhibit、Exhibitsを使うこともある。いずれも標準的な語句である。添付別表と訳すことも多い。添付書類の内容が、数値など別表的な性格であれば、別表がふさわしいであろうが、実務としては、あまり細かいことに注意を払う必要はない。自由に使えばよい。

⑤ incorporated hereinは本契約の一部をなすという意味である。

⑥ 最後のフレーズのupon such terms of sale that KVS shall establish from time to timeは、「KVSが随時決定する条件に従って」という意味である。

●──第2款　Distributorによる販売地域外への再輸出等への制限規定

例文 5　販売地域制限

2.2　The Distributor may not re-sell or divert the Products or indirectly export. Advertise or otherwise market the Products outside of the Marketing Area without first obtaining KVS's written consent, such consent may be withheld for any reason and shall be further conditioned upon the Distributor first obtaining the appropriate U.S. export license, if required.

［和訳］

2.2　ディストリビューターは、KVSの書面による同意なしには、本製品を本マーケティング（＝販売）地域以外に、転売、転換（＝販売先変更）、または本製品を間接的に輸出、広告、または他の方法で、マーケティングしてはならないものとするが、かかる同意は、いかなる理由によっても留保されうるものとし、さらに、ディストリビューターが、まず、適用される米国輸出認可を取得するという条件つきとする。

――――――解説――――――

① KVS側は、ディストリビューターの本製品の販売を厳密に契約上の販売地域に限定しようとしている。具体的に、他の地域への再輸出やマーケティング活動を制限している。

② ディストリビューターはKVSの事前の同意を得て、契約上の販売地域以外の地域についても、販売できると規定するが、KVSはいかなる理由に基づいても、かかる同意を留保できると規定している。

③ 日本側のDistributorの立場に立てば、たとえばそれまで、販売地域内で、獲得した顧

客がその販売地域から他の地域に合弁会社や子会社を設立して進出し、実質的にこれまでの事業を現地で展開するような場合に、それまで納めていた製品を当該合弁会社や子会社に継続して販売したいものである。これらが、前文にも出てきた用語であるsubsidiaries（子会社）やaffiliates（関連会社）によって表される問題である。

④ 上記③の目的を日本側が達成するためには、一つは、契約上、販売地域にその旨を加えて明確に規定することであり、もう一つは、きわめて弱い表現であるが、同意の留保について、不合理な留保をKVSがしないことを規定することである。具体的には、たとえば、"such consent shall not be unreasonably withheld by KVS"というように規定する。

⑤ 米国の輸出許可取得が条件となっているのは、製品によっては、戦略物資として、一定の国、地域に対して輸出することが、米国などで、禁止、制限されているからである。この例文では、KVSが関心を持っているのは、米国の輸出制限だけであるが、実際には、この契約とは関わりなく、日本国の輸出制限の規定にも注意しなければならない。コンプライアンスの問題は重要である。

●──第3款　一定の販売地域における独占的な販売権(Exclusive Distributorship)を規定する契約条項

　本例文は、Distributorに有利な独占的販売権を付与される条項であり、例外的である。標準的な規定と対比し、相違を理解するための参考例文として紹介する。実際には、このような独占的な権利を付与されるときには、セットとして、最低年間購入量などの負担も要求されるので、全体的に見て有利とは簡単には評価できない。

販売店指定（バリエーション）

例文 **6**

SECTION 2 (APPOINTMENT OF DISTRIBUTOR)

[和訳]
第2条　ディストリビューターの指定

2.1　Karen View Semiconductor Corporation ("KVS") appoints ABE as an exclusive distributor of the products as defined in Exhibit A hereto (the "Products") within the territory set forth below (the "Territory") on the terms and conditions of this Agreement.

例文6 販売店指定(バリエーション)
例文7 独占地域

[和訳]

2.1 カレンビュー・セミコンダクター・コーポレーション(「KVS」)は、ABEを本契約の条項ならびに条件に従い、本契約に添付する別紙Aに規定する製品(以下「本製品」)について以下に定める地域(「販売地域」)における独占的ディストリビューターに指定する。

The Territory : Japan, Taiwan and China

[和訳]

販売地域:日本、台湾ならびに中国

2.2 ABE accepts such appointment and undertakes to use its best efforts at its own expense, to promote the sale of the Products throughout the Territory at all times during the term of this Agreement.

[和訳]

2.2 ABEは、かかる指定を受諾し、本契約の有効期間中、常時、販売地域中で、本製品の販売を推進するよう、その自身の費用で、最大限の努力を尽くすものとする。

解説

① Distributorは本条に規定する販売地域で独占的に本製品を販売する権利を有する。
② Distributorは、その販売にあたり、付与された販売地域において、満遍なく本製品を販売する体制を整え、販売を促進する努力義務を負担する。
③ この2.2項の規定は、Distributorが十分な販売網を整え、販売実績をあげられない場合には、契約を解除し、または、独占的な販売権を終了させ、非独占的な販売権に移行させる構えをKVS側が示している。KVSは具体的な規定は、別な条項で規定することを考えている。

●—第4款 Distributorの排他的な販売権を保護するための規定と同時にDistributorがKVSとの競合品を取り扱うことを禁止・制限される契約条項

それぞれ、互いにとって、有利な規定と不利な規定の組み合わせである。標準的な規定を理解するために、対比用に参考例文として紹介する。

例文 7　独占地域

SECTION 3　EXCLUSIVE TERRITORY

[和訳]
第3条　独占的販売地域

3.1　ABE shall not, during the term of this Agreement, manufacture or distribute any products which directly or indirectly compete with the Products.

[和訳]
3.1　ABEは、本契約有効期間中、本製品と直接的、間接的に競合するいかなる製品も製造または販売しないものとする。

3.2　ABE shall refrain, outside the Territory and in relation to the Products, from seeking customers, and from establishing any branch or other sales organization.

[和訳]
3.2　ABEは、販売地域外で、本製品に関連して、顧客を獲得し、また、支店あるいは他の販売組織を設置することを差し控えることとする。

3.3　KVS shall not, during the term of this Agreement, appoint any other distributor for the Products in the Territory and shall not supply, export or sell the Products to any person other than ABE within the Territory.

[和訳]
3.3　KVSは、本契約有効期間中、いかなる他のディストリビューターをも販売地域における本製品のディストリビューターに指定しないものとし、また、販売地域においてABE以外の他の者に対し、本製品を供給、輸出または販売しないものとする。

解説

① 3.1項　ABEは、本契約の期間中、本製品と直接的または間接的に競合する製品を製造または供給しないものとする。通常は、The Distributor acceptsと表現するのだが、このような表現もできるということであえて、ここで、ABEを使ってみた。

② 3.2項　ABEは本販売地域外で本製品に関して、顧客を探すこと、および支店その他の販売組織を設置することを慎むものとする。

③ 3.3項　KVSは、本契約の期間中、本販売地域内で、本製品のために他の販売店を指定せ

例文7 独占地域
例文8 製品

ず、また、本販売地域内でABE以外の者に本製品を供給または輸出しないものとする。
④ 本条項のように競合品の取り扱いや販売地域内の制限などを規定する場合は、独占禁止法などに抵触しないかどうかについて調査、検討し、法的な問題を起こさないようにすることが大切である。

第5節 本製品の販売に関するDistributorとKVS社間の了解事項についての条項

●―第1款　販売許諾品目の変更、KVS社による販売地域に対する直接販売権の留保に関する契約条項

例文8　製品

SECTION 3 PRODUCTS

[和訳]
第3条　本製品

3.1　Products may be changed, abandoned or added by KVS at its sole discretion, and KVS shall be under no obligation to continue the production of any Products except as provided herein.

[和訳]
3.1　本製品は、KVSの自由裁量により、変更、放棄（＝製造終了）または、追加されうるものとし、KVSは、本契約で規定した場合を除き、本製品の製造を継続する義務を一切負わないものとする。

3.2　KVS reserves the right to discontinue manufacture of any Products or to withdraw any Products from sale to the Distributor. KVS provides world-wide Distribution Products Pricing List set forth in Appendix C hereto.

[和訳]
3.2　KVSは、本製品の製造を終了し、または、ディストリビューターに対する販売から本製品を取り消す権利を保有するものとする。KVSは、本契約添付別紙Cに規定する世界的な製品販売価格リストを提供する。

3.3　KVS reserves the right to sell directly or indirectly the Products any and all customers in the Marketing Area.

[和訳]
3.3　KVSは、本マーケティング（＝販売）地域において、いかなるそしてすべての顧客に本製品を直接的、間接的に、販売する権利を留保する。

――― 解説 ―――
① KVSは、契約上の品目を、その独自の裁量で、変更し、放棄し、追加することができる。
② KVSは、契約上の品目のいずれかをその判断と決定により製造を中止し、Distributorに対する販売項目から削除することができる。
③ KVSは、Distributorに本製品の販売権を付与した販売地域において、継続して、本製品を販売する権利を留保する。本規定は、先に紹介した例文7の第3.3項の規定と比較しながら、読むと理解しやすい。その対比は鮮明である。
④ この第3.3項のもとでは、たとえば、the Distributorがその営業活動の結果、開拓した先の顧客に対し、KVSが直接販売をしようとし、あるいは、その顧客がthe Distributorを飛ばして、直接、KVSに本製品の購入申し入れをしたとき、契約上は、どう対応すべきなのか、また、the Distributorに契約上、どのような権利があるのか、何ができるのかが問題となる。参考例文の規定に比べて、the Distributorのための保護規定がまったく見当たらない。

第6節　Distributorに対する価格に関する条項

　本条には、本製品の販売店契約に特有の製品の価格下落についての価格保護規定（Price Protection）など重要な規定が含まれている。
　ビジネス上、きわめて重要な契約条項である。本条は、いわゆるlegal termsではなく、純粋なビジネス上の条件である。ビジネス条件である以上、各社によりバリエーションはあろう。したがって、本マニュアルでは、特に取り上げて詳しい説明はしないが、各規定に従って、正確な手続きを踏んで、適時にクレジットを享受できるよう、各社、各自で、条件を把握することが大事である。たとえば、この条項を真剣に読めば、製品の在庫を18か月以上抱えることは、価格下落の場合に本条項の救済を受けられなくなることに気づく。在庫についてのポリシー、在庫確認とその売りぬきの方針が明確になろう。ビジネス上の対処の確立とその販売施策、購入施策の決定と厳格な執行が欠かせなくなる。本製品ビジネスの場合、その激しい価格下落は、婦人服、生鮮食品とならび、著しいリスクを伴うものである。その認識のもとに、対応することが必須である。

第1款　Distributorに対する価格に関する契約条項

例文9　価格

SECTION 4 PRICE TO THE DISTRIBUTOR

[和訳]
第4条　ディストリビューターに対する価格

4.1　KVS will from time to time publish, and at its option, modify its pricing to the extent KVS sells the Products to the Distributor, such Products shall be sold at the Distributor Cost listed on the then current Distribution Products Pricing List, and in accordance with all of the terms and conditions of this Agreement.

[和訳]
4.1　KVSは、価格表を、随時公表し、また、KVSが本製品をディストリビューターに対し販売している限り、その随意の判断で変更することができるものとし、かかる本製品は、その時点で有効なディストリビューション製品価格リストのディストリビューションコストで、かつ、本契約の条項と条件のすべてに従って、売り渡されるものとする。

4.2　The Distributor Cost column of the Distribution Products Pricing List indicates the Distributor's cost per unit for any quantity of the Products purchased from KVS.

[和訳]
4.2　ディストリビューション本製品価格リストのディストリビューションコスト欄は、KVSから購入する本製品の数量に対する単位ごとのディストリビューターコストを示すものである。

Minimum order quantifies as specified in Subsection 10.1 shall apply.

[和訳]
10.1項に定める最小注文単位(数量)が適用される。

4.3　KVS may, under special circumstances and at its sole discretion, agree to supply the Products to the Distributor at a price less than the published Distributor Cost.

[和訳]

4.3　KVSは、特別な状況ならびにその単独の自由裁量で、ディストリビューションコストに公表された価格より、低い価格で、本製品をディストリビューターに供給することに合意することができる。

In the event of such special discounted Distribution Cost, Distributor shall obtain its written consent of KVS prior to offer the resale price to the customer.

[和訳]

かかる特別な割引がされたディストリビューションコストの場合は、ディストリビューターは、顧客への転売価格のオファーの前に、KVSの書面の同意を取得するものとする。

4.4　Price Increases: An order from the Distributor, received and accepted by KVS prior to a price increase on the Products which are the subject of the order, shall be at the Distributor Cost in effect at the time the order is accepted by KVS.

[和訳]

4.4　価格の値上げ：注文の対象である本製品の価格値上げ前のKVSにより受領され、受諾されたディストリビューターからの注文は、その注文がKVSにより受諾された時点で有効なディストリビューションコストで(売り渡されるもの)とする。

4.5　Price Protection: An order from the Distributor, received and accepted by KVS prior to price decrease on the Products which are subject of the order, shall be at the Distribution Cost in effect at the time the order is accepted by KVS.

[和訳]

4.5　価格の防御：注文の対象である本製品の価格の値下げの前にKVSにより受領され、受諾されたディストリビューターからの注文は、その注文がKVSにより受諾された時点で有効だったディストリビューションコストで(売り渡されるもの)とする。

第2款 製品の価格の下落に対処し、KVSがDistributorを助けるPrice Protectionプログラムについての契約条項

KVSがクレジットを発行することができるというシステム。

例文10 クレジット付与

4.6 Price Protection: In the event of a Products price decrease, KVS may issue a credit for the difference on the Products between the previous Distributor Cost and the new Distributor Cost on all units that are in Distributor's inventory at the time of the decrease ("Price Protection Credit").

[和訳]
4.6 価格の防御：本製品の価格値下げの場合、KVSは、値下げの時点におけるディストリビューターの在庫にあるすべての(本製品の)ユニットに対し、(値下げ)以前のディストリビューターコストと新しい(値下げ後の)ディストリビューターコストとの間の本製品の価格差に対し、クレジット(与信)(「価格防御クレジット」)を発行することができるものとする。

Any such credit shall be in the form of additional Products of Distributor's choice, which in total dollar amount at the then-current net Distributor Cost shall offset the Price Protection Credit amount.

[和訳]
かかるクレジットは、ディストリビューターの選択に基づく追加の本製品の(引き渡しによる)形式をとるものとし、その時点での新しく付与されたディストリビューターコストの合計ドル金額は、価格防御クレジット金額と相殺されるものとする。

Price Protection Credit is subject to the following conditions:

[和訳]
価格防御クレジットは、下記の条件に従うものとする。

(a) Distributor must apply for the Price Protection Credit within thirty (30) days after the effective date of a price decrease by submitting a completed "Price Protection" form;

[和訳]

(a) ディストリビューターは、価格引き下げの発効日から30日以内にかかる価格防御クレジットを、完全に記入した「価格防御」フォームを提出することにより、適用(＝行使)するものとする。

(b) Inventory reports and Price Protection forms submitted for Price Protection Credit must be verified by KVS and /or KVS's authorized representative in the Marketing Area;

[和訳]

(b) 価格防御クレジットのために提出された在庫報告書と価格防御フォームがKVSまたは本マーケティング(＝販売)地域のKVSの権限ある代理人により確認されること。

(c) Products inventory submitted for Price Protection Credit must be less than eighteen (18) months old (from the Delivery); and,

[和訳]

(c) 価格防御のために提出された本製品在庫が(引き渡しのときから)18か月を経過していないこと、ならびに、

(d) All Price Protection forms must be accompanied by an offsetting purchase order for replacement Products.

[和訳]

(d) すべて価格防御フォームに対し、代替(＝取得)する本製品の購入(による)相殺書が添付されていること。

The dollar amount of the offsetting purchase order must be equal or greater than the dollar amount on the Price Protection form and such offsetting purchase order may not be cancelled or rescheduled.

[和訳]

相殺購入注文するドル金額は、価格防御フォームの記載ドル金額と同額またはそれ以上でなければならないものとし、かかる相殺購入注文は、解除またはリスケジュールの対象とならないものとする。

> Upon receipt and acceptance of the Price Protection form and offsetting purchase order, a credit shall be issued to the Distributor in the amount of the approved Price Protection Credit.
>
> [和訳]
>
> 価格防御フォームならびに相殺購入注文書の受領と受諾があり次第、クレジットが、ディストリビューターに対し、承認された価格防御クレジット金額で発行されるものとする。

第7節 製品にかかる税金負担条件

売上税や間接税など税金はすべてthe Distributor負担とする契約条項。近年、上昇が予測される消費税などは、すべて日本側のDistributor負担とされており、価格表の価格には、かかる税金などが含まれていない。

第1款 製品にかかる間接税などはDistributor負担と規定する条項

例文11　税金

> SECTION 5 TAXES AND OTHER CHARGES
>
> [和訳]
> 第5条　税金と他の費用

> Prices quoted by KVS do not include (a) federal, state, or local taxes ("Taxes"), or (b) shipping and handling charges, duties and other charges, as well as the costs of carrying out customs formalities payable upon import or export of the Products and for their transit through any country ("Other Charges").
>
> [和訳]
> KVSにより示される価格には、(a)連邦、州、または地域税(「税」)または、(b)輸送および荷捌き費用、関税および他の費用が含まれないものとし、同様に、本製品の輸入または輸出の際に支払われるべき通関をおこなう費用ならびに、他の国を経由する場合の通過に要する費用(「他の費用」)も含まれないものとする。

The Distributor agrees to pay all such Taxes and Other Charges.

[和訳]
ディストリビューターは、すべての税金ならびに他の費用を支払うことに合意する。

解説

① KVS側のプライスリストの価格には、本製品に関わるさまざまな税金金額や諸費用が含まれていないことを規定する。ただし、この規定は、次の条項である本製品の引き渡し条件がいかなる条件であるかにより、内容・条件に影響、変化がありうる。単独で独立して判断できる条項ではない。本規定は、本製品の引き渡し条件が次の条項で、Ex Works（売り手側工場渡し）条件になっていることが前提となっている。

② かかる規定の中で、たとえば、将来消費税率が引き上げられ、または、新しい間接税が導入された場合にどう対処するかを規定することがある。以前でいえば、米国で、surtaxが導入され、日本などでも、2011年3月11日の東日本大震災を機に復興のために特別所得税が課された。そのような場合に、契約条項でその負担について言及することがある。

第8節　製品の引き渡し条件を規定する条項

●―第1款　引き渡しをEx Works条件による（Delivery Terms）と規定する条項

引き渡し　　　　　　　　　　　　　　　　　　　　　　　　　　　例文 12

SECTION 6　DELIVERY OF THE PRODUCTS

[和訳]
第6条　製品の引き渡し

6.1　Delivery of the Products is Ex Works KVS's factory (the "Delivery") in accordance with Incoterms 2010.

[和訳]
6.1　本製品の引き渡しは、インコタームズ2010年版によるKVS工場渡し（「引き渡し」）とする。

6.2　The Distributor shall pay all transportation and insurance charges after the Delivery.

[和訳]
6.2　ディストリビューターは、引き渡し以降のすべての運送料ならびに保険料を支払うものとする。

6.3　Unless otherwise indicated by KVS, the Distributor is obligated to obtain insurance covering damage to the Products from the point of the Delivery to the Distributor's delivery location.

[和訳]
6.3　KVSにより別途指示がない限り、ディストリビューターは、引き渡しの地点からディストリビューター所在場所までの本製品の損傷をカバーする保険を付保する義務を負うものとする。

6.4　The risk of loss or damage and title to the Products shall pass to the Distributor at the point of the Delivery.

[和訳]
6.4　本製品の減失・毀損のリスクは、引き渡しの場所（＝時点）で、ディストリビューターに移転するものとする。

―――――― 解説 ――――――

① インコタームズのうち、Ex Works条件は、売り主側の工場、構内で貨物を売り主から買い主に引き渡し、その引き渡しにより、売買契約上の引き渡しが完了し、引き渡し時以降のその貨物について発生する減失毀損の危険（リスク）が買い主側に移転するものである。
② したがって、その引き渡しの時期以降のリスクを買い主がカバーするために保険は買い主が付保する。例文本条の6.3項、6.4項はその旨を規定したものである。
③ 貨物輸送にかかる費用についても、その引き渡し以降は、買い主側のなすべきことであり、かつ、その負担となる。6.2項はその趣旨を規定する。
④ 一般的には、国際売買、特に輸入では、Ex Worksのほか、インコタームズ条件のCIF条件、FOB条件などが活用されるケースも多い。インコタームズの規定では、Ex Worksは、EXWというように、アルファベット3文字で表される。

第9節　Distributorの義務を規定する契約条項

第1款　Distributorの義務を規定する条項

販売店の義務-01　　　　　　　　　　　　　　　　　　　　　例文 13

◇①十分で適切な在庫を保有したうえでの販売義務、②KVSが満足するような一定の販売目標を達成し、その販売地域において、一定の市場シェアを獲得する義務、ならびに③活発に営業活動をおこない、KVSの要求があるときは、販売状況について報告をする義務などを規定する

SECTION 7 OBLIGATION OF THE DISTRIBUTOR

[和訳]
第7条　ディストリビューターの義務

7.1　The Distributor shall purchase and maintain in inventory sufficient quantities of the Products to enable the Distributor to adequately discharge its responsibility under this Agreement.

[和訳]
7.1　ディストリビューターは、本契約上の責任をディストリビューター自身が十分に遂行できるように本製品の十分な数量の在庫を購入し、保有するものとする。

7.2　The Distributor shall maintain a level of sales performance acceptable to KVS.

[和訳]
7.2　ディストリビューターは、KVSが満足しうる販売水準を維持するものとする。

Such level shall be deemed reached if, among other things, the Distributor attains reasonable sales quotas and a reasonable percentage of industry penetration in the Marketing Area which shall be mutually determined by the parties from time to time giving regard, among other things, to the Distributor's past performance and to the market potential of the Products.

例文 13　販売店の義務-01
例文 14　販売店の義務-02

[和訳]
かかる水準とは、他の要素を排除するわけではないが、ディストリビューターが合理的な販売目標ならびに本マーケティング（＝販売）地域において合理的な割合までの産業への浸透を達したときに、達成したとみなすものとし、かかる浸透度等については、他の要素を含めるが、特にディストリビューターの過去の業績ならびに本製品の市場での可能性に基づき、随時、協議し、決定するものとする。

7.3　The Distributor shall promote vigorously and effectively the sales of the Products to customers in the Marketing Area.

[和訳]
7.3　ディストリビューターは、本マーケティング（＝販売）地域で、顧客に対し本製品の販売を活発に効果的に推進するものとする。

The Distributor shall provide, upon request, information necessary to keep KVS informed as to the adequacy and character of the Distributor's coverage of its Marketing Area.

[和訳]
ディストリビューターは、要請を受けたときは、本マーケティング（＝販売）地域におけるディストリビューターの活動の十分さならびに特徴についてKVSに絶えず必要な情報を提供するものとする。

―――――――――――――― 解説 ――――――――――――――

① discharge its responsibility under this Agreementは、「本契約上の義務を果たす」という意味である。ここでは、dischargeはperformと同義である。

② 7.1項の要求を満たすには、一定量の在庫の購入・維持が必要であり、これに伴い、為替リスクと在庫リスクの厳格な管理が必要となる。販売価格の変動、特に下落の激しい本製品業界において、このリスクコントロールは決して容易ではない。前掲のPrice protectionなどの規定、仕組みと連動させて運営していくことが大事である。たとえば18か月以上の在庫販売は、下落の際には、リスクヘッジのしようがない。また、それより短い期間であっても、それ以降の販売見通しが低調であり、したがって、KVSからの追加購入に踏み切れないときなどには、在庫数量を極力抑えるなどの工夫、管理が必要とされる。

③ 販売地域での一定シェアのindustry penetrationが要求される。販売力を示す必要上、達成した販売数量により、販売目標(sales quota)に比較しつつ評価される。Sales quotaもshare of industry penetrationも両者(the DistributorとKVS)が協議して合理的に決められることになっているが、それだけに合意した販売目標から、大きくかけ離れた販売成

績不良の場合は、解除規定により、途中解除の理由に該当することがありうる。他の規定との連動により、一見、やさしい合理的な手続きと規定が、かえって、厳しい結果をもたらす道具として、契約書中に配置されていることがある。

④ among other thingsという用語は、ラテン語のinter aliaで言い換えられることも多い。ここで取り上げたのは、例示にすぎず、他の観点、項目により、評価し、その面での達成を要求することもある、という含みでこの用語が使われる。

⑤ 7.3項の規定も合理的に見えるが、次第にthe Distributorの販売状況がKVSに対し、ガラス張りになっていく面がある。the DistributorとKVSは、あとに登場する規定（Relation of the parties）に規定するように、本来、互いに独立したビジネス主体として、対等に契約関係を構築、維持しているはずだが、ガラス張りになってしまう販売状況情報の提供義務は、両者が実際には、とても対等とはいえない厳しい営業を強いられる感覚を抱く原因でもある。一方、製品メーカーからは、日進月歩の激しい技術革新、製品改良の環境のもとで、生き残りをかけて、苦労しているのだ、というため息が聞こえてくることもある。

第2款　Distributorの義務を規定する条項（その2）

販売店の義務-02　　　　　　　　　　　　　　　　　　　　　　　　　例文 **14**

7.4 　The Distributor shall provide sufficient qualified personnel to adequately represent KVS's interest in the furtherance of this Agreement.

［和訳］

7.4 　ディストリビューターは、本契約の遂行上のKVSの利益を十分に代表する十分な資格ある人員を提供するものとする。

7.5 　The Distributor shall inform KVS of the need for technical assistance when required or requested by customer and avail itself of KVS training when deemed advisable.

［和訳］

7.5 　ディストリビューターは、KVSに対し、顧客にとって必要あるいは、要求された技術支援の必要性を報告し、かつ、適切と見られるKVSの訓練を自身、受けるものとする。

7.6 　The Distributor shall advise customers of new KVS developments and the Products.

[和訳]

7.6　ディストリビューターは、顧客に対し、新しいKVSの開発ならびに本製品について知らせるものとする。

解説

① provide sufficient qualified personnel to adequately represent KVS's interestというのが、the Distributorに要求される基本的な条件である。製品メーカーの利益を十分に代理することのできる十分に有能な人員をビジネスに配置することが要求されている。いたずらに販売に携わる人数をそろえても、disqualifiedな（経験・知識・人間性などで、未熟・失格とされる）人々ばかりであれば、契約に違反することになる。

② 実際には、互いに自負、誇りもあり、qualified personnelであるかどうかの議論はメーカー側も避けるのが通常であるが、現実にそのような問題を抱えているときは、先に扱った販売実績やマーケットへのindustry penetrationのシェアの規定が効いてくる。思うように売れないので、結果として、その有様が明確に浮かび上がってくる。営業は人数だけでは足りないのである。顧客から信頼されなければ販売はできない。普段の研鑽、トレーニングが欠かせない。専門知識を備えたqualified personnelをそろえるという規定の要求は、誠意と情熱だけではカバーしきれない。

③ 7.5項の規定は顧客の要求によりthe Distributor自身が製品に関わる技術サービス修得を必要とするときの対応を規定する。KVS側からの販売者の人員に対する技術面の訓練についての協力を規定する。

第10節　Distributorに対して競合避止義務（Non-competition）を課する契約条項

●―第1款　競合避止義務を規定する契約条項

例文15　競合防止

SECTION 8 NON-COMPETITION

[和訳]
第8条　競合制限

8.1　The Distributor shall not sell or promote any products, which, directly or indirectly, compete with the Products.

[和訳]
8.1 ディストリビューターは、本製品と直接的または間接的に競合するいかなる製品をも販売し、または販売促進しないものとする。

8.2 The Distributor shall purchase the Products solely from KVS except for bona fide customer return or with prior written agreement from KVS.

[和訳]
8.2 ディストリビューターは、善意の顧客からの返却または、KVSの事前の書面による合意を得た場合以外は、本製品をKVSからのみ購入するものとする。

解説

① the Distributorは、競合品の取り扱いについて、制約を受ける。直接的または間接的にKVSの本製品と競合する製品の取り扱いをすることができない。販売も販売のための営業活動も禁止される。非常に厳しい条件であり、ビジネス上の状況をよく考えて、対処しなければならない。仮に同様の製品を他社からも仕入れ、販売している場合は、このままの契約条項では締結できない。削除を求めるか、例外的措置として、既に契約関係にある仕入先をリストアップして、KVSに同意させる方法などを探ることになろう。

② the Distributorは、本製品の仕入れについては、KVSからのみ仕入れをする義務があり、仮に他社から有利な価格で仕入れできる話があったとしても、断らなければならない。

③ bona fideは、good faithと同義である。「善意の」という意味である。

④ with prior written agreementは「書面による事前の同意があるとき」という意味である。

⑤ customer returnは、顧客からの返品を指す。

第11節 販売促進活動・広告についての契約条項

● 第1款　Distributorによる本製品の販売促進活動、広告についての契約条項

販売促進　　　　　　　　　　　　　　　　　　　　　　　　　　　例文 **16**

SECTION 9 SALES PROMOTION

[和訳]
第9条　販売促進

9.1　KVS shall furnish the Distributor with data sheets, catalogs, printed technical information and other advertising material in such quantities as KVS deems advisable.

[和訳]
9.1　KVSはディストリビューターに対し、データシート、カタログ、印刷された技術情報ならびに他の広告資料をKVSが適切と考える十分な数量分を提供するものとする。

The Distributor agrees to pay all fees and duties levied by custom duties upon such materials.

[和訳]
ディストリビューターは、かかる広告資料に税関で課される料金ならびに関税を支払うものとする。

9.2　The Distributor may translate such materials only with KVS's prior written consent. It is understood that the Distributor hereby assigns to KVS all ownership rights in and to translated versions of such materials and agrees to, or cause its employees, agents and consultants to, execute such documents and perform such acts as may be reasonably necessary to perfect such assignment.

[和訳]
9.2　ディストリビューターは、かかる広報資料をKVSの事前の書面による同意を得た場合に限り、翻訳することができる。ディストリビューターは、本契約により、かかる広報資料の翻訳版に関わるすべての所有権をKVSに対し移転し、また、自らまたは、その従業員、代理人ならびにコンサルタントに、かかる移転を完成させるために必要な書類に調印し、必要な行為をおこなわせることに合意する。

9.3　The Distributor shall have the right to advertise the Products, but shall be required to obtain the prior written approval of KVS on the contents of such proposed advertisements.

[和訳]

9.3　ディストリビューターは、本製品について広告する権利を有するが、その提案する広告の内容について、事前にKVSの書面による承認を取得するものとする。

9.4　The Distributor shall also have the right to conduct promotional campaigns with regard to the Products.

[和訳]

9.4　また、ディストリビューターは、本製品の販売促進活動を実施する権利を有するものとする。

The Distributor agrees not to create any cartons, packaging or labels for the Products without prior written approval of KVS.

[和訳]

ディストリビューターは、KVSの事前の書面による承諾なしに、本製品のカートン、包装またはラベルを制作しないことに合意する。

―――― 解説 ――――

① 9.1項と9.2項は、本製品の販売促進に必要なデータ、カタログや印刷した技術情報をKVSがthe Distributorに提供するという規定である。ただし、日本で販売するためには、それらを日本語版に翻訳し、日本市場に向けてふさわしいものに作り上げなければならない。契約上の規定としては、その役割は、日本側Distributorにあるが、その成果物である日本語版の販売カタログ、データ、技術情報については、知的財産権(いわゆる著作権など)は、KVSに帰属すると規定している。

② 翻訳版作成時、法律上、当然には、KVSの知的財産権にはならないので、いったん、日本側に属したうえで、ただちに、米国側のKVSにassign(譲渡)させることとしている。"hereby assigns"とあるのは、言い換えると、"assign by this Agreement"である。本契約によって、(翻訳版カタログなどについて発生する)著作権等知的財産権をKVSに譲渡するという意味である。

③ ownership(所有権)という用語を使用しているが、KVSの関心は、個別のカタログやパンフレットの所有権にあるのではなく、労力と知恵をかけて作成された翻訳版に対する著作権の所有が主たる狙いである。将来、このビジネスのもととなっている契約が切れたとする。そのあと、KVSが本製品を、他社を販売店に起用して、日本市場に流通させるとき、この翻訳版を使用することができる。the Distributorは、他社から同様の製品を仕入れ、市場で販売しようとするとき、この自分で制作した翻訳版パンフレットなどが使用できない。それが、本規定によるKVSの狙いである。現実のビジネス紛争でも、この翻訳版パンフレットに対するownership、著作権が問題となることが

しばしばある。翻訳版のパンフレットが、著作権侵害にあたるとして、市場から撤去させる訴訟が裁判所に仮処分として請求されることがあり、有効な競争者排除の手段として、認識されている。

④ 広告についても、KVSは、その内容について、同意権、いわゆる承認権を保有している（9.3項、9.4項）。

⑤ 本製品を梱包するパッケージやカートンについても、そのデザインや表示が、その商品の品位を落としたり、内容に対する誤解、不正確な内容の表示がなされることがあってはならない。そう考えたKVSは、かかる包装についても、承認権を保有する規定を置いている（9.4項）。

⑥ 承認（prior written approval）といいながら、実際は、問題があるときに、使用の差し止めを主張することにKVSの狙いがある。たとえば、本来、保証（warranties）の内容や対象になっていない事柄をPRのつもりで、日本側the Distributorがパッケージに日本語で書きこもうとするのを未然に防止する役割を期待しているのである。パッケージに不実記載や誇大広告の表示があると、うっかりすると、大規模なリコールや保証違反、不法行為によりクレームが発生する原因になりかねない。クラスアクションになれている米国では、パッケージにも神経を使う。

⑦ custom dutiesは関税を指す。関税は、素直に英訳すると、custom taxとなるが、関税については、custom dutiesという表現が定着している。課税されるという言い回しは、英語では、levied uponになる。

第12節　Distributorに課せられた販売状況等の報告義務に関する条項

●―第1款　DistributorのKVSに対する報告義務（Report）の契約条項

　ビジネス上の販売実績などに関する詳細な項目について、頻繁な（毎月の）報告義務を課されている。顧客への販売条件、在庫の実態など、ほとんどガラス張りの状況で、KVSの厳密な監視とリーダーシップのもとに営業活動をしなければならないというthe Distributorが置かれる条件の厳しさが浮き彫りにされている。リーガルタームズ（Legal terms）というよりは、ビジネスタームズであり、詳細な説明は省きたい。リーガルタームズで重要なのは、この報告義務を怠ると、KVSに引き渡し差し止め権や契約解除権が発生することである。The Distributorは手を抜くわけにはいかない。

例文17　販売報告

SECTION 10　REPORT; FOR THE FINAL REPORT

[和訳]
第10条　最終報告書に関する規定

10.1　The Distributor agrees to submit a monthly "Point of Sales Report" and a monthly "Inventory Report" to KVS by the 5th day of the following calendar month.

[和訳]
10.1　ディストリビューターは、毎月の「販売細目報告書」ならびに毎月の「在庫報告書」をKVSに対し、カレンダーベースで翌月5日までに提出するものとする。

10.2　The monthly Point of Sales Report shall show the total sales of KVS Products by complete part number, quantity sold, resale price, customer identification, and customer location.

[和訳]
10.2　月次販売細目報告書は、KVS本製品の合計販売高を、その販売した完全な品目番号、数量、転売価格、顧客明示、ならびに顧客の所在地により、示すものとする。

10.3　The monthly Inventory Report shall show an itemization of the quantity of each Products part number in the Distributor's inventory as of the end of the month covered by the report.

[和訳]
10.3　月次在庫報告書は、報告書がカバーする月の末日現在のディストリビューター在庫の本製品の各品目の数量、品目番号を示すものとする。

10.4　As requested, the Distributor shall also furnish to KVS a detailed reconciliation of KVS's statement of account with the Distributor's records, listing all differences and showing net amount the Distributor acknowledges is due to KVS.

[和訳]
10.4　要請を受けたときは、ディストリビューターは、KVSに対し、ディストリビューターの記録についてのKVSの鑑定（＝評価）記述との調整を図り、報告するものとし、その報告には、すべての相違点を列挙したうえ、さらにディストリビューターが認識するKVSへの支払い期日の到来した純金額を示すものとする。

例文 17　販売報告
例文 18　買い注文

10.5　KVS may suspend shipments or terminate this Agreement, if the Distributor fails to discharge promptly and faithfully the reporting requirements of this Section 10.

[和訳]
10.5　万一、ディストリビューターが本第10条の報告義務を速やかに、または、誠実に履行することを怠った場合は、KVSは、積み出しを差し止め、または本契約を終了させることができるものとする。

――――― 解説 ―――――

① monthly Point of Sales Reportやmonthly Inventory Reportの報告義務が課されている。また、その販売実績には、顧客に対する販売価格やその顧客の所在地などの情報も報告項目に加わっている。言い換えれば、完全なガラス張りの状況の中で、the Distributorは、営業を続けていかなければならない。

② 報告の頻度は、業種により異なる。たとえば、アパレルのブランドライセンスなどでは、毎月というよりは、むしろ、quarterly reportが標準ということを勘案すると、本規定は厳しい方だろう。

③ また、顧客への販売価格（resale price）は、通常は、the Distributorに自由な決定権があり、報告義務はないのが、標準である。販売代理店（sales agent）ではないのだから、本規定の報告義務の厳しさは格別である。

④ 販売代理店の場合は、顧客の倒産リスク、したがって、販売額の回収リスクは、メーカーが負担する。the Distributorの場合は、規模にかかわらず、顧客への与信リスク、売掛金回収リスクはthe Distributorの負担である。それにもかかわらず、詳細な再販売価格の報告義務を課されているので、自らの工夫と裁量で、仕入れ価格と販売価格差の利益の拡大を追求するには限度がある。情報量においてKVSが圧倒的に有利な立場にある。

⑤ 10.5項の規定が、いわゆるリーガルタームズであり、報告義務の懈怠が、KVSによる引き渡し差し止めや、本契約の解除事由になる。

⑥ shipmentsは一見「船積み」に見えるが、トラック輸送や鉄道輸送、あるいは、空輸の場合「積み出し」「出荷」にも使われる。したがって、船舶による海上輸送であることが、文面上明確でない限り、「船積み」と訳すのは、間違いのもととなる。特に、Ex Worksの場合は、工場が海岸にあるというケースは稀であるから、通常は「積み出し」「出荷」であろう。「船積み」という訳語は間違いである場合が多い。

第13節 DistributorからKVSへの買い注文に関する契約条項

●―第1款　買い注文についての契約条項　Terms and Conditions of Sale

　買い注文とその引き渡し前の注文した引き取り数量の変更または引き取り時期の変更手続きを規定する。解除や変更についての制約条件である。すべて一目瞭然のビジネスタームズであり、解説は省略する。

買い注文　　　例文 18

SECTION 11　TERMS AND CONDITIONS OF SALE

［和訳］
第11条　売り渡しの条項と条件

11.1　Minimum Order: The minimum order that will be accepted by KVS from the Distributor is as follows:

［和訳］
11.1　最小限の注文単位：KVSにより受諾される注文の最小単位は次の通りとする。

　　　US$_____ per order

［和訳］
　　　注文あたり_____米ドル

　　　US$_____ per line item

［和訳］
　　　個別品目あたり_____米ドル

11.2　Subject to the additional charges set forth below and the provisions in Subsection ___, standard Products orders may be cancelled by the Distributor per the following schedule:

[和訳]
11.2 下記ならびに第＿項に規定する追加費用を支払うことを条件として、標準的な本製品の注文は、ディストリビューターにより下記のスケジュールにより解除することができる。

Days prior to requested delivery	Percentage of order that may be cancelled

[和訳]

要請された引き渡しの前の日数	解除しうる注文の割合

0 – 30days　　　　　　　　　　　0％

[和訳]
引き渡しの当日から30日前まで　　0％

31 – 60days　　　　　　　　　　　30％

[和訳]
引き渡しの31日から60日前まで　　30％

61 – 90days　　　　　　　　　　　60％

[和訳]
引き渡しの61日から90日前まで　　60％

90 + days　　　　　　　　　　　　100％

[和訳]
引き渡しの91日以上前　　　　　　100％

11.3 Standard Products orders may be rescheduled per the following schedule:

[和訳]
11.3 標準的な本製品の注文は、下記スケジュールにより、リスケジュールすることができる。

Days prior to Requested Delivery	Percentage of order that may be rescheduled
0 – 30 days	0%
31 – 60 days	30%
61 – 90 days	60%
over 90 days	100%

［和訳］

要求された引き渡し前の日数	リスケジュール対象にできる割合
当日から30日前まで	0%
31日前から60日前まで	30%
61日前から90日前まで	60%
90日超（＝91日以上）前	100%

Orders may only be rescheduled once and rescheduled orders may not be later canceled.

［和訳］

注文は、一度に限りリスケジュールしうるものとし、リスケジュールされた注文は、その後、解除することができないものとする。

11.4 Non-standard Products (customer special and certain designated Products) may have different cancellation and reschedule terms, and may be entitled to cancel the undelivered quantity of any such individual order.

例文 18	買い注文
例文 19	注文の取り消し
例文 20	支払い条件

[和訳]

11.4 非標準品目の本製品(顧客専用ならびに特別仕様の本製品)は、異なった解除およびリスケジュール条件によることがあるものとし、かかる個別注文の未引き渡し終了を解除することができる。

―――― 解説 ――――

mayという用語はこのような契約で使用されるときは、「できる」ということを意味する。不確かなことを指す「かもしれない」という意味ではない。

●―第2款　KVSの引き渡し不履行によるDistributorからの個別注文の取り消し、および、KVSに十分な数量の本製品がないときのKVSの割り振りの権利等についての契約条項

| 例文 19 | 注文の取り消し |

11.5 If the Distributor terminates an individual order in whole or in part because of KVS's failure to deliver, the Distributor's sole remedy shall be entitled to cancel the undelivered quantity of any such individual order.

[和訳]

11.5 万一、ディストリビューターがKVSの引き渡し不履行により個別の注文を全部または、一部を解除した場合は、ディストリビューターの唯一の救済は、その対象の個別注文書の未引き渡しの数量についての解除をすることに限定されるものとする。

11.6 Delivery of part of an order does not obligate KVS to make further deliveries.

[和訳]

11.6 注文の部分的な引き渡しは、KVSに対し、さらなる引き渡しを義務づけないものとする。

KVS reserves the right to reject any order in whole or in part, and KVS is not obligated to accept any Distributor order.
An order is accepted by KVS by its acknowledgment in writing or by delivery of the Products ordered in accordance with provisions of the order and only to the extent of said delivery.

［和訳］
　KVSはいかなる注文も、全部または一部を拒絶する権利を留保するものとし、KVSはいかなるディストリビューターの注文も受諾する義務を負わない。注文は、KVSにより、書面による確認または、注文の規定に従って注文された本製品の引き渡しにより、かつ、上述の引き渡しの限度において、受諾されるものとする。

Without limiting the foregoing, KVS reserves the right to allocate its current production and/or available inventories in any way it deems appropriate.

［和訳］
　上記事項に限定されることなしに、KVSは、自身が適切と考える方法により、その生産量ならびに分配可能な在庫を分配する権利を有するものとする。

――――― 解説 ―――――

① the Distributor's sole remedyというのは日本側販売店に付与される唯一の救済方法という意味であり、具体的には、引き渡されなかった数量の解除権のみである。
すなわち、ノンデリバリーによる損害賠償権などを放棄させられている。

② without limiting the foregoingというのは、「上記の規定に限定されることなく」という意味である。

③ reserves the right to allocate its current production and/or available inventories in any way it deems appropriateと規定している狙いは、本来であれば、UCC（米国統一商事法典）の規定により、売り主が受けている注文（供給すべき数量）について、どの顧客にも、公平に配分する義務があるところを、売り主の都合だけで、自由裁量により、配分できるという権利を確保しようとしているのである。こう規定することにより、KVS側は、高い価格で売り渡した顧客や重要客先への配分を自由におこなうことができる。

―第3款　本製品の購入代金の支払い条件、支払い遅延に対しての遅延利息等についての契約条項

支払い条件

例文20

11.7　Payment for the Products shall be made net of tax, within thirty (30) days from the KVS's invoice.

［和訳］
11.7　本製品に対する支払いは、KVSの請求書から30日以内に税引後の金額でおこなわれるものとする。

例文20 支払い条件
例文21 引き渡し

> Past due accounts shall be assessed a service charge equal to twelve percent (12%) per annum on the outstanding balance or the maximum rate permitted by law, whichever is the lesser rate.
>
> [和訳]
>
> 支払い遅延の金額に対しては、未払い金額に対して年利12パーセントまたは、法律により許容される最大の率のうち、低いほうの率による利息をサービスチャージとして加算されるものとする。

11.8 All financial transactions covered by this Agreement shall be quoted and made in U.S. Dollars.

[和訳]
11.8 本契約でカバーされる財務上の取引は、米ドルによって、引き合いがなされ、遂行されるものとする。

―――― 解説 ――――

① 支払い条件は、KVSが発行する請求書の日から30日以内である。net of taxは、税金を差し引いたあとの正味金額を指す(第7節例文11とも連動している)。日数計算にはカレンダーデイ(暦日)と営業日と両方の数え方があるので、実際には、分かりづらいこともある。営業日の場合は、国際取引の場合、いずれの国か、また、土曜と日曜が実際には、休業日であっても、土曜は、法令によっては休業と定められていないケースもあり、営業日に参入することもある。

② 遅延金利は、12パーセントと、法定金利の上限の、いずれか低いほうと規定する。法定金利の上限を定める法律(利息制限法)のことをUsury Lawと呼ぶ。強行法規なので、このような規定(lessor of)をおいている。

③ per annumというのは、ラテン語である。per yearと同義語であるが、なぜか、金融実務上、per annumのほうが定着している。

④ 本契約書の中で、ドル($)を使うときは、すべて米ドルであることを規定する。この規定があるから、価格や支払い条件を扱う規定で、単に$を使い、あえて、米ドル(U.S. Dollars)と記載していない。ただ、実務上は、このような規定をしばしば契約交渉中に省略し、簡潔な契約書の表現をとることが一般的なので、常にU.S.$または、U.S. Dollarsというように、かかる規定がなくても、重複するように見えても、都度、米ドルであることを明確に記載するほうが賢明であろう。現実にカナダドルや豪ドルとの混在や紛争の例に接するとその感覚がいっそう強くなる。習慣にすればよい。

●―第4款　本製品の引き渡し期日についてKVSは期日を修正する権利を有すると規定する契約条項

引き渡し　　　　　　　　　　　　　　　　　　　　　　　例文 21

11.9　All Products deliveries are subject to KVS's availability schedule.

[和訳]

11.9　すべての本製品の引き渡しは、KVSの供給可能スケジュールであることを条件とする。

　　　KVS will use commercially reasonable efforts to meet any delivery date(s) required in the Distributor's order; provided, however, that KVS will not be liable under any circumstances for its failure to meet such delivery date(s).

　　　[和訳]

　　　KVSは、ディストリビューターの注文により要求される引き渡しに合致できるように、商業的に合理的な努力をおこなうものとするが、それによっては、KVSは、いかなる場合も、かかる引き渡し日に合致できなかったからという理由で、責任を問われることはないものとする。

11.10　Any delivery dates provided by KVS to the Distributor are best estimates only.

[和訳]

11.10　KVSによるディストリビューターに対する引き渡しの日は、いずれも、最善の予測（＝見積もり、見込み）にすぎないものである。

　　　KVS shall have the right to make Delivery of the Products up to five (5) days before the date required to meet the delivery date requested in the Distributor's order or any time after the date required to meet the delivery date requested in the Distributor's order and payment therefor shall be made in the manner described in Subsection 11.7 of this Agreement.

　　　[和訳]

　　　KVSは本製品の引き渡しをディストリビューターの注文書により要請されている引き渡し日の5日前まで、あるいは、ディストリビューターの注文書により要請された引き渡し日よりあとのいつでも、引き渡す権利を保有するものとし、それに対する支払いは、本契約の11.7項に規定する方法によりなされるものとする。

例文 21　引き渡し
例文 22　保証

11.11　The Products shall be deemed to have been accepted by the Distributor unless the Distributor provides written notice to KVS to the contrary within fifteen (15) days of the Delivery.

[和訳]

11.11　本製品は、本引き渡しから、15日以内に、ディストリビューターがKVSに対し、（逆の趣旨の）特段の書面による通知をしない限り、ディストリビューターにより受諾されたものとみなされる。

Such written notice shall request a Return Material Authorization ("RMA") number and the terms and conditions that apply to warranty returns under Section 12.6 of this Agreement shall apply to returns under this Subsection 11.11.

[和訳]

かかる書面通知は、返却資材認可（「RMA」）番号を要請するものとし、また、12.6条のもとでの保証による返却に適用される条項ならびに条件が本11.11項における返却にも適用されるものとする。

―――――――― 解説 ――――――――

① 本項は、ビジネスタームである。本製品の引き渡しの期限、スケジュールについて、あらかじめ、KVS側に柔軟な対応ができるよう自由度を確保することが狙いである。たとえ日本側のスケジュールに合わせなくても、変更ができる。KVSは、商業的に合理的な努力をすれば足りる。それを use commercially reasonable efforts to meet any delivery date(s) required in the Distributor's order という表現で表している。

② さらに、通常は、そこまで、明確に免責規定を挿入しないところ、本例文では、明確に免責条項を入れている。
provided, however, that KVS will not be liable under any circumstances for its failure to meet such delivery date(s) という表現で、その免責を明らかにしている。本来は、ここまでいわなくても、努力義務（①）を規定しただけで十分なはずである。

③ 11.10項ではKVSがthe Distributorに提示する引き渡し期日はestimates（見込み）にすぎないと規定する。趣旨は、①②項と同じで、引き渡し時期については、法的な責任を伴わない予定にすぎないという確認である。

④ 11.11項は、受け入れ検査、検収について、引き渡しから15日以内に規格違いなどの問題があれば、書面で通知をおこなうことが義務づけられており、この通知を怠ると、クレームを受けつけられなくなる。この通知が的確になされると、RMA（Return Material Authorization) numberが付与される。そのRMA numberを取得しなければ、KVSに送付して、保証に基づく補修や取り替えなどの対応を得ることができない仕組みになっている。

⑤ 11.11項のbe deemed to have been acceptedは、「（契約に合致した商品として）検収し、受領したとみなされる」という意味である。deemというのは、実際にはそうでなくても、

そうみなすというものである。deemを使うと、赤色でも青色にみなすこともできるのである(For the purpose of this Agreement, RED shall be deemed as BLUE.)。以前は、「看做す」という表現を使っていたが、近年では、「見なす」など、さまざまな自由な表現が使われている。

推定するというのであれば、違うことを立証すれば、そうでないという扱いを受けられるが、deemの場合は、実際には違っていても、契約上、同じに扱われる厳しさがある。

第14節 製品の品質等に関する保証(Warranties)についての契約条項

　売り主による本製品についての保証条項というわりには、実態は、限定的保証と、売り主責任の免責という狙いのある規定である。大文字で書かれるなど、一見、誠実そうに見える規定もある。しかし、これは売り主が米国統一商事法典(Uniform Commercial Code)の規定による売り主免責の利益を享受するための表現であり、買い主の利益のために大文字で書かれているわけではない。この規定は、KVSの法務部門が自社の防衛のために用意したものである。

●第1款　本製品に関する保証(Warranties)の規定

保証　　　　　　　　　　　　　　　　　　　　　　　　　　　例文22

SECTION 12 WARRANTIES

［和訳］
第12条　保証

12.1　The following are in lieu of all conditions or warranties, express, implied, or statutory, including but not limited to, any implied conditions or warranty of merchantability or fitness for a particular purpose and of any other warranty obligation on the part of KVS.

［和訳］
12.1　下記事項は、明示、黙示または制定法上を問わず、すべての条件または保証に代わるものであり、排除される条件と保証には、黙示保証または商品性または特別目的のための適合性ならびにKVSの側のいなかる他の保証義務を含み、それらに限定されないものとする。

例文22 保証
例文23 保証期間

12.2 KVS, except as otherwise hereinafter provided, warrants the Products against faulty workmanship or the use of defective materials and that the Products will conform to KVS's published specifications or other mutually agreed upon written specifications for the period set forth below.

[和訳]
12.2 本契約の以降で、他の取り決めがある場合を除き、KVSは、本製品が欠陥のある製造技術または欠陥ある材料の使用（の否定）について保証し、本製品がKVSの公表された仕様または他の相互に合意した書面による仕様に適合することを保証する。

12.3 KVS warrants that at the time of the Delivery, KVS has title to the Products free and clear of any and all liens and encumbrances.

[和訳]
12.3 KVSは、引き渡しの時点で、KVSが本製品について、いかなる質権あるいは担保にも提供されていない完全な権原（＝所有権）を保有していることを保証する。

12.4 These warranties set forth above in Subsections 12.1 through 12.3 are the only warranties made by KVS and can be amended only by a written instrument signed by a duly authorized officer or representative of KVS.

[和訳]
12.4 12.1項から12.3項に規定するこれらの保証は、KVSがおこなう唯一の保証であり、KVSの正当に権限付与された役職者または代表者により署名された書面の証書により、変更されるものとする。

―――― 解説 ――――

① 米国では、売り主にとって典型的な保証条項である。限定的な品質保証である。
まず、最初の12.1項で、この冒頭の保証が、売り主によって買い主に与えられる保証のすべてであることを明言する。特に、米国統一商事法典（UCC）で売り主に課された商品性に関する黙示保証（implied warranty of merchantability）を排除している。次に特定目的に対する適合性の黙示保証を排除している。一般的な目的への適合性の排除は、商品性保証の排除により既におこなわれている。

② titleの保証は、引き渡し時において保証されている。titleは、一般的には、所有権と訳されている。厳密な学問上の訳は、権原であるが、ビジネスの実務上は所有権でよい。clear ofは「質権が設定されているようなことはない」という意味である。所有権の価値を損なう担保設定がされていないことを保証している。

③ in lieu of はラテン語で、in stead of という意味である。以下に掲げる事項の代わりを構成する、ということを指す。以下に掲げる事項などの責任を免責されることを狙いとしている。「このような外国のビジネスパーソンに、ラテン語のように分かりにくい言葉をなぜわざわざ使うのか？」と相手方の法務部員にたずねたことがある。「分かりにくい言葉を使って厳しい規定を提示したほうが反対される可能性が少ないからだよ。誰でも、自分の無知を知られ、馬鹿にされるのは癪だから、黙ってサインする。プライドの高さが弱みになる。そこをつくのに、いい手だよ。"as is"（現状有姿）も同じ狙いでよく使うよ」。

④ 保証するというのは、日本語の感覚では、guarantyのほうが近いが、契約英語では、借り入れ保証など、金銭債務の支払い保証の場合に、guarantyを使い、商品の品質保証の場合は、warrantyを使う。特に、UCCの規定でwarrantyを使い、このような使い分けが確定的となった。商品の保証にguarantyを使っても、誤りではない。

●─第2款　KVSによる本製品の保証期間に関する規定

　12か月間の品質保証期間を定める規定である。ソフトウェアについては、as is ベースで提供される。また、KVSにより製造されていない製品については、その供給者からKVSが受けている保証をそのままthe Distributorが享受できるように譲渡することを基本とする。

保証期間　　　　　　　　　　　　　　　　　　　　　　　　　　　　例文23

12.5　KVS's warranties shall be for following period from time of the Delivery ("Warranty Period"): all Products twelve (12) months.

［和訳］
12.5　KVSの保証は、下記の保証期間（「保証期間」）、とする：すべての本製品につき12か月間。

KVS makes NO WARRANTY as to software products which are supplied "AS IS", or as to experimental or developmental Products or Products not manufactured by KVS.

［和訳］
　　KVSは、ソフトウェア製品については、現状有姿条件で供給し、いかなる保証もしないものとし、また、試験的または開発中の本製品あるいは、KVSによって製造されない本製品については何も保証しないものとする。

| 例文 23 | 保証期間 |
| 例文 24 | 補修・交換・払い戻し |

Provided that as to Products not manufactured by KVS, KVS, to the extent permitted by KVS's contract with its supplier, shall assign to the Distributor any rights KVS may have under any warranty of the supplier thereof.

[和訳]

ただし、KVSにより製造されていない本製品については、KVSがその供給者との間のKVSの契約により許容される限度で、KVSがその本製品の供給者の保証のもとで有する権利をもディストリビューターに譲渡するものとする。

KVS's warranties as hereinabove set forth shall not be enlarged, diminished, or affected by, and no obligation or liability shall arise or grow out of, KVS's rendering of technical advice or services in connection with the Distributor's order of the Products furnished hereunder.

[和訳]

以上の本契約に規定するKVSの保証は、本契約に基づき供給される本製品のディストリビューターの注文書に関連してKVSの技術上の助言またはサービスを提供することにより、拡大、縮小あるいは影響を受け、また、いかなる義務あるいは責任を発生または増大させるものではないものとする。

――― 解説 ―――

① 保証期間は、引き渡し時から12か月間である。ただし、KVSが製造していない製品については、その供給者からKVSが受けている保証をthe Distributorに譲渡する方法により、保証を受けられるようにする。

② 本製品については、保証はない。AS IS（現状有姿）条件で提供される。AS IS条件は、もっと分かりやすい表現では、with all defects and defaultsあたりになる。引き渡しの際の現状のまま、で引き渡される条件であり、特に保証はない。一見、買い主にとって不当に厳しいように響くが、日本でも、中古の不動産売買などでは、現状引き渡し条件が通常である。ソフトウェアには、常に技術革新が伴い、ある程度の期間が経過すると、あたかも、欠陥商品のように扱われることも稀ではない。ソフトウェアには、バグがつきもの、薬品にも、一定の範囲の人には副作用があるという場合も否定できない。場合により、あまり完全で厳格な保証には向かないケースもある、という考え方のもとにかかる例外的な扱いをすることがあるのが現実である。

③ 後半では、KVSが技術サービスを提供しても、本保証を狭めることも、拡大することもない、と念を押している。影響を受けないのである。

●―第3款　売り主側の保証違反の場合の本製品の扱い（補修、交換、払い戻し）・救済手続きに関する契約条項

補修・交換・払い戻し　　　　　　　　　　　　　　　　　　　　例文 24

12.6 If KVS breaches its warranties as contained herein, KVS's sole and exclusive maximum liability shall be (at KVS's option) to replace, repair, or credit the Distributor's account for any such Products which are returned by the Distributor during the warranty period set forth above,

[和訳]

12.6 万一、KVSが本契約に含まれる（＝規定する）保証に違反した場合、KVSの唯一の排他的な最大の責任は、本契約に規定される保証期間中、ディストリビューターにより返却されたかかる本製品に対する（KVSの随意の選択による）交換（＝代替適合品との交換）、修理またはディストリビューター勘定へのクレジット（与信）とする。

provided that KVS shall have no liability unless,

[和訳]

ただし、下記の事項が充足されない限り、KVSは一切責任を負わないものとする。

(a) KVS is promptly notified in writing upon discovery by the Distributor that the Products failed to conform to this warranty with a detailed explanation of any alleged deficiencies;

[和訳]

(a) 本製品が本保証に適合しないことを、すべての（ディストリビューターの主張による）欠陥の詳細な説明を付して、ディストリビューターにより、KVSが迅速に、書面で、通知を受けること。

(b) the Distributor receives a Return Material Authorization ("RMA") number from KVS;

[和訳]

(b) ディストリビューターが、KVSから返却資材許諾（「RMA」）番号を受領すること。

186 例文 24 　補修・交換・払い戻し
　　　　例文 25 　保証責任

(c) KVS is notified of the intended shipment date to allow KVS to arrange for shipment should KVS so desire; and

[和訳]

(c) KVSがそう希望するときに、KVSに積み出しを許容する（ディストリビューターが）意図する積み出しの日について、KVSが通知を受けること。

(d) KVS's examination of such Products confirms that the alleged deficiencies actually exist and were not caused by accident, misuse, abuse, mishandling, neglect, alteration, negligence, improper installation, unauthorized repair or alteration by anyone other than KVS, or improper testing.

[和訳]

(d) かかる本製品のKVSによる検査が、主張された欠陥が実際に存在し、かつ、（その欠陥が）事故、誤用、乱用、取り扱い不良、怠慢、変更、不注意、設置不良、許諾を得ない修理またはKVS以外の者による変更あるいは、不良な実験により発生したものではないことを確認すること。

12.7 Transportation charges in connection with returned items referred to above in Subsection 12.6 shall be at KVS's expense only if KVS is responsible under the terms of this warranty.

[和訳]

12.7 上記の12.6項で引用する返却品目についての輸送費用は、本保証の条件のもとでKVSが責任を負う場合にのみ、KVSの負担とすること。

If KVS elects to repair or replace such Products, KVS shall have a reasonable time to make such repair or replacement.

[和訳]

もし、KVSが、かかる本製品を修理または（適合品に）交換することを選択したときは、KVSは、かかる修理または交換をおこなうための合理的な時間を与えられるものとする。

Such repair, replacement, or credit shall constitute fulfillment of all liability of KVS to the Distributor, whether based in contact, tort, indemnity, statutory provision, or otherwise.

[和訳]
　　　かかる修理、交換またはクレジットは、契約、不法行為、制定法上の規定または他の根拠によるかを問わず、ディストリビューターに対するKVSのすべての責任の完全なる遂行にあたるものとする。

解説
---

① 売り主側の保証違反の場合は、救済手段として、売り主側の選択により、修理、交換、払い戻しにより、完全な解決とする。

② かかる救済を受けるには、一定の手続きを買い主側はとらなければならない。4つの条件を規定する。ビジネスタームなので、説明は省略する。12.6項のProvidedから始まる節で4つの条件が規定されている。
　 KVS宛に保証違反の品目を送付するとき、その運送費用は、KVSが責任あるときに限り、KVSの勘定となる。

③ 本項による修理、交換、払い戻しにより、KVSの責任は、すべて完全に果たされたことになり、それは、契約による保証責任、不法行為責任、法定責任を問わない。他の根拠により、別な、あるいは追加の責任をKVSに対し追及することはできない。

●—第4款　売り主側（KVS）の保証責任（Warranties）を規定する契約条項

　明確にUCCの規定（2編316条）による指針のもとにキャピタルレター（大文字）でドラフティングされた契約条項。

保証責任　　　　　　　　　　　　　　　　　　　　　　　　　　　　例文 **25**

12.8　THE FOREGOING WARRANTIES ARE EXCLUSIVE OF ALL OTHER WARRANTIES WHETHER WRITTEN, ORAL, EXPRESS OR IMPLIED, INCLUDING ANY WARRANTY OF MERCHANTABILITY OR FITNESS FOR A PARTICULAR PURPOSE AND ALL OTHER KVS'S OBLIGATIONS OR LIABILITIES.

[和訳]
12.8　上記の保証は、商品性あるいは特定目的への適合性を含む書面、口頭、明示的、黙示的な他の保証、ならびに、すべての他のKVSの義務または責任に代わる排他的なものとする。

　　　THE FOREGOING CONSTITUTES THE DISTRIBUTOR'S SOLE AND EXCLUSIVE REMEDY FOR KVS'S FURNISHING DEFECTIVE OR NONCONFORMING PRODUCTS, MATERIALS, SPARE PARTS, SERVICE, OR SOFTWARE.

例文 25 保証責任
例文 26 賠償責任限度

[和訳]
　　上記保証は、KVSが提供する瑕疵のある、または不適合な本製品、資材、スペアパーツ、サービスまたはソフトウェアに対するディストリビューターのための唯一で排他的な救済とする。

―― 解説 ――

① わざわざ、大文字で、目立つように記載されているのがその特徴である。このように、大文字で、書かれているのは、親切心からではない。米国の各州議会によってモデル法典に基づき立法化したUCC（米国統一商事法典）の規定（2編316条）に沿って、ドラフティングされているのである。買い主に不利なこの規定は大文字や赤インクなど目立つ（conspicuous）な表現で相手方（買い主）に分かるようにしなければ、裁判官はあたかもかかる規定がなかったように契約を扱うことができるのである。買い主保護の規定の適用を防止するために、大文字で記載されている。次の契約条項も同じ狙いから大文字で記載されているのである。

② EXCLUSIVE OF ALL OTHER WARRANTIESというのは、前に取り上げたin lieu of all other warrantiesという表現とも共通で、他のすべての保証を排除し、ここでいう保証がすべてである、ということを強調するものである。

③ WRITTEN OR ORALは、書面であれ、口頭でなされたもの（保証）であれ、という意味である。

④ EXPRESS OR IMPLIEDは、明示的であれ、黙示的であれ、という意味である。黙示的というのは、「あえて、契約文言により規定しなくても、（法令により）売り主に課されている」ことを指す。日本などで俗にいわれる「（言葉には出さなくても）以心伝心に伝わり、了解されているはず」「黙示的な了解事項」という意味ではない。

⑤ NONCONFORMING PRODUCTS, MATERIALS, SPARE PARTS, SERVICE, OR SOFTWAREについての保証のすべてがこの規定に記載されている救済方法（remedy）の通りであり、それ以外の救済方法を買い主側が請求できないということを強調している。米国など国際的な契約では、契約で合意した救済方法が一般ルールよりも尊重される傾向があり、契約では、繰り返しやくどいと思われるほど、その限界（limitation）と排他性を強調する。

第15節　KVSの賠償責任の限度を規定する条項

　本条の狙いは、売り主KVS側のthe Distributorに対する責任の限度を明確に取り決めることである。
　最大でも、それまでに売り主がthe Distributorから受領した売買代金の金額までとし、その金額を損害賠償額の上限としている。

第1款　売り主側の賠償責任の限度（Limitation of Liability）を取り決める契約条項

賠償責任限度

例文26

SECTION 13 LIMITATION OF LIABILITY

［和訳］
第13条　責任の限度

13.1　NEITHER KVS NOR ITS SUPPLIER SHALL BE LIABLE TO THE DISTRIBUTOR FOR ANY DAMAGES WITH RESPECT TO ANY SUBJECT MATTER OF THIS AGREEMENT UNDER ANY CONTRACT, NEGLIGENCE, STRICT LIABILITY OR OTHER LEGAL OR EQUITABLE THEORY,

［和訳］
13.1　KVSもその供給者も、ディストリビューターに対して、本契約の（取引）対象に関連し、いかなる契約、不法行為または厳格責任論または他の法的あるいは衡平法上の（救済）理論によっても、下記各項目の損害をはじめ、どんな損害についても責任を負わないものとする。

　　(i)　FOR ANY INCIDENTAL, CONSEQUENTIAL, SPECIAL OR INDIRECT DAMAGES IF ANY SORT EVEN IF KVS OR ITS SUPPLIER HAVE BEEN INFORMED OF THE POSSIBILITY OF SUCH DAMAGES;

［和訳］
　　(i)　仮にKVSまたはその供給者が、かかる種類の損害発生の可能性について知らされていたとしても、付随的、結果的、特別、または、間接的な損害に対して、

　　(ii)　FOR COSTS OF PROCUREMENT OF SUBSTITUTE GOODS, TECHNOLOGY OR SERVICES; OR

［和訳］
　　(ii)　代替する商品、技術またはサービスを調達するコストに対して、または、

(iii) FOR LOSS OR CORRUPTION OF DATA OR INTERRUPTION OF USE.

[和訳]
（iii）データの喪失または腐敗あるいは、使用の中断に対して、

13.2 KVS SHALL NOT BE LIABLE HEREUNDER FOR ANY AMOUNT IN EXCESS OF THE TOTAL AMOUNT ACTUALLY PAID TO KVS HEREUNDER FOR THE PARTICULAR PRODUCTS THAT ARE SUBJECT TO A CLAIM.

[和訳]
13.2 KVSは、クレームの対象である特定の本製品のために本契約に基づき実際にKVSに対して支払われた合計金額を超えた金額については、本契約のもとでは、一切責任を負わないものとする。

13.3 THESE LIMITATIONS SHALL APPLY NOTWITHSTANDING ANY FAILURE OF ESSENTIAL PURPOSE OF LIMITED REMEDY.

[和訳]
13.3 これらの上限規定は、限定された救済の基本的な目的の不達成にもかかわらず、適用されるものとする。

13.4 THE LIMITATION ON LIABILITY SET FORTH IN THIS SECTION 13 SHALL NOT APPLY TO LIABILITY FOR DEATH OR PERSONAL INJURY TO THE EXTENT APPLICABLE LAW PROHIBITS SUCH LIMITATION.

[和訳]
13.4 本第13条に規定する責任の上限は、適用法がかかる制限を禁止する限度において、死亡または負傷には適用しないものとする。

解説

① 本条項も、買い主側に不利な規定であり、米国UCCの規定（2編316条）の適用がある。それに備えて、効力を維持する狙いを持って、目立つように、大文字で記載されている。目立たない形で、契約書中にそっと挿入すると、契約条項をないものとして裁判官が扱うことができる。それを防ぐためには、このように大文字で規定することがおこなわれる。

② 損害賠償額の限度を、その適合性が問題となっている商品そのものの価格として、売り主に支払われた金額と定める規定である。その規定の仕方が、きわめて限定的であ

ることに気づかされる。同じ規格の同種の半導体製品について、支払われた価格の合計額ではなく、その紛争の対象となっている製品だけについて、支払われた金額を限度としている点で、通常の限度設定より、さらに限定的である。代替案としては、紛争となっている同種の商品について、たとえば、過去1年間に売り主に対し、支払われた金額の合計額という決め方もあり、むしろ、そのほうが、今、紛争が起こっている商品そのものの対価を限度とする契約条項より、合理的で一般的であるといえよう。期間については、過去1年から、過去6か月という期間の設定の仕方から、さまざまな基準が考えられる。

③ 生命、身体的損害(負傷)に対する損害賠償については、13.4項のように、限度が適用されない。各国がその強制法規により、かかる制限をおいてもその制約は無効である、とするケースが多いからである。特にこの規定の制限の仕方のように、紛争となっている品目の価格を限度とすると、その制限の合理的根拠が問われることとなる。実際の対処方法としては、買い主側にその国で妥当とされる基準に基づき、必要で適切な保険を付保させる規定をおいて解決するのが選択肢の一つである。

④ 13.2項は、むしろ、下記の規定あたりのほうが、両者にとって(KVSには譲歩になるが)合理的であろう。

The maximum liability of KVS to the Distributor shall not exceed the total amount of the prices of the Products actually received by KVS from the Distributor for the period of one (1) year immediately preceding to the occurrence of the loss or damage arising out of this Agreement in connection with nonconforming Products, materials or services provided by KVS.

［和訳］

ディストリビューターに対するKVSの最大の責任は、KVSにより提供された不適合の本製品、資材またはサービスに関連して本契約からの損失または損害の発生の直前の1年間にディストリビューターからKVSが実際に受領した価格の合計額を超えないものとする。

第16節　KVS商標の使用についての条項

●第1款　KVS商標の使用(Use of Trademarks)についての契約条項

商標の使用　　　　　　　　　　　　　　　　　　　　　　例文27

SECTION 14 USE OF TRADEMARKS

[和訳]
第14条　商標の使用

14.1　The Distributor shall not use, authorize, permit the use of any trade name, trademark or service mark of KVS, its parent or affiliates, as part of the Distributor's firm, corporate, or business name, or in any other way except to designate Products, as applicable, purchased from KVS under the terms of this Agreement.

[和訳]
14.1　ディストリビューターは、KVS、その親会社、関連会社のいかなる商号（＝会社名称）、商標またはサービスマークをも、本契約の条件に従ってKVSから購入した本製品を指定するため以外には、本製品ディストリビューターの事業、会社またはビジネスの名称の一部またはいかなる方法であっても、使用せず、また使用を許諾し、または許可しないものとする。

14.2　The Distributor shall acquire no rights under this Agreement in any trademark, service mark, or trade name of KVS, its parent or affiliates.

[和訳]
14.2　ディストリビューターは、KVS、その親会社または関連会社のいかなる商標、サービスマークまたは商号についても、本契約上権利を取得しないものとする。

The Distributor shall not in anyway alter or remove any of KVS's trademarks or identifying marks affixed to the Products by KVS.

[和訳]
ディストリビューターは、KVSにより本商品に付されたKVS商標または認識させるマークをいかなる方法であれ、変更あるいは取り除くことをしないものとする。

14.3　All representation of KVS's trademarks that the Distributor intends to use shall first be submitted to KVS for approval of design, color and other details (which approval shall not be unreasonably withheld), or shall be exact copies of those used by KVS.

[和訳]
14.3 ディストリビューターが、使用したいと意図しているKVS商標のすべての表示は、そのデザイン、色彩ならびに他の詳細についてKVSの承認を取得するために最初に(＝事前に)提出されるものとするが、かかる承認は、不合理に留保されることはないものとし、あるいは、KVSにより使用されているそれらと完全に一致するコピーとする。

In addition, the Distributor shall fully comply with all reasonable guidelines, if any, communicated by KVS concerning the use of KVS's trademarks.

[和訳]
さらに、ディストリビューターは、KVSにより連絡を受けた場合には、KVS商標に関する合理的なガイドライン(＝指針、要領)を完全に遵守するものとする。

14.4 During the term of this Agreement and thereafter, the Distributor shall do nothing that will in any way infringe, impeach or lessen the value of the patents, trademarks or trade names under which any of the Products are sold and shall do nothing that will tend to prejudice the reputation or sale of any of the Products.

[和訳]
14.4 本契約の有効期間中ならびにその終了後も、ディストリビューターは、いかなる本製品が販売されるときに使用される特許、商標または商号の価値をどのような形であれ侵害し、批判し、あるいは減ずる行為を一切しないものとし、本製品の評判または販売を傷つけることになる行為を一切しないものとする。

The obligation of the Distributor under this Section shall survive any termination of this Agreement.

[和訳]
本条のもとでのディストリビューターの義務は、本契約の終了後も存続する。

14.5 All uses of KVS's trademarks shall inure solely to KVS.

[和訳]
14.5 KVS商標のあらゆる使用は、すべてKVSのためのものである。

例文 27　商標の使用
例文 28　特許侵害

At no time during or after the term of this Agreement shall the Distributor challenge or assist others to challenge KVS's trademarks (except to the extent expressly required by applicable law) or the registration thereof or attempt to register any trademarks, service marks or trade names confusingly similar to those of KVS.

［和訳］

本契約の有効期間中ならびにその後、いかなるときも、（適用法により明示的に要求されている場合を除き）ディストリビューターは、KVS商標の有効性またはその登録につき争い、もしくは、それを争おうとする他者を支援し、あるいはKVS商標に紛らわしい類似の商標、サービスマークまたは商号を登録し、もしくは、登録を試みようとしないものとする。

14.6　Upon termination of this Agreement, the Distributor shall immediately cease to use all KVS's trademarks, and any listing by the Distributor of KVS's name in any telephone book, directory, public record or elsewhere, shall be removed by the Distributor as soon as possible, but in any event not later the subsequent issue of such publication.

［和訳］
14.6　本契約の終了時には、ディストリビューターは、ただちに、すべてのKVS商標の使用を取りやめるものとし、ディストリビューターによる電話帳、公の記録あるいはそれ以外のKVS名称の使用も、できる限り速やかに、除去するものとし、いかなる場合でも、かかる出版の次号より遅くならないように、ディストリビューターにより除去されるものとする。

―――――――――――　解説　―――――――――――

① the Distributorは、本製品に関わるKVS商標について、本製品の販売に関連して、その販売目的のために使用することができるのであり、それ以外の目的のために使用することは制限されている。
② たとえば、the Distributorの他の事業目的のために、KVS商標を使用し、または、KVS商標を本来の形状や色彩から勝手に変更を加えて使用することは制限される。
③ 逆に、本製品を販売するのに、そのKVS商標をはがして販売することも禁止される。
④ 契約が終了したときは、the Distributorは速やかにその商標の使用をやめなければならない。
⑤ また、ディストリビューターは、KVSの商標権について争わないと規定するいわゆる「不争義務」を定めている。
⑥ 14.3項の "exact copies" というフレーズで言おうとしているのは、前半でいっているように、販売地域では、その地域・社会・市場に合わせて色彩、現地語、表現などを工夫して、KVS商標を使う場合は、提出して承認を必要とするが、KVSが本国で使用しているのと、完全に一致した商標使用のケースでは、あえて、承認を求める必要はな

い、ということである。

第17節 特許権侵害（Infringement）に関する補償（patent indemnity）条項

●—第1款　本製品の供給に関し、発生する特許権侵害のクレームについてのKVSの対応と責任（patent indemnity）についての契約条項

特許侵害　　　　　　　　　　　　　　　　　　　　　　　　例文 28

SECTION 15 INFRINGEMENT

［和訳］
侵害

15.1　KVS shall defend any suit or proceeding brought against the Distributor by a third party to the extent that such suit or proceeding is based on a claim that any Products manufactured and supplied by KVS to the Distributor constitute direct infringement of any duly issued United States patent of a third party,

［和訳］
15.1　KVSは第三者によるディストリビューターに対して提起された訴訟または手続きに対し、かかる訴訟または手続きがKVSにより製造され、ディストリビューターに供給された本製品が第三者（保有）の適法な米国特許の直接侵害にあたるというクレームに基づく限度において、防御するものとし、

and KVS shall pay all damages and costs finally awarded therein against the Distributor, provided KVS

［和訳］
　　また、KVSは、ディストリビューターに対し、それにより課されたすべての損害と費用を支払うものとするが、KVSに対し、下記がなされることを条件とする。

(a) is promptly informed and furnished (by the Distributor) a copy of each communication, notice or other action relating to the alleged infringement and

[和訳]
(a) ディストリビューターにより、迅速に情報提供され、かつ、主張された侵害に関連する各交信、通知または他のアクションのコピーが提供されること。

(b) is given authority, information and assistance (at KVS's expense) necessary to defend or settle said suit or proceeding.

[和訳]
(b) 上記の訴訟または手続きにつき、防御または和解をおこなうのに必要な権限、情報ならびに（KVSの費用負担による）援助が与えられること。

15.2 KVS shall have no obligation under this Section 15 with respect to any claim to the extent it is based upon

[和訳]
15.2 KVSは、そのクレームが下記の各号に基づく限りにおいては、本第15条に基づく義務を負わないものとする。

(a) customer's technology or compliance with customer's specifications (including, without limitation, any portion of a custom Products which is based on customer's specifications),

[和訳]
(a) （顧客の指定仕様に基づく特定仕様の本製品の一部を含み、それに限定されない）顧客の技術または顧客の仕様に適合させること。

(b) customer's combining with, adding to, or modifying the Products after shipment by KVS,

[和訳]
(b) KVSによる積み出しのあとの本製品に対する顧客の組み合わせ、追加または変更。

(c) use of the Products outside the Product's published and inherent use,

[和訳]
　(c) 本製品の本製品に関して公表（出版）された使用目的外の使用。

(d) any intellectual property right of an entity in which customer or an affiliate or subsidiary has a controlling interest or for which it has cross license rights,

[和訳]
　(d) 顧客、その関連会社または子会社が経営権を保有する事業体の（保有する）知的財産権またはそれに対し、顧客、その関連会社または子会社が、クロスライセンスをしている知的財産権。

(e) any intellectual property right of Non-Practicing Entity ("NPE");

[和訳]
　(e) 非実業事業体（「NPE」）の知的財産権。

(f) resulting from any suit or allegation initiated by customer (by way of example a counter claim), or

[和訳]
　(f) 顧客により推進された訴訟または申し立てから（たとえば、カウンタークレームの方法で）発生した場合、

(g) customer's failure to use materials or to comply with instructions provided by KVS which would have rendered the Products non-infringing.

[和訳]
　(g) 顧客が、本製品を非侵害品とするようにKVSから提供された資材を使用せず、または指示に従わないことから発生した場合。

For the purpose of this Section, Non-Practicing Entity or NPE shall mean a third party that:

[和訳]
　本条の解釈目的上、「実業を営んでいない企業」またはNPEとは、下記の業態の第三者を指す。

(i) has no substantial sales of product(s) embodying the asserted patents; or

[和訳]
(i) 主張される特許を含む製品の実質的に重要でない販売高を占めるだけであること、

(ii) generates a significant percentage of its annual revenue from intellectual property licensing and/or intellectual property infringement allegations.

[和訳]
(ii) 知的財産のライセンシング侵害または知的財産権侵害主張により年間の収益のうち重要な割合を生み出すこと。

15.3 KVS's obligations under this Section 15 shall not apply to any infringement occurring after Customer has received notice of a proceeding alleging infringement, unless KVS has given written permission for the continuing use or sale of the Products.

[和訳]
15.3 第15条に基づくKVSの義務は、侵害を主張された手続きの通知を顧客が受領後、発生した侵害に対しては、別途、KVSが本製品の継続する使用もしくは販売に対し、書面による許諾を与えた場合を除き、適用がないものとする。

15.4 If any Products manufactured and supplied by KVS to the Distributor shall be held to infringe any United States Patent and the Distributor shall be enjoined from using the same, KVS's sole obligation shall be to exert all reasonable efforts, at its sole option and at its expense,

[和訳]
15.4 万一、KVSによりディストリビューターに対し、製造し、供給されたいずれかの本製品が米国特許を侵害すると判断され、ディストリビューターがその製品を使用することを差し止められたときは、KVSの唯一の義務は、その随意の選択により、その費用負担で、下記のいずれかを講ずることに合理的な努力を尽くすこととする。

(a) to procure for the Distributor the right to use such Products free of any liability for patent infringement, or

［和訳］
(a) ディストリビューターのために特許侵害の責任を問われずに、本製品を使用する権利を確保すること、

(b) to replace such Products with a non-infringing substitute otherwise complying substantially with all requirements of this Agreement, or

［和訳］
(b) 本契約の要求を実質的に満たす非侵害の代替品と本製品を交換すること、

(c) refund the purchase price and the transportation costs of such Products.

［和訳］
(c) 本製品の購入価格ならびに輸送費用を返還すること。

To the extent of KVS's entire liability for any such infringement will be the purchase price of such Products.

［和訳］
かかる侵害に対するKVSの全部の責任の限度は、本製品の購入価格までとする。

If the infringement by the Distributor is alleged prior to completion delivery of the Products under this Agreement, KVS may decline to make further deliveries without being in breach of this Agreement.

［和訳］
万一、ディストリビューターが本契約に基づく本製品の引き渡しの完了前に、侵害について主張されていたときは、KVSは本契約に違反することなしに、それ以降の引き渡しを拒絶することができるものとする。

15.5 If any suit or proceeding is brought against KVS based on a claim that the Products manufactured by KVS in compliance with the Distributor's specifications and supplied to the Distributor directly infringe any duly issued United States patent, then the patent indemnity obligations herein stated with respect to KVS shall reciprocally apply with respect to the Distributor.

[和訳]
15.5 万一、ディストリビューターの指定仕様に従って、KVSにより製造され、ディストリビューターに供給された本製品が直接的に米国で発効された特許を侵害しているというクレームに基づき、何らかの訴訟または手続きがKVSに対して提起されたときは、本契約に基づきKVSについて規定する特許補償義務が、相互的に、ディストリビューターに対して適用されるものとする。

15.6 The sale by KVS of the Products ordered hereunder does not grant to, convey, or confer upon the Distributor or the Distributor's customers, or upon anyone claiming under the Distributor, a license, express or implied, under any patent rights of KVS covering or relating to any combination, machine or process in which said items might be or are used.

[和訳]
15.6 本契約に基づき注文された本製品のKVSによる売り渡し（＝販売）は、ディストリビューター、その顧客、またはディストリビューターのもとで主張する誰に対しても、それが使用されうる、または、実際に使用されているコンビネーション、機械または装置をカバーし、またはそれらに関するKVSのいかなる特許権についても、明示的または黙示的に、許諾することはないものとする。

The foregoing states the sole and exclusive liability of the parties hereto for patent infringement and is in lieu of all warranties, express or implied, or statutory, in regard hereto.

[和訳]
上記規定は、特許侵害に対する本契約当事者の単独で排他的な責任を規定するものであり、本契約に関連する明示的、黙示的または制定法上のすべての保証に代わるものとする。

―――― 解説 ――――

① KVSが製造した本製品について、第三者から特許侵害訴訟やクレーム手続きがthe Distributorに対して起こされたときは、KVSが防御をおこなう。最終的に損害賠償判決が言い渡されたときはその損害賠償金額はKVSの負担とする。ただし、その侵害の根拠となる特許は米国特許と規定している。補償責任をKVSが負担する前提条件として、クレームについて、一定の通知・協力義務を負うことを規定。

② 製品の仕様をKVSが決めたのではなく、the Distributorやそのcustomerが指定したもの（いわゆる買い手仕様）であるときは、KVSは責任を負わない。逆にthe Distributorが特許侵害について、KVSに対し、補償責任を負う。Patent indemnity（特許補償）は、Recip-

rocal（相互的）な補償関係にあると規定する。
③ KVS製造の製品を他のシステムや製品と組み合わせ、または、変更を加えて、使用したときは、KVSは免責される。
④ 特許侵害クレームを受けたあとの引き渡し分（本製品）については、特許補償の対象外となる。
⑤ 規定の最後で、また、in lieu of all warrantiesというラテン語の言い回しが使われている。本条の保証規定によるプロテクション（特許侵害の場合の補償）がすべての保証に代わるものである、といっている。
⑥ NPE（Non Practicing Entity;実質的に事業をおこなっていない企業）は、厳しい見方をとっている。クレームを申し立てている企業の収益源が、実業をおこなっているとは思えない場合を指す。つまり、その企業の大半の収益が特許クレームを申し立てることにより得られている企業は、いわば、特許クレームを生業としているという分類なのだ。泡沫的な特許侵害クレームも含め、自動車事故にたとえれば、うっかりすると、当たり屋的な者まで含まれ、真剣に実業に携わっている相手ではないという見方、切り捨て方なのだ。厳しいが、このような相手が現実に米国などに存在し、使われていない特許を安く大量に買い集め、大企業などを相手に次々と侵害クレームを起こすのである。筆者をはじめ、多くの知己たちも同様のクレームを受けたことがある。クレームレターを送付するときに、あらかじめ、あまり高くない金額の和解金額を記入した和解契約書が同封されていることもある。特許専門の弁護士に対する相談料より、若干低い和解金額を提示して和解のチャンスを大きくしようという心積もりなのかと推測されるケースもあった。きっぱりと拒絶することが王道の対応なのだと分かっていても、費用対効果を勘案すると、実際には、一瞬とまどいを相手に起こさせる効果を発揮することがあろうという読みなのだろうか。世の中には、狡猾な人々もいるものだと考えさせられる。米国でも、控訴審では、最終的には、NPEは敗訴しているが、途中（下級審）では必ずしもそうとは限らないのが、現実の難しいところなのであろう。

第18節 本製品の用途の制限（Restricted Use/Indemnity）を定める条項

●─第1款　本製品の用途の制限を定める契約条項

　the Distributorは、本製品を顧客に生命維持装置（life support devices or systems）のために使用させないこと。万一使用された場合には、その結果発生する損害につき、the Distributorは、KVSを免責し、補償する。
　本条項では、生命維持装置だけが取り上げられているが、製品の用途については、他にも高度の安全性が問題となりうる領域がある。宇宙・航空・輸送手段、原子力発電所、信号装置、（幅広い）医療目的への使用なども、その誤稼働（failure to perform; malfunctioning）が生命、身体の安全の問題に直結することは認識されている。高い安全性に

関わる領域に関する契約上の規定として、(定着はしていないが)high safety条項と呼ばれることがある。医療目的だけが問題を引き起こす恐れのある領域ではない。実際には、工場もそうであるし、家庭でも、冷暖房、エレベーターなど身近に存在する。本製品の用途は拡大を続けている。このことは、本製品に限らず、多くの部品、製品にも共通している。

例文29　用途制限

SECTION 16 RESTRICTED USE/INDEMNITY

[和訳]
第16条　用途制限/補償

16.1　KVS's Products are not authorized for use as critical components in life support devices or systems without the express written approval of KVS.

[和訳]
16.1　KVSの本製品は、KVSの明示的な書面による承認なしには、生命維持装置またはシステムの重要な部品(＝構成要素)としての使用について許諾されていないものである。

As used herein:

[和訳]
本契約中で使用される場合、

(a) life support devices or systems are devices or systems that

[和訳]
(a) 生命維持装置またはシステムとは、下記各号に記載の装置またはシステムを指す。

(i) are intended for surgical implant in the body, or

[和訳]
(i) 身体内への移植手術を意図されている場合、または、

(ii) support or sustain life and whose failure to perform when properly used in accordance with instructions for use provided in the labeling, can be reasonably expected to result in a significant injury to the user; and

[和訳]
(ii) 生命を支え、維持するもので、ラベル（＝表示）に規定される用途のための指示に従って適正に使用されるときにその機能を発揮できないことが、それを使用する者にとって重大な負傷を引き起こす結果になると合理的に予測される場合、

(b) a critical component is any component in a life support device or system whose failure to perform can be reasonably expected to cause failure of the life support device or system or to affect its safety or effectiveness.

[和訳]
(b) 重要な（構成）部品とは、生命維持装置またはシステムで、その部品の機能不良がその生命維持装置またはシステムの不具合を引き起こす、またはその安全性または性能に悪影響を及ぼすと合理的に予測される場合。

16.2 The Distributor agrees to contractually bind its customers against such use of the Products and to forbid all third parties from using the Products in such applications.

[和訳]
16.2 ディストリビューターは、その顧客に、契約により、本製品にかかる使用をさせず、ならびにすべての第三者をして本製品をかかる用途に使用することを禁止するよう拘束するものとする。

16.3 The Distributor shall indemnify and hold KVS harmless from and against any loss, costs, expense, including attorneys' fees or any other liability out of any breach of the foregoing provision and/or personal injury or property damages actually or allegedly resulting from or connected with the Products sold hereunder.

[和訳]
16.3 ディストリビューターは、KVSを上記規定違反から発生するいかなる損失、コスト、弁護士料を含む費用、または他の責任そして、本契約に基づき売り渡された本製品から、または、関連して発生する実際、あるいは、相手方主張による、人的負傷または財産の損傷から補償し、免責するものとする。

> **解説**
>
> indemnify and hold harmlessは、相手方を「補償し、免除する」という意味である。

第19節 秘密情報（Confidential Information）に関する条項

◉—第1款　秘密情報（Confidential Information）に関する秘密保持（Confidentiality）条項

　標準的な秘密保持条項（non-disclosure agreement）である。参考書を参照すれば、読むことができる。『英文ビジネス契約書大辞典〈増補改訂版〉』や本書第1部など、いずれにも例文とともに、和訳・解説つきで説明している。

例文30　秘密情報

SECTION 17　CONFIDENTIAL INFORMATION

［和訳］
第17条　秘密情報

17.1　The Distributor acknowledges that proprietary data and proprietary information are embodied in the Products, data, pricing information, and other materials supplied by KVS (whether through tangible materials, orally or otherwise) to the Distributor or acquired by the Distributor in the course of performance of this Agreement.

［和訳］
17.1　ディストリビューターは、知的財産データならびに知的財産情報が、（有形の資材であれ、口頭であれ、また別の方法であれ）本契約の履行過程で、KVSによりディストリビューターに対して提供される本製品、データ、価格情報ならびに他の資材に組み込まれていることを認識している。

17.2 As between the parties, the Distributor acknowledges, that all such proprietary data and proprietary information, including but not limited to such data and information as is contained in the Products and their constituent parts, constitute the sole and exclusive property of KVS and shall not be used by the Distributor except as necessary to perform its obligations hereunder and shall not be disclosed to any third party by the Distributor,

[和訳]

17.2 当事者間では、ディストリビューターは、本製品ならびにその構成部品に含まれるすべてのデータならびに情報を含み、それらに限定されない、かかる知的財産データならびに知的財産情報が、KVSの単独の排他的な財産を構成し、本契約に基づく義務を履行するために必要な場合を除き、ディストリビューターにより使用されず、また、ディストリビューターにより、第三者に開示されないものとすることを承知している。

except that the Distributor may disclose such proprietary data and proprietary information to its employees and agents who need to know in order to carry out the performance of this Agreement and who are bound by non-disclosure agreements with the Distributor that contain terms similar to the terms herein.

[和訳]

ただし、ディストリビューターは、本契約の履行を遂行するために知ることを必要とし、かつ、本契約上の条件と同様の条件を含む、ディストリビューターとの秘密保持契約に拘束されるその従業員ならびに代理人に対して、かかる知的財産データまたは知的財産情報を開示することができるものとする。

The Distributor shall use its best efforts to avoid the unauthorized disclosure of such proprietary data and information.

[和訳]

ディストリビューターは、かかる知的財産データならびに情報の許諾を得ない開示（＝漏洩）を防止するよう最善の努力を尽くすものとする。

例文 30　秘密情報
例文 31　不可抗力

17.3　The Distributor agrees that the rights granted to the Distributor by KVS under this Agreement constitute only a license to distribute the Products in the manner specified herein, and the Distributor agrees not to otherwise utilize, appropriate, or disclose to others any proprietary data or proprietary information provided hereunder, except as may be expressly permitted by KVS in writing.

［和訳］
17.3　ディストリビューターは、本契約に基づきKVSによりディストリビューターに対し許諾された権利は、本契約に規定する方法により本製品を販売する許諾を構成するだけであり、KVSにより書面で明示的に許諾を受けた場合を除き、ディストリビューターは、他の目的でこれを使用し、充当し、また、いかなる知的財産データまたは知的財産情報も他者に開示することがないことに合意する。

The non-disclosure and use restrictions for proprietary data and proprietary information disclosed hereunder shall remain in full force and in effect in perpetuity, regardless of any termination of this Agreement.

［和訳］
本契約に基づく知的財産データならびに知的財産情報の秘密保持および用途制限は、本契約のいかなる終了にもかかわらず、永久に完全に有効であり、効力を有するものとする。

解説

① 注目すべき法律用語は、proprietary data and information（「財産的価値のある（秘密）データと情報」）、non-disclosure agreements（「秘密保持契約」、略称NDA）、constitute（「構成する」）、grant（「許諾する」）、including but not limited to（「例示的であって、列挙する項目に限定されない」、tangible materials（「有形の資料」）、(information) provided hereunder（「本契約に基づいて開示された（情報）」）などである。

② use its best effortsやmake its utmost effortsは、「最善の努力をする」「最大限の努力を尽くす」などの意味で、同義である。明確な法律上の義務を負わないと解釈されるが、実際には、その努力を払ったことを具体的に立証することが必要であり、無視してよいというわけではない。ときどき、契約を学び始めた輩が、皮肉を込めて、shall not be liableと同義だという説明をすることがあるが、それほどいい加減な規定ではない。遵守する側としては、義務があるのと同じ態勢で臨むのが正しい。契約書の規定に頼って、いい加減な対応をしてはならない。

第20節 不可抗力(Force Majeure)に関する条項

●―第1款　不可抗力(Force Majeure)条項

　標準的な不可抗力条項である。双方が負う義務の規定は、通常、双方当事者に公平に作成されることが多い。したがって、あまりにも、当方側にのみ不利な内容はあまりないと期待してよい。不可抗力条項を読む際、大事な点の一つは、不可抗力事態が発生したときに、その事態が継続している間、その影響を受けた当事者が、債務不履行にならずに、免責されるという基本的な効果以外に、どのような規定がされているかである。たとえば、一定期間以上継続した際には、双方または、いずれかに解除権が発生するかどうか、また、事態が発生したときに、どのような代替的な履行手段が規定されているか、また、事態が発生したことを証明する手段、手続きが具体的に規定されているかどうかなどである。当たり前のように見えて、実際に事態が発生すると、その証明の仕方、進め方、損害軽減義務の果たし方など意外に難しい問題に遭遇することがある。

不可抗力　　　　　　　　　　　　　　　　　　　　　　　　　　例文 31

SECTION 18 FORCE MAJEURE

［和訳］
　第18条　不可抗力

18.1　Neither party shall be liable for any failure of or delay in performance of its obligations under this Agreement, except for its obligation to pay money due and payable, to the extent such failure or delay is due to circumstances beyond its reasonable control, including, without limitation, acts of God, acts of a public enemy, terrorist acts, fires, floods, wars, civil disturbances, accidents, embargoes, storms, explosions, damages to its plants, labor disputes (whether or not the employee's demands are reasonable and within the party's power to satisfy), acts of any governmental body (whether civil or military, foreign or domestic), all perils of the seas and other waters, or inability to obtain labor, machineries, materials, equipment (collectively referred to herein as "Force Majeure").

[和訳]
18.1 いずれの当事者も、期限の到来した金銭債務の支払い義務を除く本契約上の義務の不履行または遅延について、その不履行または遅延が、自然災害、公敵の行為、テロリストの行為、火災、洪水、戦争、内乱、事故、出入港禁止、嵐、爆発、工場の損傷、(従業員側からの要求が合理的なものかどうか、また、当事者の権限で解決可能かどうかによらない)労働争議、(民間あるいは軍事、外国あるいは、国内を問わない)政府機関の行為、すべての海難または他の水難、労働・原材料・設備または輸送手段の確保不能を含み、それらに限定されない、当事者の合理的な制御の範囲を超えた事由(「不可抗力」)による場合は、その限度において、不履行または履行遅延に対して、(賠償)責任を負わないものとする。

18.2 Each party shall use its reasonable efforts to minimize the duration and consequences of any failure or delay in performance resulting from a Force Majeure event.

[和訳]
18.2 各当事者は、不可抗力事態から発生する不履行または履行遅滞の期間と結果を最低限に抑制する合理的な努力を尽くすものとする。

―――――― 解説 ――――――

① 不可抗力事由として、列挙されている項目の多さに驚かされないことがまず大事である。たまたま、いくつかの具体的なケースを列挙した場合、その中に含まれないが、似たような履行困難を伴う事由が不可抗力に該当するかどうかについて、法廷で争われた際に、英国の裁判所などが、限定的、厳格な解釈をした判例(ユージニア号事件など)があるため、慣行として、もれないように、多くの事態を列挙することが一般的な契約慣行になっただけである。

② 本条項では、免責は規定しているが、解除権までは規定していない。18.2項に損害発生の軽減義務を規定している。

③ 不可抗力を金銭債務には援用できないという趣旨は、日本民法のもとでは明文規定があり、明確であるが、国際的な取引では同じ論理と法が通用するかどうかは定かではない。この趣旨を明瞭にしようとすれば、一番確かな手段としては、契約に明記することである。それでも、問題が残る。実際に不可抗力事態、たとえば、戦争、国交断絶や9.11事件や東日本大震災などの事態に陥ったとき、実際にその通り契約の履行が可能か？　簡単には答えが見えないが、まず、契約で規定することがその解決への第一歩であろう。少なくとも、解釈をめぐる紛争は回避できよう。

④ この契約条項では、筆者のドラフティングで、履行から免除される義務から、期限の到来した金銭債務を除外するというフレーズを挿入し、対処できるようにしてみた。実際には、それぞれのビジネスシーンに一番適切な規定を工夫すればよいだろう。合理的である限り、さまざまな解決方法、対処方法があろう。

⑤ 9.11事件の際などは、建物の崩壊により、ビル内で活動していた企業の一部門が、事案を担当していた関係人員をはじめ、その契約書、記録も含め、行方不明あるいは壊滅という事態が発生したことがあるという。金銭債務だけを切り離し、存続させることが必要だとしても、実務上、不可抗力事態とまったく無関係に履行を強制することが適切なのかどうかは、履行期の見直し、調整などについて、吟味することが求められる場面に実務上遭遇することもある。

第21節 Distributorの在庫と調整に関する契約条項

　海外製品メーカーとのDistributorship Agreementで、きわめて特徴的なのが、その在庫販売に関する仕組みと条件である。国際的に市場とコスト、新マーケット・用途への浸透をつぶさに見れば、製品は、その日進月歩の技術革新と新興国などでの生産によるコストとの競争、受託生産専門事業の成長という事業環境の中で、しばしば、大幅な販売価格の下落を経験してきた。市場の成長、受託生産の普及、販売価格の下落変動に耐えつつ、顧客のニーズに応え、迅速に製品を供給し続ける体制を支えるのが、この在庫販売の仕組みであり、契約条項である。デパートで発達した仕組みである委託販売は採用されず、いったん、the Distributorに海外製品メーカーから、売り渡され、代金が支払われ、かつ、一定比率で、あたかも委託販売であるかのごとく、価格下落のリスクをメーカーが引き受ける仕組みがこの在庫調整の本質である。本契約条項は、技術的に成熟し、市場の成長が止まり、価格が安定した製品の売買では、採用の余地がない。各種契約に共通のリーガルタームズではない。海外製品の販売店と、法的には対等で独立した契約者(independent contractors)同士でありながら、価格下落リスクに協力して、対抗し、克服するためのビジネスタームである。

　製品の開発と生産をおこなう国内メーカーが、激しい国際的なコスト削減競争の中で、苦戦を強いられ、生き残りのために必死な状況が続く状況のもと、日本商社は、厳しい環境に置かれながらも、近年の30年を超える激しい時代をほとんど一社も欠けることなく、成長を遂げてきた。現場での日々の驚異的な努力の積み重ねと注意深い契約条件への取り組みがその原動力であろう。契約条件、特に中核となる製品の発注、受け渡しのForecastsとCommitments、CancellationとCredit付与の条件は、企業の生死を左右する条件である。製品に携わる方には、生き残りをかけて取り組みを続けている日頃の業務を通じて習熟しているビジネスタームといえよう。

第1款　Distributorの在庫の定期的(年2回)な調整に関する条項

例文32　在庫

SECTION 19 THE DISTRIBUTOR INVENTORY AND ADJUSTMENT

［和訳］
第19条　ディストリビューターの在庫と調整

19.1　Within each calendar year during the term of this Agreement, and subject to Section __, the Distributor shall be entitled to biannually its inventory by returning Products having a value equal to not more than six percent (6%) of the value of the net deliveries to the Distributor for the prior six (6) months.

［和訳］
19.1　本契約有効期間中、各暦年度内において、そして第__条に従って、ディストリビューターは、半年ごとに、その在庫から、それ以前の6か月間の受け渡し分の6パーセントを超えない限度で、価格が同等の本製品を返却することができるものとする。

This adjustment shall take place in January and July.

［和訳］
この調整は、1月と7月におこなわれるものとする。

KVS will apply a fifteen percent (15%) restocking charge to returned Products unless a replacement order of at least equal value to that of the returned Products is placed at the time of return.

［和訳］
KVSは、返却の時点で、返却される本製品の少なくとも、同額の代替品の注文がなされない限り、返却された本製品の15パーセントのリストッキングチャージを適用(徴収)できるものとする。

Replacement of orders permitted under this inventory adjustment provision shall be for immediate delivery and may not be cancelled or rescheduled.

[和訳]
在庫調整規定のもとで許容される代替品の注文は、ただちに引き渡される（直積み）とし、解除またはリスケジュールできないものとする。

19.2 Subject to Section __, and in addition to the provisions in Section 19.1 above, the Distributor shall be entitled to return, for exchange, its entire initial stock order for the Products within one year (365 days) after the Effective Date of this Agreement.

[和訳]
19.2 第__条ならびに、上記19.1項の規定に従って、ディストリビューターは、本契約の発効日のあとの365日以内にその本製品全量の在庫注文を、交換のために、返却することができるものとする。

This exchange right may not be exercised by the Distributor until six (6) months after the Effective Date of this Agreement.

[和訳]
この交換の権利は、ディストリビューターによって、本契約の発効日から6か月経過するまでは行使できないものとする。

A replacement order of at least equal to value of the exchanged Products shall be replaced at the time the exchanged Products are returned.

[和訳]
交換される価格と少なくとも同額の代替のための注文が、返却される本製品が返却される時点で、発注されるものとする。

Replacement orders permitted under this inventory exchange provision shall be for immediate delivery and may not be cancelled or rescheduled.

[和訳]
本在庫交換規定のもとで、許容される交換は、直積みとし、解除またはリスケジュールできないものとする。

19.3 The Distributor shall permit KVS or its designee to inspect the Distributor's inventory of the Products and examine records pertaining to such inventory.

例文 32　在庫
例文 33　期間・終了

[和訳]

19.3　ディストリビューターは、KVSまたはその指定する者による、ディストリビューターの本製品の在庫ならびにかかる在庫に関わる交換の記録に関する調査を許容するものとする。

―――― 解説 ――――

① 在庫調整の手法として、the Distributorに在庫製品のexchange right（交換権）を付与している。ただし、その行使には、いくつかの条件がある。(i) 年2回、1月と7月に行使されること、(ii) 最初の行使は、契約発効後6か月経過後であること、(iii) 行使の量については、上限が設定されており、過去6か月間の購入量の6パーセントを超えないこと、(iv) 交換のために返還される量に不足するときは、15パーセントのリターン費用がかかること、(v) 交換のための注文は、直渡し条件であること、(vi) 交換による注文分について、その解除や納入時期の変更はできないこと、などが詳細に規定される。

② 本条項に規定されることは、すべてビジネスタームであり、本製品のビジネスに特有の規定である。法的に当然の条件ではない。一般の契約参考書を参照しても、解説は見つからない。それだけに契約条項に規定された条件を丁寧に読み、把握することが大事である。さまざまな制約はあるものの、本契約条項が削除されれば、the Distributor側に不利になるだけである。the Distributor側には行使する義務のない権利、いわゆるオプションだからである。売り戻すオプションのことをプットオプション（right to put）と呼ぶ。プットオプションが認められるのは、国際取引でも、例外的なケースに限られている。それぞれの取引には、歴史がある。商社ではじめてそのビジネスに携わる新人にとっては、先輩、先達からその歴史を学んで、その正確な歴史の把握のもとに、現実の取引にかかることが実りあるビジネスを築く契機になる。

製品メーカーによる在庫品の買い戻し、したがって商社にとっては、在庫品の売り戻しについては、次節で扱う契約の解除の場合にも、ふたたび、取り上げることになる。たとえば、製品メーカーの都合で契約が解除される場合などに、その買い戻しについて、その条件とともに規定される。本契約では、この買い戻しについては、その行使の最低必要要件として、製品の在庫期間がthe Delivery（メーカー工場渡し）のときから18か月以内であることが条件であることに注目しておく必要がある。18か月を超える在庫は、不良在庫なのである。

③ なお、ここで取り上げた製品メーカーによる在庫品買い戻し条件は、本契約、本製品に特有のビジネス条件であることを忘れてはならない。通常のビジネスでは、いったん販売店に引き渡された商品について、売り主は買い戻しに対応する義務を負担しない。

第22節 契約期間と解除（Term of Agreement and Termination）に関する条項

● 第1款　契約期間と帰責事由（Cause）のない解除　Term of Agreement and Termination without Cause

　本条項では、契約の発効とその有効期間の規定、さらに期間が満了時の自動更新についての規定を取り上げる。

　ついで、20.2項で、一方が、その都合・便宜だけで、解除する権利を規定する。当事者の一方に契約違反や破産など帰責事由がある場合に解除するのが、我が国では馴染みのある契約解除である。それに反し、本契約では、いずれの当事者にも、何ら契約違反などがない場合でも、一方の都合だけで、契約を期間途中で解除する権利があることを規定している。それを"Termination without Cause"と呼んでいる。実際には、相手方に信義に反する行為や言動があっても立証するのが困難な場合などにも活用される、便利な規定である。それだけに、解除される側には厳しい条件であり、解除効果が発生するまでの期間（通知による予告期間）を長くして、調整を図っている。ここでは、解除通知後90日とし、解除通知の効果発生日の決め方などについても、詳しく決めている。在庫品の扱いも、もう一つの焦点になる。本条項では、製品メーカーによる買い戻しをおこない、その利害の調整を図ろうとしている。しかし、一見、公平に見えて、双方が、その都合だけで解除できる規定というのは、それぞれのおかれた立場を考えれば、いずれに不利かは明白であろう。顧客を抱え、その経営基盤となっているDistributorship Agreementを自らに非とすべき点なくして失うことは、the Distributorに不利で、メーカー側に一方的に有利な規定なのである。

期間・終了　　　　　　　　　　　　　　　　　　　　　　　　　　　例文33

SECTION 20 TERM OF AGREEMENT AND TERMINATION

［和訳］
第20条　本契約の有効期間ならびに終了

20.1　This Agreement shall become effective as of the date first above written and the initial term hereof shall extend through December 31 of the calendar year of the Effective Date and shall be automatically renewed for one year thereafter, unless terminated as set forth below.

例文 33 期間・終了
例文 34 帰責事由に基づく解除

[和訳]
20.1 本契約は、冒頭に記載の日をもって有効となり、また、本契約の最初の有効期間は、発効日の暦年の12月31日までとし、その後、下記規定により早期に解除されない限り、1年間ずつ自動的に更新されるものとする。

20.2 This Agreement may be terminated by either party without cause and solely for the convenience of the terminating party.

[和訳]
20.2 本契約は、いずれの当事者によっても、事由なしに、かつ、解除する当事者の都合のみにより、解除することができるものとする。

The party wishing to terminate shall give written notice of its election to do so, delivered by Registered Mail, return receipt requested, or by major reputable courier to the other party, at the address appearing at the beginning of this Agreement,

[和訳]
解除を希望する当事者は、その選択をした旨の書面による通知を、本契約の冒頭に表記された所在地宛で、他の当事者宛に、受領確認つきの書留郵便または主要な評判の高いクーリエ（＝配送サービス）により与えるものとする。

The effective date of termination for convenience shall be ninety (90) days after the notified party received the notice of termination.

[和訳]
都合による解除の発効日は、他の当事者が、解除の通知受領後90日を経過した日とする。

Notice shall be deemed to have been delivered and received by the notified party, if by mail, ten (10) business days after deposit in the postal facilities and, if by major reputable carrier, four (4) business days after delivery to the major overnight carrier or upon receipt of proof of delivery by the same.

[和訳]
通知は、郵送の場合は、郵便施設に投函したあと10日で、また、主要な評判の高い配送サービスによる場合は、当該主要配送サービスに引き渡し後4日または当該配送サービスによる配送受領の証拠の時点で、通知の相手方に配送され、受領されたとみなすものとする。

―――――――――― 解説 ――――――――――

① "termination without cause"は、正当事由など事由のない解除を指す。我が国の契約では、あまり馴染みがないが、事由の有無について、しばしば、解除通知を受けた側が解除事由にあたらないと主張し、解除無効確認訴訟を起こす米国などでは、少々時間がかかっても、事由(cause)なく解除できる権利は貴重なのである。高額でCEOなど経営を担当する者を雇用する場合の雇用契約などでは、必須の条項である。CEOは誰も、経営について無能のレッテルを貼られて解雇されるのには耐えられない。訴訟を含め、争う姿勢を持っているから、Causeのある契約解除規定だけでは敏速な対応ができない。"Termination for Convenience"は同義語である。

② major reputable courier、internationally reputable courierあるいは major overnight carrierは、郵便局以外の配送サービスを指し、DHL、フェデックスなどが代表的なものである。これらのクーリエサービスまたはキャリアーサービスによる送付は郵送とは呼ばない。私的な機関、私企業なのである。民間の飛脚便とでも呼びたいところだが、まだ定着した呼び方ではなさそうである。アフリカ、中東向けに書類、通知を発送する際に、郵便より信頼されるケースもあり、契約上も無視できない存在になっている。筆者は、郵便とならび、地域により、DHLなどクーリエを活用することが多かった。いわゆる飛脚便には、得手、不得手があり、それぞれの地域次第なのだ。

③ business daysという算出方法だと、休業日を参入しない。日曜や祝日が計算からはずれる。もし、このような休業日も日数に算入したいときは、calendar daysという用語を使う。暦日であり、どの日も算入する。この規定のような目的からいえば、calendar daysを採用したときは、少し、余裕を見て長い期間を設定する。

④ automatically renewedは、自動的に更新される、という意味である。延長の通知や更新契約を締結しなくても、自動的に延長されるという意味である。通常、どの期間延長されるかをすぐ続けて記載する。ここでは、1年の延長である。1月1日からその年の12月31日までの1年間のことをcalendar yearという。暦年と訳す。

● ―第2款 　DistributorがCause（帰責事由）に該当し、KVSが解除権を発動する場合に関する契約条項　Termination by KVS for Cause

　本条項は、the Distributor側に解除される帰責事由があり、KVSがthe Distributorに対し、一方的な通知をおこない、契約を解除することを規定する。基本的には、我が国での契約解除の場合と変わらない。破産や契約の重要な部分を譲渡しようとし、または、契約違反行為があった場合などに、KVSは、解除通知を出し、一方的にかつ、ただちに（with immediate effect）解除できる。The Distributorが虚偽の報告を提出し、または、第三者により資本が買収された場合も同様である。

帰責事由に基づく解除　　　　　　　　　　　　　　　　　　　　　　　例文 34

20.3　This Agreement may be terminated by KVS for cause in any of the following events:

例文 34　帰責事由に基づく解除

[和訳]
20.3　本契約は、下記の事態の場合、KVSにより、正当事由に基づき解除することができる。

(a) any assignment or attempted assignment by the Distributor, whether by operation of law or otherwise, of any interest in this Agreement without KVS's prior written consent:

[和訳]
(a) 法律上の作用によるか、他の事由によるかを問わず、KVSの事前の書面による同意なしに、ディストリビューターによる本契約上の権利の譲渡または譲渡が企てられること。

(b) the insolvency of the Distributor, or composition among its creditors, or the filing of a voluntary or involuntary petition in bankruptcy, or the appointment of a referee, trustee, or receiver for a substantial portion of the property of the Distributor; or the failure of the Distributor for any reason to function in the course of business as distributor, or any change of any material interest in the direct or indirect ownership of the Distributor;

[和訳]
(b) ディストリビューターの支払い不能または、債権者による和議または自己によりまたは(債権者により提起された)強制的破産の申し立て、またはディストリビューターの実質的に大部分を占める資産のために管理裁定人・受託者・管財人の指名、または、ディストリビューターの直接、間接の所有権に関する重大な変更(の発生)。

(c) submission by the Distributor to KVS of knowingly false or fraudulent reports or statements, including, without limitation, claims for any indirect or other payment from KVS;

[和訳]
(c) ディストリビューターによるKVSに対する、KVSによる間接的または他の支払いのクレームを含み、それらに限定されない、虚偽の、または欺瞞的な報告書または説明書の提出。

(d) the Distributor's breach of any of its obligation hereunder or the Distributor's failure to perform any provision of this Agreement including by way of limitation, non-payment of invoices or on-filing of the reports required hereunder;

[和訳]

(d) 本契約に基づくその義務のいずれかについてディストリビューターの違反、または、制限的例示による本契約に基づき負担する請求書の支払いまたは本契約上の報告義務のいずれかの義務をディストリビューターが履行しないこと。

To terminate this Agreement for cause, KVS shall give written notice specifying the provision of this Agreement the Distributor has breached.

[和訳]

本契約を正当事由に基づき解除するためには、KVSはディストリビューターが違反した本契約の規定を指定した(解除)通知を与えるものとする。

Such written notice shall be delivered by Registered Mail, return receipt requested, or by major reputable courier to the Distributor at the address appearing of the beginning of this Agreement.

[和訳]

かかる通知は、受領書返却条件の書留郵便または主要な評判の高いクーリエにより、本契約の冒頭に表記された所在地宛に、なされるものとする。

The date of termination for cause shall be the date the Distributor receives the written notice of termination for cause.

[和訳]

正当事由に基づく解除の日は、ディストリビューターが正当事由に基づく解除通知を受領する日とする。

●─第3款　Distributorship Agreement解除後の製品の販売と取り扱い条件に関する条項

　本条項の規定に従って、Distributorship Agreementを解除されても、個別の半導体製品の販売や客先への在庫販売や受けた注文への対応の問題は残る。その扱いについて、詳細に条件を取り決めるのが本条項の目的である。

例文 35　解除後の販売

20.4　In the event KVS sells the Products to the Distributor after termination of this Agreement, such sales shall not be construed as a renewal of this Agreement or as a waiver of the termination of this Agreement, but all such sales shall be governed by terms identical with the provisions of this Agreement relating to thereto, unless the parties enter into a new agreement binding upon each of them and superseding this Agreement.

［和訳］
20.4　本契約終了以後にKVSが本製品をディストリビューターに対し、売り渡す場合は、かかる販売は、本契約の更新または、本契約の終了の放棄とは解釈されてはならないものとし、すべてのかかる販売は、かかる販売の各々を拘束し、本契約に優先する新規の契約を締結する場合を除き、それ（＝解除後の販売）に関する本契約の規定と同じ条件に準拠する。

20.5　Upon termination of this Agreement, the Distributor shall cease to be an authorized wholesale distributor of KVS's Products and;

［和訳］
20.5　本契約終了のときは、ディストリビューターは、KVSの許諾された（卸売り）ディストリビューターであることを取りやめるものとし、また、

(a) all amounts and indebtedness owing by the Distributor to KVS shall notwithstanding prior terms of sale, become immediately due and payable if termination is effected for cause pursuant to Subsection 20.3; and

［和訳］
(a) 20.3項に従った正当事由に基づく解除がなされたときは、KVSに対して負担するすべての金額ならびに債務は、販売の（支払い）条件の期限到来前であっても、ただちに、期限が到来し、支払われるものとし、また、

shall be due and payable in accordance with the provisions of Subsection 11.7 hereof if termination is effected for convenience.

［和訳］
　解除が、都合に基づきなされたときは、11.7項の規定に従って、支払い期限が到来し、支払われるものとする。

(b) all undelivered orders may be cancelled by KVS without liability of either party to the other; and

［和訳］
(b) すべての引き渡し前の注文は、他の当事者側に何ら責任の負担なしに、KVSにより解除されるものとし、また、

(c) neither party shall be liable to the other because of termination of this Agreement for compensation, reimbursement, or damages on account of expenditures, investments, leases, or commitments in connection with the establishment, development, or maintenance of the other party's business, or for any reasons whatsoever arising out of said termination;

［和訳］
(c) いずれの当事者も、他の当事者に対して、本契約の終了を理由として、他の当事者の事業の設置、開発または維持に関連して費用、投資、リースまたは約束もしくは、かかる終了から発生する理由を根拠として賠償、返還または損害賠償の責任を負わないものとする。

nevertheless, termination shall not affect any indebtedness owing by either party to the other arising out of purchases of the Products by the Distributor from KVS or any obligation under this Agreement expressly intended to survive termination of this Agreement.

［和訳］
　それにもかかわらず、(本契約)終了は、ディストリビューターによるKVSからの本製品の購入または本契約に基づき本契約終了後も存続すると明示的に規定された義務から発生するいずれかの当事者により負担される債務には何ら影響を与えないものとする。

◉―第4款　Distributorship Agreementが解除されたときのDistributorの義務に関する条項

例文36　解除に伴う義務

20.6 Upon termination of this Agreement, the Distributor shall make such disposition, as KVS shall instruct, of price lists, advertising materials and other information furnished by KVS.

[和訳]
20.6 本契約の解除の際は、ディストリビューターは、KVSにより提供された価格表、広告資料ならびに他の情報に対し、KVSが指示する処分をおこなうものとする。

Customer records showing sales of KVS Products may be retained by the Distributor, but shall remain proprietary information of the KVS set forth in Section 17, and, accordingly, be subject to the non-disclosure and use restrictions set forth therein.

[和訳]
KVSの本製品の販売を示す顧客の記録は、ディストリビューターにより手元に保持されるが、第17条に規定するKVSの知的財産情報であり、したがって、同条に規定する秘密保持義務ならびに、用途制限規定に服するものとする。

Immediately after termination of this Agreement, the Distributor shall remove and not thereafter use any sign, display or other advertising means containing the brand names or any other trademark, service mark or trade name of KVS.

[和訳]
本契約の終了後ただちに、ディストリビューターは、KVSのブランド名称、または、他の商標、サービスマークまたは商号を含むいかなるサイン（表示）、展示物また他の広告手段をも、除去し、その後は、使用しないものとする。

The Distributor shall not, at any time after such termination, use, or permit any KVS trademark, or service mark, or trade name to be used, in any manner whatsoever, in connection with any business conducted by it, or otherwise use such trademarks, service marks or trade names as descriptive, or referring to anything other than KVS's merchandise, products or services.

[和訳]
　　　ディストリビューターは、かかる解除後、いかなる時点においても、それによりおこなわれる事業に関連して、いかなる態様でも、KVSの商標、サービスマークまたは商号を使用し、または使用せしめることがないものとし、また、KVSの商品、製品またはサービス以外のいかなるものを指し、または言い表すものとして、かかる商標、サービスマークまたは商号を使用しないものとする。

　　　Irrespective of the cause of termination, the Distributor shall immediately after such termination take all appropriate steps to remove and cancel its listings in telephone books, and other directories, and public records, or elsewhere that contained the brand name or other trademarks, service marks or trade names of KVS.

[和訳]
　　　終了の理由の如何を問わず、ディストリビューターは、終了後ただちに、KVSのブランド名称または他の商標、サービスマークまたは商号を含む電話帳または他の名簿ならびに公の記録、あるいは、他のものについて、その掲載から除去または解除させるためのすべての手続きをとるものとする。

　　　If the Distributor fails to effect said removal or cancellations promptly, KVS may make an application for said removal or cancellations on behalf of the Distributor and in the Distributor's name and in such event the Distributor shall render assistance as requested by KVS.

[和訳]
　　　万一、ディストリビューターが、上記の除去または解除を速やかに執行しないときは、KVSはかかる除去または解除の適用をディストリビューターのために、かつディストリビューターの名前のもとにおこなうことができるものとし、その場合には、ディストリビューターは、KVSの要請により援助をおこなうものとする。

●—第5款　　KVSの都合により、本契約が解除された場合の契約終了時の措置についての条項

契約終了時の処置　　　　　　　　　　　　　　　　　　　　　　　　　　　例文 37

例文37 契約終了時の処置
例文38 在庫品買い戻し

20.7 Upon termination of this Agreement by KVS for convenience, the Distributor agrees to sell and KVS agrees to purchase the Distributor's inventory of the Products that is less than eighteen (18) months old (from the Delivery) and that is unaltered in any manner from the original form and design; purchase of such Products is subject to test, inspection, and acceptance by KVS.

[和訳]
20.7 KVSの都合による本契約の解除の場合は、ディストリビューターは、ディストリビューターの引き渡しから18か月未満で、もとの形状ならびにデザインからいかなる形でも変更のない在庫品を売り渡し、KVSはこれを買い受けることに合意するが、かかる本製品の購入は、KVSによる試験、検査ならびに受諾を条件とする。

The Distributor agrees to ship such inventory, at the Distributor's expense, to KVS's plant in ＿＿＿＿ within thirty (30) days of the date of termination.

[和訳]
ディストリビューターは、かかる在庫品を、解除の日から30日以内に、KVSの＿＿＿＿にある工場に、ディストリビューターの費用で、輸送するものとする。

The price to be paid by KVS for such Products shall be the lower of;

[和訳]
かかる本製品に対するKVSが支払う価格は、下記のうち最低の価格とする。

(i) KVS's original price to the Distributor for the quantity of each Products in the Distributor's inventory at the time of termination, or

[和訳]
(i) 解除の時点で、ディストリビューターの在庫にある各本製品の数量についてのディストリビューターに対するKVSのもとの価格、

(ii) KVS's price in effect at the time of termination, or

[和訳]
(ii) 解除の時点で有効なKVSの価格、

(iii) KVS's price in effect at the time of the last purchase of such Products by the Distributor.

[和訳]
(iii) ディストリビューターによるかかる本製品の最後の購入時点で有効だったKVSの価格。

解説

① KVSは、the Distributorの手元の在庫のうち、18か月より古くないものを買い取るものとし、その価格については、3つの基準をあげ、そのうち、一番低い値段により買い取ると規定する。大事なビジネスタームであり、解説は省く。
② the Distributorは解除後30日以内に自己の費用でKVS指定工場まで輸送し、引き渡す。

●—第6款　Distributor側に帰責事由があってKVSにより解除された場合、ならびにDistributor側が解除した場合のKVSの在庫品の買い戻しオプションに関する条項

在庫品買い戻し　　　　　　　　　　　　　　　　　　　　　　　例文 38

20.8　If this Agreement is terminated by the Distributor for any reason or by KVS for cause, KVS shall have the option, which KVS may or may not exercise, of repurchasing all or part of the Distributor's inventory of the Products.

[和訳]
20.8　万一、本契約が、いかなる理由であれディストリビューターにより、または、正当事由に基づきKVSにより、解除された場合には、KVSは、KVSがその随意で、行使、不行使を決定できる、ディストリビューターが在庫として持っている本製品の全部または一部を買い戻すオプションを保有するものとする。

If KVS does repurchase the Products, the purchase price shall be computed as in Subsection 20.7 less a fifteen percent (15 %) handling charge.

[和訳]
万一、KVSが本製品を買い戻すときは、購入価格は、20.7項による価格から15パーセントの取り扱い料を差し引いて算出されるものとする。

---解説---

① 本条項に基づき、KVSが買い戻し権を行使するときは、上記の20.7項から算出される買い取り価格から15パーセントを割り引いた価格とする。
② この買い戻し権は、KVSのオプションであり、KVSは行使してもよいし、しなくてもよい。may or may not exerciseは「行使するかもしれないし、行使しないかもしれない」くらいの意味で使われている。英文契約書で"may"が使用されるときは、「できる」という意味で使われることが多いが、ここでは、文字通り、「かもしれない」という意味で使われている。
KVSがその選択で自由に決めることができる。

第23節 契約終了後も存続させる条項（Survival条項）に関する条項

◉—第1款 本契約が終了してもその効力が存続する条項（Survival）を確認する契約条項

例文39 存続条項

SECTION 21 SURVIVAL

［和訳］
第21条 存続条項

The following shall survive any expiration or termination of this Agreement:
Section 5 (Taxes and Other Charges), Section 6 (Delivery of the Products), Subsection 9.2 (with respect solely to the assignment of translated version of advertisement materials therein), Section 10 (Report; for the final report), Subsection 12.8 (Warranties), Section 13 (Limitation of Liability), Section 14 (Use of Trademarks) Section 17 (Confidential Information), Section 25 (Arbitration of Disputes), Section 26 (Governing Law, Jurisdiction, Venue) and Sections __ through __.

［和訳］
下記規定は、本契約の満了または終了のあとも、存続するものとする：
第5条（税金と他の費用）、第6条（本製品の引き渡し）、9.2項（その規定中の広告資料の翻訳版の譲渡についての規定）、第10条（報告書：最終報告書に関する規定）、12.8項（保証責任）、第13条（責任の上限）、第14条（商標の使用）、第17条（秘密情報）、第25条（紛争の仲裁）、第26条（準拠法、裁判管轄、法廷地）、第__条から第__条まで。

解説

① Distributorship Agreementが終了し、または、解除され、その効力が失効した場合も、その終了以降も継続して、有効性を保たせなければ不都合だという規定が意外にも、多いものである。普段、気がつかなくても、いざ解除したあとで、解除や終了を超えて存続させるにはどうしたらよいか、と対応策を考えて誕生したのが、このようなSurvival条項である。分かったようで、実は、よく分からない条項でもある。契約では、どの条項も、他の規定や契約全体と密接に関わっている。それを承知のうえで、大半あるいは、全体の規定が無効になったあとも、一部の規定をどうしても必要だという理由でSurvive（生き残ること）させようという趣旨である。本製品に関わるビジネス市場の競争はいわば戦場である。ビジネスはこれを戦場にたとえれば、全軍が敗北し、惨敗し、死者多数の状況で、使命を持った幾人かを生き延びさせる状況と似通っている。通常は、たとえば、秘密保持条項、仲裁など紛争解決条項と準拠法条項、さらに追加するとしても、賠償責任の上限の規定あたりを存続させるくらいである。製品メーカーの提示するこの契約条項は、いかにも、Surviveさせようとする条項の数が多い。果たして、実効性はどうだろうか。3項から4項くらいに絞ったほうが現実的ではないだろうか。

② ただ、本製品商社ビジネスという視点で考えると、一つの解決方法は次のようなものであろうか。

契約実務上、特に大事と考えられる秘密保持条項と知的財産権の譲渡条項（具体的には、日本側販売店が翻訳版を作成した広告資料をKVSがその著作権を譲り受ける約定）、仲裁などの紛争解決条項と準拠法、在庫品の買い取り条項あたりであろう。ただ、あえて規定をおかなくても、確定的に譲渡したローカル言語版の広告資料の著作権については、契約が終了したからといって、返還を主張することはないだろう。契約の終了の仕方や原因が、相手方の詐欺あるいは、裏切りなど不信行為がからんでくると、契約でどのようなSurvival条項を定めていても搾取や不法行為、詐欺を根拠にして、その適用がないことを主張する当事者もいるのが現実である。かかる条項や紛争解決手段についての合意を無効と主張する裁判は珍しくない。多くの規定を存続させるように規定することが賢明かどうかは、各社、各自、異なった経験を経ているだけに、判断の難しい問題である。

第24節　契約当事者の関係

　ディストリビューター契約や、ライセンス契約、合弁事業契約には、定型的に挿入される規定である。双方の契約当事者が、それぞれ独立した契約者（contractors）であり、互いに相手方を代理して、拘束し、債務を負担することがないことを明確に規定するのが狙いである。

第1款　当事者の関係について規定する契約条項　Relationship of Parties

例文40　当事者の関係

SECTION 22 RELATIONSHIP OF PARTIES

[和訳]
第22条　当事者の関係

22.1　During the term hereof the relationship between the Distributor and KVS is solely that of vendor and vendee as independent contractors.

[和訳]
22.1　本契約有効期間中、ディストリビューターとKVSとの関係は、単に独立した契約者として、売り主と買い主の関係である。

The Distributor, its agents, and employees shall, under no circumstances, be deemed representatives or agents of KVS for any purpose whatsoever.

[和訳]
ディストリビューター、その代理人および従業員は、いかなる状況下でも、いかなる目的のためであれ、KVSの代表または代理人とはみなされないものとする。

22.2　Neither the Distributor nor KVS shall have any right to enter into, nor shall either party purport to have the right to enter into, any contract or commitment in the name of or on behalf of, the other, or to bind the other in any respect whatsoever.

[和訳]
22.2　ディストリビューターも、KVSも、他の当事者の名前で、または（他の当事者の）ために、いかなる側面であっても、他の当事者を拘束する契約あるいは約束をする権限を有せず、また、そのような企てをしないものとする。

22.3　All financial obligations associated with the Distributor's business are the sole responsibility of the Distributor.

[和訳]
22.3　ディストリビューターのビジネスと関わりのあるすべての財務上の義務は、ディストリビューターの単独の責任とする。

All sales and other agreements between the Distributor and its customers are the Distributor's exclusive responsibility and shall have no effect on the Distributor's obligation under this Agreement.

[和訳]
ディストリビューターとその顧客の間のすべての売買および他の契約は、ディストリビューターの排他的な責任によるものとし、本契約のもとでのディストリビューターの義務には何らの影響がないものとする。

22.4　The Distributor shall be solely responsible for, and shall indemnify and hold KVS free and harmless from, any and all claims, damages, or lawsuits arising out of the acts of the Distributor, its employees or its agents.

[和訳]
22.4　ディストリビューターは、ディストリビューター、その従業員またはその代理人の行為から発生するいかなる、そして、すべてのクレーム、損害または訴訟について、単独で責任を負担し、KVSを補償し、免責するものとする。

― 解説 ―

① ディストリビューター契約というものが、代理関係を形成するものではないことを明確に規定するものである。実際に、ビジネス上、ディストリビューターが販売代理店を名乗ることがある。挨拶、紹介、ビジネスのプレゼンテーション、名刺などで、「販売代理店」という名称が使われ始めると、代理関係があるのか、ないのか、分かりにくい。

② 我が国では、法的な関係を念頭にこのような名称が使われるというよりは、メーカーの正規の販売店であることを顧客に強く印象づける工夫、努力が優先する。販売代理店というと、あたかも、メーカー、ここでは、本製品メーカーであるKVSの正規の卸売りのディストリビューターであることを強調することが看板、名刺、パンフレットをはじめ、さまざまな広告などでもおこなわれる。その結果、顧客が、ディストリビューターを代理関係があると思い込むのは、むしろ自然である。

③ そのリスクをメーカー(KVS)が避けるために、このような契約条項を挿入するのが、慣行となっている。独立した売り主(vendor)と買い主(vendee)であることを確認しようとするのが、本条項の狙いである。逆にこのようなリスクをメーカーが引き受ける契約形態もあり、それは、sales agent、あるいは、sales agency agreementと呼ばれ、その場合は、代理関係がある。日本語の「販売代理店」という用語は、実際、非常に紛ら

例文40　当事者間の関係
例文41　輸出制限

わしい。ディストリビューターとsales agentの両者を両方包み込む幅広い意味を有する。
④　22.1項以外の項目も、同じ危惧をどのようにして防ぐか、さまざまな具体的な状況の中で、規定している。

第25節　輸出制限（Export Control）に関する条項

米国などでは、戦略的な分野で、活用可能な物資や技術については、一定の国、地域への輸出を制限している。米国だけでなく、欧州各国や我が国にも同様の規制がある。ただ、米国の規制はきわめて厳しく、また、厳格に運用されている。違反に対する制裁も厳しい。

●―第1款　輸出制限（Export Control）に関する契約条項

例文41　輸出制限

SECTION 23　EXPORT CONTROL

［和訳］
第23条　輸出制限

23.1　The Distributor understands and acknowledges that KVS is subject to regulation by agencies of the U.S. Government (including but not limited to the U.S. Department of Commerce), which prohibits the export or diversion of certain products and technology to certain countries.

［和訳］
23.1　ディストリビューターは、KVSが、一定の製品ならびに技術の一定の国への輸出または迂回輸出を禁止している（米国商務省を含み、それだけには限定されない）米国政府の機関による規則に従っていることを理解し、認識している。

23.2　Any and all obligations of KVS to provide the Products, documentation, and any media in which the foregoing is contained, as well as any other technical assistance, shall be subject in all respects to such United States laws and regulations as shall from time to time govern the license and delivery of technology and products abroad by persons subject to the jurisdiction of the United States.

[和訳]

23.2　他の技術援助同様、本製品、書類ならびにそれらが含まれるメディアを供給するKVSのいかなるそしてあらゆる義務も、すべての面で、随時、米国の管轄のもとにある人による海外の技術および製品のライセンスと引き渡しを支配する米国の法律と規則に従うものとする。

23.3　The Distributor shall not knowingly export or re-export any Products to any country prohibited under United States Export Administration Regulations without first obtaining a valid license to so export or re-export such Products.

[和訳]

23.3　ディストリビューターは、かかる本製品を輸出または再輸出するために有効な許可を取得することなしに、米国輸出行政規則のもとで禁止されるいかなる国に対しても、意識的に本製品を輸出または再輸出しないものとする。

23.4　The Distributor agrees to comply strictly and fully with the Export Administration Regulations and all other export controls imposed on the Products and KVS technology by any country or organization in whose jurisdiction the Distributor operates or does business.

[和訳]

23.4　ディストリビューターは、輸出行政規則ならびに、ディストリビューターが経営し、またはビジネス活動をおこなう国または組織により、本製品および、KVSの技術に対し課される他のすべての輸出規制を、厳密にかつ完全に遵守するものとする。

　　　The Distributor agrees that KVS or its designee may with reasonable notice audit the Distributor's records to confirm compliance with U.S. export regulations.

[和訳]

　　　ディストリビューターは、KVSまたはその指定する者が、合理的な通知のうえ、米国輸出規制との適合を確認するためにディストリビューターの記録を監査することができることに合意する。

解説

knowingly exportは、「知ったうえで(輸出する)」という意味である。

第26節 譲渡制限（Assignment and Binding Effect）に関する条項

◉─第1款　譲渡制限（Assignment and Binding Effect）に関する契約条項

例文 42-1　譲渡制限-01

SECTION 24 ASSIGNMENT AND BINDING EFFECT

[和訳]
第24条　譲渡制限ならびに拘束力のある効果

24.1　A mutually agreed consideration for KVS to enter into this Agreement is the reputation, business standing, and goodwill already enjoyed by the Distributor under its present ownership and, accordingly the Distributor agrees that its rights and obligations under this Agreement may not be transferred or assigned directly or indirectly (e.g. by operation of law) without KVS's prior written consent executed in the same manner as this Agreement.

[和訳]
24.1　KVSにとって本契約を締結するための相互に合意した約因は、現在の所有者のもとでのディストリビューターにより既に享受している評判、ビジネス状態ならびに暖簾であり、したがって、ディストリビューターは、本契約に規定するのと同じ方法で調印された、事前の書面によるKVSの同意なしには、本契約に基づく権利と義務は、直接あるいは間接に（たとえば、法の作用により）移転、譲渡されないものとする。

24.2　Subject to the foregoing sentence, this Agreement shall be binding upon and inure to the benefit of the parties hereto, for their successors and permitted assigns.

[和訳]
24.2　前項の文章に従って、本契約は、本契約当事者を、その後継者ならびに許諾を受けた譲受人のために、拘束し、その利益を享受させるものとする。

───────── 解説 ─────────

① 契約ならびに契約上の権利・義務の譲渡制限についての典型的、標準的なリーガル

タームズの一つである。『英文ビジネス契約書大辞典〈増補改訂版〉』などに例文、和訳とともに、詳しく説明しているので、参照されたい。
② 契約関係は、相手方についての信用調査に基づく信頼によって成り立つ。KVSにしてみれば、the Distributorだからこそ、その評判（reputation）、ビジネス状態（business standing）、暖簾（goodwill）を信頼して契約したのである。その信用とは無関係な第三者に対して、契約上の地位やその権利・義務を譲渡することは、認められない。KVSの事前の書面による同意を得たうえでなければ、the Distributorが契約譲渡しないと約定するのは、自然な結果であり、かかる同意がなければ譲渡は無効である。
③ ただし、そのような譲渡の前提条件を満たして契約が譲渡された場合には、契約の譲受人が、本契約上の権利・義務を承継する。
④ 公平な規定にするためには、双方とも、相手方の事前の書面による同意がなければ、契約を譲渡しない、と定めればよい。相手方の信用を確認したうえで契約を締結することを決断するのは、なにも、KVSだけではない。24.1項の1行目のKVSのあとに、and the Distributorと追加し、さらに、説明個所で、reputation …enjoyed by the Distributorとあるのを、the Distributor and KVSと言葉を足せば、筋がとおる。ただし、譲渡しない約束をするのをthe Distributorだけでなく、neither the Distributor nor KVSと言い回しを手直しする。KVS'sは、consent of the other partyと変えればよい。

第2款　双方に公平な契約の譲渡制限に関する契約条項

譲渡制限-02　　　　　　　　　　　　　　　　　　　　　　　　例文 42-2

24.1A　This Agreement shall not be assigned by either party without express written consent of the other party, and it shall be binding upon successor or assigns of either of the parties.

[和訳]
24.1A　本契約は、いずれの当事者によっても、相手方の明示的な書面の同意なき限り、譲渡されないものとし、また、いずれの当事者の後継者または譲受人も拘束するものとする。

―――― 解説 ――――
本例文は、一つ前の例文42-1に代わる代替案として紹介した。先の例文は、一方（販売店側）だけが相手方の同意なしには契約譲渡できないのに対し、本例文の規定では、双方とも同様の譲渡制限の制約を受ける。

第27節 紛争の仲裁（Arbitration of Disputes）による解決に関する条項

the Distributorship Agreementから発生する問題、紛争について、当事者で何も決めないでおけば、裁判により解決される。裁判地は、一般の国際私法のルールにより決まる。実際には、双方がそれぞれ、自社の都合のいい地の裁判所を主張すると、相手国・州の裁判所か、当方側の地の裁判所か、簡単には決まらないこともある。解決策として、2通りある。一つは、合意した裁判所を決めておく。もう一つは、裁判所に代わる解決方法を選び、契約で決めておく方法である。その代表的な選択肢が仲裁である。それぞれ自社側の地の仲裁機関による最終的な解決を望む傾向がある。力関係で決まることも多いが、被申し立て人（いわゆる被告）側の地の仲裁によるという公平な決め方もある。製品のDistributorship Agreementで相手方が提示してくる契約条項案を最初に見て、次に別な案を考えてみよう。これは、リーガルタームズであり、『英文ビジネス契約書大辞典〈増補改訂版〉』などで、多くの例文を和訳・解説つきで紹介しているので、参照されたい。

第1款　紛争を仲裁により最終的に解決することを約定する契約条項

例文43　仲裁

SECTION 25 ARBITRATION OF DISPUTES

[和訳]
第25条　紛争の仲裁

25.1　Any disputes as to amounts of indebtedness owing to KVS by the Distributor upon termination of this Agreement shall be resolved by arbitration conducted at a location designated by KVS in accordance with the then existing rules of the American Arbitration Association, and judgment upon any award may be entered by the highest state or federal court having jurisdiction.

[和訳]
25.1　本契約の終了の際のディストリビューターのKVSに対する債務金額についての紛争は、KVSにより指定される場所において、仲裁によりアメリカ仲裁協会のそのとき有効なルールに従って解決されるものとし、その裁定の判断は、最上級の州または連邦裁判所により（最終判決として）記録されるものとする。

25.2 The jurisdiction of arbitrators shall be strictly limited to a determination of the amount of the indebtedness owing to KVS for the Products sold and services rendered less credits for warranty service, KVS approved Products returns, and allowances made by KVS in the ordinary course of business.

[和訳]
25.2 仲裁の管轄領域は、販売された本製品ならびに提供されたサービスから保証サービスのクレジット、KVSにより承認された本製品返却ならびに通常のビジネス過程におけるKVSによる値引き額を差し引いたあとのKVSへの(ディストリビューターの)負債金額の決定に限定されるものとする。

解説
---

① KVS側が、この案を提示する狙いは、紛争の解決をまず、自社側のホームグラウンドである米国のアメリカ仲裁協会でおこないたいということである。別な契約条項で、米国の州法を準拠法として選択した条項を提示することも予測できる。仲裁機関により実際に仲裁を実施する場所は、当事者で、あらかじめ合意しておくのが、標準的な対処方法である。ニューヨークでも、サンフランシスコでも、両者が合意できる所を記載しておけばよいのである。本条項では、相手方の一方的な選択でとなっており、公平ではない。

② 本条項では、仲裁によって解決する問題は、本Distributorship Agreementの解約時に、the Distributorが(契約違反などにより)KVSに対し負担する債務金額を決定することだけであると、通常より狭く規定している。契約の履行をめぐっては、解除しなくても、履行過程で種々紛争が起こる。本規定は、素直に読むと、そのような日常起こる問題は、仲裁により解決すべき問題となっていない。ではどうなるのか。裁判所により解決する事項となるかもしれない。規定されたテーマ以外は、仲裁人により拒絶されれば、当事者が話し合いで解決できない限り、基本ルールである裁判による解決しか残らない。これは、KVSが意図していることなのだろうか。実際には、よく分からない。また、いったん、仲裁人により取り上げられたあと、たとえば、the Distributor側が反論し、防御として、KVS側が違反し損害をthe Distributor側に与えたと反対請求をしたとき、仲裁人はどうするか。取り上げないわけにはいかないだろう。楽観的すぎるだろうか。

③ 公平に規定するなら、仲裁地を被請求人側の所在地とする取り決め方もある。KVSが日本側を相手に仲裁を起こすときは、仲裁を東京でおこない、KVSを相手にthe Distributorが仲裁を起こすときは、米国(たとえば、サンフランシスコ)とすれば公平である。仲裁機関は、American Arbitration Associationでも、日本のJCAA (Japan Commercial Arbitration Association)でも、ICC (パリに本部のあるInternational Chamber of Commerce)でもよい。

④ いわゆる被告地主義の仲裁の規定例については、『英文ビジネス契約書大辞典〈増補改訂版〉』『英文契約書の書き方(第2版)』(日本経済新聞出版社)などのテキスト、参考書に詳しく説明している。関心のある方は参照されたい。「被告側が日本にある場合」と

規定すると、たとえば、被告側となった日本企業が米国内に支店や現地法人を保有する場合、それらを相手に仲裁や訴訟が提起されることがある。ドラフティングとしては、米国側KVSが仲裁により請求をするときは、日本でおこなうというように、素直に規定するほうがよい。せっかく被告地主義の仲裁規定を相手に受け入れさせながら、後日、実際に紛争が起こったとき、自社の米国の現地法人を相手に仲裁を起こされてあわてていた知己がいた。

第28節　準拠法、管轄についての条項

第1款　準拠法（Governing Law）、管轄（Jurisdiction）、法廷地（Venue）に関する契約条項

例文44　準拠法

SECTION 26 GOVERNING LAW, JURISDICTION, VENUE

［和訳］
第26条　準拠法、裁判管轄、法廷地

26.1　This Agreement shall be governed in all respects by the laws of the State of New York, subject to Section 25 (Arbitration), the court of New York State courts shall have exclusive jurisdiction and venue over any dispute arising out of this Agreement, and the Distributor hereby consents to the jurisdiction of such courts.

［和訳］
26.1　本契約は、第25条（紛争の仲裁）に従うが、あらゆる事項について、ニューヨーク州の法律に準拠し、ニューヨーク州裁判所が、排他的な裁判管轄を有するものとし、本契約から発生するいかなる紛争についても、法廷地となるものであり、ディストリビューターはかかる裁判所の裁判管轄に服することに合意するものとする。

26.2　The application of the United Nations Convention on Contracts for the International Sales of Goods is expressly excluded.

[和訳]
26.2 国連動産売買法条約(CISG)の適用は明示的に排除されるものとする。

解説
---

① 準拠法は、ニューヨーク州法であり、紛争なども含め、ニューヨーク州裁判所の管轄を受ける。ニューヨーク州裁判所が排他的な管轄権を有し、法域である。
② 26.2項で、国連動産売買法条約(略称CISG)の適用を排除している。日本も、ニューヨーク州も、当事者が合意により排除しなければ、その適用がある。排除すれば、この契約による国際動産売買には、CISGの適用はなくなり、代わって、ニューヨーク州法であるUCC(米国統一商事法典)などの適用がある。準拠法が日本法なら、民法の規定が適用になる。
③ 日本法を準拠法にできればそれもよいが、交渉は容易ではない。日本側にとって、公平な立場に近づける具体的な解決方法の一つは、カリフォルニア州法を準拠法とし、仲裁地もサンフランシスコとし、仲裁以外の管轄裁判所は、サンフランシスコにあるU.S. federal courtsを指定することであろう。州裁判所より、連邦裁判所のほうが公平である。本来、米国民も、外国人も、相手方の所在する州裁判所に訴訟の提起がなされたときは、不利なので、別な裁判所への移送(transfer)を申し立てることができる。ホームタウンジャッジメントは、意識的に不正を働こうとして起きるものではなく、ごく自然な郷土愛や敬意から生まれるものであるから、もともと公平な裁きが期待できないのである。したがって、ニューヨークに事務所を有する相手は、ニューヨークの州裁判所を好む。外国人当事者は、逆を選べばよいのである。

第29節 契約の一部が無効の場合の対処についての条項

●─第1款 契約の一部が無効の場合の対処方法についての契約条項

一部無効　　　　　　　　　　　　　　　　　　　　　　　　　例文45

SECTION 27 PARTIAL INVALIDITY

[和訳]
第27条　部分的な無効

例文45 一部無効

27.1 If any provision of this Agreement is held to be invalid by a court of competent jurisdiction, then the remaining provisions shall nevertheless remain in full force and effect.

[和訳]
27.1 万一、本契約のいずれかの規定が、管轄権のある法域の裁判所により無効と判断されたときには、他の規定は、それにもかかわらず、完全に有効で効力あるものとする。

27.2 The parties agree to negotiate in good faith any term invalid and to be bound by the mutually agreed substitute provision.

[和訳]
27.2 当事者は、無効とされた規定と相互に合意できる代わりの規定により拘束されるように交渉をするものとする。

―――― 解説 ――――

① 本契約条項は、たとえ、その一部の規定が無効と判断されても、他の規定は有効に存続するものとする(27.1項)。

② 無効となった規定の代わりの規定に合意するように、当事者は協力し、その両者の合意により代わりの規定に拘束される。
標準的なリーガルタームズである。他の例文なども参照し、研究すればよい。大切なことは、もし、一部の規定が無効という思いがけない事態になった場合に、それでも、契約を存続させようとするか、それとも、そのような場合にはむしろ、契約全体を無効とする方向で解決するか、の基本方針である。通常、標準的には、無効とならない他の規定を尊重し、他の規定は存続させるという方針がとられる公平さが判断の基準になる。

第3章 販売店契約　フォームNo.3
（詳細版フォームB、和訳・解説付き）

第1節　前提条件：サンフランシスコに事務所を持つKaren View社の販売店契約書

　ここに示すものは、もう一つの販売店契約（Distributorship Agreement）の詳細版フォームBである。
　販売店契約書のフォームの一例を紹介しながら、各条項の要点を解説していきたい。ドラフトを使用する企業は、米国Karen View社という想定である。ここでは、条項例を集めたものではなく、具体的な一つの契約書を冒頭から調印欄まで通して紹介し、解説する形式をとりたい。
　フォームの特色は、メーカー製品の動産売買がおこなわれ、対価の支払いがおこなわれることである。第1部で扱った事業提携を目指し締結される秘密保持契約（各契約条項）と同じ概念や用語を使用した秘密保持条項でも、持つ意味合いが違ってくる。
　加えて、実際に反復継続されるビジネスに関わる契約の一部として規定されるため、条件が厳しいことが多い。ビジネス上の取引では具体的に取引の採算を見積もった金額および期間や条件が契約に反映される。
　保証条項については、第1部で扱った秘密保持契約では開示される秘密情報について一切保証がされなかったが、販売店契約では売買の対象として引き渡される製品の品質に関わる保証、あるいは、その保証の制限・排除が重要な契約条項となる。
　また、9.3項の規定の中では、Causeの有無にかかわらず、所定の予告通知により契約を解除できることを規定している。with Causeの場合だけでなく、without Causeの場合も解除できると規定するところに、厳しいリスク管理の感覚が表れている。リスクの多い国際契約では、Termination without Causeの規定を生かす場面がしばしば訪れる。

第2節　販売店契約の各条項

●——第1款　　前文　Preface

前文　　　　　　　　　　　　　　　　　　　　　　　　　　　例文1

例文 1　前文
例文 2-1　定義の方法：単数と複数、大文字など

This Distributorship Agreement ("Agreement") is made and entered into as of _____ ___, 20__ ("Effective Date"), by and between Karen View Electronics and Communications Corporation, a corporation, incorporated under the laws of the state of Delaware, USA, with its principal office at _____, California, U.S.A. ("Karen View"), and _____ Corporation, incorporated under the laws of Japan, with its principal office at _____, _____, Tokyo, Japan, (the "Distributor"), (each, individually, a "Party", and, collectively, "Parties").
The Parties hereby agree as follows:

[和訳]
本販売店契約（「本契約」）は、米国カリフォルニア州_____に主な事務所を有するデラウェア州法に基づき設立された法人であるカレンビュー・エレクトロニクス・アンド・コミュニケーションズ社（「カレンビュー社」）と、日本国東京都_____に主な事務所を有し、日本法に基づき設立された法人である_____社（「販売店」）（各当事者は、それぞれ、「当事者」、あるいは、集合的に「両当事者」と呼ぶことがある）との間に、20____年__月__日付で、締結された。
両当事者は、次の通り合意する。

解説

　設立準拠法、主な事務所の所在地、契約調印日などを記載することが慣例となっている。国際契約では、類似の名称を有する企業名が多数存在しているため、その明確な区別、特定が大事である。その特定方法として、会社設立準拠法と主たる事務所を記載し、また、契約書中でその当事者をどのように簡潔な名称で呼ぶか、略称を規定することがおこなわれる。

　契約書の締結日を記載する際には"is made and entered into as of _____, 20__"という表現が標準であるis enteredもis madeもそれぞれ「締結された」という意味である。

　米国や英国などでは、連邦制をとっており、それぞれの州（たとえばニューヨーク州など）や国（たとえば、イングランド、スコットランドなど）が会社法を制定している。"as of _____, 20__"という表現は、実際には一方が先に調印し、郵送のうえ、3〜4日遅れてもう一方の当事者が調印する場合でも、両者で決めた調印の日を契約締結日とするために使われる。実務上は1週間くらいのずれであれば気にせず、締結日・調印日として契約書が作成されている。しかし、1年あるいは6か月など、あまり実際の調印の日とかけ離れるのは好ましくない。たとえば、ずいぶんあとの日付を設定した場合、調印日を迎える頃は既に契約違反や倒産など契約履行を取り巻く状況にも変動があるかもしれないからだ。

　また英文契約では、事務所の所在地として本社（head office）を記載することが必ずしも賢明ではないとされる。理由は、特に米国などで顕著に見られることであるが、使いやすい会社法の州を選んで設立し、実際の主たる事務所は別の州に置くことが日常的な手法として用いられるからである。米国では、デラウェア州法が会社の設立運営に有利と考えられており、かつ判例も多く、疑義が少ないため、人気がある。

前文の最終部分には、契約を締結する意思を確認する文言が置かれる。どのような文言でもよいが、契約を締結することと法的拘束力があることを確認することに意味がある。

　そのような契約を締結する意思がないなら、この書面は当事者の意図を確認するのみのレター・オブ・インテントで、拘束力のある契約ではないことを明確にする必要がある。"agree"は、契約を締結する意思を表す。have an intentあたりだと「意図がある」ということの確認にとどまる。また、英米法の下では、拘束力ある契約には、約因（consideration）が必要とされているため、in consideration of ＿＿＿＿＿というような言い回しで、約因について、記載することも多い。

第2款　定義条項　Definitions

定義の方法：単数と複数、大文字など　例文 2-1

◇英文契約では、繰り返し登場する重要な用語について、契約書の冒頭に定義条項を置いて、その用語の意味を明確にすることが多い。もちろん、各条項の中で規定しても構わず、冒頭にまとめて定義を置かなければならないわけではないが、冒頭に定義すると便利であるため、長文の契約では第1条などで規定することが標準となっている

◇定義される用語は、全部または最初のアルファベットなど一部を大文字とする

SECTION 1 DEFINITIONS
In addition to the capitalized terms set forth in the preamble above, the capitalized terms used herein shall have the definitions assigned to them in this Section 1, and shall include the singular as well as the plurals:

1.1　"Acceptance Date" means the effective date of acceptance of Purchase Order under this Agreement.

［和訳］
第1条　定義
前文に規定する大文字の用語に加えて、本契約で、大文字で表記される用語は、本第1条において付与した定義上の意味を有し、また、単数は、複数を含むものとする。

1.1　「受諾日」とは、本契約の下で、注文書の受諾発効日を意味する。

―――― 解説 ――――

　"terms"は、用語のことである。ただ、termには、期間や条件という意味もあるため、文脈で見分ける必要がある。"preamble"は前文という意味である。

　"herein"は、in this Agreementを指す。また、「意味する」の書き方には、単にmeanという言い方と、shall meanという言い方がある。どちらも正しい。"singular"は単数、"plurals"は

複数である。

"Purchase Order"は注文書、"acceptance"は注文書の受諾を意味する。

1.2 "Affiliates" means, with respect to any legally recognizable entity, any other such entity Controlling, Controlled by, under common Control with, such entity; provided, however, that an entity shall be deemed an Affiliate only so long as such Control exists.

[和訳]
1.2 「関連会社」とは、あらゆる法的に認識できる事業体について、かかる事業体をコントロールし、コントロールされ、または、共通のコントロールの下にある他の事業体のことを指すが、その事業体がそのようなコントロールの下にある条件のときのみに関連会社とみなすものとする。

---- 解説 ----

"Affiliates"は、「関連会社」を指す。関連会社とみなすかどうかには、それぞれにコントロールを及ぼす力があるかどうかが決め手になる。

コントロールがある場合はAffiliatesと呼ばれるが、厳密には3種類の区別がある。

parent company（親会社）と呼ばれるControlling Company、subsidiary（子会社）と呼ばれるCompany Controlled、兄弟姉妹会社と呼ばれるCompanies Commonly Controlledである。関連会社は総称して、グループ会社と呼ばれることがあるが、この場合は、定義が不明確になるので、翻訳としてはすすめない。

ビジネスの世界では、50パーセントの株式などの保有の場合にはコントロールがなされているとみなすのか、過半数の保有をしてはじめてコントロールがされているとみなすかについて、意見が半々に分かれている。会社法や民事商事法でも判然としない。仮に、規定が法でなされていても、その法が具体的な契約案件に適用されるかどうかは明確ではない。

そのため、実務上はコントロールの定義を置くことでこの紛争を解決・予防する努力がおこなわれている。どちらかに決めておくことが重要なのである。

such entityとsuch other entityの2つの事業体の間にコントロール関係がある場合のみが関連会社であり、コントロール関係が消滅すれば関連会社として扱わない。

本契約条項ではあとの条項（1.6項）で、コントロール自体の定義を規定している。50パーセントの場合もコントロールが及んでいると規定していることに特色がある。2社で折半出資という合弁事業の場合にも適用されるということである。当事者にとって適切かどうかは、個別具体的に検討するしかない。

Affiliatersに該当する会社名を列挙することより定義するのも、選択肢の一つである。

1.3 "Annual Period" means a calendar year, commencing as of the Effective Date, including subsequent calendar years during the term of this Agreement.

[和訳]
1.3 「1年間」とは、発効日を初日とする1年間を指すものとし、本契約期間中はその後の暦年も同様とする。

解説

　"Annual Period"、つまり「1年間」を計算するために、いつから数え、どの期間とするかについては、1月1日、もしくは4月1日からの計算としたり、契約締結の日からの計算としたり、さまざまな考え方がある。いつからでもよいが、両者で誤解がないように規定することが必要である。暦年(calendar year)は、1月1日から始まり、12月31日で終わる1年のことである。

1.4 "Cancellation Charges" means the charges, payable by the Distributor to Karen View in compensation for cancellation of an accepted Purchased Order, as set forth in Exhibit A, attached hereto and expressly incorporated herein, which Exhibit A may be amended from time to time by mutual written consent of the Parties.

[和訳]
1.4 「解約手数料」とは、本契約に添付され、本契約の一部を構成する別紙Aに規定される通りの受諾された買い注文書の解除の際の補償として、販売店によりカレンビュー社に支払われるべき費用のことを指し、両当事者の相互の書面による合意により随時、改訂することができる。

解説

　"Cancellation Charges"、つまり「解約手数料」の規定はこの契約に特有のものである。一般的な販売店契約を学ぶうえでは、この解約手数料の規定には深入りする必要はない。

　解約手数料がなぜ特有かというと、通常の販売店契約では、相手方の契約違反や破産など契約の履行を妨げる事情がない場合は、買い主による当然の解除権は認められていない。しかし、当製品の販売店契約では、その取り扱い製品の特殊性を踏まえ、売り主側に違反などの事由が発生しておらず、いったん購入することを約束した製品でも、市場等の動向(売れ行き)を見て、販売店が売り抜くことが難しいと判断した場合は、その購入約定を解除して契約に基づく解約手数料を負担することによりクレジットを得て、次のより市場で歓迎される(売れ行きのよい)製品の購入に(そのクレジットを)充てることができるという仕組みを作り上げているのである。言い換えれば、この販売店は約定した解約手数料を負担することにより、いつも売れ行きのよい製品を扱うことができる仕組みのメリット

例文 2-1 定義の方法：単数と複数、大文字など
例文 2-2 秘密情報の定義

を享受できる。これは、本条項例では、カレンビュー社が供給する製品が、技術開発などにより絶えず進化し、数年ごとに市場・用途に適合する性能の高い新製品が開発されている現状に対処するための工夫なのである。つまり、カレンビュー社と販売店が独立した企業同士でありながら、競合相手との市場での競争を効果的におこなうために、その生存をかけて、運命共同体のように助け合うチームを組んでいると見ることもできよう。現地市場でのメーカーとの競争もあり、当製品市場はその生存競争の激しいことが特徴である。

"payable"は、「支払い義務がある」という意味である。

"Exhibit"は、「添付別表」を意味しており、本契約書、契約書本文に規定するには長すぎる規定、または、のちほど協議して決めたい具体的な規定などを別表とすることが多い。この例のように、別表のみ独立して調印することは例外的なことであり、通常は契約書の一部として扱い、本文の調印と同時に作成する。

一方、契約書本文が合意される際に、別表の内容がまだ合意されていない状態であることは好ましくないことである。なぜならば、別表が合意できなければ、契約の成立の可否も含めた紛争の遠因になりかねないためだ。しかし実際には、契約書本文を調印することを先行させ、別表部分については、単に、to be set forth laterまたは、to be mutually agreed laterとだけ記載して調印するなど、苦肉の策がとられることもある。または、別表だけ両者で調印して合意を確認することもある。なかなか理想通りに調印されないことが、現実である。

例文 2-2　秘密情報の定義

詳細は、本書第1部や拙著『英文ビジネス契約書大辞典〈増補改訂版〉』の秘密保持条項に関わる解説をご参照願いたい。

秘密情報には典型的な定義の方法があり、特に秘密保持義務から除外される項目の規定の方法には特色がある。また、定義のために特殊な用語が使用されることもある。

秘密情報は、用語にも注意し、正確な知識でもって定義することが求められる。

1.5　"Confidential Information" means any and all information that is disclosed to a Recipient by the Discloser under this Agreement, that is:

1.5.1　marked "Confidential" or "proprietary", or with a word or words of similar meaning at the time of disclosure in writing, in magnetic, or other tangible form; or

1.5.2　designated as confidential at the time of disclosure thereof and summarized in writing within a reasonable time after such disclosure if disclosed orally or in intangible form;

1.5.3　"Technical Information", including product designs, operating characteristics, software and hardware algorithms and implementations, and development plans; and

1.5.4 "Business Information", including business plans, product pricing and roadmap, competitive analyses, customer development strategies, and market forecasts; provided, however, that Confidential Information shall not include any information that the Recipient can substantiate;
   (i) is now available or becomes available to the public without breach of this Agreement;
   (ii) is disclosed to a third party by the Discloser without a duty of confidentiality;
   (iii) was known by the Recipient before receipt from the Discloser;
   (iv) is independently developed by the Recipient without use of or access to the Discloser's Confidential Information;
   (v) is lawfully obtained from a third party that has right to make disclosure; or
   (vi) is explicitly approved for release by written authorization of the Discloser.

[和訳]
1.5 「秘密情報」とは、本契約の下で、開示者により、受領者に対し、開示されるいかなる、そしてすべての情報を指すものとし、それはすなわち下記のものである。
1.5.1 書面、電磁情報または他の有形の方法で、開示されるときに、「秘密の」または、「財産性のある」あるいは同様の意味を有する用語で表示されたものをいう。
1.5.2 秘密情報の開示のときに秘密であることを指定されたものと、口頭または無形の方法で開示され、その開示のあとの合理的な期間に書面でまとめられたものを指す。
1.5.3 「技術情報」とは、製品のデザイン、操作説明、ソフトウェアならびにハードウェアのアルゴリズムならびに、その補強および開発計画を指す。ならびに、
1.5.4 「ビジネス情報」とは、ビジネスプラン、製品の価格づけ、ロードマップ、競合品の分析、顧客開発戦略ならびに市場予測を指すが、秘密情報には、受領者が下記のいずれかを立証したものを含まない。
   (i) 本契約に違反することなく、公衆に提供され、提供される情報
   (ii) 開示者により、第三者に対し、秘密保持義務を負わせずに開示した情報
   (iii) 開示者から受領する前に受領者により知られていた情報
   (iv) 開示者の秘密情報を使用し、またはアクセスすることなしに、受領者により独自に開発された情報
   (v) 開示する権利を有する第三者から適法に取得した情報
   (vi) 開示者の書面のリリース(開示)許諾により明示的に承諾された情報

例文 2-2　秘密情報の定義
例文 2-3　コントロールの有無をどう取り決めるか
例文 2-4　その他一般的な用語の定義

解説

　"disclosure"は、「(秘密情報の)開示」を指す。「漏洩」と訳すほうがふさわしい場合もある。「漏洩」にはDivulgeを使うこともある。この場合は、「違反して～」というニュアンスが強い。disclose(動詞)には、契約目的に沿って開示する場合と、違反して開示する場合の両方の意味がある。

　"in writing"は、「書面で」という意味である。Orally(口頭で)と対比して使われる。証拠能力だけでなく、in writingでない場合は方法が異なるため、仮におこなっても履行したことにならないとされることもある。たとえば、通知の方法をin writingと規定されていると、口頭で伝えても通知がなされなかったとみなされる。

　"tangible""intangible"という用語は分かりにくい。"tangible"は「有形の」、"intangible"は「無形の」くらいの意味である。in tangible formは、「有形の、目で見て分かる」という意味である。"intangible form"だと「無形の」という意味である。耳で聞くと間違えやすい用語であり、発音上の区別は容易ではない。

　秘密情報の開示を受ける者のことを"Recipient"とすることがある。ここで取り上げる契約事例ではこの用語を使っているが、たとえば、やさしい用語であるReceiving Partyなどを使うとよい。秘密情報を開示する側のことを"Disclosing Party"ということもあるが、本事例では短い用語のDiscloserを使っている。やさしい用語を使いたいときは、"Disclosing Party"をすすめる。

　秘密情報を相手方に開示する際に、それが、「秘密情報である」ことを相手方が見分けることができるように、秘密情報であることを記す、または、印をつけることがある。これをMarkingと呼ぶ。契約例文中では動詞のmarkが使われている。

　"Technical Information"は技術情報を指す。ビジネス情報を指す"Business Information"と対比して使われ、詳細に定義を置くことがある。

　秘密保持義務を負わない情報を列挙する際には、規定で提示される条件の一つ一つについて開示側・開示を受ける側のいずれに立証義務があるのかを丁寧に読んでいく必要がある。それぞれの主張のうちいずれが正しいのかをすぐには判別できないことがある。

例文 2-3　コントロールの有無をどう取り決めるか

◇コントロール条項：Control

1.6　"Control" means
1.6.1　ownership of fifty percent (50%) or more of the outstanding shares representing the right to vote for members of the directors or other managing officers of such entity; or
1.6.2　for an entity which dose not have shares, fifty percent (50%) or more of the ownership interest representing the right to make decisions for such entity.

[和訳]
1.6　「コントロール」とは、以下を意味する。

1.6.1 かかる事業体の取締役または他の経営に携わる役職者のメンバーを選任する議決権を有する株式の50パーセントまたはそれ以上を所有すること。もしくは、

1.6.2 株式を発行していない事業体について、その事業体の決定をおこなう権利を50パーセントまたはそれ以上所有すること。

解説

この契約事例では、50パーセントの株式保有の場合はコントロールの存在を認める方針を選択している。一般的には、過半数の場合に限り認める場合もある。日本では、むしろ過半数を要件とする考えが有力である。

合弁事業を折半出資でおこなう際は、このコントロールの所在の有無をどう考えるかが重要である。

"ownership"は、「所有」を指す。ボードメンバーを選任するために投票する権限を持つ議決権をどれだけ保有しているかが大事なのである。

"entity"は、「法主体」「団体」くらいの意味である。なかなか実態を把握するのが難しい用語である。"interest"には、「持ち分」や「利息」「利害関係」などの意味がある。この契約書では、「持ち分」という意味で使われている。

その他一般的な用語の定義

例文 2-4

◇ここで取り上げる販売店契約の中で、使用されるさまざまな用語について、一般的、標準的な定義が置かれている。辞書を引けば特に理解困難な定義語はないだろう。ビジネス上の条件で使用、確認される用語が大半である

◇注目すべきは、定義される用語が、繰り返し契約中に登場し、その規定は重要な役割を果たすことがあるということである。特に、数字、期間、値段、数量など数字に関する規定や定義がある用語には留意が必要である。また、一般的な用語であるが、定義により、特別に限定された意味が与えられることがある

1.7 "Customer" means a customer of the Distributor for a Product.

1.8 "Delivery" means transfer of possession by Karen View of Products, pursuant to an accepted Purchase Order and packed for shipment in Karen View's standard containers, marked for shipment to the Distributor's address specified in such Purchase Order, and shipped Ex Factory, Karen View's facility, at which time risk of loss and title pass to the Distributor; provided that Karen View may change the point of shipment upon thirty (30) days prior written notice.

1.9 "Delivery Schedule" means the schedule for Delivery to the Distributor of Products pursuant to an accepted Purchase Order.

1.10 "Discloser" means Karen View or the Distributor, as the case may be.

[和訳]
1.7 「顧客」とは、本製品の販売店の顧客を指す。
1.8 「配送」とは、受諾された注文書に従った本製品のカレンビュー社による占有の移転のことを指し、カレンビュー社工場渡し条件で引き渡され、注文書に記載された販売店の所在地向けの輸送のマークのあるカレンビュー社の標準的なコンテナーで輸送されるもので、その引き渡しのときに、滅失毀損の危険と権原が販売店に移転するものである。ただし、カレンビュー社は、30日の事前の書面による通知により、引き渡しの地点を変更することができる。
1.9 「配送計画」とは、受諾された注文書に従った本製品の販売店への配送のスケジュールのことを指す。
1.10 「開示者」は、状況により、カレンビュー社または販売店を指す。

解説

一見何でもない用語、"Customer""Product""Delivery"などが定義されている場合には、何か特別な意味が加わっていないか注意する必要がある。

本条項では、定義によりDeliveryにはEx Factory(売り手工場渡し)の意味が加わっている。これは、買い主側(Distributor)側が売り手の工場まで受け取りに行くという引き渡し方法である。売り主側が30日の事前通知により、その引き渡し場所を変更する権限も規定している。このように、定義によって商品の引き渡し場所、費用負担の分岐点、リスク移転の場所などが明確に決められる。

1.11 "Intellectual Property Rights" means all intellectual property owned by a Party, including inventions, whether patented or maintained as trade secrets, original works of authorship fixed in a tangible form of expression, mask work rights, Marks, and confidential business information that gives that Party a commercial advantage.

[和訳]
1.11 「知的財産権」とは、当事者により保有されるすべての知的財産を指し、その中には、特許化されているかどうか、あるいは、営業秘密のまま維持されているかどうかを問わず、発明ならびに表現を有形物で定着させた著作物(原作)、また、マスクワーク権、マーク(=標章)、当事者に商業上の利点を付与する秘密のビジネス情報を含む。

解説

"Intellectual Property Rights"の定義が置かれている。ここでは、通常考えられる定義より少し拡大する狙いが込められているようである。

Intellectual Property Rightsは、通常、「知的財産権」と訳す。1960年代頃から広く使われ

ていたIndustrial Property Rights（工業所有権）に比べると、著作権、営業秘密（Trade Secrets）などの要素が加わっている。営業秘密は、かつては、ノウハウ（Know How）と呼ばれることが多かった。しかし近年、工業や生産に関わる情報だけでなく、顧客情報など幅広い情報が財産的価値を持つようになり、ノウハウではカバーしきれなくなった。

　そのため、Trade Secrets（営業秘密）という用語が不正競争防止法により定義され、法的に保護されるノウハウや情報を指すものになった。

　米国などでは、Trade Secretsの保護法は各州により、議会で不正競争を規制する法令とは別に独立して制定されるのが一般的である。

　また、Trade Secretsとしておきながら、信頼できる相手方に秘密保持を条件に開示することがある。この場合は、自社だけでなく、開示先（Recipient）にどのように、秘密保持を守らせるかが大事になる。Duty of Confidentiality（秘密保持義務）が開示相手先に課される。

1.12　"Intended Purpose" means promoting sale of the Products.

［和訳］
1.12　「意図された目的」とは、本製品の拡販（＝販売拡大）を意味する。

―――― 解説 ――――
メーカーが販売店に商品を売り渡す目的について規定する。

1.13　"Marks" means all trademarks and service marks, whether or not registered, and all trade names and trade dress, that a Party may use to identify itself as the source of specific goods or services.

［和訳］
1.13　「標章」とは、当事者が特別な製品またはサービスの供給元として、自らを提示するために使用する、登録の有無にかかわらない、すべての商標・サービスマークならびにすべての商号、トレードドレスを指す。

―――― 解説 ――――
　"Marks"は「標章」と訳される。この用語に、商標権など具体的な権利、財産権を指す意味を付与している。"trade dress"など、かなり特別な用語も定義で使われている。

　中核をなすのは、特許権として保護されているものと、特許権を出願せず、営業秘密として自らの力で門外不出の秘密として守る情報の財産権である。

　当初、商標法では商品に関するものだけを保護対象とし、役務についてのサービスマークは対象外だった。日本では米国などにならって商標制度の改革がおこなわれ、1991年の

商標法の改正により役務までが保護対象として拡大した。サービスマークの商標登録ができるように法改正がなされた際には、改正法施行時に通常の商標登録の優劣を争うように出願日の1日のみで勝敗を決することにすると、施行初日（最初の1日）に出願が集中するため、施行後半年間（6か月）について、いつ出願しても、その間に出願したものについては同時に出願したという扱いがなされた。これには14万件を超える出願がなされたと聞いた。

サービスマークは商標として保護されており、"identify itself as the source of specific goods or services（特別な製品またはサービスの供給元として、自らを提示する）"はマークの本質を説明している。

1.14 "Price Schedule" means the schedule of Products prices, and any applicable volume discounts, as established from time to time in writing by Karen View.

［和訳］

1.14 「価格スケジュール」とは、カレンビュー社により随時決定される本製品の価格、ならびに適用される数量割引のスケジュール（＝一覧表）を指す。

解説

"volume discounts"は、「まとまった数量の注文に対する有利な扱いや値引きをおこなうこと」を指す。

"from time to time"は、「随時」という意味で、「定期的」と対比される。

1.15 "Products" means those products of Karen View that the Distributor may distribute as authorized from time to time in writing by Karen View.

［和訳］

1.15 「本製品」とは、販売店がカレンビュー社の随時の書面による承認に基づき卸売り販売できるカレンビュー社の製品を指す。

解説

"distribute"は「販売する」という意味であるが、Retail Sales（小売り）ではなく、主に卸売りを指す。ただし、重要客先に対し一定の数量を納める場合など、実際には最終ユーザーに納入する場合もDistributeに含まれる。

1.16 "Recipient" means the Distributor or Karen View, as the case may be,

[和訳]
1.16 「受領者」とは、状況により販売店またはカレンビュー社を指す。

解説

　この契約では、"Recipient"という用語を、秘密情報を受領する者という意味で使っている。"as the case may"は「状況に応じて」という意味である。前後の文脈によりRecipientが販売者であることもメーカー側であることもありうるということである。

1.17 "Purchase Order" means the Distributor's standard purchase order, issued pursuant to this Agreement, for Products according to applicable Price and Delivery Schedule; provided, that term(s) stated herein shall control, in case any term in such purchase order may differ in any significant manner from such term as stated herein.

[和訳]
1.17 「注文書」とは、本契約に基づき、適用される価格・配送スケジュールに基づき、本製品の購入のために発行される販売店の標準的な注文書を指し、万一、その注文書の条件が本契約書の条件と重要な点で異なる場合は、本契約書の条件が優先するものとする。

解説

　"Purchase Order"に意味が付与されることにより、この契約の条項と販売店の注文書フォームが異なっているときは、本契約書の条項の規定が優先する（"control"）とされている。ここではcontrolを「優先する」という意味で用いている。prevailという用語を使うこともある。

　この規定では、注文書は販売店がこの契約書に基づいて発行する（issue）と位置付けられている。

1.18 "Purchase Price" means the original purchase price paid by the Distributor for such Products, less any price reduction credits received by the Distributor for those Products.

1.19 "Renewal Period" means the sixty (60) days period immediately preceding the end of an Annual Period.

[和訳]

1.18 「購入価格」とは、かかる本製品のために販売店により支払われたもとの価格から、本製品について販売店が得た価格割引（クレジット）を差し引いた金額を指す。

1.19 「更新期間」とは、年間期間の最終日から直前の60日のことを指す。

解説

"Renewal Period"の期間が意味するところは、関連規定を見て判断する必要がある。この指定された60日間を逃すとrenew（更新）はできない。

のちに述べる、1.21項の"Return Period"、1.23項の"Warranty Period"と同様に、起算点がいつか注意しながら定義を読むことが必要である。

1.20 "Representative" shall mean:

For Karen View	For Distributor
Name	Name
Karen View's address	the Distributor's address
Phone Number	Phone Number
e-mail address	e-mail address

provided, that, a Party may designate a new Representative by timely written notice to the other Party.

[和訳]

1.20 「代表者」とは、下記の者を指す。

カレンビュー社側	販売店側
氏名	氏名
カレンビュー社所在地	販売店所在地
電話番号	電話番号
eメールアドレス	eメールアドレス

ただし、各当事者は、適時の書面による通知を相手方に与えることにより、新しい代表者を指名することができる。

解説

"provided"以下は、条件を指している。"designate"は「指定する」という意味である。

1.21 "Return Period" means the thirty (30) days period during which Karen View will accept return of a Product.

[和訳]
1.21 「返却期間」は、カレンビュー社が本製品の返却を受け入れる30日の期間を指す。

解説

"Return Period"の意味は、関連規定を見て判断する。30日間のルールが規定されていることに注目することが大事である。31日経過することによりreturn（返却）ができなくなる。仮に返却しようとしても、売り主側のカレンビュー社がその返却を拒絶する。

1.22 "Standard Terms and Conditions" means those terms and conditions set forth in Exhibit B, attached hereto and expressly incorporated herein, which Exhibit B may be changed by Karen View, at its sole discretion, provided that Karen View gives the Distributor prior written notice of each such change.

[和訳]
1.22 「標準的条項と条件」は、本契約に添付され、本契約の一部を構成する別紙Bに規定する条項ならびに条件を指すが、その別紙Bはカレンビュー社の随意の決定により変更しうるものとし、変更した場合は、カレンビュー社は販売店に対し、かかる変更ごとに事前の書面による通知を与えるものとする。

解説

標準的な契約条件が別紙Bに規定されており、この契約の一部をなすことを示している。ただし別紙Bは、売り手側の都合により、書面の通知を販売店に与えることによって随時変更される。かかる変更は、販売店側の意向の聴取や同意の取り付けを必要としない。

1.23 "Warranty Period" means, with respect to a particular Product, the twelve (12) months period following Delivery of that particular Product.

[和訳]
1.23 「保証期間」とは、各製品について、それぞれの地点での引き渡しからの12か月を指す。

解説

商品の品質性能などの保証期間についての規定であり、引き渡し後12か月間である。

●─第3款　販売店としての指定とその受諾販売店の指定条項
Appointment of Distributor

例文3　販売店指定

SECTION 2 APPOINTMENT AS A NON-EXCLUSIVE DISTRIBUTOR

[和訳]
第2条　非独占販売店としての任命

2.1　Subject to this Agreement, Karen View hereby appoints the Distributor as its non-exclusive distributor to the Distribution Accounts for the Products, and the Distributor hereby accepts such appointment.

[和訳]
2.1　本契約には服するが、カレンビュー社は、本契約により、販売店を本製品の販売勘定先に対し、その非独占的な販売店に指定し、販売店は、本契約によりこの指定を受け入れる。

解説

"non-exclusive distributor"は、「非独占的販売店」という意味である。対比されるのは、exclusive distributor(独占的販売店)であり、一定の販売地域で、独占的に1社だけで販売権を握る。非独占の場合には、同じ販売地域内に他にも販売店が設置されることがある。

今回は契約条項ごとの説明をしているので、"hereby"を無難な「本契約により」と和訳しているが、むしろ、「本条により」と和訳したほうが、前後の文脈からすると自然かもしれない。契約書全体を見ることができるときは、両方の選択肢があるので、それぞれの置かれた立場で和訳に取り組んでいただきたい。

2.2　The Distributor shall, at its own expense, provide and maintain commercially reasonable sales facilities, sales personnel, field applications engineers, inventories of the Products, and shall vigorously promote the sale of the Products to, and the use of those Products by, the Distribution Accounts.

[和訳]
2.2 販売店は、自身の費用で、商業的に合理的な販売設備、販売要員、客先向けサービス提供エンジニア、本製品の在庫を提供し、維持するものとし、精力的に、販売勘定先に向けて、本製品の販売ならびに、(販売勘定先による)本製品の使用を推進するものとする。

解説

"at its own expense"は、「自らの費用負担で」という意味である。"sales personnel"は、「販売員」のことである。販売員は自社の社員の場合と、社員ではないがagent(代理)として販売を担当する人の場合もあるだろう。

"inventories"は、「在庫」を指す。通常は、製品の在庫を指し、この契約でも"inventories of the Products"と明確に規定している。

2.3 Karen View shall exert commercially reasonable efforts to inform the Distributor regarding future products in sufficient timely sell such products, and to provide the Distributor with sufficient product literature and training to facilitate effective sales of all Products.

2.4 The Distributor is and shall remain an independent contractor of Karen View, and nothing contained in this Agreement shall be deemed to constitute Distributor as an agent or legal representative of Karen View for any purpose whatever.

[和訳]
2.3 カレンビュー社は、将来の製品を適時に十分販売できるよう、販売店に対し、かかる製品について情報を提供し、また、販売店に対し、十分な製品説明書ならびに、すべての製品を効果的に販売できるように研修の機会を提供するよう、商業的に合理的な努力を尽くすものとする。

2.4 販売店は、カレンビュー社との独立した契約者(＝コントラクター)であり、かつ、あり続けるものであり、本契約に含まれる規定において、いずれも、いかなる目的のためであれ、販売店をカレンビュー社の代理人あるいは、法的な代表を構成するものとみなされないこととする。

解説

販売店が売り主の代理人ではなく独立した契約者であることを明確にしている。

販売店の中には、独立した契約者である代わりに、売り主の代理人としてそのアカウント(勘定)で商品を販売する者もいるからである。一般にsales agentまたは、sales representativeと呼ぶ。そのような代理人ではなく、自らの勘定で独立した契約者であることを明確に規定するのが、この規定の狙いである。

agentの場合、販売後に顧客が倒産し代金が支払えなくなったとき、その回収リスクを

負うのは販売店ではなく売り主側である。

2.5 The Distributor shall abide by all Karen View policies and procedures in force during the term of this Agreement of which it has been made aware relating to the performance of its obligations under this Agreement, including, without limitation, the Standard Terms and Conditions.

［和訳］
2.5 販売店は、本契約有効期間中、本契約におけるその義務の履行に関連してあらかじめ（カレンビュー社により）周知させた、標準的な条項と条件を含み、限定されない、そのとき有効なすべてのカレンビュー社の方針ならびに手続きを遵守するものとする。

―――― 解説 ――――

"shall abide"は、shall complyと同義語であり、「遵守する」という意味である。売り手会社の方針と手続きを遵守することを約束させている。"in force"は、「随時更新・変更されていく方針の最新版」という意味である。「現在有効な（効力のある）」くらいの意味である。

"made aware"は、「知らせる」程度の意味である。"including, without limitation,"は例示の際に使う慣用語であり、「（例示されたもの）に限定されない」という点を強調している。

この条項の中では、termが2度登場するが、最初の"term of this Agreement"の場合は期間を指し、あとの"Terms and Conditions"の場合は「条件」を指している。

2.6 The Distributor shall avoid all circumstances and actions which would place it in a position of adverse interest of divided loyalty with respect to the obligations undertaken by it under this Agreement in promoting the sale of the Products to, and the use of those Products by, the Distribution Accounts.
The Distributor shall notify Karen View writing before entering into any agreement with any third party which involves the provision by the Distributor of services similar to those to be performed under this Agreement or acting as a distributor of any goods similar to the Products.

［和訳］
2.6 販売店は、本契約の下で、自身が引き受けた本製品の販売勘定先向け販売ならびに販売勘定先による本製品の使用を推進する義務についての忠誠と矛盾した逆の利害の立場や環境に自身を置くことや行為をすることを避けるものとする。

販売店は、販売店による本契約の下で提供されるべきサービスと類似のサービスを販売店として提供する契約を第三者と締結する前、または、本製品と類似の商品の販売店として行動する前に、書面で、カレンビュー社に対し、通知するものとする。

解説

　販売店は、本契約によってさまざまな方法で、売り主側のカレンビュー社により、その販売活動を推進するうえで支援を受けている。たとえば、市場で売れない製品の購入約定を一定の解約手数料を負担して解除し、新しい競争力のある製品を入手できる道が用意されている。その半面、販売店はそのビジネスの推進において、売り主側カレンビュー社の利害に反する行為を慎む義務を課される。いわば、カレンビュー社に対し、ロイヤルティ（忠実義務）を求められているといえよう。直接的には、カレンビュー社の利益に反する行為を控えることであるが、他にも、贈賄や法律違反行為などにより、間接的にカレンビュー社の名声を傷つけるような行為の禁止も含まれよう。この規定は、そのロイヤルティに関連する規定である。

　上記には、販売店が競合品を扱うことについて、一定の制約を課そうとする狙いがある。競合品の扱いをストレートに禁止しているわけではないが、第三者とともに同様のサービスを提供する（提供契約を締結する）場合は、事前に報告させる仕組みを導入している。趣旨は、本契約上の販売店の義務について、忠実な履行に支障が出る懸念がある契約の締結を、あらかじめ阻止することにある。

　ただ、販売店は独占的な本商品の販売権を与えられていないため、売り主が競合品の取り扱いを完全に禁止することは、独占禁止法などに抵触する恐れもあり、合理的でもない。本条項例は、この考えに基づきやや曖昧な規定にしているのだろうと推測される。実際の運用にあたり先がよく見えない分かりにくい規定で、販売店側からすれば何のメリットもなく、削除したい規定である。

第4款　販売店が賄賂など不正、イレギュラーな支払いやその約束をしていないこと（贈賄防止条項No Bribery）

贈賄防止条例

例文 4

2.7　The Distributor warrants in connection with its performance hereunder that it has not and shall not directly or indirectly offer, pay, promise to pay or authorize the payment of any money, gift, benefit or other valuable consideration to any employee, agent or representative of any Account.

例文 4　贈賄防止条例
例文 5

[和訳]
2.7　販売店は、本契約に基づくその履行に関連して、自身が直接的、間接的にいかなる金銭または贈答品、利益または他の価値ある報酬を、いかなる客先の従業員、代理人または代表に対しても申し入れ、支払い、支払うことを約束し、支払いを認容しておらず、今後、もいずれもしないことを保証する。

解説

商品の販売競争の過程では、売り込み先やその候補先の従業員や代理人からさまざまな支払いや金品の要求を受けることがある。販売の便宜を提供することの代償として個人的な利益を追求する者もあとを絶たない。それが公務員の場合は、公務員に対する贈賄罪にあたる行為になり、犯罪になる。

国内の公務員だけでなく、外国公務員に対する支払いについても、OECD（経済協力開発機構）が条約を進め、日本でも1999年2月から外国公務員贈賄防止条約が発効した。米国では、さらに以前からFCPA（Foreign Corrupt Practices Act：海外腐敗行為防止法）と呼ばれる厳しい法律を制定し、運用している。英国やスイスも独自の贈賄禁止法を制定した。

また、公務員相手の不正支払い（賄賂）でなくても、企業間取引で個人が利益を享受することは、不正である。そのような行為を未然に防ぐ意図で、上記の規定は置かれている。

本来、販売店は売り主の代理人ではないため、あまり心配する必要はないはずであるが、販売店が不正な販売方法をとると、商品の売り主にも調査が及ぶことがある。代理店ビジネスの場合は、販売店の行為は売り主の違反行為とみなされる。このことを配慮し、両者の関係について、独立した事業体同士の対等の取引であることを示す規定を置いているのである。

●─第5款　販売店によるメーカーからの本製品の購入と顧客への販売条件（個別の売買契約 Individual Contracts）

ビジネス上の基本条件である販売店からの注文の方法、受け方、引き渡し方、代金支払い方法、注文後の契約数量の減額手続き（解約手数料の支払い）などについて、詳細に規定する。法律上の特別な規定はほとんどなく、基本的には、本製品の注文の仕方などビジネス条件の確認の規定である。

例文 5

SECTION 3 TERM OF DISTRIBUTION OF PRODUCTS BY DISTRIBUTOR

[和訳]
第3条　販売店による商品の販売期間

3.1 Purchase Orders
3.1.1 During the term of this Agreement, the Distributor may issue Purchase Orders for Delivery of Products according to a desired delivery schedule.

[和訳]
3.1 注文書
3.1.1 本契約の有効期間中、販売店は、望ましい配送スケジュールに従って本製品の引き渡しのための注文書を発行することができる。

解説

"issue Purchase Orders"は「注文書の発行」である。"desired delivery schedule"は、言葉通り、「販売店が希望する引き渡しスケジュール」である。

3.1.2 No later than seven (7) days after receipt of a Purchase Order, Karen View shall notify the Distributor of:

[和訳]
3.1.2 注文書の受領後7日以内に、カレンビュー社は、販売店に対し以下を通知する。

解説

"No later than ＿＿ days"という言い回しは、「＿＿日前までに」という意味である。その当日も含まれる。"notify ＿＿ of"は決まり文句で、「＿＿に通知を発する」という程度の意味である。

3.1.2.1 the acceptance or rejection of such Purchase Order; and

[和訳]
3.1.2.1 かかる注文書の受諾または拒絶

解説

3.1.2項の規定を受けて、注文書の受諾または拒絶を通知する義務をカレンビュー社が負うことを示している。

3.1.2.2　A Delivery Schedule which reflects the Karen View's good faith ability to fulfill the Purchase Order;

provided, however, that, as a condition of acceptance of such Purchase Order, Karen View's may require the Distributor to provide reasonable information on the financial condition of the Distributor, and, if such information is, in the sole judgment of Karen View, not fully satisfactory, Karen View may require the Distributor to issue an irrevocable Letter of Credit in an amount deemed appropriate by Karen View.

[和訳]

3.1.2.2　カレンビュー社が注文書を履行する善意の能力を反映した引き渡しスケジュール。

ただし、かかる注文書を受諾する条件として、カレンビュー社は、販売店に対し、販売店の財政状態に関する合理的な情報を提供するよう要請することができるものとし、もし、かかる情報が、カレンビュー社の単独の判断で十分に満足できないものであるときは、カレンビュー社は販売店に対し、カレンビュー社により適切と考えられる金額の取消不能信用状の発行を要求できるものとする。

―― 解説 ――

　"good faith"は「善意」「善良な」という意味である。"fulfill the Purchase Order"は、「注文を履行する」という意味である。

　この項の特色の一つは、注文を出す販売店の支払い能力について、売り主側が疑義を抱いたときは、その支払い能力や信用を補完する手段として、売り主が販売店に対し、取引のある銀行による"an irrevocable Letter of Credit（取消不能信用状）"の発行を要求できる権利を有することである。

　1960年代に東京銀行が出版した『貿易と信用状』という名著が、その後も幾度も改訂され刊行されている（最新版は、三菱ＵＦＪリサーチ＆コンサルティング編『貿易と信用状 UCP600に基づく解説と実務』〈中央経済社、2010〉）。信用状については、このような基本書と実務によって修得しておくことが望ましい。"in an amount deemed appropriate by（company name）"は、「（売り主）が適切と考える金額の」という意味である。

　売り主側からの一方的な厳しい規定である。販売店としては、信用状開設費用を銀行に支払う負担が増えてしまう。

3.1.3 No later than three (3) days after receipt of a notice of acceptance of a Purchase Order, the Distributor may request modification of the Delivery Schedule and Karen View agrees to negotiate in good faith regarding the Delivery Schedule; provided that, if the Parties cannot reach agreement on the Delivery Schedule within no more than fourteen (14) days, then such Purchase Order shall be deemed rejected.

［和訳］

3.1.3 注文書の受諾の通知の受領後3日以内であれば、販売店は引き渡しスケジュールの変更を要請できるものとし、カレンビュー社は、引き渡しスケジュールについて、誠実に交渉することに合意するものとするが、もし両当事者が、14日以内で引き渡しスケジュール（変更）について合意することができないときは、かかる注文書は拒絶されたものとみなされる。

――――――― 解説 ―――――――

売り主から注文書の受諾通知を受領したあと3日以内なら、販売店は引き渡しスケジュールの変更を求めることができる。売り主側はかかる申し出に対し、善意で(誠実に)交渉に応ずる。もし、かかる引き渡しスケジュールの変更交渉が14日以内に合意決着できなければ、注文書は拒絶されたという扱いを受けたことになる。

3.1.4 The Acceptance Date of Purchase Order shall be the later of:

［和訳］
3.1.4 注文書の受諾は、下記のうち一番遅い日とする。

――――――― 解説 ―――――――
販売店からの注文がいつ売り主によって受諾されたことになるかを規定する条項である。

3.1.4.1 the date of notification acceptance by Karen View of such Purchase Order, if the Distributor dose not timely request modification of the Delivery Schedule pursuant to Section 3.1.3; or

3.1.4.2 the date of agreement regarding such Delivery Schedule pursuant to Section 3.1.3; and such Purchase Order shall be subject to the Price Schedule in effect as of said Acceptance Date.

3.1.5 At any time after acceptance of a Purchase Order and before fulfillment thereof, the Distributor may request:

3.1.5.1 modification of the Delivery Schedule and, Karen View agrees to negotiate in good faith regarding such Delivery Schedule; provided that, if the Parties cannot reach agreement on the Delivery Schedule within ten (10) days after receipt by Karen View of a request from the Distributor to change the Delivery Schedule, then such request to modify shall be deemed a request by the Distributor to cancel such Purchase Order, and the Distributor agrees to pay all applicable Cancellation Charges in effect as of the effective date of such request; or

[和訳]

3.1.4.1 もし、販売店が、3.1.3項により、適時にスケジュールの変更を要請しなかったときは、かかる注文書のカレンビュー社による受諾の通知の日。

3.1.4.2 3.1.3項による引き渡しスケジュールについての合意がなされた日。また、かかる注文書は、その受諾の日に有効な価格スケジュール（表）に従うものとする。

3.1.5 注文書の受諾以降でその履行の前は、いつでも販売店は以下の要請をすることができる。

3.1.5.1 引き渡しスケジュールの変更、そして、カレンビュー社は、かかる引き渡しスケジュールについて誠意を持って交渉することに合意するが、販売店からの引き渡しスケジュール変更の要請がカレンビュー社により受領されて10日以内に合意に達しないときは、かかる変更要請は、かかる注文書を解除するよう販売店よりなされたものとみなすものとする。そして、販売店はかかる要請の発効日に有効なすべての解除費用を支払うことに合意する。

―――― 解説 ――――

"agrees to negotiate"は、義務の中で一番緩やかな義務で、「交渉に誠実に応ずる」という義務である。

当初から会うことを拒否したり、交渉を拒絶したりすれば、違反になる。しかし、いったん誠実にテーブルについて交渉に応じれば、それで義務を果たしたことになる。agree to agreeと規定すれば、さらに義務が強化されるが、結局は合意しない限り解決しない。ここでは合意しない限り、最初の注文は解除される。販売店は"Cancellation Charges（解約料）"を支払う義務を負う。

3.1.5.2 cancellation of such Purchase Order, and the Distributor agrees to pay all applicable Cancellation Charges in effect as of the effective date of such request.

[和訳]

3.1.5.2　かかる注文書の解除した場合、販売店はかかる要請の発効日において有効なすべての解除手数料を支払うものとする。

解説

"in effect as of the effective date of such request"は、「かかる要請の効力発生日現在に有効に存在する……」という意味である。レートが随時変更されることがあるという前提に立つと、あらかじめ金額や率を規定できないので、このような、将来その事案が発生したときに有効な金額・率を基準とする。

3.1.6　Karen View shall exert commercially reasonable efforts to meet the Delivery Schedule.

[和訳]

3.1.6　カレンビュー社は、引き渡しスケジュールに合致するよう商業的に合理的な努力を尽くすものとする。

解説

これは、売り主側の努力規定である。"commercially reasonable efforts（商業的に合理的な努力）"を尽くすこととしている。

3.1.7　Within seven (7) days of each Delivery of Products pursuant to an accepted Purchase Order, Karen View shall invoice Distributor, less any outstanding credits, and Distributor shall pay such invoice within thirty (30) days after the date of issuance by Karen View of said invoice, in US Dollars, by wire transfer or other instrument approved in writing by Karen View.

[和訳]

3.1.7　受諾された注文書に従った本製品の各引き渡しの7日以内に、カレンビュー社は、販売店に対し、借勘定割引（クレジット）を差し引きしたうえで請求書を発行するものとし、かかる請求書のカレンビュー社による発行日の30日以内に、電信送金または、カレンビュー社により書面で承認された他の方法で、かかる請求書に対する支払いをおこなうものとする。

例文 5
例文 6　知的財産権

解説

"invoice"は、「請求する、請求書を発行する」という意味である。

"less any outstanding credits"は、たとえば、数量割引など、代金減額理由となる控除額などがある場合の「減額」のことを指す。"issuance of invoice"は、「請求書発行」のことである。invoiceは動詞としても名詞としても使われる。

"by wire transfer"は、by telegraphic transferとされることもある。「電信送金」を指しており、銀行送金の手続きの一種である。

3.2　Distribution Reports
3.2.1　Distributor shall, within fifteen (15) days after the end of each calendar month, provide to Karen View a sales and inventory report setting forth the following:
3.2.1.1　By Customer: Product number, units sold, price per unit; and extended value of units sold; and
3.2.1.2　By Product number, lot code and date code: units in stock, and extended value of units in stock.

[和訳]
3.2　販売店による販売報告。
3.2.1　販売店は、各暦月の最終日から15日以内に、カレンビュー社に対し、下記に定める事項を記述した販売ならびに在庫報告を提出するものとする。
3.2.1.1　顧客別に販売した製品の数と単位（セット）、単位ごとの価格ならびに販売した単位の合計額。
3.2.1.2　販売数量、ロットコード、日付コード、在庫単位数ならびに在庫単位の総額。

解説

販売店は、販売と在庫量について売り主に報告する。その項目と報告の方法を定める。ここでは顧客別の報告になっている。本来、ビジネス上仕入れた商品をどのように誰に販売したかは、当然、売り主に開示する義務はない。この契約により課された追加の義務である。

●—第6款　**本製品ラインにおける財産権、本製品の商標、特許等の知的財産権のすべてが売り主側に帰属し、販売店に対する販売によって移転することがないこと**

　本製品は、売り主であるメーカーが買い主である販売店から注文を受け、引き渡すことにより売り渡される。だからといって、その製品をリバースエンジニアリングにより分解・分析され、生産方法を研究されたり、複製品を生産されたりするわけにはいかな

い。本製品に関わる技術・営業秘密・商標などいかなる権利をも販売店側に移転するわけではないことを丁寧に規定する必要がある。売り主は、売買により所有権が移転したあとは対象物のすべての支配権を失い、買い手が自由にその分解・複製などをしてもよい、という主張をあらかじめ契約で封じることが狙いである。

リースの場合や使用許諾を与える場合と譲渡（所有権の移転）の場合、それぞれにどのような差異があるかは、さまざまな考え方がある。特に、リバースエンジニアリングについては、科学の発展のため買い主は当然おこなえるという考え方が根強くあった時代やそのような主張をする地域や国もある。

いったん取引関係が終了すると、本製品の販売目的（いわゆるintended purpose）のために使用が認められていた商標などについて、販売店による使用が差し止められる。この権利についての扱いは、個別具体的に、契約により当事者間で決めればよく、あらかじめ法律によって明確にはなっていない。取引終了後も在庫が残っている一定期間については、権利の使用を販売店に認めると合意してもよいし、商標を除いて販売することを求めることもできる。在庫を売り主側が買い取る権利を保有すること、在庫をあらかじめ定めた価格で指定する第三者に対して譲渡させる方法もある。この場合の第三者とは、売り主が自ら現地法人などで進出することもあるだろうし、新しく指定した販売店であることもあろう。販売店契約が有効な間は、販売店は、たとえば、その看板やレターヘッドにその売り主（メーカー）のAuthorized Distributorというタイトルを使ったり、名刺にそのようなタイトルを印刷して使ったりすることが認められるのが通常であろう。ただし、規制を忘れると、あたかも販売店が代理人のような外観を構えたり、代理人というような名称を使い始めてしまったりすると、売り主と顧客との関係で、リスクが増大することがある。Agentではないのである。No Agency条項やNo Joint Venture条項を設けて、このあたりのリスクの軽減を図ることもよくおこなわれる。

Independent Contractor（独立の契約者）ということを強調する規定の仕方もある。

知的財産権

例文 6

SECTION 4 PROPERTY RIGHTS; PROPRIETARY RIGHTS

［和訳］
第4条　所有権、知的財産権

4.1　The Distributor agrees that Karen View owns all right, and interest in the product lines which include the Products now or hereafter subject to this Agreement and in Karen View's Intellectual Property. The use by the Distributor of any of those property right is authorized only for the purpose herein set forth, and upon termination of this Agreement for any reason such authorization shall cease.

4.2　Products are offered for sale and sold by Karen View subject in every case to the condition that such sales do not convey any license, expressly or by implication, to reverse engineer, manufacture, duplicate or otherwise copy or reproduce any Products.
　　　The Distributor shall take appropriate steps with its Customers, as Karen View may request, to protect or preserve the rights of Karen View.

[和訳]
4.1　販売店は、カレンビュー社が現在ならびに本契約により今後加わる本製品を含む製品群ならびにカレンビュー社の知的財産権に関するすべての権利、権益を有することに合意する。販売店によるこれらの財産権の使用は、本契約による目的を達成するために許諾されるものであり、理由のいかんを問わず、本契約の終了と同時にかかる許諾は終了する。
4.2　本製品は、あらゆる場合に、かかる販売が明示的であれ黙示的であれ、本製品をリバースエンジニアリング、製造、複製、あるいは他の方法で、複製品を作り、再生産することに許諾を与えたものではないという条件で、カレンビュー社により提供され販売されるものである。
　　　販売店は、カレンビュー社の権利を守り、保存するために、カレンビュー社が要請する際には、顧客に対し、適切な手段を講ずるものとする。

―――― 解説 ――――

リバースエンジニアリング、複製品の制作を禁止している。
　販売店に指定した目的はあくまで本製品を販売することであり、リバースエンジニアリングなどとんでもない、という考え方が基盤にある。
　しかし、販売店側にもその製品の補修サービスや部品交換など技術面を担当し、技術知識を強化したいと希望することもあるだろう。実際に補修をするためにはいったん分解し、再度組み立てることは、製品研究の基本ともいえるので、なかなか解決の難しい問題である。

4.3　During the term of this Agreement, the Distributor shall have the right to indicate to the public that it is an authorized sales distributor of Products using Karen View's Marks. The Distributor shall not alter or remove any Marks applied to Products by Karen View.

[和訳]

4.3 本契約の期間中、販売店は、自身がカレンビュー社標章を付した本製品について許諾された販売店であることを公衆に対し示す権利を有することができる。販売店は、カレンビュー社により本製品に対し適用されたいかなる標章も変更または取り除いてはならない。

―――― 解説 ――――

販売店契約の有効期間中、販売店は売り主の標章などを使用し、その権限を付与された正規販売店(販売店)と名乗ることができる。売り主により本製品に付された標章などを変更したり、除去したりして販売することがあってはならない。

この中に明文規定はないが、販売店の名称や商標を組み合わせることや販売店の名称に変更して販売することも禁止される。"alter(変更する)"がそれを示している。

4.4 All representations of Karen View's Marks which the Distributor intends to use shall first be submitted to Karen View for approval, of design, color, and other details (which approval shall not be unreasonably withheld), or shall be exact copies of those used by Karen View.

[和訳]

4.4 販売店が使用しようと考えているカレンビュー社の標章の見本については、すべて最初に、カレンビュー社に対し、そのデザイン、色彩ならびに他の詳細について、承認を得るために提出されなければならないものとし(その承認は、不合理に留保されることはない)、または、カレンビュー社が使用するものの正確な複製でなければならない。

―――― 解説 ――――

使用予定の"representations(表示、見本)"を提出し、売り主の承認を得ることが標章使用の条件となっている。ただし、合理的な理由なしに拒絶されることはない(Such approvals of the Company shall not be unreasonably withheld)。

representationsには、表示という意味と、見本という意味がある。いっそ見本を意味するsamplesに変えて用語を使うという選択肢もある。実務的には、事業部の現場では、representationsより、見本という意味だけのsamplesのほうが身近なことがあり、間違いや読み落としを防ぐ用途で使うこともできる。

●―第7款　秘密保持条項　Confidentiality

　秘密保持条項はさまざまな契約で規定が置かれる。もし真剣にその知識を修得しようと思う読者諸氏には『英文ビジネス契約書大辞典〈増補改訂版〉』の第8章「秘密保持契約」をご参照いただきたい。一通りの考え方と、重要な条項の知識は修得できるだろう。

　ここでは、現実の秘密保持条項を読むときに、あらかじめ注意すべきポイントに絞って解説をおこなう。

　第1のポイントは、その秘密保持条項が、当事者のうち開示を受けた側の秘密保持義務のみを規定したものか、それとも契約当事者双方が互いに秘密情報を開示し、双方が情報を秘密裡に保持する義務を負うと規定されているかを見分けることである。双方が秘密裡に保持する義務を負うという趣旨ならば、公平な規定となっているかが基本的な確認のポイントとなる。自己の秘密保持義務を規定する際に、わざわざ厳しい規定を提案する企業はない。

　ライセンス契約などでは、開示を受けたライセンシーのみが厳しい秘密保持義務を負うと規定されることがある。このように、一方のみ、特に当方のみが秘密保持義務を負う規定を提示されたときには、実際に履行できるか実情を勘案して、検討する必要がある。現実からかけ離れ、履行ができない仕組みを契約条項で取り決めることがあってはならない。

　第2のポイントは、注意義務の水準である。大きく分けて3種類の規定があり、1つ目は「善良な管理者の注意義務（『善管注意義務』と略称で呼ぶことがある）」を基準としたものである。これはわざわざ規定として置くとは限らない。日本では民法（644条など）に善管注意義務が規定されているので、明文化の必要がないと考えることもできるからだ。2つ目は「自己の財産・情報の管理に対して費やすのと、同水準の注意義務」の規定である。「善良な管理者の注意義務」という概念を持たない法令の下で活動する企業には、善管注意義務よりも上位という感覚があることがある。英米企業との取引で、このように規定されることがある。3つ目の規定の方法は、どの水準か特に規定しない方法である。たとえば、"due care"や"professional manner"などの表現にとどめ、善管注意義務、自己の財産・情報に払う注意義務といった表現を避ける方法である（第1部第4章参照）。

　第3のポイントは、立証責任を開示される側に負わせることが標準と規定されているかである。秘密情報といっても、開示されたときに受け取る側が既に自己で開発していたり、第三者から開示を受けている情報であったりすることがあり、その場合は秘密保持義務の対象としないとする方法がある。受け取る側が証明しなければ、開示する側は信用することができないため、立証責任を開示される側に負わせることが標準的である。また、開示時には秘密情報であっても、その後、開示を受けた側の過失なしにパブリックドメイン（public domain）や公知情報になってしまった場合には、それ以降は秘密保持義務を負担させることは不合理であるため、秘密保持義務がなくなると規定することが標準的である。

　第4のポイントは、秘密保持の期間である。これには、開示のときから起算する年数や契約終了日から起算する年数を秘密保持期間として具体的に規定する方法がある。問題になりやすい点として、この期間があまりに長期であると、パブリックポリシー（公の秩序）に反するとして法的な保護が与えられず、無効とされるリスクがある、と弁護士から助言を受けることがある点である。情報の秘密性や重要性により、4〜5年を超える長期

の秘密保持の必要性があるかどうかを判断しておかなければならない。一方で、あまりに長期の秘密保持義務期間は有効性に問題があるとしても、4～5年を超えて秘密としなければならない情報もあるだろう。その場合は個別対応をする必要がある。明快な答えがあるわけではない。

　第5のポイントは、秘密情報を開示できる範囲の指定と、秘密情報の定義の指定である。どうすれば当事者間で誤解がないように、秘密情報であることやその範囲を指定できるかは、基本的な問題である。その指定の時期としては事前だけで十分かも検討すべきである。

　書面や、品物による有形物による開示だけでなく、言葉など無形の開示もあることに注意しなければならない。

秘密保持

例文 **7**

SECTION 5 CONFIDENTIALITY

［和訳］
第5条　秘密保持

5.1　All transfers of Confidential Information under this Agreement shall be controlled by the respective Representatives.

［和訳］
5.1　本契約に基づくすべての秘密情報の移転は、各々の代表者によりコントロールされる。

解説

　"transfers of Confidential Information"は、「秘密情報が開示により相手方に移転すること」を指す。"control"という用語は、契約書冒頭で定義された用語とは関わりがない。一般的な「支配する」という意味で使われている。どのようなルールが支配するかをこの第5条で規定していく前触れである。

5.2　All Confidential Information of a Disclosing Party shall be used by a Recipient only for the Intended Purpose.

［和訳］
5.2　開示者のすべての秘密情報は、受領者により、その意図された目的のためにのみ使用されるものとする。

解説

"Intended Purpose"は、契約書の第1節で定義された用語である。特に、販売店は本製品の販売(distribution)を目的とすることが明確に示されている。

開示された秘密情報を別の目的に使用すると契約違反にあたることを示している。

5.3　The parties hereby agree that a Recipient shall:

[和訳]
5.3　本契約当事者は、受領者が下記の通り振る舞うことに合意する。

解説

この規定は、両当事者が互いに自己の秘密情報を相手方に開示することを前提としている。"The parties"は、売り主でも、販売店でもありうる。"Recipient"もいずれでもありうる。公平な規定であることが保証されているともいえよう。

販売店契約は公平な規定が置かれることも多いが、ライセンス契約やフランチャイズ契約では、秘密情報を開示するライセンサー側に一方的に有利な規定であることか多い。

5.3.1　not disclose the Confidential Information to any third party;

[和訳]
5.3.1　秘密情報をいかなる第三者にも開示しない。

解説

"any third party"は、「契約の履行に関係のない第三者」を指す。"disclose"は「開示する」という意味であり、情報を漏洩する場合にもdiscloseが使用される。divulgeを使うこともある。

5.3.2　restrict dissemination of the Confidential Information to only those employees and Consultants who must be directly involved with accomplishing the Intended Purpose; and

[和訳]
5.3.2　秘密情報の開示範囲を意図された目的に直接に関わる従業員とコンサルタントのみに制限すること。

解説

秘密情報を開示する範囲、特に人的範囲を規定するものである。

"those employees and Consultants who must be directly involved with accomplishing the Intended Purpose"中のコンサルタントには弁護士などが含まれる。職業上、秘密保持義務を負担する者を指すことが多い。契約目的である販売のためであっても、開示範囲に子会社やセールスエージェント、販売店を補佐する他の店、小売店まで含まれるかどうかは、この規定だけでは明確には示されていない。履行補助者は多いため、他の規定で補充し、さらに明確にすることもある。

5.3.3　use the same degree of care as for its own information of like importance, but at least use reasonable care, in safeguarding against disclosure of the Confidential Information of the Disclosing Party.

［和訳］

5.3.3　受領者自身が同一の重要度の情報に対し払うものと同じ水準の注意義務を払うこと、ただし、最低限、開示者の秘密情報について保護のために合理的な注意義務を尽くすこととする。

解説

開示された相手方の秘密情報を秘密保持するために要求される注意義務の水準・程度を規定する。日本の民法の感覚だと、ここは善管注意義務となるところであるが、英米法の下では善管注意義務という概念や用語が必ずしも定着しておらず、with due care of a good managerでは通じないことがある。

このような場合には、さまざまな対処方法が考えられる。その一つとして、相手側の法文化や感覚を受け入れ、自己の情報を秘密保持するために払う注意を基準として規定し、そのうえで合理的で適切な注意を払うと付け加える方法がある。上記の条項はその考えに従って規定している。契約交渉では、交渉の余地があり、相手方の法文化や感覚を尊重することが必要な場合がある。

5.4　Either Party may disclose existence of this Agreement, but the Parties shall otherwise keep the terms and conditions of this Agreement confidential.

［和訳］

5.4　いずれの当事者も、本契約の存在を開示することができるものとするが、それ以外については、当事者は本契約の条項と条件の秘密保持をおこなうものとする。

解説

"otherwise keep _____ confidential"は、「それ以外については、_____秘密扱いとする」という意味である。契約締結を発表することがビジネス推進に必要であることが多い。

5.5 Recipient agrees that all Confidential Information received from the Disclosing Party is and will remain the property of the Disclosing Party and that such shall not be copied or reproduced without the express permission of the Disclosing Party, except for such copies as may be reasonably necessary in order to accomplish the Intended Purpose.

Upon written request of the Disclosing Party, the Recipient shall immediately discontinue all use of all Confidential Information of the Disclosing Party, and shall, at the Disclosing Party's option, either destroy or return to the Disclosing Party all hard copies in its possession of such Confidential Information and any derivatives thereof (including all hard copies of any translation, modification, compilation, abridgement or other form in which the Confidential Information has been recast, transformed or adapted), and to delete all on-line electronic copies thereof; provided, however, that the Recipient may retain one (1) archival copy of the Confidential Information, which shall be used only in case of dispute concerning this Agreement. Notwithstanding the foregoing, neither Party shall be required to destroy or alter any computer-based back-up files generated in the normal course of its business, provided that such files are maintained confidential in accordance with the terms of this Agreement for the full period provided for in Section 9.8.

[和訳]

5.5 受領者は、開示者から受領したすべての秘密情報は、開示者の財産であり、かつ、あり続けること、また、かかる秘密情報は、開示者の明確な許可なくして、複製され、または再生されてはならないものとするが、かかるコピーが、意図された目的を達成するために合理的に必要な場合は、例外とすることに合意する。

開示者の書面による要請があるときは、受領者はただちに開示者のすべての秘密情報の使用を取りやめ、また、開示者の選択により、手元にある秘密情報またはその派生物（かかる秘密情報が翻訳・変更・集合または短縮されたもの、または秘密情報が改作、変形または翻案されたものを含む）のすべてのハードコピーを破棄または開示者に返却するものとし、また、そのオンライン上の電子情報化されたコピーを削除するものとする。

ただし受領者は、秘密情報の文書コピーの一部を保有することができるものとし、それは、本契約に関して紛争が生じた場合にのみ使用されるものとする。上記規定にかかわらず、いずれの当事者もその通常の過程で発生するコンピュータ上のバックアップファイルを破棄または変更することは要求されないものとするが、かかるファイルは、9.8項に定める期間中、本契約の条項に従って秘密保持を図るものとする。

―――― 解説 ――――

　本項の規定は、開示をしたからといって、その秘密情報の所有権は開示を受けた側に移転しておらず、開示した側にあることについて念を押すように規定している。

　開示した側が相手方に対し、その破棄・除去などを求めた場合は、開示された側はそれに従って破棄・除去する義務を負う。

　ただし、この項では、将来の紛争に備え、証拠として一部を保有してもよいことと規定する。一見、不思議な規定のようであるが、紛争解決のために使う目的を限定し、認めている。

　"archival"は、読み方が難しく、アーカイバルと読む。名詞にあたるarchivesは、アーカイブスと読み、「収集された文書」を指す。

5.6　The terms of confidentiality under this Agreement shall not be construed to limit either the Disclosing Party's or the Recipient's right to independently develop or acquire products without use of the other Party's Confidential Information. Further, the Recipient shall be free to use of any purpose the Residuals resulting from access to or work with Confidential Information of the Disclosing Party, provided that the Recipient shall not disclose the Confidential Information except as expressly permitted pursuant to the terms of this Agreement.

The Recipient shall not have any obligation to limit or restrict the assignment of such persons or to pay royalties for any work resulting from the use of Residuals. However, this Section 5.6 shall not be deemed to grant to the Recipient a license with respect to any intellectual property of the Disclosing Party.

［和訳］

5.6　本契約の下での秘密保持規定は、開示者あるいは受領者の他方の秘密情報を使わない、独自の製品開発や製品の取得の権利を制限するものと解釈されない。

　さらに受領者は、開示者の秘密情報へのアクセス、または同情報を使用して業務遂行したことでもたらされた残滓情報の使用について何ら制限を受けないものとするが、受領者は本契約の条件に従って明示的に許容されている場合を除き、秘密情報を漏洩してはならない。

| 例文 7 | 秘密保持 |
| 例文 8 | 保証 |

> 受領者は、残滓情報を使用する業務に携わった人員の配属を制限または制約し、またはロイヤルティを支払う義務を負担しないものとする。
> しかしながら、5.6項は受領者に対し、開示者の知的財産について使用許諾を認めるものとみなされてはならない。

──── 解説 ────

　本項は、秘密保持条項が、開示を受けた当事者の独自の研究開発を妨げないことを明確に規定している。これは、秘密保持条項に反するからという理由で、過去にライセンス契約などで技術情報の開示を受けた当事者が、独自に開発した技術や新商品の発売に対し差止請求を受けるなどの紛争が発生する、という背景を踏まえた規定である。

　自社側の技術を開示した開示者側にして見れば、相手方の独自の研究開発とは何か、知る立場にない。そのためか、相手方が新製品を発表するタイミングによっては、開示した自社技術を利用して開示の目的（intended purpose）外に利用されたと受け取ることもある。そのような場合に備え、"Residuals（残滓情報）"についても、寛容な対応をし、互いに自社の研究開発陣による開発が自由にできるように規定している。だからといって、開示した技術情報に関する所有権の移転を認めてはいない。

●──第8款　顧客に対する本製品の品質保証ならびにその制限・排除規定（顧客への義務 Warranty to Customers）

　製品を市場に供給する者は、それぞれの法域における法と契約に基づき、その製品を購入し使用する者に対して売り主として責任を負う。その売り主の製品に関する責任の内容については、さまざまな呼び方があるが、最も一般的な名称は「売り主の保証（warranty）」である。本条項では、顧客に対する売り主の責任について規定している。

　売り主の責任について契約条項を吟味するときに第一になすべきことは、どのような品質が売り主によって保証されているかの確認である。仕様（specification）など、さまざまな規定の仕方がある。

　また、米国においては、各州が採用して州法として立法化がおこなわれているUCCの規定に基づき、どのように規定されているかを見る必要がある。UCCでは、売り主に対し、商品性に関する黙示保証責任（implied warranty of merchantability）を課している。その一方で、それを目立つように排除する規定を置くことで（たとえば、大文字でこの黙示保証責任を排除する条項を置く）、排除できることを規定し、わざわざそのための言い回しや表現方法まで提示している。フェアであれば、契約を有利に規定しても構わない、という考え方である。そのため、英文契約書には、米国の州法、特にこのUCCを準拠法とする場合は、売り主により大文字で黙示保証責任を排除する規定が記載されていることが多い。

保証

SECTION 6 WARRANTY TO CUSTOMERS

[和訳]

第6条　顧客への義務

6.1　During the Warranty Period, Karen View warrants to each Account that each Product shall:

[和訳]

6.1　保証期間中、カレンビュー社は、各勘定先（顧客）に対して、本製品の各々が以下の通りであることを保証する。

解説

保証期間中の保証について規定している。

6.1.1　perform in accordance with Karen View standard specifications for that Product, subject to any erratic sheets issued by Karen View to such other special specifications as may be agreed upon between the parties; and,

[和訳]

6.1.1　カレンビュー社により発行された随時の変更書と、当事者間で合意した他の特殊仕様には服するが、本製品のカレンビュー社の標準的な仕様に従ってその性能を発揮すること。

解説

基本ルールは、売り主がその製品に対して、標準的な仕様としているものが基準である。ただし、当事者間で合意した仕様があれば、その仕様による。

6.1.2　be free from any defects in materials and workmanship; provided that the Product;

[和訳]
6.1.2　材料と技量において欠陥がないこと、ただし、本製品について以下を条件とする。

解説

製品は、その材料と製造技術で瑕疵がないことを売り主は保証する。"materials（材料）"と"workmanship（技量）"は、重要な用語である。

6.1.3　has been used by the Account in an application for which it was intended;

[和訳]
6.1.3　それが、意図された用途で顧客により使用されていたこと。

解説

その製品が意図された用途に従って使用されることが、保証の前提になる。通常の用途を前提に供給された製品が、特殊な高い安全性を要求される用途（たとえば、医療目的や宇宙、原子力発電など）のために使用されるなど、売り主の考える通常の用途ではない場合には、その保証は及ばない。

6.1.4　was not modified without Karen View's approval.

[和訳]
6.1.4　カレンビュー社の承認なしに変更されていないこと。

解説

製品に変更が加えられていないことが保証の前提になる。

6.1.5　was not subjected to unusual physical or electrical stress; and

[和訳]
6.1.5　異常な物理的または、電気的な圧迫を受けていないこと。

解説

製品が異常な物理的・電気的圧力を受けていないことが保証の前提になる。

6.1.6　is capable of being tested by Karen View under its standard quality assurance tests for such Product.

6.2　Karen View's sole obligation for Products failing to meet the warranty of Section 6.1 shall be to replace the Product where, within the Warranty Period;

［和訳］

6.1.6　本製品に対する標準品質保証試験の下で、カレンビュー社により試験の実施が可能であること。

6.2　6.1項の保証に適合しない場合のカレンビュー社の唯一の義務は、保証期間中に下記の場合は本製品を取り替えること。

解説

保証に基づく売り主の責任のとり方は、保証期間中の適合品との取り替え（"replace"）に限定される。

6.2.1　Karen View has received written notice of any nonconformity;

［和訳］

6.2.1　カレンビュー社が、適合しないことについての書面による通知を受領した場合。

解説

買い主からの製品の不適合についての書面による通知が前提になる。

6.2.2　after Karen View has given to the Distributor its written authorization to do so, the Distributor has returned the nonconforming Product to Karen View freight prepaid; and Karen View has determined that the Product is nonconforming and that such nonconformity is not a result of improper installation, repair or other misuse by the Distributor or its Account; provided, however, that any replacement Product shall be warranted by Karen View for only the unexpired term of Warranty Period;

[和訳]

6.2.2　カレンビュー社が販売店に対し、そうするように書面での許諾を与えたのちに、販売店が適合しない本製品を発送元払いでカレンビュー社に返還する。カレンビュー社は本製品が適合しないこと、ならびにその適合しないことが販売店またはその客先による不適切な設置・修理または他の不適切な誤用の結果ではないと裁定する。ただし、取り替えられた本製品についての交換保証は、経過していない保証期間についてのみとする。

――― 解説 ―――

不適合品を販売店が売り主に返還する場合は、発送元払いで返還するものとする。

また、売り主が不適合品を適合品に取り替えることに応ずるのは、販売店が売り主の許可を得て不適合品を自己費用で返還し、売り主がそれは不適合であり、かつその不適合の理由が販売店またはその納入先による不適切な設置・修理・他の不正使用の結果引き起こされたものでないと結論付けることが前提になる。また、かかる適合品への取り替えの保証は、保証期間がまだ残存している間("unexpired term of the Warranty Period")に限る。

6.3　Karen View neither assumes, nor authorizes any person to assume for it, any other liability in connection with the sale, installation or use of its Products, and the Karen View makes no warranty whatsoever for Products not manufactured by Karen View.

Karen View shall have no liability for incidental or consequential damages of any kind arising out of the sale, installation or use of the Products.

[和訳]

6.3　カレンビュー社は、本製品の販売・設置または使用に関連して他のいかなる責任も負わず、また、誰に対しても責任を負う権利を許容しておらず、またカレンビュー社は、カレンビュー社によって製造されていない製品については、一切保証しないものとする。

カレンビュー社は、本製品の販売・設置または使用から発生するいかなる付随的、結果的損害に対しても責任を負わないものとする。

――― 解説 ―――

売り主(メーカー)は、自らが製造しない製品については保証しない。売り主は、また、製品の販売、設置または使用から発生する付随的な損害、結果的な損害についても一切責任を負わない。

6.4　TO THE MAXIMUM EXTENT PERMITTED BY APPLICABLE LAW, KAREN VIEW EXPRESSLY DISCLAIMS ALL OTHER WARRANTIES AND CONDITIONS, EITHER EXPRESSED OR IMPLIED, INCLUDING, BUT NOT LIMITED TO, WITH RESPECT TO ALL PRODUCTS, THE IMPLIED WARRANTIES OF MERCHANTABILITY, FITNESS FOR A PARTICULAR PURPOSE, TITLE AND NON-INFRINGEMENT OF ANY THIRD PARTY INTELLECTUAL PROPERTY.

［和訳］

6.4　適用法により最大限に許容される範囲で、カレンビュー社は、明示的であるか、すべての本製品に関し黙示的であるかを問わず、商品性、特定目的への適合性、権原、第三者の知的財産権を侵害しないことの黙示的保証を含み、それに限定されない保証について、明示的にすべての保証ならびに条件を否認するものとする。

―――― 解説 ――――

UCCの2-316条の規定に基づいて、大文字で強調されて記載されている。

法の規定に基づいて、売り主として商品性の黙示保証の責めから免れるために、大文字で規定している。自らの立場を強化するための強調表記である。

"TO THE MAXIMUM EXTENT PERMITTED BY APPLICABLE LAW"は、「適用法により許容される最高限度まで」という意味である。

"EXPRESSLY DISCLAIMS"は、「明示的に否定する」という意味である。責任を排除しようとしている。"EITHER EXPRESSED OR IMPLIED"というのは、「明示的あるいは、黙示的を問わず」という意味である。"INCLUDING, BUT NOT LIMITED TO"は、「列挙したものを含み、しかもそれに限定されることなく」という意味である。

"MERCHANTABILITY"は「商品性」のことである。"FITNESS FOR A PARTICULAR PURPOSE"は、「特定の目的への適合性」を指す。なぜ通常の目的への適合性（fitness for ordinary purposes）を排除する規定がないかというと、これは、"MERCHANTABILITY"の中に含まれているからである。商品性の保証を否定すると、自動的に通常の目的への適合性も否定されるのである。"NON-INFRINGEMENT OF ANY THIRD PARTY INTELLECTUAL PROPERTY"は、「第三者の知的財産権を侵害することがないこと」を指す。"INTELLECTUAL PROPERTY"には、「特許、商標、実用新案、意匠、著作権、営業秘密」など、幅広い財産権が含まれている。

●―第9款　知的財産権の補償　Indemnity

売買契約、販売店契約では、売り主が売り渡した製品について、第三者からその特許権、商標権、著作権など知的財産権を侵害しているとの主張に基づき、販売差し止めや知的財産権の侵害に基づく賠償請求を買い主が受けることがある。そのような場合、売

り主は自己が供給した製品について、どのように責任を負担し、買い主を守るのかが問題となる。これを売り主による売り渡した製品についての補償(indemnity)の問題という。

典型的な補償は、売り主がそのような第三者の請求や主張に反論し、製品が市場で販売できる状況にすることである。訴訟や和解など解決までの手法は異なっても、結果として買い主が継続して安心して販売できるなら、問題の解決になる。解決が簡単におこなえない場合は、知的財産権侵害の問題のない別の製品で代替可能ならば、取り替える方法もあろう。

さまざまな形で売り主が解決する、と規定するのが一番順当な方法であろう。ただし、このような知的財産権侵害問題が、売り主ではなく、販売店やその供給先などの指定した仕様や販売店・供給先による変更・補修などの手が加わった結果発生したものであれば、売り主は責任を負わない。

例文9　知的財産権補償

SECTION 7 INTELLECTUAL PROPERTY RIGHTS INDEMNITY

[和訳]
第7条　知的財産権の補償

7.1　Karen View agrees to indemnify and defend the Distributor against any claim at its costs that a Product, as delivered, directly infringes any third party Intellectual Property, provided that Karen View is promptly notified in writing of the claim and given, the right to control of the defense of any such claim and all negotiations for its resolution.

[和訳]
7.1　カレンビュー社は、引き渡された本商品について直接に第三者の知的財産権を侵害しているというクレームから販売店をその費用で補償し、防御するものとするが、カレンビュー社に対し、書面でクレームについて迅速に通知され、かつカレンビュー社に対し防御ならびにその解決のためのすべての交渉においてコントロール権が付与されることを条件とする。

解説

"indemnify and defend the Distributor against any claim at its costs that a Product, as delivered, directly infringes any third party Intellectual Property(引き渡された製品が直接に第三者の知的財産権を侵害しているというクレームから販売店をその費用で補償し、防御する)"という記述が、売り主による補償条項の基本的な規定である。

7.2 If at any time the sale by Distributor, or use by a Customer, of a Product is enjoined or must be discontinued because of a settlement by Karen View of a claim under Section 7.1, Karen View shall exert commercially reasonable efforts to, at its sole option and expense:

[和訳]

7.2 万一、いかなるときでも、販売店による本製品の販売、または顧客による使用が、7.1項の下でのクレームについてカレンビュー社の解決により禁止され、または終了させられた場合は、カレンビュー社はその自由裁量と費用負担で、（以下について）商業的に合理的な努力を尽くすものとする。

解説

販売店による販売について第三者による知的財産権侵害の主張がなされ、（販売）中止をしなければならなくなったときに、売り主がその供給先である販売店に対しどのような救済が可能なのかを規定する。

7.2.1 procure for Distributor the right to sell, or for the Customer to use, such Product free of any liability under such claim; or

[和訳]

7.2.1 本製品について、かかるクレームに基づく責任を一切負うことなく、販売店のために販売する権利を、また顧客のために使用する権利を確保すること。

解説

販売店のために、またはその供給先のために、かかる知的財産権侵害の主張を受けずに販売できるように計らう選択肢を規定する。

7.2.2 replace such Product with a non-infringing substitute otherwise complying substantially with all requirements of this agreement; provided, however, that, Karen View, at its sole option, determines that neither of the options Sections 7.2.1 or 7.2.2 is commercially reasonable, Karen View shall accept the return of the Product and credit the Purchase Price therefore, including transportation costs.

[和訳]

7.2.2 本製品を、本契約のすべての要求を満たす、もしくは実質的に同様で非侵害品のものに取り替えること。ただし、カレンビュー社はその単独の判断で、7.2.1項も、7.2.2項も、商業的に合理的でないと判断したときは、カレンビュー社は本製品の返却を受け、それに対する購入価格と輸送費（価格）を信用供与するものとする。

―― 解説 ――

第三者の知的財産権侵害の主張を受けずに、販売できる代替品を用意することを規定する。

7.3 Karen View shall not be liable under this Section 7 for any claim based in any way upon:

7.3.1 the use of Product in combination with other components, equipment, or software not provided by Karen View under this Agreement; or

[和訳]

7.3 カレンビュー社は、以下の使用に基づくクレームについては、第7条による責任を負わないものとする。

7.3.1 カレンビュー社により提供されたのではない他の部品、設備、またはソフトウェアとの組み合わせによる本製品の使用。

―― 解説 ――

製品の使用方法が売り主から提供した者以外のソースから入手したものと組み合わされた場合には、知的財産権侵害の問題が起こっても売り主は責任を負わないことを規定している。

7.3.2 use of a Product in the practice of any process; or

7.3.3 any Product which has been modified or altered after delivery to Distributor; or

7.3.4 the inappropriate manner in which a Product is being used, even if Karen View has been advised by Distributor of such use.

7.4 THIS SECTION 7 STATES KAREN VIEW'S ENTIRE LIABILITY FOR INTELLECTUAL PROPERTY INFRINGEMENT.

[和訳]
7.3.2 何らかのプロセスの実施過程での本製品の使用。
7.3.3 販売店に対する引き渡し後に改造または、作り変えられた本製品、または、
7.3.4 たとえカレンビュー社があらかじめ販売店からそのような使用について知らされていたとしても、本製品の不適切な取り扱い方。
7.4 本第7条は、カレンビュー社の知的財産権に関わるすべての責任を規定したものである。

解説

本項に規定する知的財産権侵害についての救済方法が、本契約上可能なすべての法的責任に及ぶことを示す規定である。

上記条項のうち、7.3.4項は、製品に対して、専門知識を保有することと、その知識を使用の際に発揮することを前提とする規定である。本契約のカレンビュー社製の製品の取引に特有の規定ともいえるので、一般的な契約では削除するのが標準であろう。High Safety Required Use（高度の安全性を要求される用途）なども関連するなかなか対処が難しい問題である。用途や実際の扱い方は、その流通の末端・現場の様子について、海外の売り主側であるカレンビュー社では詳細な状況を把握できない面がある。用途自体に問題がなくても、外部要因が加わったり、その定期的なメンテナンスや扱い方が熟練度・専門知識を欠いたものであれば、事故につながることがある。

●―第10款　責任の上限　Limitation of Liability

売り主が、実際には強行法規により無効かもしれないという危惧を抱きつつ試みる策の一つが、その契約上の責任の上限を規定することである。ときには、売り主が「自社の保護のみのためにこの規定を置くことは無効かもしれない」と考えて、一見、公平な規定を置き、契約両当事者とも一定の限度額までしか、互いにその契約違反・補償違反の場合に責任を負わないと規定することがある。この場合は、本当は、自社を無制限の損害賠償請求から守れれば十分なのだが、あえて相手にも利益をもたらすように、双方とも一定の限度までしか責任を負わないと規定する。

それでも、訴訟や仲裁の結果、効力を認められるかは分からないので注意が必要である。

責任の制限　　　　　　　　　　　　　　　　　　　　　　　　　例文10

SECTION 8 LIMITATION OF LIABILITY

[和訳]
第8条　責任の上限

8.1 The total aggregate liability of either Party for claims asserted by the other Party under this Agreement shall be limited to the lesser of:

[和訳]
8.1 本契約に基づき他方の当事者から主張されるクレームで問われるいずれかの当事者の総責任額については、以下のうち小額のほうとする。

解説

他の当事者に対し請求するクレームの上限を、下記のいずれか低い金額と規定している。

8.1.1 Fifty thousand US Dollars ($50,000); or
8.1.2 the amounts paid or payable to Karen View by the Distributor under this Agreement during the most recent three (3) month period preceding the events giving rise to such liability.

[和訳]
8.1.1 5万米ドル、もしくは、
8.1.2 本契約に基づき、その責任を発生させる原因となった当該事故が発生する前の3か月間に、販売店によりカレンビュー社に対して支払われた金額。

解説

5万米ドル、あるいは直近3か月間に相手方から受領した金額を損害賠償額の上限とする規定。

8.2 TO THE FULL EXTENT SUCH MAY BE DISCLAIMED BY LAW, NEITHER PARTY SHALL BE LIABLE FOR ANY CONSEQUENTIAL, INDIRECT, INCIDENTAL, PUNITIVE, OR SPECIAL DAMAGES, INCLUDING WITHOUT LIMITATION, DAMAGES FOR LOSS OF BUSINESS PROFITS, BUSINESS INTERRUPTION, LOSS OF BUSINESS INFORMATION, AND THE LIKE, INFRINGEMENT OF INTELLECTUAL PROPERTY, ARISING OUT OF THIS AGREEMENT OR THE USE OF OR INABILITY TO SELL OR USE THE PRODUCTS, EVEN IF THAT PARTY HAS BEEN ADVISED OF THE POSSIBILITY OF SUCH DAMAGES.

[和訳]
8.2 法によって否認することが許容される限度において、いずれの当事者も（相手方に対し）、本契約外から生じる、あるいは本製品の使用または販売・使用ができないことから発生する、商業的利益の喪失、ビジネスの中断、ビジネス情報の喪失、ほか、これらに類似するものを含み、それらに限定されない、知的財産権の侵害、結果的・間接的・付随的・懲罰的・特別的な損害賠償に対して、責任を負わないものとし、たとえその当事者がかかる損害の可能性について知らされていたとしても同様とする。

解説

UCCの2-316条の規定に則り、大文字で強調して規定されている。

しかもこの規定は、一方だけでなく双方の当事者が守られている。ただ、売買取引では、結果責任や付随的・間接的責任を問われるのは通常は売り主であるから、この規定によって利益を受けるのは実際には売り主側であり、買い主側ではない。

●—第11款　有効期間と解除条項　Term and Termination

販売店契約の有効期間とその解除、特に途中解除について規定している。

契約の途中解除について、我が国では、一般的に相手方に契約違反や倒産など帰責事由（cause）がある場合は、途中解除がありうるとする。ところが、この帰責事由の有無については、それぞれの企業に考え方があり、意見が衝突するところである。そのような場合に解除したいならば、事由（cause）のない場合も解除できるようにしておけば、紛争が防げることがある。

解除を絶対的なものとして、相手の意向にかかわらずできるようにすることを、事由に基づかない解除（termination without cause）と呼ぶ。ここでは、9.3項で、事由のあるなしにかかわらず、45日前の通知で解除できるとしている（either party may terminate with or without cause upon 45 days notice）。重要な契約違反（in material breach of this agreement）の場合の解除は、一般的な規定である。

販売店契約の解除の場合は、在庫をどう処分するかが重要な交渉項目となる。あらかじめその対処方法について契約で決めておくことも、解決方法の一つである。

売り主による買い取りオプションを規定することもあり、その場合は引き取り価格を決める方法の規定が重要である。

互いに相手方から得た秘密情報をいつまで秘密裡に保持する義務があるかについても、解除の場合には、事前に明確に取り決めておくことが望ましい。この例文では、開示のときから3年間としている。

SECTION 9 TERM AND TERMINATION

[和訳]
第9条　解除

9.1　The term of this Agreement shall commence as of the Effective Date and shall continue until the normal expiration thereof, unless earlier terminated pursuant to this Section 9.

9.2　If, within a Renewal Period, either Party notifies the other Party of a desire to allow this Agreement to expire, this Agreement shall expire at the end of the then-current Annual Period.

9.3　This Agreement may be terminated by either party with or without cause upon forty-five (45) days notice.

9.4　Either Party may suspend performance and/or terminate this Agreement immediately upon written notice at any time if the other Party is in material breach of this Agreement and fails to cure that breach within thirty (30) days after written notice hereof.

9.5　In the event of expiration of this Agreement, Karen View shall be entitled to repurchase from Distributor all then-current Products in Distributor's inventory at Distributor's original purchase price for such Products, less any price reduction credits received by Distributor for those Products, and the Party requesting such expiration shall pay freight.

9.6　Upon termination of this Agreement by Distributor pursuant to Section 9.4., at the option of Distributor, Karen View shall:

9.6.1　continue to fulfill, subject to the terms of this Agreement, all Purchase Orders accepted by Karen View prior to the date of termination; or

9.6.2　repurchase from Distributor all Products then in Distributor's inventory at the Purchase Price, and Karen View shall pay return freight.

9.7　Upon termination of this Agreement by Karen View pursuant to Section 9.4, at the option of Karen View, Karen View may repurchase from Distributor all Products in Distributor's inventory at Distributors original purchase price for such Products, less any price reduction credits received by Distributor for those Products, and Distributor shall pay return freight,

9.8　With respect to each item of Confidential Information, other than Source Code, transferred under this Agreement, the provisions of Section 5 shall apply for a period of three (3) years from the date of first receipt by Recipient of such item of Confidential Information.

With respect to any Source Code, in whole or in part, transferred under this Agreement, the provisions of Section 5 shall remain in effect until such time as the Recipient can demonstrate, using only legally admissible evidence, that such Source Code is publicly known or was made generally available through no action or inaction of the Recipient.

［和訳］
9.1 本契約の期間は、発効日に開始し、本第9条の規定により早期解除されない限り、その正常な満了日まで存続するものとする。
9.2 もし更新期間中に、いずれかの当事者が他の当事者に対し、本契約を終了させることを許容したいという希望を通知したときは、本契約は、その年間の有効期間の終了日をもって終了するものとする。
9.3 本契約は、いずれかの当事者により、事由の有無にかかわらず、45日前の通知で解除できるものとする。
9.4 いずれの当事者も、他方の当事者が本契約の重大な違反に陥った場合は、当事者はいつでもその違反があり次第書面の通知をおこない、（その違反当事者が）通知後30日以内に、治癒することができない場合は、ただちに本契約上の履行を差し止め、かつ／あるいは、本契約を解除できるものとする。
9.5 本契約の終了の際は、カレンビュー社は、本製品のもとの購入価格から販売店がその本製品について受け取った価格割引（クレジット）を差し引いた金額で買い戻すことができるものとし、かかる終了を求めた当事者がその輸送費を負担するものとする。
9.6 9.4項に従って、販売店の随意の判断で、販売店により本契約が解除されたときは、カレンビュー社は、
9.6.1 終了前にカレンビュー社により受諾されたすべての買い注文書を本契約の条件に従って、履行することを継続する。
9.6.2 販売店から、そのとき販売店の在庫しているすべての本製品を購入価格で買い戻し、また、カレンビュー社が返送輸送費を負担する。
9.7 9.4項に従って、カレンビュー社の随意の選択で、カレンビュー社により本契約が解除されたときは、カレンビュー社は販売店から販売店のすべての本製品の在庫を、本製品のもとの購入価格から販売店がその本製品について受け取った価格割引（クレジット）を差し引いた金額で買い戻すものとし、また、販売店がその輸送費を負担するものとする。
9.8 本契約に基づき、引き渡されたソースコード以外の秘密情報の各項目については、第5条の規定が適用されるものとする。
本契約に基づき、全部または一部、移転されたソースコードについては、受領者が、そのようなソースコードが、そのときまでに、受領者の作為または不作為によらず公知になっているか、または、一般的に知られてしまっていることを、法的に許容される証拠のみに基づき立証されるときまで、第5条の規定は引き続き有効とする。

解説

ソースコードについては、秘密保持義務期間の契約終了にかかわらず、公知にならない限り、「永久」に存続すると規定する。

9.9 In the event of expiration or termination of this Agreement for any reason, the relevant provisions of Sections 3, 5, 6, 7, 8, 9.9, and 10 shall survive.

［和訳］
9.9 本契約がどのような事由のためであれ、満了または解除されたときには、関連する第3、5、6、7、8条、9.9項、10条の規定は、存続するものとする。

解説

販売店契約を解除、あるいは終了する場合でも、いくつかの条項は存続させることがある。具体的に存続させる条項を規定する。

第12款　一般条項　General

例文12　一般条項

SECTION 10　GENERAL

［和訳］
第10条　一般条項

10.1 Any notice required or permitted by this Agreement will be in writing and will be delivered as follows, with noticed deemed given as indicated:
10.1.1 by personal delivery, when delivered personally;
10.1.2 by overnight courier, upon written verification of receipt; or
10.1.3 by certified or registered mail, return receipt requested, upon verification of receipt.
Notice will be sent to the Parties Representative or to such other recipient as either Party may specify in writing.

［和訳］
10.1 本契約の下で要求され、あるいは許容される通知は、書面でなされ、下記の通りなされるものとし、下記に記載の通り通知がなされたものとみなされる。

[和訳]
10.1 本契約の下で要求され、あるいは許容される通知は、書面でなされ、下記の通りなされるものとし、下記に記載の通り通知がなされたものとみなされる。
10.1.1 個人の手渡しによる通知により、実際に手渡しがなされたとき。
10.1.2 翌日到着宅配便により、実際に受け取ったという書面による受領書の日付。
10.1.3 受領書を要求する方式の書留郵便の受領書に記載されている日付。
通知は当事者の代表者宛、もしくは、どちらかの当事者が書面で通知(受領先)を指示した他の受領者宛に送付されることとする。

解説

"overnight courier(翌日到着宅配便)"を適切な通知手段に加えることを規定する。証明には、受領証を必要とする。

10.2 This Agreement shall be governed by, and construed and enforced in accordance with, the substantive law of State of California, USA, without giving effect to its conflict of laws provisions. The application of the United Nations Convention on Contracts for the International Sale of Goods is expressly excluded.

[和訳]
10.2 本契約は、衝突法の規定の効果によらず、米国カリフォルニア州実体法に準拠し、解釈され、執行されるものとする。国際物品売買契約に関する国連条約の規定は明示的に排除される。

解説

準拠法を米国のカリフォルニア州法の実体法とし、国際物品売買契約に関する国連条約の適用を排除する。

10.3 The Parties will first attempt to settle all disputes arising out of this Agreement through good faith negotiation by executives of the Parties who have authority to finally settle such dispute.
If such negotiation is not successful in resolving the dispute within twenty (20) days, the Parties agree to submit such dispute to non-binding mediation to be held at the Tokyo District Court in accordance with its then-current mediation procedures.

If such mediation is not successful in resolving the dispute within additional thirty (30) days, either Party may submit the dispute to binding arbitration, before one (1) arbitrator, under the rules of the _____ Arbitration Association.
If Distributor requests arbitration of a dispute with Karen View, the place thereof shall be _____, California, USA; and if Karen View requests arbitration of a dispute with Distributor, the place thereof shall be Tokyo, Japan.
Any arbitration brought hereunder, and all dispute determined therein, shall be governed by the law specified in Section 10.2.

10.4 In any arbitration brought hereunder, the arbitrator may order the pre-hearing production or exchange of documentary evidence and may require written submissions from the Parties, but may not otherwise order pre-hearing depositions or discovery.

Unless the Parties otherwise agree, the arbitrator shall not have the power to appoint experts. The prevailing Party may be entitled to recover its reasonable attorney's fees, costs and other expenses, if so determined by the arbitrator.

[和訳]

10.3 当事者は、本契約から発生するあらゆる紛争について、まず、かかる紛争を最終的に解決する権原を有する両当事者の役員による誠実な交渉により解決を図るものとする。

万一、かかる交渉が20日以内に、解決できないときは、両当事者は、東京地方裁判所の拘束力のない調停に付託するものとし、そのとき有効な調停手続きに従い、おこなうものとする。

もし、かかる調停がこの追加の30日以内に紛争を成功裏に解決できないときは、いずれの当事者も、本紛争を_____仲裁協会の規則による拘束力ある単独仲裁人による仲裁に付託することができるものとする。

もし、販売店が、カレンビュー社との紛争について、仲裁を求めるときは、仲裁場所はカリフォルニア州_____とし、またカレンビュー社が販売店との紛争について仲裁を求めるときは、仲裁場所は日本国東京とする。

本項に基づき提起された仲裁ならびに、その下で判断されるすべての紛争は、10.2項に規定する法に準拠するものとする。

10.4 本条に基づき、提起された仲裁においては、仲裁人は審問開始前に、書面証拠の提出または書証の交換を命ずることができるものとし、また、両当事者に対し、書面による提出を要請できるが、他の方法で、審問開始前に証言録取または証拠開示手続きを命ずることはできないものとする。

両当事者が、別途合意しない限り、仲裁人は専門家を指名する権原を有しない。(仲裁に)勝った側の当事者は、仲裁人が判断したときは、その合理的な弁護士料、実費ならびに他の費用を回復する権利を有するものとする。

解説

　紛争解決方法としては、まず両当事者による直接交渉により解決を図り、不調な場合は、東京地方裁判所において拘束力のない調停を試みる。それも不調な場合は、最後の手段として、仲裁により解決を図る。仲裁人は1人とし、場所は被告地主義をとり、米国側が申し立てる場合は東京とし、日本側が申し立てる場合はカリフォルニア州の空欄で指定された場所とする。なるべく、当事者の努力で、解決することを目指した規定である。

　中でも、仲裁前に東京地方裁判所で拘束力のない調停による解決をおこなうことが規定されていることが特色である。調停は、当事者にとって、自社側の話や言い分を公の機関の法曹などしかるべき人に聞いてもらえるので、裁判所の調停者から仮に示された調停案を拒絶したとしても、一歩解決に近づくことがあり、現実には有効な解決手法として働くことが多い。

　この条項は調停場所を日本としているが、拘束力がないため、交渉の際に、相手にとってもそれほど不便を強いることがない、と説得する方法もある。無理であれば、相互に相手国で最初の調停をおこなうことにして妥協してもよいだろう。調停は、企業担当者や案件を担当する弁護士事務所の中には、まどろっこしいと批判をする方もいるが、企業が自らの手で、その真剣な自主努力によって解決を図ろうとするときは、実際には仲裁より優れた解決手段だと感じることもある。言いたいことを存分に話す機会を得ることがあれば、早期解決を見ることもある。筆者の経験では、経営にあたる人の中には、裁判所で調停人に自分や味方の考え方や言い分に耳を傾けてもらう機会のある調停は貴重で、いわば、ゲームを専門家に渡してしまうような仲裁や訴訟より納得できるケースがある。

10.5　The arbitrator shall not issue award, grant any relief or take action that is prohibited by or inconsistent with the provisions of this Agreement and may not, under any circumstances, award punitive or exemplary damages.

Judgment on the award rendered by the arbitrator may be entered in any court having jurisdiction thereof.

Notwithstanding the foregoing, either Party may apply at any time to any court of competent jurisdiction for temporary restraining order or preliminary injunction to protect that Party's Confidential Information or otherwise mitigate that Party's damages pending resolution of the dispute in accordance with the process set forth above.

［和訳］

10.5　仲裁人は本契約により禁止される、または矛盾する裁定・救済を命じ、または行為をしてはならない。また、いかなる状況下でも、懲罰的損害賠償や制裁的損害を命ずることはできないものとする。仲裁人より下された裁定における判断は、その管轄を有するどの裁判所においても（債務名義として）記録されることができるものとする。

上記規定にかかわらず、いずれの当事者も管轄権のある裁判所に対し、いつでも当事者の秘密情報を保護するために、仮差し押さえ、または仮差し止めを求める申し立てをおこない、また、他の方法で当事者の係争中の損害の発生を抑えるために、申し立てをすることができるものとする。

解説

仲裁人は懲罰的損害賠償額を損害算定根拠に使うことはできないと規定している。

10.6　This Agreement shall be binding upon and inure to the benefit of each Party's respective successors and lawful assigns; provided, however, that neither Party may assign this Agreement, in whole or in part, without the prior written approval of the other Party, which approval shall not be unreasonably withheld or delayed.

10.7　This Agreement does not constitute a partnership agreement, nor does it authorize either Party to serve as the legal representative or agent of the other. Neither Party hereto will have any right or authority to assume, create or incur any liability or any obligation of any kind, express or implied, against or in the name of or on behalf of the other Party.

[和訳]

10.6　本契約は、各々の当事者のそれぞれの後継者ならびに適法な譲受人を拘束し、恩恵を受けさせるものであるが、いずれの当事者も、本契約の、全部または一部を、他の当事者の事前の書面による承諾を受けずに譲渡することができないものとし、かかる承諾は、不合理に留保され、または遅延されることがないものとする。

10.7　本契約は、パートナーシップ契約を構成し、または、いずれの当事者を他の当事者の法定代理人、または代理店として行動することを許諾するものではない。いずれの当事者も、他の当事者に対し、またはその名前で、またはそのために、明示的であれ、黙示的であれ、いかなる責任、または義務を引き受け、創出し、負担する権利を有しないものとする。

解説

販売店契約によって、売り主と販売店とが合弁事業やパートナーシップを形成することはなく、相手方の代理人となることもないことを規定している。両者は独立した契約者である。

10.8 If, at the time or times of Karen View's performance hereunder, an export license is required for Karen View to lawfully export Products or technical data, then the issuance of the appropriate licenses to Karen View shall constitute a condition precedent to Karen View's obligations hereunder. With respect to all such Products and technical data, Distributor agrees to comply with all applicable export laws, and orders.

[和訳]

10.8 もし、本契約上のカレンビュー社の履行の際に、本製品または技術データを適法に輸出するために輸出許可がカレンビュー社に対し要求されているならば、かかる輸出許可証がカレンビュー社に対し発行されることが、本契約の下でのカレンビュー社の義務の前提条件を構成するものとする。すべてのかかる本製品ならびに技術データについては、販売店はすべての適用される輸出法律と命令に従うことに合意する。

―――― 解説 ――――

製品輸出や技術方法など秘密情報の開示について、政府の許可が必要な場合は、その取得がこの契約を履行する際の前提条件となる。

10.9 Neither Party shall be liable for any delay or failure to perform due to any cause beyond its reasonable control, including, but not limited to, acts of God, war, riot, embargoes, acts of civil or military authorities, fire, floods, accidents, strikes, fuel or energy crises.

[和訳]

10.9 いずれの当事者も、履行の遅延または履行できないことについて、自然災害、戦争、暴動、(船・積荷の)没収、民事・軍事政府機関の行為、火災、洪水、事故、ストライキ、燃料・エネルギー危機を含む、それらに限られない当事者の合理的な制御を超えた事由による場合は責任を負わないものとする。

―――― 解説 ――――

不可抗力事由により契約の履行が遅延した場合や履行できない場合は、互いに責任を問われない。

10.10 This Agreement constitutes the entire agreement between the Parties with respect to the subject matter hereof and supersedes all other communications.

If any provisions of this Agreement is held invalid, all other provisions shall remain valid. No modification shall be binding unless made in a written amendment sign by authorizes representatives of both Parties.

No waiver of any breach of any provision of this Agreement shall constitute a waiver of any prior, concurrent or subsequent breach of the same or any other provisions hereof, and no waiver shall be effective unless made in writing and signed by an authorized representative of the waving Party.

[和訳]

10.10 本契約は、本契約の主題事項について両当事者間のすべての合意を構成し、あらゆる他のコミュニケーションに優先するものとする。

もし、本契約の一部の規定が無効と判断された場合には、他のすべての規定は、有効なままとする。変更は、両当事者の権限を付与された代表者により署名された書面でなされるのでなければ、拘束しないものとする。

本契約の一部の規定の違反についての放棄は、本契約の同じまたは他の規定の事前、あるいは、同時の、または、事後の違反についての放棄を構成しないものとし、書面で放棄する側の当事者の権限のある代表者により署名されなければ、無効とする。

―― 解説 ――

本販売店契約は、すべての合意内容を形成する。その変更は、両当事者の権限ある者の署名のある書面によるものとする。

IN WITNESS WHEREOF, Karen View and the Distributor have caused this Agreement to be executed by their duly authorized representatives as of the Effective Date.

KAREN VIEW ELECTRONICS AND COMMUNICATIONS CORPORATION

By:＿＿＿＿＿＿＿＿＿＿
(Name and Title)
Date:＿＿＿＿＿＿＿＿＿＿

Name of the Distributor

By:＿＿＿＿＿＿＿＿＿＿
(Name and Title)

Date:_____

[和訳]
上記の証として、カレンビュー社と販売店は正当に授権されたその代表者により、本契約書に対し、発効日に調印せしめた。

カレンビュー・エレクトロニクス・アンド・コミュニケーションズ社
(サイン欄)_____
(代表者の名義・肩書き)_____
日付_____

販売代理店の名称
(サイン欄)_____
(代表者の名義・肩書き)_____
日付_____

―――― 解説 ――――

　上記は署名欄である。実際の署名日は、通常、冒頭の日付とは隔地者間取引であるため2日から5日ほど、あるいは1か月単位でずれることがある。両当事者で、契約書冒頭に記載の契約日付(as of _____,20__)で調印したと合意し、この署名欄でその事項を含め、確認する。

　したがって、日付の欄がある場合は、実際の調印日よりは、冒頭の契約日付を記入することが多い。契約作成・調印日は、あくまでも冒頭の日付だという立場をとるのである。契約書冒頭に契約日付が記載されている場合は、この最後の調印欄には"Date"の欄がないのが、通常である。

　ただし、秘密保持契約など比較的短い契約書などで、冒頭に契約日付を記載せず、この署名欄ではじめて調印日付を記載する場合もある。それぞれの当事者が実際の日付を記載して調印するケースもある。その場合、調印の最後の日付をもって契約が成立し、その日付を契約の日付として扱うのが標準的であろう。契約書調印欄に、1行分(Date)を双方の当事者の調印欄の一部として設け、最後に、たとえば、次の規定を付記する。

　Both parties hereto agree that the effective date of this Agreement shall be the latest date of acknowledgement affixed hereto immediately herein above.(本契約の両当事者は、本契約の発効日が、すぐ上の欄の確認の日付の遅いほうの日付とすることに合意する)。

第3部 技術指導契約・ライセンス契約

Technical Assistance Agreement

第1章 海外技術指導契約締結の検討のための秘密保持契約(和訳付き)

第1節 技術者派遣・指導契約の締結を検討するための秘密保持契約

● 第1款 技術者派遣・指導契約の締結を検討するための秘密保持契約(和訳通し付き)

例文1　秘密保持契約

CONFIDENTIALITY AGREEMENT

This Agreement is made as of the _____ day of _____, 20__ between: _____
_____
("Aurora Carmel"), and _____
_____ ("Laurel Force").

RECITALS

A. Aurora Carmel has developed a new method for _____ (the "Method").
B. Laurel Force desires to receive certain information relating to the Method (the "Confidential Information") for specific purpose of evaluating the Method to determine whether or not to enter into a definitive technical assistance and services agreement with Aurora Carmel for construction of its new plant described in Exhibit A attached hereto, obtaining a license of use of the Method (the "Purpose") and technical assistance and services, and.
C. Aurora Carmel wishes to disclose to Laurel Force its Confidential Information for the Purpose.

AGREEMENT

NOW, in view of the above premises and the foregoing promises, Aurora Carmel and Laurel Force agree as follows:

ARTICLE 1 DEFINITIONS

The "Confidential Information" includes scientific, technical, engineering, operating and economic information, relating to the Method, which Aurora Carmel has provided for or communicate to Laurel Force, whether:

(i) in writing, in the form of drawings, patterns or models, and which is expressly marked and identified at the time of disclosure as being "Confidential Information" of Aurora Carmel, or

(ii) orally or visually or in some other manner, whether in permanently recorded form or not, and which is designated by Aurora Carmel at the time of such disclosure or within twenty (20) days thereafter as being "Confidential Information" of Aurora Carmel.

ARTICLE 2 CONFIDENTIAL OBLIGATIONS

In respect of the Confidential Information disclosed under this Agreement, Laurel Force agrees:

(i) to keep all the Confidential Information in safe custody at all times and treat all the Confidential Information as confidential regardless of when disclosed;

(ii) not to disclose the Confidential Information to any third party without the prior written consent of Aurora Carmel.

(iii) not to make any recording or duplications of the Confidential Information without prior written consent of Aurora Carmel.

(iv) to limit access to the Confidential Information to those of its employees reasonably requiring it for the Purpose;

(v) to require all employees given access to the Confidential Information to sign a written agreement as to secrecy and non-use comparable in scope and duration to that herein set out and provide Aurora Carmel with copies of the same; and

(vi) not to use any of the Confidential Information in any manner which would be harmful to the best interests of Aurora Carmel;

(vii) not to use any of the Confidential Information in any way other than for the Purpose;

ARTICLE 3 EXCEPTIONS OF THE CONFIDENTIAL OBLIGATIONS

3.1 Laurel Force's obligations hereunder shall not extend to any of the Confidential Obligations:

    (i) that is publicly available at the time of its disclosure to Laurel Force;

    (ii) that is, at the time of disclosure to Laurel Force, already properly in the possession of Laurel Force in written from sources other than Aurora Carmel;

    (iii) that, after the time of its disclosure to Laurel Force, becomes available to Laurel Force on a non-confidential basis from a third party having no obligation of confidentiality to Aurora Carmel with respect thereto; or

    (iv) is independently developed by an employee engaged by Laurel Force having no knowledge of the Confidential Information.

3.2 The burden of showing that any of the Confidential Information is not subject to the obligations of confidentiality hereunder shall rest on Laurel Force.

ARTICLE 4 RETURN OF THE CONFIDENTIAL INFORMATION

4.1 At any time upon the written request of Aurora Carmel, Laurel Force shall return to Aurora Carmel the Confidential Information disclosed to Laurel Force hereunder and shall destroy all copies of such Confidential Information and any documents, records, photograph etc. derived from such Confidential Information.

4.2 In addition to the above Section 4.1, in case Laurel Force decides not to enter into a definitive technical services and assistance agreement with Aurora Carmel specified in Paragraph B of the Recitals hereof, or such definitive agreement is not concluded between Laurel Force and Aurora Carmel for any reason by the end of _____, 20__, Laurel Force shall, upon the request of Aurora Carmel, (i) promptly return to Aurora Carmel all of the Confidential Information disclosed by Aurora Camel hereunder, and (ii) destroy all copies of the Confidential Information and provide appropriate evidence of such destruction, if requested by Aurora Carmel.

ARTICLE 5 NO GRANT OF INTELLECTUAL PROPERTY RIGHTS

5.1 Laurel Force will obtain no intellectual right or license of any kind to the Confidential Information disclosed to it and acknowledges that all intellectual property rights subsisting therein belongs exclusively to Aurora Carmel.

5.2 Ownership of intellectual property rights arising from Laurel Force's use of the Confidential Information disclosed hereunder shall vest exclusively in Aurora Carmel.

ARTICLE 6 PERMITTED DISCLOSURE

Notwithstanding any other provision of this Agreement to the contrary, Laurel Force shall be permitted to disclose Confidential Information received by Laurel Force to any of its affiliates and to the employees of any such affiliates, provided that Laurel Force shall be liable for any loss incurred by Aurora Carmel as a result of any use of the Confidential Information by such affiliates or such employees which, were such use to have made by Laurel Force or any of its employees, would have constituted a breach of this Agreement.

ARTICLE 7 INJUNCTIVE RELIEF

Laurel Force acknowledges that Aurora Carmel may obtain injunctive relief against Laurel Force for any breach of this Agreement.

ARTICLE 8 DURATION

Subject to Section 3 hereof, the confidentiality obligation of Laurel Force hereunder shall be unlimited, and endure until the lawful publication of the Confidential Information disclose it to the public.

（以下、準拠法、分離可能条項、変更禁止条項、署名欄省略）

[和訳]
秘密保持契約
本契約は、_____(以下「オーロラ・カーメル社」という)と、_____(以下「ローレル・フォース社」という)との間に、20__年__月__日に締結された。

リサイタルズ
A. オーロラ・カーメル社は、_____についての新しい方法(以下「本方法」という)を開発しており、
B. ローレル・フォース社は、本方法に関する一定の情報(以下「秘密情報」という)を、本方法の使用の許諾ならびに技術者派遣と指導を得て、添付別紙Aに記載のその新工場の建設と運営のため、オーロラ・カーメル社と正式な技術者派遣・指導契約の締結をするかどうかについて決定するために、本方法を評価するという特定の目的(以下「本目的」という)のために、受領することを希望しており、
C. オーロラ・カーメル社は、本目的のために、秘密情報をローレル・フォース社に開示することを希望している。

合意
したがって、上記の事項ならびに上記の約束を踏まえ、オーロラ・カーメル社とローレル・フォース社は、以下の通り合意する。

第1条　定義
「秘密情報」は、科学上の、技術上の、エンジニアリング上の、操作上の、または経済的な情報を含み、オーロラ・カーメル社がローレル・フォース社に提供し、または連絡する、本方法に関するものである。それ(＝提供または連絡)が、下記のいずれによるものかを問わないものとする。
(i) 書面によるか、図面・パターン画もしくはモデルの形式によるかを問わず、また、それが、開示の際に、オーロラ・カーメル社の秘密情報であることが明示的に記されているか、指定されているかを問わないものとし、
(ii) 永久に記録される方法であるかどうかを問わず、口頭、視覚的または他の方法で、また、それが、オーロラ・カーメル社により、オーロラ・カーメル社の秘密情報であることを、開示の際またはその(開示)後20日以内に指定された場合。

第2条　秘密保持義務
本契約に基づき開示される秘密情報について、ローレル・フォース社は、(以下の通り)合意する。
(i) すべての秘密情報を常時、安全な管理下に保ち、すべての秘密情報をそれがいつ開示されたかを問わず、秘密のものとして取り扱うこと。
(ii) 秘密情報を、オーロラ・カーメル社の事前の書面による同意なしに、いかなる第三者に対しても開示しないこと。

(iii) オーロラ・カーメル社の事前の書面による同意なしに、いかなる秘密情報も記録または複製を作成しないこと。
(iv) 秘密情報へのアクセスを本目的について合理的に必要とするその従業員に限定すること。
(v) 秘密情報へのアクセス権を与える全従業員に対し、本契約に規定する秘密保持と同じ範囲（＝内容）と期間の秘密保持・目的外使用禁止についての契約に書面で署名させ、その契約書の写しをオーロラ・カーメル社に対し提出すること。
(vi) いかなる秘密情報であっても、オーロラ・カーメル社の最善の利益に対し、有害な方法で使用しないこと。
(vii) 秘密情報を本目的以外のために、いかなる方法でも使用しないこと。

第3条　秘密保持義務の除外事項
3.1　本契約上のローレル・フォース社の義務は、以下に掲げるいかなる秘密情報にも適用されないものとする。
　　(i) ローレル・フォース社に開示されたときに公に入手可能なもの。
　　(ii) ローレル・フォース社に対する開示の際に、既に、オーロラ・カーメル社以外の情報源から書面で、正当に保有していたもの。
　　(iii) ローレル・フォース社に対する開示のあと、オーロラ・カーメル社との秘密保持義務を負わない第三者から秘密保持義務を負わない条件で、入手されるようになったもの。
　　(iv) 秘密情報について何ら知識を有しないローレル・フォース社によって雇用された従業員により、独自に開発されたもの。
3.2　秘密情報が本契約上の秘密保持義務を負わないことを証明する負担（＝挙証責任）は、ローレル・フォース社にあるものとする。

第4条　秘密情報の返還
4.1　オーロラ・カーメル社の書面による要請があるときは、いつでも、ローレル・フォース社は、本契約に基づき開示された秘密情報をオーロラ・カーメル社に返還するものとし、また、秘密情報のコピーならびに秘密情報から派生したいかなる書類、記録または写真等も破棄処分するものとする。
4.2　4.1項に加えて、ローレル・フォース社が本リサイタルズのBで定義されたオーロラ社との正式な技術者派遣・指導契約を締結しないと決定した場合、もしくはこれらの正式な契約が20__年__月末までに何らかの理由でローレル・フォース社とオーロラ・カーメル社との間で締結されなかった場合、ローレル・フォース社は、オーロラ・カーメル社の要望により、(i)ただちにオーロラ・カーメル社により開示された秘密情報のすべてをオーロラ・カーメル社に返還し、(ii)オーロラ社から要望があった場合、すべての秘密情報のコピーを破棄し、その破棄について適切な証拠を提供する。

第5条　知的財産権を許諾したわけではないこと
5.1　ローレル・フォース社は、ローレル・フォース社に開示されたいかなる秘密情報についても、知的財産権あるいは、その使用許諾を取得するわけではなく、また、秘密情報に内在するすべての知的財産権は、独占的にオーロラ・カーメル社に帰属することを確認する。
5.2　本契約に基づき開示された秘密情報のローレル・フォース社の使用により発生する知的財産権の所有権は、排他的にオーロラ・カーメル社に帰属するものとする。

第6条　許容される開示
本契約中のいかなる反対の趣旨の規定にもかかわらず、ローレル・フォース社は、秘密情報をそのいずれの関連会社にも、かかる関連会社の従業員に対しても開示できるものとするが、以下の事項を条件とする。
ローレル・フォース社は、ローレル・フォース社またはその従業員によって引き起こされ、本契約の違反にあたるような関連会社またはその従業員の秘密情報の使用の結果により構成される、オーロラ・カーメル社が被った損害に対して、賠償の責任を負う。

第7条　差し止めによる救済
ローレル・フォース社は、オーロラ・カーメル社が本契約の違反について、ローレル・フォース社に対し、差止救済を求めることができることを確認する。

第8条　期間
本契約第3条には従うが、本契約上のローレル・フォース社の秘密保持義務は、制限がなく、また、秘密情報の適法な開示が公衆に開示されるまで、存続する。

(以下、準拠法、分離可能条項、変更禁止条項、署名欄省略)

第2章 海外技術者派遣・指導契約
（和訳付き）

第1節 技術援助契約の冒頭とリサイタル条項

第1款 技術援助契約の冒頭とリサイタル条項（和訳付き）

例文1 前文・リサイタル

TECHNICAL ASSISTANCE AGREEMENT

This Agreement is made and entered into as of day of _____, 20__ by and between: _____, a _____ corporation, having its principal office at _____ (hereinafter referred to as "Aurora Carmel"); and _____, a _____ corporation, having its principal office at _____ (hereinafter referred to as the "Laurel Force" or "Licensee").

RECITALS
1 Laurel Force has been engaged in the _____ business since _____, and now desires to expand its _____ business by obtaining a new and advanced technology and technical information and assistance from abroad; and
2 Aurora Carmel has been and is engaged in the _____ business and has broad experience in and a good knowledge of the said business, and
3 Laurel Force desires to obtain technical information and assistance from Aurora Carmel in connection with expansion and operation of the _____ facilities and quality control of the _____ products, details of which are set forth in Exhibit A attached hereto (hereinafter referred to as the "Products").
4 Aurora Carmel is willing to provide to Laurel Force with such technical information and assistance.

AGREEMENT
NOW, THEREFORE, Aurora Carmel and Laurel Force hereby confirm and agree as follows:

ARTICLE 1 DEFINITION

1.1 The words "Facilities" shall mean the Products manufacturing facilities and related buildings of the Laurel Force located in the site set out in Article 2, as described in the attached drawings and operated by Aurora Carmel's technical information, assistance and services as stipulated in Articles 4 and 5 hereof.

1.2 The words "Net Selling Amount" with respect to the Products shall mean the Products' gross sales amount less the Laurel Force's sales discounts, (including any sales rebates), sales returns, indirect taxes (including value-added taxes) on sales of the Products, insurance, freight and delivery expenses, sales commission, advertising expenses, and costs (including custom duties) of any parts and raw materials sold to Laurel Force by Aurora Carmel and used by the Laurel Force in the Products.

1.3 The words "Royalty Period" shall mean the period commencing with the date of the commercial production of the Products by Laurel Force, defined and confirmed in writing in accordance with the provisions of Section 9.2 hereof and ending on the fifth anniversary of the commencement of such commercial production, unless otherwise agreed by the parties hereto.

[和訳]

技術援助契約

本契約は、＿＿＿＿に主たる事務所を有する＿＿＿＿＿法人である＿＿＿＿＿＿（以下「オーロラ・カーメル社」と称する）と、＿＿＿＿＿に主たる事務所を有する＿＿＿＿＿法人である＿＿＿＿＿＿（以下「ローレル・フォース社」あるいは「ライセンシー」と称する）との間に20＿＿年＿＿月＿＿日付で締結された。

リサイタルズ

1 ローレル・フォース社は、＿＿年より＿＿＿＿＿事業に従事しており、また、現在、その＿＿＿＿＿事業を海外から新規の発展した技術ならびに技術情報と援助を得ることにより、発展させたいと希望しており、

2 オーロラ・カーメル社は、＿＿＿＿＿事業に従事しており、また、当該事業において広範な経験と知識を蓄えており、

3 ローレル・フォース社は、オーロラ・カーメル社より、＿＿＿＿＿＿設備の拡張ならびに操業と、本契約に添付する添付別紙Aにその詳細を記載した製品＿＿＿＿＿＿（以下「本製品」という）の品質コントロール（＝管理）に関連して、技術情報と指導（＝援助）を受けたいと希望しており、

4 オーロラ・カーメル社は、かかる技術情報ならびに援助をライセンシーに対し、提供したいと希望している。

合意事項

したがって、オーロラ・カーメル社とローレル・フォース社は、以下の通り、本契約により確認し、合意する。

第1条　定義
1.1　「本設備」とは、添付の図面に示され、本契約の第4条と第5条に規定するオーロラ・カーメル社の技術情報、援助ならびにサービスにより運営される、第2条に規定する場所に所在するライセンシーの本製品製造設備ならびに関連建物を意味する。
1.2　本製品についての「純販売額」とは、本製品の総販売額から、ローレル・フォース社の（リベートを含む）販売値引き額、返品、本製品の販売にかかる（付加価値税を含む）間接税、保険料、運賃ならびに引き渡し費用、販売口銭（＝コミッション）、広告費ならびにオーロラ・カーメル社によりローレル・フォース社に対し売り渡された部品および原材料で、ローレル・フォース社により本製品の製造に使用された（関税を含む）費用を差し引いた金額を意味する。
1.3　「ロイヤルティ期間」とは、本契約9.2項の規定に従って書面で確認されるローレル・フォース社による本製品の商業的生産の日に開始し、本契約当事者により別途合意されない限り、かかる商業的生産の5周年目に該当する日をもって終了する期間を意味する。

第2節　工場用地、製品の仕様、（技術情報の）ライセンス許諾

第1款　工場用地、製品の仕様、（技術情報の）ライセンス許諾等（和訳付き）

例文1　工場用地

ARTICLE 2 PLANT SITE
The Facilities shall be located as follows:
_____ (location of the Plant Site)

ARTICLE 3 SPECIFICATIONS OF THE PRODUCTS
The specifications of the Products are stipulated in Exhibit A attached hereto.

ARTICLE 4 GRANT OF LICENSE
4.1　Aurora Carmel hereby grants to Laurel Force a non-exclusive and non-transferable right and license to use the Technical Information in the design, construction and operation of the Facilities as well as for use in quality control and manufacture of the Products in _____ (country of Laurel Force), and shall grant to Laurel Force a non-exclusive right to sell the Products in the area of _____ (hereinafter referred to as the "Licensed Area").

4.2 The right and license granted to Laurel Force hereunder shall not include any right to grant any sublicense by the Laurel Force to any other party, including, by example, its affiliated companies.

4.3 Aurora Carmel will provide the Technical Information and assistance with Laurel Force to expand the production capacity of the Facilities and add new products other than the Products subject to another technical information and assistance agreement to be agreed upon separately between the parties hereto.

4.4 Aurora Carmel warrants that, to the best knowledge of Aurora Carmel, the use by Laurel Force in the Facilities of Technical Information and sales of the Products in the License Area will not constitute any infringement of any patent owned by any third party.

[和訳]
第2条　工場用地
工場は以下の敷地に建設されるものとする。
＿＿＿＿＿＿＿＿（工場建設予定用地）

第3条　本製品の仕様
本製品の仕様は、本契約に添付の別紙Aに規定された通りとする。

第4条　ライセンスの許諾
4.1 オーロラ・カーメル社は、本契約により、ローレル・フォース社に対し、本設備のデザイン、建設ならびに操業のために、また、＿＿＿＿＿＿＿＿（ローレル・フォース社の国）における本製品の品質コントロールと製造での使用のために、技術情報を使用する非独占的で譲渡不可能な権利と使用許諾を許諾し、また、ローレル・フォース社に対し、＿＿＿＿＿＿＿＿（以下「許諾地域」と称する）における非排他的な販売権を許諾するものとする。

4.2 本契約に基づきローレル・フォース社に対し許諾される権利とライセンスは、ローレル・フォース社により、その関連会社を含む、いかなる他の当事者に対する再許諾をも含まないものとする。

4.3 オーロラ・カーメル社は、当事者間で別途合意されるもう一つの技術情報援助契約に従って、本設備の生産能力を拡大し、かつ、本製品以外の新製品を加えるために、ローレル・フォース社に対し、技術情報を提供し、援助する。

4.4 オーロラ・カーメル社は、オーロラ・カーメル社の知りうる限りでは、ローレル・フォース社による本設備での技術情報の使用ならびに本製品の販売は、許諾地域において第三者により保有される特許権の侵害にあたらないことを保証する。

第3節 派遣技術者の現地での待遇

●―第1款 派遣技術者の現地での待遇(和訳付き)

例文1 技術者の待遇

ARTICLE 6 TREATMENT OF AURORA CARMEL'S ENGINEERS DISPATCHED TO LAUREL FORCE

6.1　Common Treatment of Aurora Carmel's Engineers are set forth below:

　(i)　Laurel Force shall pay to Aurora Carmel necessary travelling expenses for dispatch of Aurora Carmel's engineer to Laurel Force in accordance with the company regulations of Aurora Carmel, a copy of which (travelling expenses) relating to the duty trips is attached hereto as Exhibit ___.

　(ii)　Laurel Force shall provide Aurora Carmel's engineers, free of charge, working cloths, shoes, helmets and others which are necessary for them to perform their duties.

　(iii)　Laurel Force shall take care of the health and well-being of Aurora Carmel's engineers in _____.
Laurel Force shall provide Aurora Carmel's engineers with doctors, medical care and treatment required to achieve complete recovery if Aurora Carmel's engineers fall ill or suffer injury at expenses of Laurel Force.

　(iv)　If the parties determine and agree that such engineers, fallen ill or suffering injury, should be returned to _____ or sent to _____, as the case may be, for medical treatment, Laurel Force shall return to _____ or send to _____ such engineers by air at the expenses of Laurel Force.

　(v)　Laurel Force shall provide, free of charge, comfortable, safe and air-conditioned accommodations such Engineers.

　(vi)　Laurel Force shall provide, free of charge, such engineers transportation facilities for them to perform their duties.

　(vii)　Aurora Carmel's engineers shall observe the safety regulations and other working rules of Laurel Force in accordance with the instructions received from Laurel Force's responsible directors or officers, while working at Laurel Force, provided, however, that working hours are subject to restrictions imposed by the rules to be confirmed by the parties hereto.

［和訳］

第6条　ローレル・フォース社に派遣されるオーロラ・カーメル社の技術者の待遇

6.1　オーロラ・カーメル社の技術者の共通の待遇条件は以下の通りである。
　(i)　ローレル・フォース社は、オーロラ・カーメル社に対し、オーロラ・カーメル社の技術者を派遣するのに必要な旅費(＝出張費用)を、オーロラ・カーメル社の社内規定に従って支払うものとし、同社の出張に関わる規定(旅費)の部分のコピーを本契約に別紙＿＿として添付する。
　(ii)　ローレル・フォース社は、オーロラ・カーメル社の技術者に対し、無償で、彼らの義務を遂行するために必要な仕事着、靴、ヘルメットおよび他の物を供与する。
　(iii)　ローレル・フォース社は、＿＿＿＿＿＿＿＿においてオーロラ・カーメル社の技術者の健康ならびに福祉について引き受ける。
　　　ローレル・フォース社は、万が一、オーロラ・カーメル社の技術者が病気になり、または、負傷した際には、オーロラ・カーメル社の技術者に対し、完全な健康回復に必要な医師、医療手当ておよび診療(措置)を提供する。
　(iv)　もし、病気になり、もしくは、負傷したオーロラ社の技術者を、＿＿＿＿に帰国させるか、または、＿＿＿＿＿に送還するべきだと当事者が決定し、合意した場合は、ローレル・フォース社は、(その合意に従って)かかる技術者を航空機で、ローレル・フォース社の費用負担で、＿＿＿＿＿＿に帰国させるか、または、＿＿＿＿＿に送還するものとする。
　(v)　ローレル・フォース社は、かかる技術者に対し、快適で安全な冷暖房付きの宿泊施設を無償で提供する。
　(vi)　ローレル・フォース社は、かかる技術者が、その任務を遂行するために、彼らに対し、通勤(＝交通)手段を無償で提供する。
　(vii)　オーロラ・カーメル社の技術者は、ローレル・フォース社で仕事をしている間は、ローレル・フォース社の責任ある取締役または役職者から受ける指示に従ってローレル・フォース社の安全規則および他の就業規則を遵守するものとするが、労働時間については本契約当事者によって確認されるルールにより課される制約に従うものとする。

解説

(iv)では、単に"by air"と記述しているが、飛鳥凛は、人事部の意向を受け、病気・負傷の技術者の航空機による本国帰還または近隣先進国の適切な病院への移動にあたっては、さらなる配慮をする規定の要否の検討とドラフティングに取り組んでいるという。たとえば、ファーストクラスの使用や付添人の同乗といった規定を加え、その負担者を明記することなどが案として浮上している。

第4節 アブセンス・フィー条項

●―第1款　アブセンス・フィー条項（和訳付き）

例文1　アブセンス・フィー

ARTICLE 7 SPECIAL TREATMENT OF ENGINEERS SET FORTH IN SECTION 5.3
Laurel Force shall pay to Aurora Carmel, by remitting to Aurora Carmel's designated bank account in United States Dollars, five hundred United States Dollars(US $500) per engineer per day including the day of his/her departure in ＿＿＿＿＿ (country of Aurora Carmel) and his/her return to ＿＿＿＿＿ (country of Aurora Carmel) as absence fee in addition to the payments set forth in Section 6.1 (i) hereof.

［和訳］
第7条　5.3項に規定する技術者の特別な取り扱い
ローレル・フォース社は、本契約6.1項(i)に規定する支払いに加えて、技術者1人につき、＿＿＿＿＿（オーロラ・カーメル社の所在する国）からの出発から、＿＿＿＿＿（オーロラ・カーメル社の所在する国）への帰国までの両日を含む1日あたり500米ドルを米ドルで、オーロラ・カーメル社の指定する銀行口座に送金することにより支払う。

第5節 支払先銀行口座には、タックスヘイブンに所在する口座は認めないとする特別規定

●―第1款　支払先銀行口座には、タックスヘイブンに所在する口座は認めないとする特別規定（和訳付き）

例文1　支払い方法

ARTICLE 8 PAYMENTS TO AURORA CARMEL
8.1 Laurel Force shall pay to Aurora Carmel all engineering fees stipulated in Sections 5.3, 6.1 (i), and Article 7, and royalties stipulated in Article 10 (Royalty) and other charges in United States Dollars, by remitting the same to a bank account or accounts of Aurora Carmel designated by Aurora Carmel, within thirty (30) calendar days from the date of the invoice(s) issued by Aurora Carmel every month.

8.2 It is understood between the parties that a bank account designated by Aurora Carmel shall be located in the city of _____, _____ where Aurora Carmel is located.

8.3 Aurora Carmel agrees that a bank account or accounts to be designated by it will not be located in tax haven(s), and such designation is hereby strictly prohibited regardless of its legality, for the purpose of the performance of this Agreement.

[和訳]

第8条　オーロラ・カーメル社に対する支払い

8.1 ローレル・フォース社は、5.3項、6.1項(i)ならびに第7条に規定するエンジニアリング料、第10条に規定するロイヤルティならびに他の費用について、オーロラ・カーメル社により毎月発行される請求書の日付から30暦日以内に、米ドルで、オーロラ・カーメル社により指定された銀行口座またはもしくは複数の銀行口座に送金することにより、支払うものとする。

8.2 オーロラ・カーメル社により指定される銀行口座は、オーロラ・カーメル社が所在する_____市に所在するものでなければならないことが、両当事者間により合意される。

8.3 オーロラ・カーメル社は、その指定する銀行口座または複数の銀行口座がタックスヘイブンに所在しないものであり、また、本契約の履行にあたっては、その適法性に関わりなく、そのような(タックスヘイブンに所在する)銀行口座の指定が厳格に禁止されていることに合意する。

第6節　技術情報および技術援助の提供

第1款　技術情報および技術援助の提供(和訳付き)

技術援助

例文 1

ARTICLE 5 PROVISION OF THE TECHNICAL INFORMATION AND TECHNICAL ASSISTANCE

5.1 Aurora Carmel shall provide Laurel Force with the following drawings, documents and data for prompt completion and operation of the Facilities within the periods of two (2) months from the Effective Date of this Agreement or such other date as agreed between the parties:

(i) Layout drawings of the plant portion of the Facilities;

(ii) Specifications of the plant portion of the Facilities;

(iii) General technical information and assistance regarding the Facilities and the production of the Products, including quality control.

5.2 Aurora Carmel shall provide Laurel Force with the following technical assistance and services within such periods as agreed between the parties:
(i) Technical Assistance for the construction of the Facilities;
(ii) Supervision of the construction of the Facilities;
(iii) Technical Assistance and Advise for the operation of the Facilities, quality control of the Products, maintenance of the Facilities and the Products delivery control;
(iv) Training of Engineers of Laurel Force to enable Laurel Force's Engineers to learn how to use the Facilities thoroughly as well as related quality control procedures for the Products, at the Facilities, and such other facilities as may be agreed upon between the parties.

5.3 In order to provide such services and assistance as are required to complete the construction and the operation of the Facilities, and to train the Laurel Force's employee for the production and quality control, Aurora Carmel shall dispatch its engineers or engineers of its affiliated companies to Laurel Force.

Pursuant to the request of Laurel Force and subsequent acceptance of Aurora Carmel thereof, Aurora Carmel shall dispatch its engineers or engineers of its affiliated companies to supervise the construction of the Facilities and the installation of machinery in the Facilities.

The number of engineers to be dispatched and the period of their dispatch shall be determined and agreed upon between Aurora Carmel and Laurel Force.

[和訳]
第5条　技術情報および技術援助の提供
5.1　オーロラ・カーメル社は、本契約の発効日から2か月以内または当事者間で別途合意する他の日に、本施設の早急な完成と操業のために、次の設計図、書面およびデータを提供する。
　　（i）　本施設の工場部分のレイアウト設計図
　　（ii）　本施設の工場部分の仕様
　　（iii）　本施設および品質コントロールを含む、本製品の生産に関連する全般的な技術情報と援助
5.2　オーロラ・カーメル社は、ローレル・フォース社に対し、両当事者間で合意した期間内に、下記の技術援助およびサービスを提供する。
　　（i）　本施設の建設のための技術援助
　　（ii）　本施設の建設のための監督
　　（iii）　本施設の運営、本製品の品質管理、本施設の維持および本製品の納期管理のための技術援助と助言

(iv) 本施設または両当事者間で合意する他の施設において、ローレル・フォース社の技術者が本施設および関連する本製品の品質管理手続きを完全に使いこなすことができるように、ローレル・フォース社の技術者を訓練すること。

5.3 本施設の建設と操業の完了および生産と品質管理のためのローレル・フォース社従業員の訓練のために、オーロラ・カーメル社は、その技術者または関連会社の技術者をローレル・フォース社に派遣するものとする。

ローレル・フォース社の要請とそれに基づくオーロラ・カーメル社の受諾に従って、オーロラ・カーメル社は、本施設の建設および本施設での機械の設置の監督のために、その技術者またはその関連会社の技術者を派遣するものとする。

派遣される技術者の人数および技術者の派遣期間は、オーロラ・カーメル社とローレル・フォース社間で取り決め、合意されるものとする。

第7節 完成したプラントで生産される製品の数量および品質等に関する保証条項

●第1款 完成したプラントで生産される製品の数量および品質等に関する保証条項(ローレル・フォース社から希望された保証を規定したドラフト)(和訳付き)

生産数量・品質保証

例文 1

ARTICLE 9 PERFORMANCE GUARANTEE

9.1 Aurora Carmel agrees to guarantee the performance of the Facilities as follows;

(i) Production amount

Measuring method is set forth and details of production amount are described in Exhibit __ attached hereto.

(ii) Quality of final Products

Testing method and details are set forth and details of qualities of final Products are also described in Exhibit __ attached hereto.

Performance operation in some _____ chosen by Laurel Force and Aurora Carmel will be carried out by Laurel Force under the supervision of Aurora Carmel's operators and engineers during one day (twenty-four hours) to be decided by Aurora Carmel considering the conditions of the following preparation for operation:

(a) Completion of mechanical test;

(b) Success in load test operation;

(c) Possibility of stable and continuous supply of every materials such as raw materials, utilities, consumable and other materials and necessary for the operation in compliance with their standards supplied by Aurora Carmel;

(d) Adequate manpower and skill of Laurel Force's operators, engineers and other workers engaging in the production and operation of the Facilities.

9.2 If the performance test achieves such guaranteed figures as mentioned above, Laurel Force and Aurora Carmel shall confirm to such effect in writing.

Upon this confirmation, the plant shall be deemed to have entered into the stage of the commercial production and any responsibility of Aurora Carmel under this Agreement shall be released from its responsibility in respect of performance guarantee under this Agreement.

The date of the confirmation in writing specified above shall be deemed to be the date of the commencement of the commercial production of the Products referred to in Section 1.3 hereof.

In case, however, the result of the performance test will not have satisfied the guaranteed figures or the test will have continued for consecutive twenty-four (24) hours due to some reason, Laurel Force and Aurora Carmel will discuss the counter measures with each other.

[和訳]

第9条　性能保証

9.1 オーロラ・カーメル社は、次の通り施設の性能について保証をおこなうことに合意する。

　(i) 生産数量
　　測定方法について、また、生産数量の詳細については、本契約書に添付の別紙＿＿に規定された通りとする。

　(ii) 最終製品の品質
　　検査方法およびその詳細について、また、最終製品の品質の詳細については、本契約に添付の別紙＿＿に記載される通りである。
　　ローレル・フォース社およびオーロラ・カーメル社により選択された＿＿＿＿＿＿＿での性能確認のための試験操業は、オーロラ・カーメル社の操業担当者およびエンジニアの監督のもとで、下記の操業の準備を勘案したうえで、丸1日（24時間）にわたり実施されるものとする。
　　(a) メカニカル・テストの完了
　　(b) ロード・テスト操業の成功
　　(c) オーロラ・カーメル社により提供された水準に合致する操業のために必要な、原料、水道・電気・ガスなどの公共サービス、消耗品およびその他の原料など、あらゆる原材料の継続的・安定的な供給が可能となること

(d) 本施設の生産と操業に携わるのに十分な、ローレル・フォース社の操業担当者、技術者および他の従業員とその技量

9.2 　上記のかかる保証数値を達成した場合には、ローレル・フォース社とオーロラ・カーメル社は、その趣旨を書面で確認する。

この確認がなされたことをもって、プラントは商業的生産の段階に入ったとみなすものとし、本契約に基づくオーロラ・カーメル社の責任は、本契約上のプラント性能保証の責任については解放される。

上記の書面による確認の日をもって、本契約第1.3項に引用する本製品の商業的生産の開始日とみなす。

しかしながら、万一、性能保証検査の結果が保証数値を満足しない場合または検査が何らかの理由により連続して24時間実施できない場合、ローレル・フォース社とオーロラ・カーメル社は相互に対策について協議する。

第8節　設備・原材料の購入（仕入）先および工事業者の選択

●―第1款　設備・原材料の購入（仕入）先および工事業者の選択（和訳付き）

設備・原材料仕入先　　　　　　　　　　　　　　　　　　　　例文1

ARTICLE 11 SELECTION OF EQUIPMENT SUPPLIER AND CONSTRUCTION COMPANIES

11.1　Laurel Force shall discuss with Aurora Carmel with respect to selection of equipment supplier and construction companies.
　　　Laurel Force shall enter into contracts with such companies as selected as a result of such discussion, provided, however, always the final decision on the selection shall be at discretion of Laurel Force.

11.2　Laurel Force will purchase from Aurora Carmel equipment and materials for manufacture of the Products if the price and quality proposed by Aurora Carmel is competitive in ＿＿＿＿＿, provided, however, always the final decision on the selection shall be at discretion of Laurel Force.

[和訳]

第11条　設備の供給者と工事業者の選択

11.1　ローレル・フォース社は、オーロラ・カーメル社と設備供給者および工事業者の選択について、協議をおこなうものとする。

ローレル・フォース社は、かかる協議の結果、選択された会社と契約を締結するものとする。ただし、常に、かかる選択に関する最終的な決定は、ローレル・フォース社の裁量による。

11.2 ローレル・フォース社は、＿＿＿＿＿＿（国）において、オーロラ・カーメル社により提示される価格および品質条件が競争的であるならば、オーロラ・カーメル社から、本製品の生産のための設備と原材料を購入するものとする。ただし、常に、かかる選択に関する最終的な決定は、ローレル・フォース社の裁量による。

第9節　ロイヤルティの支払いと記録

●―第1款　ロイヤルティの支払いと記録（和訳付き）

例文1　ロイヤルティ

ARTICLE 10 ROYALTY AND RECORDS

10.1　In consideration of the right and license of the Technical Information and technical assistance granted and provided to Laurel Force under this Agreement, Laurel Force agrees to pay the fees as follows:

　(i)　Preparation charge of technical documentation:
　　　Preparation charge of technical documentation as set forth in Section 5.1 hereof;
　　　Total : eighty thousand United States Dollars (US$80,000)
　　　The fees stipulated above in Section 10.1 (i) shall be paid by Laurel Force to Aurora Carmel within thirty (30) days after the provision of the technical documentation in accordance with the invoice issued by Aurora Carmel.

　(ii)　Royalty:
　　　one percent (1%) of the Net Sales Amount of the Products for each of the following six-month periods of the year;
　　　(a) from January 1 to June 30, and
　　　(b) from July 1 to December 31
　　　for a term of the Royalty Period.

10.2　Laurel Force shall furnish written reports to Aurora Carmel by January 31 and July 31 of each year, during the Royalty Period setting forth quantities and the Net Sales Amount of all the Products sold by Laurel Force during the preceding period as stipulated in Section 10.1 above and the amount of royalties due thereon.

10.3 Laurel Force, where necessary, shall apply to the _____ relevant authorities for permission of remittance of the royalty due to Aurora Carmel in United States Dollars (US$) within thirty (30) days of the closing date of the royalty report involved.

Laurel Force shall remit the royalty amount involved immediately after the approval from the _____ Government is obtained.

10.4 Laurel Force may deduct from such payment as stipulated in Section __ hereof any taxes which Laurel Force is required to withhold and to pay under the laws of _____ for the account of Aurora Carmel.

Laurel Force shall, on behalf of, and in the name of Aurora Carmel, pay any such taxes and arrange to furnish Aurora Carmel with proper receipts for such payments issued by _____ tax authorities.

[和訳]

第10条　ロイヤルティと記録

10.1 本契約に基づき、ローレル・フォース社に対し許諾され、提供される本技術情報の権利とライセンス、技術援助の対価として、ローレル・フォース社は、以下の通り、料金を支払う。

(i) 技術書面の準備に関わる費用
本契約5.1項に規定する技術書面の準備に関わる費用
合計額：8万米ドル
10.1項(i)に規定する料金は、オーロラ・カーメル社により発行される請求書に従って、技術書面の引き渡し後30日以内にローレル・フォース社によりオーロラ・カーメル社に対し、支払われる。

(ii) ロイヤルティ
ロイヤルティ期間中、毎年、以下の6か月ごとに純売上高の1パーセント
(a) 1月1日から6月30日まで
(b) 7月1日から12月31日まで

10.2 ローレル・フォース社は、毎年1月31日および7月31日までに、10.1項に規定するその直前の(6か月の)期間中にローレル・フォース社により販売されたすべての本製品の数量および純売上高ならびにそれに対するロイヤルティ金額を記載した書面による報告書をオーロラ・カーメル社に提出するものとする。

10.3 ローレル・フォース社は、必要な場合、各ロイヤルティ報告後30日以内にオーロラ・カーメル社に対する米ドルで送金する認可を取得するため、_____(国)当局に申請する。

ローレル・フォース社は、_____政府から認可取得次第ただちに、当該ロイヤルティ額を送金する。

10.4 ローレル・フォース社は、本契約第__条に規定する支払いから、オーロラ・カーメル社の勘定により、_____国法に基づき、ローレル・フォース社が源泉徴収義務を負担する税金を源泉徴収することができる。

ローレル・フォース社は、オーロラ・カーメル社のために、その名義で、かかる税金を支払い、かつ、＿＿＿＿＿＿国の税務当局により発行されたかかる支払いに対する正当な受領書をオーロラ・カーメル社に対し送付するよう計らう。

第10節 オーロラ・カーメル社による記録の検査

第1款　オーロラ・カーメル社による記録の検査（和訳付き）

例文1　記録検査

ARTICLE 12　EXAMINATION OF RECORDS BY AURORA CARMEL
Laurel Force agrees to keep accurate records in sufficient details to enable the royalties payable under the provisions of Article 10 above to be readily determined.
Laurel Force agrees to permit authorized representatives of Aurora Carmel to examine such records during the business hours for the purpose of verifying the reports and payments required hereunder at any time during the Royalty Period, and for a period of two (2) years after each closing date of the royalty report involved.

[和訳]
第12条　オーロラ・カーメル社による記録の検査
ローレル・フォース社は、第10条の規定に基づいて支払うべきロイヤルティを容易に決定できるように、十分な詳細を記した精確な記録を保存する。
ローレル・フォース社は、オーロラ・カーメル社の権限を付与された代表者が、本契約において要求される報告書と支払いの精確さを検証するために、関係ロイヤルティ報告書の締切日から2年間、営業時間中にかかる記録を検査することを許諾する。

参考までに12.2項のドラフトを示す。

12.2　If an inspection by Aurora Carmel determines that the amount due to Aurora Carmel under this Agreement for any period exceeds the payments made by Laurel Force for such period by more than five percent(5%), then in addition to any other remedies available to Aurora Carmel, Laurel Force shall reimburse Aurora Carmel for the costs of such inspection.

[和訳]

12.2 本契約に基づいて、ある期間にオーロラ・カーメル社に対して支払われるべき金額が、当該期間に、ローレル・フォース社により実際に支払われた額の5パーセントを超えて上回ったと、オーロラ・カーメル社の検査により判断された場合、オーロラ・カーメル社に付与される他の救済に加えて、ローレル・フォース社は、その検査に要した費用をオーロラ・カーメル社に償還するものとする。

第11節 知的財産権条項

●―第1款　知的財産権条項（和訳付き）

知的財産権

例文 1

ARTICLE 13 INTELLECTUAL PROPERTY RIGHTS

13.1 Laurel Force shall not apply or have any other third party apply for patent or any other intellectual property rights without the prior written consent of Aurora Carmel with regard to any Licensed Products or Licensed Technology.

13.2 Aurora Carmel does not warrant that in the use of any documentation and/or other information provided by Aurora Carmel hereunder, Laurel Force will not infringe any patents or any other intellectual property rights owned by third party.

13.3 It is fully understood and agreed by both parties that neither Laurel Force nor any of its affiliates shall use, in the distribution, selling, or advertising of the Licensed Products, any Aurora Carmel's trade-name, trademark or logo or symbol or any abbreviation, thereof, without the prior written approval of Aurora Carmel, which may be denied in Aurora Carmel's sole discretion.

13.4 Notwithstanding the provisions of Section 13.3 above, in connection with the Licensed Products, Laurel Force may use the expression "Engineered under the license from Licensor, ＿＿＿＿＿＿＿＿＿＿＿＿＿＿＿＿＿＿＿＿＿＿＿＿＿＿＿＿＿＿＿＿ ＿＿＿＿＿＿＿＿＿＿ (full name of Aurora Carmel) of ＿＿＿＿＿＿＿＿＿＿ (name of country)" or words similar thereto with the prior written approval of Aurora, which may not unreasonably be withheld by Aurora Carmel.

[和訳]

第13条 知的財産権

13.1 ローレル・フォース社は、いかなる許諾製品または許諾技術についても、オーロラ・カーメル社の事前の書面による同意なしに、特許もしくは他の知的財産権の出願を（自ら）おこない、または第三者をして出願せしめないものとする。

13.2 オーロラ・カーメル社は、オーロラ・カーメル社により提供されたいかなる書面もしくは他の情報について、第三者により保有される特許もしくは他の知的財産権を侵害しないという保証をおこなわない。

13.3 ローレル・フォース社もその関連会社も、オーロラ・カーメル社による事前の書面の同意なしには、本許諾製品の卸売り、販売、または広告にあたって、いかなるオーロラ・カーメル社の商号、商標またはロゴ、シンボルまたはそれらの省略形も使用しないこと、また、その際、オーロラ・カーメル社はその随意判断により拒絶できることについて、両者ともに、了解し、合意している。

13.4 上記13.3項の規定にかかわらず、本許諾製品に関連し、ローレル・フォース社は、オーロラ・カーメル社による事前の書面の同意を得て、「_____（国）の_____（オーロラ・カーメル社のフルネームを記載）」という表現または同趣旨の言葉を使用することができるものとし、その際、オーロラ・カーメル社は、不合理な理由で（同意付与を）拒絶することはない。

第12節 秘密保持条項

●―第1款　秘密保持条項（和訳付き）

例文1　秘密保持

ARTICLE 14　CONFIDENTIALITY

14.1 All of the Technical Information or secret business information which either party derives from the other party under this Agreement shall be confidential, and the parties hereto shall at all times use all reasonable efforts to prevent its disclosure to third persons.

14.2　In case disclosure of any technical information to supplier or constructor or their seeing the Facilities is necessary in order to enable them to undertake to supply, construct, install, repair or maintain the Facilities, Laurel Force shall first obtain the written consent of Aurora Carmel and make such parties execute the written consent of confidentiality in the form acceptable to Aurora Carmel, prior to such disclosure and their seeing the Facilities.

14.3　Laurel Force shall use its best endeavors to prevent its employees from disclosing any of the Technical Information to any third parties.

［和訳］

第14条　秘密保持

14.1　本契約に基づき、いずれかの当事者が他の当事者から取得する本技術情報または秘密のビジネス情報のすべてを秘密とし、両当事者は常に第三者に対する漏洩を防止するためのあらゆる合理的な努力を尽くすものとする。

14.2　供給者もしくは建設業者への技術情報の開示または彼らに本施設を見せることが、供給、建設、修理または保全するために必要な場合、ローレル・フォース社は、かかる開示ならびに本施設を見せる前に、まずオーロラ・カーメル社の書面による同意を取得するものとし、かつ、かかる当事者にオーロラ・カーメル社が満足する書式による秘密保持同意書に署名させるものとする。

14.3　ローレル・フォース社は、従業員に対し、本技術情報をいかなる第三者へも漏洩させないよう防止するために最善を尽くすものとする。

第13節　グラントバック条項

第1款　グラントバック条項（和訳付き）

グラントバック

例文1

ARTICLE 15　TECHNICAL IMPROVEMENTS BY LAUREL FORCE

15.1　Laurel Force hereby grants to Aurora Carmel, to the maximum extent permitted by law or by any contracts to which Laurel Force is a party, a royalty-free, irrevocable and non-exclusive license to use in Aurora Carmel's own facilities all improvements on the Technical Information and new technology and information developed by the Laurel Force at the Facilities.

15.2 Subject to provisions of Section 15.3 hereof, Aurora Carmel may sublicense such technology granted by Laurel Force to its affiliated companies in ＿＿＿＿＿ (name of countries or area) under whatever terms and conditions it deems appropriate, without compensation to Laurel Force.

15.3 The technology set forth in Section 15.2 hereof may be disclosed by Aurora Carmel to such sublicensed affiliated companies only under terms of confidentiality at least as those of this Agreement.

［和訳］

第15条　ローレル・フォース社による改良技術

15.1 ローレル・フォース社は、オーロラ・カーメル社に対し、ローレル・フォース社により本施設で開発されたすべての（本技術情報に対する）技術改良ならびに新技術と情報を、法律上、または、ローレル・フォース社が当事者である契約により、許容される最大限の範囲で、オーロラ・カーメル社の自社工場において、（ロイヤルティ）無償の、撤回不能の、非独占的な使用許諾を付与する。

15.2 本契約15.3項の規定には従うが、オーロラ・カーメル社は、ローレル・フォース社により許諾されたかかる技術を、ローレル・フォース社に対する支払いなしに、オーロラ・カーメル社が適切と考えるいかなる条件の下でも、＿＿＿＿＿＿＿（国名または地域）に所在するその関連会社に対し、再許諾することができる。

15.3 15.2項に規定する技術は、オーロラ・カーメル社により、かかる再許諾される関連会社に対して、少なくとも、本契約の（オーロラ・カーメル社が負担する）秘密保持義務と同じ条件でのみ開示される。

第14節　技術情報の交換

●─第1款　技術情報の交換（グラントバック条項に対する相手側の提案）（和訳付き）

例文1　技術情報交換

ARTICLE 15 TECHNICAL IMPROVEMENTS

15.1 If either Laurel Force or Aurora Carmel shall have developed or acquired any improvements, patentable or not, which comprise changes or variations in, or additions to, the Technical Information (hereinafter referred to as the "Improvements"), such party will promptly notify the other party in writing.

15.2 All rights in and to said Improvements shall belong to such party which develops or acquires them, but the other party will have the right to be granted a license to use such Improvements under such terms and conditions as to be agreed upon through mutual agreement between the parties hereto.

[和訳]
第15条　改良技術
15.1 ローレル・フォース社またはオーロラ・カーメル社のいずれかが、本技術情報の変化、バリエーションまたは追加にあたる何らかの改良技術(以下「改良技術」という)を開発あるいは獲得したときは、それが特許取得可能かどうかを問わず、書面により相手方に対し、速やかに通知する。
15.2 かかる改良技術における、また、当該改良技術に対する、すべての権利は、それを開発あるいは獲得した当事者に帰属するものとするが、その相手方は、本契約当事者間で相互の契約により合意した条件・内容に基づき、かかる改良技術を使用するための権利を有する。

第15節　不可抗力条項

第1款　不可抗力条項(和訳付き)

不可抗力　　　　　　　　　　　　　　　例文1

ARTICLE 16 FORCE MAJEURE AND CHANGE OF CIRCUMSTANCES
16.1 None of the parties shall be held responsible or liable for any failure to perform any obligation, if such failure is due to strike, lockout, riot, war, natural disaster, act of God, fire, governmental order or regulations or any other cause beyond the reasonable control of that party.
16.2 The occurrence of an event of force majeure shall not represent an excuse for failure to pay when due by Laurel Force.
16.3 A fundamental change of circumstances or changes in the economic and financial priorities of Laurel Force or its government shall not be deemed an event of force majeure, or an independent ground for nonfulfillment by Laurel Force of its obligations under this Agreement or for a claim for its amendment or termination.

[和訳]
第16条　不可抗力ならびに事情の変更

例文1 不可抗力
例文1 契約期間
例文1 途中解除

16.1 いずれの当事者も、もし契約上の義務の履行ができないことが、ストライキ、ロックアウト、暴動、戦争、自然災害、天災、火災、政府命令もしくは規則、または本契約当事者の合理的な制御の及ばない他の事由により引き起こされた場合は、その履行できないことについて責任を問われない。

16.2 不可抗力事由の発生は、期限が到来したローレル・フォース社の支払い義務について、不履行免責の根拠を構成しない。

16.3 事情の基本的な変更、経済変動ならびに、ローレル・フォース社またはその政府の財政的優先順位の変更は、不可抗力あるいは本契約上の義務について、ローレル・フォース社の履行を免責し、またはその変更もしくは解除を請求する独立した根拠とはみなさない。

第16節 契約期間・延長

第1款 契約期間・延長（和訳付き）

例文1 契約期間

ARTICLE 17 TERM AND EXTENSION

17.1 This Agreement shall become effective on the date first above written and expire on the fifth anniversary of the date of the commencement of commercial production of the Products set forth in Section __ hereof, unless earlier terminated pursuant to the provision of the Agreement, or extended further by mutual agreement in accordance with the provision of Section 17.2 hereof.

17.2 In case Aurora Carmel and Laurel Force wish and agree to extend and renew this Agreement within six (6) months before the expiration date stipulated in Section 17.1 hereof, this Agreement may be extended and renewed, in writing, further for a period of three (3) years each, subject to the approval of the _____ governmental authorities, if required.

［和訳］
第17条　期間と延長

17.1 本契約は、冒頭の日付に発効し、本契約の規定に従って、早期に解除されるか、あるいは、本契約の17.2項の規定に基づいて両者の合意によりさらに延長されない限り、本契約の第__条に規定された本製品の商業的生産の開始日から5年経過した日をもって終了する。

17.2 オーロラ・カーメル社とローレル・フォース社が、本契約の17.1項に規定する終了日の6か月前の期間中に、本契約の延長を希望し、更新することに合意する場合は、本契約は、書面により、さらに3年ずつ延長されるものとするが、(その更新については)＿＿＿＿＿政府の認可が必要な場合は、その認可取得を条件とする。

第17節　途中解除条項

●第1款　途中解除条項(和訳付き)

途中解除

例文 1

ARTICLE 18 TERMINATION

18.1 In the event of failure by either party to fulfill any of its obligations under this Agreement, the other party may give such defaulting party written notice describing such failure.

18.2 If such failure is not corrected within forty-five (45) calendar days after such notice is given, the non-defaulting party who served notice has the right to terminate this Agreement on the date which is shown on the notice mentioned above.

18.3 Each party may at its discretion, terminate this Agreement by giving the other defaulting party a ten (10) business days advance notice of termination in the event of one or more of the following:

(i) Appointment of a trustee, receiver or other custodian for all or substantial portion of its assets or property;

(ii) Any general assignment by it for the benefit of its creditors;

(iii) A governmental expropriation of all or substantial portion of its assets or capital stock;

(iv) The filing of a petition in bankruptcy or insolvency;

(v) The merger, amalgamation or consolidation by it with or into another company or corporation;

(vi) Material change of its ownership.

Should either party be involved in any of such event as stipulated above in this Section 18.3, such party will notify immediately the other party of the occurrence of such event.

18.4 If this Agreement is terminated pursuant to the provisions of this Article 18 above, Laurel Force shall cease any use of the Technical Information on and after the date of the termination of this Agreement, and shall return to Aurora Carmel the tangible information and know-how provided by Aurora Carmel to Laurel Force, within thirty (30) calendar days from the date of the termination of this Agreement.

[和訳]
第18条　途中解除

18.1 いずれかの当事者において本契約に基づく義務に違反する事態が発生した場合、他の当事者は、かかる違反事態を記述した通知を、契約違反をおこなっている当事者に対し、送付することができる。

18.2 かかる違反事態が上記の通知の日から45暦日以内に治癒されない場合は、かかる通知を送付した違反していない当事者は、当該通知に記載した日をもって、本契約を解除する権利を有する。

18.3 いずれの当事者も、(相手方当事者が)以下の一つまたはそれ以上に該当する場合は、その自由裁量で、当該相手方である違反当事者に対し、10営業日の事前通知により、本契約を解除できる。
 (i)　その財産・資産のすべてもしくは大半の管理のためのトラスティー(受託者)、管財人もしくは他の保全人の指名
 (ii)　自身による一般債権者のための全面的な譲渡
 (iii)　そのすべてもしくは大半の資産または資本株式の政府による没収
 (iv)　破産もしくは支払い不能の申し立ての届け出
 (v)　それによる他の会社との合併、合同合併もしくは新設合併
 (vi)　その所有に関する重大な変更
いずれかの当事者が本契約18.3項に規定された事項に陥ったときは、かかる当事者はただちにその事項の発生について通知する。

18.4 本契約が上記の本契約第18条の規定に従って解除されたときは、ローレル・フォース社は、本契約の解除の日以降は、本技術情報の使用を止めるものとし、本契約の解除の日から30暦日以内にオーロラ・カーメル社により提供された有形の情報とノウハウをオーロラ・カーメル社に対し返還する。

第18節 通知に24時間ルールを採用した解除条項

●─第1款　通知に24時間ルールを採用した解除条項（和訳付き）

通知　　　　　　　　　　　　　　　　　　　　　　　　　　　　例文1

Either party may terminate this Agreement, on twenty four (24) hours written notice, if the other party files a petition in bankruptcy, is adjudicated bankrupt, makes a general assignment for the benefit of creditors, becomes insolvent or has otherwise been unable to meet its business obligations for a period of six (6) months.

［和訳］
いずれの当事者も、相手方が破産の申し立てをしたとき、破産の宣告を受けたとき、一般債権者のために全般的な譲渡をおこなったとき、支払い不能に陥ったとき、あるいは、他の場合でも、そのビジネス上の義務を6か月間にわたり履行することができないときは、書面による通知をおこなうことにより、24時間で本契約を解除できる。

第19節 親会社による履行保証（簡潔な規定）

●─第1款　親会社による履行保証（簡潔な規定）（和訳付き）

履行保証-01　　　　　　　　　　　　　　　　　　　　　　　　例文1

Purple Zephyrs, a parent company of Laurel Force, guarantees as Laurel Force's guarantor, its full performance of this Agreement, and shall be bound by all of the obligations, terms, and conditions of this Agreement, and its agreement to be bound is a material inducement to Aurora Carmel to enter into this Agreement.

［和訳］
ローレル・フォース社の親会社であるパープル・ゼファーズ社は、ローレル・フォース社の保証人として、本契約の完全な履行を保証し、かつ、本契約のすべての義務、条件ならびに条項に拘束されるものとし、そのように拘束されるという合意は、オーロラ・カーメル社にとって本契約を締結する重大な誘因をなすものである。

●—第2款　親会社による履行保証（詳しい規定）

例文2　履行保証-02

In consideration of the provision of services by Aurora Carmel hereunder, Purple Zephyrs, a parent company of Laurel Force, agree that it shall jointly and severally with Laurel Force;

(i) procure that Laurel Force performs all of its obligations under this Agreement and observes all the terms and conditions set forth herein which bind it;

(ii) indemnify and hold harmless Aurora Carmel from and against any loss or damages (including legal fees) suffered or incurred by Aurora Carmel due to any breach of this Agreement by Laurel Force;

(iii) in the event of Laurel Force becoming bankrupt or insolvent, or going into liquidation, procure that all of creditors of Laurel Force, including construction companies of plants and suppliers of equipment and materials recommended by Aurora Carmel under the provisions of Article __ hereof paid in full all monies owed in connection with such construction or supply.

(iv) Purple Zephyrs represents that Laurel Force is its wholly-owned subsidiary.

(v) Purple Zephyrs warrants that it will be a wholly-owned company throughout the period of this Agreement.

［和訳］
オーロラ・カーメル社による役務の提供の約因として、ローレル・フォース社の親会社であるパープル・ゼファーズ社はローレル・フォース社と連帯して次の通り合意する。

(i) ローレル・フォース社が本契約上のすべての義務を履行し、またローレル・フォース社を拘束する、本契約に規定するすべての条項ならびに条件を遵守すること。

(ii) ローレル・フォース社による本契約の違反により、オーロラ・カーメル社が被り、または費用をかけた（弁護士費用を含む）すべての損失もしくは損害について、補償し、免責すること。

(iii) ローレル・フォース社が破産もしくは支払い不能と宣告され、または清算されるという事態においては、本契約第__条の規定に基づき、オーロラ・カーメル社により指名されたプラント建設業者および設備ならびに原材料の供給者を含む、ローレル・フォース社のすべての債権者がその建設または供給に関連して、（ローレル・フォース社に対し保有する）すべての債権額について完済されること。

(iv) パープル・ゼファーズ社は、ローレル・フォース社がその完全（＝100パーセント保有）子会社であることを表明する。

(v) パープル・ゼファーズ社は、ローレル・フォース社が本契約期間中、その完全子会社であることを保証する。

第20節 重大な契約違反に対する損害賠償条項

●—第1款 重大な契約違反に対する損害賠償条項(和訳付き)

損害賠償

例文 1

ARTICLE 19 COMPENSATION FOR DAMAGES FOR MATERIAL BREACH

19.1　If either party commits a material breach of this Agreement, and as a result thereof, the other non-defaulting party suffers from any kind of damages, the latter non-defaulting party may claim compensation for such damages.

19.2　In such an instance, the parties concerned shall discuss the amount of compensation in good faith to arrive at mutually acceptable agreement.

19.3　If, however, the parties fail to arrive at an amicable settlement regarding the amount of such compensation within forty-five (45) calendar days, a final decision regarding such compensation may be decided by arbitration pursuant to the provisions of Article ___ hereof, by initiation of either party.

[和訳]

第19条　重大な違反による損害に対する賠償

19.1　いずれかの当事者が本契約の重大な違反を犯し、かつ、その結果として、他の違反していない当事者が、何らかの損害を被った場合は、その違反していない当事者は、かかる損害について、賠償請求のクレームを提起できる。

19.2　かかる場合は、関係当事者は、賠償金額について、双方で受諾できる合意に到達するよう誠実に協議をおこなう。

19.3　しかしながら、当事者が、45暦日以内にかかる賠償の金額に関する円満な和解に到達することができない場合は、かかる賠償額の最終決定は、いずれかの当事者による申し立てにより、本契約第__条の規定に従い、仲裁によりなされることができる。

第21節 契約譲渡制限条項

●—第1款 契約譲渡制限条項(和訳付き)

契約譲渡制限

例文 1

ARTICLE 20 NO ASSIGNMENT

20.1 This Agreement or any part hereof or any right hereunder may not be assigned by either party to any third party without the prior written consent of the other party.

20.2 Any assignment or transfer of this Agreement, any part hereof or any right hereunder made in violation of the provisions of Section 20.1 hereof shall be null and void.

20.3 _____ may assign or transfer this Agreement any part hereof to any company controlled directly or indirectly by _____, provided, however, that even after such assignment or transfer, _____ shall continue to be fully liable to _____ with respect to all obligations undertaken by _____ under this Agreement.

[和訳]

第20条　譲渡禁止

20.1 本契約、本契約の一部もしくは、本契約上の権利は、他の当事者の事前の書面による同意なしには、いずれの当事者によっても第三者に譲渡されない。

20.2 本契約の20.1項の規定に違反してなされた本契約、本契約の一部もしくは本契約上の権利の譲渡は無効とする。

20.3 _____は、直接的または間接的にコントロールしている会社に対して、本契約または本契約の一部を譲渡または移転させることができるものとするが、その場合、譲渡または移転のあとであっても、_____は、本契約に基づき_____が負担するすべての義務について、_____（相手方）に対し、（その履行の）責任を負うものとする。

第2款　契約譲渡制限条項（譲渡希望を自由に拒絶できる規定）

例文2　譲渡制限

This Agreement, any part hereof or any right hereunder may not assigned by either party to any third party without the prior written consent of the other party, provided that the other party may, at its discretion, withhold such consent, and may decline to give such consent for its own business reason and judgment.

[和訳]

本契約、本契約の一部もしくは本契約上の権利は、他の当事者の事前の書面による同意なしには、いかなる第三者にも譲渡されないものとするが、他の当事者は、その自由裁量で、かかる同意を留保することができ、また、自身のビジネス上の理由ならびに判断により、かかる同意を付与することを拒絶できるものとする。

第3章 技術情報の開示・指導契約・見学受け入れ等による情報開示契約
（和訳付き）

第1節 技術情報開示

●—第1款　技術情報開示（和訳付き）

技術情報開示

ARTICLE 3 DISCLOSURE OF TECHNICAL INFORMATION

3.1　In consideration of the payment referred to in Section ___ hereof, and within thirty (30) calendar days thereof, Aurora Carmel shall permit Laurel Force, through its designated representatives, to make an Initial Plant Visit at which Aurora Carmel shall disclose certain limited aspect of the Technical Information to the representatives of Laurel Force on the following basis:

(i) Aurora Carmel will advise Laurel Force of Aurora Carmel's production costs and other information with respect to the items in Exhibit ___ attached hereto, but not limited to costs of materials, fuel, electric power, other utilities, labor and overhead as a percentage of direct labor.

(ii) Aurora Carmel will orally advise Laurel Force the approximate cost to make the Licensed Products. The information will include, among others, electric power consumption, fuel consumption and labor requirement.

(iii) Laurel Force's representatives may sketch the machine lay-out of Aurora Carmel's plant for production of the Licensed Products, provided, however, that they are not permitted to take photo of the machine or other facilities.

(iv) The visit of Laurel Force's representatives to Aurora Carmel's plant shall not exceed six (6) business days.

(v) No more than seven (7) persons from Laurel Force shall be present at the visit specified in this Section 3.1.

(vi) The costs of visit specified above shall be borne and paid by Laurel Force.

(vii) Aurora Carmel will show Laurel Force's representatives the actual operation of production facilities of the Licensed Products, and will provide information for Laurel Force to make a business decision as to whether or not to obtain from Aurora Carmel the right and license to use the Technical Information, to manufacture and sell the Licensed Products as set forth in Article 5 hereof, subject, however, to Aurora Carmel's discretion in disclosing such information to Laurel Force's representatives.

3.2 In consideration of the payment referred to in Section 2.2 hereof, the Technical Information which Aurora Carmel will disclose to Laurel Force under this Section 3.2, but subject in all cases to the condition that any such information exists, has been previously prepared, and is available, shall include but not be limited to the terms described in Exhibit __ attached hereto, which include, among others,
(i) manufacturing process of the Products,
(ii) design and engineering, drawings of production facilities,
(iii) equipment list of production facilities,
(iv) operating conditions of such facilities,
(v) specifications of each pieces of the raw materials recommended for such production,
(vi) specification and testing methods of the Licensed Products,
(vii) storage and shipping facilities, environmental conditions, and
(viii) other information or technology which may be useful for the manufacture of the Licensed Products and which is developed or acquired by Aurora Carmel or its affiliated companies during the term of this Agreement and which Aurora Carmel has legal right to disclose to Laurel Force.

3.3 From and after the date on which Laurel Force makes payment to Aurora Carmel of the initial license fees called for in Section 2.2 hereof, Laurel Force's representatives shall be entitled to visit Aurora Carmel's and affiliated companies' plants to receive an explanation of the Technical Information, the Licensed Process and the Licensed Products on the basis set forth below:
(i) The maximum number of visits per year during the term of this Agreement shall be three (3).
(ii) The total time for the first visit after the Initial Plant Visit set forth in Section 3.1 hereof, shall not exceed twelve (12) business days and the total time for the subsequent visits shall not exceed six (6) business days.
(iii) The costs of such visits shall be borne and paid by Laurel Force.
(iv) The transfer of the Technical Information by Aurora Carmel to Laurel Force pursuant to Article 3 hereof shall be primarily oral through Aurora Carmel's personnel answering the questions and explaining the Licensed Process to the representatives of Laurel Force.
Aurora Carmel's personnel will answer raised by the authorized representatives of Laurel Force as accurately as possible.

(v) Aurora Carmel's obligations hereunder shall not include any obligation to newly prepare and make available to Laurel Force detailed engineering, or drawings in connection with the design, construction or operation of the Licensed Process and plants construction, or operation of the Licensed Process and plants.

Aurora Carmel will, however, furnish Laurel Force with any available copies of technical data and drawings then owned by Aurora Carmel at the time of each such plant visits, except for the Initial Plant Visit set forth in Section 3.1 hereof.

[和訳]
第3条　技術情報の開示
3.1 ＿項以下で言及される支払いを考慮し、その30暦日以内で、オーロラ・カーメル社はローレル・フォース社に、その指定された代表者を通して、オーロラ・カーメル社が特定の限定された側面を持つ技術情報をローレル・フォース社の代表者へ開示する第1次工場見学を設定することを許可する。技術情報は以下を基本とする。

(i) オーロラ・カーメル社はローレル・フォース社にその製造コストや別紙＿に記載した項目についての他の情報を助言するものとする。しかし、情報は、原材料や燃料、電気料金のコスト、その他の費用としての直接労働における労働者と諸経費に限らない。

(ii) オーロラ・カーメル社は許諾製品を製造するためのおおよそ正確なコストをローレル・フォース社に口頭で助言する。その情報には、電力消費、燃料消費、労働条件などを含むものとする。

(iii) ローレル・フォース社の代表者は、許諾製品を製造するオーロラ・カーメル社の工場の機械配置をスケッチするものとする。しかしながら、機械や他の設備の写真撮影は許可されない。

(iv) ローレル・フォース社の代表者のオーロラ・カーメル社での工場滞在は6営業日を超えないものとする。

(v) ＿項に規定された通り、ローレル・フォース社から7人以内の人員が訪問することとする。

(vi) 上記に規定された訪問の費用は、ローレル・フォース社が負担し、支払うものとする。

オーロラ・カーメル社は、ローレル・フォース社の代表者らに、許諾製品の製造機器の実際の稼働を示すものとする。加えて、ローレル・フォース社が技術情報を使用するため、以下の第＿条の規定により許諾製品を製造・販売するための許諾と権利をオーロラ・カーメル社から取得するかどうかの経営判断を形成するための情報を提供するものとするが、ローレル・フォース社の代表者への本情報の開示はオーロラ・カーメル社の裁量に委ねるものとする。

3.2 本__項に言及された支払いを考慮すると、オーロラ・カーメル社がローレル・フォース社に本3.2項の下、開示する技術情報は、そのような情報が存在する条件のすべてにおいて、事前に準備されており、取得可能であり、以下に添付された別紙____に記載された説明に限らず、含まれる。とりわけ、
  (i) 商品の製造工程
  (ii) 設計およびエンジニアリング、生産設備の図面
  (iii) 生産設備の機器リスト
  (iv) 本設備の運転状態
  (v) 本生産のために推奨される原料の各々の仕様
  (vi) 許諾製品の仕様および試験方法
  (vii) 貯蔵および輸送設備、環境条件、および
  (viii) オーロラ・カーメル社もしくは合意期間中に関連会社で確立された、もしくは獲得された、許諾製品の生産に有益な他の情報もしくは技術であり、オーロラ・カーメル社がローレル・フォース社に開示する権利を持つもの。

3.3 ローレル・フォース社が本__項以下に定められた、オーロラ・カーメル社の初期ライセンス使用料を支払った日から、ローレル・フォース社の代表者は、以下に基づき、技術情報、許諾された工程、そして許諾製品についての説明を受けるためにオーロラ・カーメル社と関連会社の工場に訪問する権利を持つものとする。
  (i) 本契約有効期間中の工場訪問は、年間3回までとする。
  (ii) 3.1項に規定された第1次工場見学のあとの第1回の訪問時間は、12営業日を超えないものとし、その後の訪問の時間の合計は、6営業日を超えないものとする。
  (iii) 上記工場見学の費用は、ローレル・フォース社の負担とする。
  (iv) 本契約第3条に規定するオーロラ・カーメル社によるローレル・フォース社に対する技術情報の移転の方法は、主に、オーロラ・カーメル社の人員によりローレル・フォース社の代表者への口頭での質問に対する回答と説明でなされる。オーロラ・カーメル社の人員は、ローレル・フォース社の許諾を受けた代表者により提起された質問に対しできる限り、正確に答えるようにする。
  (v) 以下に規定するオーロラ・カーメル社の義務には、ローレル・フォース社の詳細設計もしくはデザインに関係する図面、許諾工程の構築・運営、工場建設、もしくは許諾工程や工場の運営について新たに設けられ、適用される義務を含まない。
  しかしながら、オーロラ・カーメル社は、保有する技術データや図面の利用可能なコピーを各工場訪問の際にローレル・フォース社に提供するものとするが、3.1項以下の第1次工場見学時は除くものとする。

第2節 現地への技術者派遣義務を負担しないことを明記した規定

● ─ 第1款　現地への技術者派遣義務を負担しないことを明記した規定(和訳付き)

派遣要請があるときは、別途取り決めることとする。

技術者派遣義務がないこと

例文 1

ARTICLE 4 NO OBLIGATION OF DISPATCH OF ENGINEER OF AURORA CARMEL
4.1　Laurel Force recognizes and agrees that Aurora Carmel has no obligation to dispatch its engineers, officers or other employees to ＿＿＿＿＿＿ (country of Laurel Force).
4.2　In the event, however, it is requested by Laurel Force, and Aurora Carmel, in its sole discretion, determines to do so for purpose of instructing Laurel Force's personnel with respect to the Licensed Process, Licensed Products or technology in relation to them, all expenses incurred by such engineers, officers or other employees of Aurora Carmel, including travel expenses, lodging and meals, shall be borne and paid by Laurel Force.

[和訳]
第4条　オーロラ社の技術者の派遣義務がないこと
4.1　ローレル・フォース社は、オーロラ・カーメル社が、＿＿＿＿＿＿＿(ローレル・フォース社の国)へ、そのエンジニア、役職者あるいは他の従業員を派遣する義務を負担しないことを認識し、合意している。
4.2　しかしながら、もし、ローレル・フォース社から要請があり、かつ、オーロラ・カーメル社が、その随意判断により、許諾製法、許諾工程またはそれらに関連する技術について、ローレル・フォース社の人員を指導するために、(その技術者を)現地に派遣すると決定した場合は、オーロラ・カーメル社のかかる技術者・役職者または他の従業員にかかる費用は、すべて、ローレル・フォース社が負担するものとし、その費用には、出張旅費、宿泊費、食事費用が含まれる。

第3節 日当(Per Diem Charges)支払い条項

●—第1款 日当(Per Diem Charges)支払い条項(和訳付き)

例文1 日当

4.3　In addition, Laurel Force shall pay such per diem charges for such engineers, officers or other employees as shall be agreed upon between the parties, based upon the rates and charges of internal rules and practices of Aurora Carmel.

[和訳]
4.3　さらに、ローレル・フォース社は、かかる技術者、役職者または他の従業員につき、当事者間で合意する日当を支払うものとし、その金額は、オーロラ・カーメル社の社内規則と慣行を基準とする。

第4節 秘密保持義務違反に対する損害賠償額の予定

●—第1款 秘密保持義務違反に対する損害賠償額の予定(和訳付き)
Liquidated Damages

例文1 秘密保持義務違反に対する賠償

ARTICLE 6　LIQUIDATED DAMAGES FOR VIOLATION OF ARTICLE 5 (CONFIDENTIALITY OBLIGATIONS OF LAUREL FORCE IN CASE IT DOES NOT OBTAIN THE RIGHT AND LICENSE)

6.1　If Laurel Force does not acquire a License hereunder by making the payment under the conditions set forth in Section ＿ hereof, but then uses the Technical Information or Licensed Process or manufacturing or sells the Licensed Products in violation of the restrictions set forth in Section ＿ hereof, Laurel Force shall pay to Aurora Carmel as liquidated damages, in addition of the sum of eighty hundred thousand United States Dollars (US$80,000) payment under Section ＿ hereof, the sum of eight hundred thousand United States Dollars (US$800,000).

6.2　Aurora Carmel and Laurel Force recognize and agree that the sum of US$800,000 is compensation for Aurora Carmel's loss of potential sales, profits and markets, as to which it is difficult to ascertain the exact damages to be suffered as a result thereof.

If, therefore, for any reason it is ever determined that the payment specified in this Section 6.2 of US$800,000 is in the nature of penalty, Aurora Carmel shall have the right to obtain injunctive relief prohibiting Laurel Force from using the Technical Information in any way in its business, and shall also be entitled to such license fees or royalty payments as the court determines is just to compensate Aurora Carmel for breach by Laurel Force of the terms thereof.

For purposes of Sections 6.1 and 6.2 hereof, the phrase "use the Technical Information" shall mean use by any portion of the Technical Information for any portion of any process for manufacturing of the Licensed Products.

[和訳]
第6条　第5条違反に対する損害賠償額の予定
（権利と許諾を取得しない場合のローレル・フォース社の秘密保持義務）

6.1　もしローレル・フォース社が本＿項以下に規定された条件の下での支払いをおこなうことによる許諾を必要としない場合で、しかし、＿項以下に規定された制限を破り、技術情報もしくは許諾工程もしくは生産を使用し、もしくは許諾製品の販売をおこなった場合、ローレル・フォース社はオーロラ・カーメル社に予定された損害額として、＿項の合計8万米ドルの支払いのほかに、合計80万米ドルを支払うべきものとする。

6.2　オーロラ・カーメル社とローレル・フォース社は合計80万米ドルをオーロラ・カーメル社が結果として被る正確な損害として算定が困難な、見込み販売・利益・マーケットの損失についての慰謝料と認識し、合意する。

それゆえに、もし、何らかの理由により、本6.2項で規定された支払いである80万米ドルが罰金と判断された場合、オーロラ・カーメル社はローレル・フォース社に対して、そのビジネスにおける技術情報のいかなる使用においても、差止救済権を有するものとし、また、裁判所によりローレル・フォース社の規定違反によりオーロラ・カーメル社に補償することが正当であると判断されたライセンス料もしくはロイヤルティの支払いを受ける権利を有するものとする。

6.1項と6.2項以下の目的により、「技術情報の使用」の語句は、許諾製品の製造のためのある工程の一部のための技術情報の一部の使用を意味するものとする。

例文1　開発中止
例文1　特定研究者の割り当て
例文1　受託開発前の成果の帰属

技術契約〜開発　委託契約の交渉時の重要条項（和訳付き）

第1節　開発受託者が技術上の困難に遭遇したときの開発中止条項

●—第1款　イエロー・ストーン社（開発受託者）による技術上の困難に遭遇したときの開発中止条項（和訳付き）

例文1　開発中止

ARTICLE __ SUSPENSION OF WORK DUE TO A MAJOR TECHNICAL PROBLEM

1　In case, in Yellow Stone's opinion, a major technical problem has been encountered which could not be resolved without the expenditure of substantial additional time and money, work on the Project may be suspended by Yellow Stone by giving a written notification of the suspension.

2　The parties agree to meet within thirty (30) days after such notification and make a decision if work on the Project should be terminated in accordance with the provisions of Article __.

3　In case the parties agree to continue work on the Project, this Agreement shall be amended to incorporate the agreed adjustment to the Project Fee and Program Master Schedule attached hereto.

［和訳］
第__条　重大な技術上の問題による作業の中止
1　万一、イエロー・ストーン社の判断で、実質的に相当な追加時間と追加費用をかけなければ解決しない重大な技術上の問題に遭遇した場合は、本プロジェクトの作業は、中止の書面通知をおこなうことにより、イエロー・ストーン社によって中止することができるものとする。
2　当事者は、かかる通知から30日以内に会って、本プロジェクトの作業を第__条の規定に基づき、打ち切るかどうかについて決定するものとする。
3　もし、当事者が本プロジェクトの作業を継続することに合意したときは、本契約は、本契約に添付した本プロジェクトに対する費用とマスタースケジュールに対する合意した調整を含むよう修正されるものとする。

第2節　特定の研究者の割当条項

●—第1款　特定の研究者の割当条項(和訳付き)

ボンド氏とリー氏をプロジェクトに割り当てることを規定する。

特定研究者の割り当て　　　　　　　　　　　　　　　　　　　　例文 1

Assignment of Mr. Robert Bond and Ms. Scarlet Lee
Aurora shall have the right to terminate this Agreement forthwith, if and when either or both of Mr. Robert Bond or Ms. Scarlet Lee shall leave Yellow Stone or be unwilling to make themselves available to the efforts or activities under the work schedule on the Project or Intellectual Property Agreement set forth herein for any reason whatsoever and such departure or unwillingness impedes the development of the Products set forth in the Project.

[和訳]
ロバート・ボンド氏とスカーレット・リー氏の割り当て
ロバート・ボンド氏かスカーレット・リー氏のいずれか、もしくは両名が、その理由を問わず、イエロー・ストーン社を離職し、または、本プロジェクトの業務スケジュールにおける努力または活動に自分自身を従事させることまたは本契約に定める知的財産契約に調印することを拒絶する場合で、かかる離職または協力拒絶(＝気が進まないこと)が、本プロジェクトに規定する製品の開発を妨げることとなる場合には、オーロラ社は、本契約をただちに解除する権限を有するものとする。

第3節　受託開発前の成果はその開発者(委託者)に帰属すると規定

●—第1款　受託開発前の成果は、その開発者に帰属すると規定(和訳付き)

受託開発前の成果の帰属　　　　　　　　　　　　　　　　　　　例文 1

Inventions, designs, know-how or other technical information or any intellectual property rights developed or acquired solely by one party to this Agreement, prior to the commencement of this Agreement shall remain the property of that party, i.e. Aurora.

例文1 受託開発前の成果の帰属
例文1 知的財産権の帰属
例文1 都合による解除

［和訳］
本契約の開始前に、本契約の一方の当事者によって発明もしくは取得された、発明、デザイン、ノウハウもしくはその他の技術情報もしくはあらゆる知的財産権は、その当事者が保持しつづける。

第4節 知的財産権の帰属（序文にあたる部分）

●─第1款　知的財産権の帰属（序文にあたる部分）（和訳付き）

例文1　知的財産権の帰属

ARTICLE __ INTELLECTUAL PROPERTY
1　It is understood and agreed by the parties that the invention, know-how, software, technology and designs and other technical information developed or acquired by Yellow Stone under this Agreement will incorporate Yellow Stone's prior technology and intellectual property.
　Therefore, all such inventions, know-how, software, technology and designs and other technical information, including modifications and enhancements thereof, to the extent developed by Yellow Stone, will belong to Yellow Stone, except as provided below in Section 2.
2　Aurora shall retain ownership of all intellectual property developed solely by Aurora.

（以下、省略）

［和訳］
第__条　知的財産
1　本契約に基づきイエロー・ストーン社により発明もしくは取得された、ノウハウ、ソフトウェア、技術、デザインやその他の技術情報は、イエロー・ストーン社の先進技術と知的財産に組み込まれると当事者らによって理解され、合意される。
　したがって、このようなすべての発明、ノウハウ、ソフトウェア、技術やデザインやその他の技術情報は、その修正や機能強化を含め、イエロー・ストーン社によって開発された延長線上で、2項に記載の場合を除き、イエロー・ストーン社に帰属する。
2　オーロラ社はオーロラ社独自で開発したすべての知的財産の所有権を保持するものとする。

(以下、省略)

第5節　開発委託者の都合による解除条項

●―第1款　開発委託者の都合による解除条項（和訳付き）

都合による解除　　　　　　　　　　　　　　　　　　　　例文 1

ARTICLE __ TERMINATION FOR CONVENIENCE OF AURORA
1　The performance of work under this Agreement may be terminated by Aurora in accordance with this Article __ in whole, or from time to time in part, whenever for any reason Aurora shall determine that such termination is in the best interest of Aurora.
2　Aurora shall notify Yellow Stone in writing of its desire to terminate and shall specify an Effective Date of Termination which shall be no earlier than thirty (30) days of such notice, except for termination in accordance with the provision of Article __ (Breach or Default), for which the thirty (30) day notice shall not apply.
3　After receipt of Notice of Termination and except as otherwise in writing by Aurora, Yellow Stone shall:
　(i)　stop work under this Agreement on the date and to the extent specified in the Notice of Termination;
　(ii)　place no further orders or subcontracts for materials, services, or facilities related to the terminated portion;
　(iii)　terminate all orders and subcontracts to the extent that they relate to the performance of work terminated by the Notice of Termination;
　(iv)　start the settlement of all outstanding liabilities and all claims arising out of such termination of orders and subcontracts, the charges for which would be reimbursable in whole or in part, in accordance with the provisions of this Agreement;
　(v)　deliver in the manner, at all times, and to the extent directed thereby the fabricated or un-fabricated parts, work in process, completed work, supplies, and other materials produced as a part of, or acquired in respect to the performance of, the work terminated by the Notice of Termination:
　(vi)　complete performance of such part of the work as shall not have been terminated by the Notice of Termination.

(以下、解除に伴う費用請求に関する詳細な手続規定は省略)

例文1 都合による解除
例文1 特許ライセンス契約

[和訳]
第＿条　オーロラ社の契約解除
1　本契約に基づく作業の履行は、その全部または随時、一部について、いかなる理由によってであれ、その解除がオーロラ社にとって最善の利益であると決定したときは、この第＿条に従ってオーロラ社によっていつでも解除されるものとする。
2　オーロラ社は解除するために、その解除の要望を書面でイエロー・ストーン社に通知し、30日の通知は適用しないとする第＿条の規定（違反またはデフォルト）に従い契約を解除した場合を除いて、解除の効力日をこの通知から30日より先に指定しなければならない。
3　解除通知の受領後とオーロラ社による書面を除いて、イエロー・ストーン社は、
　(i)　解除通知で指定された日と期間以内に、本契約の下での作業を停止する。
　(ii)　解除された範囲に関連する資材、サービス、または機能のためのさらなる受注や下請けをおこなわない。
　(iii)　解除通知によって解除された業務が関連する範囲のすべての注文および下請けを終了する。
　(iv)　すべての負債残高、このような発注や委託の解除から生じるすべての請求、本契約の規定に従い一部または全部を弁済すべき費用、このような発注や委託の解除から生じるすべての請求について決済を開始する。
　(v)　業務の過程において、完成した業務において、そして解除通知により解除された業務またはその履行に関連して取得されたその他の部品は、いつ何時も、製造または未組み立ての部品の延長上で、節度をもって取り扱われる。
　(vi)　本業務範囲において完全履行されたものについては、解除通知によって解除されてはならない。

（以下、解除に伴う費用請求に関する詳細な手続規定は省略）

特許ライセンス契約
（特許・情報開示ライセンス契約とは区別される）

第1節 特許ライセンス契約

●―第1款 特許ライセンス契約

技術情報の開示・技術指導などのない（特許侵害紛争を回避、または解決するために締結する）特許権の使用許諾を取り決める特許ライセンス契約。最優遇顧客条項あり（例外を列挙する慎重な規定）（英文版、和訳なし）。

特許ライセンス契約　　　　　　　　　　　　　　　　　　　　　　　　　例文 **1**

PATENT LICENSE AGREEMENT
THIS AGREEMENT is made and entered into as of this _____ day of _____, 20__ (hereinafter the "Effective Date"), by and between:
_____, a _____ corporation, having its principal place of business at _____ _____ (hereinafter referred to as "YELLOW STONE") and_____, a Japanese corporation, having its principal place of business at _____, Japan (hereinafter referred to as the "LICENSEE").

RECITALS
1　The LICENSEE desires a license under certain patents owned by Yellow Stone relating to _____system, using a _____method.
2　YELLOW STONE is willing to grant a license under such patents upon the terms and conditions hereinafter set forth.
3　YELLOW STONE and the LICENSEE each represents that it is fully authorized to deal generally with and to make this Agreement respecting the subject matter hereof.

AGREEMENT
NOW, THEREFOR, in consideration of the premises and mutual covenants hereinafter contained, YELLOW STONE and the LICENSEE agree as follows:

ARTICLE 1 DEFINITIONS
The term "Patent" shall mean the parties listed in Exhibit A attached to this Agreement and any continuation, divisions and reissues or extensions of such patents.
The term "Products" shall mean _____ system that embodies or is manufactured with the use of the inventions claimed in one or more Patents.
To constitute a "Products" such a system must embody at least one of the independent claims contained in one or more of the Patents.
The term "Subsidiary" shall mean any corporation or other entity more than fifty percent (50%) of whose outstanding shares, or stock, entitled to vote for the election of directors is owned or controlled by YELLOW STONE or the LICENSEE, as the case may be, directly or indirectly, but any such entity shall be deemed to be a Subsidiary only for so long as such ownership or control continues.

ARTICLE 2 GRANT OF LICENSE UNDER PATENTS
2.1 YELLOW STONE hereby grants, and agrees to grant, to the LICENSEE under the Patents, a nonexclusive, royalty-paying license to make, sell, or use the Products in the _____, its territories and possessions, _____, and _____.
2.2 Nothing in this Agreement shall be construed to limit the LICENSEE's freedom to make, use, sell or otherwise dispose of products in any other country or territory.
2.3 It is understood and agreed that no licenses under patents of any country, express or implied, are granted to the LICENSEE except those specifically granted under the provisions of Section 2.1 hereof.

ARTICLE 3 ROYALTIES
3.1 The LICENSEE shall pay to YELLOW STONE royalties at a rare equal to three percent (3%) of the gross selling price of all of the Products sold or otherwise disposed of under the license granted under Article 2 hereof.
3.2 The obligation of the LICENSEE to pay royalties, however, shall terminate as to each Patent under which a license is granted in this Agreement, on its respective date of expiration, or the date of termination of the license thereunder as provided under Article 4, provided that royalties accrued hereunder, but not paid, on its respective date of expiration or termination shall be payable with the next report submitted by the LICENSEE under the provisions of Article 4 hereof.
3.3 A Patent shall be understood to expire at midnight on its respective expiration date.

ARTICLE 4 REPORTS AND PAYMENTS

4.1　The LICENSEE shall make written reports to YELLOW STONE annually within ninety (90) days after the first day of each year during the term of this Agreement, beginning with the calendar year following the Effective Date of this Agreement.

4.2　The LICENSEE shall state, in each report set forth above in Section 4.1, the general description of and total royalty due for the Products sold or otherwise disposed of during the preceding calendar year, upon which royalty is payable as provided in Article 3 hereof.

4.3　The expression "sold" as used in this Article 4 shall include within its meaning all Products sold by the LICENSEE in the territory set forth above in Section 2.1 hereof, and the expression "otherwise disposed of" shall include within its meaning the Products put into use by or for the LICENSEE for any purpose other than routine testing thereof and development, the provision of no charge samples to potential purchasers, or use in promoting sales of the Products.

4.4　The obligation to make reports shall terminate as each of the Patents on its respective date of expiration or termination of the license thereunder, except as to the Products made, used, sold or otherwise disposed of hereunder, but not reported, prior to such date of expiration or termination.

4.5　In the event the LICENSEE cease to make, sell, use or otherwise dispose of the Products in the territories set forth in Article 2 hereof, the LICENSEE shall provide a written notice, accompanied by a sworn affidavit, to that effect. In that event, no further reports or payments need be made pursuant to this Agreement except the final report and payments of royalties accrued or become due prior to such termination.

4.6　The LICENSEE shall make an advance royalty payment under this Agreement in the amount of _____ United States Dollars (US$_____) within twenty (20) days after the Effective Date. The royalties due under this Agreement shall be credited against this advance royalty, and no further payment shall be due under this Agreement until the advance royalty has been depleted in full, at which time the LICENSEE shall begin making this payments required by this Agreement.

4.7　All payments required under this Agreement by the LICENSEE shall be made to _____ _____(Name of Bank and Account Number, etc.) at the city of _____(city and country), or such other account or person as YELLOW STONE shall designate in writing.

ARTICLE 5 RECORDS AND AUDITS

5.1 The LICENSEE shall keep records showing the quantities and descriptions of the Products sold or otherwise disposed of under the license herein granted in sufficient detail to enable the royalties payable hereunder by the LICENSEE to be determined.

5.2 The LICENSEE shall permit its books and records to be examined annually during regular business hours to the extent necessary to verify the reports provided for in Section 5.1 hereof.

5.3 The examination set forth in this Article shall be made at the expense of YELLOW STONE by a representative or Certified Public Accountant appointed by YELLOW STONE who shall be acceptable to the LICENSEE, which acceptance shall not be unreasonably withheld.

5.4 Such representative or Certified Public Accountant shall report to YELLOW STONE only the amount of royalty due and payable.

ARTICLE 6 THE LICENSEE'S RIGHT OF EXTENSION TO ITS SUBSIDIARIES

6.1 This Agreement including the license under the Patents granted to the LICENSEE under Section 2.1 hereof may be extended by the LICENSEE to Subsidiaries, present and future of the LICENSEE located in the territories set forth in Section 2.1 subject to the provisions of Section 2.

6.2 The Subsidiaries shall notify YELLOW STONE in writing that they accept all the terms and conditions of this Agreement, including the LICENSEE's obligations of this Agreement, respecting such license.

ARTICLE 7 ASSIGNMENT

The LICENSEE's rights under this Agreement, including the license right granted hereunder, shall pass to any person or corporation succeeding to its entire business in the Products as a result of sale, consolidation, reorganization, or otherwise, provided that such person or corporation shall, without delay, accept in writing the provisions of this Agreement and agree to become in all respects bound thereby in the place of stead of the LICENSEE, but may not be otherwise assigned or transferred without the written consent of YELLOW STONE.

ARTICLE 8 TERM AND TERMINATION

8.1 Unless previously terminated in accordance with any of the following provisions of this Article 8, this Agreement and the license granted hereunder shall run until midnight on the expiration date of the last Patent to expire, and thereupon terminate.

8.2 The LICENSEE's obligation to pay royalties and make reports, however, shall terminate as to each licensed Patent at midnight on its respective expiration date as provided in Articles 3 and 4 hereof.

8.3 If the LICENSEE shall at any time default in the payment of any royalty payable under Article 3 hereof or in the making of any report hereunder, or shall commit any breach of any covenant herein contained, or shall knowingly make any false report and shall fail to remedy any such default, breach or report within twenty (20) days after written notice thereof by YELLOW STONE, YELLOW STONE may at its option terminate this Agreement and the license granted herein granted by notice in writing to the LICENSEE to such effect.

8.4 Any termination of this Agreement hereunder shall not relieve the LICENSEE from its obligation Article 4 hereof to make a terminal report or from its liability for payment of royalties on the Products sold or otherwise disposed of hereunder and shall not prejudice the right of YELLOW STONE to recover any royalty or other sums due or accrued at the time of such termination.

8.5 Any termination of this Agreement shall not prejudice the right of YELLOW STONE to conduct a final audit of the records of the LICENSEE in accordance with the provisions of Article 5 hereof.

ARTICLE 9 MORE FAVORABLE TERMS

9.1 In the event YELLOW STONE subsequently grants to a third party in an express license to make, use and sell the Products under the Patents for a lump sum amount or royalty rate less than that provided in this Agreement or grant such a license to a third party with respect to one of the Patents for a lump sum amount or a royalty rate of less than three percent (3%) set forth in Section 3.1, then YELLOW STONE shall offer the terms of such license to the LICENSEE.

9.2 If the LICENSEE elects to substitute such newly offered terms for any terms of this Agreement, such newly offered terms shall be applicable only to subsequent manufacture, use or sale.

9.3 The provisions of Section 9.1 shall not applicable:
   (i) if such subsequent license agreement involves exchange of patent or proprietary information rights between YELLOW STONE and the third party; or
   (ii) if such subsequent license agreement is with a company in which YELLOW STONE has a controlling interest, direct or indirect;
   (iii) if such subsequent license agreement is in settlement of an interference or settlement of controversy under which YELLOW STONE receives comparable benefits which reasonably justify such lump sum amount or lower rate; or
   (iv) such subsequent agreement involves a lump sum settlement which in the reasonable judgment of YELLOW STONE is comparable to payment being made by the LICENSEE hereunder.

ARTICLE 10 ENTIRE AGREEMENT

10.1 This Agreement contains and constitutes the entire and only agreement between the parties and it supersedes all pre-existing agreements between such parties, respecting the subject matter hereof.

Further, any representation, promise or condition in connection with such pre-existing agreements not incorporated herein shall not be binding upon either party hereto.

10.2 No modification, renewal, extension or waiver of this Agreement shall be binding upon the party against whom enforcement of such modification, renewal, extension or waiver is sought, unless it is made in writing and signed on its behalf by one of its duly authorized representatives.

ARTICLE 11 NOTICES

All notices provided for in this Agreement shall be given in writing and may be served either by personal delivery or by depositing the same, postage prepaid, in the register mail, addressed to the parties, respectively, at the following addresses;

To YELLOW STONE:

_____
_____
_____
_____
_____
_____

To the LICENSEE:

_____
_____
_____
_____
_____
_____

or such other address or addresses as YELLOW STONE or the LICENSEE may later fix by written notice to the other party.

ARTICLE 12 APPLICABLE LAWS

This Agreement shall be construed in accordance with the laws of _____ _____, without regard to choice of law rules.

ARTICLE 13 ARBITRATION

13.1 Any controversy or difference arising out of or relating to this Agreement, or breach thereof, shall be settled by binding arbitration in accordance with arbitration rules of _____ Association, in the city of _____ _____.

13.2 Judgment upon the award rendered by arbitrator(s) may be entered in any court having jurisdiction thereover.

13.3 The party seeking the such arbitration shall be initially responsible for covering the costs of that arbitration, and the prevailing party shall be entitled to recover its attorney's fees and the costs of that arbitration, if initially paid by that party.

IN WITNESS WHEREOF, YELLOW STONE and the LICENSEE have caused this Agreement to be signed by their duly authorized representatives.

YELLOW STONE:

FULL NAME OF YELLOW STONE :_____

SIGNATURE:_____
PRINTED FULL NAME OF SIGNER:_____
TITLE:_____

ATTEST:
SIGNATURE OF WITNESS:_____
PRINTED NAME OF WITNESS:_____
TITLE OF WITNESS:_____

THE LICENSEE:
FULL NAME OF THE LICENSEE:_____
SIGNATURE:_____
PRINTED FULL NAME OF SIGNER:_____
TITLE OF SIGNER:_____

ATTEST:
SIGNATURE OF WITNESS:_____
PRINTED FULL NAME OF WITNESS:_____
TITLE OF WITNESS:_____

第6章 特許・技術情報ライセンス契約

第1節 特許・技術情報ライセンス契約

●―第1款 特許・技術情報ライセンス契約（和訳なし）

　本国では、特許取得し、工場もあるが、許諾地域では、特許出願をした段階で、本国（ライセンサー側）で技術情報の開示が中心のライセンス契約（英文が丁寧・詳細、端正な表現・文体）。ライセンシー国への派遣による指導はない。

例文1　特許・技術情報ライセンス契約

PATENT AND TECHNICAL INFORMATION LICENSE AGREEMENT
THIS PATENT AND TECHNICAL INFORMATION DISCLOSURE AND LICENSE AGREEMENT (hereinafter referred to as "Agreement") , made and entered into this first day of April, 20__, by and between:
CARMEL MOON Chemical and Engineering (U.S.A.) Co. Ltd.
_____, a _____ corporation, with its office at _____
_____
_____ (hereinafter referred to as "CARMEL MOON") and
_____, a _____ corporation, with its office at _____
_____
_____ (hereinafter referred to as "LICENSEE").

RECITALS
1　CARMEL MOON possess ____ Patent Applications Nos. _____ and _____ and Certain proprietary and confidential Technical Information (as hereinafter defined), based on extensive research, development and commercial experience in the production of the Licensed Products, using the Licensed Process (all as hereinafter defined respectively); and

2 The LICENSEE carries on the business of the production and sale of _____ products, including but not limited to _____ products and _____ products and desires to obtain an introduction to the Licensed Process and the Licensed Products from CARMEL MOON for the use of the Licensed Process and for the manufacture and sale of the Licensed Products; and

3 CARMEL MOON is agreeable to permitting access to the Technical Information to the LICENSEE and granting a license to the LICENSEE for the use of the Licensed Process and for the manufacture, use and sale of the Licensed Products, all on the terms and provisions hereinafter set forth.

AGREEMENT
NOW, THEREFORE, in consideration of the premises and mutual covenants herein contained, CARMEL MOON and the LICENSEE agree as follows:

ARTICLE 1 DEFINITIONS

1.1 "Licensed Products" shall mean any _____ products including, but not limited to, _____ or other products for _____ _____ or otherwise, including_____ _____ .

1.2 "Licensed Process" shall mean a method for the production of the Licensed Products, as defined in Section 1.1 hereof, with such technology as exists on the Effective Date, as defined in Section 1._ hereof, and "as used" by CARMEL MOON.

1.3 "Technical Information" shall mean all technical information which would be reasonably necessary and useful for the commercial production of the Licensed Products using the Licensed Process, as shall have been developed by CARMEL MOON or its affiliated companies during the term of this Agreement.

1.4 "Patent" means any _____ (country of the LICENSEE) patent to be applied for by CARMEL MOON which generally relates to the subject matter of its ____ Patent Applications Nos. _____ or _____ or PCT Application No. _____ .

1.5 "First Effective Date" shall mean the date on which approvals of the government of _____ required to carry out this Agreement, if required, and to make the option payment referred to in Section 2._ are obtained.

1.6 "Second Effective Date" shall mean the date on which approval of the government of _____ required to make the license payment referred to in Section 2._ hereof is obtained.

1.7 "Sales Price" shall mean the gross sales price for the Licensed Products as invoiced by the LICENSEE, less the items to the extent that they are included in the gross sales price:

(i) sales and excise taxes.
(ii) customs duties.
(iii) transportation and insurance charges.
(iv) trade and quantity discounts.
(v) credit for returned goods.
(vi) interest in case of deferred payment.
(vii) Warehouse charges from commercial warehouse which are not on the premises of the LICENSEE.

1.8 "Affiliated Company" shall mean any company or other entity in which the LICENSEE owns or controls now or hereafter fifty percent (50 %) or more of the stock or equivalent ownership rights, and if for the internal accounting purposes divisions of the LICENSEE are treated as separate entities, they shall also be included within the definition of the Affiliated Company.

1.9 "Fiscal Quarter" shall mean each period of three months from April, July, October and January of each year.

1.10 "Initial Plant Visit" shall mean a visit by representatives of the LICENSEE to CARMEL MOON's plant as set forth in Section 3._ hereof.

1.11 "End Product" shall mean any product which incorporates the Licensed Products.

ARTICLE 2 LICENSE FEES, PAYMENTS AND CARMEL MOON'S AUDIT

2.1 To obtain the right to receive the Technical Information and to make the Initial Plant Visit as set forth in Section 3.1 hereof, the LICENSEE shall, with thirty (30) days after the First Effective Date, pay CARMEL MOON the sum of eighty thousand United States Dollars (US$80,000) which shall be non-refundable.

2.2 If, after the Initial Plant Visit, the LICENSEE determines not to obtain from CARMEL MOON the right and license set forth in Article __ hereof, and so advise CARMEL MOON in writing by no later than sixty (60) days after the Initial Plant Visit, or takes no action by the end of this period, then this Agreement shall terminate automatically and neither CARMEL MOON nor the LICENSEE shall have any liability to the other party except as provided in Sections 4.1, ____, and _____ hereof.

2.3 If the LICENSEE after the Initial Plant Visit, decides to obtain from CARMEL the right and license set forth in Article 5 hereof, and so advise CARMEL MOON in writing by not later than sixty (60) days after the Initial Plant Visit, then CARMEL MOON shall grant to the LICENSEE the right and license as set forth in Article 5 hereof for the use of the Licensed Process and for the manufacture, use, sale of the Licensed Products; provided that the LICENSEE shall pay the following license fees:

- (i) An initial license fee of one hundred thousand United States Dollars (US$100,000), payable within thirty (30) days after the Second Effective Date.
- (ii) An annual license fee equal to:
  - (a) Four percent (4%) of the sum of the total Sales Price of all Licensed Products made and sold by the Licensor or any of Affiliated Company within the Licensed Territory;
  - (b) A minimum royalty of sixty thousand United States Dollars (US$60,000) per year for five (5) years in quarterly payments commencing one year after the Second Effective Date, if the annual license fees so calculated as per the provisions of Section 2.3 (i) in the said period does not exceed the amount of sixty thousand United States Dollars (US$60,000) per year.

2.4 Payment of the license fees specified in Section 2.3 (ii)(a) based on a percentage of the total Sales Price of the Licensed Products sold by the LICENSEE during each Fiscal Quarter or minimum royalties specified in Section 2.3(ii)(b) whichever applicable shall be made quarterly by no later than the twentieth (20th) day of the Fiscal Quarter following the one in which such sales occurred or accrued: provided, however, that:
- (i) Such quarterly payments shall be subject to an annual year-end adjustment, based on the books and records of the LICENSEE; and
- (ii) By no later than ninety days after the end of each fiscal year of the LICENSEE, the LICENSEE shall provide CARMEL MOON with documentary proof of its sales, and CARMEL MOON shall remit to the LICENSEE any excess received should the indicated annual payment be less than the quarterly payments made by the LICENSEE, and the LICENSEE shall remit to CARMEL MOON the payment of any amount required due to the indicated annual payment being greater than the quarterly payment made by the LICENSEE.

2.5 CARMEL MOON shall have the right to audit, once in each twelve (12) calendar month period at all reasonable times, with a firm of accountants of its choice, the records of the LICENSEE, its divisions and relevant Affiliated Company to determine whether the statements provided by the LICENSEE are true and correct, and if as a result of such audit it is determined that the LICENSEE made an error in making payments to CARMEL MOON, the LICENSEE shall promptly pay the difference to CARMEL MOON.

2.6 If such error as mentioned above in Section 2.5 exceeds five percent (5%), the LICENSEE shall reimburse CARMEL MOON for the costs of the audit.

2.7　The LICENSEE agrees to keep at its address listed in this Agreement such proper books of account and records as may be necessary for CARMEL MOON to ascertain and determine the amount of license fees due under this Agreement, and to permit CARMEL MOON, its accountants or other representatives, at all reasonable times, not to exceed twice in any twelve (12) calendar month period, to review such books and records, make notes therefrom and copies and extracts thereof.

The LICENSEE agrees to keep such records for five (5) years after the end of each Fiscal Quarter.

2.8　The grant of the LICENSOR set forth herein in Section 2.7 to CARMEL MOON is in addition to its right of inspection and audit as provided above in Section 2.5.

2.9　CARMEL MOON agrees, and agrees to cause its accountants or any other representatives, to keep the LICENSEE's sales and other financial information confidential.

2.10　All payments referred to above to be made to CARMEL MOON by the LICENSEE and other payments, including payment of damage claims to CARMEL MOON by the LICENSEE shall be made in United States Dollars by telegraphic transfer to the account of CARMEL MOON in a bank in the city of _____ _____ (country) designated by CARMEL MOON to the LICENSEE.

2.11　When calculating, accruing, and making payments of percentage license fees, in converting from the _____ currency (local currency) to United States Dollars, the LICENSEE shall use the closing exchange rate published by _____ _____ Bank for the last business day of the Fiscal Quarter.

The LICENSEE shall be solely responsible for and shall expeditiously take all steps necessary to obtain authorization from the governmental authorities of _____ (country) in order to permit the transfer of currency to CARMEL MOON in the country of _____, free of all taxed (except withholding taxes, if imposed) impost and currency restrictions of any kind whatsoever, for the payments made by the LICENSEE in connection with this Agreement.

2.12　There shall be deducted from all payments referred to above to be made to CARMEL MOON by the LICENSEE hereunder, any applicable _____ (country) withholding tax levied on CARMEL MOON's income, and the amount so deducted shall be remitted by the LICENSEE on behalf of CARMEL MOON to the appropriate taxing authorities in _____(country).

2.13　When the LICENSEE deducts and pays such tax as provided for above in Section 2.12, the LICENSEE shall send to CARMEL MOON the official certificate of such tax payment.

ARTICLE 3 DISCLOSURE OF TECHNICAL INFORMATION

3.1 In consideration of the payment referred to in Section 2.1 hereof, and within thirty (30) days thereof, CARMEL MOON shall permit the LICENSEE, through its designated representatives, to make an Initial Plant Visit at which CARMEL MOON shall disclose certain limited aspect of the Technical Information to the representatives of the LICENSEE on the following basis:

   (i) CARMEL MOON will advise the LICENSEE of CARMEL MOON's production costs and other information with respect to the items listed in Exhibit C attached hereto, which includes, but not limited to costs of materials, fuel, electric power, other utilities, labor and overhead factor as a percentage of direct labor.

   (ii) CARMEL MOON will orally advise the LICENSEE of the approximate cost to make Licensed Products. The information will include, among others, electric power consumption, fuel consumption and labor requirement.

   (iii) The LICENSEE's representatives may sketch the machine lay-out of CARMEL MOON's plant for production of the Licensed Products.

   (iv) The LICENSEE's representatives may examine and take note of _____ (country) Patent Applications Nos. _____ or _____ or PCT Applications Nos. _____ .

   (v) The visit of the LICENSEE's representatives to CARMEL MOON's plant will not exceed six (6) business days.

   (vi) No more than seven (7) persons from the LICENSEE shall be present at the visit specified in this Section 3.1.

   (vii) The costs of the visit specified above shall be borne exclusively by the LICENSEE.

   (viii) CARMEL MOON will show the LICENSEE's representatives the actual operation of production facilities of the Licensed Products, and will provide sufficient information for the LICENSEE to make a business decision as to whether or not to obtain from CARMEL MOON the right and license to use the Technical Information, to manufacture and sell the Licensed Products as set forth in Article 5 hereof, subject, however, to CARMEL MOON's discretion in disclosing such information to the LICENSEE's representatives.

3.2 In consideration of the payment referred to in Section 2.2 hereof, the Technical Information which CARMEL MOON will disclose to the LICENSEE under this Section 3.2, but subject in all cases to the condition that any such information exists, has been previously prepared, and is available, shall include but not be limited to the items described in Exhibit D attached hereto, which include, among others,

   (a) manufacturing process of the Products;

   (b) design and engineering drawings of production facilities,

(c) equipment list of production facilities,

(d) specifications of each pieces of the raw materials recommended for such production,

(e) specification and testing methods of the Licensed Products,

(f) storage and shipping facilities, environmental conditions, and

(g) other information and technology which may be useful for the manufacture of the Licensed Products and which is developed or acquired by CARMEL MOON or its affiliated companies during the term of this Agreement and which CARMEL MOON has the legal right to disclose to the LICENSEE.

3.3 From and after the date on which the LICENSEE makes payment to CARMEL MOON of the initial license fees called for in Section 2.3 hereof, the LICENSEE's representatives shall be entitled to visit CARMEL MOON's and affiliated companies' plants to receive an explanation of the Technical Information, the Licensed Process and the Licensed Products on the basis set forth below:

(i) The maximum number of visits per year during the term of this Agreement shall be three (3).

(ii) The total time for the first visit after the Initial Plant Visit set forth in Section 3.1 hereof shall not exceed twelve (12) business days and the total time for the subsequent visits shall not exceed six (6) business days.

(iii) No more than seven (7) persons from the LICENSEE shall be present at any visit.

(iv) The costs of all such visits shall be borne exclusively by the LICENSEE.

(v) The transfer of the Technical Information by CARMEL MOON to the LICENSEE pursuant to Article 3 hereof shall be primarily oral through CARMEL MOON's personnel answering the questions and explaining the Licensed Process to the representatives of the LICENSEE.
CARMEL MOON personnel will answer questions raised by the authorized representatives of the LICENSEE as accurately as possible.

(vi) At the request of the LICENSEE, CARMEL MOON may, at its discretion, permit increase in the total number of visits per year, extend the time for such visits, or allow an increase in the number of the LICENSEE's representatives participating during such visits at CARMEL MOON's plant. CARMEL MOON will advise the LICENSEE of its decision in connection with these matters in writing.

(vii) CARMEL MOON's obligations hereunder shall not include any obligation to newly prepare and make available to the LICENSEE detailed engineering drawings in connection with the design, construction or operation of the Licensed Process and plants construction, or operation of the Licensed Process and plants.

CARMEL MOON will, however, furnish the LICENSEE with any available copies of technical data and drawings then owned by CARMEL MOON at the time of each such plant visits, except for the Initial Plant Visit set forth in Section 3.1 hereof.

ARTICLE 4 NO OBLIGATION OF DISPATCH OF ENGINEERS OF CARMEL MOON

4.1 The LICENSEE recognizes that CARMEL MOON has no obligation to dispatch any of its engineers, officers or other employees to _____ (country of the LICENSEE).

4.2 In the event, however, it is requested by the LICENSEE, and CARMEL MOON, in its sole discretion, determine to do so for purposes of instructing the LICENSEE's personnel with respect to the Licensed Process, Licensed Products or technology in relation to them, all expenses incurred by such engineers, officers or other employees of CARMEL MOON, including travel expenses, lodging and meals, shall be paid by the LICENSEE.

4.3 In addition, the LICENSEE shall pay such per diem charges for such engineers, officers or other employees as shall be agreed upon between the parties, based upon the rates and charges of internal rules and practices of CARMEL MOON.

ARTICLE 5 CONFIDENTIALITY OBLIGATIONS OF THE LICENSEE IN CASE THE LICENSEE DOES NOT OBTAIN THE RIGHT AND LICENSE

5.1 If the LICENSEE declines to obtain from CARMEL MOON the right and the license set forth in Article 9 hereof for the production and sale of the Licensed Products;

  (i) The LICENSEE agrees that for a period of six (6) years after the First Effective Date, it will not in any manner, either directly or indirectly, disclose, or divulge to any unauthorized person, firm, corporation or entity the any portion of the Technical Information disclosed to representatives of the LICENSEE by CARMEL MOON, in written, oral, visual disclosure, nor any confidential or proprietary information disclosed to the LICENSEE, provided, further, the LICENSEE shall limit access to the Technical Information so disclosed to only to those of its engineer, officer or other employees reasonably requiring the same for purposes of this Agreement.

  (ii) The said obligations of the LICENSEE contained in this Section 5.1 shall not be applicable to information which:

    (a) is known to or possesses by the LICENSEE at the time of disclosure from CARMEL MOON;

    (b) is now or becomes hereafter available to the public through no fault of the LICENSEE;

(c) will be hereafter acquired by the LICENSEE from any third party who has the right to disclose the same and without any confidentiality obligation.

(iii) And for a period equal to the longer of ten (10) years after the First Effective Date, or six (6) years after the expiration date of any _____ (country) patent which is based upon PCT Application No._____, the LICENSEE will not, directly or indirectly, use the Licensed Process or manufacture or sell the Licensed Products in compliance with CARMEL MOON or otherwise; provided, however, that no such restriction shall be imposed upon any products manufactured, used or sold or technology utilized by the LICENSEE prior to the execution of this Agreement.

ARTICLE 6 LIQUIDATED DAMAGES FOR VIOLATION OF ARTICLE 5

6.1 If the LICENSEE does not acquire a license hereunder by making the payment under the conditions set forth in Section 2.3 hereof, but then uses the Technical Information or Licensed Process or manufacture or sells the Licensed Products in violation of the restrictions set forth in Section 5.1 hereof, the LICENSEE shall pay to CARMEL MOON as liquidated damages, in addition to the eighty hundred thousand United States Dollars (US$80,000) payment under Section 2.1 hereof, the sum of eight hundred thousand United States Dollars (US$800,000).

6.2 CARMEL MOON and the LICENSEE recognize and agree that the sum of US$800,000 is compensation for CARMEL MOON's loss of potential sales, profits and markets, as to which it is difficult to ascertain the exact damages to be suffered as a result thereof.

If, therefore, for any reason it is ever determined that the payment specified in this Section 6.2 of US$800,000 is in the nature of penalty, CARMEL MOON shall have the right to obtain injunctive relief prohibiting the LICENSEE from using the Technical Information in any way in its business, and shall also be entitled to such license fees or royalty payments as the court determine is just to compensate CARMEL MOON for breach by the LICENSEE of the terms hereof.

For purposes of Sections 6.1 and 6.2 hereof, the phrase "use the Technical Information" shall mean use of any portion of the Technical Information for any portion of any process for manufacturing of the Licensed Products.

ARTICLE 7 THE CONFIDENTIALITY OBLIGATION OF THE LICENSEE IN CASE THE LICENSEE OBTAINS THE RIGHT AND LICENSE

7.1 If the LICENSEE obtains from CARMEL MOON the right and the license set forth in Article 9 hereof in accordance with Section 2.3 hereof, during the term of this Agreement and for a period of six (6) years thereafter;

(i) the LICENSEE shall treat as confidential all of the Technical Information which has been or may hereafter be made available by CARMEL MOON or its affiliated companies to the LICENSEE, except to the extent necessary for the purposes of this Agreement.

(ii) The LICENSEE shall not use such Technical Information except for the purposes provided for in this Agreement.

(iii) The LICENSEE shall limit access to the Technical Information to only those of its engineers, officers and other employees who reasonably require the same for purposes of this Agreement.

7.2 The obligations of the LICENSEE specified in Section 7.1 shall not be applicable to information which:

(i) is known to or possessed by the LICENSEE at the time of disclosure from CARMEL MOON;

(ii) is now or becomes hereafter available to the public through no fault of the LICENSEE;

(iii) will be hereafter acquired by the LICENSEE from any third party who has the right to disclose the same without any confidentiality obligation.

7.3 The LICENSEE agrees, for itself and any divisions or Affiliated Companies, during the term of this Agreement and for a period of six (6) years thereafter, or for ten (10) years after the First Effective Date, whichever period is longer, not to manufacture or sell the Licensed Products using the Licensed Process in or from any plant outside _____(country of the LICENSEE).

ARTICLE 8 UNRELATED CONFIDENTIAL INFORMATION OBTAINED FROM OTHER PARTY

8.1 CARMEL MOON and the LICENSEE may learn from each other confidential or secret information which is unrelated to the subject matter of this Agreement. In that event, CARMEL MOON and the LICENSEE each agree to treat as confidential any such confidential or secret information for a period of ten (10) years.

8.2 The obligation of each party specified in Section 8.1 shall not be applicable to information which:

(i) is known to or possessed by the receiving party at the time of disclosure from the other party;

(ii) is now or becomes available to the public through no fault of the receiving party; or

(iii) will be hereafter acquired by the receiving party from any third party who has the right to disclose the same and without any of confidentiality obligation.

ARTICLE 9 GRANT OF LICENSE

9.1 From and after the date on which the LICENSEE makes payment to CARMEL MOON of the initial license fees called for in Section 2.3 hereof, and subject to the other terms and conditions provided herein, CARMEL MOON hereby grants to the LICENSEE a non-exclusive right and license to use the Technical Information, the Licensed Process and Patent, to manufacture the products in _____ (licensed territory of manufacture) and non-exclusive right and license to sell the Licensed Products in _____ (licensed territory of distribution).

9.2 The LICENSEE shall not sell, use or manufacture the Licensed Products in any manner or in any place that would create a breach of or interfere with any other exclusive or non-exclusive territorial rights granted by CARMEL MOON to any other licensee of the Process, Licensed Products or the Technical Information. The provisions of restriction of Section 9.2 hereof shall not be applied to restrict the rights granted to the LICENSEE hereunder to manufacture the Licensed Products in _____ and to sell the Licensed Products in _____ .

ARTICLE 10 NO SUBLICENSE AND NO ASSIGNMENT

The LICENSEE shall have no right to sublicense or assign this Agreement or the rights and licenses granted by CARMEL MOON in Article 9 hereof to any third party without the prior written consent of CARMEL MOON, which consent CARMEL MOON may grant or withhold at its sole discretion.

ARTICLE 11 NO WARRANTIES FOR THE LICENSED PRODUCTS

11.1 The LICENSEE acknowledges and agrees that it is and will be completely and solely responsible for the quality of the Licensed Products manufactured, used and sold by the LICENSEE.

CARMEL MOON MAKES NO WARRANTIES, EXPRESS OR IMPLIED, REGARDING THE LICENSED PRODUCTS, OR THE TECHNICAL INFORMATION, INCLUDING ANY WARRANTIES OR REPRESENTATIONS THAT THE LICENSEE WILL BE ABLE TO USE THE TECHNICAL INFORMATION FREE OF INFRINGEMENTS, AND/OR ACHIEVE THE RESULTS AND AT THE COSTS REVEALED TO THE LICENSEE BY CARMEL MOON UNDER ARTICLE 3 HEREOF OR OTHERWISE.

11.2 IN NO EVENT SHALL CARMEL MOON BE LIABLE FOR ANY INCIDENTAL OR CONSEQUENTIAL DAMAGES OF THE LICENSEE IN CONNECTION WITH THE USE OF THE LICENSED PROCESS, PATENTS OR THE TECHNICAL INFORMATION.

11.3 Notwithstanding the above, CARMEL MOON will exert its best efforts to help the LICENSEE obtain substantially the same results as are actually obtained by CARMEL MOON in the manufacture of the Licensed Products.

ARTICLE 12 TERM

This Agreement shall be effective from and after the First Effective Date set forth in Article 1 hereof and shall continue for a period equal to the longer of:

(i) ten (10) years after the date on which the LICENSEE makes the payment of the initial license fee under the provisions of Section 2.3 hereof; or

(ii) the life of the first Patent obtained by CARMEL MOON in _____ (country of the LICENSEE) which is related to CARMEL MOON's PCT Application No._____, covering the Technical Information or the Licensed Process or the Licensed Products.

Even if such _____ patent specified in this Article is not issued during the ten (10) year term of this Agreement, or become null and void after initial issuance, such event shall not affect the ten (10) year term, and this Agreement will expire the elapse of the period of ten (10) years, unless otherwise earlier terminated pursuant to the provisions hereof.

ARTICLE 13 IMPROVEMENTS AND RECIPROCAL EXCHANGE OF INFORMATION

13.1 Each party agrees for itself and any affiliated companies in which the party owns and controls fifty percent (50%) or more of the stock or equivalent ownership rights to grant to the other party a royalty-free paid-up non-exclusive license affording the other party access to and use of any technology developed or acquired by such party and its affiliated companies, during the term of this Agreement, whether patented or not, to the extent such party is lawfully permitted to do so, based on the Technical Information, the Licensed Process or the Licensed Products, which technology in good faith shall be to include the items described in Exhibit E attached hereto, including, among others;

(a) All know-how and future developments in the Licensed Products or Licensed Process;

(b) Improvements to the equipment used in making the Licensed Products;

(c) Design and other specifications of the Products;

(d) The technology concerning auxiliary processes, materials or products related or affecting the Licensed Products or use of the Licensed Process;

(e) Current market strategies, products, and understanding with respect to markets for the Products.

13.2 As promptly as possible after such technology or information has been developed or acquired, the developing or acquiring party will communicate such technology or information so developed or acquired to the other party.

During the term and after the term hereof, either party will not be required to make any payment to the other party for any such technology, patents or license which occurred during the term hereof, and such license shall survive the term hereof for the life of any such patents, provided, however, that the LICENSEE shall during the term hereof pay to CARMEL MOON annual license fee as set forth in Section 2.3(ii)(a) or 2.3(ii)(b) whichever may be applicable.

13.3 To obtain the information and technology from the other party, as provided in this Article 13, either party shall have the right to visit the plants of the other party at such reasonable times as mutually agreed, during business hours during the term of this Agreement, but not to exceed three (3) such visit per year.

All expenses incurred by such visit, including travelling expenses shall be paid by the visiting party, unless such visit by CARMEL MOON to the LICENSEE occurs under the conditions of Article 4 hereof, in which event such expenses shall be borne and paid by the LICENSEE pursuant to the provisions of Sections 4.2 and 4.3 hereof.

13.4 Either party shall treat as confidential the improved technology which may hereafter be made available to the Products by the party in accordance with the terms hereof.

ARTICLE 14 DEFAULT AND CANCELLATION

14.1 Upon the happening of any of the following events, CARMEL MOON have the right to give the LICENSEE written notice of cancellation of this Agreement, and such cancellation notice shall take effect twelve (12) business days thereafter:

(i) If the LICENSEE fails to make payment of any fee or other charge due hereunder for more than thirty (30) days after the date due; or

(ii) If the LICENSEE breaches any other terms of this Agreement and shall fail to remedy such breach within forty-five (45) days after written demand therefor is made by CARMEL MOON;

(iii) If the LICENSEE shall assign its properties voluntarily for the benefit of its creditors or cease to do business or merge with or consolidate into any other corporation which would not bound by the terms of this Agreement; or

(iv) If the LICENSEE shall be a party to any liquidation, reorganization, bankruptcy or other insolvency proceedings, including the equivalent provisions of insolvency, bankruptcy or reorganization laws of the authorities or country having dominion or control over the LICENSEE; or

(v) If a receiver, custodian, trustee or equivalent type of party is appointed over all or substantially all of the properties and assets of the LICENSEE.

14.2 If in spite of the LICENSEE's request, the visit of the LICENSEE's representatives to CARMEL MOON and its affiliated companies plants under Section ___ is not made by CARMEL MOON's defaults and CARMEL MOON fails to remedy the defaults within forty-five (45) days after written demand therefore is made by the LICENSEE, the LICENSEE shall have the right to give CARMEL MOON written notice of cancellation of this Agreement, and such cancellation shall take effect ten (10) business days thereafter.

ARTICLE 15 NO ASSERTION
The LICENSEE agrees that it will never contest the validity of any claims, patents or applications for patents which CARMEL MOON now has or may hereafter make which relate to the Licensed Process or Licensed Products or the Technical Information relating thereto.

ARTICLE 16 A THIRD PARTY'S CLAIMS OF INFRINGEMENT
16.1 CARMEL MOON agrees that the LICENSEE shall not be required to pay the minimum royalty specified in Section 2.3 (ii) (b) hereof during any time in which the LICENSEE is enjoined from producing the Licensed Products because of a claimed infringement of patent rights of a third party.
16.2 The LICENSEE shall hold CARMEL MOON harmless from and against any claim of third parties that the LICENSEE's use of the Licensed Process or manufacture of the Licensed Products or the Technical Information violates any patents or other rights of such third parties.

ARTICLE 17 PATENT APPLICATION IS NOT A ESSENCE OF AGREEMENT
17.1 Anything contained in this Agreement to this contrary notwithstanding, the LICENSEE acknowledges and agrees that although CARMEL MOON may apply for patents on the Licensed Process or the Licensed Products, CARMEL MOON is licensing only the Technical Information to the LICENSEE.
17.2 CARMEL MOON does not warrant, nor is this Agreement premised upon, any requirement that any patents which are owned by or that are applied for by CARMEL MOON with respect to the Technical Information, the Licensed Process or the Licensed Products are valid or will be valid.
17.3 If, however, CARMEL MOON obtains a patent or patents in _____ (country of the LICENSEE) or _____ (area) covering the Licensed Process or the Licensed Products, CARMEL MOON will give the LICENSEE a license for such patent substantially in accordance with the terms hereof for the life of such patent, so long as the LICENSEE is not in default hereunder.

ARTICLE 18 FORCE MAJEURE

18.1 If, for any cause beyond the control of the party in question, including by way of example, but not of limitation, act of God, act or omission of any government or any agency thereof, compliance with rules, regulations or orders of a governmental authority, fire, storm, typhoon, flood, earthquake, accident, act of the public enemy, war, rebellion, insurrection, riot, invasion, strikes or lockouts either party hereto should be prevented or delayed from performing its obligations hereunder, the party in question shall be excused from such performance while and to the extent that such performance is so prevented or delayed by one or more of such causes;

18.2 Provided, however, that the performance of such obligations shall be resumed as soon as practicable after such disability is removed, and such party shall use all reasonable efforts to remove such causes or conditions preventing or delaying its performance, and to resume with performance as soon as possible.

18.3 The provisions of Force Majeure specified in Article 18 shall not apply to, nor excuse the obligation to pay when due of either party.

ARTICLE 19 GOVERNMENTAL APPROVALS

19.1 The LICENSEE shall expeditiously take all steps necessary to obtain and shall obtain all governmental and other consents required in order that this Agreement shall be fully valid and enforceable under the laws of _____(country of the LICENSEE).

The LICENSEE shall in the most expeditious manner possible comply with all applicable laws relating to this Agreement and the implementation and performance thereof, including necessary registrations and notices.

19.2 If at any time further documents, registrations, notices or agreements or assurances are reasonably necessary, the LICENSEE and CARMEL MOON agree to cooperate to furnish or obtain them.

ARTICLE 20 SEVERABILITY

20.1 If any provision of this Agreement is in conflict with any statute or rule of law of the _____(country of CARMEL MOON) or _____(country of the LICENSEE) or any other applicable law, or is otherwise unenforceable for any reason whatsoever, or the application of any provision of this Agreement in any particular circumstances is illegal or unenforceable, then such provision or the application thereof shall be deemed unenforceable to the extent of such conflict or illegality.

20.2 All of other terms of this Agreement and all other applications thereof, however, shall be deemed severable therefrom, and such invalidity or unenforceability shall not invalidate the remaining portions or other applications of this Agreement.

ARTICLE 21 NO WAIVER

Waiver of any breach of any provision hereof shall not be deemed to be a waiver of any breach of such provision or any breach of any other provision hereof.

ARTICLE 22 NOTICE

22.1　The addresses of the parties hereto are as follows:

CARMEL MOON: _____(full name of CARMEL MOON)
_____
_____

Attention: _____ (name and title, name of division)

The LICENSEE: _____(full name of the LICENSEE)
_____
_____

Attention: _____ (name and title, division)

22.2　Notices and statements required or permitted to be given or submitted hereunder shall be in writing, and shall be deemed to have been duly given or submitted ten (10) business days after the mailing thereof, postage prepaid, by registered airmail, to the party entitled thereto at its above address, or at such other address as may from time be designated in writing to the other party, unless the addressee can show that for causes and circumstances beyond its control the notification was not received or was received after a longer delay.

ARTICLE 23 ARBITRATION

23.1　All disputes or differences that may arise between CARMEL MOON and the LICENSEE, out of or in connection with or in relation to this Agreement, or for the breach thereof shall be finally settled by arbitration in accordance with arbitration rules of _____ (name of arbitration organization), unless agreement in writing has been reached between CARMEL MOON and the LICENSEE within sixty (60) days after either party shall have given written notice to the other party of the existence of a dispute or difference which it desires to have arbitrated. Such notice shall state the point or points in dispute.

23.2　The place of arbitration shall be, unless otherwise agreed upon between the parties, the country in which the respondent resides.

Accordingly, arbitration shall be held in _____, _____(city and country where CARMEL MOON resides), if arbitration is initiated by the LICENSEE, and in _____, _____(city and country where the LICENSEE resides), if arbitration is initiated by CARMEL MOON, or at such other place as may be agreed between CARMEL MOON and the LICENSEE.

Both parties agree that arbitration procedures shall be conducted in English language.

23.3 In dispute referred to arbitration, each party shall be given the opportunity to present to the arbitrator(s) its evidence, witnesses and argument; and each party shall have the right to be represented by counsel of its selection.

23.4 In the event either party fails, after reasonable advance notice, to appear and participate in the arbitration proceeding as normally contemplated by the abovementioned rules, the arbitrator(s) shall be entitled to make his/her/their decision and award on the basis of evidence, witnesses and arguments presented by the party appearing.

23.5 The decision and award of arbitrator(s) shall be in writing in English language, and shall be final and binding upon the parties hereto.

Judgment upon the award may be entered in any court having jurisdiction thereof, or application may be made to such court for a judicial acceptance of the award and order of enforcement, as the case may be.

23.6 The expenses of arbitration shall be borne in accordance with the determination of the arbitrator(s) with respect thereto.

23.7 Pending decision by arbitrator(s) with respect to the dispute or difference undergoing arbitration, all other obligations of CARMEL MOON and the LICENSEE shall continue as stipulated herein, and all monies not directly involved in such dispute or difference shall be paid when due.

IN WITNESS WHEREOF, CARMEL MOON and the LICENSEE have caused this Agreement to be duly signed by their duly authorized representatives as of the day and year first above written.

_____ (full name of CARMEL MOON)

By _____
(signature)

_____
(printed name of representative)

_____
(title)

_____
(title)

_____(full name of the LICENSEE)

By_____
(signature)

_____
(printed name of representative)

_____
(title)

第7章 ライセンス契約(技術指導契約)

第1節 技術援助契約

●―第1款　技術援助契約(一部主要項目ごとに和訳付き)

現地(ライセンシー国)に技術者を派遣し、指導する契約。

例文1　技術援助契約

TECHNICAL ASSISTANCE AGREEMENT

[和訳]
技術援助契約

This Agreement is made and entered into as of ___ day of _____, 20__ by and between:
Serena Park & Co. Ltd. a _____ corporation, having its principal office at _____
_____
_____ (hereinafter referred to as "SERENA PARK");
and
_____, a _____ corporation, having its principal office at _____
_____
_____ (hereinafter referred to as the "LICENSEE").

[和訳]
本契約は、_____に主たる事務所を有する_____法人であるセリーナ・パーク株式会社(以下「SERENA PARK」と称する)と、_____に主たる事務所を有する_____法人である_____(以下「ライセンシー」と称する)との間に20__年___月___日付で締結された。

RECITALS

[和訳]
リサイタルズ

1 The LICENSEE has been engaged in the _____ business since _____, and now desires to expand its _____ business by obtaining a new and advanced technology and technical information and assistance from abroad; and

[和訳]
ライセンシーは、_____年より_____事業に従事しており、また、現在、その_____事業を海外から新規の発展した技術ならびに技術情報と援助を得ることにより、発展させたいと希望しており、

2 SERENA PARK has been and is engaged in the _____ business and has broad experience in and a good knowledge of the said business, and

[和訳]
SERENA PARKは、_____事業に従事しており、また、当該事業において広範な経験と知識を蓄えており、

3 The LICENSEE desires to obtain technical information and assistance from SERENA PARK in connection with expansion and operation of the _____ _____ facilities and quality control of the _____ products, details of which are set forth in Exhibit A attached hereto (hereinafter referred to as the "Products").

[和訳]
ライセンシーは、SERENA PARKより、_____設備の拡張ならびに操業と、本契約に添付する添付別紙Aにその詳細を記載した_____ ____製品(以下「本製品」という)の品質コントロール(＝管理)に関連して、技術情報と指導(＝援助)を受けたいと希望しており、

4 SERENA PARK is willing to provide to the LICENSEE with such technical information and assistance.

[和訳]
SERENA PARKは、かかる技術情報ならびに援助をライセンシーに対し、提供したいと希望している。

AGREEMENT

[和訳]
合意事項

NOW, THEREFORE, SERENA PARK and the LICENSEE hereby confirm and agree as follows:

[和訳]
したがって、SERENA PARKとライセンシーは、以下の通り、本契約により、確認し、合意する。

ARTICLE 1 DEFINITION

[和訳]
定義

1.1　The words "Facilities" shall mean the Products manufacturing facilities and related buildings of the LICENSEE located in the site set out in Article 2, as described in the attached drawings and operated by SERENA PARK's technical information, assistance and services as stipulated in Articles 4 and 5 hereof.

[和訳]
「本設備」とは、添付の図面に示され、本契約の第4条と5条に規定するSERENA PARKの技術情報、援助ならびにサービスにより運営される、第2条に規定する場所に所在するライセンシーの本製品製造設備ならびに関連建物を意味する。

1.2　The words "Net Selling Amount" with respect to the Products shall mean the Products' gross sales amount less the LICENSEE's sales discounts, (including any sales rebates), sales returns, indirect taxes (including value-added taxes) on sales of the Products, insurance, freight and delivery expenses, sales commission, advertising expenses, and costs (including custom duties) of any parts and raw materials sold to the LICENSEE by SERENA PARK and used by the LICENSEE in the Products.

[和訳]
本製品についての「純販売額」とは、本製品の総販売額から、ライセンシーの(リベートを含む)販売値引き額、返品、本製品の販売にかかる(付加価値税を含む)間接税、保険料、運賃ならびに引き渡し費用、販売口銭(＝コミッション)、広告費ならびに、SERENA PARKによりライセンシーに対し売り渡された部品および原材料で、ライセンシーにより本製品の製造に使用された(関税を含む)費用を差し引いた金額を意味する。

1.3 The words "Royalty Period" shall mean the period commencing with the date of the commercial production of the Products by the LICENSEE, defined and confirmed in writing in accordance with the provisions of Section 9.2 hereof and ending on the fifth anniversary of the commencement of such commercial production, unless otherwise agreed by the parties hereto.

[和訳]
「ロイヤルティ期間」とは、本契約9.2項の規定に従って書面で確認されるライセンシーによる本製品の商業的生産の日に開始し、本契約当事者により別途合意されない限り、かかる商業的生産の5周年目に該当する日をもって終了する期間を意味する。

ARTICLE 2 PLANT SITE

[和訳]
工場の敷地

The Facilities shall be located as follows:

[和訳]
工場は以下の敷地に建設されるものとする。

_____ (location of the Plant Site)

[和訳]
　　　　　　　　　　　　　　　　工場建設敷地の場所

ARTICLE 3 SPECIFICATION OF THE PRODUCTS

[和訳]
本製品の仕様

The specifications of the Products are stipulated in Exhibit A attached hereto.

[和訳]
本製品の仕様は、本契約に添付の別紙Aに規定された通りとする。

ARTICLE 4 GRANT OF LICENSE

[和訳]
ライセンスの許諾

4.1　SERENA PARK hereby grants to the LICENSEE a non-exclusive and non-transferable right and license to use the Technical Information in the design, construction and operation of the Facilities as well as for use in quality control and manufacture of the Products in ＿＿＿＿＿＿＿＿＿＿＿＿＿ (country of the LICENSEE), and shall grant to the LICENSEE a non-exclusive right to sell the Products in the area of ＿＿＿＿＿＿＿＿＿＿＿＿＿ (hereinafter referred to as the "Licensed Area").

[和訳]
SERENA PARKは、本契約により、ライセンシーに対し、本設備のデザイン、建設ならびに操業のために、また、＿＿＿＿＿＿＿＿＿＿＿＿＿（ライセンシーの国）における本製品の品質コントロールと製造での使用のために、技術情報を使用する非独占的で譲渡不可能な権利と使用許諾を許諾し、また、ライセンシーに対し、＿＿＿＿＿＿＿＿＿＿＿＿＿（以下「許諾地域」と称する）における非排他的な販売権を許諾するものとする。

4.2　The right and license granted to the LICENSEE hereunder shall not include any right to grant any sublicense by the LICENSEE to any other party, including, by example, its affiliated companies.

[和訳]
本契約に基づきライセンシーに対し許諾される権利とライセンスは、ライセンシーにより、その関連会社を含む、いかなる他の当事者に対する再許諾をも、含まないものとする。

4.3 SERENA PARK will provide the Technical Information and assistance with the LICENSEE to expand the production capacity of the Facilities or add new products other than the Products subject to another technical information and assistance agreement to be agreed upon separately between the parties hereto.

4.4 SERENA PARK warrants that, to the best knowledge of SERENA PARK, the use by the LICENSEE in the Facilities of Technical Information and sales of the Products in the License Area will not constitute any infringement of any patent owned by any third party.

ARTICLE 5 PROVISION OF THE TECHNICAL INFORMATION AND TECHNICAL ASSISTANCE

5.1 SERENA PARK shall provide the LICENSEE with the following drawings, documents and data for prompt completion and operation of the Facilities within the periods of three (3) months from the Effective Date of this Agreement or such other date as agreed between the parties:
   (i) Layout drawings of the plant portion of the Facilities;
   (ii) Specifications of the plant portion of the Facilities;
   (iii) Basic design drawings, data and information regarding buildings, foundation, utility facilities and auxiliary manuals for the part of the Facilities and related equipment to be procured from _____; and
   (iv) General technical information and assistance regarding the Facilities and the production of the Products, including quality control.

5.2 SERENA PARK shall provide the LICENSEE with the following technical services within such periods as agreed between the parties:
   (i) Technical Assistance for the construction of the Facilities;
   (ii) Supervision of the construction of the Facilities;
   (iii) Technical Assistance and Advise for the operation of the Facilities, quality control of the Products, maintenance of the Facilities and the Products delivery control.

   In order to provide such services and assistance as are required to complete the construction and the operation of the Facilities, and to train the LICENSEE's employee for the production and quality control, SERENA PARK shall dispatch its engineers or engineers of its affiliated companies to the LICENSEE.

   Pursuant to the request of the LICENSEE and subsequent acceptance of SERENA PARK thereof, SERENA PARK shall dispatch its engineers or engineers of its affiliated companies to supervise the construction of the Facilities and the installation of machinery in the Facilities.

   The number of engineers to be dispatched and the period of their dispatch shall be determined and agreed upon between SERENA PARK and the LICENSEE.

(iv) Short term instruction and supervision

Pursuant to the LICENSEE's request and subsequent acceptance of SERENA PARK thereof, SERENA PARK will dispatch engineers to the LICENSEE for the short term supervision of the Facilities during the period of this Agreement.

The number of engineers will be determined and agreed upon between SERENA PARK and the LICENSEE.

(v) Training of engineers of the LICENSEE at the facilities of SERENA PARK

  (a) To enable the LICENSEE's engineers to learn how to use the Facilities thoroughly as well as related quality control procedures for the Products, SERENA PARK will train the LICENSEE's engineers in _____ _____ at one of facilities of SERENA PARK.

  (b) All expenses incurred for training, such as travelling expenses, living expenses and medical expenses shall be borne by the LICENSEE.

  (c) The engineers dispatched by the LICENSEE for the training to SERENA PARK's facilities shall follow and observe the instructions of SERENA PARK and its regulations.

  (d) The LICENSEE shall pay to SERENA PARK in the amount of two hundred eighty United States Dollars (US$280) per day to train engineers of the LICENSEE.

  (e) The LICENSEE shall use its best efforts to keep the well-being of trainees while in _____.

The LICENSEE will carefully select capable and diligent engineers to send to receive and absorb the training programs. If, however, any trainee is or seems to be immature in sole judgment of SERENA PARK, shall have the right to request the replacement of such trainees by capable trainees, and the LICENSEE shall sent substitutes.

(vi) Technical guidance of the Production of the Products at the Facilities of the LICENSEE

Dispatched engineers from SERENA PARK to the LICENSEE pursuant to Section 5.2 hereof will provide advice and assistance as follows:

  (a) Decision of required quality or standards of raw materials and other materials and manners of receiving and handling of materials;

  (b) Technical instruction and production planning;

  (c) Technical instruction of quality control;

  (d) Technical instruction of production control and process control;

  (e) Manuals of operation and other works;

  (f) Instruction of product inspection and packing;

  (g) Technical instruction of research and development;

(h) In accordance with this Agreement, SERENA PARK will send to the LICENSEE such engineers and personnel as SERENA PARK considers to be competent and fit for the purpose which they are dispatched for.

ARTICLE 6 TREATMENT OF SERENA PARK's ENGINEERS DISPATCHED TO THE LICENSEE

6.1 Common Treatment of SERENA PARK's Engineers are set forth below:
   (i) The LICENSEE shall pay to SERENA PARK necessary travelling expenses for dispatch of SERENA PARK's engineer to the LICENSEE in accordance with the company regulations of SERENA PARK, a copy of the part of which relating to the duty trips is attached hereto as Exhibit ___.
   (ii) The LICENSEE shall provide SERENA PARK's engineers, free of charge, working clothes, shoes, helmets and others which are necessary for them to perform their duties.
   (iii) The LICENSEE shall take care of the health and well-being of SERENA PARK's engineers in _____.
   The LICENSEE shall provide SERENA PARK's engineers with doctors, medical care and treatment required to achieve complete recovery if SERENA PARK's engineers fall ill or suffer injury at expenses of the LICENSEE.
   (iv) If the parties determine and agree that such engineers, fallen ill or suffering injury, should be returned to _____ or sent to _____, as the case may be, for medical treatment, the LICENSEE shall return to _____ or send to _____ such engineers air at the expenses of the LICENSEE.
   (v) The LICENSEE shall provide, free of charge, comfortable, safe and air-conditioned accommodations such Engineers.
   (vi) The LICENSEE shall provide, free of charge, such engineers transportation facilities for them to perform their duties.
   (vii) SERENA PARK's engineers shall observe the safety regulations and other working rules of the LICENSEE in accordance with the instructions received from the LICENSEE's responsible directors or officers, while working at the LICENSEE, provided, however, that working hours are subject to restrictions imposed by the rules to be confirmed by the parties hereto.
   (viii) Any fringe benefits to be provided to the personnel of the LICENSEE in accordance with company rules of the LICENSEE shall also be provided to such engineers.

ARTICLE 7 SPECIAL TREATMENT OF ENGINEERS SET FORTH IN THE SECTION 5.2 (iv)

The LICENSEE shall pay to SERENA PARK, by remitting to SERENA PARK's designated bank account in United States Dollars, five hundred United States Dollars per engineer per day including the day of his/her departure in _____(country of SERENA PARK) and his/her return to _____(country of SERENA PARK) as absence fee in addition to the payments set forth in Section 6.1(i) hereof.

ARTICLE 8 PAYMENTS TO SERENA PARK
The LICENSEE shall pay to SERENA PARK all engineering fees stipulated in Sections 5.2, 6.1(i), Article 7 and Article 11 (Royalty) and other charges in United States Dollars, by remitting the same to a bank account or accounts of SERENA PARK designated by SERENA PARK, within thirty (30) calendar days from the date of the invoice(s) issued by SERENA PARK every month.

It is understood between the parties that a bank account designated by SERENA PARK shall be located in the city of _____, _____ where SERENA PARK is located.

SERENA PARK agrees that a bank account or accounts to be designated will not be located in tax haven(s), and such designation is hereby strictly prohibited regardless of its legality, for the purpose of the performance of this Agreement.

ARTICLE 9 PERFORMANCE GUARANTEE
9.1 SERENA PARK agrees to guarantee the performance of the Facilities as follows;
  (i) Production amount
      Measuring method are set forth and details of production amount are described in Exhibit __ attached hereto.
  (ii) Quality of final Products
      Testing method and details are set forth and details of qualities of final Products are also described in Exhibit __ attached hereto.
  Performance operation in some _____ chosen by the LICENSEE and SERENA PARK will be carried out by the LICENSEE under the supervision of SERENA PARK's operators and engineers during one day (twenty-four hours) to be decided by SERENA PARK considering of the preparation for operation:
  (a) Completion of mechanical test;
  (b) Success in load test operation;
  (c) Possibility of stable and continuous supply of every materials such as raw materials, utilities, consumable and other materials and necessary for the operation in compliance with their standards supplied by SERENA PARK.
  (d) Adequate manpower and skill of the LICENSEE's operators, engineers and other workers engaging in the production and operation of the Facilities.

9.2 If the performance test achieves such guaranteed figures as mentioned above, the LICENSEE and SERENA PARK shall confirm to such effect in writing.

Upon this confirmation, the plant shall be deemed to have entered into the stage of the commercial production and any responsibility of SERENA PARK under this Agreement shall be released from its responsibility in respect of performance guarantee under this Agreement. The date of the confirmation in writing specified above shall be deemed to be the date of the commencement of the commercial production of the Products referred to in Section 1.3 hereof.

In case, however, the result of the performance test will not have satisfied the guaranteed figures or the test will have continued for consecutive twenty-four (24) hours due to some reason, the LICENSEE and SERENA PARK will discuss the counter measures with each other.

ARTICLE 10 SELECTION OF EQUIPMENT SUPPLIER AND CONSTRUCTION COMPANIES

10.1 The LICENSEE shall discuss with SERENA PARK with respect to selection of equipment supplier and construction companies.

The LICENSEE shall enter into contracts with such companies as selected as a result of such discussion, provided, however, always the final decision on the selection shall be at discretion of the LICENSEE.

10.2 The LICENSEE will purchase from SERENA PARK equipment and materials for manufacture of the Products if the price and quality proposed by SERENA PARK is competitive in _____, provided, however, always the final decision on the selection shall be at discretion of the LICENSEE.

ARTICLE 11 ROYALTY AND RECORDS

11.1 In consideration of the right and license of the Technical Information and technical assistance granted and provided to the LICENSEE under this Agreement, the LICENSEE agree to pay the fees as follows:

(i) Preparation charge of technical documentation:

Preparation charge of technical documentation as set forth in Section 5.1 hereof;

Total : eighty thousand United States Dollars (US$80,000)

The fees stipulated above in Section 11.1(i) shall be paid within thirty (30) days after the provision of the technical documentation by the LICENSEE to SERENA PARK in accordance with the invoice issued by SERENA PARK.

(ii) Royalty:

one percent (1%) of the Net Sales Amount of the Products for each of the following periods of the year;

(a) from January 1 to June 30, and
(b) from July 1 to December 31
   for a term of the Royalty Period.

11.2 The LICENSEE shall furnish written reports to SERENA PARK by January 31 and July 31 of each year, during the Royalty Period setting forth quantities and the Net Sales Amount of all the Products sold by the LICENSEE during the preceding period as stipulated in Section __ above and the amount of royalties due thereon.

11.3 The LICENSEE, where necessary, shall apply to the _____ relevant authorities for permission of remittance of the royalty due to SERENA PARK in United States Dollars (US$) within thirty (30) days of the closing date of the royalty report involved.

The LICENSEE shall remit the royalty amount involved immediately after the approval from the _____ Government is obtained.

11.4 Except where the Products are exported in United Stated Dollars, royalty amount shall be calculated in the currency of _____ and converted to the amount in United States Dollars at the rate of exchange published by _____ Bank in effect at the time of remittance.

11.5 The LICENSEE may deduct from such payment as stipulated in Section 11.4 hereof any taxes which the LICENSEE is required to withhold and to pay under the laws of _____ for the account of SERENA PARK.

The LICENSEE shall, on behalf of, and in the name of SERENA PARK, pay any such taxes and arrange to furnish SERENA PARK with proper receipts for such payments issued by _____ tax authorities.

ARTICLE 12 EXAMINATION OF RECORDS BY SERENA PARK

The LICENSEE agrees to keep accurate records in sufficient details to enable the royalties payable under the provisions of Article 11 above to be readily determined.

The LICENSEE agrees to permit authorized representatives of SERENA PARK to examine such records during the business hours for the purpose of verifying the reports and payments required hereunder at any time during the Royalty Period, and for a period of two (2) years after each closing date of the royalty report involved.

ARTICLE 13 INTELLECTUAL PROPERTY RIGHTS

13.1 The LICENSEE shall not apply or have any other third party apply for patent or any other intellectual property rights without the prior written consent of SERENA PARK with regard to any LICENSED PRODUCTS or licensed technology.

13.2 SERENA PARK does not warrant that in the use of any documentation and/or other information provided by SERENA PARK hereunder, the LICENSEE will not infringe any patents or any other intellectual property rights owned by third party.

ARTICLE 14 CONFIDENTIALITY

14.1 All of the Technical Information or secret business information which either party derives from the other party under this Agreement shall be confidential, and the parties hereto shall at all times use all reasonable efforts to prevent its disclosure to third persons.

14.2 In case disclosure of any technical information to supplier or constructor or their seeing the Facilities is necessary in order to enable them to undertake to supply, construct, install, repair or maintain the Facilities, the LICENSEE shall first obtain the written consent of SERENA PARK and make such parties execute the written consent of confidentiality in the form acceptable to SERENA PARK, prior to such disclosure and their seeing the Facilities.

14.3 The LICENSEE shall use its best endeavors to prevent its employees from disclosing any of the Technical Information to any third parties.

ARTICLE 15 TECHNICAL IMPROVEMENTS BY THE LICENSEE

15.1 The LICENSEE hereby grants to SERENA PARK, to the maximum extent permitted by law or by any contracts to which the LICENSEE is a party, a royalty-free, irrevocable and non-exclusive license to use in SERENA PARK's own facilities all improvements on and all now technology and know-how developed by the LICENSEE.

15.2 SERENA PARK may sublicense such technology granted by the LICENSEE to third parties under whatever terms and conditions it deems appropriate, without compensation to the LICENSEE.

15.3 The technology may be disclosed by SERENA PARK to such sublicensed third party only under terms of confidentiality at least as those of this Agreement.

ARTICLE 16 FORCE MAJEURE

None of the parties shall be held responsible or liable for any failure to perform any obligation, if such failure is due to strike, lockout, riot, war, natural disaster, act of God, fire, governmental order or regulations or any other cause beyond the reasonable control of that party.

ARTICLE 17 TERM AND EXTENSION

17.1 This Agreement shall become effective on the date first above written and expire on the fifth anniversary of the date of the commencement of commercial production of the Products set forth in Section ___ hereof, unless earlier terminated pursuant to the provision of the Agreement, or extended further by mutual agreement in accordance with the provision of Section 17.2 hereof.

17.2 In case SERENA PARK and the LICENSEE wish and agree to extend and renew this Agreement within six (6) months before the expiration date stipulated in Section 17.1 hereof, this Agreement may be extended and renewed, in writing, further for a period of three (3) years each, subject to the approval of the _____ _____ governmental authorities, if required.

ARTICLE 18 TERMINATION

18.1 In the event of failure by either party to fulfill any of its obligations under this Agreement, the other party may give such defaulting party written notice describing such failure.

18.2 If such failure is not corrected within forty-five (45) calendar days after such notice is given, the non-defaulting party who served notice has the right to terminate this Agreement on the date which is shown on the notice mentioned above.

18.3 Either party may at its discretion, terminate this Agreement by giving the other party a ten (10) business days advance notice of termination in the event of one or more of the following:
   (i) Appointment of a trustee, receiver or other custodian for all or substantial portion of its assets or property;
   (ii) A judicial finding of insolvency or bankruptcy of it;
   (iii) Any general assignment by it for the benefit of its creditors;
   (iv) A governmental expropriation of all or substantial portion of its assets or capital stock;
   (v) The filing of a petition in bankruptcy;
   (vi) The merger, amalgamation or consolidation by it with or into another company or corporation;
   (vii) Material change of its ownership.
   Should either party be involved in any of such event as stipulated above in this Section 18.3, such party will notify immediately the other party of the occurrence of such event.

18.4 If this Agreement is terminated pursuant to the provisions of this Article 18 above, the LICENSEE shall cease any use of the Technical Information on and after date of the termination of this Agreement, and shall return to SERENA PARK the tangible information and know-how provided by SERENA PARK to the LICENSEE within thirty (30) calendar days from the date of the termination of this Agreement.

ARTICLE 19 NO ASSIGNMENT

This Agreement may not be assigned by either party to any third party without the prior written consent of the other party, provided that the other party may, at its discretion, withhold such consent, and may decline to give such consent for its own business reason and judgment.

ARTICLE 20 NOTICE

20.1 All notices to be provided hereunder shall be sent to the addresses set forth below or such other addresses as may be designated in writing by the other party concerned, as case may be.

To : SERENA PARK
_____ (full name of SERENA PARK)
_____
_____(full address, including name of city, country, postal number)
_____(name of division or department in charge and officer with his/her title, when advisable)

To : THE LICENSEE
_____ (full name of the LICENSEE)
_____
_____(full address, including name of city, country, postal number)
_____(name of division or department in charge and officer with his/her title, when advisable)

20.2 All notice to be provided by either party to the other party hereto shall be written in English and delivered by registered airmail, return receipt required, and such other method as agreed by the parties hereto separately in writing by duly authorized representatives.

20.3 All notice to be provided to the parties shall be deemed to be effective on the date on which they are actually received, provided, however, that date of receipt recorded on the return receipt as mentioned above in Section 20.2 hereof shall be treated as the conclusive evidence, proving that the mail has been received by the addressee.

ARTICLE 21 COMPENSATION FOR DAMAGES FOR MATERIAL BREACH

21.1 If either party commits a material breach of this Agreement, and as a result thereof, the other non-defaulting party suffers from any kind of damages, the latter non-defaulting party may claim compensation for such damages.

21.2 In such an instance, the parties concerned shall discuss the amount of compensation in good faith to arrive at mutually acceptable agreement.

21.3 If, however, the parties fail to arrive at an amicable settlement regarding the amount of such compensation within forty-five (45) calendar days, a final decision regarding such compensation may be decided by arbitration pursuant to article ___ hereof, by initiation of either party.

ARTICLE 22 ARBITRATION

22.1 All disputes arising out of or in connection with this Agreement, its interpretation, application or breach thereof, as well as any other disputes emerging from matter or law arising from this Agreement, shall be settled by the parties in negotiations between the management of parties.

22.2 If, however, such negotiations should be not successful to resolve the dispute within forty-five (45) calendar days starting from the receipt of a notice in writing sent by one party to the other party, requesting the settlement of the dispute, then such dispute shall be settled by arbitration in accordance with the arbitration rules of_____ in_____ (city and country).

22.3 The proceedings of such arbitration shall be conducted in English Language.

22.4 The decision of such arbitration shall be final and binding upon the parties hereto and judgment thereon may be entered in any court having jurisdiction thereon or application may be made to such court for judicial acceptance of the award and/or order of enforcement, as the case may be.

ARTICLE 23 GOVERNING LAW

This Agreement shall be governed and construed in accordance with the substantive laws of _____, without reference to its conflict of laws principles.

ARTICLE 24 GOVERNING LANGUAGE

This Agreement shall be executed in the English language, which shall be deemed to be the original language, and supersedes any translation version in other language.

ARTICLE 25 ENTIRE AGREEMENT

This Agreement supersedes all prior agreements and understanding, whether oral or written, between the parties relating to the subject matter hereof.

ARTICLE 26   SURVIVAL

The provisions of Articles __(_____), __(_____), and __(_____) shall survive the termination of this Agreement.

IN WITNESS WHEREOF, the parties hereto have caused this Agreement to be executed in duplicate by their authorized representatives on the day and year first above written.

_____
_____
_____

_____
_____

第4部

株式譲渡契約

Agreement for Transfer of Shares

第1章 株式譲渡契約フォーム1
（和訳付き）

第1節 はじめに

　ここでは一般的なM&Aにおける交渉を経て締結された株式譲渡による事業買収契約を取り上げ、その主要な条項を吟味していきたい。

　挙げる条項例は紙幅の都合上、株式譲渡契約に特有の条項に絞り込み、他の契約にも共通する一般的な条項は省略している。省略したものは、譲渡禁止、通知、全部の事項の合意、契約変更の方法、放棄、部分的無効と影響、準拠法、紛争解決、優先する言語版、見出しなどの一般条項である。

　買い手をAurora社の米国子会社とし、株式譲渡価格は一般的な1,000万米ドルとする。1,000万米ドルの支払い条件・支払い時期については、3回の分割払いで契約を妥結させたとしたい。

　クロージングの日に50パーセントが支払われ、残額の50パーセントについてはクロージングの日から1か月後に250万米ドル、さらに2か月後に250万米ドルが支払われる。また、事業会社ILTはオーナー兼社長のアイザック・ルーベンス氏が主要株主で、実質的には全株を保有しているが、名義株を利用しており、発行済みの1,000株のうち10株を妻のロザンヌ・ルーベンス、10株を娘のイレーヌ・ルーベンスが名義株上の保有者になっているとしよう。

　名義株とは、実質は一人で保有している株を、他人の名義にしていることである。本来は、他人名義を借りて株主になるという趣旨で、「名義借りによる株式保有」という意味がある。日本では、平成2年に商法が改正されるまでは、株式会社の設立には複数の発起人による株式引き受けや、一定以上の株主がいることが要求されたために、現在でもその慣行や習慣が残っていることがある。名義借りをおこなう人をNomineeと呼ぶ。Nomineeは自分の名義を他人に株主の名義人として使うことを承諾した人を指す。名義人と訳すことがある。名義借りは、通常は適法であるが、脱税や脱法行為がからむ場合など、違法にもなりかねないため、実務上注意をしなければならない。たとえば、国際契約では、敵国条項の対象となっている国の居住者や外国人・外国企業がその国の企業の株を保有することを禁止・制限する法制の下では、名義借りによりその禁止法制を脱法する行為は許されない。そのような名義借りによる株式保有行為が買収後に発覚した場合は、罰則が科されることがある。

　また、ILT社長社宅兼迎賓館の建物・土地は、事業譲渡時にアイザック氏がILTから購入することにする。代金額は500万米ドルで、2回払いとし、1回目は250万米ドルをクロージングの日までに支払い、2回目は米国オーロラ社が株式譲渡対価を3回目に支払う日までに支払うという取り決めとしたい。つまり、アイザック氏は2回目の支払いを米国

オーロラ社から3回目に受け取る株式譲渡代金を財資として利用して支払うことができるという契約条件である。

また、ILTは家族から運転資金として300万米ドルの融資を受けていることとする。その融資金については、アイザック氏自身が返済を引き受け、かつ、買い手側の米国オーロラ社には負担を求めず、譲渡後のILTに対しても、求償権（Indemnity）を保持せず、何ら請求しないものとする。また、ILTは、銀行から200万米ドルの借入金債務があるが、それも、売り主側のルーベンス氏が返済することとする。

この条件で以下に、事業譲渡のために締結する株式譲渡契約（Agreement for Transfer of Shares; Share Transfer Agreement）を見ていこう。ILTの保有する預金などを財源とせず、ルーベンス氏自身の資金を財源として、支払う内容である。

ちなみに、株式譲渡契約は、見る立場によって呼び方が変化することがある。たとえば、買い主から見ればShare Purchase Agreement、あるいはStock Purchase Agreementと呼ぶ。売り主から見れば、Share Sales Agreement、あるいはStock Sales Agreementと呼ぶ。ShareもStockも株式を意味し、どちらの用語を使ってもよい。米国では、Stockのほうが広く使われる。

第2節 株式売買契約（1）

例文1は企業買収契約の前文、例文2は株式の売買の条件を示したものである。例文2にはロザンヌとイレーヌが名義株を保有していることが示されている。

米国では、株式会社は出資者がその有限責任性を明確にするための道具として設立し活用するものとされており、仲間とともに出資し会社を設立するという感覚はない。一方、英国や日本、その他の大陸諸国では、会社は幾人かの出資者が共同で設立し、共同で運営するものという感覚が根強くあった。そのため、日本では株式会社の設立に7名以上の発起人が要求されていた時代があり、英国では、会社名を表すために、"＿＿＿ and Co. Limited"という表現が使われていた。この表現には「＿＿＿と仲間たち」という響きがある。

そのため、企業が子会社を設立するときには、実質的には株式の100パーセントを企業（親会社）が保有していても、設立時に一時的にその役職者や従業員の名義を借りることがよくおこなわれていた。これが先に説明した名義株である。

事業買収契約の冒頭・リサイタルならびに株式譲渡条項

事業買収契約の冒頭・リサイタルならびに株式譲渡条項のドラフトを確認する場合には、注意すべき事項がいくつかある。

まず1つ目は、契約当事者がその株式譲渡のために十分で適切かどうかである。冒頭の記載でそれぞれの当事者の法人格や所在地などを確認する。次に、当事者が事業買収あるいは立場により事業譲渡のためのすべての株式を保有しているかどうかを確認する。

もちろん、売り主の表明・保証条項を読めばこの点は確認できるが、その前にリサイタル条項で確認しておくことが、このような取引におけるポイントといってよい。も

> 例文1　前文
> 例文2　株式の売買

し、売り主側が本当に譲渡対象の全株式を保有しているのか曖昧な点があれば、取引そのものを見直すきっかけとなる。本来、株式譲渡人となるべき他の権利者がいるなら、売り主として追加する必要があるからだ。

たとえば、この例文ではILTにより名義株が活用されている。本例ではその実質的な株主が売り主となっているため当事者はこのままでよい。逆に、実質的な株主が他におり、売り主がその株式の名義人（名義上だけの株主）ならば、本来の株主も売り主（当事者）として記載することが必要になる。

ここでは、米国オーロラ社はサンフランシスコに事務所を有するデラウェア州法人としよう。

●─第1款　前文　Preamble

例文1　前文

AGREEMENT FOR TRANSFER OF SHARES

THIS AGREEMENT is made and entered into this _____th day of December, 20__, between;

(1) Mr. Isaac Rubens, a natural person with his passport of No. _____, domiciled at _____, (hereinafter referred to as the "Seller"), and,

(2) Aurora Borealis (U.S.A.) INC., a Delaware corporation, with its principal office at _____, San Francisco, California ____, U.S.A. (hereinafter called "AURORA").

WHEREAS:

(i) The Seller, himself and through his nominees, owns one hundred percent (100%) of the total shares in "Irene, Lausanne and Trading Corporation" a _____ corporation, having its principal place of business at _____ (hereinafter referred to as the "Company" or "ILT"); and,

(ii) The Seller is willing to sell to AURORA all of the shares in the Company; and

(iii) AURORA, in reliance upon the covenants, representations and warranties of the Seller contained herein are willing to purchase from the Seller the said shares of the Company.

NOW IT IS HEREBY AGREED as follows:

［和訳］

株式譲渡に関する契約

本契約は、20__年12月__日に以下の両者の間で、締結された。

(1) _____に住所を有するパスポート番号が_____である自然人のアイザック・ルーベンス氏（以下「売り主」という）と、

(2) 米国カリフォルニア州サンフランシスコ市＿＿＿＿＿＿に主たる事務所を有するデラウェア州法人であるAurora Borealis (U.S.A.) INC.（以下、「オーロラ社」という）

締結に至る経緯
(i) 売り主は、彼自身ならびに彼の名義人を通じて、＿＿＿＿＿＿＿に主たる事務所を有する＿＿＿＿＿＿法人であるイレーヌ・ロザンヌ・アンド・トレーディング株式会社（以下、「本会社」または「ILT」という）の全部の株式の100パーセントを保有しており、
(ii) 売り主は、本会社の株式のすべてをオーロラ社に対し、売り渡すことを希望しており、
(iii) オーロラ社は、本契約に規定される売り主の誓約、表明ならびに保証を信頼して、本会社の株式を購入したいと希望している。
そこで、両者は以下の通り合意した。

第2款　株式の売買条項

株式の売買　　例文2

ARTICLE __ SALE AND PURCHASE OF SHARES

1 Subject to the terms and conditions herein set forth, the Seller hereby sells and transfers and AURORA hereby purchases and accepts the transfer from the Seller at the price provided for in Article 2 (Price of Shares), the total of one thousand (1,000) shares, of which par value is _____, and which constitutes one hundred percent (100%) of all the issued and validly existing shares in the Company (hereinafter referred to as the "Shares").

2 The Seller hereby represents and warrants to AURORA that the present shareholding of the Company is as follows:

  the Seller (Isaac Rubens) 980 shares
  Lausanne Rubens 10 shares
  Irene Rubens 10 shares

and that the latter two shareholders hold a part of the Shares as nominees of the Seller and therefore that the Seller is an ultimate owner of the Shares and has an absolute right to dispose of the Shares in any manner as he may deem appropriate.

3 Out of one thousand (1,000) Shares, twenty (20) shares shall be transferred to a nominee of AURORA, Mr. Hiroharu Hidaka, and, as a result, the shareholding immediately after the transfer hereinafter shall be follows:

  AURORA 980 shares
  Hiroharu Hidaka 20 shares

4 The transfer of the Shares hereunder shall become effective as of January 1, 20__ (hereinafter referred to as the "Transferring Date").

[和訳]

第__条　株式の売買

1　本契約に定める条項と条件に従って、売り主は、本契約により、額面金額が_____で、すべての発行済みで、有効に存続する本会社の株式全部の100パーセントにあたる合計1,000株を、第__条(本株式の対価)に規定された価格で売り渡し、移転し、オーロラ社は(これを)買い受け、受領する。

2　売り主は、オーロラ社に対し、本会社の現在の株式保有は次の通りであることを表明し、保証する。

　　売り主(アイザック・ルーベンス)　　980株
　　ロザンヌ・ルーベンス　　　　　　　10株
　　イレーヌ・ルーベンス　　　　　　　10株

また、後者の2人の株主は、本株式を売り主のノミニー(＜代理＞名義株引受人)として保有するものであり、したがって、売り主が本株式の究極的な所有者であり、また、売り主が適切と考えるいかなる方法でも、本株式を処分する完全な権利を保有することを表明し、保証する。

3　1,000株式のうち20株式は、オーロラ社のノミニーである日高尋春氏に移転されるものであり、その結果、移転後の株式保有は以下の通りである。

　　オーロラ社　　　　　　　　　　　　980株
　　日高尋春　　　　　　　　　　　　　20株

4　本株式の移転は、20__年1月1日(以下「移転日」と呼ぶ)をもって有効になるものとする。

解説

例文では、売り主は(妻)ロザンヌと(娘)イレーヌが10株ずつ名義株を保有しており、買い主は、日高氏が20株の名義株を保有する形をとっている。実務上は、名義株を残す必要はない。

名義株は、制度のある国もない国もある。また、名義株による保有があまり一般的でない国もある。ただ、日本も欧州大陸の国(オランダ、ベルギーなど)も、もともと株式会社を複数名で設立する株式会社の方式に慣れていた歴史的経緯から、比較的、名義株になじんできたとはいえよう。

本契約条項では20__年1月1日を、株式の譲渡日(Transferring Date)としている。これに関して、例文5では、支払いを同時とせず、株式譲渡日を基準に7日以内に50パーセントを支払い、あと2回をいわば後払いとして、期日を設定して支払うように取り決めている。

また、例文3は株式移転日の1月1日を基準として、それまでに会社の定款を買い主側の希望に沿う内容に変更することを売り主の義務として規定している。買い主が会社の株主になったその日から、ただちに予定した事業を実行できるように手配したことになる。売り主側から見れば、まだ株式代金の支払いを受けていない段階で、定款を変更しなければ

ならず、取引中止の場合のリスクを負うことになる。ただし、かかる条件は交渉次第である。価格はすべてを勘案して決めるため、買い主が希望するには、無理な条件というわけでもない。

●―第3款　定款をあらかじめ、買い主の指示に従い変更する義務を規定

定款変更　　　　　　　　　　　　　　　　　　　　　　　例文3

ARTICLE __ MODIFICATION OF ARTICLES OF ASSOCIATION
1 Before the Transferring Date, the Seller shall, in accordance with the instructions given by Aurora from to time, take all necessary procedures to modify and amend the Articles of Association of the Company to be in conformity with the draft Article of Association attached hereto as Exhibit ___, so that such modified Articles of Association shall become effective on the Transferring Date.

[和訳]
第__条　定款の変更
1 移転日の前に、売り主は、オーロラ社により与えられた指示に従って、本会社の改訂した定款が移転日に有効になるように、本契約書の別紙＿＿＿として、添付した定款案に一致するように改訂されるためのあらゆる必要な手続きをとるものとする。

――――――― 解説 ―――――――

株式売買の対価と支払い時期

　株式売買の対価と支払い時期の規定は売り主側・買い主側双方にきわめて重要な規定である。

　まず、譲渡金額の確定方法に留意をする必要がある。確定する際には、その通貨で支払うのか、値段を決めた単位の通貨と支払い通貨が別なのかを明記する必要がある。価格を決める際の通貨と支払い通貨をそろえることができれば、紛争を防ぐために有効である。

　加えて、何回に分けて支払うかも重要なポイントである。支払いに対して株式の譲渡・移転時期をどう定めるか、前払いか後払いかを決める。売り主側としては、できれば1回で株式の移転と対価の支払いのすべてを完了させたいだろう。買い主側であれば、もし売り主がおこなっている表明・保証条項などに不安な事項があれば、支払いを分割することで、表明が真実であり譲受後の経営がスムーズにおこなえることを一つ一つ確認しつつ支払うことができ、安心できる。分割払いの場合は、2度目以降の支払いを暦日で決めるほうが明確で争いを防ぐことにつながる。支払い時期と何かの事実が判明・成就したときが重なると、その真正さについて、争いが発生し紛糾することがある。

　しかし、実際には、譲渡企業についての土地や社屋あるいは銀行借り入れに対して、売り主側の家族などによる返済の約定があり、株式譲渡時に未履行だった場合には、それが

履行されてはじめて残額の支払いをおこなうという条件にする場合もある。後日の紛争を避けるためには、すべての売り主側の約定が履行されてはじめて、株式の移転と代金の支払いをおこなう方式を採用したいものである。

逆に、売り主が買い主の支払い能力に不安がある場合には、銀行や信用の置ける人・企業からの支払い保証状を要求することもある。

●—第4款　株式譲渡の対価

例文4　対価

ARTICLE __　PRICE FOR THE SHARES
1　The price for the Shares has been determined by the Seller and AURORA to be Ten Million United States Dollars (U.S.$10,000,000) in total for all of the Shares.
2　It is based on the net asset value of the Shares as of the December 31, 20__ determined by the Seller and checked and reviewed by _____ Accounting Office.

[和訳]
第__条　本株式の対価
1　本株式の対価は、売り主とオーロラ社間で、本株式全部に対しての合計額で1,000万米ドルと定められている。
2　それは、売り主により決定され、かつ、_____会計事務所により、調査・吟味された、20__年12月31日付の純資産の価値に基づき算出されたものである。

解説

株式の対価を1,000万米ドルと定めている。この売買代金は、売り主が定めた20__年12月31日現在の純資産の価値評価額を基準とし、会計事務所の評価を受けたうえで決めている。万一、不十分な資料しか会計事務所に提示されていない場合を想定し、契約の後半にはIndemnification条項（例文13）で買い主に対して売り主が補償する規定を置いている。会計事務所が評価するといえども、売り主が事実を隠蔽したり、資料を提出しない場合もある。価値評価がどこまで正確かは分からないものだ。近年、上場企業の粉飾決算などが後日明らかになり、監査法人の監査の不十分さが問題化することがあった。株式対価の正確な算出は容易ではない。

●—第5款　株式の対価の支払い時期

例文5　支払い条件

ARTICLE __ SCHEDULE OF PAYMENT

The price for the Shares shall be paid by AURORA to the Seller in installments in accordance with the following schedule:

(i)　within seven (7) business days of the date of the Transferring Date: U.S.$5,000,000

(ii)　not later than April 30, 20__: U.S.$2,500,000

(iii)　not later than July 31, 20__: U.S.$2,500,000

[和訳]

第__条　支払いのスケジュール

本株式の対価は、オーロラ社により、売り主に対して、下記のスケジュールに従って分割払いでなされるものとする。

(i)　移転日から7営業日以内に、500万米ドル

(ii)　20__年4月30日までに、250万米ドル

(iii)　20__年7月31日までに、250万米ドル

解説

　上記の条項例(ii)(iii)で250万米ドルずつの支払いが規定されているのは、次の会社資産の売り主への売り渡しで規定するルーベンス氏による会社の不動産(社長社宅兼迎賓館)買い取りの支払いが契約の支払い期日におこなわれない場合に備えたものである。その第3回の支払い日に未払い残高があるときは、株式の取得価格の支払いと不動産代金の受け取りを相殺し使うことを想定して、契約条件が書かれている。例文7に掲げる契約条項では売り主のオプションとして規定されているが、同時に買い主が債権を回収できない場合の守りにもなっている。

会社資産の売り主への売り渡し

　この契約条項では社長社宅兼迎賓館については、売り主のルーベンス氏がILTから500万ドルで買い取ることを買い主の米国オーロラ社により承諾されている。支払いは株式移転日までとなっている。

第6款　会社資産のうち、不動産(社長社宅兼迎賓館)の売り主への売渡条項

社長社宅　　　　　　　　　　　　　　　　　　　　　　　　　　　例文6

ARTICLE __ SALE OF ASSETS OF THE COMPANY

1　AURORA hereby approves, at the request of the Seller, that the Seller shall purchase from the Company and the Company sell to the Seller the assets of the Company set forth in Exhibit ___ at the fixed price of Five Million United States Dollars (U.S.$5,000,000).

2　The Seller shall purchase such assets on the Transferring Date under the terms and conditions of the sale and purchase agreement, a draft of which is attached hereto as Exhibit __.
The purchase price thereof shall be paid by the Seller to the Company not later than December 31, 20__.
All taxes, registration duties and all costs and expenses with regard this sale and purchase shall be borne by the Seller and shall be settled without delay.

[和訳]
第__条　本会社の資産の売り渡し
1　AURORA社は、売り主の要請に基づき、本契約により売り主が別紙____に記載する本会社の資産を500万米ドルで、本会社から買い受け、本会社が売り主に対し売り渡すことを承認する。
2　売り主は、移転日にかかる資産を、そのドラフトを別紙__として本契約に添付する売買契約書の契約条項・条件に基づき、購入するものとする。
当該購入価格は20__年12月31日までに売り主により本会社に支払われるものとする。
本売買に関わるすべての税金、登録税、ならびにすべてのコストと費用は、売り主の負担とし、遅滞なく支払われるものとする。

―――――― 解説 ――――――
本来、売り主ルーベンス氏は移転日（1月1日）までにこの不動産（社長社宅兼迎賓館）の支払い資金500万米ドルをILTに支払う義務があるが、その代わりに一部を支払わずにおき、残額（250万米ドルまで）について、買い主米国オーロラ社から第3回支払いとして、受け取る株式代金を財源として残額を支払うオプションを保有している。それを規定するのが例文7だ。

●―第7款　会社資産（社長社宅兼迎賓館）の売買における支払いについての売り主のオプション

例文7　売り主オプション

ARTICLE __ SELLER'S OPTION FOR PAYMENT OF THE PURCHASE PRICE
1　The Seller shall have an option to pay to the Company the purchase price of the assets in place of the Seller out of the third installment of the purchase price of the Shares as set forth in Article __ hereof, if any amount of the purchase price of the assets remains unpaid by the Seller as of the date of payment by Aurora of the third installment.
2　Such payment by Aurora shall be deemed to a valid payment to the Seller of the purchase price of the Shares.

[和訳]
第__条　購入価格の支払いに関する売り主のオプション
1 売り主は、もし資産の購入金額の一部が売り主により、オーロラ社による第3回支払い日に未払いになっているときには、第__条に規定する本株式の購入価格の第3回の支払い金額を財源として、本会社に対する資産の購入価格を支払うオプションを保有するものとする。
2 オーロラ社によるかかる支払いは、本株式の購入価格の売り主に対する有効な支払いとみなされる。

第3節　株式売買契約(2)

株式売買にあたっては、その純資産の価値の判断が合理的にかつ専門家の評価を経てなされることが望ましい。例文8の契約条項では、当事者の売り主の経理部門の評価に加えて、指定の会計事務所による監査が取り決められている。

●―第1款　譲渡前(直近)の財務諸表の正確さに関する条項

財務諸表に関する条項。

財務諸表　　　　　例文8

ARTICLE __ THE FINANCIAL STATEMENTS; RESULT OF OPERATION
1 The financial statements of the Company for the year ended on December 31, 20__ shall be prepared by the Company in accordance with the same accounting principles as the 20__ financial statement (as defined in Article __ hereof) based on, as soon as practicable after the Transferring Date.
2 The Seller shall, at the request of the Company or Aurora, assist in preparing the financial statements.
3 The financial statements so prepared shall be audited by _____ Accounting Office in accordance with generally accepted auditing standards in _____.

[和訳]
第__条　財務諸表；経営の結果
1 20__年12月31日を最終日とする年度の財務諸表は、移転日以降可能な限り速やかに（本契約第____条に定義する前年の）20__年の財務諸表と同じ会計手法で本会社により作成されるものとする。

- 例文 8　財務諸表
- 例文 9　借入金返済
- 例文 10　家族からの借入金

2　売り主は、本会社またはオーロラ社の要請に基づき、財務諸表の作成を援助するものとする。

3　そのようにして作成された財務諸表は、一般に受け入れられている監査基準に従って、＿＿＿＿＿＿＿＿＿＿会計事務所による監査を受けるものとする。

解説

前述の通り、会計事務所に対し売り主によってミスリーディングな評価がおこなわれる場合に備え、売り主に対し、Indemnification（補償）の義務を負わせている。実際には、その補償の担保として保険会社などへの付保をどうするかを考えることが必要なケースもある。たとえば、売り主が一切の事業から手を引き、収益を得る手段がない場合である。株式を売却した代金をすべて銀行などの借入金に充当されてしまうと、補償義務を負わせたところで、実質的に売り主は無一文状態であり、補償能力がなくなってしまう。その場合に備え、保険会社などを活用して支払い機能を強化しなければならない。

●—第2款　売り主の借入金返済義務に関する条項（約定）

会社の銀行借入金（社屋建設借入金）返済債務を、売り主が自らの責任で返済する条項。

同族企業の場合、借入金債務がオーナー個人によるものか、会社の事業のための債務か判別しづらいことがある。デューデリジェンスなどや売り主による説明で借入金が判明した場合は、その債務のすべてを、株式移転前に売り主側が会社資金ではなく自己資金で返済し、解消してくれれば理想的である。以下の例文9と例文10では、2つの借入金債務（会社の不動産購入のための銀行からの借入金と家族からの借入金についての会社の返済債務）の処理を売り主（アイザック・ルーベンス氏）が自らの資金でおこなうことを引き受けている。

実際の実務では、このような約定はなかなか守られない。個人の契約では家族からの反論もありうる。そのため、譲渡された会社に借入金の負債が残ることを見越して、株式譲渡価格を低額に（たとえば1米ドルと）設定することにも、状況によっては合理性があるといえるのだ。

例文 9　借入金返済

ARTICLE __ ASSIGNMENT OF OUTSTANDING LOAN FROM THE BANK

1　The Seller hereby agree and confirm that the Company has borrowed an amount of Ten Million United States Dollars (U.S.$10,000,000) from the _____ Bank (hereinafter referred to as the "Bank") under the loan agreement dated _____, 20__ for the purpose of purchasing the present office building of the Company and that an amount of One Million United States Dollars (U.S.$1,000,000) is still outstanding as of the date hereof.

2 The Seller hereby agrees that he shall accept such outstanding amount to the Bank and that he shall take all necessary procedures to cause the Company to be discharged and released by the Bank from any obligations under the loan agreement on and after the Transferring Date.

［和訳］
第__条　銀行からの借入金の譲渡
1 売り主は、本会社が、本会社のオフィスビルディングを購入する目的のために、_____銀行(以下「本銀行」という)から、20__年__月__日付の融資契約に基づき、1,000万米ドルを借り入れ、また、100万米ドルが本契約日付の時点で、未返済であることに合意し、確認する。
2 売り主は、彼がかかる未返済の本銀行への債務を引き受け、かつ、移転日以降、その借入金返済債務につき、本会社を本銀行から免責し、債務をなくするために、あらゆる必要な手続きをとるものとする。

●―第3款　家族からの借入金

売り主の家族からの借入金債務を、売り主が引き取り返済し、借入金をゼロにしたうえで、会社と買い主に対し一切の権利を主張しないことを約定する条項。

家族からの借入金　　　　　例文 10

ARTICLE __ FAMILY LOAN
1 The Seller agrees and confirms that the Company has borrowed a certain amount of money from family members of the Seller, (i.e. Ms. Lausanne Rubens and Miss Irene Rubens), and that an amount of Five Hundred Thousand United States Dollars (U.S.$500,000) in total is still outstanding as of the date hereof.
2 The Seller hereby agrees that he shall take-over from the family members of the position of a lender the said loan and he shall take all necessary procedures to cause the Company to be discharged and released by the family members from any obligations in connection with the said loan on and after the Transferring Date.

［和訳］
第__条　家族からの借入金
1 売り主は、本会社が、売り主の家族のメンバー(すなわち、ロザンヌ・ルーベンスならびにイレーヌ・ルーベンス)から一定額の借入金債務を有し、かつ、合計で50万米ドルが本契約の日付現在、未返済であることに合意し確認する。

> 2　売り主は、本契約により、かかる借入金の貸し主の地位を家族から引き継ぎ、かつ、移転日をもって、本会社が家族メンバーからのかかる借入金に関連するいかなる返済義務からも免除し、債務をなくするために必要なあらゆる手続きをとるものとする。

●─第4款　売り主の表明と保証

　株式譲渡契約では、表明・保証条項がきわめて重要とされる。なぜなら、せっかく会社・事業を買収しても、買い主側で期待した事業ができなければ意味がないからだ。どのような点が表明と保証条項で確認されれば、問題がなくなるのか。

　まずは、譲渡された対象の会社が正当に設立され、存続していることである。当然のことのようであるが、万一営業認可が取り消され、事業の継続ができないようであれば、買収する意味がない。認可が必要な場合はその継続の確認が必要になる。

　また、事業としては継続していても、うっかりすると事業(株式)の所有者が変更されコントロールが変われば、経営の基盤となる経営資源のいくつかが提供されなくなるリスクがある。たとえば、メーカーの工場の仕入先との契約について、買収による事業のコントロールについて変更がある場合に契約解除権が設定されているかもしれない。ライセンスビジネスにおいてライセンサーが同様の権利を保有しているかもしれない。

　このように、買収対象の事業者の重要な契約の内容・条件について表明と保証でしっかり確認する必要がある。経営権の把握に障害となるような株式のオプションや転換社債の発行などがなされていないかを確認することも必要であろう。

(その他、確認すべき事項)

- 経営の中核をなしているキーエンプロイーについて
  実際には買収事業の従業員ではなく、親会社からの出向者であると、買収と同時に親会社に引き揚げられる恐れもある。従業員のリストとその契約内容の確認も必要だ。
- 大きな訴訟や紛争を抱え、被告となるリスクがないか
- 財務内容・決算などで、粉飾がなされていないか
- 借入金や第三者のための保証差し入れ
- 誰に監査させるか
- 税の未納で紛争が発生しないか
- 取引先の銀行とその預金、貸金庫などの詳細な状況
- 在庫品の預け先倉庫
  不良在庫の山が隠れていたという事態は避けなければならない。

　実際の契約では、これらを勘案のうえ、実際の事例で気にかかった重要条項のみを規定していく。個別の事業により選択し、相手方と交渉することで、最終的には条項が確定する。

売り主による標準的な各種の表明・保証（簡略版）

ARTICLE __ REPRESENTATION AND WARRANTIES OF THE SELLER
1 The Seller represents and warrants to Aurora at the date hereof and at the Transferring Date:
   (i) The Company is a corporation duly incorporated and validly existing in good standing under the laws of _____, and is duly qualified in good standing under the laws of any other jurisdiction where it now conducts business.
   (ii) The copies of the Articles of Association of the Company and of the extract from the Company Registration with the Commercial Registry in _____ are Exhibit __ and Exhibit __ respectively.
   (iii) There are no outstanding options, rights or agreements giving anyone any right to the Company to sell or issue any shares of the Company.
   (iv) The Company does not at the Transferring Date any litigation, legal action, arbitration or investigation, pending or threatened, against the Company or might affect this Agreement.
   (v) The copy of the employment agreement with the present employees, (as described in Exhibit __) is a true copy of the original.
   (vi) There has been no material adverse change since December 31, 20__ in the business, financial condition or properties of the Company other than those arising from the ordinary course of business.
   (vii) The list set forth in Exhibit __ containing the names of each bank, savings institution or other person with which the Company has an account or safe deposit box and the name and identification of all persons authorized to draw thereon or to have access thereto, are complete and accurate.

［和訳］

第__条　売り主の表明と保証
1　売り主は、本契約の日と移転日において、オーロラ社に対し以下の通り表明し、保証する。
   (i) 本会社が、_____法の下で、正当に設立され、有効に存続している会社であり、また、それが営業行為に従事している他の法域における法律の下でも良好な状態で正当に資格が付与されていること。
   (ii) 本会社の定款の写しならびに_____における商業登録の会社登録からの抜粋は、それぞれ、別紙__と別紙__の通りであること。
   (iii) 本会社のいかなる株式について、いかなる者に対しても本会社が売り渡すまたは発行する権利を与える有効なオプション、権利、契約もないこと。
   (iv) 本会社は、移転日において、本会社を被告とする、あるいは、本契約に影響を与えるような現在継続中、あるいは、その脅威がある、訴訟、法的行為、仲裁または調査が一切ないこと。

(v) （別紙＿に記載の）現在の従業員との雇用契約の写しは、原本の真正なコピーであること。
(vi) 20＿年12月31日から、営業あるいは、財務状態または会社の資産において、通常の業務の推移から発生するもの以外は、重要な不利益を被る変化はないこと。
(vii) 本会社が勘定あるいは貸金庫を保有する各銀行、貯蓄機関または他の人ならびに、そこから引き出すまたはそこにアクセスする権限のあるすべての人員の名称と詳細を含む、別紙＿に記載のリストは、完全で正確であること。

●―第5款　売り主による誓約・競合避止条項　Covenant Not To Compete

　売り主が場所を移して、競争相手として事業を開始することも、買い主としては困る事態である。そこで、一定の範囲・期間には限定されるが、競合避止義務を売り主側に課すことがある。品目ごとに国際的な競争がおこなわれる現在ではなかなか分かりにくい面もあるが、競合避止義務の規定を置くことは買い受けた事業を継続して運営・成長させるうえで、有効な場合があるので留意してほしい。
　特に、事業買収後に事業名称(商号)やブランドを変更して事業経営をおこなう場合には、この競合避止条項が重要になる。

例文12　売り主の競合避止義務の誓約条項　5年間は競合する事業に従事しないこと

ARTICLE ＿ SELLER'S COVENANT NOT TO COMPETE
The Seller covenants and agrees with Aurora that for a period of five (5) years from the date of this Agreement, the Seller will not start, whether directly or indirectly, any new business in the country or area of ＿＿＿＿＿ and any other countries, where the Company was doing business before the date of this Agreement, that would be in competition with the business as now conducted by the Company.

[和訳]
第＿条　競合しないという売り主の誓約
売り主は、オーロラ社に対し、本契約の日付から5年間、直接的であれ間接的であれ、＿＿＿＿＿＿＿＿国または地域ならびに、本会社が本契約の日付前に営業行為に従事している他の国において、本会社により現在おこなわれている営業と競合するようないかなる新規事業も開始しないことを誓約し、合意する。

第6款　売り主による補償・免責条項　Indemnification

　不測の事態における売り主への補償請求とその補償の実効性をどう確保するかも重要になる。事態がひどすぎる場合は、プットオプション（売り戻し権）を選択肢に入れる必要もあるだろう。なかなか、売り主には受け入れられず、機能することは少ないが……。
　補償には、損害賠償に限度を設けることがあるように限度額を設定することがある。保険などの仕組みを組み合わせ、限度額が設定されることが多い。事業譲渡後は、売り主である補償を引き受けた当事者が解散・廃業してしまうリスクがあり、保険などの裏付けなしには、限度額まで補償が受けられるかどうかが明白ではないからだ。

売り主補償　例文13

ARTICLE __　INDEMNIFICATION BY THE SELLER
1　The Seller shall indemnify and hold Aurora and the Company harmless up to an aggregate maximum of Ten Million United States Dollars (U.S.$10,000,000) against: any loss or damage caused to Aurora or to the Company by any misrepresentations, breach of warranty or breach of any agreement on the part of any of the Seller contained in this Agreement.

[和訳]
第__条　売り主による補償
1　売り主は、オーロラ社ならびに本会社に対し、以下の事項から1,000万米ドルを限度として、補償し、免責する。
　本契約に含まれる売り主のいかなる部分に関しても、不実表明、保証違反または、契約の違反によりオーロラ社または本会社に対して起こした損失または損害。

解説

　この条項の補償限度額は、本買収を進めるオーロラ社側（法務部員・飛鳥凛）の案である。売り主側はその10パーセントの100万米ドルを提示（カウンタープロポーザル）してきたことを付記しておく。
　事業買収はなかなか一筋縄ではいかないものだ。特に、最終段階で登場する競合者がある場合は、高値づかみで失敗することが多い。自己の買収基準を最初から堅持し、買収競争から撤退することも大事である。

第2章 株式譲渡契約フォーム2(公証人活用の契約例)(和訳付き)

第1節 はじめに

　事業譲渡ならびに、それを実現するための株式譲渡契約には、さまざまな取り決め方とそれに応じたフォームがある。結局は、ビジネス上どのようなリスクを売り主と買い主が見込み、それを最小限にするために、どうするかが契約書に反映される。

　それだけに、事業譲渡に関わる株式売買契約には、いわゆる典型的なフォーム、つまりひな形のようなものは存在しない。定型になっているものには、さまざまな落とし穴が潜んでいるということをよく留意してほしい。

　買い主側の知恵と技の見せどころは、どうすれば買収リスクをなんとか対応可能(Manageable)な範囲に抑えられるかである。事業買収にあたる企業の法務部にとっての醍醐味ともいえる。競合他社が現れて価格が不当に高くなった場合は、潔く撤退する選択肢を選ぶことも知恵の一つとして持っておくことも忘れてはならない。

　前章ではILTの(名義株を含む)全株式を保有者のアイザック・ルーベンス氏から、買い主であるオーロラ社に譲渡する契約を紹介した。この場合、売り主と買い主の両者に対し、いわゆる株式移転時(Transferring Date)から実際の完全な支払い完了まで7か月を猶予する設定としたので、途中で紛争が起きる可能性を危惧する人もいるかもしれない。

　それでは、相手方、特に売り主側の誠実な履行に不安がある場合、買い主の対策としてはどのような選択肢があるのだろうか。その一つに、特に欧州大陸などで用いられる、公証人(Notary Public)を介在させて契約を締結し、履行する選択肢がある。

　公証人が介在した場合は、その面前で公正証書などの書類が作成される。公正証書は、公文書と同意義で使われることがある。公正証書は、契約実務上、一般には、公証人が各国の公証人法や関連法令に則り、法律その他の私権に関わる事実について作成した証書を指している。

　公証人の認証した公正証書としての株式譲渡契約証書には、譲渡契約の成立だけでなく、その記載内容についても、強い証明力があると考えられている。紛争の発生時にも、通常、公正証書として作成された契約書類は、そうでない書類に比べて、格段の信用力がある。

　株式譲渡契約でいえば、売り主側代表者と買い主側代表者が、公証人の面前でパスポートなどを提示し身分を証明し、調印権限を示すため、会社の代理人なら、その会社から正規の代表者あるいは代理人に指名されていることを証明する書類(取締役会議事録、契約締結委任状など)を提示する。これらの手続きを経て、公証人に対し、自分自身の身分や調印権限の証明をおこなうのだ。そのうえで、契約作成者として、公証人の面前で、譲渡契約証書に記載の事実が真実であることを宣誓し、公証人の認証を受ける。

この手続きは、日本法でいえば公証人法の58条の2に関連規定がある。

公証人はもともと、元裁判官や元検事など法曹に携わっていたプロフェッショナルが任命されることが多く、厳正で、かつ法律分野の専門家であり、買収などからは遠い潔癖さで知られている。公証人の汚職が横行するほど、契約業務における危険性をはらんだ行為は考えられない。公証人制度の法的な根拠などに関心ある方は、まず、我が国の公証人法を読むことから始めればよいだろう。欧州大陸のドイツ、オランダ、ベルギーなどの公証人制度は、日本の制度とも基本的にはその目的や役割が共通であり、オランダの影響を受けたインドネシアのノタリス(公証人)も、同じような役割を果たしている。インドネシアのノタリスは、合弁会社の設立時など定款の作成と認証で重要な役割を果たしている。

公正証書のことを、英語では、Notarial Deedと呼ぶ。

公証人は信用力を得るというメリットがある半面、利用する費用が高いというデメリットがあるが、取引の安全や不測のリスクの予防の施策として、一考の価値がある。契約実務においては、ある価値を獲得するために、他の面で潔く犠牲を払うのは常だろう。

これらを踏まえ、本章では、株式売買の設定条件を第1章の設定より単純化したうえで、公証人を介した株式譲渡契約について吟味していきたい。

事業譲渡される会社名をILTのまま、譲渡価格も1,000万米ドルのままとするが、100パーセント株主をアイザック氏に代わり、元夫人、ロザンヌ・コローとしたい。買い主側もオーロラ社に代えて、エルノックス社としよう。

本章で紹介する契約条項では、株式代金の支払いを移転日に合わせ、クロージングの日に一括払いとする。実務上はクロージングの前日に買い主が、公証人に預託(デポジット)するのである。売り主側の義務の履行がなされたことを確認したあと、クロージングの日に公証人から売り主であるロザンヌに支払われる仕組みである。

また、万一売り主が実際の株式保有者でなかったという場合になっても、公証人がその責任を負い、補償の仕組みにより、保険金から買い主に代金が支払われる仕組みとなっている。米国のロイヤーなどにとっては、おなじみの、いわゆるProfessional Liability Insurance(賠償責任保険)の一つといっていいだろう。

第2節　公証人を介在させる株式譲渡契約

●—第1款　前文、リサイタル、定義、事業移転のための株式譲渡ならびに対価の支払い

まず、株式譲渡契約の前文とリサイタルズ、定義と株式の売買、株式売買価格とその支払い条件に関する条項を見てみよう。

前文　　　　　　　　　　　　　　　　　　　　　　　　　　　　　　　　例文1

例文 1 前文
例文 2 定義条項

SHARE PURCHASE AGREEMENT

The Undersigned:
(1) Ms. Lausanne Corot, a natural person, with her passport of No. _____, residing at _____, _____ (hereinafter called the "Seller"), and,
(2) ELNOX Corporation, a corporation, having its principal place of business, at _____, _____ (hereinafter called the "Purchaser");

RECITALS:
A the Seller has full right and title to sell all the issued and outstanding shares of Irene, Lausanne and Trading Corporation, a private company with limited liability organized under the laws of _____, with its principal place of business at _____ _____ (hereinafter called the "Company");
B the Seller wishes to sell one hundred (100) percent of the shares in the Company to the Purchaser and the Purchaser wishes to purchase the Shares from the Seller for the Purchase Price set forth herein, and subject to the terms and conditions set forth in this Agreement;

［和訳］
株式購入契約

下記の者
(1) パスポート番号_____のパスポートを保有し、_____に住所を有する自然人であるロザンヌ・コロー（以下「売り主」と呼ぶ）と、
(2) _____に主たる営業所を保有する_____法人であるエルノックス社（以下「買い主」と呼ぶ）。

経緯
A 売り主は、_____に主たる営業所を有する、_____法に基づき設立された非公開会社であるイレーヌ・ロザンヌ・アンド・トレーディング株式会社（以下「本会社」と呼ぶ）のすべての現在発行済みの株式を売り渡す完全な権利と所有権（権原）を保有し、
B 売り主は、本会社の100パーセントの株式を買い主に対し、売り渡すことを希望し、また、買い主は、売り主から本契約で定める購入価格で、かつ、本契約で定める条項と条件に従って購入することを希望している。
そこで、本契約により、次の通り合意する。

―――――――――――――― 解説 ――――――――――――――
第1章の契約中にはなかった定義条項が置かれているのは、今回は、公証人の面前で株式譲渡証書を作成するために、事前に公証人のもとを訪れ、当該公証人と打ち合わせた際

に、公証人から、前例としてのフォームの提示を受け、それをひな形として作成したという前提にしたためである。深いいわれはないが、前例として、ひな形を、認証を受ける相手先（公証人）から手渡されたので、スムーズに進めるために、そのひな形に敬意を払ったのである。

当事者の記載にパスポート番号が記載されているのも、信憑性を裏付けるものの一つだろう。

定義条項

例文 2

ARTICLE __ DEFINITIONS
Unless the context requires otherwise, the terms and expressions written with the capital letters in this Agreement are defined terms and expressions which shall have the following meaning:
(i) "Civil Law Notary" means civil law notary Mr./Ms. _____ or any other law notary of _____ advocates, civil law notaries;
(ii) "Closing" means the consummation of all transactions contemplated by this Agreement on the Closing Date;
(iii) "Closing Date" means _____ ___, 20__ or such other date as the parties may agree;
(iv) "Deed of Transfer" means the notarial deed of transfer of the Shares in the form attached hereto as Exhibit ___;
(v) "Indemnifiable Losses" means any and all liabilities, actions, claims, damages, costs, demands and expenses, judgments or losses which shall include but not be limited to direct and indirect damages, consequential damages and reasonable fees of counsel and accountants to the Purchaser and/or the Company as the case may be, sustained by the Purchaser by reason of any of the Seller's Representation and Warranties not being as represented or warranted or by reason of the non-fulfillment of the Seller's other respective agreements or obligations contained in this Agreement;
(vi) "Purchase Price" means the purchase price in the Shares referred to in Article __ hereof;
(vii) "Shares" means all 1,000 issued and outstanding shares with a nominal value of _____ each in the share capital of the Company with number _____ through _____;

[和訳]
第__条　定義
文脈で他の（解釈の）要求がある場合を除き、本契約上、大文字で書かれた用語と表現は、定義された用語と表現であり、次の意味を有する。

例文2	定義条項
例文3	株式の売買条項
例文4	株式売買価格と支払い条件

(i) 「民事公証人」とは、民事公証人である_____氏または、_____民事公証事務所の他の民事公証人を指す。

(ii) 「クロージング」とは、クロージングの日に本契約で予定しているすべての取引を完了することを指す。

(iii) 「クロージングの日」とは、20__年__月__日、または、当事者が別途合意した他の日のことを指す。

(iv) 「譲渡証書」とは、別紙__として本契約に添付したフォームによる本株式譲渡に関する公正証書を指す。

(v) 「補償(対象)損失」とは、売り主の表明ならびに補償が不実であることを理由として、または、本契約に規定される売り主側のその他の合意事項あるいは義務に違反することを理由として、買い主あるいは、場合により、本会社が被ったいかなる、また、すべての責任、訴訟、クレーム、損害、コスト、請求ならびに費用、判決、または損失を指し、それらは直接損害、間接損害、結果的損害、ならびに、合理的な弁護士、会計士費用を含むものとする。

(vi) 「購入価格」とは、本契約第__条に引用される本株式の購入価格を指す。

(vii) 「本株式」とは、本会社の株式資本の1株額面が_____である株式の発行済みで現在存続している1,000株すべてを指し、その株式番号は、_____から_____までである。

解説

"Civil Law Notary"の定義の箇所は、公証人自身が熱を入れて説明していたため重要だという理解の下、その公証人名を記載したという背景がある。単に、公証人と記載するだけでなく、個人名を記載するところに信用力が増すという理解である。

例文3 株式の売買条項

ARTICLE __ SALE AND PURCHASE OF THE SHARES
1 Subject to the terms and conditions set out in this Agreement, the Seller hereby sells and agrees to transfer the Shares to the Purchaser and the Purchaser hereby purchases and agrees to accept transfer of the Shares from the Seller.
2 On the Closing Date, the Seller shall transfer the Shares to the Purchaser through the execution by the parties of the Deed of Transfer, which will be passed by the Civil Law Notary.
3 The Seller undertakes to cause the Company to acknowledge the transfer of the Shares on the Closing Date and to register.

[和訳]
第__条　本株式の売り渡しと購入

1 本契約に定める条項と条件に従って、売り主は本契約により本株式を買い主に売り渡し移転することに合意し、また買い主は本株式を売り主から購入し、かつ移転を受けることに合意する。
2 クロージングの日に、売り主は、譲渡証書の当事者による調印により、本株式を買い主に譲渡し、それ(譲渡証書)は、民事公証人に渡されるものとする。
3 売り主は、クロージングの日に、本会社をして本株式の移転を確認させ、ただちに、株主名簿の移転手続き登録をさせるものとする。

株式売買価格と支払い条件

例文 4

ARTICLE __ PURCHASE PRICE AND PAYMENT
1 The Purchase Price for the Shares shall be a sum equal to Ten Million United States Dollars (U.S.$10,000,000).
2 The Purchase Price shall be paid by the Purchaser and deposited to the Civil Law Notary one day prior to the Closing Date in cash.
3 The Purchaser shall transfer an amount equal to the Purchase Price to the bank account of _____ (account number _____).
4 The parties hereto agree that the Civil Law Notary shall hold the Purchase Price for the benefit of the Seller immediately after the Deed of Transfer shall have been passed. The Civil Law Notary is hereby instructed by the parties to release the Purchase Price by transferring it to the bank account of the Seller with _____ Bank (account number _____).

[和訳]
第__条　購入価格ならびに支払い条件
1 本株式の購入価格は、1,000万米ドルと同金額とする。
2 購入価格は、クロージングの日の前日に現金で、民事公証人に支払われ、預託されるものとする。
3 買い主は、購入価格と同じ金額を(民事公証人名を記載)の銀行口座_____(口座番号_____)に送金するものとする。
4 本契約当事者は、民事公証人に譲渡証書が引き渡された直後、民事公証人が購入価格を売り主のために保管することに同意する。民事公証人は、本契約により、購入価格を売り主の_____銀行の口座(口座番号_____)に送金することを両当事者により指示される。

●—第2款　表明保証と補償

次いで、株式譲渡契約のうち、売り主・買い主による表明保証（Representations and Warranties）条項と、違反があった場合などの補償（Indemnification）条項を中心に見てみよう。

公証人を介在させる場合、売り主の表明・保証条項の対象事実は、ともすれば、公証人の責任の根拠になる。したがって、通常の売り主と買い主の間で締結される株式譲渡契約の表明・保証条項の対象よりも幾分項目を減らし、その保証範囲も狭く抑えたいという公証人側の心理が働く。

なぜなら、公証人は売り主の表明・保証が真実でないとき、何らかの補償責任を、いわば売り主と連帯して、負いかねない立場に置かれているからである。"indemnifiable Loss or Damages"は、単に売り主による補償義務で終わらず、それを何らかの形で公証人が担保していると見られるケースがあるからである。これは、公証人が付保するプロフェッショナル・ライアビリティー保険やその率にも関わる。実際には、保険会社がその補償や訴訟防御をおこなうケースが一般的である。

そのため、第1章で紹介した事業の譲渡を目的とする株式の譲渡契約における通常の売り主の表明・保証条項に比べると、表明・保証の扱いが軽い印象である。本来、契約書の中核的な役割を果たす重要条項が、ここでは単に添付別紙で記載されることとなっている。これは、公証人にとっては、売り主の表明・保証は軽いほうが好ましいという感覚の表れだろう。

筆者の見方は少し公証人に対し厳しすぎるのではないかと言われそうだが、この扱いはいかにも軽い。それだけに、もし当方が買い主ならば、たとえ添付別紙で記載されるとしても、その場所にかかわらず表明・保証条項の項目はしっかりと読み、買い主側として十分であることを検証するだろう。

売り主側でも同様である。契約書ではその形式や規定を置く場所にかかわらず、その実質的な内容・規定に必要な条件が具備されていれば、契約書作成の目的は達成される。本来なら、本文に規定を置きたい内容について、添付別紙に数頁にわたる表明・保証条項（Representations and Warranties of the Seller）を記載してもよい。

ここでは、具体的な添付別紙の規定を英文の条項として紹介することは省いているが、ストーリー上、添付別紙で確認された売り主の表明・保証の内容を以下で紹介しておく。

（添付別紙の表明・保証内容）
・譲渡対象の株式会社が、正当に設立され、現在も存続していることの表明
・当株式会社を、解散あるいは、他社と合併する株主総会決議がなされていないことなどの確認
・当会社が、破産などの事態に陥っていないことの確認
・定款内容の確認
・存在する地でその事業の営業の認可を正当に得ており、譲渡後、買い主に承継されることの保証
・当会社の（代表取締役、監査役をはじめ）役職員の氏名とそれ以外には、役職者がいないことの確認

- 当会社が子会社などを保有していないことの確認、当会社の授権株式数ならびに、すべての授権株式について株式が発行され、その払い込みが全額なされていることの確認
- 当会社が、第三者に対し、オプションや転換権のある社債など経営権の掌握に影響ある権利を一切発行していないことの確認
- 社債の発行がないことの確認
- 売り主が買い主に譲渡しようとしている株式が、銀行など第三者の担保に提供されていない完全な権利であることの確認
- 配当についての確認
- 売り主自身の法的および財政状態についての確認
- 売り主が本譲渡取引について正当な権限があることの確認
- 本譲渡取引が、売り主側のいかなる定款、契約違反にもあたらないことの確認

　当初から長文の売り主による表明・保証条項(Representations and Warranties of the Seller)を買い主側から提案すると、売り主側や公証人から歓迎されないこともあるが、契約交渉はいつもそれが第一歩なのだと覚悟して臨むものだと考えておけばいい。買い主の立場からいえば、工場などが譲渡会社の資産にあるような場合には、環境に関わる事項なども、表明・保証条項に加えることが賢明だろう。
　一方、買い主側からの表明・保証条項(Representations and Warranties of the Purchaser)は、売り主のものに比べれば簡潔であることが多い。
　公証人にクロージング前に対価を預託するシステムをとっているので、表明・保証事項は少なくてもあまり問題がないという姿勢が見られる。実務上、売り主が譲渡後関心がある事項があるなら、それをここで確認する事項として追加すればよい。

表明と保証条項　例文5

ARTICLE __ REPRESENTATIONS AND WARRANTIES
1　The Seller represents and warrants to the Purchaser that each of the Seller's representations and warranties set forth in Exhibit ___ are true and correct as of the date of this Agreement and shall continue to be true and correct as of the Closing Date.
2　The Purchaser represents and warrants to the Seller that each of the Purchaser's representations and warranties set forth in Exhibit ___ are true and correct as of the Closing Date.

[和訳]

第__条　表明と保証
1　売り主は、買い主に対し、別紙__に記載する売り主の表明と保証の各事項が、本契約の締結の日において、真正で正確であり、クロージングの日においても、真正で正確であることを表明し、保証する。
2　買い主は、売り主に対し、別紙__に記載する買い主の表明と保証の各事項が、クロージンクの日において、真正で正確であることを表明し、保証する。

例文6　補償条項

ARTICLE __ INDEMNIFICATION; SURVIVAL OF INDEMNIFICATION; LIMITATION OF INDEMNIFIABLE LOSSES

1. Subject to Paragraph 2 through ___ hereof, the Seller hereby covenants and agree that it will indemnify and hold the Purchaser harmless against any and all Indemnifiable Loss set forth herein, and the Seller shall pay the amount thereof to the Purchaser.
2. The Seller shall not be liable for any Indemnifiable Loss insofar as such Indemnifiable Loss exceeds _____.
3. The Purchaser shall not be entitled to claim any compensation or indemnification for any Indemnifiable Loss (i) relating to the Pre-Closing Covenants, referred to in Article ___ hereof, upon expiry of three (3) months from the Closing Date, nor (ii) relating to all other Seller's representation and warranties, upon expiry of twelve (12) months from the Closing Date, unless, before the relevant dates, legal proceedings have been commenced in the competent court having jurisdiction.

[和訳]

第__条　補償：補償の存続(期間)、補償(対象)損失の限度

1. 本条の2項から__項までの規定に従い、売り主は、買い主を、本契約に規定するいかなる、また、すべての補償(対象)損失についても、補償するものとし、その金額について買い主に支払うものとする。
2. 売り主は、補償(対象)損失の補償の際には、_____の金額を超える補償(対象)損失については、その責任を負わない。
3. 買い主は、(i)本契約第__条に規定するクロージング前の誓約については、クロージングの日から3か月経過後、また、(ii)売り主のすべての表明と保証については、クロージングの日から12か月経過後は、正当な管轄権を有する裁判所に対して、それぞれの期日までに法的手続きがとられない限り、いかなる補償(対象)損失についても、その賠償または補償の請求の権利を喪失するものとする。

例文7　第三者からのクレームに対する防御

ARTICLE __ DEFENSE AGAINST THIRD PARTY CLAIM

1. After the Seller has acknowledged in writing that it is indemnifying the Purchaser with respect to any third party claim, the Seller will be entitled to assume, at its option, complete control of the defense or settlement of the same, provided that the Purchaser may, at its election and expense, participate in any such defense or settlement to the extent that it, in its sole discretion, believes that such claim will materially affect its business or the business of the Company.

2 The Purchaser will not make a settlement of any claim for which indemnity is sought without the written consent of the Seller, which consent shall not be unreasonably withheld.

[和訳]

第__条　第三者クレームに対する防御
1 売り主が書面により、買い主に対して、第三者からのクレームについて補償をするときは、売り主はその随意判断で、かかるクレームの防御または和解解決について完全なコントロールを保持する権利を有するものとするが、買い主の随意判断で、かかるクレームが、買い主自身の営業または本会社の営業に重大な悪影響を及ぼすと判断したときは、買い主は、その随意判断とその費用負担で、かかる防御または和解解決に参加できるものとする。
2 買い主は、売り主の書面による同意なしには、補償を要求しうるいかなるクレームについても和解しないものとするが、かかる売り主の同意は不合理に拒絶されることはない。

クロージング前の売り主の誓約　例文 8

ARTICLE __　PRE-CLOSING COVENANTS
1 The Seller agrees that, until the Closing Date, the Company will not enter into any agreement or assume any obligation or liability relating to its assets, its business and/or its financial condition other than in the ordinary course of business, without the prior written consent of the Purchaser.
2 More in particular and without prejudice to the generality of the foregoing, the Seller shall cause the Company not to issue any shares in its share capital, or issue or sell any securities convertible into or exchangeable for or carrying the right to, or options with respect to, or warrants to purchase or rights to subscribe to, any shares in its share capital.

[和訳]

第__条　クロージング前の誓約
1 売り主は、クロージングの日まで、買い主の事前の書面による同意なしには、本会社が日常の正常な商活動は別としてその資産、営業または財務状況に関連するいかなる契約をも締結せず、債務または責任を負うことがないようにすることに合意する。
2 さらに具体的に、また、上記記載規定の一般性（制約）を害することなしに、売り主は、本会社をして、株式資本の株式を発行させないものとし、また、株式資本の株式に転換または、交換することができる証券を発行し、または、かかる株式についてのオプション権、あるいは、かかる株式を購入または、引き受ける権利を付与されるワラントを発行せしめないものとする。

例文 9　クロージング
例文 10　契約解除
例文 11　解除の効果

◉―第3款　クロージング

次いで、クロージングについての条項を見てみよう。この条項では、クロージングの場所、日時が規定される。また、クロージングの前に双方の期待に反する事情の発生により株式譲渡契約が解除される場合についての規定を置く。事業の譲渡はドラスティックな側面があるため、無事にクロージングがおこなわれ株式が移転することもあれば、クロージングの前提条件が満たされず解除されることもあるからだ。本契約では、公証人の事務所をクロージングの場所としている。他のクロージングの場所としては、通常、いずれか一方の弁護士事務所や、売り主か買い主のいずれか一方のオフィス、あるいは売買の対象の企業のオフィスが用いられることがある。

例文 9　クロージング

ARTICLE __ CLOSING; PLACE OF CLOSING AND ACTIONS TO BE TAKEN

1　The Closing shall take place on the Closing Date at the offices of _____ of the city _____ as of _____ (a.m./p.m.).

2　At the Closing the parties shall take such actions as shall be required to be taken, and sign and execute such documents and agreements as shall be required to signed or executed, in order to consummate the transactions contemplated by this Agreement.

[和訳]

第__条　クロージング：クロージングの場所ならびになされるべき行為

1　クロージングは、クロージングの日に、_____市の_____ ____事務所で、午前／午後____時__分におこなわれるものとする。

2　クロージングで、当事者は、本契約により想定されている取引を完了させるために、とることを要求されている行為をおこない、また、署名・調印することを要求されている書類ならびに契約書に署名・調印をおこなうものとする。

例文 10　契約解除

THIS AGREEMENT MAY BE TERMINATED AS FOLLOWS:

(i)　at any time prior to the Closing Date by mutual agreement of the parties;

(ii)　by any of the parties if the Closing is not consummated on or before _____ ___ 20__, (unless such date is extended by mutual agreement of parties hereto) other than as a result of a breach of this Agreement by the Seller in the case of termination by the Seller or by the Purchaser in the case of termination by the Purchaser.

[和訳]

本契約は以下の通り、解除することができる。

(i) クロージングの日までは、当事者の相互の合意により、いつでも。
(ii) 万一、クロージングが20__年__月__日まで(もし、当事者の相互の合意により延長されたときは、その延長された日まで)に完了しないときは、いずれの当事者によっても解除できる。ただし、売り主による契約違反が原因の場合は、売り主は解除できず、買い主による契約違反の場合であるときは、買い主は解除できない。

解除の効果

例文 11

ARTICLE __ EFFECT OF TERMINATION
1 In the event of this Agreement being terminated pursuant to the provisions hereof, this Agreement and its related agreements shall become void and have no effect, without any liability on the part of any party or its representatives.
2 Except as provided herein, each party will bear its own expenses incurred in connection with the preparation of this Agreement and the transactions contemplated thereby.

[和訳]
第__条　解除の効果
1 本契約の規定に基づいて、本契約が解除されたときは、本契約ならびにそれに関わる合意事項は無効になり、いかなる効果もなくなるものとするが、契約当事者あるいは、その代表には一切責任を負わせないものとする。
2 本契約に規定がある場合を除き、いずれの当事者も、本契約ならびに本契約で想定される取引の準備に関連してかかった費用については、自らの負担とする。

●―第4款　共通条項

　その他のTable of Contentsを項目だけ挙げておきたい。いわゆる一般条項であり、他の種類の契約とも相当部分が共通するものである。本章と前章で契約条項を取り上げた目的は、株式譲渡契約の特色ある条項を吟味し、読み方を修得することにあるため、解説は省いている。
　これらは大きくくくって、Miscellaneous(雑多な)条項と呼ばれることがある。それぞれ、契約書のドラフティングに携わるプロフェッショナルに自らの習慣や技があり、並べる順序が定まっていない。ライティングルールはなく、それぞれの作成者のドラフティング流儀による順序で並べられる。どの順で並べても、効力には変わりがない。大事なのは、当事者にとって、契約書の内容が把握しやすいことだ。たとえば、項目について、目次を用意することにより、対応することがある。ただ、目次は必ず必要なわけではない。一言でいえば、目次を用意するかどうかは自由であり、一般条項各項目は、

見やすさだけを勘案し、順不同で用いられる。

(省略した条項)
① すべての合意事項(Entire Agreement)
② 変更の方法(Modification ; Change)
③ 不放棄(Non-Waiver ; No Waiver of Claims)
④ 一部無効の場合の対処方法(Severability ; Partial Invalidity)
⑤ 見だし(Descriptive Headings ; Headings ; Title of Heading)
⑥ 通知の方法(Notices)
⑦ 契約譲渡(Assignment)
⑧ 準拠法(Governing Law)
⑨ 紛争解決方法(Resolution of Disputes)
⑩ 秘密保持義務(Non-Disclosure Obligation)
⑪ 添付別紙のリストと概要(Exhibits and Title)

第3章 株式(事業)譲渡契約の重要条項のバリエーション(和訳付き)

第1節 株式譲渡条項、財務諸表の正確さの表現・保証条項、デューデリジェンス条項

●―第1款 株式譲渡条項

株式譲渡 例文1

ARTICLE __ SALE AND TRANSFER OF STOCK OF THE COMPANY
1 Subject to the terms and conditions herein set forth, the Seller hereby sells and transfers and the Purchaser hereby purchases and accepts the transfer of, from the Seller at the price specified in Article __ of this Agreement, the total of one thousand (1,000) shares of the Common Stock with no par value, and which constitute one hundred percent (100%) of all the issued and outstanding shares in the Company (hereinafter referred to as the "Shares").
2 The transfer of the Shares hereunder shall become effective as of the _____ day of June, 20__ (hereinafter referred to as the "Transfer Date").

[和訳]
第__条　本会社の株式の売り渡しと譲渡
1 本契約条項と条件に従って、売り主は、本契約により買い主に対して無額面である1,000株の普通株式を本契約第__条に定める価格で売り渡し、移転させるものとし、買い主は、売り主からこれを買い受け、移転を受けるものとし、売り渡される株式1,000株は、本会社の発行済みかつ有効に存続している株式の100パーセント(以下「本株式」)にあたるものである。
2 本株式の移転は、20__年6月__日(以下「本移転日」)をもって有効となるものとする。

●―第2款 財務諸表等の正確さの表明・保証条項

財務諸表 例文2

ARTICLE __ REPRESENTATIONS AND WARRANTIES
The Seller represents and warrants to the Purchaser that:

1. Exhibit ___ includes the balance sheet, operation statement and profit and loss statement and the statement of changes of the Company as of _____ ___, in each of years of 20__ and 20__, ending on such dates, all prepared without audit by an independent public accountant.
2. All such statements
   (i) have been prepared in accordance with generally accepted accounting principles consistently applied in the country of the Company throughout the periods indicated,
   (ii) present the financial position of the Company as of the respective dates, and
   (iii) were prepared from the books and records of the Company, which books and records are complete and correct and reflect the transactions of the Company.
3. Between the latest date of such statements and the date hereof, there has been no material adverse changes in the assets or financial conditions.
4. Except as and to the extent reflected in the financial statements, the Seller represents and warrants that the Company did not have, as of the dates hereof, any material inherent liabilities, debts, guaranties or obligations of any nature whatsoever, whether accrued, absolute or contingent.

［和訳］
第__条　表明・保証
売り主は、買い主に対し、次の通り保証する。
1. 別紙__は、本会社の各20__年、20__年度の期末日である__月__日付の財務諸表、営業報告書、損益計算書、財務状態の変化を示す書類であること、また、これは、監査を受けていないが、独立した会計士により作成されていること。
2. かかる書類は、
   (i) 当該各期間を通して、一貫して本会社の国の通常の会計原則に従って作成されていること。
   (ii) 各日付における本会社の財務状況を示していること。
   (iii) 本会社の帳簿や記録が完全かつ正確で、本会社の取引を反映したうえで準備されていること。
3. かかる書類の最も新しい日付と本契約日の間に、資産または財務状態において、重大な変化がなかったこと。
4. 財務諸表に反映されている事項ならびにそれを限度として、本会社には、本契約日の時点で、いかなる重大な責任、負債、保証、またはいかなる偶発債務も一切ないこと。

● 第3款　デューデリジェンス条項

買い主が要請した場合に実施。

情報へのアクセス　　　　　　　　　　　　　　　例文3

ARTICLE __ ACCESS TO INFORMATION; REIMBURSEMENT OF OUT-OF-POCKET EXPENSES OF THE SELLER

1　The Seller shall, upon the request of the Purchaser, provide to the Purchaser and their employees, counsel and representatives reasonable access, during normal business hours, information and assistance as is reasonably required by the Purchaser to verify and confirm any amount allocated to, or proposed for the purchases of the Company pursuant to this Agreement, or for any other reason reasonably requested in connection with this Agreement.

2　The Purchaser shall reimburse the Seller for reasonable out-of-pocket costs and expenses incurred in connection with Assisting the Purchaser pursuant to this Article.

［和訳］

第__条　情報へのアクセス：売り主の実際にかかった費用の買い主による償還義務

1　買い主の要請があるときは、売り主は買い主ならびにその従業員、弁護士および代理人に対し、本契約に基づく本会社の買収のために割り当てられ、もしくは、提示された金額の正当性を吟味し、確認するために、または、本契約に関連して買い主から他の理由により、合理的に要請された通常の営業時間内におけるアクセス、情報ならびに援助を与えるものとする。

2　買い主は、売り主に対し、本条による買い主への助力に関連して被った売り主の支出済みの合理的な費用については償還するものとする。

第2節　株式（事業）譲渡者が一定期間、競合制限を受ける規定フォーム

●第1款　競合避止条項

競合避止　　　　　　　　　　　　　　　　　　　例文4

ARTICLE __ NON-COMPETITION

The Seller agrees with the Purchaser that, for a period of five (5) years from the date hereof, the Seller will not start or be engaged in, whether directly or indirectly, any new business in the countries of _____, where the Company was doing business immediately before the date of this Agreement that would be in competition with the business as now conducted by the Company.

例文4　競合避止
例文5　求償権放棄

[和訳]
第__条　競合避止
売り主は、本契約の日から5年間、本会社が本契約の日の直前に営業をおこなっていた＿＿＿＿＿＿国において、現在本会社が営んでいる事業と競合する新事業を、直接的、間接的にも、開始せず、または、これに従事しないことを買い主に合意する。

第3節　保証人の求償権放棄のフォーム

第1款　保証人の保証債務履行とそれにより発生する被保証人に対する求償権の放棄条項

例文5　求償権放棄

ARTICLE __ REPAYMENT BY THE GUARANTOR OF THE LOAN OF THE COMPANY TO THE RBRT BANK, TOGETHER WITH INTERESTS AND WAIVER OF ITS RIGHT TO INDEMNITY AGAINST THE COMPANY UNDER THE INDEMNITY AGREEMENT

1. The Guarantor, Lausanne Corot, shall assume all of the obligation of the Company under the Loan from the RBRT Bank for the purchase of the Residence of the President and Guest house of the Company (the "Guest House"), and repay the total amount of the principal of the Loan to the RBRT Bank, together with the interest accrued, at the time of the Closing of the Transfer Date or within one (1) hour thereafter.
2. The Guarantor shall waive its right of indemnity against the Company under the indemnity agreement between the Guarantor and the Company concluded in connection with the Loan from the RBRT Bank, and release the Company from any obligation or liability, which may otherwise arise from such performance of the Guarantor.

[和訳]
第__条　保証人によるRBRT銀行に対する本会社の借入金返済ならびに利息の支払いと保証委託契約に基づく本会社に対する求償権の放棄
1. 本保証人、ロザンヌ・コロー、は、本会社社長社宅兼迎賓館(「本迎賓館」)購入のためのRBRT銀行からの本ローンに基づく本会社の債務を引き受け、RBRT銀行に対し、本ローンの元本全額を期限の到来した金利を合わせて、本譲渡日のクロージング時または、その後1時間以内に返済するものとする。

2 本保証人は、RBRT銀行からの本ローンに関して本保証人と本会社との間に締結した保証委託契約に基づく本保証人の求償権を放棄するものとし、本来なら本保証人の上記履行から発生すべき本会社の義務または責任を免除するものとする。

第4章 合弁参加の決定のためにデューデリジェンスをおこなう約定

第1節 双方が互いに情報交換しデューデリジェンスをおこなう約定（和訳付き）

●―第1款 投資を受ける側（Santorini）がドラフトしたデューデリジェンスの規定

双方に公平な規定：情報の交換形式によるデューデリジェンス（Due Diligence）の実施

例文1　デューデリジェンス-01

ARTICLE 8　DUE DILIGENCE
During the Exclusive Negotiating Period, each of the parties to this Letter of Intent, i.e. AURORA, Santorini and Santorini-Asia shall provide, and shall cause its affiliates to provide, to the other parties, such information as shall be reasonably requested by such parties regarding each party's corporate organization, corporate and regulatory authority, structure and litigation history and such other information as shall be necessary or appropriate to facilitate the investment and operating decisions of such parties, but not including confidential operating information; provided that all information disclosed pursuant to this Article 8, which is Confidential Information (as hereinafter defined), shall be subject to the provisions of Article __ (Confidentiality).

［和訳］
第8条　デューデリジェンス
独占的交渉期間中、本レター・オブ・インテントの当事者、すなわちオーロラ社、サントリーニ社ならびにサントリーニ・アジア社は、他の当事者に対し、他の当事者により合理的に要請される各当事者の会社組織、会社および制度上の権限、組織ならびに訴訟記録、およびそれぞれの当事者にとって投資ならびに経営上の決断をするために必要または適切な他の情報を提供し、また、その関連会社に提供させるものとするが、ただし、提供すべき情報には、秘密の経営情報を含まないものとし、本レター・オブ・インテント第8条に従って開示されたすべての情報は、本レター・オブ・インテントに規定する秘密情報に該当し、第__条（秘密保持義務）の規定に従う。

第2節 飛鳥凛がオーロラ社の立場で作成したデューデリジェンス条項（和訳付き）

●―第1款　飛鳥凛がドラフトしたデューデリジェンスの規定

デューデリジェンス-02　　　　　　　　　　　　　　　　　　　　　　　　例文 1

ARTICLE 8 DUE DILIGENCE

1. Promptly following the execution of this Letter of Intent, the parties to this Letter of Intent, AURORA and AURORA-ASIA will, during the Exclusive Negotiation Period, conduct a legal and accounting due diligence investigation of the business and properties of Santorini-Asia.
AURORA and AURORA-ASIA will have access to the items which are requested by them and listed in Exhibit ___.
2. Furthermore AURORA and AURORA-ASIA will investigate the information as listed in Exhibit ___ which was already provided to AURORA and/pr AURORA-ASIA by Santorini-Asia and/or Santorini-Europe in ____ and _____, 20__.
3. In connection herewith Santorini-Europe shall, and cause Santorini-Asia to, enable, AURORA and/or AURORA-ASIA and their advisors, including lawyers and accountants, to carry out such due diligence investigation.
4. For the purpose of this due diligence investigation, AURORA, AURORA-ASIA and their advisors will have, with Santorini-Europe's approval, access to premises of Santorini-Asia during normal business hours and are permitted to interview persons designated by Santorini-Asia and/or Santorini-Europe.
5. None of AURORA, AURORA-ASIA and their advisors shall read, copy or investigate any documents including any agreements of Santorini-Asia without Mr./Mrs. _____, the managing director of Santorini-Asia, or any person designated by him/her, being present.
6. None of AURORA, AURORA-ASIA and their advisors shall contact any contractual party of Santorini-Asia in connection with information provided to them.
7. All information disclosed pursuant to this Article 8 shall be subject to the provisions of Article __ (Confidentiality).

第8条　デューデリジェンス

1. 本レター・オブ・インテントの調印次第、速やかに、本レター・オブ・インテントの当事者であるオーロラ社とアジアオーロラ社は、独占的交渉期間中、サントリーニ・アジア社の事業および資産につき、法的および経理上のデューデリジェンスを実施するものとする。
オーロラ社とアジアオーロラ社は要求した物品、かつ別紙__にリストアップした各項目に対するアクセス権を有するものとする。

2 さらに、オーロラ社とアジアオーロラ社は、既に20__年__月と__月にサントリーニ・アジア社および／またはサントリーニ・ヨーロッパ社により提供された別紙__にリストアップされた情報についても調査できるものとする。

3 この調査に関連して、サントリーニ・ヨーロッパ社自身、また、サントリーニ・アジア社をして、オーロラ社ならびにアジアオーロラ社および弁護士・会計士を含むその助言者に対し、かかるデューデリジェンスをおこなうことをできるようにする。

4 このデューデリジェンスを実施できるように、オーロラ社、アジアオーロラ社およびその助言者は、サントリーニ社の承諾の下に通常の営業時間中に、サントリーニ・アジア社の事務所に立ち入り、また、サントリーニ・アジア社および／またはサントリーニ・ヨーロッパ社により指名された人員に対するインタビューを実施できる。

5 オーロラ社、アジアオーロラ社およびその助言者は、誰も、サントリーニ・アジア社の社長である_____氏またはその指名した者の立ち会いなしには、いかなる書類も読み、コピーし、調査しないものとする。

6 オーロラ社、アジアオーロラ社およびその助言者は、誰も、提供された情報の裏付けをとるためにサントリーニ・アジア社の契約先にコンタクトすることはしないものとする。

7 第8条により提供されたすべての情報は、第__条（秘密保持義務）の規定の適用を受けるものとする。

第5部 雇用契約と出向契約

Employment Agreement; Service Agreement

第1章 雇用契約　基本条項
（和訳・解説付き）

第1節　雇用契約の例（前文を含む主要条項一式）

　雇用契約の一つの例を紹介しよう。サンフランシスコのカレンビュー・コーポレーションとセリーナ・パーク氏との雇用契約（営業部に配属）だと設定してみる。営業や製品・研究開発に携わる人員の場合、その能力適性により、販売高など、業績、会社への貢献に大きな差が出ることがある。そのような場合を想定し、最初は長期の雇用にせず、3～4年くらいの期間を定めて雇用することがある。実務上、会社側にとって都合がいい点が多いが、給与額を高くして、調整することにより、従業員側にも納得可能な契約にすることができる。

　前文から順に主要条項を見てみよう。

●―第1款　雇用契約の前文

例文1　雇用契約前文

THIS AGREEMENT is made in San Francisco this first day of July, 2020, by and between Miss Serene Park, residing at ＿＿＿＿＿＿＿＿＿＿＿, San Francisco, California, ＿＿＿＿ U.S.A. (hereinafter the "Employee"), and, Karen View Corporation, a corporation duly organized and existing under the laws of the State of Delaware, having its principal place of business at ＿＿＿＿＿＿, San Francisco, California, ＿＿＿＿ U.S.A. (hereinafter "KVC").

The parties hereto agree as follows:

［和訳］
本契約は、米国カリフォルニア州サンフランシスコ市＿＿＿＿＿＿＿＿＿＿＿に住所を有するセリーナ・パーク（以下、「本従業員」）と、米国カリフォルニア州サンフランシスコ市＿＿＿＿＿＿＿＿に主たるビジネス拠点を有する、デラウェア州で設立され、存続する会社であるカレンビュー・コーポレーション（以下、「KVC」）との間に、2020年7月1日にサンフランシスコで、締結された。
本契約当事者は、以下の通り合意する。

解説

　雇用主側の企業名を略称「KVC」としている。契約当事者間で他の略称を取り決め使ってもよい。また、雇用主を意味するEmployerを使うことも多い。

　ただ、実際にこのEmployerを使った契約書をドラフティング、もしくは交渉していると、逆の立場の従業員を表すEmployeeとよく似ているため、注意が必要だ。つづりの最後の1文字(rとe)が違うだけであるため、しばしば混同し、入れ替わってしまっていることさえある。ミスを誘発しやすい。

　契約書は大事な書類であるから、できるだけ、特色のある、間違いようのない用語を使うことをすすめる。ここではKVCを使う。他の方法では、たとえば、Companyという用語のほうが、Employeeと区別しやすいだろう。筆者は、Employerという用語はEmployeeと一緒には使わないことをルールとしている。従業員側を、固有名詞などにして使っても不都合はない。状況を見て、自由に選べばよい。本契約条項では、従業員側を"Serene"あるいは、"Park"とすれば、雇用主と間違えることはないだろう。

●―第2款　雇用について合意する条項

雇用合意　　　　　　　　　　　　　　　　　　　　　　例文2

ARTICLE __ EMPLOYMENT
KVC hereby employs the Employee and the Employee hereby accepts employment upon the terms and conditions hereinafter set forth.

［和訳］
第__条　雇用
KVCは、以下に定める条件で本従業員を雇用し、本従業員は、その雇用を引き受ける。

解説

　例文2は、雇用契約の中で一番基本となる条項である。雇用主が従業員を雇用するという趣旨を最初に記載し、その従業員がそれを受け、雇用されることに合意していることを明確に示している。

　雇用主が採用を決めても、応募した志願者である従業員側が、他にもオファーを受ければ、雇用を承諾しないケースもある。雇用契約では、従業員側のほうには契約を締結しない自由があり、日本、米国など先進国では、仮に雇用契約を締結しても、労働法の保護により、通常は14日間程度の予告通知によって解除することができる。

第3款　雇用期間

例文3　雇用期間

ARTICLE __ TERM
Unless sooner terminated in accordance with the termination provisions hereinafter set forth, the term of this Agreement shall commence on July 1, 2020, and shall terminate on June 30, 2024.
It is agreed that not less than three (3) months prior to the normal expiration date hereof, the parties will discuss an extension or renewal of this Agreement, but failure to conduct such discussions or failure to agree upon the terms of an extension or renewal shall in no way constitute a breach of this Agreement.

［和訳］
第__条　期間
以下に規定する契約終了規定に従って、早期に終了しない限り、本契約の期間は、2020年7月1日に開始し、2024年6月30日をもって終了する。
本契約終了の3か月以上前に、両当事者は、本契約の延長または更改について協議をおこなうものとするが、かかる協議が開かれないことや延長または更改の条件について両者が合意できない場合、それは、契約の違反にならないものとする。

解説

　例文3では、契約期間を4年とし、その始期と終期をそれぞれ暦年で表示している。始期については、契約書冒頭に記載する日とする場合や発効日とする場合など、さまざまな方法がある。他にも、日付についてはさまざまな表記方法があるが、海外の当事者も含む場合に一番紛らわしくないものが、暦年による表記である。

　契約期間の延長をどうするかは、雇用契約に限らず、期間の定めのある契約においては、重要な事項である。本条項では、契約終了の3か月前までに、両者で協議して決定するとしている。特に規定がない限り、協議する必要があるわけではないが、協議するという予定を決めておくことにより、双方は終了が近づいたときの不安定な状況を回避できる。一方、会社側も従業員側も、終了の相当前から雇用契約の延長についてまったく考えておらず、協議しない場合もあろう。例文3では、協議が契約通り開かれなくとも、あるいは、協議の結果、延長されない場合も、互いに相手方に対し、損害賠償などの請求をしないことを取り決めている。

　実務上の経験からいえば、通常は、延長しない場合に損害賠償のクレームをしないという請求権放棄の規定は、会社側に有利に働く場合が多いと思われる。契約違反にならないという表現は、間接的に損害賠償権の放棄の規定となる効果がある。反対に、契約違反に該当するならば、理論上、損害賠償請求の対象になる。従業員の立場からいえば、会社側の一方的な事由のために協議がなされないときは、契約違反と扱いたいところであろう。従業員が希望する場合は協議を開き、交渉すると規定することを選択肢に入れてもよい。決まりきった規定を受け入れなければならないわけではない。

第4款　報酬

報酬

ARTICLE __　COMPENSATION

1　Salary

For all services to be rendered by the Employee, KVC will pay the Employee the following salary payable in equal monthly installments in accordance with KVC's internal payment method and practices:

(i)　For the period from July 1, 2020 through December 31, 2020 a yearly salary of U.S.$120,000 divided in proportion to the number of days as from July 1, 2020 against 365 days.

(ii)　For the calendar years 2021, 2022 and 2023, yearly salary of U.S.$130,000 each

(iii)　For the period from January 1, 2024 through June 30, 2024, a yearly salary of U.S.$136,000 divided in proportion to the number of days as through June 30, 2024 against 365 days.

2　Bonus

KVC will pay to the Employee a special bonus at the end of each fiscal year ending March 31, that this Agreement remains in effect.

Such bonus shall be determined by KVC in its sole discretion, based upon the Employee's performance.

[和訳]

第__条　報酬

1　給与

本従業員により提供されるすべての役務に対し、KVCは、下記の給与額を毎月同額の分割払いにより、KVCの内規による支払い方法に従って、本従業員に対し支払うものとする。

(i)　2020年7月1日から2020年12月31日までの期間について、年額12万米ドルとして、年365日を基準とする日割り計算による割合で、分割払い。

(ii)　暦年ベースで2021年、2022年ならびに2023年については、各年、年額13万米ドル。

(iii)　2024年1月1日から2024年6月30日までについて、年額13万6,000米ドルを、年365日を基準とする日割り計算による割合で、分割払い。

2　賞与

KVCは本契約が有効に存続する3月31日に終了する会計年度の最終日に、本従業員に対し、特別賞与を支払う。

かかる賞与は、本従業員の業務貢献度に基づき、KVCのその自由裁量により決定される。

例文4　報酬
例文5　担当業務

解説

　契約期間が複数年の場合、その対価である年俸などについて、1年目と2年目とで、金額が異なる場合もあれば、同額の場合もあるだろう。ただ、2年目に上昇させるという合意のある場合は、従業員側としては、なんとしても契約書に規定しておきたいところである。会社側としても、採用時に、あるいは、雇用契約に、条件として2年目以降の年俸の昇給を合意しているなら、人事部への引き継ぎなどを考えれば、規定しておくほうがトラブル発生の予防になる。人事上の約束ごとや、了解事項などは、ともすると、双方の決断を必要とするために、他の従業員の平均的な待遇と比べて特殊になることもあるからだ。

　日割り計算の方法としては、1年を365日として計算する方法だけでなく、1年を360日と計算する方法もある。金利計算の場合も、1年を何日として計算するかを取り決める。

　賞与は、あらかじめ金額を決める必要はない。例文4では事業や従業員の業績・貢献次第で、会社側が判断し、賞与が決定されるという趣旨を明確にしている。採用時にそれまでの平均的な賞与の実績を提示することがあるが、未来のことであるため、契約ではあまり楽観的な規定を置くことはすすめられない。

●―第5款　担当業務

例文5　担当業務

ARTICLE __ DUTIES AND OBLIGATIONS OF THE EMPLOYEE

1　The Employee shall be mainly in charge of the semiconductor products and _____ business of KVC in its San Francisco office, and it is contemplated that she will be named a vice president of KVC from the beginning of the second year, i.e. July 1, 2021.

2　The precise services and authority of the Employee may be redefined, extended or curtailed from time to time, at the election of KVC.

3　The Employee shall devote her time, attention and energy to the business of KVC in accordant with the internal rules and regulations of KVC.

4　The Employee shall not, during the term of this Agreement, engage in any other business activity whether or not such activity be in competition with the business of KVC without the prior consent of KVC.

5　This provision of Article ___ shall not be construed as preventing the Employee from investing her assets in such form or manner as will not require the performance of services on the part of the Employee in the operation of any enterprise in which such investment will be made.

［和訳］
第__条　職務と義務

1　本従業員は、主に、KVCのサンフランシスコ事務所において、KVCの半導体製品ならびにビジネスに従事するものとし、2年目の冒頭の日、すなわち、2021年7月1日にKVCのバイス・プレジデントのポストに就くことを予定している。
2　本従業員の詳細な役務内容ならびに権限は、KVCの選択により、随時、見直され、拡大され、または縮小されることがある。
3　本従業員は、KVCの内規と規則に従って、その時間と注意とエネルギーをKVCの事業に振り向けるものとする。
4　本従業員は、それが、KVCの事業と競合関係にあるかどうかに関わりなく、事前のKVCによる承諾なしに、他のいかなる事業活動にも、従事しないものとする。
5　本第__条の規定は、本従業員が、その投資がおこなわれる事業の運営について、本従業員の側からの役務の提供をせずに、運用できる方式、運用の仕方で、本従業員自身の資産を投資することを妨げるものと解釈されてはならない。

解説

　日本における雇用の場合、新卒採用などの慣行が根強くあり、どの部門のどのような役職に就くのかを、あらかじめ確認することはあまり一般的ではない。

　ポストを明示して募集し採用する場合は、例外的といえよう。海外の場合の採用方式はそれぞれの国の慣行により、あるいは、法令によりさまざまである。

　本解説の条項例は、カリフォルニア州の会社による雇用であり、バイス・プレジデント（"vice president"）としてのポストに就くことをあらかじめ契約でも明記している。Vice Presidentという用語は、日本語に直訳すると「副社長」となり、非常に上級の役職のように感じる。実際の米国の企業では、それほど高い役職ではない。「石を投げれば、Vice Presidentに当たる」といわれてもおかしくないほど普通の役職であり、日本でいえば課長あたりが一番近い。若い年齢の労働者がこの役職に就くことも多い。日本の会社の副社長が名刺などで「Vice President」とだけ記載し、米国に出張すると、General Managerの下位の席に案内されて、驚かされることがある。日本の副社長の意味を米国で表現したいならば、Vice Presidentだけでなく、Executive Directorとか、何らかの補強をする必要があろう。米国でのM&Aに関連し、Presidentとの雇用契約のドラフティングや交渉に筆者も幾度か参画したことがある。「社長」を指したい場合には、単にPresidentとせず、CEO & Presidentあたりの肩書きを使うことをすすめる。

　日本の雇用慣行では、就業規則などで、他の仕事に就くことを禁止あるいは制限することが多い。例文5でも、3項で従業員がその時間とエネルギーを会社のために使うことを求め、4項で競合事業への従事はもちろん、競合関係にない事業に就くことも禁止・制限している。ただ多くの企業では実務上の扱いとして、就業していない時間については、あまり直接的に活動を制限せず、そのProfessional Timeを会社の業務遂行に振り向けるべき、という扱いが一般的な模様である。就業時間以外に従事する業務で、一般に制約されていない例を挙げるとすれば、公益活動、個人の資金の運用、家業への従事などである。ただ、このあたりは、あまり明確ではない。

　また、会社の業容の変更により、当初予定した職種やポジションに変更を加えなければならないケースもありうる。会社側としては、合理的な範囲で、そのような変更をおこな

う権利を保有すべきである。例文5の2項がそのようなニーズに応えようとする条項である。

●─第6款　業務の環境と備品等

例文6　業務環境・備品

ARTICLE __ WORKING OFFICE AND FACILITIES
KVC will furnish the Employee with a working area in KVC's office, and such other additional facilities as shall be suitable to her position and adequate for the performance of her duties.

[和訳]
第__条　業務用事務所と設備
KVCは、本従業員に対し、KVCの事務所内に業務用に充てるスペースならびに、本従業員のポジションにふさわしく、職務を遂行するための十分な他の追加的設備を提供する。

解説

　会社側で、従業員を迎える態勢、備品などを用意することを明記した条項である。日本の感覚・慣行では、規定がなくとも会社側が手配するのは当然と考える方が大半だろうが、海外では、当たり前のことであっても、その期待を念のため規定することがある。ただし、規定がない場合は、会社側はこの規定のような手配をしない、というわけではない。
　営業担当者の場合、何の規定もない場合は、業務に従事する空間や机、電話などが提供されるかどうか、不安に感じることもあるだろう。
　他には、追加的設備として、「設備」とは言いがたいが、秘書的サービスが加わることもある。

●─第7款　秘密保持

例文7　秘密保持

ARTICLE __ NON-DISCLOSURE OF CONFIDENTIAL INFORMATION
1　The Employee agrees, during the term of this Agreement and the additional term set forth in Paragraph 2 below, to keep confidence, and will not disclose to any person, firm or corporation other than KVC, such confidential information as designated as "Strictly Confidential'" by KVC at the time of her access thereto, and when such disclosure to others shall be prejudicial to the interests of KVC.

2 The Employee acknowledges and agrees that her obligation to maintain confidence under this Article shall continue in full force and effect for a period of five (5) years after the expiry of this Agreement.

［和訳］
1 本従業員は、本契約有効期間中ならびに2項に規定する追加的期間中、本従業員がアクセスする際に「厳重に秘密扱い」と指定された秘密情報で、その漏洩がKVCの利益に損失を与えるような秘密情報については、秘密を守り、KVC以外の人、企業または会社に対し、漏洩しないものとする。
2 本従業員は、本条に基づく本従業員の秘密保持義務が、本契約の終了後も5年間、有効に存続することを認識し、合意する。

―― 解説 ――

従業員の秘密保持義務については、雇用契約だけでなく、就業規則や個別に締結する秘密保持契約（NDA）により、あらためて確認させることで、実効性を高めるという選択肢もある。

従業員がその業務を通じて取得する情報について、一般的な範囲を含んでいるなど、広範囲な秘密保持義務を負わせようと規定すると、逆に合理性が認められないとして、裁判所などでは無効とされ、実効性がない結果になることが多い。

たとえば、職務遂行に関連して取得するすべての情報の秘密保持義務を課する規定などは、合理性が認められないことが多い。弱い立場にある従業員側に過度に不利な条項は、無効になるリスクがある。むしろ、秘密保持義務を負わせることが絶対に必要な重要秘密情報については、その情報を従業員へ開示する都度、個別に秘密保持誓約書を取り付ける方法をとることが適切で実効性があるだろう。秘密情報の管理の徹底を図るには、逆に、指定範囲を狭め、秘密保持期間も短期にする工夫をすると、担当者がその都度注意するようになるため、実効性があがる場合がある。

ただ、企業の中には、法的に有効な範囲を超えてでも厳しい広汎な規定をおこなうのを好む考え方もある。法的な有効性より、心理的な拘束力を狙うなど、その目的はさまざまだ。しかし、あまり不当に厳しい制約を課すと、憲法や人権保護法との関連で問題を発生させるリスクを抱えるため、その国・地域、その時代に適切な雇用法専門弁護士と相談して、確かめることが賢明であろう。

●――第8款 業務上の接待費、交通費等の償還

接待費・交通費 　　　　　　　　　　　　　　　　　　　　　　　　　　　　例文 8

ARTICLE __ EXPENSES FOR ENTERTAINMENT AND TRAVEL

例文 8	接待費・交通費
例文 9	休暇
例文 10	福利厚生

1 Subject to prior written approval of KVC, the Employee will be authorized to incur reasonable expenses for promotion of the business of KVC, including expenses for entertainment, travel and similar items.
2 KVC will reimburse the Employee for all such expenses against presentation by the Employee from time to time of an itemized account of expenses incurred, with original voucher attached.

[和訳]
第__条　接待と出張の費用
1 KVCの事前の書面による承認取得を条件として、本従業員は、KVCの事業の遂行のための合理的な費用をかける権限を授与されるものとし、その中には、接待費用、出張費用ならびに、類似の項目が含まれる。
2 KVCは、かかる費用について、随時、各々の項目別の勘定ごとに、本従業員による領収証本紙の提示に基づき、本従業員に費用償還をおこなう。

――――― 解説 ―――――

　従業員が会社の業務を遂行するのに、あらかじめ、従業員がその費用を立て替えて後日、費用の償還を受けるケースがある。典型的なものは、出張や接待である。
　出張の場合は、航空券、列車、タクシーなど交通費、出張先でのホテル代などがかかる。また、客先をレストランなどで接待するケースもある。これらはうっかりすると、金額的にも、給与と変わらないほど高額になる。贅沢すぎる場合は、全額を償還するかどうか、会社側としても判断に迷うケースがあろう。法務部門が手当てできる方法は、会社が負担し償還する金額の範囲を決定する権限を保有し、明確に示すことだろう。上限なしに実費を負担するという規定は適切ではない。ただ、法務部門単独でできることには限りがある。人事部門と密接に協力を図り、出張旅費規定と接待の償還などに関する規則を整備することが要求される。

◉―第9款　休暇

例文 9　休暇

ARTICLE __ VACATION
1 The Employee shall be entitled to fifteen (15) working days of vacation during the calendar year of 2020, twenty (20) working days of vacation during the calendar years of 2021, 2022, and twenty seven (27) working days of vacation during the calendar years of 2023 and 2024.
2 The timing of such vacation shall be determined by the Employee and KVC, in such manner as to cause the least interference with the conduct of KVC, in particular, as the same may be affected by the absence of the Employee on vacation.

[和訳]
第__条　休暇
1 本従業員は、2020暦年中は、(1年あたり)15日間、2021暦年、2022暦年中は、20日間、2023暦年と2024暦年中は、(1年あたり)27日間の休暇をとることができる。
2 休暇取得のタイミング(時期)は、特に本従業員の休暇の不在による影響について、そのKVCの業務遂行への支障を最小限に抑えるような方法で、本従業員とKVCとにより決めるものとする。

解説

会社における休暇は、まず、その日数を確認し、次にその休暇日数をいつ(どの期間内に)取得できるかを明確に規定することが大事である。暦年で規定する方法が標準的であろう。

例文9はその考えにより、暦年ベースで規定している。一般には、休暇日数は、2年目も変わらないこともあれば、上記規定のように、2年目以降少しずつ増加する場合もある。ただし、上記では、永久に毎年増加することを規定してはいない。

いつ休暇を取得できるかについては、従業員の希望・立場を尊重することが原則ではあるが、会社業務、あるいは従業員が契約により引き受けた業務の遂行がつつがなく実行されることも考慮されるべきであろう。上記条項では、従業員不在の間の会社業務への支障を最小限に抑えるべく配慮しつつ、会社側と従業員とで協議して決めることにしている。

●―第10款　福利厚生

福利厚生　　　　　　　　　　　　　　　　　　　　　　　　　　　　例文 **10**

ARTICLE __ FRINGE BENEFITS
KVC will make available to the Employee all fringe benefits, which KVC makes available its manager class employees, including an automobile with full operating costs for KVC's accounts.

[和訳]
第__条　給与外のベネフィット
KVCは本従業員に対し、その課長クラスの従業員が利用可能なあらゆるフリンジ・ベネフィットを利用できるものとし、その中には、そのすべての稼働費用をKVC負担とする乗用車の利用も含まれる。

解説

福利厚生と呼ばれる事項についての規定である。会社の提供する福利厚生には、永続的でないものもあり、なかなか実態を明確に記載することが難しく、一般的な規定や表現を

|例文10| 福利厚生
|例文11| 傷病による長期欠勤
|例文12| 解除

使うことが多い。

会社が、スポーツクラブなどの会員となっていたり、宿泊施設を保有していたりすることもあるが、その後、手放すこともある。例文10では、従業員が主要業務として営業をおこなうことも想定しており、会社がその保有する乗用車を提供することを規定している。業務の地域によっては、会社業務の遂行のための乗用車のほか、家族の生活や休日のための乗用車まで提供することを規定することもある。これらは、地域・国により、現物給与扱いを受け、所得税課税の根拠となることもあり、実務的には、なかなか難しい面となることもある。

日本は、世界を基準にすれば異例に公共的な交通機関が発達・整備された国であるため、乗用車などが提供される例はあまりない。

◉─第11款 傷病による長期欠勤の場合の報酬引き下げと契約終了

|例文11| 傷病による長期欠勤

ARTICLE __ DISABILITY

1　In the event the Employee shall be unable to perform her services in any one calendar year by reason of illness or incapacity for one (l) month or more, whether or not consecutive, her compensation for any additional period of disability by reason of such illness or incapacity shall be reduced to fifty percent (50%) of the compensation otherwise payable to her for such period, and upon the Employee's return to full employment, full compensation shall become payable thereafter.

2　Notwithstanding the foregoing, however, it is understood that KVC may terminate this Agreement forthwith upon notice to the Employee in the event of the Employee's absence from her employment for any cause whatsoever for a period of three (3) months or more in any calendar year, whether or not consecutive, and upon such termination, all obligations of KVC hereunder shall forthwith cease and come to an end.

［和訳］

第__条　従業員の不調

1　本従業員が病気あるいは不調のため、1暦年中に、連続であれ、断続的であれ、（合計）1か月以上役務を提供できない場合は、本従業員のその後の心身不調による傷病休暇期間中の給与額については、正常なときの給与額の50パーセントに減額されるものとするが、本従業員が正常な出勤をするようになったときには、復帰後は、満額の給与を支給する。

2 上記の規定にかかわらず、KVCは、いずれかの1暦年中に、理由のいかんを問わず、また、連続か断続的かを問わず、3か月またはそれ以上、その業務を欠勤したときは、本従業員に対し、通知をおこない、ただちに、本契約を解除できるものとし、かかる解除がおこなわれたときは、本契約上のKVCのすべての義務は、ただちに消滅し、終了する。

解説

従業員が、病気などで健康を害しその役務を提供できないとき、給与の削減事由となるか否か、あるいは、解雇事由となるか否か、その程度はどうかなどは、実務上、重要な問題である。就業規則などに委ねるという考え方もあるが、雇用契約を締結するのであれば、あらかじめ明確に規定しておくと、誤解による紛争を防止することに役立つ。

しかし、雇用契約での規定は単に一つの解決方法であり、一般的・標準的とまではいえない。ただ、どのような形であれ明記しておくことは、人事部規則に委ねることに比べ、給与問題、解雇の問題から発生する紛争の予防に有効である。

● ─ 第12款　**正当事由による解除**

解除

例文 **12**

ARTICLE __ TERMINATION FOR CAUSE
1 KVC shall have the right to terminate this Agreement forthwith, for cause, upon notice to the Employee, and thereupon all obligations of KVC shall cease and come to an end.
2 The word "cause" shall include any material breach of the duty of trust of the Employee to KVC or any material breach by the Employee of any of other provisions of this Agreement or any serious neglect or refusal on the part of the Employee to perform the duties assigned to her.
3 Nothing herein shall be construed to prevent KVC from seeking enforcement hereof or of any provision hereof from seeking by injunction or otherwise, or from recovering damages for the breach thereof.

［和訳］
第__条　正当事由に基づく解除
1 KVCは、正当事由があるときは、本従業員に対する通知により、ただちに、本契約を解除する権利を有するものとし、解除通知と同時に、KVCのすべての義務は、消滅し、終了する。

> 2　「正当事由」という用語には、本従業員のKVCに対する信認義務に対する重大な違反または、本従業員による、本契約の他の規定についての重大な違反または、本従業員に課された業務の履行において、重大な懈怠または拒絶があった場合を含む。
> 3　本条の規定は、それをもって、KVCが本契約または本契約の条項の厳格履行を差し止めまたは他の方法で請求する権利を妨げるものではなく、また、その違反に基づく損害賠償請求をおこなうことを妨げるものでもない。

―――― 解説 ――――

　従業員に対する解雇事由を明確に契約条項として規定したものである。例文11と同様に、人事部の規則や就業規則で決めることが多く、それに委ねるという選択肢もある。ただ、せっかく雇用契約を締結するのであれば、解雇のための正当事由を明確に規定しておくことは、会社側にはもちろんのこと、従業員側にも、あらかじめ解雇になる場合の事由が明確になり、有効な規定だと評価できよう。

●――第13款　契約譲渡禁止

例文 13　譲渡禁止

> ARTICLE __ NO ASSIGNMENT
> This Agreement constitutes a personal contract and the Employee shall not transfer or assign any or all part of this Agreement.
>
> ［和訳］
> 第__条　譲渡禁止
> 本契約は、個人的な契約を構成するものであり、本従業員は、本契約の全部または一部を移転し、または譲渡することをしてはならない。

―――― 解説 ――――

　従業員が別の人物に契約を譲渡することは、通常ありえないと考えられている。本人を面接しその適性を確認し合格した場合に、採用され雇用契約が締結されるため、その性質上、第三者に契約が譲渡されることはありえないはずだ。そのため、例文13は特に厳しい規定というわけではない。

　また、それならば従業員側からも、契約を譲渡されないことを主張したいところであるが、例文13では、あえて規定していない。会社自体が経営権、あるいは、株式譲渡により、実質的に第三者の手(＝支配下)に移ることがありうるからだ。personalは、「一身専属的な」という意味がある。人事部は、personnel departmentである。personalとpersonnelは、注意して区別して使い分けることが必要な用語である。

●―第14款　権利の不放棄

不放棄　　　　　　　　　　　　　　　　　　　　　　　例文 14

ARTICLE __ NO WAIVER
Except as otherwise expressly provided herein, the failure of any party at any time to require performance by another party of any provision hereof shall in no event affect the right to require full performance at any time thereafter, nor shall the waiver by any party of a breach of any provision hereof be taken or held to be a waiver of any succeeding breach of such provision itself.

[和訳]
第__条　不放棄
本契約に別途明示的に規定された場合を除き、本契約の規定の他の当事者による履行を求めることを一方の当事者が怠ったからといって、それは、その後の完全な履行を求める権利に何ら影響があるものではなく、また、本契約のいずれかの条項の違反について、特に何も措置をとらなかったからといって、その規定のその後の違反について、同じ権利行使の放棄がなされたと受け取られ、または、解釈されてはならない。

解説

　一般的な権利の不放棄の規定である。相手方の契約条項不履行を一度見逃したからといって、次も同じ期待をしないようにと釘をさす規定である。
　英米法などでは、本来権利があっても、その行使を怠ると、権利の上に眠る者とみなされ、本来有していたはずの権利を行使できなくなる場合がある。この条項は、そのような形で本来あった権利を喪失しないために置かれている。双方の当事者に公平に働く規定である。

第2節　元の雇用主の秘密情報を新しい就職先で開示しないという保証

　雇用契約に特有な条項として、注意すべき条項がいくつかある。
　そのうちの一つは、雇用契約を締結しようとしている相手が、以前の仕事についての秘密情報を持ち出していないことと、旧雇用主との間に秘密保持義務がある場合は、その義務を遵守することを誓約させる条項である。
　新規雇用そのものが旧雇用主から課された秘密保持義務に違反する場合は、あたかも秘密情報の盗取や搾取について、その従業員と共犯のような扱いをされたり、非難にさらされたりするリスクがある。それを予防することが狙いである（例文15）。

第1款　従業員による(元の雇用主の秘密情報を開示しない義務に反しないという)表明と保証

例文 15　表明・保証

The Employee represents and warrants that her performance pursuant to the terms of this Agreement does not and will not breach any agreement or obligations to keep in confidence any proprietary information or trade secrets acquired by her in confidence prior to her employment with KVC.

[和訳]
本従業員は、本契約の条件に従った彼女の履行が、本従業員のKVCの雇用の前に、秘密を遵守誓約のうえで彼女が取得した秘密の知的財産情報または営業秘密についての秘密保持義務に違反せず、これからも違反しないことを表明し、保証する。

万一、この規定に従業員が違背して新製品・新サービスを開発しても、旧雇用主が、その新製品・新サービスは旧雇用主の保有する知的財産権を侵害するという根拠で、販売差し止めや損害賠償請求を求めるクレームを提起、あるいは、仮差し止めなど裁判手続きをとるリスクがある。

第2款　従業員による秘密保持の約定フォーム

従業員によるConfidentialityに関する表明・保証条項。

例文 16　秘密保持

ARTICLE __ EMPLOYEE'S REPRESENTATION AND WARRANTIES ON CONFIDENTIALITY PRIOR TO EMPLOYMENT

1　The Employee represents and warrants that her employment by KVC is not and will not be in violation of any non-competition provision of any prior agreements which the Employee may have had with her previous employers.

2　The Employee further represents and warrants that she has not been requested nor required by KVC to disclose any confidential, proprietary information obtained by the Employee from previous employers.

3　The Employee further represents and promises that she has not disclosed and in the future shall not disclose any proprietary, confidential information which she may have derived while in employment of any prior employers to be utilized for the benefit of KVC except with the prior, express, written approval of such prior employers.

4 The Employee agrees to indemnify and hold harmless KVC from liabilities, claims, costs or expenses which may be incurred by KVC as a result of a willful or grossly negligent or material breach of the foregoing representations, warranties or promises.

[和訳]
第__条　本従業員による雇用前の秘密保持に関する表明と保証
1 本従業員は、KVCによる雇用が、本従業員が以前の雇用者との間に締結していたかもしれない契約の競合禁止義務に違反せず、違反にならないことを表明し、保証する。
2 本従業員は、さらに、KVCによって、本従業員が雇用者から得た秘密の財産的価値ある情報を開示するように要求されたことも、要請されたこともないことを表明し、保証する。
3 本従業員は、さらに、以前の雇用者の事前の明示的な書面による承認なしに、KVCの利益のために、以前の雇用者との雇用関係にある間に取得した財産的価値ある秘密の情報を開示したことがなく、今後も開示しないことを表明し、保証する。
4 本従業員は、本従業員の故意、重大な過失または重大な上記の表明、保証または約束に対する違反の結果として、KVCが被る恐れのある責任、クレーム、費用、実費からKVCを免責し、補償する。

第3節　従業員のリロケーション（転居に伴う住宅手当）条項——帯同家族がいるケース

第1款　リロケーション　Relocation

リロケーション

例文17

1 KVC agrees to reimburse for the costs of relocation of the Employee's family and the Employee to (_____) in accordance with the normal policies and procedures of KVC.
2 In case the relocation of the family of the Employee is delayed for some good reason, KVC shall pay the rental costs of condominium of the Employee's choice, until such time as the Employee's family will relocate to _____, but not later than _____, 20__.

[和訳]
1 KVCは、本従業員の家族の赴任地へ引っ越しをするための費用の償還をKVCの通常の方針と手続きに従っておこなう。

> 2 本従業員の家族の引っ越しが合理的な理由により遅延するときは、KVCは、本従業員に対し、その選択によるアパートの家賃を支払うものとするが、その(家賃負担の)期限は、(20__年__月__日)までとする。

第4節 その他一般条項

さらに雇用契約では、上記で紹介した条項のほか、裁判管轄・仲裁、準拠法、通知条項、完全合意条項など一般条項を規定する。

第2章 出向契約および事務所(海外拠点)設営への人員派遣サービス提供契約(和訳付き)

第1節 出向契約(レター形式)(和訳付き)

● 第1款 レター・アグリーメント形式による出向契約

カレンビュー社から社員を米国オーロラ社に出向させる契約

出向契約　　　　　　　　　　　　　　　　　　　　　　　　例文1

LETTER HEAD OF AURORA USA
To : Karen View Corporation, San Francisco
Attention: Miss Karen View, CEO & President
RE : Consultant Service to be performed by Miss Jill Parker

This letter sets forth our Agreement with you, effective as of June 1, 20__, concerning certain consulting service to be performed by Miss Jill Parker, an employee of Karen View Corporation("KVC") for AURORA USA and to set forth the compensation to be paid to KVC for the performance of said services by Miss Parker.

For the purposes of this Agreement, AURORA USA will include any of its affiliates and/or any joint venture sponsored by any of said corporations.

Article 1 Scope and Manner of Services to be performed by Miss Parker
1 Miss Parker's services shall be performed for AURORA USA on a full-time basis and shall be in connection with such assignments as AURORA USA may from time to time direct.
2 Miss Parker's obligation to perform services on a full time basis shall be subject to AURORA USA's holidays, vacation, sick leave and similar personnel policies.

ARTICLE 2 REMUNERATION AND EXPENSES
1 In consideration of Miss Parker's services, KVC shall be paid by AURORA USA a fee of Eighty Thousand U.S. Dollars (U.S.$80,000) per annum (or such higher amount as the parties may, from time to time, agree upon during the term of this Agreement) for each twelve-month period, or portion thereof, during which such services are performed by Miss Parker at the request of AURORA USA.

1. In consideration of Miss Parker's services, KVC shall be paid by AURORA USA a fee of Eighty Thousand U.S. Dollars (U.S.$80,000) per annum (or such higher amount as the parties may, from time to time, agree upon during the term of this Agreement) for each twelve-month period, or portion thereof, during which such services are performed by Miss Parker at the request of AURORA USA.
2. AURORA USA shall bear all travel and similar expenses incurred by Miss Parker at the request of AURORA USA.
3. AURORA USA will pay KVC one-quarter of the annual fee from time to time in effect hereunder within twenty (20) days of the last day of any calendar quarter, any part of which falls within the term of this Agreement.

ARTICLE 3 NO AGENT OR EMPLOYEE OF AURORA USA
In performing services hereunder, Miss Parker shall remain an employee of KVC and shall not be deemed to be an agent or employee of AURORA USA.

ARTICLE 4 INTELLECTUAL PROPERTY WITH RESPECT TO MISS PARKER'S WORK
All drawings, designs, reports, calculations, working papers and documents of every kind prepared by Miss Parker under the terms of this Agreement will be and remain the sole property of AURORA USA.

ARTICLE 5 DURATION OF THIS AGREEMENT
This Agreement shall continue in effect until terminated by either party upon sixty (60) days' written notice to the other party.

中略：秘密保持義務、完全合意、通知、準拠法、仲裁等

If this letter correctly sets forth your understanding of the Agreement between and among AURORA USA, our guarantor AURORA JAPAN and KVC, please so indicate by signing the enclosed original three copies and returning one copy each to AURORA USA and AURORA JAPAN and retaining one original copy for your records.

KVC
AURORA USA (Signed)
AURORA JAPAN (Signed)

［和訳］
米国オーロラ社のレターヘッド
宛先：カレンビュー社、サンフランシスコ
　　　CEO兼社長カレンビュー様
表題：ジル・パーカー氏により提供されるコンサルティング・サービスについて

本書状は、KVCの従業員であるジル・パーカー氏により米国オーロラ社のために提供されるコンサルタント・サービスならびにジル・パーカー氏によるかかるサービスの履行についてKVCに対して支払われる報酬について、当方と貴方との201＿年6月1日付の合意を規定するものです。

本契約の目的のため、「米国オーロラ社」という用語には、その関連会社ならびにかかる企業により運営される合弁会社も含まれるものとします。

第1条　パーカー氏により提供されるサービスの範囲と方法
1　パーカー氏のサービス（役務）は、フルタイム（常勤）ベースで、米国オーロラ社のために提供されるものとし、米国オーロラ社が、随時、指示する職務に関連しておこなわれるものとする。
2　パーカー氏のフルタイムベースでサービスを提供する義務は、米国オーロラ社の休日、休暇、傷病休暇ならびに同様の人事規則によるものとする。

第2条　報酬と費用
1　パーカー氏のサービスの対価として、米国オーロラ社の要請でパーカー氏によるサービスが提供されている期間中、KVCは米国オーロラ社により、各12か月、あるいはその一部について、年額8万米ドル（または、本契約期間中に随時合意されるより高い金額）を支払われるものとする。
2　米国オーロラ社は、米国オーロラ社の要請によりパーカー氏の出張または類似業務でかけた費用の実費すべてを負担するものとする。
3　米国オーロラ社は、本契約期間中に支払い期限の到来する部分について、KVCに対し、（暦のうえでの）四半期の最終日から20日以内に本契約で有効な限り、年間のフィーの4分の1ずつを支払うものとする。

第3条　米国オーロラ社の代理人でも、従業員でもないこと
本契約に基づくサービスの提供については、パーカー氏は、KVCの従業員のままであり、米国オーロラ社の代理人または従業員とはみなされないものとする。

第4条　パーカー氏の業務についての知的財産権
本契約の下で、パーカー氏により準備（作成）されたすべての設計図、デザイン、報告書、計算、業務記録ならびにあらゆる書類は、米国オーロラ社の単独の財産であり、あり続けるものとする。

第5条　本契約の有効期間
本契約は、いずれか一方の当事者により他の当事者に対して60日前の事前の書面による通知により解除されるまで、有効に存続するものとする。

（中略：秘密保持契約、完全合意、通知、準拠法、仲裁等）

もし本書状が、米国オーロラ社、我が社の保証人である日本オーロラ社とKVC間との合意内容の理解を正確に規定するものであるならば、同封の原本3通に署名してその趣旨を確認し、かつ、1通を下記の署名者米国オーロラ社、日本オーロラ社に返送し、もう1通の原本を貴方の記録として手元に残しておいてください。

KVC
米国オーロラ社（署名済み）
日本オーロラ社（署名済み）

第2節 事務所（海外拠点）設営への人員派遣サービス提供契約（和訳付き）

第1款　カレンビュー社による米国オーロラ社へのサービス提供契約

例文1　サービス提供契約

THIS AGREEMENT is made and entered into in San Francisco, as of the first day of June, 20__, by and between Aurora Borealis (U.S.A.) Corporation (hereinafter "AURORA USA"), a California corporation, with its principal address at _____ San Francisco, California, U.S.A., and its guarantor, Aurora Borealis Corporation (hereinafter "AURORA JAPAN"), a Japanese corporation, with its principal place of business at _____ Tokyo, Japan, and, Karen View Corporation(hereinafter "KVC"), a Delaware corporation, with its principal place of business at _____, San Francisco, California, U.S.A..

RECITALS;
A. AURORA USA was incorporated on June __, 20__, and desires to use certain facilities of and to obtain certain services from KVC, primarily at KVC's San Francisco office, and;
B. KVC desires to provide to AURORA USA the use of such facilities and such services, all on the terms and conditions hereinafter stated; and,
C. AURORA JAPAN is willing to guarantee the full performance by its subsidiary, AURORA USA of all the obligations under this Agreement.
NOW, it is mutually agreed as follows:

ARTICLE 1 FACILITIES AND SERVICES TO BE PROVIDED BY KVC TO AURORA USA
KVC will, at its expense, provide to AURORA USA with:

(i) personnel who will render services, on a part-time basis, to AURORA USA as officers of AURORA USA (including the Senior Vice President, the Secretary and the Chief Financial Officer and the Treasurer of AURORA USA);

(ii) any necessary assistance in AURORA USA's procurement of funds, including but not limited to introduction to, and assistance in negotiation with, financial facilities;

(iii) recording of transactions for financial and tax reporting purposes including data processing;

(iv) communication facilities such as telephone, telex and facsimile;

(v) stationary, furniture and equipment, including but not limited to lockers, file cabinets and copying machines;

(vi) secretarial services for filing, typing and invoicing;

(vii) rent space for AURORA USA's office;

(viii) (where available by KVC) necessary arrangements for importation of the Products into the United States including custom reporting; and,

(ix) other services, including tax and credit advice.

ARTICLE 2 REMUNERATION

2.1 For all facilities and services provided or rendered by KVC hereunder, AURORA USA shall pay a fee which amount shall be mutually agreed upon by the parties hereto for each fiscal year ending on March 31, at least thirty (30) days prior to the commencement of each fiscal year, based upon the estimate of expenses to be reasonably incurred by KVC during such fiscal year in connection with facilities and services provided or rendered by KVC hereunder.

2.2 Such remunerations and fees shall be paid quarterly in four equal installments without adjustment irrespective of actual expenses incurred by KVC.

In addition, AURORA USA shall promptly reimburse KVC for all direct expenses reasonably incurred by KVC at the request of AURORA USA and for the benefit of AURORA USA, which expenses are not contemplated in said estimate of expenses to be incurred by KVC during the fiscal year.

ARTICLE 3 TERM AND TERMINATION

3.1 Subject to the termination provisions set forth below, this Agreement shall remain in full force and effect from the date hereof to and including March 31, 20__, and shall be extended for a period of one (1) year each unless either party shall have otherwise notified in writing to the other party not later than one (1) month before the expiration of this Agreement or any extension thereof.

3.2 Notwithstanding the provisions of preceding Clause,

(i) this Agreement may be terminated by either party at any time if and when the other party does not perform any of the obligations hereof; and,

(ii) this Agreement shall automatically terminate, without any requirement of prior notice, on the date of any termination of KVC's lease of the office space of its San Francisco office at _____.

中略：保証人による履行保証条項、譲渡禁止、独立した当事者同士であり代理関係はないこと、仲裁、完全合意、準拠法等

EXECUTED, at San Francisco, California, U.S.A., as of the date and year first written above.

Aurora Borealis (U.S.A.) Corporation _____
Karen View Corporation _____
Aurora Borealis Corporation _____

［和訳］
本契約は、カリフォルニア州法人で、主たる事務所を米国カリフォルニア州サンフランシスコ市_____に有するオーロラ・ボレアリス(米国)コーポレーション(以下「米国オーロラ社」)とその保証人である日本法人で、日本国東京都_____に主たる事務所を有するオーロラ・ボレアリス・コーポレーション(以下「日本オーロラ社」)と、デラウェア州法人で米国カリフォルニア州サンフランシスコ市_____に主たる事務所を有するカレンビュー・コーポレーション(以下「KVC」)との間に20__年6月1日付で、サンフランシスコにおいて締結されたものである。

契約締結の経緯
A. 米国オーロラ社は、20__年6月1日に設立され、KVCから、主としてKVCのサンフランシスコ事務所で、一定の施設を使用し、かつ、一定のサービスの提供を受けたいと希望しており、また、
B. KVCは、米国オーロラ社に対し、本契約の下記に規定する条項ならびに条件により、一定の施設の使用を提供し、また、かかるサービスの提供をおこないたいと希望しており、また、
C. 日本オーロラ社は、その子会社である米国オーロラ社の本契約に基づく米国オーロラ社のすべての義務の完全な履行を保証する用意がある。
そこで、以下の通り、合意された。

第1条　KVCにより米国オーロラ社に提供される施設とサービス
KVCは、その費用で、米国オーロラ社に対し(以下の項目に記載のものを)提供する。
(i) 米国オーロラ社に対し、非常勤ベースで、米国オーロラ社の役職者(米国オーロラ社の上級副社長、秘書役ならびにCFO兼財務部長を含む)としてサービスを提供する人員

(ii) 金融機関への紹介および交渉における補佐を含む、それに限定されない米国オーロラ社の資金の供給確保に対する必要な援助
(iii) データ処理を含む、財務ならびに税務上の目的のための取引の記録
(iv) 電話、テレックスならびにファクシミリなどの通信設備
(v) ロッカー、ファイルキャビネット、コピー機を含む、それに限定されない、文房具、設備および備品
(vi) ファイリング、タイピングならびに請求書の発行のための秘書業務
(vii) 米国オーロラ社のための事務所スペースの賃貸
(viii) （もし、KVCにより提供できる場合は）税関申告を含む米国への本製品の輸入のための必要なアレンジメント
(ix) 税務ならびに信用供与上の助言を含む他のサービス

第2条　報酬
1　本契約に基づき、KVCにより提供または実施される施設ならびにサービスのすべてに対して、米国オーロラ社は、毎年3月31日を最終日とする会計年度について、本契約当事者間で合意される金額のサービス料を支払うものとし、その金額は、本契約に基づきKVCにより提供または実施される施設およびサービスに関連してかかる会計年度ごとに、KVCが合理的に必要とする費用の概算見積もりをもとにして、各該当会計年度の開始日の少なくとも30日前に合意されるものとする。
2　かかる報酬ならびに費用は、KVCに実際に発生した費用の金額にかかわらず、調整なしに4回均等分割払いにより四半期ごとに支払われるものとする。
　それに加え、米国オーロラ社は、各会計年度にKVCが上記の費用の見積もりに加えていなかった費用について、米国オーロラ社の要請で、米国オーロラ社の利益のために、KVCにより合理的にかかった直接費用の全額について、別途、KVCに対し速やかに償還するものとする。

第3条　契約期間と終了
1　下記の終了規定は優先して適用されるという条件付きであるが、本契約は本契約の日付から、20__年3月31日まで有効とし、また、本契約または、その延長した契約の満了の1か月前までに、一方の当事者により他方の当事者に対し、延長しない旨の書面による通知がなされない限り、さらにもう1年間、自動的に延長されるものとする。
2　前項の規定にかかわらず、
　(i) 本契約は、いずれの当事者によっても、他の当事者が本契約の義務を履行しないときはいつでも解除できるものとする。
　(ii) 本契約は、KVCの＿＿＿＿＿＿＿に所在するサンフランシスコの事務所スペースのリースが終了したときは、その終了の日をもって、自動的に何らかの事前通知を必要とせず終了するものとする。

(中略：保証人による履行保証条項、譲渡禁止、独立した当事者同士であり代理関係はないこと、仲裁、完全合意、準拠法等)

本契約の冒頭の日付で、カリフォルニア州サンフランシスコで調印された。

米国オーロラ・ボレアリス社　＿＿＿＿＿＿＿＿
カレンビュー・コーポレーション　＿＿＿＿＿＿＿＿
オーロラ・ボレアリス社　＿＿＿＿＿＿＿＿

第6部 帰責事由のない解除・契約更新権・最低購入

Termination Without Cause; Right to Renew; Minimum Purchase

第1章 帰責事由のない解除条項
（和訳・解説付き）

第1節 帰責事由のない解除条項

　ここでは、一方当事者がどうしても解除したい場合のドラフティングと交渉を取り上げる。事由（Cause）の有無によらず、一方の意思で解除できる規定である。

　我が国では、契約当事者両者による協議を通じての解決を大事にする傾向があり、一方的な契約解除を控える傾向がある。しかし、国際取引においては、相手方の言い分はあっても、当方側の事由や状況によって、納得に足る理由でなくても解除を行う場合も多くある。

　たとえば、これまで消費者金融に携わっていた企業が、有力金融機関と合併する方針が決まった際に、その合併先の経営方針に則り、あらかじめ経営方針を転換し、消費者金融から撤退しなければならない場合などである。その部門や関連子会社、合弁事業を切り離すか、あるいは、解散しなければならない。合併が正式に決まっておらず、秘密保持契約を締結しているような場合には、途中で発表できないことがある。たとえ相手方の同意を得て発表しても、その関連事業や合弁相手先が、突然の事業中止や契約の終結にたやすく同意するかは分からない。そのようなときに、あらかじめTermination without Cause（事由を伴わない解除権）を規定しておくことにより、的確に対処し、契約を解除することができる。事業や契約を開始する際には、解除の時期がいつになるかは予想しづらいことではあるが、Termination without Cause条項を活用することによって、克服することができる。その意味では、貴重なツールである。

　他にも、海外の事業買収先の経営者として外国人を幹部に起用・雇用した場合をはじめ、以下のような場合にはTermination without Causeが役立つことがあるだろう。

・年間の最低購入数量・金額を約束した販売店契約や、年間のミニマムロイヤルティを約束したライセンス契約で、当方が販売店、ライセンシーの側の場合
・カントリーリスクの高い地域で、新規大規模事業を行うときに、建設契約をはじめさまざまな大型契約を締結する場合
・カントリーリスクの高い地域での合弁事業の運営についての株主間契約（特に進出先国にとって、産業のインフラストラクチャーや経済基盤となるなど重要な事業、相手が国営事業などの場合）

第2節 Termination without Cause条項が実際に活用される例

それでは、実際にTermination without Cause条項が、販売店契約の売り主側の起案の契約書により使用されている例を見てみよう。契約期間は基本的に自動更新条項の規定があり、それに加え、双方の当事者にWithout Causeによる解除権が付与されている。

●─第1款　販売店契約における帰責事由のない解除条項例

帰責事由のない解除　　　　　　　　　　　　　　　　　　　　　　例文1

ARTICLE __ TERM AND TERMINATION WITHOUT CAUSE

1. This Agreement shall become effective as of the date first above written (the "Effective Date") and the initial term hereof shall extend through December 31 of the calendar year of the Effective Date and shall be automatically renewed for one year each thereafter, unless terminated as set forth below.
2. This Agreement may be terminated by either party without cause and solely for the convenience of the terminating party.
3. The party wishing to terminate shall give written notice of its election to do so, delivered by registered mail, return receipt requested, or by major overnight carrier to the other party, at the address appearing at the beginning of this Agreement.
4. The effective date of termination for convenience shall be ninety (90) days after the notified party received the notice of termination.
5. Notice shall be deemed to have been delivered and received by the notified party, if by mail, ten (10) business days after the deposit in the postal facilities and, if by major overnight carrier, _____ (__) days after delivery to the major overnight carrier or upon receipt of proof of delivery by the same.

[和訳]

第__条　期間と帰責事由のない解除

1. 本契約は、冒頭に記載された日（「発効日」）をもって有効となり、当初の有効期間は、その発効日の暦年の12月31日までとし、以下の規定により（途中）解除されない限り、さらに1年ずつ自動的に更新されるものとする。
2. 本契約は、いずれか一方の当事者により、事由なしに、かつ、解除する当事者の都合だけにより、解除できるものとする。
3. 解除することを希望する当事者は、そうすることを選択したという書面の通知を、相手方に対し、受取証取り付けの書留郵便によるか、または、翌日着の送信サービスにより、本契約の冒頭に記載の所在地宛に、送付しなければならない。

> 4 一方当事者の都合による解除の通知の発効日は、解除通知が送付され、受領されてから、90日後とする。
> 5 通知は、もし郵便でなされた場合は、郵便の施設に投函後、10営業日目に、また、翌日着便の送信サービスによる場合は、そのサービス業者に引き渡してから＿＿（＿＿）日後、あるいはその受領書があるときはその受領書の日付に、引き渡され、受領されたものとみなされる。

●─第2款　上記例文1（Termination without Cause）の基本構造と解説

　例文1の1項では、契約が発効する時期、さらに期間満了時の自動更新について規定されている。次いで2項で、Termination without Causeを規定する。解除される側には厳しい条件であるため、解除効果が発生するまでの期間（通知による予告期間）を長くし、調整を図っている。ここでは、解除通知後90日とし、解除通知の効果発生日の決め方も詳しく記載されている。つまり、Noticeの効果発生の規定が詳しくなっているのだ。

　しかし、双方に解除権があれば一見公平のように思えるが、双方いずれかの都合だけで解除できる規定は、それぞれの置かれた立場を考えれば、各々のビジネスに応じていずれかに明白に不利な場合がある。非独占的な販売店契約などのケースでは、顧客を抱える販売店に不利で、売り主側に一方的に有利である。ただし、独占的な販売店契約で、販売店側に厳しい年間の最低購入数量（Minimum Purchase Quantity）あるいは最低購入金額（Minimum Purchase Amount）が課される規定があるような場合は、販売店側にもこの重圧から解放されるメリットがある。

●─第3款　用語の注意点

　3項、5項にある"major overnight carrier"は、郵便以外の配送サービスを指し、DHL、フェデックスなどが代表的なものである。これらのキャリアーサービス、または、クーリエサービスは、郵送（by mail）とは呼ばない。私的な機関、私企業による配送サービスなのである。

　5項の"business days"という算出方法だと、休祝日を算入しない。もし、休祝日も算入したいときは、calendar daysという用語を使う。暦日であり、どの日も算入する。この規定のような目的からいえば、calendar daysを採用した場合は、少し余裕を見て長い期間を設定したほうがいいだろう。休祝日は、国際間の通知では祝日が異なるためなかなか難しい。イスラム圏の国では、土日の代わりに、木金が休日であることが多い。ただし、インドネシア、トルコのように、日曜を休日としている国もある。企業にとって、実際には休業だとしても、制度上は休日扱いをしないことが多い土曜の扱いは、特に難しい。

　1項の"automatically renewed"は、自動更新である。終了させたい旨の一方からの通知で契約は終了するとしている。満了時に近い場合、いつまでにこの通知をすれば更新せずに済むかを厳密に決めるときに、この箇所に詳細を記入することが多い。例文1では、い

つまでにこの通知をすれば、自動更新と契約を終了させられるかの部分は、省略している。また、延長期間は、この規定により決められる。ここでは、1年ごとの延長である。"calendar year"は、通常1月1日からその年の12月31日までの1年間を指す。暦年と和訳する。

●―第4款　さらなる条件を設ける場合

　また、例文1にはないが、販売店契約を終了する際には、それまでに引き渡された製品の代金が未決済の場合の決済方法・時期（期限の利益の喪失の有無など）を取り決め、また、販売店側の在庫分のうち、どの程度まで、売り主が買い取る義務があるか、あるいは、買い取るオプションがあるか、また、その場合の買い取り価格の決定方法とその基準なども取り決める必要がある。解除事由により、差を設けることも多い。
　在庫の買い上げ、引き取りについては、販売店側に売り戻し権を付与することも選択肢の一つであるが、価格を、たとえば両社間の売買価格の20パーセント引き、あるいは、40パーセント引きとしたり、一律にせず、在庫期間の長さや品質維持の状況を見たりして、取り扱いに差を設けることもできる。
　販売店が、継続して在庫品を販売する場合も、その商標などを取り払うか、そのまま使用することができるとするかなど、考慮すべき点はいろいろあるのだ。

第3節　Termination without Causeを定める条項フォームのバリエーション

●―第1款　当社（ABC）側が一方的に解除権を持つ途中解除条項

都合による解除　　　　　　　　　　　　　　　　　　　　　　　　　　　　例文1

> ARTICLE ＿　TERM OF AGREEMENT AND TERMINATION WITHOUT CAUSE
> 1　This Agreement shall become effective as of the date first above written and the initial term hereof shall be effective for three (3) years, and shall be automatically renewed for three (3) years each thereafter, unless terminated sooner as set forth below.
> 2　This Agreement may be terminated by Aurora Borealis Corporation ("ABC") without cause and solely for the convenience of ABC.
> 3　When ABC wishes to terminate this Agreement, ABC shall give written notice of its election to do so, delivered by registered mail, or by DHL or other major overnight carrier to Karen View Corporation ("KVC") at the address appearing at the beginning of this Agreement.

例文 1	都合による解除
例文 2	事由のない解除
例文 3	裁量による解除

4 The effective date of termination for convenience shall be ninety (90) days after KVC received the notice of termination. Notice shall be deemed to have been delivered and received by KVC, if by mail, ten (10) business days after deposit in the postal facilities and, if by DHL or Federal Express, seven (7) business days after delivery to DHL or other major overnight carrier or upon receipt of delivery by KVC.

[和訳]
第__条 本契約の有効期間と帰責事由によらない解除
1 本契約は、頭書の契約日付をもって発効し、本契約の当初の有効期間は3年間とし、その後、以下の規定により途中解除がなされない限り、3年ずつ自動更新されるものとする。
2 本契約は、オーロラ・ボレアリス社(「ABC」)の都合のみにより、何ら(カレンビュー社＜「KVC」＞側に)帰責事由がなくとも、解除することができるものとする。
3 ABCが本契約の解除を希望するときは、ABCは、その(解除の)選択をしたことの書面による通知を、本契約の頭書に表記されたKVCの所在地宛に、書留郵便またはDHLまたは他の主要な配送会社によって、KVCに対し行うものとする。
4 かかる(ABCの)都合による解除の発効日は、KVCが当該解除通知を受領後90日目とする。通知は、郵便(書留)の場合は、郵便局にABCが投函してから10営業日後に、また、主要な配送会社による配送の場合は、配送会社に渡してから7営業日後に、また、実際にKVCにより受領されたときは受領時に、KVCにより受領されたものとみなすものとする。

●―第2款　双方の当事者が解除権(事由のない解除権)を持つ条項

例文 2　事由のない解除

ARTICLE __ TERM OF THIS AGREEMENT AND TERMINATION WITHOUT CAUSE
1 This Agreement shall become effective as of _____ _____, 20__, and shall remain to be effective for the period of five (5) years, and shall be automatically renewed for three (3) years each thereafter, unless terminated by as set forth below.
2 This Agreement may be terminated by either party without cause and solely for the convenience of the terminating party. The party wishing to terminate shall give written notice of its election to do so, delivered by registered mail, or by major overnight carrier to the other party at the address appearing at the beginning of this Agreement.
3 The effective date of termination for convenience shall be ninety (90) days after the notified party received the notice of termination.

Notice shall be deemed to have been delivered and received by the notified party, if by mail, ten (10) business days after deposit in the postal facilities and, if by major overnight carrier, seven (7) business days after delivery to the major overnight carrier or upon receipt of proof of delivery by the same.

［和訳］
第__条　本契約の有効期間と帰責事由によらない解除
1　本契約は、20__年__月__日付で発効し、5年間有効に存続するものとし、その後、下記の規定により早期解除されない限り、3年間ずつ自動更新されるものとする。
2　本契約は、いずれの当事者からも、解除する当事者の側の都合のみに基づき、帰責事由を必要とせず、解除することができるものとする。
　解除を希望する当事者は、その(解除の)選択をしたことの書面による通知を、本契約の頭書に記載されたそれぞれの当事者の所在地宛に、書留郵便または主要な配送会社によって、相手方に行うものとする。
3　かかる一方の当事者の都合による解除の発効日は、通知を受けた当事者が当該解除通知を受け取った日から90日後とする。
　解除通知は、郵便(書留)の場合は、郵便局に投函してから10営業日後に、また、主要な配送会社による配送の場合は、配送会社に渡してから7営業日後に、また、受領者により受領された証拠があるときは、(その証拠により)証明された受領時に、受領者に渡され、受領されたものとみなすものとする。

第3款　ABC社側のみが解除権を持つフォーム(バリエーション1)

"Termination without Cause"を使わない条項例。

裁量による解除　　　　　　　　　　　　　　　　　　　　　例文3

ABC shall have the right to terminate this Agreement at any time at its sole discretion, by giving a written advance notice of ninety (90) days to KVC.

［和訳］
ABCは、KVCに対し90日間の事前の書面による通知を与えることにより、いつでもその単独の裁量で、本契約を解除する権利を保有するものとする。

第4款　ABC社のみが解除権を持つフォーム（バリエーション2）

事前通知をすれば、途中解除が可能。

例文4　事由のない解除

ARTICLE __ TERM AND TERMINATION

1. This Agreement shall come into effect on the Effective Date and, subject to any earlier termination with the provisions of this Agreement, shall remain in force until the twentieth (20th) anniversary of the Effective Date.
2. Nevertheless, ABC shall have the right to terminate this Agreement at any time without cause, by giving one hundred twenty (120) day's written advance notice to KVC.
3. ……

[和訳]

第__条　期間と解除

1. 本契約は、効力発生日に発効し、本契約の規定による早期失効の場合を除き、効力発生日の20年目応当日まで有効に存続するものとする。
2. それにもかかわらず、ABCは、KVCに対し、120日前までの書面による事前通知を与えることにより、いつでも事由なしに本契約を解除することができるものとする。
3. ……

第2章 自動更新条項と更新権条項
（和訳・解説付き）

第1節 自動更新条項の交渉の典型的パターン

　本章のテーマは、フランチャイズ契約、ライセンス契約、独占的販売店契約などにおけるライセンサー側からの自動更新の拒絶と、ライセンシー側からの対応策である。その対応策として更新権（Right to Renew）条項を取り上げる。

　一般的に我が国におけるライセンス契約や販売店契約などでは、契約期間の規定として最初の契約期間（Initial Term）を3年から5年くらいに設定し、そのビジネスが順調に推移・成長した場合に備えて、自動更新条項を規定する。

　自動更新の方法としては、一般的には当初の契約期間満了の1か月（あるいは2か月から6か月）前までに、いずれか一方から更新しない旨の通知が相手方になされない限り、当事者で決めた延長期間（たとえば1年、2年、3年）ずつ自動的に更新される、と規定を置く。更新拒絶通知の送付が満了1か月前までという規定であれば、その経過後の通知は解除の効力を持たない。6か月前などかなり余裕を持った通知が要求される場合は、満了の5か月前に更新拒絶通知を出そうとも、もちろん意味がない。

　しかし、ビジネスの現場では契約期間とその更新に関する条件を十分把握できていないことがままあり、トラブルは数多い。事業の買収などがあり、当事者が変更された場合などには、契約内容の引き継ぎや把握が十分でないこともあり、特に注意を要する。

　契約期間は、当初の期間についても、延長期間についても、さまざまな決め方がある。それだけに、一度自動更新が行われていても、次の満了時期がいつかを現場が正確に把握しているかどうか、法務担当者が把握できないことも多い。現場だけでなく、他部門（たとえば、法務や総務、財務などの管理部門）とともに二重チェックできる体制を構築できれば有用だという意見はあっても、コストがかかることもあり、なかなか実現が難しい。

　下記の例文1では、更新を拒絶する通知を単に"otherwise"という一語で表現しているが、丁寧な表現で、たとえば、Notice to object the renewal あるいは、Notice of its decision not to renewまたは例文2のように"gives notice to the other party denying such automatic renewal"などを使うこともできる。また、更新期間を1年ずつと規定するときは、year to yearという表現を用いることもある。

例文1　自動更新
例文2　自動更新（バリエーション）
例文3　更新拒絶通知

●—第1款　契約期間と自動更新条項

例文1　自動更新

This Agreement shall become effective on the date first above written and, unless sooner terminated pursuant to provisions of this Agreement, shall continue in effect for a period of _____ (___) years from such date, and thereafter shall be automatically extended for successive periods of _____ (___) years each, unless either party shall have otherwise notified to the other party in writing at least _____ (___) months prior to the expiry of this Agreement or any extension thereof.

[和訳]
本契約は、冒頭に記載した日付に有効となり、本契約の規定により途中解除されない限り、____(__)年間有効とする。その後、いずれか一方から相手方に対して本契約を更新しない旨を、本契約またはその延長契約の期間満了の____(__)か月前までに、書面で通知しない限り、自動的にさらに____(__)年ずつ延長されるものとする。

●—第2款　オーロラ社の標準的な自動更新条項

例文2　自動更新（バリエーション）

ARTICLE __ TERM AND RENEWAL
This Agreement shall have full force and effect from its date of signature, unless terminated with any provision hereof, for a period of three (3) years.
This Agreement shall be however automatically renewed for successive periods of three (3) years each thereafter unless the _____ or Aurora Borealis Corporation ("ABC") gives notice to the other party denying such automatic renewal, such notice to be given at least two (2) calendar months prior to the end of the initial term or the end of the extension period as appropriate.

[和訳]
第__条　期間と更新
本契約は、その調印の日から、本契約の規定により早期に解除されることがない限り、3年間完全に有効で、効力を維持するものとする。
本契約は、しかしながら、_____またはオーロラ・ボレアリス社（「ABC」）のいずれか一方が、その自動更新を拒絶する通知をその最初の期間または、該当する場合にはその延長した期間の終了時の2暦月前に、相手方に対して与えない限り、さらに、そのすぐあとの3年ずつ更新されるものとする。

●─第3款　更新拒絶通知

契約更新拒絶通知書

更新拒絶通知　　　　　　　　　　　　　　　　　　　　　　　　　　例文3

Pursuant to the provisions of Article ___ (Term and Renewal) of the Exclusive Distributorship Agreement dated _____ ___, 20__ with you, we, _____ Corporation, hereby GIVE YOU A NOTICE that we do not have the intention to extend the Exclusive Distributorship Agreement with you after the expiry date set forth in the Exclusive Distributorship Agreement.
Accordingly, you are kindly reminded that the Exclusive Distributorship Agreement will become null and void after the midnight of _____ ___, 20__.

［和訳］
貴社と締結した20__年__月__日付の独占的販売店契約第__条（期間と更新）の規定に従い、当社_____社は本通知により貴社に対し、独占的販売店契約を更新する意思がないことを通知します。
したがって、独占的販売店契約は、20__年__月__日（深夜）午後12時以降は無効になることをご承知おきください。

第2節　ライセンシー側が自動更新しやすくしたいとき

　ライセンシーの立場ならば、自動更新を確実にしたい場合が多いだろう。通常、ビジネスの現場で、契約更新がない場合に大きな打撃を受けるのは、事業を継続できなくなってしまうライセンシー側である。
　しかし、自動更新条項は、一方が更新したくない場合には満了時の一定期間前に通知すれば、無条件に更新を止めることができる趣旨の規定なのである。もちろん、新興国などでは、ライセンシー側の国の法制度上、更新拒絶を制約するルールが導入されることもあるが、ここでは考慮に入れず契約のみを基準に吟味する。
　自動更新の可能性を高めたいライセンシーにとって、とりうる現実的な手法は、更新しない意向、あるいは決定を早めに連絡し合う規定を置くことである。たとえば、一度目の契約期間が5年の場合、自動更新しない旨の通知の送付期限を、満了の6か月前、あるいは、極端に長く見えるが10か月前とする。この早期の更新拒絶通知は、ライセンシーにとっては、ライセンスを基盤とする事業を立て直し、次の事業へ切り替える準備期間として活用できる。しかし、ライセンサーがマスターライセンス契約で、数か国にわたり100を超えるフランチャイジーを起用し事業展開を続けている場合などでは、このような長期間の更新拒絶通知規定では、ライセンサーやマスターライセンシーにとって

対応が難しくなるため、実現する望みは薄い。他にも、契約締結日から10年、理想的には20年の契約期間を、最低ロイヤルティや最低販売金額などの規定なしに確保できるならば一番よいだろう。だが、実績のない段階で、当初からこのようなよい条件を交渉で確保できるのは例外的だ。

まずは、ライセンサーが検討可能な期間を4〜5年あたりと仮定して、更新条項をどうするか考えてみよう。これが本章の核心である。

第3節 ライセンサー側に有利な更新条項——協議による更新

ライセンサー側にドラフトを委ねると、例文1のような「協議による更新」を提案されるケースがよくある。一度目の契約期間満了までに両者の話し合いが持たれ、更新（Renewal）が合意されれば契約が継続し、合意されなければ終了するものである。協議が行われなければ更新されない。権利を管理すべきライセンサー側にしてみれば、合理的で賢明といえよう。

◉—第1款　契約期間と更新

協議による延長がなければ終了。

例文1　契約終了

> This Agreement shall have effect as from _____ ____, 20__ (the "Commencement Date"). The term of the rights granted by the Licensor to the Licensee hereunder shall run from the Commencement Date and shall end on _____ ____, 20__, unless renewed by further agreement in writing between the parties, such terms to be agreed by _____ ____, 20__.
>
> ［和訳］
> 本契約は、20__年__月__日（「開始日」）に有効となる。本契約の下でライセンサーによりライセンシーに許諾される権利は、開始日から始まり、当事者による書面の合意によるさらなる延長契約により更新されない限り、20__年__月__日に終了するものとし、かかる延長条件は、20__年__月__日までに合意されなければならない。

解説

確かに、当初の契約満了を迎える前に、両者間で延長に向けて協議を行い、延長期間とその具体的条件をまとめ、新しいライセンス契約を締結する、という過程は理想的であ

る。しかし、ライセンシーが延長を希望したにもかかわらず、ライセンサーがその希望を拒絶したときには、契約は終了しビジネスは消滅してしまう。生産・販売などを担ってきたライセンシー側が大きな損失を被ることは避けられない。

　また、そのような場合に、ライセンシー側が「期待した延長ができなかったことによる損失を被った」という理由で、損害賠償や補償をライセンサー側に求めることがある。これを防ぐためにライセンサー側はどうすべきだろうか。契約実務では、交渉場面でしばしばライセンサー側が上記の契約条項の最後に次の契約条項、いわば特約を挿入・追加することがある。

●―第2款　　（延長しないことに対し）補償はしない特約

補償しない約定　　　　　　　　　　　　　　　　　　　　　　　　例文2

In case of non-renewal beyond _____ _____, 20__, no indemnities shall be payable by either Licensor or Licensee to the other party.

［和訳］
20__年__月__日を越えて契約延長されないからということを理由に、いかなる(損失)補償も、ライセンサーあるいは、ライセンシーにより相手方に支払われないものとする。

解説

　理論上は、協議の結果としてライセンス契約の更新がなされない場合、ライセンシーはもちろん、ライセンサーも期待利益を失い、損失を被る可能性がある。上記は、ライセンサーがその考えに基づき、両者とも相手方に対し損失を補償する必要はないという規定を提示したものである。両者が補償をしないという文言を入れることで、公平な規定だという印象付けをおこなう狙いもあるだろう。

　しかし通常、より大きな打撃を受けるのはライセンシー側である。ライセンシーはどうすればよいのだろうか。ライセンシーを守る契約条項はないのだろうか。

　その問いに対する一つの答えが、オーロラ社法務部・飛鳥凛が取り組んだRight to Renew（更新権）条項だ。

●―第3款　　契約期間についての飛鳥凛のドラフト

契約期間更新オプション　　　　　　　　　　　　　　　　　　　　例文3

ARTICLE __　TERM AND OPTION TO RENEW

例文3 契約期間更新オプション
例文1 更新権

> The term of this Agreement shall be for a period of four (4) years from the date of this Agreement, with an option to extend for an additional period not exceeding four (4) years at the choice of ABC, provided that such option shall be exercised by ABC within thirty (30) days prior to the end of the term of this Agreement by giving its written notice of its extended term.
>
> [和訳]
> 第__条　期間と更新オプション
> 本契約の期間は、本契約の日から4年間とし、オーロラ社の選択により、さらに期間を延長できるものとするが、その延長期間は4年を超えないものとする。また、かかる延長のオプションは、オーロラ社によって本契約の終了日の30日前までに、その延長期間についての書面による通知を行うことによって行使されなければならないものとする。

第4節　弱者であるライセンシー側のRight to Renew

上述（例文3）のドラフティング後、飛鳥凛がさらに一部修正したドラフトを下記（例文1）に紹介しよう。Right to Renewの行使期間、言い換えれば、更新権を行使し、フランチャイズ契約のライセンスを延長したという更新通知の送付時期について当初の案（30日）より余裕を持たせたものだ。

●—第1款　（ライセンス契約を）更新権により、延長できるという条項

例文1 更新権

> The term of the initial term of this License Agreement shall be five (5) years from the Effective Date, subject to the renewal or extension or extensions set forth below.
> The Licensee may, at its sole discretion, at any time between sixty (60) days prior to the expiration of the this License Agreement (or any extended period) and the date of the expiration of such License Agreement (or extended period), renew such License Agreement for further five (5) additional years each on the same terms and conditions as those applicable in the original period.

[和訳]
本ライセンス契約の当初の有効期間は、発効日から5年間とし、以下に規定する延長規定に従う。
ライセンシーは、その随意判断により、本ライセンス契約(またはその更新契約期間)の満了の60日前からその該当期間満了の日までの期間中いつでも、さらに5年間ずつ、もとの期間に適用されるのと同じ条項・条件で、更新することができる。

●―第2款　Right to Renew(更新権)条項の狙いと解説

　更新権の行使期間について、「当初の期間満了の30日前までというドラフトでは、現場の社員が自動更新条項に慣れているため、うっかり期間満了直前に更新問題に気づくことがあるかもしれない」という危惧から、期間満了の日まで更新権の行使をできるようドラフトを修正したものである。この修正は、合理的に考えれば、法的には期間満了の14日くらい前までの行使がフェアで、許容される範囲だという感覚に基づいている。これらは状況や時勢に合わせてさまざまなので、読者諸氏には今後の交渉や研鑽などを通じて、自社に合ったものを磨いていただきたいものである。
　合理性を欠くとして、この規定が一部無効になっても、後述のSeverability条項で、合理的な期限までは更新権を行使することができるという議論は可能だろう。一方で、更新権の規定の全体が無効になってしまえば、ライセンス権を失ってしまう。難しいところである。
　現場担当者がうっかり期限内に更新通知の発送を怠った場合に備え、期間満了後30日まで更新通知を行う期限を設定する案もあるが、さすがに先方から修正を要求されるだろう。かなり強気の案である。しかし、試行錯誤をおこなうことは重要なので、まずはさまざまな条件を想定し、考えることが肝要である。

| 例文1 | 最低購入金額 |
| 例文2 | 解除権 |

第3章 独占的販売店契約でミニマムコミットメント不達成の場合の対処条項
（和訳・解説付き）

第1節 独占的販売店契約において、今期のミニマムコミットメントが達成できそうにない場合

　契約について法務部員が営業事業部から相談を受ける際に、「困ったなぁ……」と思わずため息が出そうになる案件の一つに、独占的販売店契約における最低購入義務が不達成になる見込みのものがある。販売店である同社の営業担当者が、「あと1か月で期限が来るのですが、期間中に製品の最低購入義務が達成できそうにありません。どうすればよいのでしょうか？」と泣きついてくるのである。

　このような場合には、まず、「貴事業部が締結されている独占的販売店契約のミニマムコミットメント条項では、最低購入義務が不達成の場合にはどうなると規定されていますか？」と質問すべきである。こう聞くと、相手方（売り主）がその随意の判断で独占的契約を解除できるとだけ規定されている場合が多い。たとえば、以下のような規定である。2つの例文を紹介する。

●―第1款　最低購入金額

例文1　最低購入金額

ARTICLE __ MINIMUM PURCHASE AMOUNT

1　For each one (1) year period commencing on the date hereof during this Agreement, ABC shall purchase from KVC not less than a minimum amount of the Products as set forth below:
(i)　The annual minimum amount for the first year:_____
(ii)　The annual minimum amount for the subsequent year period:_____

2　In case ABC (or the Distributor) shall fail to purchase the minimum amount of the Products for any one-year period, KVC may terminate this Agreement with immediate effect by sending a written notice to Aurora within thirty (30) days after the expiry of the relevant period.

［和訳］
第__条　最低購入金額

1 本契約日に始まる本契約期間中の各1年間に、ABCは下記の最低購入金額以上の本商品を購入するものとする。
   (i) 初年度の年間最低購入金額：＿＿＿＿＿＿＿＿
   (ii) 2年目以降の年間最低購入金額：＿＿＿＿＿＿＿＿
2 ABC（または本販売店）がいずれかの1年間に本製品を最低購入金額まで購入しなかった場合、KVCは当該年度の満了後30日以内にABCに書面の通知を送付することにより、本契約を解除することができるものとし、これ（本解除通知）は、即時発効する。

●─第2款　最低購入義務の不達成の場合のメーカー側の解除権

解除権　　　　　　　　　　　　　　　　　　　　　　　例文 2

In case the Distributor fails to purchase from the Manufacturer such minimum quantity for each year set forth herein, the Manufacturer shall, at its sole discretion, have the right to terminate this Exclusive Distributorship Agreement by sending its notice of the decision to terminate.

[和訳]
販売店が本契約に規定された各年度の最低数量を本製造者から購入できない場合は、本製造者は、その随意の判断で、契約解除の決定通知を送り、本独占的販売店契約を解除する権利を有する。

解説

　このような規定では、相談に来た営業部員を勇気づける肯定的な返事はできない。上記規定を素直に読む限り、相手方に解除権があり、解除をするかどうかの決定権は相手方にある。独占的販売店である当方には選択肢が残されていない。独占的販売店契約が解除され終了したあとに、これまでの客先に製品を継続して納入できる保証もまったくない。
　このような相談を受けたときに、「大丈夫です。こうすればいいでしょう。少なくとも、客先への製品供給は大丈夫です」と答えたいものだ。
　では、どうすればよいのか。そのような法務部員の悩み、営業事業部からの要請に応える試みの一つは、販売目標額の設定だ。

●―第3款　年間最低購入数量の目標の設定

最低購入金額についてのカウンター・ドラフト。

例文3　購入金額目標

ARTICLE ＿ PURCHASE TARGET (PURCHASE QUOTA) OF THE DISTRIBUTOR

1 The Distributor shall use all reasonable efforts to purchase at least the quantity of the Products set forth in Exhibit _ hereto in each calendar year during the terms of this Agreement (Yearly Purchase Quota) for resale within the Territory, however, it being understood and acknowledged that such quota shall only be the purchase target of the Distributor and in any case the Distributor shall not assume responsibilities to purchase the balance of the Products between the quota and those amounts actually purchased by the Distributor.

2 The Distributor will use reasonable efforts to promote sales of the Products in the Territory, devoting sufficient financial resources and qualified personnel to fulfill its responsibilities hereunder.
In this regard, the Distributor shall provide adequate sales coverage to customers who have purchased already the Products from the Distributor, and prospective customers within the Territory.

［和訳］
第＿条　本販売店の購入目標数量（または割り当て数量）

1 本販売店は、本契約の有効期間中、暦年ごとに、販売地域での転売のために、本契約書別紙＿に規定する本製品の最低数量（各暦年ごとの割り当て購入数量）を購入するための最大限の努力をおこなうものとするが、その割り当て数量は、単に本販売店の購入目標であり、いかなる場合でも、その割り当て数量と実際に本販売店が購入した数量とのバランス（購入不足数量）を購入する責任を負うものではないことを了解し、確認するものである。

2 本販売店は、本契約に基づくその責任を果たすために財源、能力ある人員を投じて、販売地域における本製品の販売を促進するように合理的な努力をおこなうものとする。このため、本販売店は、販売地域において本販売店から既に商品を購入したことのある顧客と、見込み顧客層に対して十分な販売活動をおこなうものとする。

第2節 製造元から継続供給を確保するための修正ドラフト

さらにここでは、上記のような相談を受けた際に、最低限の処置として、継続して契約先の製造元から製品を輸入・販売できるように、飛鳥凛が契約修正のドラフティングをしたものとして紹介したい。併せて、飛鳥凛がどのような助言を営業事業部の担当者にしているかも参考にしていただければ幸いである。

●─第1款 販売店に非独占的な製品供給を受ける権利を付与する条項

非独占的販売 〔例文1〕

Minimum Quantity, Manufacturer's Right to Termination, Distributor's Right to purchase on Non-exclusive basis

1 Aurora Borealis Corporation (the "Distributor") shall purchase from the Manufacturer such minimum quantity for each year as set forth in Exhibit A attached hereto (Minimum Quantity and Forecast).

2 In case the minimum quantity is not ordered and paid for during any of the contract years set forth in Exhibit A, the exclusivity granted in Article ___ (Appointment as Exclusive Distributor) may, at the discretion of the Manufacturer, be terminated by the Manufacturer by giving its notice of termination to the Distributor in accordance with the provisions hereof.

3 In case the exclusivity is terminated pursuant to the provisions mentioned above, the Distributor shall have the right to purchase the Products from the Manufacturer on non-exclusive basis under the same terms and conditions of this Agreement.

[和訳]
最低購入数量義務(ミニマムコミットメント)とその不達成の場合における本製造者の独占的販売店指定の解除権・販売店による非独占的購入権。

1 オーロラ・ボレアリス社(「販売店」)は、本製造者から本契約に添付した別紙A(最低購入数量と購入数量予測)に規定された毎年度の最低数量を購入するものとする。

2 万一、最低数量が、添付別紙Aに規定された各契約年度のうちいずれかの年度について、注文されず、支払われていない場合には、第__条(独占的販売店の指定)により付与された独占性は、本製造者の自由裁量により、本契約の規定に従い、販売店に対し、解除の通知を与えることにより、終了させることができる。

3 独占性が、上述規定により終了させられた場合、販売店は、本製造者から、本製品を、本契約に規定するのと同じ条項・条件の下に、非独占的ベースで購入する権利を保有するものとする。

例文1	非独占的販売
例文1	独占的販売権
例文2	最低購入数量

解説

　以下は、飛鳥凛が営業事業部担当者にこのドラフトを渡しながら、助言していると想定して読んでいただきたい。

　飛鳥凛「今回、これまでに締結済みの独占的販売店契約で、貴事業部が苦戦した一番の原因は、私からすると、このドラフトでは、1項の添付別紙Aで、『(1年ごとの)最低購入数量と販売数量予測』の両方に数値欄を設けていることだと思いました。本来、貴事業部は販売数量予測(Forecast)の欄に記載すべき数値とあまり変わらない数値を最低数量(Minimum Quantity)に記載してしまっていますね……。確実に達成できる低い金額とすべきでしょうね」

第3節　独占販売権付与（競合品取扱制限）条項、最低購入数量条項

●―第1款　独占的販売権

例文1　独占的販売権

> ARTICLE __ APPOINTMENT OF DISTRIBUTOR; EXCLUSIVE TERRITORY
> 1　Karen View Corporation ("KVC") appoints Aurora Borealis Corporation ("ABC") as an exclusive distributor of the products as defined in Exhibit ___ hereto (the "Products") within the territory set forth below (the "Territory") on the terms and conditions of this Agreement.
> 　The Territory: _____
> 2　KVC shall not, during the term of this Agreement, appoint any other distributor for the Products in the Territory and shall not supply, export or sell the Products to any person other than ABC within the Territory.

[和訳]
第__条　販売店の指定：独占的販売地域
1　カレンビュー社（「KVC」）は、本契約の条件により、下記の地域（「地域」）内で、別紙__に定義される商品（「本商品」）の独占的販売店としてオーロラ・ボレアリス社（「ABC」）を指定する。
　地域：_____
2　KVCは、本契約の期間中、当該地域内で本製品のために他の販売店を指定せず、また、当該地域内でABC以外の者に本製品を供給、輸出または販売しないものとする。

第2款　最低購入数量についてのドラフト

最低購入数量　　　例文 2

ARTICLE __ MINIMUM QUANTITIES (OBLIGATIONS OF THE DISTRIBUTOR)

1. In recognition of the particular expertise and commitment necessary to market and sell the Products, the Distributor represents and warrants to and agrees with KVC that the Distributor has, and during the term of this Agreement, will continue to maintain the knowledge, technical expertise, capacity, facilities and personnel necessary to perform such functions as are required to perform its obligations under this Agreement, and that it is ready and willing to do so.
2. The Distributor will use its best efforts to order to KVC at least the annual minimum quantities the Products set forth in Exhibit __ attached hereto during the calendar year of 20__ or any subsequent calendar year.
3. Failure by the Distributor to order, accept delivery of, and pay for any commitment established pursuant to this Paragraph 2 shall entitle KVC to withdraw the exclusive distribution right of the Products in the Territory granted to the Distributor, and newly grant the Distributor a non-exclusive distribution right of the Products in the Territory by giving written notice to the Distributor with immediate effect, unless the Distributor cures the breach within thirty (30) days period following the end of such calendar year and notifies in writing to KVC within said thirty (30) days cure period.
4. The foregoing provision is the sole remedy available to KVC with regard to the Distributor's failure to order and purchase the said minimum quantities of the Products.
5. The Distributor shall use its best efforts to promote vigorously, aggressively and consistently the marketing of the Products to customers within the Territory and distribute the Products within the Territory in accordance with the lawful policies and guidelines of KVC as announced from time to time. The Distributor shall make full use of all material supplied by KVC.
6. The Distributor shall comply with the Foreign Corrupt Practices Act, U.S. Sherman Act and Japanese anti-trust laws as well as all other applicable international, and regional laws and regulations in performing its duties hereunder and in any of its dealing with respect to the Products.

[和訳]

第__条　最低購入数量（本販売店の義務）

1. 本商品を取り扱い、販売するために必要な、特別な経験とコミットメント（責任感）を認識し、本販売店はKVCに対し、現在および本契約有効期間中、本契約を履行するために必要な知識、技術上の技量、資質、設備ならびに人員を保有し、かつ、維持し続け、現在そうであり、これからもそうすることをKVCに対し、表明・保証し、合意する。

2 本販売店は、20＿暦年または、それに続くどの暦年においても、別紙＿に規定する年間購入数量を、KVCに発注するよう最善の努力をするものとする。

3 本販売店による本条第2項の規定による約束について、その注文、引き渡しの受領、代価の支払いについての履行義務違反は、KVCに対して本契約により許諾している本商品の独占的販売権（付与）を撤回し、代わりに新しく、本販売地域における非独占的な販売権を付与する権限を、即時発効する書面によって本販売店へ与えるものとし、かかる販売権の変更は、本販売店が暦年内の（購入数量）不達成のあと30日間の猶予期間内に治癒（暦年では達成できなかった最低購入数量を達成）し、その達成（治癒）をKVCに書面で、その30日間の治癒期間中に通知できないときにおこなわれるものとする。

4 上記規定は、上記の本製品の最低数量の購入義務についての本販売店の違反に関して、KVCに付与される唯一の救済方法とする。

5 本販売店は、KVCの随時発表する合法的な方針とガイドラインに従って、本販売地域において顧客に対して本製品のマーケティング（取り扱い）を積極的、攻撃的に、継続して、推進し、販売する最善の努力を払うものとする。本販売店は、KVCから渡されたすべての販売促進資料を効果的に活用するものとする。

6 本販売店は、本契約上の履行および本製品の取引における各場面において、海外腐敗行為防止法、米国シャーマン法、日本の独占禁止法ならびにすべての他の適用を受ける国際、国内、地域の法令規則を遵守するものとする。

第7部 商標ライセンス契約の基本条項

Basic Terms for Trademark License Agreement

第1章 ライセンス契約の構成と主要条項

第1節 はじめに

前提条件：
　米国カレンビュー社などによる製品（婦人服・バッグ・化粧品ほか）に関する商標ライセンス契約の前文、リサイタル条項、商標許諾に関する基本的条項（with Variation Clause）フォームズ集

　本第7部では、ライセンス契約で主に用いられる条項のうち、商標ライセンス契約において特徴的な条項と、そのバリエーションを取り上げて解説したい。
　その主な条項は、契約書の前文や基本的な商標許諾条項、許諾地域、独占的許諾とその除外項目、ライセンサー・ライセンシー双方の独占的許諾に関わる一部調整事項の規定などである。
　ライセンス契約と一言でいってもどのような権利の許諾を目的とするかにより、その性格、内容、契約条項は異なる。通常、ライセンスという用語から真っ先に浮かぶのは、特許、ノウハウなど生産方法の使用許諾と、それに伴う商標などのライセンスの複合的な契約であろう。海外で知名度があり成功している製品について、その製法と商品名の一部を構成しているといってもいいブランド（商標権）の使用許諾を得ることも含まれる。
　また、前文での商品の定義と基本的な商標許諾条項で構成する「ファースト・リフューザル・ライト」についても詳しく解説をおこないたい。これは、商標ライセンスにおいては指定製品アイテムを後日追加する場合のための仕組みである。日本国内の企業同士で取引をおこなう中では、なかなかなじみのない用語であり、規定である。具体的な運用になるとさらに理解が難しい規定だが、この仕組みを知っておくと、ライセンス契約のみならず、海外合弁事業契約で当事者が撤退を求めた場合などに役立つ。
　ファースト・リフューザル・ライトは合弁契約の最後のほうに記載されていることが多い。なぜ、優先権と呼ばないのかといぶかしむ方もいるが、この権利は絶対的な優先権ではなく、第三者から商標の権利を取得したいと申し出があった際に、同条件なら取得できるという、いわば「横取り」の権利なのだ。同条件で取得する用意と覚悟、資金などがなければ、この権利は行使できず、第三者は権利を得る資格を失うことになる。

第2節 商標ライセンス契約の主な構成

本節では、繊維製品をはじめ、さまざまな製品などの商標使用許諾を目的とするライセンス契約について、その特徴的な契約条項を選び出して紹介する。

商標使用許諾契約で典型的な契約条項は、次のような項目である。筆者がライセンス契約において重視しているのは、前文、リサイタル条項、商標許諾条項の独占・非独占、品目・地域、ロイヤルティ条項(ロイヤルティ額と支払い方法)、契約期間とその更新条項である。なお、本節では紙幅の制約もあり、7項のロイヤルティ条項から13項の一般条項までは取り上げない。

第1款 商標ライセンス契約の主な契約条項

1 前文(Preface)
   契約当事者名(ライセンサー、ライセンシー)、その設立国法、主たる事務所所在地、契約締結年月日

2 リサイタル条項(Recitals)
   契約でライセンス(使用許諾)対象となる商標をライセンサーが保有・取得し、またはライセンシング代理権を有することを規定し、この契約でライセンシーに対し使用許諾する権利があることについての背景・経緯を簡潔に説明する。

3 商標の使用許諾条項(Grant of License)
   使用許諾の対象となる品目と目的の明示

4 許諾地域(Territory)
   使用許諾により、許諾された品目の販売地域を規定するのが核心。ただし、生産について、販売許諾地域外でおこないたいときは、許諾地域と生産全量を販売許諾地域に輸送することを確約する規定を置く。

5 ライセンス許諾製品(Licensed Products)

6 契約期間(Term)

7 使用許諾に対する対価としてのロイヤルティの額・率とその支払い方法
   年額ベースでの最低ロイヤルティについて
   ・ミニマムロイヤルティの規定を置くかどうか
   ・ロイヤルティの支払いと別に、契約時に支払う使用料または前払い金の規定を置くかどうか

- 前払い金を支払う場合は、それをロイヤルティに充当するかどうか
- ロイヤルティの支払い方法(1年ごと、四半期ごと、半年ごとなど)
- 後払いか先払いか

8 計算・記録保管義務ならびに、帳簿等検査権

9 商標権に関する保証とその排除・制限の規定

10 ライセンシーが商標侵害を発見した場合のライセンサーへの通知義務

11 ライセンシーに対するクレーム、侵害排除請求などがあったときの対処・排除の方法

12 契約違反・破産などの場合の中途解除・措置

13 一般条項
不可抗力、第三者への譲渡制限、通知条項、紛争解決条項、準拠法など

第3節 前文

●―第1款　契約締結前に交わした覚書よりも本契約が優先することを記載

例文1　前文-01

THIS AGREEMENT is made and entered into in San Francisco, as of April 1, 20__ by and between:
KAREN VIEW CORPORATION, a California corporation, with its principal office at _____, San Francisco, ___, California, U.S.A., ("KVC" or the "Licensor") and, _____, a _____ corporation, with its principal office at _____ _____, (the "Licensee"), and this Agreement supersedes in their entirety letter of understanding between KVC and the Licensee dated _____ 1, 20__.

[和訳]
本契約は、米国カリフォルニア州サンフランシスコ市_____に主たる事務所を有するカリフォルニア州法人であるカレンビュー社(「KVC」または「ライセンサー」)と、_____に主たる事務所を有する_____法人である_____(「ライセンシー」)との間に、サンフランシスコで、20__年4月1日付で締結されたものである。そして、本契約は、20__年__月1日付のKVCとライセンシー間の覚書に対し、そのすべての内容において、優先する。

解説

前文-01では、契約当事者名の明記と併せて、ライセンス契約締結前に交わした覚書（Letter of Understanding）に対し、この契約の内容・条件が優先することを規定している。

通常は、覚書に本契約が優先するという記述部分は不要であり、記載しない。しかし、最初に覚書を結び、デューデリジェンスを経て契約に至った場合などには、優先順位を明確化することも選択肢のうちの一つである。本条項はその例である。

もちろん、この覚書への言及や優先順位については、契約書本文やリサイタル条項で触れることもできる。

通常の前文のスタイルでは、この"and this Agreement supersedes"以下は削除される。本契約がそれまでの了解事項とどういう優先順位なのかは、通常、前文では扱わないからである。通例は、本文の中で、たとえばEntire Agreement条項などで取り決められる。

実際の用例では、主語（This Agreement）の部分を省略し、単にand supersedesと続けて使うことがある。ライセンサーの略称を2つ記載すると便利である。

● ─ 第2款　文法的に正確、丁寧に記載した前文（フォーマルな表現方法のもの）

前文-02

例文2

THIS AGREEMENT, made and entered into this _____ day of _____, 20__, in triplicate originals, by and between:

_____, a corporation organized and existing under the laws of _____, and having its principal office at _____, _____, represented by its Managing Director, Mr./Ms. _____ (hereinafter referred to as the "Licensor") and, _____, a corporation organized and existing under the laws of _____, and having a principal office at _____, represented by its C.E.O. and President, Mr./Ms. _____ (hereinafter referred to as the "Licensee") and, _____, a corporation and existing under the laws of _____, having its principal office at _____, represented by its _____, Mr./Ms. _____ (hereinafter referred to as the "Guarantor").

WITNESSETH:

［和訳］
本契約は20__年__月__日に、下記の者の間で3部を原本として締結された。
_____国_____にその主たる事務所を有し、_____法の下で設立され、現存する会社であり、マネジング・ディレクターの_____氏により代表される_____（以下、「ライセンサー」と称する）と、_____に主たる事務所を有し、_____法の下に設立され、現存する会社であり、CEO兼社長の_____氏により代表される_____（以下、「ライ

| 例文2 | 前文-02 |
| 例文1 | リサイタルズ-01 |

センシー」と称する）と、＿＿＿＿＿＿＿＿＿＿に主たる事務所を有し、＿＿＿＿＿＿＿法の下に設立され、現存する会社であり、その＿＿＿＿＿＿＿氏により、代表される＿＿＿＿＿＿＿（以下、「保証人」と称する）。
以下を証明する。

解説

　契約書の前文には、決まったフォームはない。たとえばこの条項では、3者契約とし、ライセンシーの保証人についても記載している。ライセンサーなどが相手方のライセンシーに保証人を立てるよう要請する理由は、主に2つある。

　一つは、ライセンシーが大企業の親会社で履行に心配がないとしても、ライセンサーの国に現地法人や合弁会社がある場合に、紛争の場合の処理・資産差し押さえ、普段のコミュニケーションの円滑化などのために、ライセンサーの国にあるライセンシーの現地法人や合弁会社を、履行保証人として契約に加える場合である。もう一つは、ライセンサーから見て、ライセンシー候補の履行や資産状態に確信が持てないときに、普段から付き合いのある（ライセンシーとは別資本の）信頼できる第三者にライセンシーの保証人になってもらう場合である。英米法の下では、保証の約因をドラフティングにより作成するのに苦心をする。しかし、この3者契約の場合は保証人がいることが相手方にとって契約を締結する誘因であると記載すれば、それが説得力ある約因になるので、契約と別に別紙で保証状をとるよりも簡便である。

　また、通常は契約書の調印にあたり、誰が具体的にそれぞれの代表者あるいは代理人として署名するか規定をする必要はないが、履行の便宜上、また、相手方の契約締結権の確認のため、記載することもできる。

　代表者を示す肩書きは、国によりさまざまである。欧州では、"Managing Director"という肩書きは、米国などのC.E.O. and Executive Presidentなどに近い肩書きとして使われる。契約では、相手方の確認と代表権の有無を確認したうえで調印することが重要である。サイン欄だけの場合、どのような立場の代表者あるいは代理人が署名したのかが、後日判然としないこともあるからだ。簡単に見えて、調印者の権限の確認作業は、有効な契約を締結するために最も重要な点なのだ。

　また、このフォームで特徴的なところは、文法的には正確であるが、主語が長すぎることである。冒頭の"THIS AGREEMENT"が主語で、末尾の"WITNESSETH"が述語である。本契約は以下のことを証明する、という構文である。両単語の間にあるフレーズは"THIS AGREEMENT"を修飾するものであり、契約日付や3部原本を作成し調印すること、当事者名、代表者名を記載している。

　文法上、"made"の前にあるべきwhich wasの2語は省略されている。近年では、文法を無視し、THIS AGREEMENT is madeと表現する契約書のスタイルも普及してきた。文法的にはおかしいが、長い主語では据わりがよくないという感覚から発展したスタイルであると説明を受けたことがある。筆者は、is madeとある場合は、WITNESSETHを削除するスタイルを選んでいる。

　海外では、このような古典的な言い回しを使う契約書の冒頭表現については、あまり、文法に従って正確に言い表す慣行はない。誤解が生じる恐れがまったくないからである。文法の正しさより、スタイリッシュさ（格好のよさ）を重視するのだ。筆者は新人時代に、

英文契約書を読むためには、正確に主語と述語をとらえることが大事だと教育を受けたためかなり気にかかる。交渉の席で文法ミスを指摘すると、海外の知己から「英語なのに文法を気にするんだね」と冗談交じりでからかわれることがある。もちろん、前文以外の個所では、英文契約では文法を大事にするのは当然のことである。

標準的なスタイルでは、例文2の表現のうち"represented by"から各代表者名の記述まで（3か所）は削除される。

第4節　リサイタル条項

●―第1款　標準的なスタイル

リサイタルズ-01　　　　　　　　　　　　　　　　　　　　　　　　　**例文1**

RECITALS
A. KAREN is the owner of the well-known trademark "KVC" and of the very substantial goodwill and reputation associated with it.
B. The Licensee desires to obtain a license to use the Trademark in order to manufacture, have manufactured, and market the Licensed Products thorough outlets in the Geographical Area set forth herein, and desires to be permitted to grant those rights to the sub-licensees listed in Exhibit ___ of this Agreement.
NOW, THEREFORE, BOTH PARTIES HEREBY DO

［和訳］
リサイタルズ＝経緯
A. カレンは、有名な商標「KVC」および、それに伴う重要な暖簾ならびに名声の所有者である。
B. ライセンシーは、許諾製品を生産し、または、委託生産し、本契約で定める販売地域のアウトレット店舗を通して販売したいと希望しており、また、本契約の別紙＿＿に列挙したサブライセンシーに対し、かかる権利を許諾することが認められるよう希望している。
そこで、両当事者は以下の通り合意する。

――――――――　解説　――――――――
ライセンス契約を扱う場合に、経験の浅い法務部員が注意すべきことがある。リサイタル条項に上記の契約条項のＢ項と似た表現であるgrant right to manufacture and/or have manufactured the Licensed Productsという言い回しが挿入されている場合だ。

一見、前半でright to manufactureと規定されているのだから、過去分詞的な表現部分に

ついては、契約締結前に生産に取りかかっている仕掛かり品はないため、and/or have manufacturedは削除しても構わないように思える。

　読者の方はもう百もご承知だと思うが、このright to have manufacturedは委託生産のことを指し、自社工場を持たず、委託先に発注して生産をまかなう企業には必須の契約条項なのだ。もちろん、right to manufactureだけの表現でも、「manufactureの中に委託生産も含まれる」という解釈論を展開することはできる。その場合、自社生産に限られず、委託生産も含まれるという解釈のほうが優勢だといってもよいだろう。しかしそれが、ライセンサーからわざわざright to have manufacturedというドラフトの提示があったにもかかわらず、交渉過程でライセンシー側から、have manufacturedの削除を申し出て交渉が決着した、という経緯があるならば、解釈はどうなるだろうか。ドラフティングの怖さと面白さを感じる例である。

　立場を変えて、ライセンサーとして交渉する場合は、相手方ライセンシーから、同じようにhave manufacturedを削除する申し出があったときは、さっさと受け入れ、次のようなドラフトで交渉を決着させる方法もあるだろう。

　"goodwill"は暖簾のことである。

AURORA BOREALIS CORPORATION ("ABC") hereby grants to the Licensee an exclusive right to manufacture (excluding the right to have manufactured) and distribute the Licensed Products in the Geographical Area set forth in this Agreement.

[和訳]
オーロラ・ボレアリス社(「ABC」)は、本契約に記載された地理的領域での、ライセンシーの製造(委託製造を除く)権と販売権について合意する。

解説

　リサイタル条項では、ライセンシーにとっては、ライセンス対象の知的財産の保有者を確認することが重要であり、ライセンサーにとっては、ライセンシーがどのようにその許諾された商標など知的財産を活用したビジネスを展開するのかをプレゼンテーションさせることに意味がある。そのプレゼンテーションには、サブライセンシーの起用や生産の方法、具体的な生産工場の場所や生産者も関係する。

　本条項例は相手方の申し出を受け、相手方の委託生産の権利をなくし、自社生産だけに限定したものである。委託生産を認めると、うっかりすると指定の許諾地域外で生産が行われるリスクだけでなく、横流しなど悪い噂のある第三者へ委託発注が行われるリスクなど、心配の種は枚挙に暇がない。"excluding the right to have manufactured"を挿入したドラフティングは、その心配をなくすためのものである。

　逆に委託生産を認める場合には、相手方に委託発注先候補の工場所在地を明示したリストを別紙に記載させ、そのうえで承認するシステムを導入するとよいだろう。好ましくない候補については、承認しない権利を留保するのだ。

　許諾地域を指す表現にはいくつかのバリエーションがある。Territoryが最も一般的で、

特に先進国間のライセンスでは、標準的な用語である。新興国との取引では、植民地時代や領土争いの時代の記憶がよみがえるから、好ましくないという考えや意見もある。そのため、例外的ではあるが、ニュートラルな表現である"Geographical Area"あるいは、単にAreaという単語が使われることもある。

第2款　スタイリッシュな表現で規定したもの

ライセンサーとライセンシー両者の立場やライセンスされる商品の詳細を説明するもの。

リサイタルズ-02　　　　　　　　　　　　　　　　　　　　　　　　　　　例文2

RECITALS

(a) The Licensor designs, manufactures, exports, markets and distributes casual wears, sportswear and related items under, and has the right to license the trademark "＿＿＿＿＿" & design, together with any trade names including the trademark "＿＿＿＿＿" (together, the "Trademarks"),

(b) The Licensee is a reputable manufacturer, importer and distributor of quality casual wear, sportswear and related items, deciding to offer apparel bearing the Trademarks within the territory of ＿＿＿＿＿.

(c) The parties intend that the Licensee will become the Licensor's exclusive licensee in ＿＿＿＿＿ for women's casual wear, sportswear and related items described herein below, all bearing the Trademarks.

[和訳]

リサイタルズ＝経緯

(a) ライセンサーは、＿＿＿＿＿＿商標ならびにデザインの下で、カジュアルウェア、スポーツウェアならびに関連する品目をデザインし、生産し、輸出し、販売活動を行い、卸売り販売を行い、＿＿＿＿＿＿商標を含む商標名(以下「本商標」)とともに、(第三者に対し)使用を許諾する権利を保有している。

(b) ライセンシーは、高品質のカジュアルウェア、スポーツウェアおよび関連品目の評判の高い製造家、輸入者、卸売業者であり、＿＿＿＿＿＿＿の販売地域で、本商標を使った衣類の販売を希望することを決めている。

(c) 当事者は、ライセンシーが＿＿＿＿＿＿における、本商標を使用した下記に記載するウイメンズカジュアルウェア、スポーツウェアならびに関連品目ライセンサーの独占的なライセンシーとなることを企画している。

―――― 解説 ――――

リサイタル条項にどのような役割を期待するかは、その契約の当事者やドラフティング、交渉にあたるメンバーの考え方によりさまざまである。法的に見れば、リサイタル条

項は存在しなくてもよい。契約の条項そのものではないため、なくても差し支えないものだ。

しかし実務上、特に英米以外の企業にとって、また経験の少ない者にとっては、リサイタル条項は、重宝な記述なのである。なぜなら、契約の当事者が締結に向けた場面で、どのような立場にあるのかが率直に明記される箇所だからである。

うっかりすると、契約の初期においては、これから契約を締結しようとしている技術や商標をはじめ、知的財産あるいは契約の目的物について、契約当事者が、現在何の関わりも権利も所有していないことすらある。それらをしっかりリサイタル条項で確認することができる。たとえば、契約当事者と書かれている当事者が誰なのか。実際、書面に記載してみれば、目の前にいる交渉相手がこれから設立しようとする子会社で、実質的には何の資産も人員もないペーパーカンパニーであることもあるだろう。それを明文化して確かめるのが、このリサイタル条項なのである。このような場合には、ただちに「親会社を履行保証人として、この契約の当事者に加えてください」と提案するべきだろう。

これから設立する子会社でなく、交渉を担当しているメンバーの所属する親会社に契約当事者を変更させることも選択肢の一つである。この契約条項のように、ライセンサーが知的財産について自ら開発し、現在も保有し、ライセンスする権限を有しているかなど、どのような立場にあるかを、明確にプレゼンテーションさせるのが、リサイタル条項だと筆者は考えている。

このリサイタル条項は、(a)(b)項で、両社の携わってきたビジネス、実績、評判に言及し、さらには(c)項で、ライセンス許諾をする予定の具体的なアイテム名まで言及している。ここまで明確に記述するのは稀である。しかしその分、契約を見る際に分かりやすいガイドの役割を果たしている。リサイタル条項で記載された事柄が事実かどうか、確認したくなった場合には、その記述事項を本文中の表明・保証条項で確認する対処法がある。現在までがどうであったかを確認するのは、Representation(表明)条項で規定すればよい。

●—第3款　フォーマルなスタイルの規定——ライセンスの内容、契約当事者の商標権との権利関係などについて詳細に説明するもの

例文3　リサイタルズ-03

> WHEREAS, KVC has the right to use and grant licenses in the Territory defined herein under the KVC TRADEMARKS defined herein;
> WHEREAS, KVC has acquired a worldwide prestige and an enviable reputation as a designer and manufacturer of high-quality, high-fashion clothing and accessories and is the sole registrar of the KVC TRADEMARKS; and,
> WHEREAS, KVC has undertaken to participate in the design of articles licensed hereunder and has established quality standards and controls for licensed articles bearing the KVC TRADEMARKS;

WHEREAS, the Licensee is desirous of obtaining a license to use the KVC TRADE-MARKS in connection with the manufacture, importation, sale, marketing and distribution in the Territory defined herein of the articles defined herein and KVC is willing to grant such a license to the Licensee on the terms and conditions contained herein.
NOW, THEREFORE, in consideration of the mutual promises and covenants between the parties herein contained, it is agreed as follows:

［和訳］
KVCは、本契約で規定するKVC商標の下で、本契約で規定する販売地域において、使用し、ライセンスを許諾する権利を保有しており、KVCは、高品質、高度のファッション（＝デザイン）の衣服ならびにアクセサリーのデザイナーならびに製造家として、世界的な高い権威および高い評判を獲得したのであり、かつ、KVC商標の唯一の登録権者であり、そして、KVCは、本契約で許諾された品目のデザインに参加することを引き受け、KVC商標を使用した許諾品目のための品質の高い水準とコントロールを築いてきたものであり、ライセンシーは、本契約で定める品目の本契約で定める許諾地域における製造、輸入、販売、マーケティングならびに卸売りに関連して、KVC商標を使用する許諾を獲得したいと希望しており、KVCは、ライセンシーに対し、本契約に定める条項と条件で、許諾する用意がある。
そこで、本契約に含まれる当事者間の相互の約束と誓約を約因として、下記の通り、合意する。

―――――― 解説 ――――――

リサイタルズの条項例は、01と02はスタイリッシュな表現を、03はフォーマルな表現を採用している。いずれのスタイルも、実務で頻繁に使用されている。リサイタル条項で大事なことは、一読して、ライセンサー、ライセンシーがどのようにライセンス対象の商標に関わっているのか、その権利関係、ビジネス関係の背景が簡潔に説明されていることである。契約交渉にあたって、その背景を知ることがその内容の検討や条件交渉をつめるときに、有益な役割を果たすからである。

第5節　商標の使用許諾条項

●―第1款　一般的な商標の使用許諾条項例

使用許諾-01　　　　　　　　　　　　　　　　　　　　　　　　　　　　例文1

ARTICLE __ GRANT OF LICENSE

1 KVC hereby grants to the Licensee an exclusive and non-assignable right and license to use the KVC TRADEMARKS in the Territory as applied to the Licensed Products for which the Licensee has obtained KVC's approval, for the term and under the terms and conditions hereinafter set forth, and subject to KVC's reserved rights under Paragraph ___ hereof (Rights reserved for KVC and excluded from the License).

2 The license hereby granted extends only to the specified products and to the Territory.
The Licensee agrees that it will not make, or authorize to be made, any use, direct or indirect, of KVC TRADEMARKS in any other area and on products of other description whatsoever.

3 KVC grants to the Licensee the exclusive right to import into the Territory the products bearing the KVC TRADEMARKS manufactured in _____ either by KVC or its duly authorized _____ licensee, and to manufacture and distribute the Licensed Products in the Territory.

4 The Licensee agrees that, during the term of this Agreement, it will give and devote its best efforts to the diligent manufacture, importation, distribution and sale of the Licensed Products covered by this Agreement, including the advertising and promotional effort called for hereinafter.

［和訳］

第__条　使用許諾

1 KVCは、本契約により、ライセンシーに対し、ライセンシーがKVCの承認を取り付けた許諾製品について、本契約に定める期間と条項と条件の下で、申請した許諾地域においてKVC商標を使用する独占的で、譲渡不可能な権利とライセンスを許諾するものとするが、その許諾は、本契約の第__項（KVCのために留保され、ライセンスから除外される権利）に基づくKVCの留保される権利に服するものとする。

2 本契約により許諾される権利は、規定された製品品目について、本許諾地域においてのみ適用がある。
ライセンシーは、自身がKVC商標を他の地域において、また種類を問わず、他の種類の製品にKVC商標の使用を許容しないものとし、それらを製造あるいは製造させ、または直接、間接を問わず、いかなる使用もしないものとする。

3 KVCは、ライセンシーに対し、KVCまたはその正当に許諾された_____のライセンシーにより、_____において製造されたKVC商標を使った製品を許諾地域に輸入する独占的な権利、ならびに、許諾地域で、許諾製品を製造し、販売する独占的な権利を許諾する。

4 ライセンシーは、本契約期間中、自身が本契約によりカバーされた許諾製品の熱心な製造、輸入、卸売り販売ならびに（小売り）販売に最善の努力をそそぎ、貢献することに合意するものとし、その努力には、これ以降の本契約で要求されている広告ならびに販売促進努力を含む。

解説

最も一般的な商標の使用許諾条項の例である。

2項の"make, or authorize to be made,"は、ライセンシー自ら製造する場合と他社に製造させる場合を指す。後者はいわゆる委託生産である。

3項で輸入・販売権を付与している点が特徴といえる。これは、契約締結後すぐにライセンス製品を生産できる体制になっていない品目について、しばらくライセンサーあるいはその指定された（指定地域外）ライセンシーから輸入し、時期が来たらライセンス生産による販売に移行する、という場合に用いる条項である。

●第2款　サブライセンシーを起用できることを規定、許諾地域外への転売禁止

使用許諾-02　　　　　　　　　　　　　　　　　　　　　　　例文2

ARTICLE __　GRANT OF LICENSE

1　Under the terms and conditions of this Agreement for the Licensed Term, as defined in Paragraph ____ below, the Licensor grants to the Licensee the exclusive right and license to use the _____ Trademarks in the manufacture and distribution of the Licensed Products as defined in Paragraph __ below, in the Territory as defined in Paragraph __ below.

2　The Licensee shall have the right to grant sub-licenses, within the scope of the rights granted to the Licensee herein, to any third parties under the terms to be determined in its sole discretion.

3　The Licensee agrees not to use the _____ Trademarks, in any area other than the Territory or on any products other than the Licensed Products and agrees not to sell any Licensed Products with the knowledge that the purchaser intends to resell the Licensed Products outside the Territory.

［和訳］

第__条　使用許諾

1　下記の第__項に規定する許諾期間中、本契約の条項と条件の下で、ライセンサーはライセンシーに対し、下記の第__項に定義する許諾地域で、下記の第__項で定義する許諾製品の製造、（卸売り）販売において、_____商標を使用する独占的な権利とライセンスを許諾する。

2　ライセンシーは、本契約により、ライセンサーに対し許諾された範囲において、ライセンシーの随意の判断で定める条件で、いかなる第三者に対しても、サブライセンス権を許諾する権利を有する。

3 ライセンシーは、_____商標を、許諾地域以外の地域で、または、許諾製品以外の製品に対して、使用しないことに合意し、また、買い主が許諾製品を、許諾地域外に転売する意図を持っていると承知のうえで販売しないことに合意する。

解説

2項では、ライセンシーの判断により第三者を選抜し、自由にサブライセンシーとして起用できる旨を規定している。信用とビジネス判断の問題により、ライセンシーの資本関係のある関連会社(Affiliates)に限定することもある。

3項では、許諾地域外に転売することを目的に購入を希望する顧客へは販売しないことをライセンシーの義務として負わせている。ライセンサーとしては、地域外への転売・輸出を完全に禁止することが好ましいが、あまり厳しい規定を置くと、逆に履行が不可能となり、また、許諾地域での独占禁止法に抵触して無効になるリスクを増加させかねない。"with the knowledge that the purchaser intends to resell …… outside the Territory."など慎重な表現であるのは、強行法規への抵触に配慮しているからでもある。

●—第3款　ライセンス商品を輸入する場合の規定——ライセンス生産の対象外の高級品目等を輸入、販売することを想定

例文3　使用許諾-03

ARTICLE __ IMPORTS
1　The Licensor appoints the Licensee as exclusive distributor to sell the Products bearing the _____ Trademarks imported into the Territory from _____.
2　The Licensee hereby agrees to order and purchase the Products produced by the Licensor according to the following minimum guaranteed purchase amounts:
　(i)　　20__　FOB US $200,000
　(ii)　 20__　FOB US $220,000
　(iii)　20__　FOB US $230,000

[和訳]
第__条　輸入
1　ライセンサーは、ライセンシーを、_____から許諾地域に輸入した_____商標を付した許諾製品を販売する独占的な輸入販売店に指定する。
2　ライセンシーは、本契約により、ライセンサーにより製造された許諾製品を下記の最低保証購入金額に従って注文し、購入するものとする。
　　(i)　　20__年　FOB(フリー・オン・ボード＝本船渡し)　20万米ドル
　　(ii)　 20__年　FOB　22万米ドル
　　(iii)　20__年　FOB　23万米ドル

解説

　高級品を扱うときは、ライセンサーから輸入に関する権利を取得する必要がある場合がある。いわゆる販売店になるわけである。そのような申し入れをすると、通常の交渉のステップとして、ライセンサーから、独占的な輸入販売権を取得するために一定の最低金額の購入の約束を求められる。たとえば、本条項のような提案がなされるだろう。

　ライセンス契約なのに、輸入販売店("distributor")になることを規定する契約条項が登場することを不思議に思う読者もおられるだろう。ところが、繊維製品などのライセンスにはしばしば登場することがある。

　このような契約を結ぶ理由の一つとして、ライセンス契約を締結しても、ライセンシー側ですぐに許諾を受けた全品目についての生産体制が整わず、いわばつなぎとして、最初の数年間は、いくつかの製品アイテムについてライセンサーからの輸入に依存する場合が挙げられる。

　もう一つの理由として挙げられるのが、高級品目についてライセンシー側は生産したいが、ライセンサー側が生産ノウハウなどを門外不出とし、ライセンス対象にならない場合である。

　上記やそれ以外の理由により、ライセンシーが生産できないときは、本条項例のような販売店指定条項が併用される。

　"FOB"は、ICC（国際商業会議所）が制定している貿易条件の規定の用語で、Free on Boardの略である。積出港での船積みによる引き渡し条件のことを指す。この場合は、本船（vessel）に貨物が積み込まれたときに引き渡しが完了し、売り主から買い主にリスクが移転する。買い主は、その費用負担で船積み港まで本船を手配し、受け取りに赴く。

　同様の用語にCIFがある。この条件では、売り主が買い主のために売り主の費用負担で仕向け港まで本船による輸送を手配し、海上保険も売り主が費用を負担し付保する。FOB条件では、売り主は一切このような輸送や保険の手配はしない。

●—第4款　マスターライセンシーがサブライセンシーを起用して、ライセンスビジネスを広く展開する規定

使用許諾-04　　　　　　　　　　　　　　　　　　　　　　　　　例文 4

ARTICLE ___ GRANT OF LICENSE

1　The Licensor grants to the Licensee the exclusive right to grant sub-license under Paragraphs 2 and 3 below for the use of the _____ Trademarks and the Method provided by the Licensor in the manufacture and sale of the Licensed Products in the Territory.
　Sub-Licensee may also have the Licensed Products manufactured for themselves by high quality contractors and may permit them to use the Method and apply the _____ Trademarks to such Products on Sub-Licensee's behalf.

2　The Licensee may grant sub-licenses of its rights under this Agreement to the Sub-Licensees listed in Exhibit ___, provided that:
  (i)　each sub-license takes the form of this Agreement with only such alteration as are necessary to reflect the sub-license relationship;
  (ii)　the Sub-licensees will be bound by all relevant conditions and obligations under this Agreement;
  (iii)　royalties shall be payable to the Licensor in respect of the Licensed Products manufactured and sold by the Sub-Licensees in accordance with the provisions of Article __ (Payment of Royalties) of this Agreement;
  (iv)　copies of all sub-license agreement between the Licensee and the Sub-Licensees shall be provided to the Licensor as soon as practicable after the execution thereof.

[和訳]

第__条　使用許諾
1　ライセンサーは、ライセンシーに対し、許諾地域における許諾製品の製造ならびに販売において、ライセンサーにより提供される_____商標および方法の使用について、下記の2項と3項の規定に基づきサブライセンスを許諾する独占的な権利を許諾する。
　サブライセンシーも、また、許諾製品をサブライセンシー自身のために高品質の技術を有する受託製造者の起用により、製造委託することができるものとし、受託製造者に対し、方法ならびに許諾製品への_____商標の使用を許諾できる。
2　ライセンシーは、別紙____に列挙するサブライセンシーに対し、その本契約に基づく権利を再許諾することができるものとするが、下記を充足することを条件とする。
　　(i)　各サブライセンスは、サブライセンス関係を反映するために必要な修正を加えるだけの、本契約と同じフォームをとること。
　　(ii)　サブライセンシーは、本契約の下でのすべての関連する条件および義務により拘束されること。
　　(iii)　ロイヤルティは、本契約第__条(ロイヤルティの支払い)の規定に従って、サブライセンシーにより製造され、販売された許諾製品について、ライセンサーに対し支払われること。
　　(iv)　ライセンシーとサブライセンシーの間のサブライセンス契約のコピーがその調印後、できるだけ早くライセンサーに対し提出されること。

解説

ライセンサーから商品についての広い範囲の権利を許諾され、サブライセンスを持つ場合、そのようなライセンシーを「マスターライセンシー」と呼ぶことがある。マスターライセンシーは、サブライセンシーとの関係では、ライセンサーになる。本契約条項ではマス

ターライセンシーという用語は使っていないが、ライセンシーがサブライセンシーを起用する権限を持ち、ライセンスビジネスを展開することを前提としている。

本契約条項では、サブライセンシーとの契約は、おおむねライセンサーとライセンシーとのライセンス契約を踏まえた同様の契約条件が要求される。また、起用され、契約を締結したサブライセンシーとの契約書のコピーを、ライセンサーに送付することが要求されている。ロイヤルティもサブライセンシーのビジネス展開に応じ、ただちに支払う必要がある。

一般的に、支払いルートはマスターライセンシーがまとめて支払うと規定される。サブライセンシーからライセンサーに直接ロイヤルティを支払うことはない。通常は、ライセンス許諾製品はマスターライセンシーを経由せず、サブライセンシーから直接市場や顧客に販売される。この場合、マスターライセンシーはサブライセンシーの販売の金額をはじめさまざまな状況を把握する必要がある。また、ロイヤルティの算定基準としては、生産量に基づく場合と販売額に基づく場合がある。後者が標準的であり、詳細は契約ごとに決められる。

●—第5款　ライセンサーがライセンシーに対しておこなう支援項目を列挙する

使用許諾-05　　　　　　　　　　　　　　　　　　　　　　例文5

ARTICLE __ GRANT OF LICENSE

1　Karen View Corporation ("KVC") grants Irene and Lausanne Trading Corporation ("ILT") the exclusive license and rights to manufacture and sell the Licensed Products in the Territory.

2　KVC grants to ILT, for the term described in Article __ hereof, the irrevocable license of the Licensed Products.

3　KVC will transfer to ILT all Licensed Technology which is necessary or useful to enable ILT to develop, manufacture and test the Licensed Products, including all documents, drawings, specifications, plans and procedures.

4　Every year, KVC will supply to ILT sketches and samples of the Licensed Products.

5　ILT may manufacture and have manufactured the Licensed Products outside the Territory with the prior written consent of KVC.

[和訳]

第__条　使用許諾

1　カレンビュー社(「KVC」)は、イレーヌ・アンド・ロザンヌ・トレーディング社(「ILT」)に対し、許諾地域において許諾製品を生産し販売するための独占的なライセンスと権利を許諾する。

2　KVCは、ILTに対し、本契約の第__条に規定する期間、許諾製品の撤回不可能なライセンスを許諾する。

> 例文5　使用許諾-05
> 例文1　許諾地域-01

> 3　KVCは、ILTに対し，ILTが許諾製品を開発、生産ならびに検査できるために必要または有益なすべての許諾技術を移転するものとし、それにはすべての書面、設計図、仕様、企画書および手続きが含まれる。
> 4　毎年、KVCは、ILTに対し、許諾製品のスケッチと見本を提供するものとする。
> 5　ILTは、KVCの事前の書面による許諾を得て、許諾製品を許諾地域外で生産し、または、委託生産することができる。

―――― **解説** ――――

　本条項例では、3項で、ライセンシーであるILTが製品を生産できるよう、ライセンサーであるカレンビュー社が提供する支援項目を具体的にリストアップしている。

　挙げられているのは、書面、設計図、仕様、企画書などである。また、4項ではスケッチや見本の提供も規定し、5項の許諾地域に関わる規定では、ライセンシーが許諾地域外での生産を希望する場合に備え、あらかじめライセンサーのカレンビュー社の承諾を得て生産できることを規定している。珍しい、親切な規定である。

　服飾品関連など、シーズンが重要なビジネスでは、春夏コレクション、秋冬コレクションなどの発売時期に対応して、デザイン、スケッチ画などの提供を取り決めることがある。その場合は、商標のライセンスだけでなく、デザインのライセンスという点も考えなければならない。デザイン画、スケッチ画などの送付について、さらに詳細な規定が必要となることもある。ライセンシーの地域、市場で、製品化して発売できるかどうかの判断に加え、デザイン画、スケッチ画をもとにした生産物が最終的にどのようなできあがりになるかは、当初は判然としない。できあがった見本をライセンサーに送付し、承認をとる手続きを入れるべきかどうかなど、検討すべき事項がある。ここでは、深入りせず、ポイントを示すだけにとどめたい。

　肝に銘じるべきは、ライセンス契約は、他の契約同様、法律文書の側面はあるものの、本質的にはビジネス文書であるということだ。必要な手続きや確認したいビジネスの内容、条件は明記する必要がある。

第6節　許諾地域

● ― 第1款　販売許諾地域とは別に製造許諾地域を規定する条項（製造した全量を販売許諾地域に積み出すことが条件）

例文1　許諾地域-01

> ARTICLE ___ TERRITORY
> 1　The license granted in Paragraph ___ above is limited to the country of Japan and _____.

In addition, the Licensor allows the Licensee to sell on non-exclusive basis the Licensed Products in Korea, Taiwan until the Licensor notifies the Licensee to stop.
2　However, the Licensor allows the Licensee to manufacture the Licensed Products in Taiwan, Hong Kong, China, Singapore, Vietnam, Myanmar, Thailand, Philippines and Indonesia.
　　These Licensed Products shall be shipped entirely to the countries in which the Licensor has allowed the Licensee to sell.
3　Forty-five (45) days before the beginning of each production season set forth herein, the Licensee shall furnish the Licensor with a list of factories and their addresses that will be used by the Licensee for producing Licensed Products.

[和訳]
第__条　許諾地域
1　上記第__項に許諾されるライセンスは、日本と＿＿＿国に限定される。さらに、ライセンサーはライセンシーに対し、中止するように通知するまで、非独占的に許諾製品を韓国、台湾において、販売することを許容する。
2　しかしながら、ライセンサーは、ライセンシーに対し、許諾製品を、台湾、香港、中国、シンガポール、ベトナム、ミャンマー、タイ、フィリピンおよびインドネシアで、生産することを許容する。
　　許諾製品は、全量、ライセンサーが販売することを許容された国に船積みされるものとする。
3　本契約で定める各生産シーズンの初日の45日前に、ライセンシーは、ライセンサーに対し、許諾製品の生産のためにライセンシーが使用する工場とその所在地のリストを提出するものとする。

解説

　商標ライセンスに限らず、知的財産のライセンス契約を締結し、独占的な許諾地域を定めて数年経過すると、しばしば遭遇する問題がある。契約締結当初は独占的な許諾地域で販売と生産をおこなっていたが、経済・産業の発展によって国境を超えた国際的分業の進捗により、生産工場をもとの許諾地域から許諾地域の隣接国や近隣諸国に移したいとライセンシーが要望する問題である。
　ライセンサーにとって、指定地域外での生産を許可すれば、生産工場からの横流しやライセンス対象商品の生産ノウハウや技術情報の拡散という事態を引き起こすリスクが高まる。それをどうとらえ、契約で対処するべきか。
　その一つの対処法が、本条項例のように、あらかじめ、ライセンスによる独占的な販売地域とは別に、ライセンシーあるいは第三者が独占的なライセンスを与えられた地域の外で生産をすることを認める規定を置くことである。
　商標使用許諾の場合は、独占的地域外の国で生産のみをおこない、すべての生産数量分をただちに販売許諾地域へ向けて船積み、あるいはトラックなどで積送すると規定して対処することが比較的多い。実際には、生産工場で不合格品や規格外品などが出るため、そ

例文1	許諾地域-01
例文2	許諾地域-02
例文3	許諾地域-03

の不合格品を市場で安価で処分されることをどう防ぐかが実務上の難問である。たとえば、本条項例では、3項でライセンシーがどこで生産する予定かを報告させることで不正な販売を予防しようとしている。

●──第2款　許諾地域内でも、ライセンサーはブティックの経営による販売、航空関連市場など一定の許諾除外項目を確保し、ライセンス許容から除外される規定

例文2　許諾地域-02

ARTICLE __ TERRITORY AND RIGHTS RESERVED TO LICENSOR AND EXCLUDED FROM THE LICENSE

1　The Territory is defined as follows: _____ (the "Territory").

2　The Licensee shall not distribute or sell the Licensed Products in any country outside the Territory.

3　The Licensee agrees to preserve and protect the rights of the Licensor with respect to the Territory and to enter into contracts or written agreements with its agents and distributors to require them not to sell the Licensed Products to any person outside the Territory or to any person for resale outside the Territory.

4　Rights Reserved to the Licensor and Excluded from the License:
Specifically excluded from the License granted to the Licensee hereby is the right to supply the Licensed Products to:
　(i)　any boutique owned, licensed or franchised by the Licensor ("_____ Boutique");
　(ii)　any airline for distribution or sale on board any of its aircraft;
　(iii)　any duty-free shop;

5　The Licensor reserves the right to supply any such _____ boutique, airline or duty-free shop or duty-paid shop, from any source whatsoever.

［和訳］

第__条　許諾地域ならびに、ライセンス許諾から除外され、ライセンサーに留保される権利

1　許諾地域は、次の通り、定義される：_____（以下、「許諾地域」）。

2　ライセンシーは、許諾地域外のいかなる国に対しても、許諾製品を卸売りまたは販売しないものとする。

3　ライセンシーは、許諾地域内についてのライセンサーの権利を守り、保護すること、ならびに、その代理店ならびに販売店との間に、許諾地域外の誰に対しても販売しないこと、許諾地域外に転売しようとする誰に対しても許諾製品を販売しないことを要求する契約または、書面の合意書を締結することに合意する。

4 ライセンサーに留保され、ライセンスから除外される権利・領域（＝販売先）：
本契約によるライセンシーに対する許諾から特別に除外されるのは、許諾製品の下記（顧客）向けの供給する権利である。
   (i)   ライセンサーにより保有され、またはフランチャイズ展開しているブティック（「＿＿＿＿＿＿ブティック」）向け
   (ii) 航空機内での卸売りまたは販売のための航空会社向け
   (iii) 免税店
5 ライセンサーは、いかなる他の仕入元からでも、かかる＿＿＿＿＿＿ブティック、航空会社、免税店または、関税込みの店に供給する権利を留保する。

解説

繊維製品のライセンス、特に独占的ライセンスを獲得した場合でも、その独占的許諾地域にそのブランドの商品を販売するブティックなどがないわけではない。

有力ブランドの国際的な展開において、ライセンサーがある商品アイテムをライセンス対象から除外し、自社での生産に限定するか、自社工場もしくは自社管理の指定工場による委託生産に限るという2段階のライセンス体制がとられることは多い。

ライセンスによるフランチャイズ店舗の展開だけでなく、ライセンサー直営のブティックの展開も並行しておこなわれることが、むしろ主流といえる。単一のブランドによる専門店としてのブティックだけでなく、デパートなどのブランドのコーナーへもライセンサーの商品が供給される。つまり独占的ライセンスを獲得しても、契約対象品は限られており、しかもライセンスには品質・価格水準が最高級のものは含まれないことが通常なのである。ライセンサーが直営するブティックとライセンシーによる展開が、まったく無縁なまま両立して流通がおこなわれるかどうかは、契約の規定次第である。ライセンシーがロイヤルティを支払い生産した商品を、ライセンサーあるいはブティックによる一定の検査を経て、専門店に卸すという条件が設定されることもある。

第3款　ライセンシーに許諾した地域内で、ライセンサーが許諾製品を製造することが認められる規定

許諾地域-03　　　　　　　　　　　　　　　　　　　　　　　　　　　　例文 3

ARTICLE __ TERRITORY
1 The Territory for the exclusive license hereunder shall be ＿＿＿＿＿＿＿＿.
2 The Licensor reserves the right for itself to manufacture or have manufactured the Licensed Products bearing the ＿＿＿＿＿＿ Trademarks in the Territory for sale outside the Territory, but the Licensor agrees not grant any licenses to others for the sale of the Licensed Products bearing the ＿＿＿＿＿＿ Trademarks in the Territory except through the Licensee nor shall it export the Licensed Products bearing the ＿＿＿＿＿＿ Trademarks to the Territory otherwise than through the Licensee.

例文3　許諾地域-03
例文1　ライセンス許諾製品

[和訳]
第__条　許諾地域
1　本契約に基づく独占的な許諾地域は、＿＿＿＿＿＿＿＿＿＿とする。
2　ライセンサーは、許諾地域外向け販売のために、許諾地域内で＿＿＿＿＿＿商標を使用した許諾製品を自ら製造し、または委託製造させる権利を留保するものとするが、ライセンサーはライセンシーを通しての場合を除き、許諾地域内で＿＿＿＿＿商標を使った許諾製品の販売のために他の者にライセンスを許諾することはしないことに合意し、また、ライセンサーは、＿＿＿＿＿＿商標を使った許諾製品を、ライセンシーを通してでない限り、許諾地域に輸出しないものとする。

―――――――――解説―――――――――

　ライセンス契約で独占的許諾地域を規定する際には、通常は販売を目的としているが、契約上では黙示的な、あるいは標準的な解釈として、許諾製品の生産と販売の両方が規定されていると理解する。

　そうすると、先述の許諾地域-01のように、許諾製品の生産地が販売許諾地域でなく、近隣諸国であるという場合は、あらかじめ契約でその旨をライセンサーに確認・了解してもらう必要がある。

　本条項例は、その逆のケースを規定したものである。ライセンサーがライセンシーに生産・販売を許諾したある独占的な許諾地域で、自社の製品の生産のみをおこないたい場合に、あらかじめそのことをライセンシーに認めさせたうえで、同時にその商品を許諾地域では一切販売することなく、域外に積み出すことを規定しているのである。

　一般的に、ライセンサーは、契約交渉時や契約期間満了時の更改交渉時の立場が強い。だからといって、ライセンシーへ許諾した地域でも、当然のようにライセンサーの商品を生産できるわけではない。その意味で、ライセンシーに対して敬意を表し、この規定が置かれることがある。

　たとえば、商標許諾地域が日本の場合、契約締結時にライセンサーが、日本以外の地域で販売するため、許諾した対象の品目を既に日本で生産しているケースが考えられる。ライセンサーが継続して日本で許諾した商標を使った製品を生産する場合は、このような規定を置く必要がある。これは、生産をする権利を持つのは、日本において独占的な商標使用許諾のライセンスを獲得したライセンシーだけだと解釈するのが自然だからである。さもなければ、紛争に発展するリスクをはらむことになる。

　通常、実務で重要な問題として頻繁に直面するのは、逆に、ライセンシーが、その獲得した販売地域外で製造することができるかどうかが問われ、製造できるように明文で規定を置き、その紛争をあらかじめ防止することである。たとえば、日本を販売許諾地域とするライセンス導入の契約で、生産地域として中国、インドネシア、タイ、台湾などを規定する対処法である。これについては、委託生産も含めるかどうかなど、具体的に規定をして対処する。

第7節 ライセンス許諾製品

●─第1款　後日、ライセンシーの選択によりライセンス対象（許諾）製品を増加するファースト・リフューザル・ライトが付与される規定

ライセンス許諾製品　　　　　　　　　　　　　　　　　　　　　　例文 1

ARTICLE __ LICENSED PRODUCTS
1　Licensed Products
　The Licensed Products are defined as and include women's sportswear, underwear, luggage and accessary items bearing the _____ Trademarks and Design.
2　Right of First Refusal
　In addition to Paragraph 1 hereof, the Licensee shall have a first right of refusal to extend the scope of this Agreement, to include other than the Licensed Products set forth in Paragraph 1, including, but not limited to, men's sportswear, casual wear, outerwear, pajamas, underwear designed or approved by the KVC.
　KVC will give the Licensee notice of the terms under which this Agreement may be extended to individual items, including adjustment to Minimum Guaranteed Royalties.
　KVC may give such notice whether or not it has a bona fide offer from a third party. The Licensee shall have fourteen (14) business days following receipt of such notice to give notice to KVC of its exercise of its first refusal right.
　In the absence of such notice by the Licensee, KVC may enter into other licensing arrangements with respect to the items covered in its notice to the Licensee.

［和訳］
第__条　許諾製品
1　許諾製品
　許諾製品は、_____商標およびデザインを使ったウイメンズのスポーツウェア、下着、鞄ならびにアクセサリー品目と定義され、それらを含むものとする。
2　ファースト・リフューザル・ライト
　本契約の第1項に加えて、ライセンシーは第1項に規定する許諾品目以外の品目に本契約の範囲を拡大することについて、ファースト・リフューザル・ライトを有するものとし、その対象品目には、限定的な列挙ではなく、例示的列挙として、KVCがデザインまたは承認したメンズのスポーツウェア、カジュアルウェア、上着、パジャマ、下着が含まれる。

> KVCは、本契約を個別の品目に拡大することができる契約条件について、最低保証ロイヤルティ額の調整を含んだうえで、ライセンシーに対する通知を与えることができる。
> KVCは、第三者から、かかる善意の申し込みを受けているかどうかに関わりなく、かかる通知を与えることができるものとする。ライセンシーはかかる通知を受領後14営業日以内に、そのファースト・リフューザル・ライトを行使する旨、KVCに通知を出すことができるものとする。
> ライセンシーによるかかる通知がないときは、KVCは、ライセンシーに対する通知した範囲の品目についての他のライセンシング・アレンジメント(契約)を締結することができるものとする。

解説

　本契約条項では、ライセンシーは契約締結時に、婦人物(ウイメンズ)の商標についてはライセンスを獲得しているが、紳士物(メンズ)については対象外である。

　しかし、将来、ライセンサーが紳士物についても第三者にライセンスのオファーをする場合に、それまで婦人物で貢献してきたライセンシーに対し、同じ条件でその第三者に代わってライセンシーになりライセンス契約を締結する権利を付与することがある。この権利を「ファースト・リフューザル・ライト」と呼ぶ。ライセンシーがそのオファーを受けて、どのくらいで締結するか否かを検討する期間が与えられるのかなどが、重要な交渉項目になる。

　ライセンシーが同条件で契約を締結することを受け入れられない場合は、ライセンサーはその第三者と契約を締結することが認められる。そうなると、品目は異なるとはいえ、ライセンシーにとっては、同じ商標を付した商品について、販売地域内にライバルが登場することになる。

　しかし、ライセンサーにとってはビジネス上不便な規定なため、実務上ファースト・リフューザル・ライトが登場し、契約に規定されることは、あまり多くはない。例外的なケースといえよう。

第8節　契約期間

◉―第1款　両者による事前(契約終了前)の書面による合意がなければ、延長されず終了する規定

例文1　契約期間-01

ARTICLE __ TERM

The term of this Agreement (the "Term") shall commence on April 1, 20__ and shall terminate on March 31, 20__, unless sooner terminated pursuant to any other provision of this Agreement.

There shall be no extension of this Agreement without the prior, mutual, written consent of all parties.

[和訳]
第__条　契約期間
本契約の期間（「契約期間」）は、本契約の他の規定によりそれより早く終了しない限り、20__年4月1日に開始し、20__年3月31日に終了するものとする。
本契約は、すべての当事者の事前の相互の書面による合意がない限り、延長されないものとする。

解説

　契約期間について定めるうえでは、契約期間の始期と終期との2つを規定に明記することが、一番明瞭な方法である。

　しかし本契約条項でも、契約終了時を迎えた際に次のステップにどう進むのかについては、曖昧で不透明なままになっている。ライセンシーとしては、ビジネスが好調である限り、延長したいと希望するだろう。

　一方、ライセンサーとしては、ライセンス先のビジネスが好調であればあるほど、自社による直接進出や新たなライセンシー候補について検討したいところである。現在のライセンシーよりも好条件を提示するライセンシー候補があれば、よけいに悩ましい。これは、一般的に起こりうる事態である。

　そのような場合には、ライセンサーに解決方法はあっても、ライセンシーにはなかなかよい案がない。自動更新条項を設けていても、ライセンサーからライセンシーに更新しないという通知を出せば、契約は終了する。ライセンシーにとっての例外的な解決方法の一つとして、長期契約を締結する方法とRight to Renew条項やOption to Renew条項を置く方法が挙げられる。後者については、ライセンサーが受け入れるかどうかは難しい。詳しくは第6部とその解説を参照してほしい。

　本契約条項はライセンサーがドラフティングをしたという前提である。更新については、別途事前（契約終了前）に、両者による書面による期間延長の合意がない限り、延長せず契約を終了するものである。ここではあえて明示的に規定されていないが、慎重なライセンサーなら、ここに、「延長しないことを根拠に相手方に損害賠償を請求することは両者ともおこなわない」と確認する規定を入れることがある。「両者とも」とあるので公平に見えるが、実際にはライセンサーを損害賠償請求から守る規定であることが多い。

●―第2款　終了の6か月前までに両者で協議し、延長するかどうかを決める規定

例文2　契約期間-02

ARTICLE ___ TERM
1 Subject to earlier termination as provided in Paragraph ____ hereof, the term of license under this Agreement commences on the first date above and will continue for a period of _____ (__) years until _____ __, 20__.
2 KVC and the Licensee agree to meet and confer concerning extension of the term of this Agreement no later than six (6) months prior to its expiration of the Term or any extended term thereof.

［和訳］
第__条　契約期間
1 本契約の第__項に規定する途中解除の規定には服するが、本契約上のライセンス期間は、本契約の冒頭に記載された日に開始し、20__年_____までの____年間継続するものとする。
2 KVCとライセンシーとは、本契約の期間の延長について、契約期間満了または、その延長された期間の満了の6か月以上前に、会って協議することに合意する。

――――――― 解説 ―――――――
　契約書の冒頭に記載した日（契約締結日）を始期とし、期間を規定したうえ、終了時期を規定するものである。期間の記載と始期・終期の記載に矛盾がないように、確認することも必要である。
　また、終了時期については、期間満了の6か月前までに、あらかじめ両者で話し合って決めることを合意している。このような契約条項は、ライセンシー側が会って延長について話し合いたいと希望し、ライセンサーが受け入れたような場合に多い。実際の交渉では、提案しづらい状況であったり、ライセンサーからあっさり断られたりすることもある。
　延長の保証はまったくないが、少なくとも会って話し合いが持てれば、ライセンシーにとっては精神的な希望となるはずである。

●―第3款　終了の1年前までに次の延長の可否について合意する規定

例文3　契約期間-03

ARTICLE ___ TERM
This Agreement shall have effect as from the Commencement Date.

The term of the rights granted to the Licensee shall run from the Commencement Date and shall end on March 31, 20＿, unless renewed by further agreement in writing between the parties, such terms to be agreed by March 31, 20＿.

[和訳]
第＿条　契約期間
本契約は開始日から発効する。ライセンシーに許諾された権利の期間は、開始日から有効となり、当事者間で書面による合意によりさらに更改されない限り、20＿年3月31日をもって終了するものとし、その更改の期間は、20＿年3月31日までに合意されるものとする。

―――――――解説―――――――

　上記条項では、終了の1年前の同日までに延長についての協議を終えることを念頭に規定している。「3月31日」の表記が2度出るが、最終行のほうは、前の終了年の1年前を指すものである。この協議の期限を半年前とする場合もある。

　契約期間-01、02、03は、いずれも標準的な規定だが、初回の契約期間の長さや、ビジネスの対象となる品目、業界、他の契約を締結する機会、仕入元の存在の有無などにより、厳しい条件の規定となったり、不合理な条件の規定になったりすることもあろう。基本的には、ビジネス判断に応じて決めるべき事項である。

　ただ、相手側が一方的に突然終了を決める規定ではなく、終了までに一定の余裕期間を設定し、協議して決める規定にすることが、ビジネスパートナーとしての相手に対する敬意を示す意味でも、合理的な規定だといえよう。両者による協議を通じての理解・納得を得ること、つまり、結果だけでなく結論に至るプロセスがビジネスでは重要だということである。

第8部 損害賠償の制限・高度の安全性を要求される用途

Limitation of Liability; High Safety Required Use

第1章 損害賠償額の上限を規定する契約条項フォームズ
（和訳・解説付き）

第1節 米国UCCによる契約の公序良俗違反制限規定

第1款　不当な契約もしくは条項　Unconscionable Contract or Terms

損害賠償額が無制限ではビジネスが成り立たない場合、債務不履行から発生する損害賠償額に上限を設定し、あるいは、完全に免責を与えることがある。どのように規定するのが賢明だろうか。

合意による損害賠償額は、現実に発生する損害を補填する賠償額を目指し双方で合理的な金額を取り決める姿勢、実際に不当に高額でないことが求められる。逆に、あまりにも実損より低い場合も、同様な取り扱いを受けるリスクがあると考え、ドラフティングや交渉に臨むべきであろう。

UCCにその内容が定められているので紹介する。

具体的なケースで、契約や条項が非良心的であるかどうかについて、裁判官が判断する際には、その契約、条項が、締結、合意されたcommercial setting（ビジネスの基盤・背景）、その目的と効果が勘案される。この判断（finding）は、as a matter of law（法律的な判断事項）とされており、陪審はその判断には関わらない。

第2款　UCC 2-302　UCC 2-302

資料　UCCによる契約の公序良俗違反制限規定

UCC 2-302 Unconscionable Contract or Term
(1) If the court as a matter of law finds the contract or any term of the contract to have been unconscionable at the time it was made, the court may refuse to enforce the contract, or it may enforce the remainder of the contract without the unconscionable term, or it may so limit the application of any unconscionable term as to avoid any unconscionable result.

（以下略）

［和訳］
UCC2-302　不当な契約もしくは条項

(1) もし、裁判所が、法律上の問題として、契約または契約のいずれかの条項が、契約が締結された時点で非良心的だと判断された場合には、裁判所は、その契約の履行強制を拒絶し、または、契約を非良心的な規定を除外して残りの契約を強制履行せしめることができるものとし、または、非良心的な条項の適用の仕方を非良心的な結果を避けるように制限することもできるものとする。
(以下略)

第2節　損害賠償額の上限を規定する契約条項

　以下に、損害賠償額の上限を規定するいくつかの契約条項を紹介したい。いずれの場合も、強行法規に抵触する場合にはその効果に制約が出てくる。典型的な例を挙げれば、故意(Willful Conduct)や重過失(Gross Negligence)により引き起こされた損害である。まずは、販売店契約に使用されるフォームを見てみよう。

◉─第1款　標準的な規定(その1)

損害賠償責任の上限-01　　　　　　　　　　　　　　　　　　　例文 1

ARTICLE __ LIMITATION OF LIABILITY
1　Notwithstanding any other provision herein to the contrary, neither party shall be liable for any special, incidental, indirect or consequential loss or damage of any kind whatsoever, including without limitation, loss of production, loss of or corruption to data, loss of profits or loss of operation time and loss of anticipated savings, however, caused and on any theory of liability, whether or not that party has been advised of the possibility of such loss or damage.
2　Neither party shall be liable for loss, damage or expense which indirectly arise from customers' use of or inability to use a Product either separately or in combination with other products or for any commercial loss of any kind or for procurement of substitute goods, save and except such loss, damage or expense to real or tangible property or bodily injury which is included in a judgment or settlement and which caused as a result of that party's negligent acts or omission to act.

例文 1　損害賠償責任の上限-01
例文 2　損害賠償責任の上限-02

3　IN NO EVENT THE SUPPLIER'S TOTAL AGGREGATE LIABILITY ARISING OUT OF OR UNDER THIS AGREEMENT (EXCLUDING LIABILITY FOR NEGLIGENCE RESULTING IN BODILY INJURY AND DEATH FOR WHICH NO LIMIT APPLIES) EXCEED ONE MILLION UNITED STATES DOLLARS OR THE AMOUNT PAID BY THE DISTRIBUTOR FOR THE PURCHASE OF THE PRODUCTS DURING THE CALENDAR YEAR WHEN SUCH LIABILITY ARISES, WHICHEVER IS GREATER.

［和訳］
第__条　責任の上限
1　本契約中の矛盾する他の規定にかかわらず、いずれの当事者も、特別、付随的、間接的または結果的損失、または、生産の(機会)損失、データの喪失または汚染、利益の喪失、操業時間の喪失、期待していた節減の喪失など、種類を問わずいかなる損失についても、また、どのように引き起こされたか、また、いかなる責任理論に基づくかを問わず、また、（責任負担）当事者が、事前にかかる損失や損害の可能性について知らされていたかどうかにかかわらず、責任を負わないものとする。
2　いずれの当事者も、本製品の単独または他の製品との組み合わせによる、顧客の使用または使用できないこと、あるいは、いかなる種類かを問わず商業的損失、または、代替商品の確保等から間接的に発生する損失、損害または費用について責任を負わないものとする。
ただし、判決または和解契約に含まれており、かつ、当事者の過失による作為または不作為により発生した結果、引き起こされた不動産または有形資産または身体的負傷に対する損失、損害または費用については例外とする。
3　いかなる場合も、本契約からあるいは、本契約上の供給者の賠償責任額総累計額は、（過失により発生した身体的負傷と死亡に対する責任〈その場合は限度は適用がなくなる〉を除き）100万米ドルまたは、かかる責任が発生したときの1暦年の間に、本製品の購入に対して販売店により支払われた金額のうち、いずれか高いほうの金額を超えることがないものとする。

解説

　上記の契約条項の3項の（　）の中を、供給者側に有利にすることを意図して、たとえば、including liability for negligence resulting in bodily injury and death とドラフティングするとどうなるだろうか。
　多くの場合は公序良俗に反するとして、この規定全体が無効になるという結果がもたらされるだろう。上記例文では、そのようなリスクを冒すことのないよう、公序良俗を尊重し、不注意からもたらされた負傷や死亡のケースには、この損害賠償責任の上限条項が適用しないことを明示している。自社側の利益追求から一歩引いて、合理的な範囲の損害賠償責任の限定にとどめ、この規定を存続させる意図による。
　また、供給者側の場合に、この例文の（　）内のEXCLUDING LIABILITY FOR NEGLI-

GENCEとあるところを、代わりにEXCLUDING LIABILITY FOR GROSS NEGLIGENCE OR WILLFUL CONDUCT RESULTING BODILY INJURYあたりに変えれば、どうなるだろうか。軽微なNEGLIGENCEにより引き起こされた場合にも、損害賠償責任の上限の規定を適用させるチャンスがないかどうかを吟味する手もありそうだ。

　さらに、次の例文条項は賠償責任の限度を低くしようと意図するものだ。狙い通りにいくかどうかには、疑問符が付くが、同種の規定は実務上もしばしば登場する。万一、無効でも構わない、交渉のテーブルで役立てばそれでよい、と割り切るならば活用できるだろう。力関係などのビジネス上の理由により、絶対に訴訟に持ち込まれることがなく協議で解決できると確信できる場合には、ふさわしい契約交渉の仕方や紛争解決方法もあると考えるのも自然だろう。

●―第2款　標準的な規定（その2）

　例文1のバリエーション。出資関係にある両社間のライセンス契約での損害賠償額の上限を定める契約条項。引き渡された技術の対価としての支払い済みロイヤルティの合計額か、50万米ドルのいずれか高いほうの金額を損害賠償の上限と規定する。

損害賠償責任の上限-02　　　　　　　　　　　　　　　　　　　　　　　例文2

ARTICLE __ LIMITATION OF LIABILITY

1　Under no circumstances will either party be entitled to recover from the other party any indirect, consequential, incidental or particular damages, whether in contract or tort, including negligence, even if the party has been informed of the possibility of such damages.

2　Each party acknowledges that the foregoing waiver serves as a material inducement for it to enter into this Agreement.

3　In no event will the liability of either party with respect to its aggregate obligations under this Agreement exceed the amount paid by Irene & Lausanne Trading Corporation ("ILT") to Karen View hereunder as royalties relating to Karen View technology involved in the claim or five hundred thousand United States Dollars (US$500,000), whichever is greater.

4　Neither party wishes to accept unlimited liability in the event it is in breach of one or more of its representations and warranties or obligations hereunder, and therefore, each party has agreed upon this amount as the maximum exposure of each party to the other party.

[和訳]
第__条　責任の上限

例文2 損害賠償責任の上限-02
例文3 損害賠償責任の上限-03

1 いかなる状況下でも、いずれの当事者も、他の当事者から間接的、結果的、付随的または特別損害について、契約上であれ、あるいは過失を含む不法行為上であれ、たとえ当事者がかかる損害の可能性についてあらかじめ知らされていたとしても、賠償を受けることはできないものとする。
2 各当事者は、上記放棄が、当事者が本契約を締結するための重要な誘因として役割を果たしていることを確認する。
3 いかなる場合も、いずれの当事者も、本契約の下でのその合計額についての責任は、本契約上のイレーヌ・アンド・ロザンヌ・トレーディング社(「ILT」)により、クレームに含まれるKVC技術に関連し、カレンビュー社に対し、支払われたロイヤルティの金額、あるいは、50万米ドルのうち、いずれか高い金額のほうの金額を超えないものとする。
4 いずれの当事者も、自らが、本契約上に定める表明または保証または義務の一つまたは複数に違反したときに、無限の損害賠償責任を引き受けることを希望せず、したがって、各当事者は、本条に定める金額を、各当事者が他の当事者に対して負うべき最大の金額として、合意したものである。

解説

例文1では、供給者側のみに適用される責任限度という取り決め方をしている。ところが、契約実務では、一方のみが利益を享受し他方当事者は享受しないときに、その契約条項を公序良俗に反する、あるいは、公平性を欠き無効とすべきである、という主張を相手方が展開することがある。

たとえば、ライセンス契約などでライセンサーの責任限度のみを規定した場合などである。それを嫌って、ライセンス契約ではライセンサー側がその賠償責任の上限を規定するために、自社側だけでなくライセンシーも損害賠償の上限の規定の恩恵を享受する規定を盛り込み、契約交渉が妥結されることも多く見られるようになった(例文2)。この例文内で紹介しているのは、ライセンサー、ライセンシー双方に適用される損害賠償の上限の契約条項の例である。2項も4項も本来は不要な規定であるが、裁判官から公序良俗に反し無効、あるいは、公平性や約因を欠き無効であると判断されることを防ぐために、工夫を凝らした結果である。この配慮が無用な心配、杞憂であるかどうかは、本当は分からない。次の契約条項(例文3)では、2項や4項のような配慮は省いている。

一方で、このように両者に公平な同一金額による上限を設ける方法が、新しい深刻な問題を起こすこともあるため、留意が必要である。その一つとして、ライセンス契約においては、ライセンサーからライセンシーに対し開示される秘密情報の管理問題が挙げられる。通常、ライセンサーから開示される秘密情報には、一般的に責任限度の上限として規定される一定期間支払われるロイヤルティ額に比べて、格段に価値がある。もしライセンシー側が、開示範囲の制限に違反し、開示したり公衆に漏洩したりすれば、秘密情報の保護は失われ、ライセンサーの知的財産ですらなくなってしまう。ところが、形式的な解釈でいくと、双方には同様の損害賠償額の上限が適用され、きわめて不合理な結果がもたらされてしまう。

実際に、意識せずこのリスクを見落とし、契約を締結した後日に焦っている知己に遭遇したことがある。知己は、図太いライセンシーからこのような電話を受けたという。

「ライセンス契約により御社から開示していただいた秘密情報を当社が開示した取引先の管理不注意で、業界に漏洩されてしまいました。もはや、パブリックドメインになってしまいましたので、ライセンス契約は終了でしょうね。この開示先の秘密保持義務違反は誠に残念ですが、損害賠償責任の限度は契約に規定された通り、私どもがこの情報の開示に対しお支払いしたロイヤルティと同額です。請求いただき次第、すぐにお支払いしますから、ご心配なく……。今回は過失によるものですが、たとえ不法行為（Tort）により損害を引き起こした場合でも、1項の規定にあるように損害賠償責任の限度規定は不法行為責任（Tort Liability）にも適用されますよ」

図々しい発言に、的確な反論ができず困り果てたそうだ。

このように、開示した技術情報やライセンスした知的財産（商標、著作権、特許、秘密情報など）をライセンシー側が、契約で指定された用途や、地域の規定に違反して使用し、予期せぬ甚大な損害を発生させることをMisappropriation（不正利用）の問題と呼ぶことがある。

例文2を使用する前提（背景）としては、両社が出資関係のあるグループ企業同士であり、独立した第三者同士という立場でないことが肝要である。

完全に独立した相手先（ライセンシー）に対して例文2を使用することは、すすめない。その際は、例文1のようにライセンサーの責任限度の上限を規定する条項がよいだろう。また、この場合のもう一つの解決策として、損害賠償の上限の規定はライセンシーの秘密情報の漏洩などの違反に対しては適用されない、と明確な除外規定を置くことが挙げられる。

上記2つの解決策を踏まえた契約条項例文を例文3と例文4に示す。また、後者については、これ以外の違反を適用除外に加えることも実務上は検討の余地があるだろう。

ちなみに、Gross NegligenceやWillful Conductにより引き起こされた損害には損害賠償責任の上限規定が及ばないという規定で上記の問題に対処できないか、という検討もできそうだが、結論として、それでは十分対処できないだろう。秘密保持義務の注意義務水準については、第1部第4章で取り上げたように議論があるが、Gross Negligenceによる漏洩の場合、ライセンサー側が立証するのはまず無理だからである。

●─第3款　標準的な規定（その3）

例文2の契約条項をもとにライセンサーのみが上限を享受できるように改訂した条項。約因を示す文言を省き、簡素化している。

損害賠償責任の上限-03

例文3

ARTICLE __ LIMITATION OF LIABILITY

1　Under no circumstances will the Licensee be entitled to recover from the Licensor, any indirect, consequential, incidental or particular damages, whether in contract or tort, including negligence, even if the Licensor has been advised of the possibility of such damages.

2 In no event the liability of the Licensor with respect to its aggregate obligations under this Agreement exceed the amount paid by the Licensee to the Licensor hereunder as royalties relating to the Licensor technology involved in the claim or five hundred thousand United States Dollars (US$500,000), whichever is greater.

［和訳］
第__条　責任の限度
1　いかなる状況下であっても、ライセンシーは、たとえ、ライセンサーが事前にかかる損害の可能性を知らされていたとしても、間接的、結果的、付随的または特別損害については、契約上あるいは、過失を含む不法行為に基づくかを問わず、ライセンサーから損害賠償を受けることはできないものとする。
2　本契約の下での、その合計額についてのライセンサーの責任は、本契約に基づき、クレームを含むライセンサー技術に関するロイヤルティとして、ライセンサーに対してライセンシーにより支払われた金額、あるいは、50万米ドルのいずれか高いほうの金額を超えないものとする。

●―第4款　損害賠償責任の上限に例外を置く規定

損害賠償の責任の上限はライセンサーだけでなく、ライセンシーにも適用されるが、開示を受けた秘密情報管理義務には適用しないことを明示的に規定する。

例文4　損害賠償責任の上限-04

ARTICLE __ LIMITATION OF LIABILITY
1　（例文2の例文条項と同じ）
2　（同上）
3　（同上）
4　Notwithstanding the foregoing, the limitations under this Article (Limitation of Liability) shall not apply to any breach or violation of Article ___ (Confidential Obligations of the Licensee) or any misappropriation of the Licensor's Intellectual Property Rights.

［和訳］
第__条　責任の上限
1　（例文2の例文条項と同じ）
2　（同上）
3　（同上）

4 　上記にかかわらず、本条項(責任の限度)の下での制限は、第__条(ライセンシーの秘密保持義務)違反または、ライセンサーの知的財産権の目的外使用については、適用されないものとする。

●─第5款　損害賠償責任の上限規定(バリエーション1)

　一定金額または、直近の一定期間(ここでは3か月間)に受領した対価のうち、低いほうの金額を上限とする規定。

損害賠償責任の上限-05

例文 5

ARTICLE __ LIMITATION OF LIABILITY
1　The total liability of either party to the other party for damages asserted by the other party under this Agreement shall be limited to the lessor of:
　(i)　One hundred thousand US Dollars (US$100,000); or
　(ii)　The amount paid or payable to the Distributor by PARASEC under this Agreement during the most recent three (3) months period preceding the events giving rise to such liability.

2　To the full extent such may be disclaimed by law, neither party shall be liable for any consequential, indirect, incidental, punitive, or special damages, including without limitation, damages for loss of business profits, business interruption, loss of business information, and the like, infringement of intellectual property, arising out of this Agreement or the use of or inability to sell or use the Products, even if that party has been advised of the possibility of such damages.

[和訳]
第__条　責任の限度
1　本契約上の他の当事者により主張されるもう一方の当事者に対する損害賠償の合計額は、以下の中の一番小額な金額とする。
　(i)　10万米ドル、または、
　(ii)　責任を発生させるに至った出来事の発生に遡る直近の3か月の間に、本契約に基づき、PARASEC社により販売店に対して支払われた、あるいは、支払い義務のある金額。
2　法律で否認が許容される最大限の範囲で、いずれの当事者も、ビジネス上の利益の消滅による損害、ビジネスの中断、ビジネス情報の喪失、ならびに類似の損失、知的財産の侵害、または、本製品の使用または、販売できないことまたは使用できないことから発生する損失を含み、それらに限定されない、本契約から発生するいかなる結果的、間接的、付随的、懲罰的または、特別な損害に対して一切責任を負わないものとする。

解説

損害賠償を請求される側からいえば、逆に、いずれか低いほう（whichever is lessor）としたほうが有利な条件である。この方式を採用する例文規定が以下の例文5の条項である。

金額を上限の基準として設定する場合は、直近の一定期間に支払われた代金（販売代金、ロイヤルティなど）を掲げる方法がある。

例文5の場合、支払い義務のある側が支払いをおこなっていなかった場合のほうが、この規定上は「支払った」に該当せず有利になりうるので、その不合理を解消するために、この契約条項では、単に、paid by the Distributor during most recent three (3) monthsとする代わりに、一言加えて"paid or payable by the Distributor during the most recent three (3) months"としている。

Payableは、支払い義務があることを示し、たとえ支払われていない場合でも、その支払うべき金額が基準となる。実務上は、期間は直近3か月から1年くらいまで、さまざまである。

いずれか低いほうの基準で決着するのは、供給者側やライセンサー側の力が強力なケースである。通常は、例文1や例文2のように、いずれか高いほうという規定が一般的でありフェアであろう。

●─第6款　損害賠償責任の上限規定（バリエーション2）

生命または身体に与えた損害については、適用される強行法規の規定に従う。

例文6　損害賠償責任の上限-06

ARTICLE __ LIMITATION OF LIABILITY

1　Neither KVC or its supplier shall be liable to the Distributor for any damages with respect to any subject matter of this Agreement under any contract, negligence, strict liability or other legal or equitable theory;
　(i)　for any incidental, consequential, special or indirect damages of any sort, even if KVC or its supplier have been informed of the possibility of such damages;
　(ii)　for cost of procurement of substitute goods, technology or services; or
　(iii)　for loss or corruption of data or interruption of use.
2　KVC shall not be liable hereunder for any amounts in excess of the total amount actually paid to KVC hereunder for the particular products that are subject to a claim.

3　The limitation of liability set forth in this Article shall not apply to liability for death or personal injury to the extent applicable law prohibits such limitation.

[和訳]
第__条 (賠償)責任の上限
1 KVCまたは、その供給者は、販売店に対し、本契約の取引対象についての損害について、契約、過失、厳格責任または他の法律あるいは、衡平法の理論の下でも、次の事項については、責任を負わないものとする。
   (i) 仮にKVCまたはその供給者があらかじめ、そのような損害の可能性について知らせていたとしても、種類のいかんを問わず、付随的、結果的、特別の、あるいは間接的な損失に対して、
   (ii) 代替製品、技術またはサービスの購入に対して、または、
   (iii) データの紛失または汚染または、使用の中断に対して、
2 KVCは、クレーム対象である特定の製品に対して、本契約に基づき、KVCに対して実際に支払われた金額の合計額を超える金額については、本契約上、(賠償)責任を負わないものとする。
3 本条項に規定する(賠償)責任の限度は、適用法がその制限を禁止している限度で、個人の死亡または身体の負傷については、適用されないものとする。

解説

例文6では、2項までは、供給者側に一方的に有利な規定になっているが、3項では、その地で適用される強行法規を念頭に置いて、生命(死亡)または身体(負傷)に与えた損害(死傷事故)については、適用される強行法規の規定に従う趣旨を明示した条項例を紹介したい。

このような規定(項目)があってもなくても同じだと主張し、この3項を削除することをすすめる見解もなくはない。しかし、ビジネスや契約書の作成に携わる際、このように明確に遵守精神を規定することに意義はあるという意見を筆者は支持したい。

絶えずコンプライアンスの姿勢を明示することが、一見一方的な利益を主張するように見える規定をunconscionableな規定として無効にされることを防ぎ、存続させることとなり、結果として有利に働くこともあるだろう。

最後に、損害賠償額の上限を契約価格の10パーセント以下に抑える契約条項を紹介しよう(例文7)。建設契約などでは、このような取り決め方が標準といえよう。受け取った金額をすべて損害賠償に充てるような規定では、建設産業が成り立たない。

損害賠償の上限を扱う規定は、それぞれのビジネスの背景、基盤、合理的な解決方法の蓄積、契約条項の目的とその現実の効果などを詳細に検討、吟味してドラフティングされるべきといえる。一般的な、ゴールデンルールと呼べるような理論や公式はない。

●──第7款　プラント契約等における損害賠償責任の上限規定

損害賠償額の上限を価格の10パーセント以下に抑える。

例文7　損害賠償責任の上限-07

ARTICLE __ LIMITATION OF LIABILITY
1 The maximum aggregate liability of the Contractor to the Owner under this Agreement shall not exceed an amount equal to ten percent (10%) of the Fixed Sum set forth in Article __ (Contract Price).

[和訳]

第__条　責任の上限
1 本契約上のコントラクターのオーナー（施主）に対する（賠償）責任の最大の合計金額は、第__条（契約価格）に定める固定価格の10パーセント相当額を超えないものとする。

第3節　損害賠償額制限条項（バリエーション）

第1款　プラント契約における（損害賠償）責任制限条項

例文1　責任制限-01

(1) Neither party shall be liable to the other for any indirect or consequential damages in connection with or arising out of this Agreement, including but not limited to loss of use, revenue or profit.
(2) The Contractor's maximum liability to the Owner under this Agreement shall not exceed an amount equal to ten percent (10%) of the Fixed Sum Contract Price provided that the foregoing limitation shall not apply to or include (i) the amount of insurance proceeds recovered by the Owner under insurance obtained in accordance with the terms of this Agreement,
（以下略）

[和訳]
(1) いずれの当事者も、他の当事者に対し、本契約に関連し、または本契約から発生する間接的もしくは派生的な損害について責任を負わないものとし、本規定により免責される損害には、使用（機会）収入または利益の損失を含み、それに限定されないものとする。

(2) 本契約に基づく(建造)契約者の賠償責任の上限は、確定請負金額の10パーセントを超えないものとする。ただし、この上限は、(i)本契約の規定に従って発注者が支払いを受けた保険金額には適用されず、含まないものとする。
(以下略)

第2款　販売店(EJIS)からのドラフトフォーム

責任制限-02　　例文2

ARTICLE __ LIMITATION OF LIABILITY
1 Notwithstanding any other provision in this Agreement to the contrary, neither party will be liable for any special, incidental, indirect or consequential loss or damage of any kind whatsoever, including, without limitation, loss of production, loss of profits, damages to property (including loss of data), loss of contracts, loss of operation time, and loss of anticipated savings, however caused and on any theory of liability, whether or not that party has been advised of the possibility of such loss or damage.
2 Neither party will be liable for loss, damage or expense which indirectly arise from customer's use of or inability to use a Product either separately or in connection with other products or for any commercial loss of any kind or for procurement of substitute goods, save and except such loss, damage or expenses to real or tangible property or bodily injury which is included in a judgment or settlement and which were caused as a result of that party's negligent acts or omissions to act.
3 In no event shall KVC's total aggregate liability arising out of or under this Agreement (excluding liability for negligence resulting bodily injury and death for which no limit applies) exceed One Million United States Dollars (US$1,000,000) or the amount paid by the Distributor for the purchase of the Products during the calendar year when such liability arises, whichever is greater.

[和訳]
第__条　損害賠償責任の制限
1 本契約中の他の反対の趣旨の規定があったとしても、それにかかわらず、いずれの当事者も、相手方に対し、特別、付随的、間接的または派生的な損失あるいは損害について、一切責任を負わないものとし、それがどのようにして発生したかにかかわらず、また、責任についてどんな理論を使おうと、また、請求を受ける当事者がそのような損害が発生するということについて、あらかじめ知らされていたかどうかにかかわらず、生産(機会)の損失、利益の損失、(データを含む)資産に対する損傷、契約の損失、操業時間の損失、期待した節約の損失に対しても、一切、責任を負わない。

2　いずれの当事者も、相手方に対し、本製品を単独であれ、他の製品と組み合わせであれ、顧客の使用、または、使用できないこと、または、商業上のいかなる損失、あるいは、代替品の購入によるものであれ、間接的に発生した損失、損害または費用について、一切責任を負わないものとするが、例外として、かかる損失、損害が、かかる当事者の過失に基づく行為または行為の懈怠により引き起こされたもので、裁判の判決または和解で確定している場合は、不動産または有形の資産に対して与えられた場合および身体的負傷の場合については有責とする。

3　いかなる場合も、本契約から、または、本契約の下で発生するKVCの（合計）損害賠償額は、100万米ドル、または、かかる損害の発生した暦年に本製品の購入の代価として販売店により支払われた金額のうち、いずれか高いほうの金額を超えないものとするが、例外として、過失に基づき発生した責任で、身体的負傷または死亡の場合については、この限度を適用せず、損害賠償額について上限がないものとする。

●—第3款　ライセンス契約における損害賠償責任の上限条項

例文 3　損害賠償責任の上限

ARTICLE ＿＿　LIMITATION OF LIABILITY OF LICENSOR

1　Karen View Corporation ("KVC") represents and warrants to Aurora Borealis Corporation ("ABC") that:

(i)　It is the owner and proprietor of all rights, title and interest in and to, license the right and authority to enter into this Agreement and to license, KVC Know-How, KVC Trade Secrets, KVC Confidential Information, KVC Copyrights and KVC Copyrighted Works, including KVC Software, licensed to ABC; and,

(ii)　As of the date hereof, as far as it is aware, any Licensed Products which is manufactured, used, sold or otherwise disposed of is free from any claim of infringement of any patent, copyright, trade secret or any other intellectual property rights of any third party, and the performance of the terms of this Agreement and KVC's duties to ABC hereunder will not breach any separate agreement or arrangement by which KVC is bound.

2　KVC DISCLAIMS ALL OTHER WARRANTIES, EXPRESS OR IMPLIED, INCLUDING BUT NOT LIMITED TO IMPLIED WARRANTIES OF MERCHANTABILITY OR FITNESS FOR A PARTICULAR PURPOSE.

3　IN NO EVENT SHALL KVC BE LIABLE FOR ANY INDIRECT, CONSEQUENTIAL OR SPECIAL DAMAGES, INCLUDING LOSS OF PROFITS, INCURRED BY ABC, ANY END-USER OR ANY OTHER THIRD PARTY, WHETHER IN AN ACTION IN CONTRACT OR TORT OR BASED ON A WARRANTY, EVEN IF KVC HAS BEEN ADVISED OF THE POSSIBILITY OF SUCH DAMAGES.

4　IN THE EVENT THAT ANY LIABILITY IS IMPOSED ON KVC FOR ANY REASON WHATSOEVER, THE AGGREGATE AMOUNT PAYABLE BY KVC SHALL NOT EXCEED (i) ONE MILLION UNITED STATES DOLLARS (US$1,000,000), OR (ii) THE AGGREGATE AMOUNT PAYABLE OR ACTUALLY PAID BY ABC HEREUNDER DURING THE MOST RECENT ＿＿＿＿＿ (_) MONTHS PERIOD PRECEDING THE EVENT GIVING RISE TO SUCH LIABILITY, WHICHEVER IS GREATER.

［和訳］
第__条　ライセンサーの責任の限度

1　カレンビュー社（「KVC」）は、オーロラ・ボレアリス社（「ABC」）に対して、以下の通り表明し、保証する。

　(i)　KVC自身が、本契約を締結するための権利ならびに権限、ABCに許諾するKVCノウハウ、KVC営業秘密、KVC秘密情報、KVC著作権、KVC商標、KVCソフトウェアを含むKVC著作物を許諾するすべての権利、所有権ならびに権益の所有者であり、資産保有者であること。

　(ii)　本契約の日付現在、KVCが承知している限り、製造され、使用され、販売され、または他の方法で処分されたどの許諾製品も、第三者の特許、著作権、営業秘密または他の知的財産権を侵害したというクレームをこれまで受けておらず、本契約の条件を履行することならびに本契約に基づくABCに対するKVCの義務を履行することは、KVCが拘束されたいかなる別契約またはアレンジメントにも抵触しないこと。

2　KVCは、他のすべての明示保証、または、商品性もしくは特定目的への適合性に関する黙示保証を含む、他のすべての黙示保証を排除し、引き受けないものとする。

3　いかなる場合も、KVCは、ABCまたは最終需要家または他の第三者により、契約上、不法行為あるいは保証に基づくものであれ、いかなる訴訟に基づく間接的、結果的、利益の喪失を含む特別損害について、責任を負わないものとし、それは、仮に、KVCがかかる損失の可能性についてあらかじめ知らされていたとしても同様とする。

4　いかなる理由に基づくものであれ、KVCに対し、課される責任については、いかなる場合であっても、その累計合計額は、(i)100万米ドル、あるいは、(ii)KVCが本契約に基づきかかる責任を引き起こした出来事の直近＿＿＿か月の期間に支払われるべき、あるいは、実際にABCから支払われた金額の合計額の、いずれか大きいほうの金額を超えることはないものとする。

例文3 損害賠償責任の上限
例文4 履行者側の過失による損害に対する損害賠償の上限規定

解説

例文3は、オーロラ社がカレンビュー社との間で締結した独占的ライセンス契約に挿入されているライセンサー(カレンビュー社)の損害賠償責任の上限を設定する規定である。規定に大文字が使用されているのは、米国UCC2-316条の影響である。

◉—第4款　損害賠償の上限条項が履行者の過失による人身の負傷に対する責任には不適用と明示的に規定する条項のフォーム

例文4 履行者側の過失による損害に対する損害賠償の上限規定

The limitation of liability set forth in this Section shall not apply to liability for death or personal injury to the extent applicable law prohibits such limitation.

[和訳]
本項に規定する責任の上限規定は、適用法がかかる上限を禁止する限度において、死亡または人身の負傷に対する責任については適用されないものとする。

第2章 高度の安全性を要求される用途向けに供給(使用)される場合の売り主免責条項(和訳・解説付き)

第1節 損害賠償額の上限の規定が適用されない場合に、どう対応するか

　第8部第1章で取り上げた損害賠償額の上限の契約条項には、いわばアキレス腱がある。いかに巧みにドラフティングを試みても、各国の製造物責任法などの法令により、供給した製品などの欠陥により引き起こされた生命・身体の安全に関わる損害、すなわち死亡と負傷については、損害賠償責任の上限に一定の制約が課される場合が多いことである[注1]。契約自由の原則が謳われながら、他方で、なぜそのような制約に服することになるのだろうか。

　具体的な例から考えると、国際取引も含む契約のドラフティングに大きな影響を与え続けている米国契約法、特に、動産売買をカバーするUCCは、損害賠償責任の上限への制約について明文規定を置いている。

　消費者向け商品の供給から発生した結果的損害のうち、身体的損害(Bodily Injury)の賠償に制限を設けることは、非良心的(Unconscionable)であるとみなし、損害賠償の制限または排除を禁止している。

　同じ結果的損害でも、商事上の損害ならば制限は可能だが、人的負傷や死亡につながった場合は、そのような制限を非良心的であるとみなして、無効とされる。

注1　法理としては、1960年代、自動車事故などによる被害・訴訟などをきっかけとして、乗用車など製造物を市場に出したメーカーに対し、その購入者が人的な被害(死亡、負傷)などを引き起こし、または、受けるケースについて、契約関係のない場合も購入者がメーカーに損害賠償責任を負わせるようになったことが始まりだといえよう。William L. Prosser教授の見解(Strict Liability)*や米国の各州の州法と判例の現状を分析し、共通事項をまとめた『第2次不法行為法リステイトメント(Restatement, Torts 2 §402A(1)1977)』が大きな影響を及ぼしたといわれる。これらは不法行為の一類型として、厳格責任、あるいは製造物責任と呼ばれた。

　その後、立法や判例などにより、その責任を負担する層・段階・関係者が拡大され、国内取引であれば、売買に携わるディーラーや販売店に、輸出入の場合は、輸出者や輸入者に賠償責任を負わせるようになった。

　＊ William L. Prosser教授の著書"The Assault upon the Citadel(Strict Liability to the Consumer)"(The Yale Law Journal 1099-1148〈1960〉)や"Fall of the Citadel(Strict Liability to the Consumer)"(50 Minn. L. Rev. 791)で提唱されている。

| 資料 | UCC第2章719条3項 |
| 例文1 | 用途による供給制限-01 |

●─第1款　UCC第2章719条3項

資料　UCC第2章719条3項

Consequential damages may be limited or excluded unless the limitation or exclusion is unconscionable. Limitation of consequential damages for injury to the person in the case of consumer goods is prima facie unconscionable but limitation of damages where the loss is commercial is not.

[和訳]
結果的損害は、その限定または排除が非良心的でない限り、限定または排除することができる。消費者向け商品の場合には、人に対する損傷(＝身体的負傷)に関する結果的損害の限定は、一義的に非良心的とするが、結果的損失が商業上のものである場合は、その限定はそれ(＝非良心的)にはあたらない。

解説

"prima facie"は、ラテン語で「それだけで、(一応)推定される」という趣旨である。たとえ合理的な反論があっても、その吟味をしないで、ただちにその事実だけで、いったんは、非良心的だと扱うのである。反証の可能性は残っているが、容易ではないだろう。

損害賠償責任の上限規定や契約条項で、あえて「売り主の責任は、死亡と身体の負傷にも適用されない」と規定しても、逆に何も言及しなくても、効果はあまり変わりないともいえよう。そのうえ、上記の非良心的との規定を無視し、あまりにも強引に一切責任を負わないという規定を置くと、その契約が非良心的とみなされ、本来なら認容されるはずの経済的損失や機会損失などの結果的損害についての責任限定(liquidation; limit)の規定を含む全体が無効になるリスクを抱えることになりかねない。言い過ぎないように注意すべきであろう。権利主張を言い過ぎることをOverreachingと呼び、戒められることがあるのだ。

現代社会で特に注意すべき点は、生命・身体の安全の確保のために高度の安全を要求される自動車や鉄道車両、航空機、管制塔の各機器、ヘリコプター、医療装置、発電所の制御装置、大規模な交通標識装置、船舶、環境保護関連の装置、エレベーター、エスカレーターなどの制御装置としてコンピュータやソフトウェ、半導体製品が使われることが多くなった点だ。自社の製品が思いもよらない用途で活用され、消費者の死亡や身体的負傷を引き起こすことにより、莫大な損害賠償責任を問われるケースが多発している。

高度の安全性を要求される用途の部品・製品のビジネスをおこなうにあたって一番難しい問題は、供給側が需要側に提供した製品の用途を完全には把握できないことだ。需要側の作業や運営、体制、労働者の能力、人間性などは、情報交換とコミュニケーションをおこなわなければ分からず、ある程度の情報が交わされたとしても、限界はある。まして、自然災害や故意による企業攻撃、手抜きが介在すると、製品の性能が完全に発揮されなかった結果、生命の危険を伴う災害や被害を発生させるリスクをよりいっそう抱えてしまうことになる。

仮に、ある新興国のメーカーが工作機械を米国向けに輸出販売するケースを思い浮かべ、リスクを供給者がコントロールする難しさを考えてみよう。製品は米国内を転々と流

通し、最終的にはある工場で機械の扱いに不慣れな工員が使用した。その結果、手指を負傷したというクレームが提起されてしまう。現場の話を聞くと、工員は旋盤など工作機械を扱う基本的な訓練を受けておらず、機械の扱いはまったく無造作だった。メーカーの見解では、製品は輸出時の性能検査では何ら問題なく合格していた。輸出契約では積み出し前の検査が最終検査である。しかし、製造物責任法と現地の不法行為（Torts）、過失（Negligence）関連の法規制に基づき訴訟が提起されると、たとえ性能検査に問題がなかったとしても、その訴訟を却下させるのは容易ではない。米国をはじめ、英米法の影響を受けた国々では、裁判における事実関係の立証には、陪審裁判などがからむこともあり、証拠集めや証言の準備、そして、裁判に時間と手間がかかるうえ、陪審による判断は、その弁護次第で予断を許さない場面もある。

　ここまで考えてしまうと、リスクがあまりに幅広いため、気弱な向きは「もう手の施しようがない」と諦める場合もあるだろう。しかし、半導体製品、ソフトウェアをはじめとする製品を供給する国際的なビジネスに携わる場合は、このリスクは企業法務部として簡単には放棄できない。

　壁となる問題に取り組み、梯子をかけるためにはどうすればよいか。高度な安全性を必要とする用途、医療もしくは生命維持装置（High Safety Required Use ／ Medical or Life Support Applications）関連契約条項集として紹介していこう。

第2節　生命維持装置等に使用する目的の販売をしないよう規定する条項

　供給者やライセンサーの管理下から離れた製品をコントロールするための最初の一歩は、警告（Warning）を与えることだろう。

　以下（例文1）に示す契約条項は、その警告をライセンシーと買い主に与えることを狙いとしている。契約により売り主の立場を守るという狙いはあるが、それ以前に、人や企業の営みとして、まずは使用上の注意や製造の目的、市場に出した意図を説明することは当然だという認識においておこなうものである。決して責任逃れのためのものではない。いわば、胃薬と風邪薬の効能や効果の違い、用途を、使用者に伝えることが重要であることと同様である。

●―第1款　医療・生命維持装置向け供給を禁止・制限する条項-01

用途による供給制限-01

例文1

ARTICLE ＿＿　NON-RECOMMENDATION FOR THE USE OF PRODUCTS FOR "MEDICAL" OR "LIFE SUPPORT" APPLICATIONS

例文 1 用途による供給制限-01
例文 2 用途による供給制限-02

1 The Supplier and the Purchaser acknowledge that the Products are designed, developed, manufactured and/or have manufactured for general use, including general office use and general industrial use, which does not accompany fatal risks or dangers that could lead directly to death, personal injury.
2 The Supplier does not recommend the use of any Product for "Medical" or "Life Support" Application wherein a failure or malfunction of the Products may directly threaten life or cause injury.
3 No warranty is made with respect to any such "medical" or "life support" use of any Product.

[和訳]
第__条 本製品の「医療用」、「生命維持」装置としての使用を推奨しないこと
1 供給者と買い主は、本製品が直接的に死亡や負傷を引き起こしかねないリスクや危険を伴わない、一般的な事務所用途、一般的な産業用途を含む一般的な用途のために、設計され、開発され、製造され、または、委託製造されたものであることを認識している。
2 供給者は、本製品の不良または誤作動が、ただちに生命を脅かし、または負傷を引き起こしかねない「医療用」、または「生命維持」装置として本製品を使用することを推奨しないものである。
3 本製品のかかる「医療用」、または、「生命維持」の用途向けについては、一切の保証がなされないものとする。

解説

　上記に加え、提供される製品の梱包やパッケージにその用途や禁止事項を併せて記載し、警告をおこない、事故を予防することは有用だろう。本契約条項では、順序立てて、1項では、一般的な用途を意図して設計し製造したことを説明している。2項では、生命・身体に影響を与える用途での使用を推奨しないことを規定している。さらに、これだけでは弱いので、3項で、万一買い主が上記2項の推奨に違背して高度の安全性を要求される危険な用途に使用したときは、一切保証がないと規定している。
　現場の事業部側からは、このあたりで止めておきたいと要望が出るところだろうが、企業法務部の立場からすると、この契約条項だけでは供給者側の立場を守るには物足りないと感じるだろう。まず真っ先に主張したくなるのは、買い主が供給者を補償・免責する規定"Indemnify and hold the Supplier harmless"を加えることである。
　本章では、高度の安全性を要求する用途向けの販売の際に、供給者側であるPARASEC社側が提示する契約条項で重要なキーワードとして登場する。このキーワードを使ってドラフティングをおこなった契約条項が以下の例文2の3項である。この契約条項は、製品を販売する際にうっかり医療機関に販売されないよう注意を呼びかけることを念頭に置いている。これとは別に、医療機関や原子力発電所などに製品・材料を供給する販売契約については特別な扱いをすることが多い。
　買い主が製品を使用する用途はさまざまである。仕入れた製品を自ら使用するケースも

あれば、第三者である顧客にさらに販売する場合もある。仕入れた製品を自社の製品の一部に組み入れ販売するケースもある。半導体製品の流通ではこのような複雑な形態を多く見かけるが、自動車や航空機、建設、医療設備など他のビジネスでも同様であろう。

第2款　医療・生命維持装置向け供給を禁止・制限する条項-02

供給者は、販売店の用途外使用によるリスク、損害から補償・免責される。

用途による供給制限-02　　例文2

ARTICLE __ RESTRICTED USE/INDEMNITY
1 The Products of Aurora Borealis Corporation ("ABC") are not authorized for use as critical components in life support devices or systems without the express written approval of ABC.

　As used herein,
　(a) life support devices or systems are devices or systems that
　　(i) are intended for surgical implant in the Body, or
　　(ii) support or sustain life and whose failure to perform when properly used in accordance with instructions for use provided in the labeling, can be reasonably expected to result in a significant injury to the user; or
　(b) a critical component is any component in a life support device or system whose failure to perform can be reasonably expected to cause failure of the life support device or system or to affect its safety or effectiveness.
2 The Distributor agrees contractually to bind its customers against such use of the Products and to forbid all parties from using the Products in such applications.
3 The Distributor agrees to indemnify and hold ABC harmless from and against any loss, costs, expense, including attorney's fees or any other liability out of any breach of the foregoing provision and/or personal injury or property damages actually or allegedly resulting from or connected with the Products supplied hereunder.

[和訳]
第__条　制限された用途／補償
1　オーロラ・ボレアリス社（「ABC」）の本製品はABCの明示的な書面による承認がない限り、生命維持装置やシステムに重要な部品として使用することを許諾されていないものである。

　本契約で使用される場合
　（a）生命維持装置またはシステムとは、以下の装置またはシステムのことを指す。

(i) 人体へ手術により移植することを意図している場合、または
(ii) 生命を支持または維持するもので、ラベルに記載された用途のための指示に従って、正しく使った場合にその作動の不良が、その使用をしている者(患者)にとって重大な損傷を引き起こすことが合理的に予測できる場合。
(b) 危険な部品とは、その作動不良が合理的に生命維持装置またはシステムの不良を引き起こし、またはその安全性または効果に影響を与えることが予測されうる生命維持装置またはシステムの部品を指す。
2 販売店は、契約により、その顧客について本製品のかかる用途への使用を禁止し、また、すべての当事者について本製品をかかる用途に使用することを禁止することをしなければならない。
3 販売店は、ABCが、上記の規定の違反に基づき損失、弁護士料を含む費用、または、他の責任を被ることのないように、また、本契約に基づき供給された本製品から、または関連して人的損害(負傷)あるいは、財産に対する損害を実際に被り、あるいは、賠償するよう主張されることがないよう、補償し、免責する。

―――― **解説** ――――

3項は供給者側の責任の否定だけでは足りないと考え、買い主側に供給者とその関連者を免責し、補償させる約定を規定したものである。日本国内の契約では、この補償・免責(Indemnify and Hold Harmless)条項は珍しいが、米国の契約など国際取引ではリスクの負担に歯止めをかける手法の一つとして、しばしば活用される。

IndemnifyもHold Harmlessも同義語である。そのため、単にIndemnification条項と呼ばれることもある。順序を逆にして、Hold Harmless and Indemnifyと使われることも稀にある。英語の問題になるが、Hold the Supplier Harmlessと表現できるが、Indemnify and Hold Harmless the Supplierと表現することもできる。次に紹介する例文3では、その後者の表現を採用している。

第3節 高度の安全性を要求される用途への製品供給の制限と供給者免責とする条項

●―第1款 高度の安全性を要求される用途への製品供給を制限し、供給者免責とする条項-01

例文1 用途による供給制限・免責-01

ARTICLE __ LIFE ENDANGERING APPLICATIONS

1 ELNOX and KVC acknowledge and understand that Products are not designed, made, or have made, or intended for sale as parts or components, for use for medical equipment or system, nor in any application for hazardous environment nor for the flight, navigation or communication of aircraft nor ground support equipment nor for the planning, construction, maintenance, operation of any nuclear facility, where failure or inaccuracy is probable to directly cause death or personal injury.
2 ELNOX agrees that neither KVC nor its suppliers shall be liable to, in whole or in part, for any claim or damage arising out of or in connection with ELNOX's use and performance of the Products in such applications.
3 If ELNOX uses the Products for such applications, ELNOX shall indemnify and hold harmless KVC, its suppliers and its licensors from any claims, loss, cost, damage, expense or liability, including attorney's fees, arising out of or in connection with ELNOX's use and performance of the Products in such applications.

[和訳]
第__条　生命を危険にさらしかねない用途
1 エルノックス社とKVCは、本製品は、その不良や不正確さが直接的に死亡や人的負傷を引き起こす恐れのある、医療機器またはシステムの用途向けに、あるいは、危険な環境向けの用途、あるいは、航空機の飛行、誘導、通信、地上からの(飛行)サポート施設、または核施設の設計・建設・維持・運営のために、その部品あるいは構成要素に使用するための販売用に設計され、製造され、委託製造され、意図されたものではないことを確認し、了解する。
2 エルノックス社は、KVCも、その供給者も、エルノックス社の本製品のかかる用途における使用と作動から、あるいは、関連して発生するクレームまたは損害について、全体的にも部分的にも、一切責任を負わないことに合意する。
3 万一エルノックス社が、かかる用途に本製品を使用したときは、エルノックス社は、KVC、その供給者、ライセンサーを、エルノックス社のかかる用途への本製品の使用ならびに作動から、あるいは、関連して発生するクレーム、損失、費用、損害、弁護士料を含む費用について、KVCを補償し、免責するものとする。

解説

　上記契約条項のうち、2項の主語に"Supplier(KVC) or its suppliers"とあるのは、製品の供給者が製造した製品もあれば、供給者は単に仕入れただけで、別にメーカー(its supplier)がいる場合に、そのメーカーも免責とすることを買い主に確認させたいからである。売買契約当事者で当事者以外の第三者に勝手に責任を負わせることを確認することはできないとされているが、その恩恵のみを享受させる合意は有効である。
　また近年のように、情報社会化しソフトウェアが重要な役割を果たすようになると、このような契約で単にor its supplierと表現するだけではカバーしきれない領域が出てきている。契約上の技術としては、さらにor its licensorと加えることがある。ソフトウェアにつ

いては、契約上はあくまでコンピュータプログラムなどのライセンス（使用許諾）にすぎず、一見売買契約と似ているが、所有権は移転しない。このような説明をすると、営業事業部メンバーから「法務部は理屈っぽい」とからかわれることもあるが……。

保険の付保により損失をカバーする際にも、上記を勘案することが必要なケースが増えてきているという。

●―第2款　高度の安全性を要求される用途への製品供給を制限し、供給者免責とする条項-02

例文2　用途による供給制限・免責-02

ARTICLE __ HIGH SAFETY REQUIRED USE
1 The Purchaser acknowledges and agrees that the Products are not designed, developed and manufactured for the use accompanying fatal risks or dangers that could lead directly to death, personal injury, severe physical damage or other loss (hereinafter "High Safety Required Use"), including without limitation, medical life support device and system, aircraft flight control, air traffic control, mass transport control or nuclear reaction control.
2 Accordingly, the Purchaser agrees not to use the Products for the purpose of, or in connection with the High Safety Required Use.
3 The Supplier shall not be liable against the Purchaser and/or any third party for any claims or damages arising in connection with the High Safety Required Use of the Products.

［和訳］
第__条　高度の安全性が要求される用途
1 買い主は、本製品が、生命維持のための医療用機器またはシステム、航空機の飛行制御、航空交通管制、大量輸送システムにおける運行制御、または原子炉を含む、直接的に生命・身体に、もしくは他の損失に直接的につながりうる致命的なリスクもしくは危険性を伴う用途（以下、「ハイセーフティー用途」）に使用されるために設計、製造されたものではないことを確認し、合意する。
2 したがって、買い主は、本製品を高度の安全性を要求される用途のためには、または、かかる用途に関連しては、使用しないことに合意する。
3 供給者は、買い主または、第三者が、本製品の高度の安全性を要求される用途に関連する使用から発生するクレームまたは、損害に対し、責任を負わないものとする。

―――― 解説 ――――

例文2は、これまでに紹介した契約条項の例文1の表現を変えたバリエーションである。

用途を制限する条項は、取引に関わる両者の立場、あるいは、その業種・役割がどのようなものであるかを個別ケースごとに詳細に分析、吟味して、契約条項をドラフティングする必要がある。そのための表現方法の一つとして活用していただきたい。

製品がどう使われるかを想定し、「ハイセーフティー用途」に挙げるべきか、当てはまる可能性があるかどうかを検討する必要がある一筋縄にはいかない領域なのである。

第4節　高度の安全性を要求される用途に対する制限条項フォームのバリエーション

●第1款　高度の安全性を要求される用途に対する制限

用途による供給制限・免責-03　　　　　　　　　　　　　　　　　　　例文1

ARTICLE __ RESTRICTION ON NUCLEAR USE AND OTHER HIGH SAFETY REQUIRED USE

1　The Purchaser or third parties shall not use any Product or part thereof for or in connection with any activity or process involving nuclear fission or fusion or any use or handling of any source, special nuclear or by-product material (hereinafter "Nuclear Use").

2　Further, the Purchaser or third parties shall not use any Product or part thereof for any use accompanying fatal risks or dangers that could lead to directly to death, personal injury, severe physical damage or other loss (hereinafter "High Safety Required Use"), including, without limitation, manufacture of aircraft (s) or aircraft flight operation, medical equipment or medical life support system, missile or satellite or its launch control, until and unless the Seller's written consent has been obtained prior to such use, and until such time as the Purchaser, at no expense to the Seller, shall have arranged for insurance coverage, indemnities, and waivers of liability, all acceptable to the Seller against liability of any kind whether in contract or tort (including negligence) or otherwise.

3　The Seller shall not be obligated to deliver the Product until such insurance, indemnities, waivers and/or such other arrangement have been procured and are legally operative in Seller's favor, failing which the Seller may rescind the sale without liability for damages of any nature.

4　The Seller shall not be liable to the Purchaser and/or any third party for any claims or damages arising in connection with the Nuclear Use or other High Safety Required Use of the Products or any part thereof.

5 The Purchaser shall indemnify and hold the Seller, its suppliers and licensors, harmless against any claims, loss, damages, costs, liability arising out of or in connection with the Nuclear Use or other High Safety Required Use by the Purchaser or its customers.

[和訳]
第__条　原子力用途およびその他の高度の安全性を要求される用途に対する制限
1　買い主または第三者は、本製品またはその一部でも、核分裂または核融合を伴う活動あるいはプロセスまたはいかなる原料または特別な核物質あるいは副産物の資材の取り扱い（以下、「原子力用途」という）のため、あるいは、それに関連して使用することがあってはならないものとする。
2　さらに、買い主または第三者は、本製品またはその一部を、直接的に死亡、負傷、重い身体的負傷または他の損傷につながるリスクあるいは身体への危険を伴う用途（以下、「高度の安全性を要求される用途」という）には下記の条件が整わない限り、使用しないものとし、そのような用途には、限定的でなく、例示的列挙で、航空機の製造、航空機の飛行操作、医療設備、医療生命維持システム、ミサイル・衛星またはその打ち上げの制御を含むものとする。その条件とは、かかる用途への使用の前に、それについて、売り主の書面による承諾が得られることであり、そのときまでに、買い主が契約、不法行為、あるいはそれ以外の根拠に基づく売り主に対するあらゆる種類の責任追及に対して、売り主に一切の費用負担をかけずに、保険の付保をおこない、補償ならびに責任追及の免責と放棄について、売り主に満足のいくように、アレンジすることである。
3　売り主は、かかる保険、補償、放棄ならびに他のかかるアレンジメントが整い、それが法的に売り主について有効であることが確認されない限り、本製品を引き渡す義務を負わないものとし、かかるアレンジができない場合は、売り主は、いかなる種類の損害に対する責任も負うことなしに、本売り渡しを撤回することができるものとする。
4　売り主は、買い主または第三者に対して、本製品またはその一部の原子力用途または他の高度の安全性が要求される用途向けの使用に関連して発生するクレームまたは損害については、一切責任を負わないものとする。
5　買い主は、売り主、その供給者（＝仕入先）、ライセンサーに対し、原子力用途または他の高度の安全性が要求される用途向けの使用に関連して発生するクレーム、損失、損害、費用または責任について、免責し、損害を負わないようにするものとする。

解説

"The Purchaser shall indemnify and hold the Seller, its suppliers and licensors, harmless against any claims, loss, damages, costs, liability arising out of or in connection with the Nuclear Use or other High Safety Required Use by the Purchaser or its customers."という条項（上記例文1の5項）は実際に機能するのだろうか。

この条項の中でいう補償(Indemnity)が実際に機能するためには、本来は、その製品が使用される地を管轄する国の立法による免責がなければ、完全には免責されたことにはならないだろう。

　原子力発電や航空機、医療の分野では、その被害を受ける恐れのある人たちは契約の当事者ではない。したがって、過失(Negligence)など、そもそも契約関係のない第三者からのクレームが提起されるわけだから、補償を引き受けている契約相手先(ここでは買い主)が被害の甚大さを見て利あらずと判断すれば、さっさと解散、倒産の道を選ぶかもしれない。補償者が消えてしまえば、売り主である自社が取り残される。このような場合に備えて、法令による免責をあらかじめ契約の履行条件に規定することが賢明なのだろう。いや、むしろ必要不可欠だろう。実現は容易ではないとしても……。

　真剣に補償を考えるならば、法律に基づき国家支援の裏付けがある特定単独の事業者が責任を負担し、売り主やその関係者は通常ならば民事上あるいは契約上負担するはずの損害賠償責任が免責される方式に結論は集約されていく。

　Nuclear Useに対するリスクは、一つの企業が負いきれる責任ではないだろう。技術は完全ではない。コンピュータが制御するシステムは、どんなに精巧でも、異常な温度、圧力、水圧、津波、火災、地震、火山爆発、その他の予期しない条件が加わると、期待された性能が発揮されなくなってもおかしくはない。

　各企業にとっては、進出の是非も含め、真剣に取り組むべき問題であろう。

第9部 リコール・贈賄禁止・最優遇顧客条項

Recall; Anti-Bribery; Most Favored Customer Clauses

第1章 リコール条項

第1節 販売店契約におけるリコール条項1（政府の指示）

　製品を提供する国の法により、その政府からの指示でリコールをおこなう場合は、単に製品を市場から引き揚げるだけでなく、市場・小売店・特約店、消費者・需要家などに向けた一定の説明が求められる。市場、小売店・特約店・消費者への説明をa Recall Notification Letterなどと呼び、市場から製品を引き揚げることをa Recall Action、あるいはa Recall Campaignなどと呼ぶ。呼び方は業界、企業ごとに、表現のニュアンスなどによりさまざまである。これらの引き揚げや説明は、契約条項としてどのように規定しておけばよいのだろうか。

　また、政府機関の規制に基づくリコールが指示・実施される製品には、さまざまなものがある。典型的な例は、乗用車、バイクなど、その欠陥を伴う製品の使用が、交通事故などを引き起こしかねない場合である。また、各種、電機製品、ガス製品などその欠陥製品が火災を引き起こし、社会生活に危険をもたらすケースなどがある。その他、薬品、食品、繊維製品、玩具の分野でも問題となるケースがある。特殊なケースとしては、宗教上の戒律に抵触する成分を含む食品なども含まれる。

●―第1款　リコール条項

　政府規制によりリコールをおこなう条項。

例文1　リコール（政府指示）

> ARTICLE __ RECALL BASED UPON THE INSTRUCTION OF THE GOVERNMENT
> In the event the government of _____ advises, warns or makes an inquiry to the Distributor or Karen View that there may be a suspected safety or other defect, and if, after consultation with the Distributor, Karen View decides that the recall action should be taken and/or the recall campaign should be conducted to find and correct the suspected unsatisfactory condition of the Products, the Distributor shall submit any required notification of the recall to the government of _____, issue notification letters and take the recall action and/or conduct the recall campaign in accordance with the applicable procedures set forth in Exhibit ___ attached hereto and/or any applicable campaign bulletins furnished by Karen View.

[和訳]
第__条　政府の指示に基づくリコール
　　＿＿＿＿＿＿国政府が、販売店またはカレンビュー社に対し、安全性に関し、または他の事項について疑義があると助言、警告、あるいは、調査をする事態が発生し、かつ、カレンビュー社が販売店と協議のうえ、本製品のうち不満足な状態の疑義の対象品を探し出し矯正を施すために、リコール行為またはリコールキャンペーンがおこなわれるべきだと決定したときは、販売店は＿＿＿＿＿＿国政府に対し、本契約書に添付した別紙＿＿＿に規定する適用手続き、ならびに、カレンビュー社より提供する適合するリコールキャンペーンに基づき、必要とされるリコール報告書を提出し、リコール通知を配布し、リコール行為とリコールキャンペーンをおこなうものとする。

―――― 解説 ――――

　上記例文条項のうち、"take the recall action"と"conduct the recall campaign"は、基本的には同義語であり、契約条項として規定する場合、いずれか一方のみでも十分である。actionにはtake、campaignにはconductの組み合わせのほうが、相性がいいだけで、いずれも同じ意味である。

　どちらかといえば、recall actionには、「市場から安全性に問題がある製品を引き揚げます」と強調する響きがあり、recall campaignには、「消費者などに供給した製品に安全性に問題があるかもしれないという疑義があるので、お知らせします」という周知徹底の広報活動と「当方に照会して安全性を確認していただきたい、必要に応じ個別に的確に対処します」という響きがある。実質的には違いがない。

　この重複した表現をいずれか一つの表現にしたいと考える場合は、より限定的なニュアンスのtake the recall actionか、もう少し幅広いニュアンスのあるconduct the recall campaignを採用するかの選択肢がある。状況によって判断すべきだろう。リコール方法が、回収に重きを置く方針か、広く情報を伝え検査のうえ欠陥が見つかった場合の個別修理を中心に対応する方針かの差である。

　具体的なリコール手続きの詳細については契約書に添付の別紙に記載すると規定したのは、リコールに関わる手続きは、具体的な製品、業界、関係国（販売地域）、関係する企業、販売体制などにより差異があり、一律に本文で想定することになじまないからである。

　契約交渉の時間が限られている場合は、本条項の別紙で規定するような内容について十分に合意しきれないこともある。そのような場合は、別途、供給者から後日、提供する説明書類（Bulletin）などで、カバーする方法が併用されることがある。

　別紙に短い記述しかなされないか、リコール実施手続きに関する要領の記述がまったくないケースでは、別紙には単にto be set forth laterと文言を記入し、頁大半が白紙のままサインをおこなう。法務担当者としては、非常に苦しい対応だろう。

　しかし、仮に手元に婦人服や薬品のために準備したリコール実施要領があっても、乗用車やバイクに使い回すことはできない。個別の製品、業界、関係する販売網、サービス網、関係国の指導などをはじめとする特性を無視してリコール要領を策定することは不可能であり、適切でもない。適切でない記載をするくらいなら、むしろ白紙（to be set forth later）のほうが的確な対応といえよう。

第2節 販売店契約におけるリコール条項2（当事者の意思）

また、例文2は政府の指示に基づくものでなく、当事者である製品供給者および販売店の判断でリコールをおこなう場合の手続きについて定めたものである。

このリコール条項が有用なのは、たとえば、バイク・乗用車や（子供用の）玩具、薬品・化粧品などの商品の販売がおこなわれている場合である。政府規制が当該市場国に導入・立法化される以前でも、海外で規制が先行していたり、人身事故の報道がなされていたり、または、当該業者自身の使用や（試用）テスト、あるいは、消費者からの使用後の報告などに基づき、販売店やメーカーが自らの判断で、リコールを決定する余地を確保したい際に用いる。

●─第1款 メーカーと販売店のリコール条項-01

当事者（メーカー、販売店）の判断により、リコールをおこなう。メーカーが生産するバイク・乗用車、薬品・化粧品などに適用する。

例文2　リコール（随意）

> ARTICLE __ RECALL BASED UPON THE JUDGMENT OF THE PARTIES
> 1 If, as the result of field test or experience, or otherwise, the Distributor believes or suspects that there may be a suspected safety or other defect, even though not involving an inquiry from the government of _____, the Distributor shall immediately notify Karen View.
> 2 As soon as practicable after such notice is received by Karen View from the Distributor, Karen View will determine whether or not the recall action should be taken and/or the recall campaign should be conducted.
> 3 If Karen View determine the recall action should be taken and/or the recall campaign should be conducted, Karen View will notify the Distributor in writing.
> 4 The Distributor will submit any required notification of the recall to the government of _____, issue notification letters and take the recall action and/or conduct the recall campaign in accordance with the applicable procedures set forth in Exhibit __ attached hereto and/or any applicable campaign bulletins furnished by Karen View.
> 5 Prior to making such a determination, Karen View will consult with the Distributor and may request the Distributor to provide estimates of the costs involved in the recall action under consideration.
> While Karen View will examine and consider the views expressed by the Distributor during such consultation, Karen View will have sole discretion in determining if and when the recall action should be taken and/or the campaign should be conducted.

6 If Karen View decides that the recall action and/or campaign is necessary, Karen View will determine the nature and extent of the inspection and/or correction to be made.

[和訳]
第__条　当事者の判断によるリコール
1 万一、_____国政府からの調査を受けているわけではないが、販売店が、実地実験、実地使用経験の結果に基づき、あるいは他の観点から、安全性または他の欠陥があるのではと考えるか、または、疑念を抱いたときは、ただちにカレンビュー社に通知するものとする。
2 カレンビュー社がそのような通知を(販売店から)受領したあと、なるべく早く、カレンビュー社は、リコール行為またはリコールキャンペーンをおこなうべきかどうか、決定するものとする。
3 もし、カレンビュー社が、リコール行為またはリコールキャンペーンをおこなうべきだと決定したときは、カレンビュー社は、書面で販売店に通知する。
4 販売店は、本契約に添付の別紙__に記載した適用される手続きならびに、カレンビュー社により提供され適用されるリコールキャンペーン速報に従って、_____国政府にリコール報告書を提出し、リコール通知書を発送し、リコール行為をおこない、リコールキャンペーンを実施するものとする。
5 かかる決定をおこなう前に、カレンビュー社は、販売店と協議をおこない、販売店に対し、検討中のリコール行為にかかる費用の概算を提供するよう求めることができる。
カレンビュー社は相談の中で販売店から伝えられた概観について吟味し、検討するが、リコールキャンペーンを実施するかどうか、またその時期についてはカレンビュー社が単独での決定権を持つ。
6 カレンビュー社がリコール行為またはキャンペーンが必要であると、決定したときは、カレンビュー社は、検査の性質と程度、ならびに、施されるべき修理を決定するものとする。

解説

　例文2は、リコールに典型的な乗用車、バイクなどの商品の生産、販売には従事しておらず、ライセンスビジネス(たとえば、化粧品や食料品の商品のライセンス)に携わる企業のリコール条項を想定したものである。特約店網なども、乗用車などのネットワークに比べれば、スケールは小さい企業だ。その企業内での活用の仕方としては、例文2のリコール条項は、必須条項とはせず、それまでの市場、進出国でのリコール政策ならびに指導状況を見て、個別判断で挿入するひな形の一つとして運用することが前提である。それぞれの事業部門で、ニーズに合わせて、修正を加え、使用することができよう。バイク・乗用車、薬品・化粧品などのビジネスを前提とした例文2と比べながら、ひな形作りの参考にしてもよいだろう。

●—第2款　メーカーと販売店のリコール条項-02

販売店契約により、販売店がその販売地域でリコールを実施する場合の契約条項。メーカーが生産する高級衣料品、玩具などに適用する。

例文3　リコール（回収）

ARTICLE __ RECALL OF THE PRODUCTS
Karen View Corporation ("KVC") may recall the Product if KVC reasonably determines that such a recall is necessary for any reason of public health or safety.
The Distributor and KVC will bear any and all costs related to any such recall of the Product, whether voluntary or required by the government or KVC, in accordance with the ratio set forth in Exhibit ___ attached hereto.
In the event of any recall, the Distributor will consult with KVC, and get KVC's prior, express written approval, which may not be unreasonably withheld, regarding aspects of handling such a recall.

[和訳]
第__条　本製品のリコール
カレンビュー社（「KVC」）は、もしKVCが公共の健康、あるいは安全性を根拠とし、かかるリコールが必要であると合理的に決定したときは、本製品をリコールすることができる。
販売店とKVCは、自主的に、あるいは政府、またはKVCによる要請であれ、本製品のかかるリコールに関連するいかなる、またすべての費用を、本契約書に添付する別紙____に規定する比率で負担する。
リコールの際には、販売店は、リコールを扱う要領について、KVCと協議し、KVCの事前の明示的な書面による承認を取得するものとし、かかる承認は、不合理に保留されることはない。

解説

　本条項は短く、分かりやすいことが魅力である。リコール費用を販売店とカレンビュー社両社で、分担するとしている。製品の販売にあたり、販売店側でもその梱包や説明書の制作など一定の役割を果たしているため、全責任がカレンビュー社側にあるわけではない、という考えに基づく。また、許認可が必要な場合は国ごとに政策に差異があり、外国の供給者がすべての責任を負うのは公平ではないというカレンビュー社側の考えも反映されている。

　また、本章では、いくつかのリコール条項のバラエティーを紹介しているが、対象製品について、明確に区別できるものでもない。通常、危険性が高い製品ほど、政府規制によるリコール条項の重要性が高い。危険性が高い製品に関わる販売店やライセンス契約では、製品やブランドの名声を維持するために、企業自らの判断で、リコールをおこなう場合の手続きや契約当事者間の役割・費用の分担、協力を取り決めるのが主な目的となって

いる。

第3節　ライセンス契約におけるリコール条項

　以下に示す例文4は、上述の例文3の販売店契約のリコール条項をドラフティングする際にもとになった販売店契約のリコール条項のひな形である。
　例文3は、リコールを実施する場合、カレンビュー社側も一定の比率でリコール費用を負担することを定めていたが、例文4の条項ではライセンス契約におけるライセンシーの生産を想定しているため、その材質や安全性、販売地域での法令遵守については、独自にライセンシーが判断し、対応・遵守することを義務づけている。リコール費用はすべてライセンシーの負担である。
　ライセンスされた技術に欠陥がある場合は、現状ではリコール費用はすべてライセンシーが負担することになっているが、適切なのかどうかは、当事者の立場や状況により判断すべきだろう。

●―第1款　ライセンス契約のリコール条項

ライセンサー・ライセンシーの責任負担を規定（商材は繊維製品、玩具類、小物雑貨）。

リコール（費用）　　　　　　　　　　　　　　　　　　　　　　　　　　　例文 **4**

ARTICLE __　RECALL FOR PUBLIC HEALTH OR SAFETY
Karen View Corporation ("KVC") may recall any Licensed Products if KVC reasonably determines that such a recall is necessary for any reason of public health or safety.
The Licensee shall bear any and all cost related to any such recall of a Licensed Product, whether voluntary or required by the government or KVC.
In the event of any recall, the Licensee shall consult with KVC and get KVC's prior, express written approval, which may not be unreasonably withheld, regarding all aspects of handling such a recall.

［和訳］
　第__条　公共の健康もしくは安全のためのリコール
　カレンビュー社（「KVC」）は、かかるリコールが公共の健康または安全性を理由として必要であると合理的に決定したときは、本許諾製品をリコールできる。
　ライセンシーは、自主的なものであれ、政府またはKVCの要請であれ、許諾製品のリコールに関連してかかったいかなる、そして、すべての費用も負担するものとする。

- 例文1　リコール条項
- 例文2　リコール（ライセンサー指定仕様）
- 例文3　リコール品（Substandard Products）の社内販売許容条項

いかなるリコールが発生したときも、ライセンシーは、リコールの要領について、KVCと協議し、KVCの事前の明示的な書面による承認を取得するものとし、かかる承認は不合理に留保されることはない。

第4節　リコール条項フォームのバリエーション

●―第1款　ライセンシーがリコール費用を負担する規定

例文1　リコール条項

ARTICLE ＿ RECALL
The Licensor may recall any Licensed Product if the Licensor reasonably determines that such a recall is necessary for any reason of public health or safety, or any failure by a Licensed Products manufactured or sold by the Licensee to reach the high standard appropriate to the name or the trademark of the Licensed Product because of the fault in either material or workmanship.
The Licensee shall bear any and all costs related to any such recall of a Licensed Product, whether voluntary or required by the government or the Licensor.
In the event of any recall, Licensee shall consult with and get the prior, express written approval of the Licensor, which will not be unreasonably withheld by the Licensor, regarding all aspects of handling such a recall.

[和訳]
第＿条　リコール
ライセンサーは、許諾製品について、もし、ライセンサーが公衆の健康または安全確保からの理由に基づき、または、ライセンシーにより製造または販売された許諾製品がその材料あるいは製造技術の不良により、品質が許諾製品の名称あるいは商標の水準に不到達のために、ライセンサーがリコールを必要だと合理的に決定した場合には、許諾製品のリコールをおこなうことができる。
許諾製品のリコールに関連するすべての費用、実費は、かかるリコールが自主的なものであれ、政府またはライセンサーの要求によるものであれ、すべてライセンシーの負担とする。
かかるリコールが起きた場合は、ライセンシーは、ライセンサーと相談し、リコールの取り扱いのすべてについて、事前の書面によるライセンサーの承認を得るものとするが、かかる承認は、ライセンサーにより不合理に留保されることはないものとする。

●―第2款　ライセンサー指定の仕様・指示により引き起こされたリコール費用をライセンサー負担と取り決める規定

リコール（ライセンサー指定仕様） 例文 2

Provided, however, that, in case such recall is caused by specifications or instructions of the Licensor, expenses and costs incurred by Licensee shall be borne by the Licensor.

[和訳]
ただし、かかるリコールがライセンサーの仕様または指示に基づき引き起こされたものであるときは、ライセンシーにかかった費用と実費は、ライセンサーによって負担されるものとする。

●―第3款　ブランドライセンス（繊維製品）等で、名声維持のため自主回収したがライセンシーの社内販売は認める規定

リコール品（Substandard Products）の社内販売許容条項 例文 3

If any of the Licensed Products shall by reason of any accidental fault in either material or workmanship fail to reach the high standard appropriate to the name of Karen View (hereinafter called "Substandard Products"), and such Substandard Products are recalled by the Licensee in accordance with the terms of this Agreement, the Licensee shall be entitled to sell or dispose of the same only to its employees at the best price or prices obtainable and the Royalty payable shall be ＿＿ percent(＿％) of the price so obtained for such Substandard Products.

[和訳]
もし、かかる偶発的な瑕疵がその素材または製造技量においてカレンビューの名前にふさわしい高い水準に達していない（以下、「水準未到達品」という）場合で、かかる水準未到達品を本契約の条件に従ってリコールした場合は、ライセンシーは、その水準未到達品をその従業員向けに、可能な限り高額で販売または処分できるものとし、かかる水準未到達品の販売について支払うべきロイヤルティは、その販売価格の＿パーセントとする。

第4款　リコール発生を予防するための工夫としての条項

例文4　オーロラ商標許諾製品のブランドイメージ・名声ならびに品質維持のための条項

ARTICLE __ SAMPLE; QUALITY CONTROL

1. Prior to the introduction of the Licensed Products bearing the Trademark "Aurora Borealis" or "Aurora", or the character of "_____", the Licensee shall obtain a written approval of Licensor in advance with a sample of the Licensed Products.
2. The Licensee and the Licensee's sublicensee(s) or subcontractor(s) shall manufacture and distribute Licensed Products strictly in accordance with all applicable laws and regulations of _____.

[和訳]

第__条　見本、品質コントロール

1. 商標「オーロラ・ボレアリス」または、「オーロラ」または、キャラクター「_____」を付した許諾製品の市場への投入に先立ち、ライセンシーは、本許諾製品のサンプルとともに、ライセンサーの事前の書面による承認を取り付けるものとする。
2. ライセンシーおよびライセンシーのサブライセンシーまたはその下請人は、_____の適用法令の一切に厳密に従い、許諾製品を製造・販売するものとする。

第5款　M&Aのケースで売り主側に在庫品にはリコール対象品が含まれないことを表明させる規定

例文5　在庫品、リコールに関する表明保証条項（事業買収の買い主側に立った規定）

ARTICLE __ INVENTORY AND RECALL

1. The Seller represents and warrants that all inventories consist of items of quality and quantity historically usable or salable in the ordinary course of business.
2. The Seller further represents and warrants that the inventory is in good and proper physical condition, free from defects in materials and workmanship.
3. The Seller represents and warrants that, since _____, 20__, there has been no pending, or threatened recall or investigation of any product sold by the Company in connection with the business activity of the Company.

[和訳]

第__条　在庫とリコール

1. 売り主は、すべての在庫品は通常の営業で経験上使用可能であり、販売可能な品質と数量の品目で成り立っていることを表明し、保証する。

2 売り主は、在庫品は、材料と製造技術の両面で瑕疵がない、正しい形状であることを表明し、保証する。

3 売り主は、20__年__月__日以降、本会社のビジネス活動に関連して本会社のいかなる商品についても、継続中または、開始される恐れのあるリコールまたは調査がないことを表明し、保証する。

例文1　贈賄禁止-01
例文2　贈賄禁止-02

第2章　贈賄禁止条項

第1節　外国公務員に対する贈賄防止条約と米国の海外腐敗行為防止法

　国際ビジネスにおける製品・プラントなどの販売・売り込み競争の過程では、売り込み先やその候補先の従業員やエージェントからさまざまな支払いや金品、接待の要求を受けることがある。相手が公務員の場合は、国内法に基づき犯罪になるはずであるが、アジア、アフリカ、南米などの一部では、地域によっては蔓延していることがある。上は大統領・首相・管掌省庁トップの側近クラス、地方官庁であれば、知事・市長の側近クラス、有力議員、政党事務局・秘書クラスから、現場担当レベルの末端の公務員に至るまで、このような悪習がはびこっていることがあるという。
　あまりにこのような行為が一般化してしまうと、要求を聞こうともしない態度を失礼と非難し、あたかも礼儀を欠く態度であるかのごとく扱われることさえあるという。応札やビジネスへの対応が真剣ではないと解釈するというのだ。権力を背景に、金品を得て一財産築くことを夢見ている側からすれば、無視するグループをブラックリストに入れて、不適な業者として購入先・発注先リストから排除するわけである。
　しかし、法的には、このような公務員やその代理人、官庁からの金品の要求に応ずることは決して許されない。公務員に対する不正支払防止法に違反する行為だからである。従来は、外国公務員に対する支払いやオファーは対象外であったが、1977年に米国でFCPA（Foreign Corrupt Practices Act：海外腐敗行為防止法）が制定され、近年ではOECDが推進した外国公務員に対する贈賄防止条約を日本も批准し1999年2月に発効・施行された結果、違法とされることとなった。英国やスイスも独自の贈賄禁止法を制定、施行している。
　公務員が相手でなくとも、企業間取引において個人が利益を享受している場合は不正にあたる場合もある。賄賂を贈った側の担当者が個人的にその一部の還元を受けるキックバックや、そのキックバックが組織的に管理され、次の賄賂の財源の一部として積み立てられる場合もあろう。リベートと呼ばれることがあるが、本来リベートは個人が受け取るものではない。公務員が関係しない取引契約において賄賂の防止条項とともに、リベートの授受の禁止条項を設けることがあるのは、そのような行為を防止する狙いがあるからだ。

第2節 No Bribery:古典的な贈賄禁止条項

条約や具体的な法律を引用する前に、昔からしばしば規定される、いわば古典的な贈賄禁止条項というべき契約条項(例文1、例文2)を見てみよう。政治家や政党、公務員に対し、ビジネスを得る目的で献金あるいは価値ある物を贈与しないことを規定するものである。

●第1款　贈賄禁止条項-01

贈賄禁止-01　　　　　　　　　　　　　　　　　　　　　　例文 1

ARTICLE __ NO BRIBERY
The Distributor shall not pay or give anything of value directly or indirectly to any officer, employee, or agent of a government, political party, or candidate for public office, for the purpose of obtaining or retaining business.

[和訳]
第__条　贈賄禁止
販売店は、ビジネスを獲得し、あるいは、維持する目的で、政府または政党または候補者の代表者、従業員または代理人に対し、直接または間接的に、金銭を支払いまたは価値ある物を贈与してはならない。

●第2款　贈賄禁止条項-02

両当事者ともに贈賄防止の義務を負い、違反があれば相手方を補償し免責する。

贈賄禁止-02　　　　　　　　　　　　　　　　　　　　　　例文 2

ARTICLE __ NO BRIBERY
1　The Distributor and KVC shall make no payment directly or indirectly violative of the US Foreign Corrupt Practices Act of 1977 and _____.

> 2 Each of the parties hereto does agree to defend, hold harmless and indemnify the other party from and against any and all loss, cost, damage or expense arising out of, or based upon, violations of the act or convention or alleged violations of the party from such indemnity is sought, provided, however, that as a condition precedent to any such obligation, the party seeking such indemnity shall promptly advise the party, from whom indemnity is sought, of the specific claim with respect to which such indemnity is sought, permit the party, from whom indemnity is sought, to control the defense and resolution thereof and cooperate, at the expense of the party seeking indemnity, in the defense and resolution thereof.
>
> ［和訳］
> 1 販売店とKVCは、1977年の米国海外腐敗行為防止法ならびに＿＿＿＿＿＿に違反して、直接的または間接的に、金銭を支払うことをしないものとする。
> 2 本契約の各当事者は、他の当事者が、(贈賄防止)法、条約違反あるいは、違反容疑から、または、それらに関連して免責を求められる当事者から被るいかなる損失、コスト、損害または費用についても、補償し、免責することに同意する。ただし、かかる義務の前提条件として、上記の補償を請求する当事者は、速やかに、補償を請求する相手方(被請求人)に対し、補償を求めるクレームについて被請求人がその防御と解決に関しコントロールすることを許容し、その防御と解決について、補償を求める当事者の費用を負担することで協力するものとする。

第3節 法令遵守条項の一つとして贈賄禁止を規定する

　上記条項のように、贈賄禁止条項は独立して規定されることも多いが、その一方で法令遵守条項(Compliance with Laws)の中の一項目として、規定されることもある。独占禁止法(Antitrust Laws)やさまざまな規制法、指定製品・技術の指定国・地域に向けた輸出禁止法、環境保護関連法、業種による営業許認可法などの法令が関わってくる。一方の当事者のみに法令遵守条項上で法令遵守義務を負わせることも、両当事者が遵守すると規定することもあり、いずれも同程度よく使用される。力関係にも関わるが、たとえ一方のみが負う規定であっても、両当事者とも同様の義務を法律上負担していることに変わりはない。ただ、具体的に規定した条項の違反にあたるかどうかという点のみの違いである。一般的に、両当事者が、法令遵守義務を負うと規定した場合でも、贈賄は法令遵守義務違反に該当するため、贈賄禁止条項を規定することと同様の効果がある。

●―第1款　法令遵守条項-01

販売店による贈賄・リベートなどの金品授受の禁止を詳しく規定。

法令遵守-01　　　　　　　　　　　　　　　　　　　　　　　　例文 1

ARTICLE __ COMPLIANCE WITH LAWS
The Distributor agrees to comply with the laws applicable to the performance of its obligations under this Agreement.

Without limitation to the foregoing:
(i) The Distributor agrees that it will comply fully with export administration laws and regulations of the United States Government with respect to the disposition of the Products and the printed commercial and technical data and information and other publications supplied by KVC, provided that KVC will promptly notify the Distributor of any requirement or restriction required or imposed under such export administration laws or regulations.
(ii) The Distributor agrees that it will not directly or indirectly pay, offer or authorize payment or give anything of value, (either in the form of compensation, gift, contribution or otherwise) or collude with any employee, representative, person or organization in any way connected with any customer, private or governmental, contrary to the Foreign Corrupt Practices Act and Sherman Act of the United States of America and the laws of the country in which the Distributor performs its obligations under this Agreement.
(iii) With respect to any transaction arising under this Agreement, it is specifically understood and agreed that neither the Distributor nor its employees or representative shall receive any payments in the nature of a rebate or similar benefit paid directly or indirectly by the customer, nor shall any employee or representative of KVC receive any such payment paid directly or indirectly by the Distributor or by the customer.

［和訳］
第__条　法の遵守
販売店は、本契約上の義務の履行に対し適用される法律を遵守することに合意する。

下記の法律を含み、それに限定されない。
(i)　販売店は、自身が、本製品ならびにKVCにより提供され印刷された商業上、技術上のデータと情報ならびに他の出版物の処分に関する米国の輸出規制法ならびに規則を完全に遵守するものとし、かかる義務負担の前提条件として、KVCは、販売店に対し、輸出規制法または規則の下でなされ、または課される要求(規制)または制限について、速やかに通知するものとする。

(ii) 販売店は、自身が米国の海外腐敗行為防止法ならびにシャーマン法および、販売店が本契約に基づく義務を履行する国の法律に違反して、直接的あるいは間接的に、(代金、贈与または他の理由などその方法がいずれであれ)支払い、支払いを申し入れ、または支払いを許容し、あるいは、有価物を提供し、または、私的か政府機関かを問わず、顧客と関わる従業員、代表、人または組織と共謀しないことに合意する。

(iii) 本契約から発生するいかなる取引についても、販売店も、その従業員も、代表も、顧客により直接的または間接的に支払われたリベート、または類似の利益供与の性質を帯びた支払いを受けないこと、また、KVCの従業員または代表が販売店または顧客により直接的、間接的に支払われるそのような支払いを受領しないことに、特別に理解し、合意するものである。

第2款　法令遵守条項-02

両当事者とも、贈賄・リベートなど金品の授受禁止を遵守し、違反があれば、相手方を補償し、免責する義務を負う。

例文2　法令遵守-02

ARTICLE __ COMPLIANCE WITH LAWS

1. Each of the parties hereto agrees that it will generally comply with all applicable laws, and agrees specifically that no director, employee or agent will not give or receive any commission, fee, rebate, gift or entertainment of significant cost or value in connection with the performance of this Agreement.
2. Neither of the parties nor its employees, agent or subcontractors, or their employees or agents will make any payment or give anything of value to any government official (including any officer or employee of any government department, agency or instrumentality) in order to influence his/her or its decision, or gain any advantage for the parties in connection with the performance of this Agreement.
3. The parties hereto will hold each harmless for all losses and expenses arising out of any violation of Clauses 1 and 2 of this Article ___.
4. In the event of any such violation of Clause 1 or 2 of this Article __, the party whose conduct does not violate Clause 1 or 2 may, at its sole option, terminate this Agreement at any time by giving it written notice of such decision.

[和訳]
第__条　法令遵守

1 本契約の当事者の各々は、全般的にすべての適用法について遵守を図るものとし、かつ、特に、どの取締役、従業員または代理人も、本契約の履行に関連して、コミッション、フィー、リベートまたは相当額以上の贈答品あるいは接待を提供し、あるいは、受けることがないことに合意する。
2 当事者、その従業員、代理人またはサブコントラクターまたはその従業員、代理人は、いずれも、本契約の履行に関連して、彼／彼女またはその決定に影響を与え、または、当事者のために有利な扱いを受けるために、（政府の省、庁、出先機関の官吏、従業員を含む）政府の官吏・従業員に対して、金銭の支払いあるいは、価値あるものの贈与を一切おこなわないものとする。
3 本契約当事者は、本第__条の1項または2項の違反から発生するすべての損失ならびに費用について補償し、免責するものとする。
4 本条の1項または2項の違反が発生したときには、当該1項または2項を違反していない当事者は、その随意の判断により、（違反した）相手方に対し、本契約を解除する決断をした通知を与えることにより、本契約を解除できるものとする。

第4節 贈賄禁止条項フォームのバリエーション

●―第1款 販売店契約における贈賄禁止条項

贈賄禁止（販売店） 例文1

ANTI-BRIBERY CLAUSE
The Distributor warrants in connection with the performance hereunder that it has not and shall not directly or indirectly offer, pay, promise to pay or authorize the payment of any money, gift, benefit or other valuable considerations to any officer or employee of any governmental body or any employee, agent or representative of any other prospective purchaser of the Products.

[和訳]
贈賄禁止条項
販売店は、本契約に関連し、これまでに政府機関の役職者や従業員に対し、または本商品の有望な購入見込み者の従業員、代理人、代表者に対し、直接的または間接的に、いかなる金銭、贈り物、便宜または他の対価を支払うことを申し入れ、支払い、約束し、または支払いを権限授与したことはなく、これからも、かかる行為はしないものとする。

●―第2款　双方当事者による保証

外国公務員贈賄禁止法の規制を受ける支払いをしないことを保証する条項。

例文 2　贈賄禁止（双方）

ARTICLE __ WARRANTIES AS TO NO PAYMENT, GIFTS, AND LOANS TO OFFICIALS OF GOVERNMENTAL AUTHORITIES

1 Each of the parties hereto warrants that neither it nor its affiliates has made or will make, with respect to the matters provided for hereunder, any offer, payment, promise to pay or authorization of the payment of any money, or any offer, gift, promise to give or authorization of the giving of anything of value, directly or indirectly, to or for the use or benefit of any official or employee of the government or to or for the benefit of any political party, official, or candidate unless such offer, payment, gift, promise or authorization is authorized by the written law or regulations of the _____ (name of country or countries).

2 Each of the parties further warrants that neither it nor its affiliates has made or will make any such offer, payment, gift, promise or authorization to or for the use or benefit of any other person if the party knows, has reason to know, or is aware that there is a high probability that the other person would use such offer, payment, gift, promise or authorization for any of the purposes described in the preceding sentence.

［和訳］
第__条　外国公務員贈賄禁止法の規制を受ける政府職員に対する支払い、贈与、ローンがなされていないという保証

1 本契約の各当事者は、自己あるいはその関連会社が、本契約に規定する事項に関連して、政府の官吏または従業員に対して、またはその使用のために、またはその利益のために、あるいは、政党、政党の従業者、候補に対して、直接的あるいは間接的であるかを問わず、金銭の支払いを申し出、支払い、贈与することまたは、支払いを授権することを約束し、または、金銭的価値のあるものの提供を申し出、贈与し、贈与することを約束していないことを保証するものとする。ただし、かかる申し出、支払い、贈与、約束または授権について、_____国の制定法または規則によって権限が付与されている場合を除くものとする。

2 契約各当事者は、特に自己またはその関連会社は、その当事者が（第三者の相手方が）前項に掲げた目的のために、かかる申し込み、支払い、贈与、約束または、授権をおこなうことについて高い可能性があると認識し、または、認識すべきだったような第三者に対しては、かかる他の者に対し、または、その使用のため、または、その利益のため、かかる申し込み、支払い、贈与、または、授権をしていないし、これからもしないことを保証する。

●―第3款　ファシリテーション・ペイメントを例外的に許容する規定

許容される公務員への支払い。

ファシリテーション・ペイメント

例文 3

3　The foregoing warranties do not apply to any facilitating or expediting payment to secure the performance of routine government action.
Routine government action, for the purpose of this Agreement, shall not include, among other things, government action regarding the terms or award of any contract with the government of _____.

[和訳]
3　上記の保証は、日常の政府の行為を確保するための便宜、あるいは、促進するための支払いには、適用しないものとする。
本契約の目的上、日常の政府の行為には、とりわけ、_____政府との契約の条件について、あるいは、契約を獲得するための政府の行為を含まないものとする。

―― 解説 ――
英国の贈賄禁止法には、ファシリテーション・ペイメントを規制対象外とする規定がない。また、一定の範囲・対象目的の支払いがファシリテーション・ペイメントとして認められるとしても、白黒のボーダーラインは不明瞭であり、対応には慎重さが必要である。

| 例文1 | 最優遇顧客（ライセンス） |
| 例文1 | 最優遇顧客（売買） |

第3章　最優遇顧客条項

第1節　最優遇顧客条項

　国家間の条約では、最恵国待遇条項（Most Favored Nation Clause）というものがある。後日、他国と現在締結する条約の内容より有利な条件で締結した場合には、それに合わせ条約を改訂し、同じ有利な条件（最恵国待遇）をもって遇するという約束をすることである。

　その最恵国待遇を民間のビジネス契約に当てはめ、同様の優遇措置を相手方に約束することをMost Favored Customer Clause（最優遇顧客条項）あるいはBest Available Terms（最優遇条項）などと呼ぶ。理論的には不正確だが、国家間の条約と同じ名称でMost Favored Nation Clause（最恵国待遇条項）と呼ぶことがある

　本章では、動産売買契約やライセンス契約に使用されるMost Favored Customer Clauseの典型的な条項フォームを紹介したい。ライセンス契約における最優遇顧客条項はその性質上、非独占的な取引契約において、ライセンシーの不安を和らげる手段として用いられる。後日、ライセンサーが、他のライセンシーに同種のライセンスをおこなう可能性がある場合、ロイヤルティなどにおいて、結果として他のライセンシーより悪い条件となってしまうことを回避するのである。

　売買契約におけるこの条項は、買い主側にはありがたい規定であるが、売り主側には厳しい。取引品目、契約から引き渡し時までの期間、各ビジネス・市場の特性などを踏まえ、最優遇顧客条項を活用する場合もあるが、運用が難しいため、通常の実務上ではあまり出番がない。

　ロイヤルティは、ミニマムロイヤルティの条件を受け入れたうえで契約締結をする場合もあれば、そのような条件なしに、単にランニングロイヤルティだけを合意する場合もある。取引数量が大きい場合も小さい場合もある。最優遇顧客待遇の対象をロイヤルティ率にすることが有利かどうかは、単純に決定できるわけではない。売買契約であれ、ライセンス契約であれ、その対価（商品代金やロイヤルティ）を決定する際に、その取り扱いの量、引き渡しあるいは契約期間、決済条件（前払い、後払い、支払い保証付き）、他の有利な取引などさまざまな要素を勘案・交渉した結果、抱き合わせとして決定される。単純な標準フォームに依存できない、一筋縄ではいかない条項である。それだけに、この条項を採用することは法務のエキスパートにとって、その経験と技の見せ場となる醍醐味があるといえよう。

　売買契約におけるMost Favored Customer Clauseについては、本章でPARASEC社のPurchase Noteの条項として後述する。

　次に、非独占的ライセンス契約におけるライセンシーのためのBest Available Termsの条

項例を紹介したい。

第1款　ライセンス契約における最優遇条項

最優遇顧客（ライセンス） 　　　　　　　　　　　　　　　　　例文 1

If the Licenser grants to a third party under another agreement a non-exclusive license to use the _____ Trademarks in the manufacture and distribution of the Licensed Products in the Territory, on terms more favorable than those herein contained, then the Licensee shall have the right and option to substitute said terms of the other agreement for the terms of this Agreement.

［和訳］

万一、ライセンサーが第三者に対し、他の非独占的ライセンス契約の下で、本契約に規定される条件より有利な条件で許諾製品の製造および販売について_____ _____商標を使用することを許諾したときは、ライセンシーは、本契約有効期間中、当該他の契約の条件に置き換える権利と選択権を有するものとする。

――――解説――――

もちろん、最優遇顧客条項を見送ることも選択肢の一つである。

ライセンサー側にとっては、不利な規定であるし、秘密保持義務の履行とのからみでも運用には困難を伴うことがある。一方、ライセンスビジネス推進に有力な武器となることもある。

第2節　売買契約におけるMost Favored Customer Clause

第1款　最優遇顧客（Most Favored Customer）条項

最優遇顧客（売買） 　　　　　　　　　　　　　　　　　　　例文 1

In case the Seller offers to a third party under another agreement concluded during the term commencing from the date of this Purchase Note and ending on the date of the delivery set forth herein, a right to purchase the Products on terms more favorable than those herein set forth, then the Purchaser shall have the right and option to substitute said terms of the agreement with such third party for the terms of this Purchase Note.

[和訳]
売り主が、本買約証の日付から本買約証に規定する引き渡し日までの期間中に、第三者に対し、別の契約により、本買約証に規定の条件より、(買い主に)より有利な条件で売り渡す権利をオファーした場合は、買い主は、そのような第三者との条件と同じ条件で買い受けることができるように、本買約証による条件を置き換える権利と選択権を付与されるものとする。

第4章 黙示保証排除・条項

第1節 黙示保証排除・制限条項

　黙示保証排除・制限条項は、動産売買契約でも、ライセンス契約でも、さかんに登場する。はじめて遭遇した新人は驚き、戸惑う規定である。この条項に取り組むには、その背景を知る必要がある。

　黙示保証は、米国で特に何の協議も交渉もしなくても、契約の当事者が取引対象の商品や技術情報などについて「法」により保証されることを指す。売り主やライセンサーにとっては、買い主が当然の権利として課す義務への保証である。

　この場合の「法」は、動産売買においては、米国のUCCの第2編(Chapter 2)にある2-312条から2-316条までの一連の規定を指す。まず前提として、当事者間で何も合意していなくても、この法により黙示保証(Implied Warranty)が売り主に課される。

　売り主の保証内容としては、大前提として"Implied Warranty of Merchantability(売り主の黙示保証)"が定義され、その中に"Warranty of the Goods of Fitness for its Ordinary Purpose(その商品がその通常の目的〈＝用途〉に適合することの保証)"が含まれる。売り主が保証を排除する契約条項を規定する場合は、あえて"Fitness for its Ordinary Purpose"を排除するとまでは規定せず、"Fitness for its Particular Purpose"のみを排除する。前者"Fitness for its Ordinary Purpose"を排除すると、最初の"Implied Warranty of Merchantability"を排除する文言で既に"Ordinary Purpose"を排除しているため二重になるからである。

　ところで、新人はなぜこの規定が条項例のように大文字にされ、強調されているのかと驚くことが多い。なぜ強調されるのか。

　UCCの2-316条の規定により、裁判で通用するためには、目立つ方法で排除規定を置くことと示されているからである。契約実務上は、このUCC2-316条の規定を踏まえ、売り主はいったんUCCで課された重い保証責任(黙示保証)を排除する。

　蛇足になるが、この条項が一般的に大文字で表記されるようになった経緯を紹介しよう。この規定を目立たせるためには、赤インクでこの排除規定を印刷してもよい。そのため、1970年代には赤いインクで印刷した売買契約フォームが実際に使われていたこともある。しかし、法務部や弁護士の想定に反し、現場の営業担当者はもとの契約書フォームの用紙の在庫がなくなると、それを白黒コピーした契約書フォームを使うことが多かった。コストの点でも、厳しい規定を目立たなくできるという点でも、現場のビジネスパーソンにとっては白黒コピーが自然で適切な対応だったのだ。しかしそれにより赤字での強調は、当初の意図と反対になってしまった。赤いインクのものを白黒コピーするとむしろ薄くなってしまい、UCC2-316条の要件である「目立つ」という目的を満たさなくなり、裁判などになれば、裁判官がこの条項が契約書に含まれていないものとみな

例文1　黙示保証排除・制限条項
例文2　ライセンサーによる黙示保証・排除制限条項

し、無視できると判断されることがある。色彩の中で赤色は目立つが、薄墨色は目立たないからである。

　そのため、黙示保証の排除規定を目立たせるために、もう一つの目立たせる方法である大文字による規定が標準になった。これだともとの契約書フォームを白黒コピーしても、目立つことには変わりがないというわけだ。

　ちなみに、米国での取引、あるいは米国企業などとの取引、米国の州法を準拠法とする契約でなければ、UCCの規定に沿う必要はないのだが、現在の国際取引ではUCCが適用されない場合でも、黙示保証の排除規定を大文字で規定することが多くなってきている。また、動産売買契約にとどまらず、各種ライセンス契約においても、同じような表現・用語・方法で黙示保証を制限・排除する慣行が米国では定着している。情報ライセンス取引なども当初、1990年代にUCCの2B編としてモデル法典の編纂が進められたことがあり、その後、UCCとは独立したUCITA (Uniform Computer Information Transactions Act) としてモデル法典化された。黙示保証もその制限・排除の仕方も基本的に同じなのだ。国際ビジネスの場合、契約の準拠法にかかわらず、米国のロイヤーの活動範囲の拡大、米国で発達した契約技術が契約書のドラフティングに大きな影響を与えている。

第2節　黙示保証排除条項

●―第1款　売り主による黙示保証排除条項

例文1　黙示保証排除・制限条項

1　The Seller warrants that the Products will conform to their descriptions set forth herein.
2　THE EXPRESS WARRANTIES SET FORTH IN SECTION 1 ABOVE ARE THE ONLY WARRANTIES GIVEN BY THE SELLER. THE SELLER MAKES NO OTHER WARRANTIES OR REPRESENTATIONS WITH RESPECT TO THE PRODUCTS, INCLUDING BUT NOT LIMITED TO IMPLIED WARRANTIES OF MERCHANTABILITY, FITNESS FOR A PARTICULAR PURPOSE AND NON-INFRINGEMENT.

[和訳]
1　売り主は、本製品が本売約証に規定する内容に合致することを保証する。
2　上記の1項に規定した明示の保証は、売り主により与えられた唯一の保証である。売り主は、本製品について他の保証または表明をおこなわず、また、すべての保証を否認するものとし、これ(排除される保証)は、商品性、特定目的への適合性および非侵害の黙示の保証を含み、それらに限定されない。

第2款　ライセンサーによる黙示保証排除制限条項

基本的には、同じスタイル、表現、用語を使って、黙示保証が制限・排除される。

ライセンサーによる黙示保証・排除制限条項　　　例文 2

1. The Licensor represents and warrants that the proprietary Information is owned by the Licensor or an affiliate thereof, and the Licensor has the right to grant the license to ABC and immunities given under this Agreement.
2. THERE ARE NO OTHER WARRANTIES BY THE LICENSOR, WITH RESPECT TO THE PROPRIETARY INFORMATION, EXPRESS OR IMPLIED, INCLUDING, WITHOUT LIMITATION, THE IMPLIED WARRANTIES OF MERCHANTABILITY AND FITNESS FOR A PARTICULAR PURPOSE.

[和訳]
1. ライセンサーは、本営業秘密がライセンサーか、または、その関連会社によって所有されていること、かつ、ライセンサーが本契約による使用許諾と補償の約束をABCに与える権限があることを確認し、保証する。
2. 本営業秘密については、ライセンサーからは、明示・黙示を問わず、商品性の黙示保証・特別な目的への適合性の保証を含み、それに限定されない、一切の保証は与えられない。

―――――解説―――――

　1項では、ビジネス成立の条件として、ライセンサーとライセンシーが合意した内容について簡潔に規定する。
　具体的にその内容を詳しく確認したいときは、別紙(Exhibit)に記載するのも選択肢となる。特許や商標のライセンスで、登録状況の確認をおこなうときは、1項で明確にする。"Proprietary Information"は技術上の秘密情報やビジネス展開に有用なデータ、情報を指して使われる用語である。2項の保証しない事項の例示には、non-infringement(非侵害)も候補になる。affiliateという用語を使うときは、50パーセントちょうどの株式保有のケースをどうするか、別項で定義をおいて、解釈紛争を予防する。

第10部 紛争解決条項

Disputes Resolution

紛争解決方法
（和訳・解説付き）

第1節　協議、裁判、仲裁

　ビジネスの現場で契約交渉に携わっている人々が、近いうちに裁判や仲裁で再度相手と顔を合わせることを期待していることなどあるだろうか。筆者の経験上はなく、締結時には何事もなく契約内容が履行されることを両者が望んでいる。しかし、現実は契約締結後の履行が完了するまでに、さまざまな困難に遭遇し、再会することも多い。

　9.11事件も、リーマン・ショックも、東日本大震災も、今でこそ歴史に残る事件であるが、起きる以前には想像もつかなかった。イラン革命やイラクのクウェート侵攻やイラクへの爆撃ですら、直前までビジネスの当事者たちには予測されていなかった。

　このように契約履行に関し、予想外の事態・状況や経済環境の変動で、誠実に履行を目指していた当事者たちがその履行を果たせなくなることもある（この事象は不可抗力条項（第12部第2章）とも密接に関わる）。このようにして起きた紛争の解決方法として、どのようなものが考えられるだろうか。

●第1款　当事者間の協議

　当事者間の協議による解決を目指すことは、いわば、当然のことである。まずは、当事者間でそれぞれの考え方を述べ、対処案を出し、相手方の意向を確かめる。

　しかし、解決できない場合もある。その場合はどうすればよいか。契約であらかじめ解決方法について何も決めていない、あるいは、単に当事者間の誠実な協議により解決するとのみ決めているのであれば、法的には裁判によることになる。

●第2款　裁判による解決

　裁判管轄は、当事者やその契約の履行地、対象物の所在地などが総合的に勘案され決まる。ただ現実には、実際にどう裁判が進行するか、どの地の裁判所による解決になるかは曖昧である。

　裁判については、当事者の一方が希望しない方法や、希望しない場所でおこなわれる可能性もある。それらをあらかじめ明瞭にするためには、主に2つの解決方法がある。

　一つは、紛争が発生した場合の裁判管轄を当事者であらかじめ合意し、契約で取り決めておくことである。どちらか一方が判決に満足できない場合は、通常は控訴が認めら

れるが、早期解決を図りたい場合に「一審の判決で最終とし控訴はどちらの当事者もしない」と控訴権をあらかじめ放棄する条項を挿入したい場合もあるだろう。しかし、裁判所は国家機関であることから、裁判でこの条項が争われた場合は、控訴権放棄条項は通常無効とされる。では、紛争解決の長期化を防ぐためにはどうすればよいのだろうか。筆者の経験や国際ルールからすると、仲裁人による1回限りの裁定により紛争解決を図ることができる。1回で解決を図るには、仲裁に関する規定を契約書に挿入するほうがよいだろう。

●―第3款　仲裁による解決

　当事者間の合意により、契約書の中に、具体的に仲裁機関と仲裁地を定め、両当事者ともにその裁定に服し、最終裁定として仲裁人の判断を受け入れる約定を交わせば、紛争を仲裁により解決することができる。前述のように、仲裁は控訴が認められない1回限りの裁定であるため、裁判における控訴審のような2度目の争いを避けることができる。

第2節　言語、場所の選択、移行の時期などは自由に指定できるか？

　裁判所は、いずれかの当事者の国の裁判所、あるいは第三国で当事者に中立な裁判所を選ぶのが標準的である。また、国際ビジネスについての裁判の場合は、裁判所の使用言語が相手方の当事者には理解できないこともある。裁判所は国家機関であり、当事者への紛争解決サービス機関ではないため、使用言語の指定はできない。
　仲裁機関は、国家機関ではないため、当事者があらかじめ契約の中の仲裁約款で、仲裁言語を取り決めておけば、有効であり、拘束力もある。日本側当事者にとっては、どこの国の仲裁であれ日本語でおこなわれる、と指定したいところであろうが、現実的ではない。英語でおこなわれる、と合意することが標準である。
　また、ビジネスの現場担当者や経営者が、「最終的には、裁判あるいは仲裁により解決するということにしても、その手続きに移行する前に相当の期間を費やしてもいいので、当事者間で協議し、解決を目指したい」と言っても不思議ではない。法律の専門家からは、「意味がない。解決を遅らせるだけだ」と反論があるかもしれない。しかし、一度はともに信頼し合って契約を締結した両者の手で解決を目指したいと考えるのは、合理的だと筆者は考える。そのようなビジネスの現場担当者や経営者の思いを契約にどう反映させればよいのだろうか。その反映案を第3章の例文1に示している。
　紛争解決条項をめぐる悩みはつきない。米国のように陪審制度が民事紛争の裁判にも採用されている場合、陪審裁判によらなければ合意することができないのか。細かくなるが、たとえば、当事者間の契約で、一方あるいは双方の当事者の損害賠償責任の上限を取り決めている場合、仲裁人がその規定を尊重するようあらかじめ決めておくことはできるか。裁判あるいは仲裁で、懲罰的損害賠償額は採用しないと決めておけば有効な取り決めとして尊重されるのだろうか。

契約で取り決めるさまざまな項目や条項が関係するため、決まりきった標準書式を使えばいいというものではない。以下では、上記のような悩みを解決するための紛争解決の方法や条項の選択肢を紹介したい。

基本的な仲裁条項ならびに関連条項
（和訳・解説付き）

第1節 仲裁条項

　まずは、当事者間で協議による解決を試みるが、協議による解決が無理な場合は、一方が仲裁を申し立てた場合は被告（Respondent：被申立人）側の地で仲裁をおこない（被告地主義）、仲裁により解決することを取り決める条項である。ここでは、ICCルールによる仲裁としている。たとえばこれを、東京ならばJCAAルールとしたり、サンフランシスコでの仲裁の場合はAAAルールにしたりする選択肢もある。

●—第1款　被告地（Respondent）主義の仲裁条項

ICCルールによる仲裁。

仲裁（被申立人の地）　　　　　　　　　　　　　　　　　　　例文 1

ARTICLE __ ARBITRATION
1　Any and all claims, disputes, controversies or differences arising between the parties out of or in relation to or in connection with this Agreement or the breach thereof, which cannot be satisfactorily settled by correspondence or mutual conference between the parties shall be determined by arbitration upon the written request of any party hereto in accordance with the Rules of the Conciliation and Arbitration of the International Chamber of Commerce and the site of arbitration shall be in Tokyo, Japan, if Aurora Borealis Corporation ("ABC") is the respondent, and San Francisco, California, U.S.A. if KAREN VIEW CORPORATION ("KVC") is the respondent.
2　All proceedings shall be conducted in English.
3　The decision of arbitrators in such arbitration shall be final and binding upon the parties, and judgment thereupon may be entered in any court having jurisdiction thereof or application may be made to such court for judicial acceptance of the award and/or order of enforcement, as the case may be.

［和訳］
　第__条　仲裁

例文1	仲裁(被申立人の地)
例文2	準拠法(カリフォルニア州法)
例文3	仲裁(AAA)

1 本契約またはその違反から、あるいは関連から、またはともに発生するいかなるすべてのクレーム、紛争、議論または相違は、当事者間で、その通信または相互の協議により満足のいくように解決できないときは、本契約の一方の当事者による書面の要求により、国際商業会議所の調停ならびに仲裁規則に従って仲裁により決定されるものとし、その仲裁場所は、オーロラ・ボレアリス社(「ABC」)が被申立人であるときは、日本国東京とし、カレンビュー社(「KVC」)が被申立人であるときは、米国カリフォルニア州サンフランシスコとする。
2 すべての手続きは、英語でおこなわれるものとする。
3 かかる仲裁における仲裁判断(＝決定)は最終的なものであり、当事者を拘束し、その裁定(＝判断)は、その事案について管轄を有するどの裁判所にも(債務名義として)記録されうるものとし、裁定の司法的受諾あるいは、必要に応じ、強制執行のため、かかる裁判所に対し、申し立てをなすことができるものとする。

―― 解説 ――

　2項では手続きが英語でおこなわれることが取り決められている。言語を指定することは可能であるが、公用語が英語以外の国での仲裁を選択する際には、英語での仲裁の指定は英語を希望する当事者にとって有利になるため、重要である。この条項では、海外企業のカレンビュー社の希望であるという前提に立っている。
　この規定では、当事者間の協議による解決について、協議にかける時間や期間について特に規定を置いていない。もし当事者で具体的な協議の方法や協議による解決の期間を決めておきたいときは、取り決めることは可能であり、尊重される。これは、協議前置主義ともいえるもので、取り決めておけば、協議なしに突然、仲裁開始が申し立てられることが、認められなくなる。

●――第2款　　上記例文1に関連する準拠法の規定

準拠法選択のルールに関わりなく、カリフォルニア州の実体法を適用する。

例文2　　準拠法(カリフォルニア州法)

ARTICLE __ GOVERNING LAW
This Agreement will be governed by the substantive law of the State of California, U.S.A., excluding its choice of law rules, without regard to conflict of laws provisions.

[和訳]
第__条　準拠法
本契約は、衝突法(抵触法)の規定にかかわらず、法選択に関する法を除く米国カリフォルニア州の実体法に準拠するものとする。

解説

　例文2は例文1を前提とする場合の準拠法の規定である。"Substantive law"は実体法を指す。実体法とは、準拠法選択のルール(Choice of Law Rules)との対比で使用される用語で、民法、会社法など適用すべき法そのものである。法選択に関する法がまず適用されるので、それら(Choice of Law RulesとConflict of Laws Rules)を無視し、まず実体法を適用すると合意することが、この準拠法の規定の趣旨である。この規定により、自国側の法選択に関する法を適用した結果として、相手国側の法律(実体法)が準拠法となるリスクをなくしているのである。

●―第3款　AAAルールによる仲裁条項

　協議による解決(30日)を図る。不調のときは、一方の申し立てによりサンフランシスコで仲裁(当初1人の仲裁人による仲裁を目指すが、30日間選定できなければ、3人の仲裁人による)。AAAルール。

仲裁(AAA)　　　　　　　　　　　　　　　　　　　　　　　　例文 3

ARTICLE __ ARBITRATION

1　If at any time any dispute, difference, or disagreement shall arise upon or in respect of this Agreement, and the meaning and construction hereof, the parties shall meet and negotiate in good faith to settle the matter amicably.

2　If the parties are unable to settle the matter within thirty (30) days after their first meeting, then upon the demand of either party the matter shall be submitted to binding arbitration. The arbitration shall be conducted in San Francisco, California, U.S.A. in the English language in accordance with the Commercial Arbitration Rules of the American Arbitration Association.

3　The arbitration shall be conducted by a single arbitrator selected by the parties, provided, however, that if the parties fail to agree upon a single arbitrator within thirty (30) days after the demand for arbitration, then it shall be conducted by an arbitration panel consisting of three members, one appointed by each party and third appointed by the first two members.

4　The arbitration award shall resolve the questions submitted, award the relief to which each party may be entitled and allocate the costs of arbitration.
　　The arbitration award shall be final, binding on the parties, not subject to appeal and enforceable by any court having jurisdiction over the affected party or its assets.

[和訳]
第__条　仲裁

例文3　仲裁（AAA）
例文4　仮差止処分申立

1 万一、いつでも、本契約またはその意味ならびに解釈について、あるいは関連して、紛争、見解の相違、不同意が発生したときは、当事者は、友好的に事案を解決するため、会って誠意をもって交渉するものとする。
2 当事者は、最初の協議から30日以内に事案を解決できないときは、いずれかの当事者の要求により、（紛争）事案は拘束力ある仲裁に付託されるものとする。仲裁は、米国仲裁協会の商事仲裁規則に従って、米国カリフォルニア州サンフランシスコにおいて英語でおこなわれるものとする。
3 仲裁は、当事者により選抜された単独の仲裁人によりとりおこなわれるものとするが、ただし、もし、当事者が仲裁の要求がなされたあと30日以内に単独の仲裁人に合意ができないときは、仲裁は、3人の仲裁によりおこなわれるものとし、その構成は、1人ずつ各当事者により指名され、残りの3人目の仲裁人は、最初に指名された2人の仲裁人により指名される。
4 仲裁裁定は、提起された問題を解決し、各当事者が受ける権利のある救済ならびに仲裁の費用の分担をするものとする。
仲裁裁定は、最終的であり、当事者を拘束するものであり、控訴に服することがなく、かつ、敗北した申立人またはその資産に対し、管轄を有する裁判所により強制執行されうるものとする。

―――― 解説 ――――

例文3は、例文1のバリエーションである。本条項でもまず当事者間で協議による解決を目指すものとされているが、最初のミーティングから30日かけても解決できないときは、一方の申し立てによりサンフランシスコでAAAルールによる仲裁で解決することが規定されている。経費の節減のため、当初30日間は1人の仲裁人を指名するよう試みるが、もし1人の仲裁人を指名することに双方が30日経過しても合意できなければ、3人の仲裁により解決する。

◉――第4款　仲裁約款中の仮差止処分申立許容条項

仲裁手続きの合意にかかわらず、秘密情報開示の仮差止処分（Injunctive Relief）などを請求できると規定する。

例文4　仮差止処分申立

ARTICLE ___ INJUNCTIVE RELIEF
1 Notwithstanding the provisions of Article ___ (Arbitration), the parties hereto agree that the covenants and agreements of Articles ___ (Confidentiality), ___ (Non-disclosure Obligation) and ___ (Non-Competition) hereof, are reasonably necessary to protect and preserve the interests of KVC, and KVC may be entitled to a temporary restraining order and a permanent injunction to prevent a breach of any such covenant or agreement.

2 If KVC seeks an injunction in order to enforce its rights under this Agreement, ABC specifically waives any requirement that KVC post a bond or any other security.
3 The parties agree that if ABC should breach any covenants or agreement of Articles ___, ___ or ___ of this Agreement, KVC may have no adequate remedy at law and KVC may suffer substantial and irreparable injury and damage.

[和訳]
第__条　差し止めによる救済
1 第__条(仲裁)の規定にかかわらず、本契約当事者は、本契約第____条(秘密情報)、第____条(秘密保持義務)ならびに第____条(競合避止義務)がKVCの利益を保護し、保存するために必要であることに合意しており、そして、KVCは、かかる誓約または合意の違反を防ぐために、暫定的な差止命令ならびに永久の差し止めを求める権利を有することに(合意する)。
2 もし、KVCが本契約に基づく権利を履行強制するために、差し止めを請求するときは、ABCは、明確に、KVCが供託金または、他の担保を提供することを請求する権利を放棄する。
3 当事者は、もしABCが、本契約の第__条、__条または__条の誓約または合意内容に違反したときは、KVCは法律上の救済方法では十分な救済を得られないこと、そして、KVCは、重大な取り返すことができない損傷ならびに損害を受けることがありうるということに、合意する。

解説

　例文4は、紛争解決を仲裁によると取り決めた場合に、当事者の一方が裁判所による手続きをとれることを定めたものである。

　仲裁による紛争解決を選択した場合に、裁判所による手続きを利用することができるのか、一切禁止されるのか、例外的に認められることがあるのか、という疑問は筆者にとっても実務上、時折遭遇する切実な問題であった。たとえば、相手方の経営方針や取締役会の構成員が大幅に変更になり、ライセンス契約により提供した秘密の技術情報が相手方から第三者に漏洩されようとしている、といった場合である。契約で合意した用途以外の使用が計画され、工場が建設されつつあるという情報を得た場合もあった。

　このようなときに仲裁による紛争解決をしていては、被害の発生を防ぐのに間に合わない場合がある。秘密情報はいったん漏洩や公表がなされてしまうと、価値が消滅する。そのような場合に備え、契約のいくつかの条項で扱った事項について裁判所による差止処分をとることができると明示的に規定することがこの条項の趣旨であり、狙いである。

　規定がなくても、差止手続きをとることができるという見解もあるが、現場のビジネスパーソンや経営者は不安であろう。明文化することにより、関係者に対処を明示することができるきわめて実戦的で合理的な規定である。

　その一方、いったん裁判所で紛争解決が始まれば、激しく相手方と衝突することもある。ロイヤルティの支払い、損害賠償など、当初の契約で想定し、協議と仲裁により解決すべきとした通常の事項に関わる事柄でも、対立構造がはっきりすることでスムーズにい

かなくなってしまうこともある。

紛争解決は、その限界を知ることにもなる難しい問題をはらんでいるといえよう。

第2節 仲裁約款における仲裁人に関する条項

第1節では、仲裁約款について、仲裁機関、仲裁地の選択の視点から吟味した。

ここでは、仲裁約款により仲裁人に守らせるべき基準の設定や、仲裁人の追加の役割を規定する方法とドラフティングについて吟味する。

仲裁人については、細かな規定を設定することが賢明な場合がある。たとえば、米国では仲裁人に対し、デポジションや書類提出命令の権限を付与するかどうかが争われる場合がある。契約上、いずれにでも取り決めることが可能で、仲裁人に裁判官に近い広汎な権限を付与することもある。その権限の一つが、Injunction(差止命令)の権限である。

しかし、一方で、それぞれの国・法域には、それぞれの法や民事訴訟手続きがあり、仲裁人の判断や命令にも影響を与える。このため、あらかじめ仲裁人の権限を制約・制限し、手続きが始まってから議論をせずに済むように施策をおこなうことが賢明な場合がある。

筆者としては、実務上は仲裁人の権限を制限することが適切だと考えている。契約違反の場合の損害賠償の上限の規定を当事者が置いている場合などでは、その規定を尊重すべきであり、下記に示すような懲罰的損害賠償を損害賠償の算出の根拠として加えられないようにするべきだからである。

次に紹介する例文5は、特に米国を裁判・仲裁管轄とする規定を置いた場合の、仲裁人に関する条項である。

米国では契約紛争を解決するための裁判や仲裁において、一方の当事者(特に原告や申立人)が、裁判所(陪審を含む)や仲裁人(仲裁法廷)の前で、懲罰的損害賠償額(punitive damage)を損害賠償(damages)の算定に加算することがある。そのような場合、請求を受けた側が懲罰的損害賠償額を加算すべきではない、と主張するにはどうすればよいだろうか。

一つの選択肢は、契約紛争の解決条項に懲罰的損害賠償を加算しないことをあらかじめ当事者間で合意しておくことである。裁判所や仲裁人によって、このような合意が100パーセント受け入れられるかどうかは定かでないが、少なくとも、懲罰的損害賠償額を加算して請求すること自体が契約に反することを、当事者の意図として、明瞭にしておくことに意義があるのだ。通常は、裁判や仲裁では契約に違反した場合は主張を控えることが、契約を結んでビジネスに携わる者のマナーとされているため、請求そのものを抑制する効果がある。また、第8部で扱った損害賠償の限度(Limitation of Damage)、損害賠償金額の上限(Limit of Damage)などの条項により、契約で当事者が損害賠償額を限定している際などは、それを尊重するよう仲裁人に求められる、という効果もある。

第1款　仲裁人は懲罰的な損害賠償額を認定する権限がないと定める条項

仲裁（懲罰的損害を含まない）-01　　　　　　　　　　　　　　　　　　例文 5

ARTICLE __ ARBITRATION
2　The arbitrator shall not issue any award, grant any relief or take action that is prohibited by or inconsistent with the provisions of this Agreement, including Article ___ (Limitation of Liability), and may not, under any circumstances, award punitive or exemplary damages.
Judgment on the award rendered by the arbitrator may be entered in any court having jurisdiction thereof.

[和訳]
第__条　仲裁
2　仲裁人は、第__条（損害賠償の限度）を含む本契約の規定により、禁止される、または、矛盾する裁定を下し、または救済を与える行為をしないものとし、また、いかなる状況の下であれ、懲罰的または制裁を伴う（＝見せしめの）損害賠償を命ずることができない。
仲裁人により下された仲裁裁定における判断は、その事案につき管轄を有するいかなる裁判所においても、（債務名義として）記録されうるものとする。

解説

　日本法の下ではこのように懲罰的損害賠償を排除する規定を置かなくても、問題はなく、同じではないかという議論を聞いたことがある。しかし、当事者が米国内に資産を保有しているときや、相手方の要求で履行保証人として米国内の子会社やパートナー的な取引先を起用している場合は、彼らに対し懲罰的損害賠償額を含めた裁定が執行される。

　したがって、やはり例文5のように、あらかじめ懲罰的損害賠償に関する仲裁人の権限をなくし、排除しておくことは有用なのである。

　また、以下の例文6は仲裁人に、損害賠償の算定にあたっては懲罰的損害賠償（Punitive Damage）によらず、塡補賠償（Compensatory Damage）によることを規定するものである。加えて、仲裁人に対し本契約に関する仲裁について、当事者と同じく秘密保持義務を課すことを明文で規定している。

第2款　仲裁人は懲罰的損害賠償額を認定する権限がないと定める条項（バリエーション）

　例文5のバリエーション。仲裁人に厳密に損害補塡により損害額（compensatory damages）を算定する義務を負わせ、また秘密保持義務を負わせる。

例文6　仲裁(懲罰的損害を含まない)-02

ARTICLE __ ARBITRATION
1. The arbitrator(s) shall not have authority to award punitive or other damages in excess of compensatory damages and each party irrevocably waives any claim thereto.
2. The parties, their representatives and arbitrator(s) shall hold the existence, content and result of arbitration in confidence.

[和訳]
第__条　仲裁
1. 仲裁人は、塡補賠償を超えて、懲罰的または他の損害賠償を命ずる権限を有しないものとし、当事者は、それらに対する請求権を撤回不能条件で放棄する。
2. 当事者、その代表者ならびに仲裁人は、仲裁の存在、内容ならびに結果について秘密保持義務を負う。

――――――――――(解説)――――――――――
　本条項では、仲裁人は紛争解決の裁定にあたり、契約書の条件や規定を参照し、尊重するよう釘をさしている。これは、たとえば、損害賠償金額の上限などの条項はうっかりすると仲裁人に無視されかねないため、注意喚起のために特に気をつけて挿入したものである。効果があるかどうか実務上不安が残る条項ではあるが、契約交渉において常にベストを尽くすために挿入するものである。

●―第3款　仲裁人に契約書の文言を尊重し、契約条件に忠実に仲裁判断を下すことを求める条項

ライセンス契約についての仲裁。

例文7　仲裁(英語)

ARTICLE __ ARBITRATION
3. The arbitrators shall be conversant in English and experienced in _____ license matters.
4. The proceedings of arbitration shall be conducted in English and in the city of _____.
5. The arbitrators shall decide, in so far as legally possible, in accordance with the text of this Agreement, referring to usages of the trade and the substantive law of _____.

[和訳]

第__条　仲裁

3　仲裁人は、英語を流暢に話すことができ、_____のライセンスの問題（＝テーマ）について経験豊富でなければならない。

4　仲裁手続きは、英語で、また、_____市においておこなわれるものとする。

5　仲裁人は、法的に可能である限り、本契約の文面に従い、商取引の慣行と_____法の実体法を参照（＝尊重）しつつ、（仲裁）判断をおこなうものとする。

解説

例文7は、仲裁人の資格として、英語に堪能で、ライセンスについて経験豊富であることを求める規定をしている。

実際には仲裁人といっても、候補者の中には、契約で扱うビジネスについて知識や経験のない不適切な人材も少なくない。特定のビジネスについて知識を吸収するためには時間と費用がかかるだけでなく、適切な判断が期待できない不安を当事者に抱かせることもある。

ただ、あまりにも特殊な業界だったり、専門分野の指定が細かかったりする場合は、逆に仲裁ができなくなってしまう場合もある。このあたりの取り決めには、あらかじめ仲裁人名簿を見て見当をつけてからおこなうことをすすめる。

例文5～7では、仲裁人の権限を制限する条項を紹介したが、仲裁をスムーズに進捗させるためには、例文8、9のように仲裁人の権限を拡大する仕組みを作ることもある。

これらの条項は、いずれも仲裁に勝った側や協力的な側を優遇し、敗北した側や非協力的な側に、一定の負担をさせようという狙いにより定められたものである。そのような場合の合理的な負担項目としては、弁護士費用が挙げられる。いずれも仲裁人が適切と考える金額（実費の一部）を相手方に負担し支払うよう命ずることができるとする。

仲裁手続きの進行に非協力的な側にいわば罰則を科すもので、例文9ではその範囲（金額の基準）を相手方が支払う弁護士料としている。

● 第4款　仲裁に勝った側（Prevailing Party）は、弁護士料を相手方に請求できるが、金額は仲裁人が決めると合意する条項

弁護士料

例文 8

ARTICLE __ ATTORNEY FEES
（1項2項は省略）

3　In the event an arbitration is brought by any party under this Agreement to enforce any of its terms, it is agreed that the prevailing party shall be entitled to be paid by the other party reasonable attorney's fees to be fixed by the arbitrator.

例文 8	弁護士料
例文 9	仲裁（罰則）
例文 10	仲裁（LCIA）
例文 11	仲裁（SIAC）

[和訳]

第__条　弁護士料

（1項2項は省略）

3　本契約の下で、いずれかの当事者により仲裁が、本契約のいずれかの条項の履行を強制するために提起されたときは、（仲裁に）勝った当事者は、相手方から仲裁人により算定された合理的な弁護士料の支払いを受ける権利を有するものとする。

●―第5款　仲裁に対し、不合理に仲裁手続きを遅らせる当事者に、罰則（Sanction）を科す権限を付与する条項

仲裁人の権限強化に合意する条項。

例文 9　仲裁（罰則）

ARTICLE __ ARBITRATION

The arbitrator(s) will be directed to impose sanctions, which may include reasonable attorney's fees and costs, against any party determined by the arbitrator(s) to have unreasonably delayed or prolonged the arbitration; the arbitrator(s) may also direct the terms of payment of any such sanctions, fees and costs.

[和訳]

第__条　仲裁

仲裁人は、罰則（制裁）を科すことを指示されるものとし、その罰則には、不合理に仲裁を遅らせ、または長期化させたと仲裁人が判断した当事者に対し、弁護士料ならびに費用を負担させることを含む。また、仲裁人は、かかる罰則、料金そして費用の支払条件についても指示できるものとする。

第3節　欧州各国や日本での仲裁による紛争解決条項

ここでは、これまで紹介してきた米国での仲裁に加え、日本企業が国際ビジネスをおこなううえでよく扱われる欧州各国や日本の仲裁機関による仲裁を規定する条項を紹介する。アジアではシンガポール仲裁が最近用いられることが増えてきたと聞く。活用を検討する際には、シンガポール国際仲裁センター（Singapore International Arbitration Centre：SIAC）についても確認していただきたい。

●─第1款　ロンドン国際仲裁裁判所（民間仲裁機関）による仲裁

ロンドンでの国際仲裁法廷を指定する簡潔な仲裁約款。

仲裁（LCIA） 例文 10

ARTICLE __ ARBITRATION
Any difference between the parties concerning the interpretation or validity of this Agreement or the rights and liabilities of the parties shall be settled by arbitration in London, England under the rules of the London Court of International Arbitration.

［和訳］
第__条　仲裁
本契約、または、当事者の権利と義務の解釈または有効性に関連する当事者間の相違は、ロンドン国際仲裁裁判所のルールに従って、英国ロンドンで仲裁により解決されるものとする。

解説

　ロンドンでは、国際商事仲裁機関として、ロンドン国際仲裁裁判所（London Court of International Arbitration : LCIA）が有名である。オーロラ社法務部員飛鳥凛は、東京での仲裁が交渉上難しいと判断した場合は、妥協案としてロンドンもしくはサンフランシスコでの仲裁を選ぶ場合が多い。いずれもフェアで信頼性があると言われており、観光地であるためホテルなども充実しているため外国人も訪問しやすく、しかも街が安全である。
　アジアで利用が増えつつあるシンガポールでの仲裁を選択する場合の典型的な条項は、例文11の通りである。

●─第2款　シンガポールでの仲裁

SIACルールでの仲裁を規定。

仲裁（SIAC） 例文 11

All disputes arising out of or in connection with this Agreement, including any question regarding its existence, validity or termination, shall be referred to and finally resolved by arbitration in Singapore in accordance with the Arbitration Rules of the Singapore International Arbitration Centre ("SIAC Rules") for the time being in force, which are deemed to be incorporated by reference in this Article.

[和訳]
その存在、有効性あるいは終了を含む、本契約から、または、本契約に関連して発生するすべての紛争は、シンガポールにおいて、紛争発生時に有効なシンガポール国際仲裁センター仲裁規則（「SIACルール」）に従って仲裁に付託され、最終的に解決されるものとし、その仲裁規則は、本条による引用により、本契約の一部をなすものとみなされる。

―― 解説 ――
SIACは、1991年に設立された仲裁機関で、フランスのICC、米国のAAA、日本のJCAAなどに比べて新しい仲裁機関であるが、商事国際紛争の解決に積極的である。英語国であるうえ、賄賂や政府権力からの圧力を受けないクリーンな運営も信頼され、アジア地域を中心とする国際紛争案件の解決に貢献し、利用度が増加していると評価できよう。

●―第3款　パリにおいて、ICCルールにより仲裁と定める条項

簡潔な仲裁約款に加え、使用言語を英語と定める。

例文 12　仲裁（ICC）

ARTICLE ＿ ARBITRATION
1 Any dispute or difference arising out of or of related to this Agreement or about the breach thereof shall be finally settled by arbitration in Paris, France in accordance with the Rules of Arbitration and Conciliation of the International Chambers of Commerce.
2 Proceedings of such arbitration shall be conducted in the English Language.
3 The award thereof shall be final and binding upon both parties hereto and any judgment of such award may be entered into any court having jurisdiction.

[和訳]
第＿条　仲裁
1 本契約またはその違反から、または、関連して発生する紛争または相違は、国際商業会議所の仲裁と調停規則に従ってフランス国パリでの仲裁により最終的に解決されるものとする。
2 かかる仲裁の手続きは、英語でおこなわれるものとする。
3 仲裁の裁定は、最終的であり、本契約の両当事者を拘束し、かつ、かかる裁定の判断は、管轄のある裁判所で（債務名義として）記録されうる。

―― 解説 ――
例文12は、フランスのパリでICCルールにより仲裁をおこない、解決する条項である。

同条項では、仲裁地の条件に加え、仲裁手続きを英語でおこなうことを取り決めている。何も決めていなければ、フランス語による仲裁もありうるためである。実際に仲裁を経験した知己からは、弁護士や出張時のコミュニケーション、マスコミ・新聞などによる報道からの情報収集にもフランス語が必要で、フランス語に堪能な担当者であればやりがいがあるだろうが、フランス語に通じていないメンバーも関わる場合は、単純に進められないということだった。担当者の得意・不得意により、ロンドン派とパリ派に分かれているように感じる。

　知己の中にはジュネーブ派もいる。しかし、実際に仲裁を試みると種々の苦労があるようだ。筆者は具体的に説明できるほどジュネーブでの仲裁経験を積んでいないが、費用がかかると聞いた。英語圏でないため、翻訳料に加え、弁護士料、情報収集、出張費などで費用がかさむという。

　ロンドンなどでは事務所、現地法人など海外拠点が比較的に維持しやすいが、ジュネーブをはじめとするスイスでは、業種次第では日本企業にとって拠点としての維持が容易ではないとも聞く。

　ただ、仲裁条項で交渉が難航した場合には、ジュネーブによる仲裁という条項案が提示されると、比較的双方に公平との印象があるため、受け入れられやすいという利点があるようだ。念のため、例文13でジュネーブでの仲裁を規定する条項例を紹介しておく。

●―第4款　スイスのジュネーブで、UNCITRAL仲裁ルールで解決するという条項

　当事者による友好的な協議による解決を目指すが、30日以内に解決できなければ、仲裁により解決する。

仲裁（スイス）　　　　　　　　　　　　　　　　　　　　　　例文13

ARTICLE __ ARBITRATION
1　In the event of any controversy or claim arising out of or relating to any provisions of this Agreement or breach thereof, the parties hereto shall use every such reasonable efforts to resolve any of such conflicts amicably amongst themselves.
2　Should they fail to agree within thirty (30) days after notice from one of the other, then, the matter in dispute shall be finally settled by arbitration in the English language in accordance with the United Nations Commission on International Trade Law ("UNCITRAL") Arbitration Rules.
3　The arbitration shall take place in Geneva, Switzerland or such other location as may be agreed by the parties.
　The number of arbitrators shall be three (3). All procedures relating to the arbitration except as otherwise expressly set forth in this Article ___ shall be governed and conducted by the UNCITRAL Arbitration Rules.
　Judgment upon the award rendered by the arbitrators shall be final and may be entered in any court having jurisdiction thereof.

例文 13　仲裁(スイス)
例文 14　仲裁(JCAA)-01

[和訳]
第__条　仲裁
1　本契約の規定またはその違反から、あるいは、それらに関連して紛争またはクレームが発生した場合は、当事者は、彼ら自身により、友好的にかかる衝突を解決するように、あらゆる合理的な努力を尽くすものとする。
2　万一、当事者が、他の当事者に通知したあと30日以内に(解決に)合意できないときは、紛争事案は、国連国際商取引法委員会(「UNCITRAL」)の仲裁規則に従って、英語による仲裁により最終的に解決されるものとする。
3　仲裁は、スイスのジュネーブ、または別途当事者で合意した場所で、おこなわれるものとする。
　仲裁人の人数は、3名とする。第__条に他の趣旨が明示的に規定される場合を除き、仲裁に関連するすべての手続きは、UNCITRALの仲裁規則に準拠し、実施されるものとする。
　仲裁人により下された裁定は、最終的であり、その事案につき管轄を有するどの裁判所にも(確定判決と同じ効力を有する債務名義として)記録されるものとする。

―― 解説 ――

　例文13は、スイスのジュネーブにおけるUNCITRAL(United Nations Commission on International Trade Law：国連国際商取引法委員会)の仲裁規則による仲裁解決を取り決める条項である。ただし、まずは当事者による友好的解決を目指し、30日間かけても解決できないとき、はじめて仲裁による解決に移行すると規定している。
　また、4か国語の公用語を持つスイスにおける仲裁であるため、言語がフランス語、イタリア語、ドイツ語、ロマンシュ語になる可能性を見越し、あらかじめ仲裁約款で英語により仲裁手続きをおこなうことを明示的に取り決めている。英語が公用語でないことにも注意が必要だ。仲裁人の数は3名と決めている。
　続いて、日本企業にとっては理想的な解決方法であるともいえる東京でJCAAルールによる仲裁をおこなう方法を紹介する(例文14)。よほど契約交渉上の立場が強くなければ、簡単にはこの条件ではまとまらない。
　しかし、日本企業にとっては第一に浮かぶ基本的な解決方法であるため、所定契約書の裏面約款などに印刷される標準条項でもある。1項は、当事者の友好的な協議による解決を目指し、それが不調な場合には仲裁に移行し解決を図ろうとするもので、基本に忠実な解決方法だといえる。

●―第5款　東京においてJCAA仲裁ルールによる仲裁により解決するという条項

　当事者による協議による解決を目指すが、不調の場合は、東京で仲裁。

仲裁(JCAA)-01　　　　　　　　　　　　　　　例文 14

ARTICLE __ ARBITRATION
1 This Agreement shall be performed by the parties in good faith, and in case any doubtful point is raised or any dispute occurs concerning the interpretation or performance of this Agreement, such matter shall be settled through due consultation of the parties.
2 In the event that amicable settlement cannot be reached through the consultation, the matter shall be referred to arbitration in Tokyo in accordance with the rules of the Japan Commercial Arbitration Association.
3 The arbitral award shall be final and binding upon the parties, and application may be made to any court having jurisdiction for a judicial acceptance of the award or an order of enforcement as the case may be.

[和訳]
第__条　仲裁
1 本契約は、誠意をもって当事者により履行されるものとし、万一、本契約の解釈あるいは、履行について、疑義が提示され、または、紛争が発生した場合には、当事者の適時の協議により解決されるものとする。
2 友好的な解決が協議によって達成できないときは、(紛争)事案は、日本商事仲裁協会規則に従った東京における仲裁に付託されるものとする。
3 仲裁裁定は最終的であり、当事者を拘束し、最低の司法的な受諾のため、あるいは強制執行を求めて、管轄のある裁判所に対し申し立てを提出することができる。

解説

　友好的解決に失敗したときは、東京でJCAAルールにより仲裁で解決することを取り決めている。こちらも、日本企業側としては当事者による解決を前面に押し出し、不調の場合は東京で仲裁解決できる理想的な紛争解決方法だといえる。日本企業の標準約款として、その書式、フォームに採用しても問題がない。
　これに対し相手方からは、第三国あるいは被告地(被申立人)主義の仲裁の反対提案がなされるかもしれない。そのような妥協を最終的にはおこなうにしても、合弁事業やライセンス契約など、日本においてビジネスを相手方とおこなう際には、その契約交渉において、日本企業側からの最初の提案内容として本条項は合理的で自然な規定であり、妥当な条項である。
　なお、同じく東京での仲裁を規定する例文15は、特色として、最初に友好的な協議による解決を目指すことを取り決め、そのうえで具体的に60日間の協議による解決努力を尽くすことを明記している。

●―第6款　東京においてJCAAの仲裁により解決する条項（バリエーション）

例文14のバリエーション。60日間の協議により解決を目指すが、不調の場合は、東京で仲裁により解決。

例文15　仲裁（JCAA）-02

ARTICLE __ ARBITRATION
The parties hereto shall attempt to resolve any disputes relating to this Agreement through amicable and good faith discussion between or among their representatives.
However, for any dispute that cannot be resolved within sixty (60) days pursuant to the above good faith discussions, either party may serve notice on the other party hereto requiring the matter to be referred to arbitration to be held in Tokyo, Japan, in accordance with the arbitration rules of the Japan Commercial Arbitration Association.
The award rendered by the arbitrator shall be final and binding upon the parties.

［和訳］
第__条　仲裁
本契約当事者は、本契約に関わるいかなる紛争も、その代表間の友好的で誠実な協議により、解決する努力を尽くすものとする。
しかしながら、上記の誠実な協議によっても、60日以内に解決しない紛争については、いずれの当事者も他の当事者に対し、日本商事仲裁協会の仲裁規則に従って、日本国東京で開かれる仲裁にその（紛争）事案を付託することを要求する通知を与えることができる。
仲裁人により下された裁定は、最終的であり、当事者を拘束するものとする。

第4節　裁判による紛争解決条項

最後に、裁判による紛争解決条項を紹介する。まずは基本的な条項である例文16を確認しながら解説していきたい。

●―第1款　当事者が合意する国の都市において裁判により解決すると取り決める条項

例文16　裁判（合意した場所）

ARTICLE __ JURISDICTION
The parties hereto agree that the exclusive jurisdiction and venue of any action with respect to this Agreement shall be in a court of competent subject matter jurisdiction located in the city of _____, _____, and each of the parties hereby submits itself to the exclusive jurisdiction and venue of such courts for the purpose of such action.

［和訳］
第__条　裁判管轄
本契約当事者は、本契約に関する訴訟の専属的管轄と法域は、_____国_____市に所在する権限ある事物管轄の裁判所であることに合意し、各当事者は、自身をかかる訴訟の目的のためのかかる裁判管轄の専属的裁判所と法域に付託する。

解説

　例文16の契約条項のブランク欄には、当事者間で合意した地域名が記入される。市町村名と国名を記入する欄があり、これを専属的管轄(Exclusive Jurisdiction)と規定している。ドラフティングのスタイルとしては、非専属管轄(Non-Exclusive Jurisdiction)を規定する選択もあり、いずれも実務では採用されている。案件によりいずれがより適切かを吟味すればよい。いずれでも支障はないと割り切ることもできるが、契約が想定する取引の対象の主要財産(不動産・株式など)がこの管轄裁判所のある市にない場合などは、困ることもある。差し押さえなどの手続きがある場合は、やはりその財産の所在地で裁判上の手続きがとれる道を開いておくことが賢明だろう。

　非専属管轄裁判所を指定するのは曖昧なように筆者は感じるが、それでも、実務上はそのほうが適切なケースもありうるため、いずれが有利ともいえない。ただ、相手が思いがけない裁判所に訴訟を提起することを防ぐには、専属的管轄を規定することが望ましい選択肢の一つだろう。

　注意すべきは、米国などの連邦国家では、市の名称を指定することにより裁判所を指定したつもりでいると、実際には連邦地方裁判所(U.S. District Court)と州地方裁判所(State Court)の2種類の裁判所がありどちらの管轄かが不明確になることだ。

　州裁判所は、外国人や外国企業には厳しく、自州民には手厚いため、公平な裁判を期待できないといわれている。したがって、その管轄を指定された場合、州外の企業や外国企業は異議を申し立てることが、企業法務では通常の戦法となっている。

　契約であらかじめ管轄裁判所を定める場合には、連邦国ではFederal Courtとも呼ばれる連邦裁判所であることを明示的に規定することが賢明である。

　米国で裁判による解決を図る場合で、州裁判所と連邦地方裁判所のどちらで裁判を受けるのか不明なままの契約条項の例(例文17)と、連邦地方裁判所で受けることを明記した(日本側からいえば改善した)条項例(例文18)を以下に紹介する。

例文 17	裁判(サンフランシスコ)
例文 18	裁判(ニューヨーク)
例文 19	裁判(陪審を受ける権利を放棄)

●―第2款　サンフランシスコ市において裁判により解決すると取り決める条項

例文 17　裁判(サンフランシスコ)

ARTICLE __ JURISDICTION
The parties hereto agree that the exclusive jurisdiction and venue of any action with respect to this Agreement shall be in a court of competent subject matter jurisdiction located in San Francisco, California, U.S.A., and each of the parties submits itself to the exclusive jurisdiction and venue of such courts for the purpose of such action.

[和訳]

第__条　裁判管轄
本契約当事者は、本契約に関するいかなる訴訟についてもその専属的管轄ならびに法域は、米国カリフォルニア州サンフランシスコ市に所在する権限ある事物管轄裁判所と定めるものとし、各当事者は、自身をかかる訴訟のためにかかる裁判所の専属裁判管轄と法域に付託する。

●―第3款　ニューヨーク市の米国連邦地方裁判所を専属管轄裁判所と指定する条項

例文 18　裁判(ニューヨーク)

ARTICLE __ JURISDICTION
1 Each of the parties hereby irrevocably submits, and agrees to cause their Subsidiaries defined herein, to irrevocably submit to, the exclusive jurisdiction of the United States District Court for the Southern District of New York, for the purpose of any suit or action or other proceeding arising out of this Agreement or transaction contemplated hereby.

[和訳]

第__条　裁判管轄
1 本契約の各当事者は、本契約から発生する訴訟、法的手続きまたは他の手続きの遂行にあたり、ニューヨーク市南部地区の米国連邦裁判所の専属管轄裁判所に、撤回不能条件で付託し、また本契約に定義する子会社をして付託せしめるものとする。

―――――解説―――――

例文18のように、ニューヨーク市のある地域を管轄することを示すためには、"United

States District Court for the Southern District of New York"と規定する。単にNew Yorkとだけ示せば必ずニューヨーク市のことを指すとは限らない。ニューヨーク州を指すこともあるため注意が必要だ。

"hereby irrevocably submits"は、後日「よく考えた結果、合意を撤回します」と相手方に言わせないための表現である。相手方だけでなく、当方も撤回を言い出せない点には留意しておこう。

ここでいうhereは「本契約」のことを指す。場所を指す「ここ」ではない。

第4款　陪審による裁判(Trial by Jury)を受ける権利を放棄すると合意する条項

裁判(陪審を受ける権利を放棄)　　　　　　　　　　　　　　　　　例文 19

ARTICLE __ WAIVER OF JURY TRIAL
Each of parties hereto hereby waives, and agrees to cause each of its Subsidiaries defined herein to waive, to the fullest extent permitted by applicable law, any right it may have to trial by jury in respect of any litigation directly or indirectly arising out of, or under this Agreement.

[和訳]
第__条　陪審裁判の放棄
本契約各当事者は、本契約により法律上認められる最大限度まで、本契約から、あるいは、本契約の下で、直接・間接に発生する訴訟について、陪審裁判を受けられる権利を放棄し、本契約で定義するその子会社各社をして放棄せしめるものとする。

―――――解説―――――

例文19は、裁判において陪審によるTrial(第一審)の事実認定を受ける権利を放棄することを規定している。

陪審は事実についての争いがあるとき、その認定のために置かれる制度である。陪審の裁量は外国企業から見ると、事実の認定という言葉から受ける印象をはるかに超えているように感じることもある。陪審は損害賠償額の算定をおこない、裁判官に陪審評決として提出するからだ。

外国企業が、陪審制度は自国の法制度の下でなじんだ合理的な範囲を逸脱していると感じたときに、この契約条項を挿入することで、いわば防衛策として、陪審による認定を受ける権利(陪審裁判を受ける権利)を放棄するものである。しかし、うっかりすると裁判官の憤りに触れ、無効とされるリスクがある、先が読めない条項であるため注意も必要である。そこで、例文19ではやや遠慮した形で、防御的に"to the fullest extent permitted by applicable law(法律上認められる最大限度まで)"と挿入している。有効なぎりぎりのところ

で、陪審裁判を避けようと主張しているのだ。

　この条項を外国企業が主張するのは自然に思えるが、米国企業同士でも陪審裁判を受ける権利を放棄することがある。訴訟にかける費用と手間を勘案すると、陪審裁判を避けるほうが双方にとって賢明な選択であることもあるのだ。

　米国の法感覚や法文化が常に正しく合理的であるわけではない。筆者にはむしろ、誤りもしばしば見られるように感じられる。自分の感覚を大事にすればいいのだ。

●—第5款　東京地方裁判所による裁判で解決すると取り決める条項

協議による解決を目指すが、不調のときは東京地方裁判所による裁判で解決する。

例文20　裁判(東京地方裁判所)-01

ARTICLE __ JURISDICTION
1　In the event there arises a dispute between the parties as to the interpretation of any of the provisions of this Agreement or as to matters related to but not covered by this Agreement, the parties shall consult together in good faith to find a mutually agreeable solution thereof.
2　If the parties are unable to arrive at a solution by such consultation, the dispute shall be finally settled by the litigation in Tokyo District Court of Japan.

[和訳]
第__条　裁判管轄
1　万一、本契約のいずれかの規定の解釈または、本契約に関わりがあるが規定のない事項について、当事者間で紛争が発生した場合には、当事者は、相互に合意できるその解決策を見つけるよう善意で、互いに協力して相談(＝協議)するものとする。
2　万一、当事者が協議による解決を達成することができないときは、当該紛争は、東京地方裁判所における訴訟により最終的に解決されるものとする。

――――――――――――　解説　――――――――――――

　例文20は、日本側当事者にとっては素直で自然な解決方法を規定しているといえる、東京地方裁判所による裁判を規定した条項である。

　この条項もまず、両者の協議による解決策の模索が規定されている。そのうえでどうしても解決策が見つからなければ、東京地方裁判所の裁判により決着させる内容である。日本側には合理的だが、相手側にしてみれば、東京地裁による裁判に臨むには、日本法の弁護士起用のコストがかかるうえ、裁判手続きが日本語でおこなわれるため、なかなか同意する気になれないだろう。

　ただし、日本から外国への融資契約などにおいては、債権の確実な回収のために日本の

東京地方裁判所による裁判が最も合理的とされ、海外での仲裁に委ねるなどの譲歩をおこなうことはありえない。ただしこの場合は、相手方(借り手)の資産が日本国内にあるか、あるいは有力で信頼できる保証があり、日本で強制執行できることが前提になる。海外にしか資産がない場合は、状況によっては日本の東京地方裁判所による管轄を非専属的管轄にとどめ、差し押さえなどの必要に応じ、相手方の資産がある地の裁判所に訴訟を提起し、差し押さえることができる体制を作ることも代替案として浮上する。一筋縄ではいかない問題である。

例文20の契約条項では、専属的裁判管轄かどうかまで考えてドラフティングをしていない。通常はいずれかを記載しなければ、むしろ専属的管轄だと理解されることが多いだろう。丁寧にドラフティングをする場合には、例文21のように非専属的管轄であることを明示することがある。

第6款　東京地方裁判所を非専属管轄裁判所と指定する契約条項

裁判(東京地方裁判所)-02　　　　　　　　　　　　　　　　　　　　　例文 21

ARTICLE __ JURISDICTION
Each of the parties hereto agrees to subject itself to the non-exclusive jurisdiction of the Tokyo District Court of Japan with respect to all controversies arising from the execution, interpretation and performance of this Agreement.

[和訳]
　第__条　裁判管轄
本契約各当事者は、本契約の執行、解釈ならびに履行から発生するあらゆる紛争について、自身が東京地方裁判所の非専属の裁判管轄に服することに同意する。

――――――――― 解説 ―――――――――

例文中の"itself"は、各当事者を受けている。各当事者と繰り返して和訳してもよいが、ここでは、意訳であるが、「自身」を採用して使った。

第7款　国営企業などが、主権免除特権(Sovereign Immunity)を放棄することに合意する契約条項

主権免除特権の放棄　　　　　　　　　　　　　　　　　　　　　　　　　例文 22

ARTICLE __ WAIVER OF SOVEREIGN IMMUNITY

例文 22	主権免除特権の放棄
例文 1	協議による解決
例文 2	仲裁（実損）

_____ National Corporation hereby waives and agrees to waive in any proceedings for the enforcement of this Agreement, any and all privileges or immunities, (including the privileges of sovereign immunity from suit or immunity of its property from attachment or execution) to which it may be entitled under international or domestic laws, as a procedural defense or otherwise.

[和訳]
第__条　主権免除特権の放棄
　_____ナショナル・コーポレーション（_____国営企業）は、本契約により、本契約の執行のための手続きにおいて、自身が、国際法あるいは国内法上、手続き上の防御（抗弁）あるいは他の目的で、主張する権利がある、（訴訟提起されることからの主権免除の特権または、その財産について差し押さえあるいは強制執行のための訴訟からの免責を含む）あらゆる（種類）のすべての特権または免責を放棄し、放棄することに合意する。

―――― 解説 ――――

　最後に、裁判において国営企業などが主権免責特権（Sovereign Immunity）を放棄することに合意する契約条項を紹介する。国営企業は、国際的な法の下に訴訟などから免責され、訴訟提起をされてもそれを拒絶できる特権が認められている。主権免責とも主権免除特権ともいう。これを英語ではSovereign Immunity、あるいはSovereign Privilegeと呼ぶ。

　そのような国営企業や関連企業（Affiliates）である合弁会社が、海外の取引先と契約を交わす場合に特権を主張し始めると、合理的な取引ができない。そのため、慣行として本来であれば国家主権に基づく特権を放棄させる契約条項が契約に盛り込まれている。この条項に効力があるのかどうか、難しいところであるが、一応は有効であると裁判所などでも尊重されている。逆に、この規定が無効とされるようでは、国営企業が海外へ進出し国際取引に従事するうえでの妨げになるだろう。

　ただこの規定は、国営企業との取引に慣れない相手方の落ち度で挿入が忘れられることがある。この主権免除特権の放棄条項がない場合は、国営企業側の契約違反の発生の際に相手方（建設工事の業者など）が通常の民事訴訟により損害賠償請求などを提起しても、裁判で被告側が主権免除特権を援用し訴訟の却下を申し立てると却下されるリスクがある。主権免除放棄の規定を忘れると、このような悲喜劇の引き金にもなりやすい。海外のインフラ関連の請負工事契約や国営企業との取引では、忘れてはならない契約条項の一つである。

　"Sovereign Immunity"の訳語としては、「主権免除特権」と並んで、「主権免責特権」「主権免責」もよく使われる。いずれも正しい。

第3章 協議・仲裁・裁判管轄条項
（和訳・解説付き）

第1節 協議条項

●─第1款　当事者による協議により紛争を解決する最善の努力をする義務

協議による解決　　　　　　　　　　　　　　　　　　　　　例文1

The parties hereto shall make their best endeavors to settle in good faith through mutual cooperation all questions or disputes arising out of or related to the interpretation of this Agreement or matters not stipulated in this Agreement but related to their performance of this Agreement.

［和訳］
当事者は、本契約の解釈について、もしくは本契約に定めはないが本契約の履行に関する事項についてのすべての疑義や紛争の解決について、協議を通じて最善の努力をしなければならない。

―――――――― 解説 ――――――――
　紛争解決方法の規定としては、協議条項だけでは完全とはいえない。協議で解決できないリスクがあり、解決できない場合、最終的に、仲裁か、裁判により解決する選択が必要になる。仲裁による解決に合意できないときは、裁判による解決のみが残る。

第2節 仲裁人は実損に基づき損害賠償額を算定することを規定する条項

●─第1款　仲裁人の損害賠償額の認定は懲罰的損害賠償によらず、実損に基づき算定する規定

仲裁（実損）　　　　　　　　　　　　　　　　　　　　　　例文2

The arbitrators will have no authority to award punitive damages not measured by the prevailing party's actual damages.

[和訳]
仲裁人は、勝った側の当事者の実損によって算定されない懲罰的損害賠償を命ずる権限はない。

第3節　主権免除特権放棄条項

●第1款　主権免除特権放棄条項

例文3　主権免責特権の放棄

_____ National Corporation hereby waives and agrees to waive in any proceedings for the enforcement of this Agreement, any and all privileges or sovereign immunity from attachment or execution, to which it may be entitled under international or domestic laws, as a procedural defense otherwise.

[和訳]
_____国営会社は、抗弁その他として当該公社が国際法または国内法により有する一切の特権または主権免除を、いかなる手続きにおいても、本契約の履行のために放棄し、その放棄に同意する。（本条により）放棄する特権には、訴訟を免れる主権免除の特権および財産の差し押さえ、または強制執行を免れる主権免除が含まれる。

第4節　被告地・被申立人の地主義の仲裁条項

●第1款　被告地・被申立人の地主義の仲裁条項

例文4　仲裁（被申立人の地）-01

Any claim, dispute or controversy between the parties arising out of this Agreement or

in relation to this Agreement or the breach thereof, which cannot be satisfactorily settled by the parties, shall be finally settled by arbitration upon the written request of either party, in accordance with the rules of Conciliation and Arbitration of the International Chamber of Commerce.
The place of arbitration shall be either the city of _____ of _____, or the city of _____ of _____, where the respondent is situated.
The arbitration proceeding shall be conducted in English. The award shall be final and binding upon both parties.

[和訳]
本契約またはその違反から、またはそれに関して当事者間で生ずる請求、紛争または意見の相違について、当事者が満足のいくように解決できないときは、一方の当事者の書面による請求によりICC（国際商業会議所）の調停・仲裁規則による仲裁によって最終的に解決されるものとする。仲裁の場所は、被請求人の所在する_____（国）の_____市か、または_____（国）の_____市とする。
仲裁手続きは、英語でなされるものとする。仲裁判断は、最終的とし、両当事者を拘束する。

第5節　仲裁を申し立てられた側の地で仲裁をおこなう規定

第1款　仲裁を申し立てられた側の地で仲裁をおこなう規定

仲裁（被申立人の地）-02　　　　　　　　　　　例文5

The place of arbitration shall be the city of (Tokyo) of (Japan), if arbitration is brought by (KVC), or the city of (San Francisco) of (California, USA), if arbitration is brought by (ABC).

[和訳]
仲裁地は、仲裁が(KVC)によって申し立てられたときは、(米国、カリフォルニア州)の(サンフランシスコ)市とし、仲裁が(ABC)によって申し立てられたときは、(日本国)の(東京都)とする。

第6節 裁判は陪審裁判によらないと規定する条項

●―第1款 訴訟は陪審裁判によらないと規定する条項

例文1 裁判(陪審によらない)

> ARTICLE __ WAIVER OF THE RIGHT TO THE JURY TRIAL
> Each of the parties hereto hereby agrees to waive any right to trial by jury in any action arising out of or relating to this Agreement.
>
> [和訳]
> 第__条　陪審裁判によらないという合意
> 本契約各当事者は、本契約から、または本契約に関連して発生するいかなる訴訟においても、陪審による裁判を受ける権利を放棄することに合意する。

第4章 弁護士起用契約──成功報酬による訴訟提起引き受け・防御成果反映条項(和訳・解説付き)

第1節 弁護士報酬に成果を反映させる条項

●―第1款 成功報酬による(原告側からの)訴訟代理引受条項(抜粋)

弁護士報酬　　　　　　　　　　　　　　　　　　　　　例文 **1**

Whereas, the _____ Law Firm (the "Law Firm") has informed Serena Park Investment Corporation (the "Client") of the hourly rates of its members and its policy and the elements for charging fees, which are set forth in Exhibit A attached hereto, and,

Whereas, the Client has, instead of the usual fee arrangement, requested the Law Firm provide representation for a contingent fee.

Now, Therefore, the Law Firm and the Client, in consideration of mutual agreement and covenants, hereby do agree as follows;

ARTICLE 1 REPRESENTATION BY THE LAW FIRM FOR THE CLIENT FOR A CONTINGENT FEE

1　The Law Firm agrees to provide representation for the Client for a contingent fee in accordance with the conditions set forth hereunder.

2　The Client agrees to pay the Law Firm a fee contingent upon the outcome of the matter as follows;

2.1　The Client agrees the fee shall be (i) forty percent (40%) of sums recovered from the date hereof forward up to and including trial hearing, (ii) _____ percent (__%) of sums recovered if an appeal is undertaken, and (iii) _____ percent (__%) of sums recovered if the matter is retried.

2.2　The percentages specified above shall be applied to the total of all money and property recovered, including real or personal property of any kind, punitive damages, and attorney fees.

例文 1　弁護士起用と報酬

[和訳]

　　　　　　法律事務所（以下、「本法律事務所」）は、セリーナ・パーク・インベストメント社（以下、「本顧客」）に対し、本契約書に添付した別紙Aに記載した本法律事務所のメンバーの時間あたりの報酬額と徴収費用の方針と要素について開示し、一方、本顧客は、かかる通常の報酬によるアレンジメントに代えて、成功報酬により訴訟代理をおこなうことを要請したものである。

ここに相互の合意と誓約を約因として、両当事者は次の通り合意する。

第1条　本法律事務所による成功報酬による本顧客のための訴訟代理

1　本法律事務所は、以下に規定する条件に従って、成功報酬で本顧客を訴訟代理することを引き受けることに合意する。
2　本顧客は、本事案の結果次第で、成功報酬を支払うことに合意する。
2.1　本顧客は、報酬は、(i)本日から(陪審)裁判の審理までで回収した金額の40パーセントとし、(ii)控訴がおこなわれた場合、回収した金額の　　　　　パーセントとし、(iii)再審の結果回収した金額の　　　　　パーセントとすることに合意する。
2.2　前項に規定した(成功報酬の)割合は、あらゆる種類の不動産、動産、懲罰的損害賠償ならびに弁護士料を含む回収したすべての金員ならびに資産に適用されるものとする。

第2節　弁護士報酬の算出に訴訟遂行結果を加味する条項

●―第1款　弁護士起用

例文 1　弁護士起用と報酬

ARTICLE 1 ATTORNEY ASSIGNED FOR THE LITIGATION

1.1　It is understood by both parties that the hourly rates the Law Firm charge for legal services range from US$250 to US$400 for all time expended by partners of the Law Firm, US$150 to US$240 per hour for associates and US$＿＿ to US$＿＿ for legal assistant.

1.2　Attorney (Partner) ＿＿＿＿＿, whose billing rate is US$＿＿, will be responsible on a day-to-day basis for the supervision of the representation in the litigation hereinafter set forth.

1.3　Associate ＿＿＿＿＿, whose billing rate is US$＿＿, will render legal services in connection with this matter under the supervision of Attorney ＿＿＿＿＿.

1.4 The decision of whether a partner, an associate or a legal assistant of the Law Firm renders services to the Client in connection with the matter will depend upon the nature of the work and qualifications of the person required to perform that particular aspect of the engagement.

ARTICLE 2 BONUS RATES AND DEDUCTIONS

2.1 The Law Firm and the Client agree that both parties mutually share the risk of litigation, and in order to achieve this purpose of sharing the risk, hourly fees to be payable by the Client to the Law Firm will be adjusted by certain percentages on the basis of the Law Firm's success in representing the Client in accordance with the provisions set forth below.

2.2 If the Law Firm wins dismissal of causes of action 1, 2 and 3 through summary adjudication, the Law Firm shall receive a bonus of thirty percent (30%) of the hourly rate charged for all work performed by the Firm on the case as provided in Exhibit A attached to this Agreement (the "Case").

2.3 If the Law Firm does not win dismissal of causes of action 1, 2 and 3 through summary adjudication, the Law Firm will deduct twenty five percent (25%) of the hourly rate charged for all work performed by the Law Firm on the Case.

2.4 If the Case proceeds to trial and the Law Firm wins the Case at the trial stage, the Law Firm will receive a bonus of thirty percent (30%) of the hourly rate charged for all work performed by the Law Firm on the Case.

（2.5〜2.7項中略）

2.8 If the Law Firm wins the Case at trial but loses on appeal, there will be neither a bonus nor a deduction of the hourly rate.

[和訳]

第1条　訴訟に指名される弁護士

1.1　契約両当事者により、本法律事務所が法律サービスのために徴収する弁護士報酬は、パートナーについては、時間あたり250米ドルから400米ドルであること、また、アソシエイトについては、時間あたり150米ドルから240米ドルであること、リーガル補助者については、時間あたり＿＿＿米ドルから＿＿＿米ドルであることと了解された。

1.2　請求弁護士報酬が＿＿＿＿米ドルの弁護士（パートナー）＿＿＿＿が以下に定める訴訟の代理を監督する日常業務について、責任を負うものとする。

1.3　請求弁護士報酬が＿＿＿＿＿米ドルのアソシエイト＿＿＿＿＿＿＿が弁護士＿＿＿＿＿＿＿の監督の下で、本事案についてリーガルサービスを提供するものとする。

1.4 本事案について本法律事務所のパートナー、アソシエイトまたはリーガル補助者のいずれが、本顧客に対し、サービスを提供するかの決定は、業務の性質と本代理引き受けの個別の分野の業務の提供に要求される人員の資質によるものとする。

第2条　割増率および削減率
2.1 本法律事務所と本顧客は、両者が訴訟のリスクを互いに分担することに同意し、本リスク分担の目的を達成するため、本顧客の本法律事務所に対して支払われるべき時間あたりの(弁護士)報酬を本法律事務所の本顧客を代理するうえでの成功の度合いを基盤として、以下に定める規定に従って一定比率で調整するものとする。
2.2 本法律事務所が、略式裁判手続きにより、訴因1から3までについて、却下判決を勝ち得た場合は、本法律事務所は、本契約に添付した別表Aに規定する事件(以下「本事件」)について本法律事務所が提供したすべての業務について、規定の時間あたりの弁護士報酬の30パーセント割増の料金の支払いを受けるものとする。
2.3 本法律事務所が、略式裁判手続きにより、訴因1から3について、却下判決を得られなかった場合は、本事件について本法律事務所が提供したすべての業務について、規定の時間あたりの弁護士報酬の25パーセント割引した金額の報酬の支払いを受けるものとする。
2.4 本事件が陪審裁判に進み、本法律事務所が陪審裁判の段階で、本事件の勝訴を勝ち得た場合は、本事件について本法律事務所が提供したすべての業務について、30パーセント割増の弁護士報酬の支払いを受けるものとする。

(2.5～2.7項中略)

2.8 本法律事務所が本事件について、陪審裁判の段階で勝訴したが、控訴段階で敗訴した場合は、規定の時間あたりの報酬について、調整をおこなわないものとする。

商標権の第三者による侵害への対処につき、役割・費用を取り決める条項（和訳・解説付き）

第1節　ライセンサーが許諾する商標が第三者商標を侵害しないと信ずるという保証条項

●—第1款　表明と保証

表明と保証　例文1

ARTICLE __ REPRESENTATION AND WARRANTY
Unless otherwise expressly stated herein, the Licensor represents and warrants its belief that it is the owner of the entire right and title and interest in and to the trademark and other intellectual property rights of the Licensed Trademark and that the Licensor has the sole right to grant an exclusive trademark license thereunder, and it has not knowingly granted licenses thereunder to any other person that would restrict rights granted hereunder.

［和訳］
第__条　表明と保証
本契約上に別途定めがある場合を除き、ライセンサーは、ライセンサーが本許諾商標の商標ならびに他の知的財産権の完全な権利、権原および権益の保有者であり、かつ、ライセンサーが本許諾商標に関するライセンスをおこなうことができる唯一の権利者であること、また、ライセンサーは本契約により許諾された権利を制限するようなライセンスを第三者に承知のうえで許諾したことがないと信じていることを表明し、保証する。

―――――― 解説 ――――――
　第三者の商標権を侵害しないという保証を求められたときに、ドラフティング技術にたけたライセンサーが上記のようなドラフトを提示したことがある。ライセンス供与先の地域での調査は限界があるので、侵害しないと信ずる（"belief"）に保証をとどめている。また、第三者に対する（二重）許諾についても、"not knowingly granted" という言い回しにより、認識する限り、他には許諾していないというにとどめている。これは、M&Aが広くおこなわれる時代には、現在のライセンサーがその事業・知的財産権などを取得する以前におこなわれたライセンスまでは、掌握しきれず、この表現が限度であり、合理的だと説明された。あなたはどう対処するか。それが実務である。

第2節 商標ライセンス契約における第三者による商標権侵害への対処条項

●—第1款　ライセンサーがその費用で、独占的に対処する。ただし、訴訟提起などの義務は負わない

例文1　商標

ARTICLE __ KAREN VIEW TRADEMARKS

1　Karen View Trademarks shall mean the following trademarks registered in ____ and ____.
　　Trademarks　Karen View
　　Country and Class _____
　　Registration Number _____
　　Date of Registration and/or Renewal _____
　　Details of above trademarks are described in Exhibit A attached hereto.

2　The Licensee shall promptly notify Karen View of the facts of any alleged infringement or counterfeit of the Karen View trademarks or misappropriation of any right of Karen View Trademarks known to the Licensee.

3　Karen View shall have the sole and exclusive right, but shall not be obligated, to take action with respect to any such infringement or counterfeiting at the sole expense of Karen View, including, without limitation, the commencement of any suit or other proceeding against any such infringer or counterfeiter.

4　The Licensee shall cooperate with Karen View in any such proceedings, and in connection therewith, and without limitation, the Licensee shall provide such evidence and give such testimony as may reasonably be requested by Karen View.

5　Karen View shall be entitled to retain any recoveries or damages, whether obtained by way of settlement or not, resulting from any proceedings instituted by Karen View.

[和訳]

第__条　カレンビュー社商標

1　カレンビュー社商標は、____と____に登録された下記の商標を指すものとする。
　　商標　カレンビュー社
　　国とクラス _____
　　登録番号 _____
　　登録の日と更新日 _____
　　上記の詳細は、本契約書に添付した別表Aに記載される。

2　万一、カレンビュー社商標の侵害または偽造またはカレンビュー社商標の不正使用の事実が、ライセンシーの認識することになった際には、ライセンシーは速やかにカレンビュー社に知らせるものとする。

3 カレンビュー社は、かかる侵害または偽造行為についてその単独の費用で訴訟手続きを提起できる唯一排他的な権利を保有するものとし、それは、かかる侵害者または偽造者に対する訴訟や他の手続きの開始が含まれ、それらに限定されない。

4 ライセンシーはかかる手続きにおいて、カレンビュー社に協力するものとし、その協力には、カレンビュー社により合理的に要請された証拠ならびに証言を含む。

5 カレンビュー社は、カレンビュー社により推進された手続きにより、和解であれ、そうでない方法であれ、受領した回復額または損害賠償額を保有できるものとする。

第3節 フランチャイズ契約における第三者による商標権侵害への対処条項

●─第1款　侵害への対処

侵害への対処-01

例文 1

ARTICLE __ INFRINGEMENT

1 If ABC finds any third party's act in the Licensed Territory infringes on any of the Karen View Trademarks granted hereunder, ABC shall immediately inform thereof and the parties hereto shall cooperate to take action against such third party. All expenses incurred and all recovery or damages awarded or otherwise recovered shall be shared by the parties equally.

2 In the event of any claim or suit brought against ABC alleging that the use of the Karen View Trademark shall constitute an infringement on any trademark, trade-name or service-mark owned by third party in the Licensed Territory, the parties hereto shall cooperate to defend against such claim or suit. All expenses incurred and all damages awarded otherwise payable to such third party shall be borne by the parties hereto equally.

3 In any case of an infringement set forth in this Article, the parties hereto shall enter into revision for the terms and conditions including royalties of this Agreement.

［和訳］
第__条　侵害
1 万一、ABCが、本許諾地域における第三者の行為が本契約上のカレンビュー社商標を侵害していることを見つけた場合には、ABCはただちに、そのことを報告し、本契約当事者は、かかる第三者に対し手続きをとることに協力することとする。

その手続きにかかるすべての費用ならびに判決または他の方法により受領したすべての回復額または損害賠償額は、両当事者で折半（享受・負担）するものとする。
2 カレンビュー社商標の使用が、本許諾地域における第三者により保有される商標、商号またはサービスマークを侵害する、と主張するABCに対するクレームまたは訴訟が提起される場合には、本契約当事者は、かかるクレームまたは訴訟を防御するために協力するものとする。
3 本契約が規定する侵害行為が発生したいかなる事態においても、本契約当事者は、ロイヤルティ条項を含む本契約の条件・条項の改訂（交渉）をおこなうものとする。

解説

3〜5項は、第三者による商標権侵害行為にどう対処するかについて、いくつかの規定のバリエーションを提示している。

ここで使用しているライセンサー名は、便宜上選んだ仮称である。筆者が、英文契約の解説をおこなうときに、場面設定や例文でよく使う会社名を使っている。

読者の方には、それぞれ、自社名、取引先名を当てはめて吟味していただきたい。

第4節　ブラック・パンサー社商標権侵害への対処を規定する条項

◉―第1款　第三者へ対抗する措置の費用は、ライセンサー、ライセンシーの折半とし、獲得した賠償金も折半

例文1　侵害への対処-02

ARTICLE __ THIRD PARTY INFRINGEMENTS
1 The Licensee shall promptly notify Black Panther in writing of any threatened or actual infringement of a Licensed Black Panther Marks which comes to its attention. Black Panther, however, shall not be obligated to initiate litigation against third party infringers of the Licensed Black Panther Marks.
The Licensee shall cooperate with Black Panther to the extent reasonably necessary for Black Panther to acquire, maintain or protect Black Panther's rights in the Licensed Black Panther Marks.
2 The Licensee shall not institute any suit or take any action on account of or against any third party infringement of the Licensed Black Panther Marks without the prior written permission of Black Panther.

If such permission is granted, the expenses of such suit or action shall be borne one-half (50 percent) by each party and the recoveries will be shared in the same proportion.

Permission will not be unreasonably withheld by Black Panther, but may be refused by Black Panther because of risk to the validity of the Licensed Black Panther Marks, litigation strategy considerations, or commercial or financial inadvisability.

3 If Black Panther neither initiates litigation against the infringer nor grants permission to the Licensee, the terms, including royalty, shall be reviewed and revised between the parties hereto in good faith. In case both parties fail to agree upon the revision of terms mutually, the Licensee shall have the option to terminate this Agreement by giving thirty days' termination notice in writing to Black Panther.

[和訳]
第__条 第三者による侵害
1 ライセンシーは、許諾されたブラック・パンサー社商標の侵害の脅威または現実の侵害について、気づき次第速やかに書面でブラック・パンサー社に通知するものとする。

しかしながら、ブラック・パンサー社はブラック・パンサー社がライセンスをおこなう商標を侵害する第三者に対する訴訟提起義務を負わない。

ライセンシーは、ライセンスを受けたブラック・パンサー社の商標に関わるブラック・パンサー社の権利をブラック・パンサー社が取得・保持または保護するために、合理的に必要とする範囲で、ブラック・パンサー社に協力するものとする。

2 ライセンシーは、ブラック・パンサー社の事前の書面による許可なしには、第三者によるブラック・パンサー社商標の侵害を理由として、または、侵害行為に対抗して、いかなる訴訟も手続きも起こさないものとする。

この許可が得られた場合、その訴訟と手続きにかかる費用はライセンサーとライセンシーで折半とし、損害賠償額も同じ割合で分けることとする。

かかる許可は、合理的な理由なしにブラック・パンサー社により留保されないが、許諾されたブラック・パンサー社商標の有効性、訴訟戦略上の観点または、ビジネス・財務面(不利益)の判断などを理由として、ブラック・パンサー社により拒絶されうるとする。

3 万一、ブラック・パンサー社が、侵害者に対し訴訟を開始しないか、ライセンシーに対しても(訴訟開始について)許可を与えないときは、ロイヤルティを含む契約条件は、本契約当事者により誠実に見直し、改訂されるものとする。万一、当事者が、かかる契約条件の改訂に合意できないときは、ライセンシーは、ブラック・パンサー社に対し、書面による30日間の事前通知を出すことにより、本契約を解除できるものとする。

第5節 パープル・ゼファーズ社商標権侵害への対処を規定する条項

● 第1款　ライセンサーの判断で、第三者に対する措置をオプションの一つとしてとりうると規定

例文1　侵害への対処-03

ARTICLE __ THIRD PARTY INFRINGEMENT

1　The Licensee shall promptly notify Purple Zephyrs in writing of any infringement or suspected infringement in the Licensed Territory of any of Purple Zephyrs Trademarks or other Purple Zephyrs Intellectual Property rights which may come to its knowledge, and shall, at the expense of Purple Zephyrs, give Purple Zephyrs all such information and assistance as Purple Zephyrs may reasonably require to enable such proceedings or other action to be taken as Purple Zephyrs may in its sole discretion deem necessary or desirable.

2　The Licensee shall not institute proceedings or take any other action against any infringer or suspected infringer of any of Purple Zephyrs Trademarks or other Purple Zephyrs Intellectual Property rights without the prior written approval of Purple Zephyrs.

3　Purple Zephyrs gives no warranty that it will commence proceedings in any particular case of infringement or alleged infringement but it will use its best efforts to protect Purple Zephyrs so far as commercially justifiable.

4　The Licensee shall not be entitled to alter or use any variation of any trademarks or trade names forming part of the Purple Zephyrs Trademarks or other Purple Zephyrs Intellectual Property rights without the prior written approval of Purple Zephyrs.

［和訳］

第__条　第三者による侵害

1　ライセンシーは、パープル・ゼファーズ社の商標またはパープル・ゼファーズ社の知的財産権のいずれかについて、知りえた本許諾地域内での侵害または侵害の恐れについて、書面で速やかに通知するものとし、パープル・ゼファーズ社の費用で、パープル・ゼファーズ社に対し、パープル・ゼファーズ社がその訴訟手続きもしくは他の手立てを遂行するために同社がその単独の裁量のうち必要で望ましいとする、合理的な判断材料となるあらゆる情報、援助の提供をおこなうものとする。

> 2 ライセンシーは、パープル・ゼファーズ社の事前の書面による承諾なしに、パープル・ゼファーズ社商標または他のパープル・ゼファーズ社知的財産権の侵害者または、侵害の疑惑がある者に対し、訴訟手続きまたは他の手立てをとらないものとする。
> 3 パープル・ゼファーズ社は、特定の侵害あるいは侵害と主張されるものについて、(差止)手続きをとるという保証をあらかじめするわけではないが、パープル・ゼファーズ社としてビジネス上妥当と考えうる最善を尽くすことを約する。
> 4 ライセンシーは、パープル・ゼファーズ社の事前の書面による承諾なしに、パープル・ゼファーズ社商標または、他のパープル・ゼファーズ社知的財産権を構成するいかなる商標または商号も変更またはその修正版を使用する権利を有しないものとする。

第6節 第三者による商標権侵害があった場合の対抗措置

●第1款　侵害への対処

侵害への対処-04　　　　　　　　　　　　　　　　　　　　例文 1

> ARTICLE ＿ INFRINGEMENT BY THIRD PARTIES
> 1 Black Panther (or the Licensor) shall have the right to protect its Trademarks and other Intellectual Property Rights from infringement or misappropriation by third parties and to prosecute such infringers or misappropriating party.
> The decision to undertake such protection shall be in the sole discretion of Black Panther, and Black Panther's decision to enter into such actions shall be binding on Purple Zephyrs (or the Licensee).
> 2 Notwithstanding the provision of Paragraph 1, if Black Panther has, within three (3) months from the date on which it has evidence of a substantial infringement or misappropriation, neither terminated such infringement or misappropriation nor initiated legal action against the infringer or misappropriating party, Black Panther shall, upon written request of Purple Zephyrs, grant to Purple Zephyrs the right to prosecute such action against the infringer or misappropriating party.
> In the event that Purple Zephyrs cannot maintain such action in its own name, Black Panther agrees to join in such action at the expense of Purple Zephyrs.
> Purple Zephyrs shall be entitled to deduct any costs and legal fees incurred in bringing and prosecuting such infringement or misappropriation action from unpaid royalties due and payable to Black Panther after commencement of such action.

In the event Purple Zephyrs recovers any profits and/or damages from an infringer or misappropriating party, Purple Zephyrs agrees to turn over to Black Panther an amount sufficient to credit any such royalties with interest, not to exceed the actual profits and/or damages received from the infringer or misappropriating party.

Nothing in this Agreement shall prevent Black Panther from activity participating in any such lawsuit at its own expenses.

3 In any suit or dispute involving an infringer or misappropriating party, the parties hereto shall cooperate fully, and upon the request and at the expense of the party bringing suit, the other party shall consider making available to the other party bringing suit at reasonable times and under appropriate conditions all relevant personnel, records papers, information and the like.

Such access shall not be unreasonably denied by Black Panther.

[和訳]

第__条　第三者による侵害

1　ブラック・パンサー社(または本ライセンサー)は、その商標ならびに他の知的財産権について、第三者による侵害または不正使用からの保護(防御)をおこない、かかる侵害者または不正使用者に対する追及(訴追)をおこなう権利を有するものとする。

かかる保護(防御)をおこなう決断は、ブラック・パンサー社の単独の決定事項とし、ブラック・パンサー社がこれらの行為をおこなう決断は、パープル・ゼファーズ社(または、本ライセンシー)を拘束するものとする。

2　1項の規定にかかわらず、重大な侵害または不正使用の証拠を入手した日から3か月以内に、万一、ブラック・パンサー社がかかる侵害または不正使用を終結させず、または、かかる侵害者または不正使用当事者に対し何ら法的な措置もとっていないときは、パープル・ゼファーズ社の書面による要請を受けた場合に、ブラック・パンサー社はパープル・ゼファーズ社がかかる侵害者または不正使用者に対し適切な措置をとることを承諾するものとする。万一、パープル・ゼファーズ社がその自身の名義ではかかる訴訟手続きを維持できないときは、ブラック・パンサー社は、パープル・ゼファーズ社の費用で、かかる訴訟手続きに加わることに合意する。

パープル・ゼファーズ社は、かかる侵害または不正使用に関する訴訟または訴追にかけた費用ならびに弁護士料を、かかる訴訟手続きを開始したあとに支払い義務が発生し期限が到来したブラック・パンサー社に対するロイヤルティ未払い額から差し引く権利を有するものとする。

万一、パープル・ゼファーズ社が侵害者または不正使用をおこなった当事者から収益または損害賠償額を回収したときは、パープル・ゼファーズ社は、侵害者または不正使用者から受領した実際の収益ならびに損害賠償額を超えない範囲で、将来到来するロイヤルティ(利息付き)の支払いに充てる原資として引き渡すものとする。

本契約は、ブラック・パンサー社がかかる訴訟について自身の費用で関与をおこなうことを妨げない。

3　侵害者または不正使用者に関する訴訟または紛争では、当事者双方は、訴訟を提起した当事者の費用と要請に基づいて完全に協力し合うものとし、かかる他方の当事者は、訴訟を提起している他の当事者に対し、合理的な回数、かつ、適切な条件の下に、すべての関係者、記録書類、情報その他へのアクセスを認めるよう配慮するものとする。

かかるアクセスは、ブラック・パンサー社により不合理に拒絶されることがないものとする。

第6章 紛争解決のための和解契約の解決金支払いに関する条項

(和訳・解説付き)

第1節 和解金の支払いが損害賠償であることを明記した条項

●—第1款　和解

例文1　和解-01

AURORA acknowledges and agrees that (i) the Products delivered by AURORA to the Plaintiff under the above agreement dated July 1, 20__ were defective as described in Exhibit A attached hereto and (ii) the Plaintiff sustained damages described in Exhibit B, and (iii) AURORA shall pay the amount of _____ United States Dollars (US$ _____) for the complete resolution of the disputes between the Plaintiff and AURORA arising out of the above agreement.

［和訳］
オーロラ社は、(i) 20__年7月1日付の上記契約に基づき、オーロラ社により原告に引き渡された本製品が、本契約に添付した別紙Aに記載した通り欠陥があり、(ii) 原告が別紙Bに記載した通り損害を被ったこと、および(iii) オーロラ社が、上記契約から発生した原告とオーロラ社間の紛争を完全に解決するために_____米ドルの金額を支払うことを承知し、合意する。

解説

本条項と第2節の和解条項(和解金支払いはpeaceを入手するためと規定)との違いは何か？　いずれが、実務上すぐれているのか？

飛鳥凜(オーロラ社法務部)が、自社経理部門から、支払い目的を明確に規定し、損金算入できるようにとリクエストを受けたのが本節の規定である。一方、第2節の規定(ドラフト)は、サンフランシスコオフィスの弁護士から、第1節の規定のように、オーロラ社から販売・供給した製品の契約不適合を認めたうえで損害賠償金を支払うと、他の納入先や購入者からも同一の製品に対するクレーム提起が起きるきっかけになるとアドバイスがあった。パイロットランプに点火されるように訴訟が拡大するリスクを誘発しかねないという。すすめられたのが、一見曖昧な第2節の和解条項である。狙いにより、選択は分かれる。

第2節 和解金の支払いが平穏を入手するためだとする和解条項

●—第1款 和解契約の中核となる条項（被告側弁護士からの提示案より抜粋）

和解-02　　　　　　　　　　　　　　　　　　　　　　　　　　　例文 1

ARTICLE 1 SETTLEMENT

1.1　The Defendant agrees to pay to the Plaintiffs as a compromise fee a total of _____ US Dollars (US$_____), and, the Plaintiffs agree to withdraw their complaint entirely and immediately after their receipt of such sum.

1.2　It is agreed that the abovementioned payment is compromise of disputed claim and is not an admission by the Defendant of any liability whatsoever for any damages or loss sustained by the Plaintiffs or anyone else.

1.3　The consideration provided under this Agreement is given to buy peace and for no other reason.

［和訳］

第1条　和解

1.1　被告は、原告に対し、_____米ドルの和解金を支払うことに合意し、原告は、その金額の支払いを受領次第、ただちに、一括して、その訴訟をすべて取り下げることに合意する。

1.2　上記の支払いは、紛争中のクレームを和解で解決するためのものであり、原告あるいは他の者が被った損害または損失に対するいかなる責任を被告が認めたものではないことが合意される。

1.3　本契約に基づく対価は、平穏を入手するために与えられるものであり、それ以外のいかなる理由に基づくものでもない。

解説

　第1節で解説したように、一見曖昧なこの和解条項は、被告側は、原告主張の被告供給製品が契約不適合であることを認めず、ただ無益な争いを続けることに終止符を打つため（"to buy peace"）、和解金を支払うと言っている。パイロット訴訟としての訴訟提起を不成功に終わらせることが狙いである。筆者は、和解契約では、本節のこの和解条項を実務で採用するほうが賢明だと考えている。

例文1	解釈
例文1	売買確認
例文1	当社売約書中の条件が優先

第7章 契約書ドラフト担当側に、不利に解釈されない合意（和訳・解説付き）

第1節 ドラフト担当当事者に不利に解釈されない合意

第1款　解釈

例文1　解釈

This Agreement shall be interpreted and rights and liability of the parties shall be determined in accordance with the laws of ＿＿＿＿＿＿＿＿＿＿＿＿．
Further, this Agreement shall not be construed for or against any party based on any rule of construction who prepared the draft of this Agreement.

［和訳］
＿＿＿＿＿＿国の法律に基づいて、本契約は解釈され、また、当事者の権利・義務も決定されるものとする。
また、本契約は、どちらの当事者が契約の草案を起草したのかによる解釈ルールに基づいて、有利または不利に解釈されないものとする。

―― 解説 ――
実務上、ドラフティング担当当事者に不利に解釈・主張されることがあるので、それを防ぐ条項である。

# 売約証と買約証で自社フォームを優先適用させるための条項(和訳・解説付き)

第1節 当社(クローヴァー社)の売約書の条件を優先させる条項

●―第1款　売買確認

売買確認　　　　　　　　　　　　　　　　　　　　　　例文 **1**

We, Clover, confirm that Clover, as a Seller, sells the Products to you, Aurora-England, as a Purchaser the same（以下、省略）

[和訳]

我々クローヴァー社は、クローヴァー社を売り主とし、英国オーロラを同様に買い主として認め、製品を御社に売り渡す（以下、省略）

●―第2款　当社の本売約書以外の契約を無効とする条項

当社売約書中の条件が優先　　　　　　　　　　　　　　例文 **1**

Sale of the Products hereunder is subject to these Terms and Conditions of this Sales Note and the reverse-side thereof.
No purchase note of the Purchaser shall modify these Terms and Conditions, even if agreed and signed by the Seller.

[和訳]

以下の製品売り渡しは、本売約書と裏面約款の内容と条件によるものとする。
買い主による注文書は、たとえ売り主によって合意されサインされていたとしても、本売約書条項・条件を変更するものであってはならない。

例文1	買い主の注文書中の条件が優先
例文1	売約証の規定の優先
例文1	当事者協議による解決

第2節 当社（英国オーロラ社）買注文書の条件を優先させる条項

●—第1款　英国オーロラ社注文書の警告文言

　本注文書（裏面約款・添付別紙などを含む）に記載された条件が最終決定事項であるため、売り主側による追加・変更を認めないとしたうえで、売り主側の署名と返送を要求すると規定。

例文1　買い主の注文書中の条件が優先

ACCEPTANCE COPY OF THIS EXPORT PURCHASING ORDER MUST BE SIGNED BY THE SELLER AND RETURNED TO US, THE PURCHASER, PROMPTLY. THIS ORDER IS SUBJECT TO CONDITIONS SET FORTH ABOVE, ON THE REVERSE SIDE HEREOF, AND ON ATTACHMENT HERETO.
IMPORTANT : THIS ORDER EXPRESSLY LIMITS ACCEPTANCE TO TERMS STATED HEREIN, AND ANY ADDITIONAL OR DIFFERENT TERMS PROPOSED BY THE SELLER ARE HEREBY REJECTED UNLESS EXPRESSLY AGREED TO IN WRITING.

［和訳］
本輸出買付注文の承諾書（＝注文請書）は、速やかに売り主により署名され、当方に返送されなければならない。本注文は、本注文書、本注文書の裏面ならびに本注文書添付書類に記載された条件によるものとする。
重要：本注文書は、本注文書に記載した条件の受諾に明示的に限定するものであり、売り主により提案された、いかなる追加または異なる条件をも、明示的に書面で合意しない限り、本注文書により拒絶するものである。

第3節 売約証の裏面約款中の完全合意条項

●—第1款　売り主側の売約書の裏面約款中の完全合意条項の規定

例文1　売約証の規定の優先

These standard conditions of sale of the Products together with any applicable written proposal of the Seller supersede and cancel all prior discussions and writings and constitute the entire and only agreement between the Purchaser and the Seller with regard to the terms and conditions of the sale of the Products set forth herein.

No modification of these terms and conditions shall be binding upon the Seller unless made and signed by a duly authorized representative of the Seller.

[和訳]
本製品の売り渡しに関する本標準契約条件は、適用ある売り主の書面による提示条件とともに、すべての事前の協議ならびに書面に優先し、取り消すものとし、本契約に規定する本製品の売り渡しのすべての条項・条件に関わるすべてのそして、唯一の買い主と売り主間の合意を構成するものである。本契約条項ならびに条件の変更は、売り主の正当に授権された代表者によりなされ、署名されない限り、売り主を拘束しないものとする。

第4節 売約証の裏面約款中の紛争解決条項

●─第1款　売約証の裏面約款中の紛争解決条項(前半)

当事者協議による解決

例文 1

1　The Seller and the Purchaser agree to use all reasonable efforts to resolve between themselves any dispute, controversy or claim arising out of or relating to this Sale of the Products hereunder.
　　In particular, the Seller and the Purchaser agree that discussion will be carried out in good faith between duly authorized officers or representatives of the parties within a maximum of fifty (50) days from the date that written notice of the issue in dispute, controversy or claim shall have been given by either the Purchaser or the Seller to the other party.

[和訳]
1　売り主と買い主は、本契約に基づく本製品の売り渡しにより発生する、または売り渡しに関連する、いかなる紛争、議論またはクレームを当事者両者の間で解決するようあらゆる合理的な努力を尽くすこととする。
　　特に、売り主と買い主は、紛争、議論またはクレームの問題について通知が売り主または買い主の一方から相手方に対しなされた日から50日以内に、両当事者を正当に代表する役職者(officers)または代表者(representatives)により、協議が誠実におこなわれることを合意する。

　2項は両者の協議による解決ができない場合のロンドンにおける仲裁の規定。本例文では省略。

第11部 合弁契約中のファースト・リフューザル・ライト、資金援助、プットオプション

First Refusal Right; Financial Assistance; Put Option in J.V. Agreement

第1章 株式譲渡制限とファースト・リフューザル・ライト条項(和訳・解説付き)

第1節 合弁会社の株式の譲渡の仕方——ファースト・リフューザル・ライト

　合弁会社の株式を譲渡するには、一定の制限があるのが通常である。そもそも合弁会社の設立の際の出資者・株主の選定には、慎重な準備と検討がおこなわれる。事業のフィージビリティー(実現可能性)は、当事者が誰か、その当事者がどのような専門性を持ち、どのような役割を果たすかにより、大きく影響される。特に、新興国などにおける合弁事業投資では、通常、国家機関(たとえば関連省庁)による審査がおこなわれ、自国の経済、産業政策との整合性、調和を見極めたうえで認可されることが多い。海外からの出資者・投資家には、認可時に技術移転や外貨獲得に貢献する製品輸出義務があったり、雇用や自国の原材料の使用などに条件が付されたりすることもある。その合弁会社の当事者の変更を意味する株式の譲渡を自由に認めるわけがない。

　しかし、現実に合弁会社を運営するうえでは、どうしても当事者がその所有株式を譲渡したいというケースが発生する。そのような場合に備えて、合弁事業契約や株主間契約で規定し、さらにその規定が実際のケースに対処できるかは重要であり、同時に難しい問題である。

　通常は合弁契約の相手方の通知と了解を得ることなしには、株式を第三者に譲渡しないという約束がなされる。その場合、通知を受けて他の株主はどうするべきだろうか。また、それに際して他の株主に対してどんな権利が与えられるのだろうか。

　契約実務上はこのような場合には、ファースト・リフューザル・ライトが他の株主に付与されることがある。ファースト・リフューザル・ライトとは、株式を第三者に売却しようとした際に、売却条件と同等の条件で優先的にその株式を取得する権利のことである。新興国での合弁事業の場合には、外資の出資比率について、制限がある場合もあるため、個別の事情を踏まえてさまざまな制約を受けながら、契約条項をドラフティングすることもある。

　典型的な契約条項をいくつか紹介しよう。

第1款　株式譲渡制限条項

合弁会社における株式の譲渡制限

例文 1

ARTICLE ___ TRANSFER OF SHARES

1　Each party hereto agrees not to sell, assign, pledge, or in any manner transfer title or right to, or otherwise encumber any of the shares of the joint Venture Company (the "JVC") held by it, or take any action leading to or likely to result in any of the foregoing without the prior consent of the board of directors of JVC, except in accordance with Article ___ or Article ___ hereof, provided, however, that approval of directors nominated by any party hereto shall not be withheld and shall be deemed to have been given where such party has declined or failed to exercise its right of first refusal pursuant to Article ___ with respect to shares of JVC offered for sale by one or more of the parties hereto.

[和訳]

第__条　株式の譲渡

1　本契約第____条または第____条の規定に従っておこなう場合を除き、本契約各当事者は、事前の合弁会社の取締役会の同意なしには、その保有する本合弁事業会社(「合弁会社」)のいかなる株式も、売り渡し、譲渡し、質入れし、または、いかなる方法によっても所有権または権利を移転させ、または、他の方法で、担保に供することをしないものとし、また、結果として、上記事項のいずれかの結果となりうる、あるいは結果となりそうないかなる行為もしないものとする。ただし、本契約当事者の一人または複数から売り渡しの申し入れを受けた株式について、第____条によるファースト・リフューザル・ライトを行使することを拒絶し、または行使できなかった当事者は、本契約当事者により指名された取締役会の承認を拒絶することはできないものとし、売り渡しへの同意が与えられたものとみなす。

解説

　上記の条項例は、合弁会社への出資比率が出資当事者間で対等に近い場合に、的確に効果をもたらすものである。もし、一方の当事者が、圧倒的に多数の株式を保有し、一方的に取締役会の決議をできるような状況の場合は、公平さを保つために取締役会を介在させず、代わりに、相手方の株主の同意なしには譲渡、質入れなど株式の処分をしないという合意方法も選択肢として浮上する。この規定では、ファースト・リフューザル・ライトについて、オファーを受けながら行使しなかった場合は、取締役会で譲渡の同意を与えたとみなされる。

　また、詳細に論じないが、以下の例文2のような契約条文には、実務上難しい問題が残っているので注意して見てほしい。本契約条文の場合、株式の譲渡の希望が出たときに、他の株主(合弁事業契約当事者)は、申し出を受けた金額などの条件では購入する余裕がないときはどうすればよいだろうか。かつ、提案された第三者で新しい株主の候補者が、他の

株主にとって何らかの理由で好ましくない場合はより窮することになる。申し出を受けた条件では株式を購入できないが、拒絶する可能性を残すことはできるだろうか。

いくつかの対処策は考えられるが、すべての当事者が最初に株主間契約を結ぶタイミングで合意できる条件や表現にしようとすると簡単なことではない。解散権を保持するとすれば、自身が合弁事業の株式を第三者に譲渡したい場合の譲渡可能性を否定することになる。

契約書上の表現としては、たとえば、譲渡先の妥当性について他の株主の同意を得ることを条件として加えることもできるだろうが、それでも他の株主による合理的な根拠の説明が拒絶の前提となろう。

●—第2款　ファースト・リフューザル・ライト条項

先進国での合弁事業において株式の譲渡をおこなう条項。

例文2　合弁会社における株式譲渡とファースト・リフューザル・ライト

ARTICLE __ FIRST REFUSAL RIGHT OF NON-SELLING SHAREHOLDERS

1　Subject to the need for approvals as set forth in Article ___, a party hereto may sell all or any portion of the shares of the JVC then owned by it to a third party only on condition that such purchaser agrees in terms and conditions of this Agreement.

2　A party hereto proposing to effect a sale of any shares of the JVC (the "Offeror") shall give written notice to the other party hereto (or their assignee) who are then shareholders of the JVC (the "Offerees") of the Offeror's intention, the identity of the prospective third party purchaser, and the terms and conditions of the proposed sale (the "Proposed Sale") and shall make a written offer (the "Offer") to sell the shares of the JVC in question to the Offerees (pro rata, in accordance with the Offeree's shareholdings in the JVC) on the identical terms and conditions of the Proposed Sale, including, but not limited to the purchase price and terms of payment.

3　Acceptance by an Offeree of any offer that has been made to it pursuant this Article will be effective upon giving by an Offeree of written notice of acceptance within sixty (60) days after the Offeree's receipt of the Offer.

The Offer shall be subject to the condition that the Offerees shall have agreed to purchase all shares subject to the Offer.

4　Any shares not accepted for purchase by an Offeree within said sixty (60) days after the receipt of the Offer shall be offered by the Offeror on the same terms (pro rata) to any and all other Offerees who have accepted the previous Offer made to them; such Offer shall remain open for thirty (30) days.

Details of supplementary procedures for offer and acceptance related to the First Refusal Right of each party hereto and such forms as may be used for such purpose are described in Exhibit _____ hereto.

5 If all the shares subject to an Offer are not accepted for purchase by the Offerees at the end of the aggregate ninety (90) days period set forth herein, then, the Offeror shall have the right to sell such shares to the prospective third party purchaser identified in the Offer on the identical terms of the Offer.

[和訳]
第__条　株式を譲渡しない株主のファースト・リフューザル・ライト
1 第__条に規定する承認の必要であることには従うが、本契約当事者は、第三者に対して、かかる買い主が、本契約の条項ならびに条件に合意することを条件に、その保有する合弁会社の株式の全部または一部を売り渡すことができる。
2 合弁会社の株式の売り渡しをおこなうことを提案する本契約当事者(「申出者」)は、そのとき合弁会社の株主である本契約の他の当事者(「被申出者」)に申出者の意図、予定する第三者たる購入者の身元、ならびに提案する売り渡しの条項と条件について書面による通知を与えるものとし、また、(合弁会社の被申出者の株式保有に従い、その比率で)被申出者に対し、譲渡対象の合弁会社株式を、価格・支払い条件を含み、それに限定されない条件で、提案する(第三者への)売り渡しと同一の条件で、書面による売り渡しの申し出(「申し出」)をおこなうものとする。
3 本条に従って被申出者に対しなされたいかなる申し出も、被申出者による受諾は、申し出を被申出者が受領してから60日間以内に書面による通知を与えるまで有効である。
  申し出は、被申出者が、申し出の対象となる株式のすべてを買い受けることに合意した場合の条件に従うものとする。
4 申し出の受領から60日以内に被申出者により株式が買い受けられなかった場合は、同条件で前の申出者が売り渡すものとし、この申し出は、30日間公開されるものとする。
  本契約の各当事者のファースト・リフューザル・ライトに関する申し出と受諾のための追加的な手続きとその目的のために使用されるフォームの詳細については、本契約の添付別紙____に説明される。
5 もし、申し出の対象となったすべての株式が、本契約に定めた総計90日間の最終日になお被申出者によって買い受けられていないときは、申出者は、かかる株式を申し出と同一の条件で、申し出に身元を明示された予定した第三者の買受人に対し、売り渡す権利を有するものとする。

●―第3款　関連会社への譲渡を条件付きで認める条項

例文3　関連会社への株式譲渡は自由とする条項。重畳的履行義務負担条件付き

ARTICLE __ TRANSFER TO AFFILIATES
Notwithstanding anything in this Agreement to the contrary, any party may freely transfer all or any portion of its shares of the JVC to an Affiliate of such party, provided that such Affiliate shall, before acquiring any shares of the JVC, agree to be fully bound by the terms and conditions of this Agreement and provided further, that, notwithstanding the aforementioned transfer, each of the parties hereto shall remain liable to perform all of their respective obligations under the terms and conditions of this Agreement.

［和訳］
第__条　関連会社への譲渡
本契約中のいかなる反対の規定があっても、当事者はその所有する合弁会社のすべて、または一部の株式をかかる当事者の関連会社に対して自由に譲渡できるものとするが、以下を条件とする。かかる関連会社は、合弁会社の株式を取得する前に、本契約の条項ならびに条件のすべてに完全に拘束されることに合意し、また、上記の譲渡にもかかわらず、本契約の各当事者は本契約の条項ならびに条件の下での彼らのそれぞれの義務のすべてを履行する責任を引き続き負うものとする。

――― 解説 ―――
　合弁事業の株式の譲渡者と譲受者を牽制する方法の一つとして、例文3のように、もとの株式保有者に引き続き株式譲受者への履行保証をさせることがある。これにより、好ましくない第三者への株式譲渡をある程度防ぎ、リスクヘッジをすることができる。
　この最後の規定に関連しては、もし、各当事者に履行保証人がいる場合には、関連会社への株式譲渡後もその保証人が引き続き、関連会社のために履行保証を負い続けることも確認させることが必要となろう。その際は、たとえば、the parties and its guarantor shall remain liable（当事者とその保証人は、引き続き、責任を負い続ける）と規定すればよい。

●―第4款　ファースト・リフューザル・ライト条項（バリエーション）

例文2のバリエーション。国内・海外の1社ずつによる合弁事業会社の場合の規定。

例文4　ファースト・リフューザル・ライト

ARTICLE __ TRANSFER OF SHARES AND FIRST REFUSAL RIGHT OF SHAREHOLDERS

1 Except as expressly provided hereinafter in this Agreement, neither party at any time sell, exchange, assign, give, transfer, pledge or otherwise dispose of or encumber any part or all of the Shares owned by it.

  Any such disposal or encumbrance by either party, which does not comply with the provisions of this Agreement, shall be null and void as against the other party.

2 If either party (the "Offeror") desires to sell, assign, transfer or otherwise dispose of any of the Shares owned by it to a bona fide third party purchaser, the Offeror shall give written notice to the other party (the "Offeree") of such desire.

  Such notice (the "Offer Notice") shall specify the number of Shares which the Offeror desires to sell, assign, transfer or dispose of (the "Offered Shares"), the name and address of the proposed transferee and price, terms and conditions of the proposed sale, assignment, transfer or disposition to such transfer.

3 Offeree shall have the right and option, for a period of sixty (60) days after the effective date of the Offer Notice (the "Offer Period"), to purchase all but not less than all of the Offered Shares at the purchase price and on the same terms and conditions described in the Offer Notice.

  The Offeree may exercise such right and option by giving notice (the "Acceptance Notice") of such exercise to the Offeror during the Offer Period.

4 If the Offeree fails to exercise its right and option within the Offer Period, then the Offeror shall have the right to for a period of forty five (45) days thereafter to make the proposed sale, assignment, transfer or disposition on of the Offered Shares to the proposed transferee at the purchase price and on the terms and conditions described in the Offer Notice, if, and only if, the Offeror shall have first obtained the prior written approval of the Offeree, which approval shall not be unreasonably withheld. Details of supplementary procedures are described in Exhibit __ attached hereto.

  For the purpose of this paragraph, it shall not be deemed unreasonable for the Offeree to withhold its consent to the proposed transferee does not have a good business reputation, is not a financially sound entity or is a competitor of the Offeree.

［和訳］

第__条　株式の譲渡ならびに株主のファースト・リフューザル・ライト

1 本契約に明確に規定されている場合を除き、いずれの当事者も、その保有する本株式の一部または全部を、いかなるときも、売り渡し、交換し、譲渡し、贈与し、移転し、質入れし、または他の方法で、担保に差し入れることをしないものとする。

  本契約の規定に合致しない、いずれかの当事者によるそのような本株式の処分、または担保の差し入れは、他の当事者について、無効で効力がないものとする。

2 もし、いずれかの当事者（「申出者」）が、その保有する本株式の一部を善意の第三者である買い主に対して売り渡し、譲渡し、移転し、または他の方法で処分したいと希望するときは、申出者は、他の当事者（「被申出者」）に対し、その希望を書面による通知によって与えるものとする。

かかる通知（「申し出の通知」）は、申出者が売り渡し、譲渡、移転、または他の方法で、処分したいと希望する本株式の数量、提案する買受人の名前と住所、ならびに提案する譲渡先に対する申し出株式の売り渡し、譲渡、移転または処分価格、条項と条件を記載するものとする。

3 被申出者は申し出の通知の発効日から60日の期間、申し出の対象の本株式のすべてについて、申し出の通知に記載された売渡価格ならびに同じ条項と条件で、購入する権利とオプションを有するものとするが、全量未満の場合には適用がない。被申出者はかかる権利とオプションを申出者に対し、申出期間中に行使する旨の通知（「受諾通知」）を与えることにより、行使することができる。

4 もし被申出者が申出期間内にその権利とオプションを行使できないときは、申出者は、その後45日間に申出対象の本株式について、提案した売り渡し、譲渡、移転または処分を、提案した譲渡先に対して申出通知に記載した譲渡価格と条項ならびに条件で実行することができるものとするが、申出者が被申出者の事前の書面による承諾を取得することを条件とする。ただしその承諾は、不合理に留保されることがないものとする。補充的な手続き詳細は、本契約に添付する別紙__に記載される。

本項の目的のためには、被申出者が提案された譲渡先（候補）が良好なビジネス上の評判を有しないため、あるいは財政上健全な事業でないため、あるいは被申出者の競合先であることを根拠に同意を留保することをもって、不合理な同意付与の拒絶とはみなされないものとする。

――――― 解説 ―――――

例文4の規定は、飛鳥凛が例文1で解説したような状況を打開するため工夫を重ねてドラフティングしたものとして読んでほしい。上記の株式売り渡しの申し出を受けて購入を検討したが、価格が高すぎて購入する手立てがなく、かつ提案された譲渡先が歓迎できない場合に、同意を与えない根拠を工夫しながら列挙してみたものである。しかし、実務上はこれで十分かどうかは、状況によって予想はつかず、十分とはいえないであろう。読者諸氏がこれをもとに状況に合ったものにブラッシュアップしてくれることを願う。

●――第5款　株式譲渡以降ももとの株主に譲渡人による（合弁事業契約の）履行を保証させる条項のフォーム

例文5　譲渡人による履行保証条項

ARTICLE __ PERFORMANCE GUARANTEE BY TRANSFEROR

Notwithstanding the aforementioned transfer, each of the parties hereto shall remain liable to perform all of their respective obligations under the terms and conditions of this Agreement.

[和訳]
第__条　譲渡人による履行保証
上記の譲渡にもかかわらず、本契約当事者の各々は、本契約の条項ならびに条件の下での彼らのそれぞれの債務について、継続して履行の責めを負うものとする。

第2章 株主による合弁会社の資金調達に対する協力に関する条項フォーム
（和訳・解説付き）

第1節 株主は出資比率に応じて合弁会社の資金調達に協力、援助する約定フォーム

● 第1款　合弁会社が運転資金を商業銀行から借り入れることができない場合、出資会社（株主）が出資比率の割合に応じて援助

例文1　資金調達支援条項

ARTICLE __ FINANCING
1　The working capital required for the Project of the Joint Venture Company (the "JVC") shall be obtained primarily from commercial banks.
2　Guarantees required shall be provided by the shareholders of the JVC according to their shares in the capital stock.
3　Any deficiency in working capital, which is not furnished by commercial banks, shall be made available by shareholders proportionate to their shares in the capital stock.
4　The object of the parties hereto is to reach for the JVC a self-financing condition and a sufficient profit.
　Having taken the requisite measures regarding the requirements of the working capital and the orderly reserves, it shall be the policy of the JVC to distribute the optimum amount of dividends.

［和訳］
第__条　資金調達
1　合弁会社（「JVC」）のプロジェクトに必要とされる運転資金は、主として商業銀行から調達されるものとする。
2　必要とされる保証は、株式資本として保有する割合に応じて合弁会社の株主により提供されるものとする。
3　商業銀行から調達できない運転資金の（調達）不足分については、株式資本における株式保有比率に応じて、株主により提供されるものとする。
4　当事者の目的は、合弁会社が自ら資金を調達でき、十分な利益を確保できるようになることである。
　運転資金の必要性と十分な留保について必要な手立てを尽くしたうえで、適切な金額の配当をおこなうのが、合弁会社の方針である。

第2節 株主が出資比率により、借入保証・融資をおこなうとする条項フォーム

● 第1款　合弁会社自身による調達が基本だが、無理な場合は株主が出資比率により借入保証または融資をおこなうと規定

資金調達援助

例文 1

ARTICLE __ FINANCIAL ASSISTANCE

1. The parties hereto shall render their assistance to the JVC in its management and operation of its _____, supply of raw materials and production and sale of the Products in order to achieve its sound operations and growth.
2. Nonetheless, obtaining the funds necessary for the operation of the JVC shall principally be the responsibility of the JVC itself.
3. If the JVC has any difficulties in borrowing required funds from banks, Karen View Corporation, being the fifty-one percent (51%) shareholder of the JVC, shall assist the JVC by way of lending to the JVC fifty-one percent (51%) of a required amount or giving its guarantees to a bank which may make available to the JVC a loan in amount equal to fifty-one percent (51%) of such required amount, and, Aurora Borealis corporation ("ABC"), being the forty-nine percent (49%) shareholders of the JVC, shall assist the JVC by way of lending to the JVC forty-nine percent (49%) of such required amount or giving its guarantees to a bank which may make available to the JVC a loan in an amount equal to forty-nine percent (49%) of such required amount.

[和訳]

第__条　資金援助

1. 本契約当事者は、本合弁会社に対し、その_____(事業またはプロジェクト名称を記載)の経営ならびに運営、原材料の供給、本製品の製造と販売について、その健全な運営と成長のために、援助をおこなうものとする。
2. それにもかかわらず、本合弁会社の運営に必要とされる資金の調達は、主として、本合弁会社自身の責任によるものとする。
3. もし、本合弁会社が銀行から必要な資金を(自身で)借り入れるのに困難に直面した場合は、51パーセント株主であるカレンビュー社が、本合弁会社に対し、必要な金額の51パーセントを本合弁会社に対する融資により、または、銀行からかかる必要な金額の51パーセントにあたる金額を借入調達できるように保証をおこなうものとし、また、49パーセント株主であるオーロラ・ボレアリス社(「ABC」)は、本合弁会社に対し、かかる必要金額の49パーセントにあたる金額を本合弁会社への融資により、または、かかる必要金額の49パーセントにあたる金額を銀行から借入調達できるように保証をおこなうものとする。

第3節 株主が合意した場合、出資比率に応じた融資・保証により、資金援助をおこなうフォーム

● 第1款 株主間で、都度案件ごとに協議し、合意した場合は、合弁会社に対する出資比率に応じた融資・保証による資金援助をおこなう

例文1 合弁会社の資金調達支援

ARTICLE __ FINANCING
The Joint Venture Company (the "JVC") shall be responsible for raising the funds necessary to carry on the business of the JVC.
In case the JVC cannot raise funds on its own responsibility and if all the parties hereto agree to finance such funds, the parties hereto shall, unless otherwise agreed, make loans to/or as the case may be, guarantee loans in favor of, the JVC in proportion to their then existing shareholdings in the JVC.

[和訳]
第__条　資金調達
合弁会社(「JVC」)は、JVCの事業の遂行に必要な資金を調達する責任を負うものとする。
万一、JVCがその責任で資金を調達できない場合で、かつ、すべての本契約の当事者が、かかる資金援助に合意するときは、本契約当事者は、別途合意しない限り、その際の株式保有比率の割合に従って、JVCに対し融資をおこない、または、JVCのために融資の保証をおこなうものとする。

第4節 合弁会社自身が借り入れできないとき、株主は連帯ではなく、それぞれ出資比率に応じ、借入保証ができると規定するフォーム

● 第1款 合弁会社の資金調達支援条項のドラフト

例文1 資金調達支援(バリエーション)

ARTICLE __ ADDITIONAL FINANCING
1　All cash requirements of the JVC which are not met through additional capital contributions and continuing operations of the JVC may be satisfied through borrowings from banks or other sources of money upon approval of the JVC's board of directors.

2 Should the JVC be unable to borrow sufficient amounts in its own name and responsibility, the Parties may, severally but not jointly, provide necessary guaranties of the JVC's indebtedness in proportion to their respective ownership interests in the share capital of the JVC.

[和訳]

第__条　追加資金の調達
1 追加の資本増加ならびにJVCの事業継続を通じて調達しきれないすべての現金資金の要請は、JVCの取締役会の承認を得て、銀行または他の資金調達先からの借り入れにより、充足されるものとする。
2 万一、JVCが自己の名義と責任で、十分な金額を借り入れることができないときは、当事者は、連帯ではなく、それぞれ独自に、JVCの資本におけるそれぞれの保有比率に応じて、JVCの借入保証をおこなうことができるものとする。

第5節　出資比率を限度とする個別の（株主）保証状フォーム

●—第1款　連帯ではなく、個別の割合を限度とする保証を記載

出資比率を限度とした個別の保証状　　　　　　　　　　　　　　例文1

Form of Parent Company Guarantee

Date:_____ ___, 20__
To: _____ Bank,
GUARANTEE

This Guarantee is supplemental to the Loan Agreement between _____Bank ("Your Bank") and _____ ("JVC") dated as of _____, 20__ (the "Loan Agreement").

Guarantors, being the shareholders of the JVC under the Loan Agreement, in consideration and in order to induce the execution and delivery by Your Bank of and/or performance of Your Bank's obligations under the Loan Agreement, do hereby unconditionally guarantee to Your Bank severally in proportion to the ratio provided in Exhibit A attached hereto as and for their own obligations, until full payment and performance are effected by or on behalf of the JVC in accordance with and subject to the terms and conditions of the Loan Agreement.

Guarantors shall be liable under this Guarantee as if they were the principal debtors and obligors and not merely as sureties.

Accordingly, Guarantors shall not be discharged, nor shall their liabilities be affected, by (i) any time, indulgence, waiver or consent at any time given to the JVC by Your Bank; (ii) any amendment to the Loan Agreement; or (iii) the winding-up, dissolution, reorganization of the JVC.

Guarantors' obligations under this Guarantee are and will remain in full force and effect until no sum remains payable and no obligation remains to be performed by the JVC under the Loan Agreement.

IN WITNESS WHEREOF, Karen View Corporation and _____ have caused this Guarantee to be executed by one of their respective officers duly authorized on the ___ day of _____. 20__.

Karen View Corporation
Name : _____
Title : Managing Director

_____ Corporation
Name : _____
Title : President and CEO

Exhibit A
Karen View Corporation 50%
_____ Corporation 50%

［和訳］
親会社による保証のフォーム

20__年__月__日

_____銀行御中

保証状

本保証は、20__年__月__日付の__銀行（「貴行」）と（「本合弁会社」）との間の融資契約（「本融資契約」）を補完するものである。

本融資契約における本合弁会社の株主である保証人は、貴行による本融資契約の調印とその交付、ならびに貴行による本融資契約上の義務の履行を約因、または誘因とするために、本融資契約の条項、条件の通り、完全な支払いと履行が本合弁会社により、あるいは、本合弁会社のためになされるまで、本状に添付の別紙Aに記載の比率により、債務を個別に自らのものとすることで無条件に保証する。保証人は本保証のもとで、あたかも単なる保証人でなく、主たる借り主で債務者であるかのように責任を負担するものとする。

したがって、保証人は(i)貴行により本合弁会社に対し随時付与される時間の延期、猶予、放棄または同意、(ii)本融資契約の変更、(iii)本合弁会社の解散、清算または再編によって、何ら責任を免除されない、あるいは、責任に影響を受けないものとする。

本保証における保証人の義務は、本融資契約において未支払い残額が消滅し、本合弁会社による未履行債務が完全になくなるまで有効であり、有効であり続けるものとする。

上記の証として、カレンビュー社と＿＿＿＿＿＿＿＿は、20__年__月__日、その正当に授権したそれぞれの役職者により本保証を調印した。

カレンビュー株式会社
氏名＿＿＿＿＿＿＿＿
役職：業務執行取締役

＿＿＿＿＿＿＿＿株式会社
氏名＿＿＿＿＿＿＿＿
役職：社長兼CEO

別紙A
カレンビュー株式会社　50パーセント
＿＿＿＿＿＿＿＿株式会社　50パーセント

第3章 マイノリティー株主のプットオプション条項
（和訳・解説付き）

第1節 マジョリティー株主に売り戻す権利を定めるプットオプション条項

●―第1款　プットオプション条項

例文1　プットオプション-01

ARTICLE __ PUT OPTION
Each minority party of Karen View Corporation ("KVC") and Aurora Borealis Corporation ("ABC") (collectively called "Minority Parties") shall have the absolute right of put option to jointly sell back to, all, but not less than all of, such Minority Party's stock (hereafter the "Stock") of the Joint Venture Company called _____ Inc. (hereafter the "JVC") to the majority party namely, Galileo Holding Inc. (hereafter the "Majority Party" or "Galileo"), holding seventy percent (70%) share of the JVC, for an amount in cash equal to the then fair market value of such minority party's stock;
provided that (i) such Put Option may be only exercised by the Minority Party during the period commencing the _____th day of _____, 20__ and ending the ___th day of _____, 20__, (ii) such fair market value of Minority Party's stock shall be assessed and determined by _____ Accounting Firm, or such other accounting firm or law firm as mutually agreed upon among the parties hereto and confirmed in writing, in case, _____ Accounting Firm's service is not available for any reason at the time of exercise of Minority Party's Put Option, and (iii) the Majority Party shall pay in cash to the Minority Party the purchase price for the Stock within thirty (30) days after the fair market value is determined by such accounting firm or law firm.

[和訳]
第__条　プットオプション
カレンビュー社（「KVC」）、オーロラ・ボレアリス社（「ABC」）（以下、「少数株主当事者」と総称する）は、_____株式会社という名称の合弁事業会社（以下、「本合弁会社」）に対するその保有株式の（全保有株より少ない株式ではなく）全部（以下、「本株式」）を一括して、本合弁会社の70パーセントの株式を保有する多数株主当事者であるガリレオ・ホールディング株式会社（以下、「多数株主当事者」または「ガリレオ社」）に対して、そのとき（プットオプション行使時）の少数株主保有

株式の公正な市場価格(時価)と同額の金額で、現金払いにより、譲渡するプットオプションの完全なる権利を保有するものとする。

ただし、かかるプットオプションの行使には、次の各項の事項を条件とする。(i)かかるプットオプションは、少数株主当事者によって、20__年__月__日に開始し、20__年__月__日に終了する期間内に行使されなければならないものとし、(ii)かかる少数株主当事者の保有する株式の公正な市場価格は、_____会計事務所により、または、少数株主当事者のプットオプション行使時に何らかの事由により、当該会計事務所のサービスが受けられないときは、別途本契約当事者間で相互に合意する他の会計事務所または法律事務所により算定され、決定されるものとし、(iii)多数株主当事者は、かかる公正な市場価格が、かかる会計事務所または法律事務所によって決定された日から30日以内に、少数株主当事者に対して本株式の買い取り価格を現金で支払うものとする。

第2節　固定金額で株式をマジョリティー株主に対し売り渡すプットオプション条項

● 第1款　プットオプション条項(バリエーション)

プットオプション-02　　　　　　　　　　　　　　　　　　　　　　例文1

ARTICLE __ PUT OPTION OF KVC AND ABC

1. Each of KVC and ABC shall have the absolute unconditional one-time right to sell to Galileo or Galileo's designee, provided that no such designation shall release Galileo from any liabilities or obligations hereunder, all, but not less than all, of the stocks of and interests in the New Joint Venture Company owned by KVC or ABC for an amount in cash equal to U.S.$1,200,000 (One Million Two Hundred Thousand United States Dollars) each (the "Exercise Price").

2. The put right set forth herein may be exercised by delivery of written notice of exercise, which exercise shall be irrevocable, to Galileo.

3. Such written notice of exercise may only be delivered during the period, commencing on the earlier to occur of (i) _____ ____, 20__, and, (ii) the date that the New Joint Venture Company delivers to its shareholders, including KVC and ABC, audited financial statements for the fiscal year ending December 31, 20__, and ending on the date that is three (3) months after such date (hereinafter the "Exercise Period"). No exercise or notice of exercise of put right shall be effective if such exercise is made or notice of exercise is delivered other than during the Exercise Period.

4 Galileo or its designee shall pay the Exercise Price to KVC and ABC no later than thirty (30) calendar days following the date of such exercise of put right by wire transfer to such accounts designated by each of KVC and ABC with the notice at least three (3) business days prior to the date of such payment.

[和訳]

第__条　KVCとABCのプットオプション

1　KVCとABCの各当事者は、ガリレオ社またはガリレオ社の指定する者に、KVC、ABC両者により新合弁会社に対し保有する全株式を全量（それより少ない株式数は不可）、各当事者につき120万米ドル（以下、「本行使価格」）と同額の現金価格により売り渡す、完全な1回限りのプットオプションを保有するものとし、ガリレオ社は、買い受ける者を指定することによって、本来ガリレオ社が負う義務を免責されるものではないものとする。

2　本条に規定するプットライト（売り戻し権）は、行使についてのガリレオ社に対する書面の通知により行使することができるものとし、この権利は撤回することができないものとする。

3　かかる行使についての書面の通知は、(i)20__年__月__日か、または、(ii)新合弁会社が、KVCおよびABCを含む株主に対して、20__年12月31日に終了する会計年度の監査済み財務報告書を提出した日か、いずれか早いほうから、3か月経過した日の間（以下、「行使期間」）に行使されなければならないものとする。プットライトの行使の通知は、もし、かかる通知が行使期間以外の時期に書面通知がなされた場合には、無効とする。

4　ガリレオ社または、その指定を受けた者は、KVCとABCに対して、本行使価格を、かかるプットライトの行使の日から30日以内に、電信送金で、KVCとABCの各口座宛に振り込むものとし、遅くとも振り込みの3営業日前には振り込みについて通知するものとする。

第3節　マジョリティー株主の親会社による履行保証条項

第1款　履行保証条項

例文1　履行保証-01

ARTICLE __ PERFORMANCE GUARANTEE FOR GALILEO FROM DA VINCI CORPORATION

1 da Vinci Corporation represents that Galileo is its wholly-owned subsidiary.

2. In consideration of inducing Aurora Borealis Corporation ("ABC") and Karen View Corporation ("KVC") to enter into this Shareholders Agreement with Galileo, da Vinci Corporation (hereinafter referred to as the "Guarantor") agree that it shall jointly and severally with Galileo;
   (i) procure that Galileo performs all of its obligations under this Agreement, including Article ___ (Put Option of ABC and KVC) and observes all the terms and conditions set out herein which bind it;
   (ii) indemnify and hold harmless ABC and KVC from and against any loss or damage (including legal fees) suffered or incurred by ABC or KVC due to any breach of this Agreement by Galileo.

[和訳]
第__条　ガリレオ社のためのダ・ヴィンチ社からの履行保証
1　ダ・ヴィンチ社は、ガリレオ社がその完全子会社であることを表明する。
2　オーロラ・ボレアリス社（「ABC」）とカレンビュー社（「KVC」）が、ガリレオ社との本株主間契約書を締結することに誘引するために、ダ・ヴィンチ社（以後、「保証人」と呼ぶ）は、自身がガリレオ社と連帯して以下を保証することに合意する。
   (i) ガリレオ社が、第__条（ABCとKVCのプットオプション）を含む、本契約上のすべての義務を履行し、また、ガリレオ社を義務づける本契約に定めるすべての条項ならびに条件を履行することを確保する。
   (ii) ガリレオ社による本契約の違反のためにABCまたはKVCが受け、または被った（弁護士費用を含む）すべての損失または損害からABCまたはKVCを補償し、免責するものとする。

第4節　上記履行保証条項フォームのバリエーション

●―第1款　履行保証（バリエーション）

例文1のバリエーション。

履行保証-02　　　　　　　　　　　　　　　　　　　　　例文2

ARTICLE __ PERFORMANCE GUARANTEE
Galileo's Guarantor, da Vinci Corporation, shall be bound by all warranties, obligations, terms and conditions of this Agreement, and the Guarantor's agreement to be bound by it is a material inducement to ABC and KVC to enter into this Agreement.

例文2　履行保証-02

例文3　リサイタル条項(保証)

[和訳]
第＿条　履行保証
ガリレオ社の保証人であるダ・ヴィンチ社は、本契約のすべての保証、義務、条項ならびに条件に拘束されるものとし、かつ、保証人がそれに拘束されるという合意は、ABCとKVCが本契約を締結する重要な誘引である。

第2款　上記例文の条項(保証)フォーム使用の場合のリサイタル条項

例文3　リサイタル条項(保証)

RECITAL
WHEREAS, da Vinci Corporation is willing to guarantee the performance by its wholly-owned subsidiary, Galileo, of its obligations hereunder.
In reliance upon such guaranty by da Vinci Corporation, ABC and KVC are willing to enter into this Shareholding Agreement in accordance with the terms and conditions set forth herein.

[和訳]
リサイタル
ダ・ヴィンチ社はその完全子会社であるガリレオ社により本契約に基づくその義務を履行することを保証する用意がある。
ダ・ヴィンチ社によるかかる保証に依拠して、ABCとKVCは本契約に定める条項と条件に従って、本株主間契約を締結する用意がある。

第12部

分離可能条項と不可抗力条項

Severability; Force Majeure

| 例文 1 | Severability条項-01 |
| 例文 2 | Severability条項-02 |

第1章 分離可能(Severability)条項
(和訳・解説付き)

第1節 分離可能(Severability)条項の狙いと結果

　契約書でSeverability条項を規定する意味や必要性はどこにあるのだろうか。
　たとえば、手元にある20ほどの契約書を見てみると、その使い方は大きく2つに分かれているようだ。
　一つは、一部無効とされる規定があればそれを切り離し(Severable)、最初からその規定はなかったものとし、他の規定はすべてそのまま有効とするものである。この対処方法は、UCC(1編1-105　Severability)が採用している規定方法を踏襲するものである。万一、紛争になった場合の裁判上の実効性を考えるならば、この方針を採用するのが一番現実的である。こう規定していない場合は、たまたま1つの規定が無効であることを奇禍として、相手方から契約全体の無効を主張され、裁判で契約に則った主張ができなくなる恐れもある。
　もう一つは、無効(Invalid)な規定はSeverableであると書いてあるが、よく読んでみると、他の規定がそのまま有効なのかどうなのかが、読み方次第でさまざまに解釈できる歯切れの悪い規定を置くものである。曖昧な規定は、書き方が悪い場合もあるが、他方で条項の書きはじめと最後の結論が大きく違っている場合もあるので、注意が必要である。特に長い規定になればなるほど、その狙いや適用した場合の結果が分かりにくくなっている。
　中には終盤で、それまでの趣旨や方針を転換し、「無効な規定を切り離し、削除して解釈した場合に、その削除が両当事者に耐えがたい経済的な不均衡、悪影響をもたらす場合は、"not Severable(分離不可能)"」と規定されることさえある。第2節の例文3で紹介する規定はその一例で、"no such severability shall be effective"と明らかに対処方針の転換をしている。

第2節 分離可能(Severability)条項のバリエーションと効果

　ここでは3通りの効果の違うSeverability条項を紹介する。

●―第1款　標準的な分離可能(Severability)条項

契約の一部が無効と判断された場合には、他の規定とは切り離し、他の規定はそのまま有効とする。

Severability条項-01　　　　　　　　　　　　　　　　　　　　　例文 1

If any part of this Agreement for any reason is declared invalid, such decision shall not affect the validity of any remaining portion, which remaining portion shall remain in force and effect as if this Agreement had been executed with the invalid thereof eliminated.

［和訳］
万一、本契約の一部が何らかの理由で無効と判断された場合には、かかる決定は残りの部分の有効性には一切影響を与えないものとし、その残りの部分は、あたかも本契約が最初からその無効と判断された部分を削除して調印されていたかのように、有効なままとする。

―――――――― 解説 ――――――――

　例文1の規定の下では、調印後、履行過程で無効と判断された規定がある場合には、その規定は当初からなかった("eliminated")ものとされ、残りの契約書はそのまま有効とはっきり書いている。
　ちなみに、有効であることを表すために、例文1のように"in force and effect"などいくつかの同義語を並べて表現することがあるが、その意味は同じである。和訳するときには、単一の用語でよいか、2つの同義語を並べるほうがよいか、迷うことがあるが、自分の好みで選択してよい。英文は2語なのに和訳が1語であると1語の分だけ訳のレベルが落ちているように思われるのでは、と心配するくらいなら、不要でも2語で和訳しておけば安心だろう。

●―第2款　分離可能(Severability)条項(バリエーション1)(代替条項を作る)

契約の一部が無効と判断された場合には、可能な限り代替条項を置く。

Severability条項-02　　　　　　　　　　　　　　　　　　　　　例文 2

If any clause, provision or term of this Agreement is declared illegal, invalid or unenforceable under applicable present or future laws, then the parties intend that the remainder of this Agreement shall not be affected and that, in lieu of any such clause, provision or term, there shall be added as a part hereof a substitute clause, provision or term as similar in substance to such illegal, invalid or unenforceable clause, provision or term as may be possible.

例文2 Severability条項-02
例文3 Severability条項-03

[和訳]
万一、本契約のいずれかの条項、規定または条件が適用される現行あるいは将来の法律によって、違法、無効または履行強制ができないと判断された場合には、当事者は本契約の残りの部分が影響を受けず、そのように判断された条項、規定または条件に代わり、可能である限り実質的にその違法、無効または履行強制ができないとされた条項、規定または条件に代替する類似の条項、規定または条件を本契約の一部として加えるものとする。

解説

　例文2では、無効、違法あるいは履行強制ができないと判断された規定があるときは、残りの条項は影響を受けず有効に存続することが両当事者の意図であるとしたうえで、可能である限り、無効、違法あるいは履行強制ができないと判断された規定の代わりの規定を置くと規定している。"unenforceable"は訳すのが難しい用語である。正確には「履行強制ができない」「履行強制不可能」である。意訳したいときは、「強制されない」「法的拘束力がない」でもよい。

　具体的には、当事者間で協議し、その規定を置いた当初の意図を踏まえ、代わりの規定で合意するという約束である。

　もちろん、修正を施して新規定に合意し、契約の一部として加えるのは「可能である限り」あるいは「可能な範囲での」ものだ。例文1に比べると歯切れが悪い。もし、合意できず、代わりの規定を置くことができない場合にどうなるかは、明白ではない。おそらくその場合は、削除されたままだろう。「だろう」と書いたのは、そのような代替規定に合意できなければ、削除した形でそのまま契約が有効であるとまでは、言い切っていないからだ。代替規定を追加すべき義務を負わせながら、できない場合は、契約そのものの有効性が不安定になってしまう規定だ。

●—第3款　分離可能(Severability)条項(バリエーション2)(いずれか一方の当事者の利益が損なわれるとき、代替規定を置く)

　契約の一部が無効と判断された場合には、他の規定とは切り離すと他の規定はそのまま有効だが、それによりいずれかの当事者の利益が著しく損なわれることもあり、そのときは代替規定を置く。

例文3　Severability条項-03

In the event that any provision of this Agreement becomes or is declared by a court of competent jurisdiction or arbitrator to be illegal, void or unenforceable, this Agreement shall continue in full force and effect, without said provision;

provided that no such severability shall be effective if it materially changes the economic benefit of this Agreement to either party, in such case, the parties shall negotiate in good faith a substitute, enforceable provision that most nearly effectuates the parties' intention in entering into this Agreement.

[和訳]

本契約のいずれかの規定が、違法、無効または履行強制不可能となるか、または管轄権のある裁判所または仲裁人により判断された場合には、本契約はそのような判断を受けた規定を除き完全に有効とする。ただし、かかる分離可能性は、もしそのような対処が本契約によるいずれかの当事者に対する経済的な利益を著しく損なうものであれば無効とし、当事者は本契約を締結するに至った当事者の意図を最も近い形で実現する履行強制可能な代替的規定を置くよう誠実に交渉するものとする。

解説

例文3の規定では、違法、無効または履行強制ができないとされた規定が契約書から削除された場合、両者のビジネス上の利益が不均等になってしまうときには分離可能ではないとしているため、例文1、2の条項とは、結果が異なる。この例文3の規定によるときは、無効とされた規定は、例文1の場合と異なり「分離不可能」となる。両者は誠実に協議し、両者がこの契約を締結し、達成しようとした目的を踏まえ、合法的な範囲で、無効となった規定を修正し、代替規定を作り、契約書の一部に加える義務を負う。代替規定に合意することは容易ではないかもしれないが、その協議による合意が義務づけられている。

例文2との大きな違いは"no such severability shall be effective"というフレーズだ。例文1～3はタイトルが同じでも、内容はそれぞれ違うのだ。

第3節 どの方針が実務上適切なのか

分離可能(Severability)条項の選択は、真面目に取り組もうとすると、実務上、大変難しい。契約締結後に何が起きるかは両者とも分からないからだ。起こった状況により、この規定は自社の味方にも敵にもなる。

一つの解決法は、深く考えず、いずれかの標準的条項を選んで済ませることである。一番多く採用されているのは、UCCが採用した方針、つまり、例文1の、無効や違法とされた規定を切り離して最初からないものとし、他の規定だけで契約書を解釈するものである。

前節の例文条項でいえば、例文3の方針が一番公正だということに読者諸氏もお気づきだろう。しかし、実際にこのように規定すると、契約書の解釈をめぐりさまざまな形で揉め事が起こる種を蒔くことになりかねない。両者それぞれの立場が違うため、一部の

規定が無効になった場合にどのような議論が両者から展開されるか見当がつかないからだ。

第4節 分離可能（Severability）条項には依存せず、当事者での解決を規定できるか

　もともとUCCが分離可能（Severability）の規定を採用したのは、事実関係の争いなどを極力減らし、裁判官が法律上の問題だけを判断することができるようにして、裁判を容易に進めるためである。もし、当事者の契約に適用されるUCCの規定が一部無効となってしまうと、その契約に関連するUCCそのものの規定や関連する契約の規定への影響にはさまざまな解釈や主張の余地が出てくる。その不安定さを最小限にとどめ、法と契約の安定を保持しようとしているのである。たまたまUCCの一つの規定が無効であるからといって、UCCの定める法全体の有効性まで脅かされては、影響の範囲が不明瞭な分、裁判が不安定になるからだ。無効な部分について、あたかも手術で傷んだ部分だけを切除し他への転移を防ぐかのように、切り離すのだ。つまり、UCCを契約書に置き換えれば、Severability条項があることにより契約書に一定の権威と安定性を持たせ、紛争解決の基準が明確になるということである。

　このような経緯で、Severability条項を置く習慣が導入された。その原点に戻れば、例文1の方針を採用するのが、その背景からしても順当だといえよう。

　しかし、日本法の下での契約のドラフティングに慣れた法務部員なら、なぜ日本の契約書にはこの分離可能条項がないのかが不思議に思えることだろう。日本法の下では、英米法で採用されている口頭証拠排除の原則（Parol Evidence Rule）がない。口頭の了解も書面の合意と同等に扱われるため、契約書をそれほど重視しない傾向が、国外と比較しても強い。そのため、日本の契約書にはそもそも完全合意（Entire Agreement）条項がなく、契約書に記載した合意事項は、当事者が合意した契約の主要条件だけという発想に支えられている。民法でも信義誠実の原則が基本ルールとして採用されている。そのため、当然のように、「本契約書に記載なき事項または予想していなかった事態が発生したときは、都度、両当事者が誠実に協議して解決を図るものとする」という規定が置かれ、解決されているのだ。

　英文契約書にも、信義誠実の原則や協議による解決に向けた努力についての規定を詳しく置くことが可能である。相手先を確実に信頼できる場合はこの条項を使ってもよいだろう。契約書のドラフティングには、契約に携わる人々や企業の性質やその感覚も関係してくる。

第5節 分離可能(Severability)条項

◉ 第1款　標準的なフォーム-01

"Severable"という用語を使った表現。

Severability条項-01

例文 1

ARTICLE __ SEVERABILITY

If one or more provisions of this Agreement are at any time found to be invalid or otherwise unenforceable, such provision or provisions shall be severable from this Agreement, so that the validity or enforceability of the remaining provisions of this Agreement shall not be affected thereby.

[和訳]

第__条　分離可能性

万一、本契約の一つまたは複数の規定がいかなる時点においても、無効または履行強制ができないとされたときは、かかる規定は本契約から切り離しうるものとし、それによって本契約の残りの規定の有効性、履行強制可能性は、一切影響を受けないものとする。

◉ 第2款　標準的なフォーム-02

"invalid or illegal"という用語を使った表現。

Severability条項-02

例文 2

ARTICLE __ SEVERABILITY

In the event that any of the provisions of this Agreement proves to be invalid or illegal, that will not in any way affect, impair or invalidate any other provision, and all other provisions of this Agreement shall be in full force and effect.

[和訳]

第__条　分離可能性

本契約のいずれかの条項が無効または違法となったときは、その無効または違法は、いかなる意味でも、本契約の他の条項に影響せず、有効性を損なわず、無効にしないものとし、本契約の他の条項は、すべて完全に有効とする。

例文 3	Severability条項-03
例文 4	Severability条項-04
例文 5	Severability条項-05
例文 6	Severability条項-06

第3款　標準的なフォーム-03

それぞれの規定が独立しているとの考えを規定する。

例文3　Severability条項-03

ARTICLE __ SEVERABILITY
All provisions of this Agreement shall be considered as separate terms and conditions, and in the event any one shall be held illegal, invalid or unenforceable, all the other provisions hereof shall remain in full force and effect as if the illegal, invalid or unenforceable provisions were not a part hereof.

［和訳］
第__条　分離可能性
本契約のすべての規定は、独立した条項であり条件であると解釈され、万一、いずれか一つの規定が違法、無効または履行強制ができないとされたときは、本契約の他のすべての規定は、あたかも、その違法、無効または履行強制ができないとされた規定が最初から本契約にはなかったかのように、完全に拘束力があり、有効に存続するものとする。

第4款　標準的なフォーム-04

契約のいずれかの一部が無効となったときは、最初からその規定がない契約が調印されたと扱う。

例文4　Severability条項-04

ARTICLE __ SEVERABILITY
If any part of this Agreement for any reason is declared invalid or illegal, such decision shall not affect the validity of any remaining portion, which remaining portion shall remain in full force and effect as if this Agreement had been executed with the invalid or illegal portion thereof eliminated.

［和訳］
第__条　分離可能性
万一、いかなる理由によるものであれ、本契約の一部が無効または違法と判断されたときは、かかる判断は、本契約の残りの部分の有効性に対していかなる影響も与えないものとし、あたかも、（最初から）本契約がその無効または違法と判断された部分を削除した形で調印されたかのように、残りの部分は、完全に有効に存続するものとする。

第5款　ビジネス上重大な不均衡をもたらさない限り、他の規定に影響を与えないと定める条項

Severability条項-05

例文5

ARTICLE __ SEVERABILITY
Should any provision of this Agreement for any reason be held by a court of competent jurisdiction to be illegal or unenforceable, the validity of the remaining provisions hereof will not be affected unless the commercial balance between the parties is materially changed.

[和訳]
第__条　分離可能性
もし、本契約のいずれかの規定が、いかなる理由によってであれ、管轄権のある裁判所により違法または履行強制ができないと判断された場合でも、本契約の他の規定は、両当事者間のビジネス上の均衡に重大な変更が生じない限り、影響を受けないものとする。

第6款　無効・履行強制ができないと判定された規定を両者協議により適法な規定に変更するよう改訂努力を払うが、無理なときは、削除するという条項

Severability条項-06

例文6

ARTICLE __ SEVERABILITY
If any provision of this Agreement for any reason is declared void, illegal or unenforceable, the same shall be reformed to comply with applicable law or stricken if not so conformable, so as not to affect the validity or enforceability of this Agreement.

[和訳]
第__条　分離可能性
もし、本契約のいずれかの規定がいかなる理由によってであれ、無効、違法または履行強制ができないと判断されたときは、当該規定は、適用法に適合するよう改訂されるものとするが、もし、そのような適法な改訂が難しい場合、その規定は本契約の有効性または履行強制可能性に影響を与えないように、削除されるものとする。

例文 7	Effect of Partial Invalidity条項01 (Severability条項の別な名称)-01
例文 8	Effect of Partial Invalidity条項02 (Severability条項の別な名称)-02
例文 9	Effect of Partial Invalidity条項03 (Severability条項の別な名称)-03

●―第7款　Partial Invalidityを使った表現のSeverability条項

一部の規定が無効または違法となったとき、両当事者で締結時の意図を踏まえ協議して、代替規定を決めて解決することを規定。

例文7　Effect of Partial Invalidity条項(Severability条項の別な名称)-01

ARTICLE __ EFFECT OF PARTIAL INVALIDITY

The validity of remaining articles, sections, provisions, terms and parts of this Agreement shall not be affected by a court, governmental body or other proceeding of competent jurisdiction deciding or holding that an article, section, provision, term or part of this Agreement is invalid, illegal or unenforceable, in conflict with any law or contrary to public policy.

In such event the parties hereto shall promptly replace such original provision or provisions, by amendment of this Agreement by reasonable new provision or provisions which, as far as legally possible, shall approximate what the parties intended by such original provision and the purpose thereof.

[和訳]
第__条　一部無効の影響
法または公的政策への抵触により、本契約の1つの条、項目、規定、条件または部分が裁判所、政府機関または他の手続きにより、無効、違法または履行強制ができないと決定、または判断された場合であっても、本契約の残りの各条、項目、規定、条件ならびに部分の有効性は、それによって何ら影響を受けないものとする。
そのような事態が発生したときは、当事者は、速やかにかかるもとの規定を、可能な限り適法な範囲で、(もとの規定が)意図した目的を表す、合理的な新しい規定に置き換えるものとする。

●―第8款　無効・違法となった条項の代わりの規定について両者が合意できないとき、(不利益を受ける)一方(当方側)は、解除権を有すると定める条項

無効・違法となった条項の代わりの規定について、両者で合意できないとき、貸主側は解除権を有することを規定。

例文8　Effect of Partial Invalidity条項(Severability条項の別な名称)-02

ARTICLE __ EFFECT OF PARTIAL INVALIDITY

If any part of this Agreement for any reason shall be declared invalid or illegal, such decision shall not affect the validity of any remaining portion of this Agreement, which shall remain in full force and effect.
In the event that any material provision of this Agreement shall be stricken or declared invalid or illegal, the _____ reserves the right to terminate this Agreement.

［和訳］
第__条　一部無効の影響
万一、いかなる理由にせよ、本契約の一部が無効、違法とされたときは、かかる決定は、本契約の残りの部分には何ら影響を与えないものとする。万一、本契約のいずれかの重要な規定が削除または、無効もしくは違法とされたときは、_____（当方側の名称）は、本契約を解除することができる。

●──第9款　第8款のフォームの代替条項フォーム（バリエーション）──双方当事者が公平に解除権を持つ条項

　無効・違法となった条項について、両者で、代替となる適法な条項の合意に向けて協議するが、協議が不調のとき、重要な条項であれば、当事者は解除権を持つことを規定（例文6との違いは、公平に両者ともに解除権を持つこと）。

Effect of Partial Invalidity条項（Severability条項の別な名称）-03

例文 **9**

Article __ Effect of Partial Invalidity
In the event that any court or governmental body having jurisdiction over the parties to this Agreement determines any provision of this Agreement to be invalid, illegal or unenforceable, the remaining provisions of this Agreement shall not be affected and the rights and obligations of the parties shall be construed as if this Agreement did not contain the provision held to be invalid, illegal or unenforceable, unless such invalid, illegal or unenforceable provision was a material term of this Agreement in which case the parties will attempt to negotiate a valid replacement provision failing which the party who is materially adversely affected may terminate this Agreement.

［和訳］
第__条　一部無効の影響
本契約の当事者を管轄する裁判所、政府機関が本契約の一部を無効、違法または履行強制ができないと決定した場合は、本契約の残りの部分は影響を受けないものとし、当事者の権利と義務は、あたかも、本契約がその無効、違法または履行強制ができないと判断された規定を含んでいなかったかのように扱われるものとする。

ただし、かかる削除された規定が本契約の重要な規定である場合は、当事者は、それに代わる有効な規定を交渉で取り決めるよう努力するものとし、合意に至らない場合は、その重要な規定の削除により重大な悪影響を受ける当事者は、本契約を解除することができるものとする。

第2章 不可抗力(Force Majeure)条項
(和訳・解説付き)

第1節 不可抗力条項

　本第12部第1章の分離可能(Severability)条項と並ぶ主要テーマは、不可抗力(Force Majeure)と呼ばれる契約条項である。

　Force Majeureはフランス語である。英国では、同じ趣旨の条項、規定をFrustration(目的の消滅)、あるいは、Impossibility(履行不可能)と呼ぶことがある。本来の不可抗力の事由は、地震、津波、台風、ハリケーン、火山の噴火、洪水など天災事変、自然災害を指し、Acts of Godと総称されることもある。そのような自然災害に加え、人類、人間の起こす行為である戦争や、革命、内乱、暴動、さらには、合法的な行為ではあるがストライキ、ロックアウトなどを状況によって加えていく。これらも、契約当事者がコントロールすることができない外的な事由だと考えるからである。

　議論としては、たとえば、第三者の目から見れば、ストライキがその企業の労働組合からの小額の賃上げ要求により起こったものであれば、それを受け入れ解決を図れば、コントロールが可能だという見解もあろう。しかし、契約の履行のために賃上げ要求を呑むという経営判断まで要請しないということが、契約上の不可抗力の考え方である。

　目的の消滅(Frustration)には、契約の前提として当然なければならない大前提が突然消滅してしまった場合を加えていく。典型的な事例は、人気のある有名なその地の行事や行列を見るために道路際の席を提供する、もしくは提供を受けるような契約について、その行事が延期または中止されてしまった場合などである。目的が祭事、公演、スポーツ観覧などに関する契約で用いられることが多い。

　米国では、UCCの第2編で示した用語であるImpracticability(実行不可能)を使うこともある。Impracticabilityには、完全に履行が不可能とは限らないが、経済性や合理性を欠き、むしろ、履行を強制しないほうが社会的な観点からの合理性に適うという場合に履行が不可能であるというケースも含む。たとえば、深海に沈んだ2億円の製品を5億円の費用をかけて引き揚げるより、履行不可能扱いにしてしまうのである。ただ、その履行が不可能かどうか判断が難しい場合もある。たとえば、10億円を超える価値の宝石を積んだ10億円の価値の船舶が沈没し、その引き揚げに20億円かかるという場合などである。

　Impracticabilityはビジネスのコストパフォーマンスを基準に考えるアプローチともいえよう。経済的合理性をその履行を強制することの是非の判断基準の一つに加えているのである。しかし、この場合は具体的な基準を詳細に規定しなければ、立場の違う双方の意見が割れてもおかしくないため、注意が必要である。

　いわゆる不可抗力条項としては、契約実務上は、圧倒的にForce Majeureが多く使われている。

我が国の民法でも不可抗力という用語が使われているが、その定義や具体的な効果についてのあまり詳しい説明や規定はない。不可抗力をもって金銭債務の履行に援用できない旨などが規定されているのみである。

不可抗力が発生した場合の効果は何だろうか。一般的に、不可抗力が発生している期間中はその義務の履行について免責され、履行遅滞に陥らないとされている。つまり、不可抗力発生期間中は履行が延期されるということである。

その不可抗力条項をわざわざ契約書中で規定することにどのような目的があるのかを、次の項で見ていこう。

第2節 不可抗力条項の狙いは何か?

まずは、筆者の手近にあるいくつかの契約書の中から、不可抗力条項例の狙いと効果を見ていこう。まずは、一般的な不可抗力条項に、あえて「金銭支払債務(Obligation to pay money)の履行には適用しない」という規定がないものを取り上げる。金銭支払債務をどう扱うかを規定する契約条項については、のちほど解説する。

●―第1款　不可抗力条項――60日超の不可抗力事由継続により解除権発生

売り主の立場からの規定。一定期間(60日)を超えて継続の場合、価格調整などの見直し条件に合意しない限り解除権が発生する。

例文1　不可抗力条項-01

> ARTICLE __ FORCE MAJEURE
> 1　The date on which the Seller's obligations are to be fulfilled shall be extended for a period equal to the time lost by the time by reason of any delay arising directly or indirectly from;
>   (i)　acts of God, unforeseeable circumstances, acts of any governmental authority, war (declared or undeclared), riot, terrorism, revolution, fires, strikes, labor disputes, sabotage or epidemics,
>   (ii)　inability due to causes beyond the Seller's reasonable control to timely obtain instruction or information from the Purchaser, necessary and proper labor, materials, components, facilities, and transportation, or
>   (iii)　any other cause beyond the Seller's reasonable control.

2 If delay resulting from any of the foregoing causes extends for more than sixty (60) days and the parties have not agreed upon a revised basis for continuing the work at the end of the delay, including the adjustment of the price, then either party, upon thirty (30) days written notice, may terminate the order of the unexecuted portion of the work hereunder.

[和訳]
第__条　不可抗力
1 売り主の義務が履行されるべき期限は、直接的または間接的に、下記事由により遅延させられた場合は、その遅延の期間だけ、(履行期限は)延長されるものとする。
　(i)　自然災害、予想できない状況、政府機関の行為、(宣戦布告の有無にかかわらず)戦争、暴動、テロリズム、革命、火災、ストライキ、労働争議、サボタージュ(同盟罷業)または疫病。
　(ii)　売り主の合理的な制御を超えた事由のために、適時に買い主からの指示または情報、または必要で適切な労働力、原材料、部品、設備ならびに輸送手段を取得することができないこと、または、
　(iii)　売り主の合理的な制御を超えた他の事由。
2 万一、上記原因による遅延が、60日を超えて継続し、かつ、当事者がその遅延の最終日においても、業務を継続するための価格の調整を含む改訂基準について合意に達していないときは、いずれの当事者も30日前の書面による(予告)により、本契約に基づく未履行の部分の注文を解除できるものとする。

―――――― 解説 ――――――

　この不可抗力条項には、売り主側の主張が2つ明確に規定されている。
　一つは、1項の不可抗力事由の中で、売り主は買い主からの注文に応えて製造する際に、必要な原材料("materials")や労働力("proper labor")、部品("components")、設備("facilities")、さらにはできあがった製品を買い主に届ける輸送手段("transportation")が確保できることを条件とし、確保できない場合は、それを不可抗力事由とするという意思表示をしていることだ。
　これは、メーカーである売り主が契約に沿ってこの製品製造をおこなう際に、必要な基礎条件である資材、労働力、設備の確保さらには、輸送の便宜の確保を絶対的なものだと考えていないということなのだ。
　この条項は、ときに弁護士や取引先から「資材や原材料の調達など初歩的な段階のことを不可抗力の理由に掲げることは合理性を欠きおかしい」と指摘されることがある。
　しかし、この条件が売り主にとっていかに大事かは、実際に現場に身を置かねばなかなか理解できない。日本においても、過去2度にわたる石油危機で資材、電力、バンカーオイルなどが不足し、メーカーは製品を契約通りのスケジュールで製造することに非常な苦労を要した。国際分業が進んだ現代では、ほんの少しの情勢の変化で、資材、電力、労働力の確保ができず、単独のメーカーでは対処しきれないこともある。買い主の立場からは

なかなか納得できない条項ではあるが、売り主側は資材・労働力の確保を製造の前提条件として明確にしておきたいのである。この条項を挿入しなければ、紛争となった際にまず不可抗力の一事由として主張することは難しいからだ。

売り主によるもう一つの主張は、2項に記載している不可抗力事由が60日を超えて継続し、その履行期延長後の最終日(60日目)までに履行延長後についてその代金の調整を含む基本的な契約条件の見直し基準について両者で合意できていなければ、当事者のいずれからでも30日前の予告通知により契約を解除できるという規定を置いていることである。

一般に、不可抗力により当事者に影響があるのは当然だとして履行遅延が認められている。履行が遅延しても、契約違反とみなされることはない。しかし、解除権が発生することも、価格が調整(通常は値上げ)されることもない。解除あるいは価格の変更による新条件を求めるためには、両者間の合意が事前にあれば可能であり、この2項はそのための規定である。

補足すれば、この不可抗力条項は売り主だけがその恩恵を受けるもののため、このような条件は売り主から提示することが一般的である。さらに、通常は不可抗力条項にはつきものの、その恩恵を受けるためには、速やかにその事由発生を相手方に連絡通知するという義務も規定していない。売り主からすれば、そのような義務をわざわざ負う必要がないという考え方に基づくものである。しかし、通知規定を欠くのはやや不完全、あるいは、不公平だといえよう。

加えて、売り主側が買い主からの適時の的確な指示あるいは情報が得られない場合も不可抗力の事由となるとしている。これは通常、不可抗力で規定しないものである。このようにさまざまな条件を不可抗力とすると、何でもありになってしまうからだ。相手からの反論も予想される。いわゆる典型的な不可抗力事由という性格より、相手方の契約履行上の前提としての通知義務ととらえるほうが自然である。

不可抗力事由とする代わりに、売り主側の義務履行の条件と位置づける規定とするなどの方法も選択肢とすべきだろう。

このように、それぞれの業界でのビジネス上の慣行や一般常識から大きく乖離しない範囲で、相手と合意ができる限りでは、契約書のドラフティングは自由にさまざまなアプローチができる。契約の自由の中の一つの項目と考えればいいのだ。契約の自由には、契約を締結するかどうかの選択、契約を締結する相手方の選択、そして、この契約条件・内容の選択が含まれる。

次の例文2の条項は、両当事者が等しく公平に不可抗力の恩恵を受ける規定になっている。標準的に使われるものだ。

●—第2款　不可抗力条項(バリエーション1)——90日超の不可抗力事由継続により解除権発生

両者免責が規定され、一定期間(90日)を超えて不可抗力事由が継続した場合に解除権が発生する。

不可抗力条項-02

例文2

ARTICLE __ FORCE MAJEURE
1 Neither party shall be liable to the other for failure in the performance of any of its obligations under this Agreement that is caused by fire, floods, embargoes, governmental laws, order or regulations, wars, strikes or other contingencies beyond the reasonable control, and not caused by the fault of, the party invoking this Article.
2 Such party shall immediately notify the other party upon commencement of such event of force majeure.
3 If an event of force majeure shall continue for more than ninety (90) days, either party shall have the right to terminate this Agreement upon written notice to the other party.

[和訳]
第__条　不可抗力
1 いずれの当事者も、火災、洪水、（船舶・積み荷の）没収、政府の法律・命令または規則、戦争、ストライキまたは合理的な制御を超えた他の偶発事態により引き起こされたもので、本条を援用する当事者の帰責事由により引き起こされたものでないことに対して、本契約に基づく義務が履行できないことについて、他の当事者に対し、責任を負わないものとする。
2 かかる当事者は、不可抗力事態について、その発生次第、ただちに他の当事者に対し通知するものとする。
3 もし、不可抗力事態が90日間を超えて継続した場合には、いずれの当事者も、他の当事者に対する書面の通知により、本契約を解除する権利を有するものとする。

解説

　上記の条項は双方に公平な条件で不可抗力規定を置いたものだ。2項では、不可抗力事由による免責を主張しようとすれば、相手方に事由発生後ただちに通知する義務を課している。

　"party invoking this Article（本条を援用しようとする当事者）"は、不可抗力条項を援用したい当事者を意味する。英文契約書で使われる特有の表現であり、覚えておきたい表現である。丁寧に表現すると、a party who wishes to invoke this Articleあたりとなろう。「本条による恩典・メリット（＝不履行責任の免除）を享受しようとする一方の当事者」という意味である。

　また、3項の規定では90日を超えて不可抗力事由が継続しているときは、いずれの当事者も相手方に書面による解除通知を発することで契約を解除できるとしている。短い規定であるが、両者に公平な規定である。

第3款　不可抗力条項（バリエーション2）——外国為替規制を事由に加える

両者について、不可抗力免責・不可抗力事由の中には、政府機関による外国為替（外貨送金など）規制も加わる。

例文3　不可抗力条項-03

ARTICLE __ FORCE MAJEURE
The parties hereto shall use their best efforts to comply with the terms of this Agreement but they shall not be liable for failure to do so by reason of causes beyond their reasonable control including, but not limited to, laws, or regulations of the government of _____ and Japan with respect to, in whole or in part, the exportation, importation or leasing of the Products, fire, flood, war, embargo, strikes, lockouts, labor troubles, ship, car, truck or other transportation difficulties, accidents, explosion, riot, control or currency exchange regulations, taking of their properties by governmental authority, shortage of extreme material supplies of any kind or any similar or dissimilar matter.

［和訳］
第__条　不可抗力
本契約当事者は、本契約の条項を遵守するために全力を尽くすものとするが、当事者はそのコントロールの及ばない事由を理由として履行できないことについては責任を負わないものとし、その事由には、全部であれ、その一部であれ、本製品の輸出・輸入あるいはリースについての_____（国）と日本政府の法律と規則、火災、洪水、戦争、通商（船舶の入出港）禁止、ストライキ、ロックアウト、労働争議、船舶・車・トラックまたは他の輸送手段の確保困難、事故、爆発、暴動、為替コントロールまたは制限規則、政府機関による財産没収、いかなる種類であれ原料の極端な供給不足、または、（それらに）いかなる類似または非類似の事由を含み、それらに限られないものとする。

解説

例文3は、買い主が為替管理法や規則の制定・強化により契約書で規定した通貨での送金ができなくなり、合法的な外貨の送金手段が見つからなくなった場合を不可抗力とするとはっきり明記したものだ。

日本企業同士の取引であれば、日本民法の下では金銭支払義務の履行については不可抗力を援用できないとされている。しかし、海外の取引先からすれば、契約に規定されていない日本法に基づく主張をそのまま受け入れるわけにはいかない。その場合は、上記のように"control or currency exchange regulations"を明示的に加えた不可抗力条項を規定することで、外国為替規制により送金が規制されたときは、免責を主張できる。

●—第4款　不可抗力条項(バリエーション3)除去努力

不可抗力事由を相手方の損失、自己の履行遅延などの免責理由と主張したい場合は、速やかに通知し、不可抗力事由を除去するための努力の状況を逐次報告する。

不可抗力条項-04

例文 4

ARTICLE __ FORCE MAJEURE

1　Notwithstanding anything to the contrary in this Agreement, a party hereto shall not be liable to the other party hereto for any loss, damages or other casualty suffered or incurred by such other party due to strikes, riots, storms, fires, explosions, acts of God, war, governmental action or any other cause which is beyond the reasonable control of such party hereto, nor shall any failure or delay by a party hereto, in performance of any of its obligations under this Agreement due to one or more of such causes, be considered as a breach of this Agreement.

2　A party claiming the benefit of this Article shall give prompt notice to the other party of the causes giving rise to the assertion and estimated duration thereof and shall keep such other party reasonably advised as to the progress of such party's efforts to overcome or remove such causes.

[和訳]

第__条　不可抗力

1　本契約のいかなる矛盾した規定にもかかわらず、本契約の当事者は、他の当事者に対して、ストライキ、嵐、火災、爆発、自然災害、政府の行為または、当事者の合理的な制御を超えた他の事由のために、他の当事者が被り、またはかかった損失、損害または他の被害について責任を負わないものとし、また、そのような単一または複数の事由のために、本契約に基づく義務の履行をできず、または遅延することは、本契約の違反とはみなされないものとする。

2　本条規定の恩恵を受けようとする当事者は、他の当事者に対して、その事態を引き起こした原因(＝不可抗力の種類)ならびにその事態の予想期間につき、速やかな通知をおこなうものとし、また、かかる当事者がその事由を克服し、あるいは、取り除くための努力の進捗状況について、他の当事者に対し、合理的な範囲で逐一報告をするものとする。

解説

　この契約条項の特色は、不可抗力事由が発生した場合は、両者の損失や不履行(履行遅延)について免責とされるが、事由発生後、速やかに相手方にその不可抗力事由の詳細、予測される継続期間、さらには自己の側の不可抗力の影響を抑制する努力を適時通知する義務を負わせているところである。不可抗力事由の主張を受ける側に配慮した規定といえよう。

　実際には、このように、履行遅延につき、不可抗力事由による免責を主張する場合は、

例文 4	不可抗力条項-04
例文 5	不可抗力条項-05
例文 6	不可抗力条項-06

主張する側が相手方に状況をよく知らせること（"give prompt notice"：keep informed）は、非常に大事なのだ。なぜなら、相手方もその事態に対し、取引先に対する状況の説明や自身の対応措置の策定など的確に対処しなければならないからだ。この2項のような形で、明確に合意・規定されることはきわめて稀であるが、両者のその後の契約関係の維持、あるいは信頼関係の維持のために、実務上きわめて重要な規定であると筆者は考えている。また、規定の有無にかかわらず、不可抗力となる事態が発生した場合には、実務上は誠実に実施すべきことであろう。

第3節　金銭支払債務は不可抗力による免責の対象としない規定条項

例文3では、外国為替規制により送金が規制されたときに、金銭債務の履行について不可抗力を援用することを明記する条項例を紹介した。これを逆に、準拠法にかかわらず金銭債務の履行について不可抗力を援用しない旨を明確に規定するにはどうすればよいのだろうか。

●—第1款　不可抗力により免責される債務の中に金銭支払債務を含まない

例文 5　不可抗力条項-05

ARTICLE __ FORCE MAJEURE
Neither party shall be liable to the other party for its failure to perform any of its obligations under this Agreement, except for payment obligations, during any period in which such performance is delayed because rendered impracticable or impossible due to circumstances beyond its reasonable control, including without limitation earthquakes, governmental regulation, fire, flood, labor difficulties, civil disorder, and all acts of God, provided that the party experiencing the delay promptly notifies the other party of the delay.

［和訳］
第__条　不可抗力
いずれの当事者も、他の当事者に対して、本契約に基づくその義務のいずれかを履行できないことについて、金銭支払義務を除き、地震、政府の規制、火災、労働問題、内乱、ならびに自然災害を含み、それに限定されない、当事者の合理的な制御を超えた事由により、履行を非実際的なものとされ、または、不可能とされているときは、かかる履行が遅延したことについて責任を負わないものとするが、かかる遅延を起こしている当事者は他の当事者に対して速やかにその遅延につき通知するものとする。

解説

例文5の規定は、不可抗力事由の発生により履行遅滞("delay")が免責される債務の中から、金銭債務を明確に除外している。具体的には、"any of its obligations under this Agreement, except for payment obligations(支払債務を除外した、本契約上のすべての債務)"と規定している。短い表現であるが、except for payment obligationsと4語が挿入されている以上、逆の解釈の余地はまったくない。

不可抗力事由の発生により履行が遅延している当事者("party experiencing the delay")は相手方に対し、速やかに通知をしなければならないとも規定している。

第2款 金銭支払債務は、不可抗力事由により履行遅延が免除される債務から除外されると規定する

不可抗力条項-06

例文 6

ARTICLE __ FORCE MAJEURE
Except with respect to obligations to make timely payments of money when due, neither party shall be held responsible for any delay or failure in performance of any part of this Agreement to the extent such delay or failure is caused by fire, war, strike, inability to secure material or transportation facilities, or any other causes beyond its reasonable control.

［和訳］
第__条 不可抗力
期限が到来したときに適時に金銭を支払う義務に関する場合を除き、いずれの当事者も、もし、履行の遅延または履行できないことが、火災、戦争、ストライキ、原材料または輸送施設を確保できないこと、あるいは、その他の当事者による合理的な制御を超えた事由により引き起こされた場合には、その履行の遅延や不履行について、責任を負わないものとする。

解説

例文6は例文5の表現を少し丁寧にしたもので、狙いと効果はほぼ同じである。

"Except with respect to obligations to make timely payments of money when due"というフレーズを冒頭に加筆し、金銭支払債務については、この不可抗力条項を適用しないことを明確に断っている。そのうえで"inability to secure material or transportation facilities"を不可抗力事由として掲げている。

もし読者諸氏がメーカーの法務部員であったり、メーカーと取引のある企業の法務部員であったりする場合は、この条項を提示されたならば、この文面から発せられている現場の声に耳を傾け、その切実さを理解する必要があるだろう。メーカーの現場で製品作りに携わっている人々は本当に真面目に取り組んでいる場合が多い。それにもかかわらず、資

例文6	不可抗力条項-06
例文7	不可抗力条項（免責の対象外を加筆）
例文8	不可抗力条項（ただし書きを加筆）
例文1	不可抗力条項-01

材不足、輸送手段不足などの一定の事態は発生してしまうものなのである。そのどうしようもない切実な思いを表す規定なのだ。実際に資材があるにもかかわらず、生産をしない口実とするような不当な主張さえ封じられればよいため、この条項については頭ごなしにはねつけるのではなく、しっかり検討しよう。現場の心を理解し共鳴せずには、企業法務は務まらない。

電力の供給不足を事由に加えることもある。failure of the electricity supply or failure or delay on the part of any subcontractors beyond its reasonable control, or the non-availability or shortage of materials（〈サブコントラクターが確保できないことによる〉電力供給不足、資材不足、合理的なコントロールを超えた労働力不足）。

●—第3款　あとに2項として加筆することにより金銭支払債務を不可抗力条項による免責の対象外とする規定

例文7　不可抗力条項（免責の対象外を加筆）

ARTICLE ＿＿ FORCE MAJEURE; NO DELAY IN PAYMENTS
（1項省略）
2　The provisions of this Article ＿＿＿ (Force Majeure) shall not excuse the obligation in making payments when due under this Agreement.

［和訳］
第＿＿条　不可抗力；支払いの遅延なきこと
（1項省略）
2　本＿＿条（不可抗力）の規定は、本契約に基づく期限到来時に金銭を支払う義務を免除しないものとする。

解説

通常の不可抗力条項を規定しておき、そのうえで2項を独立して設け、金銭支払債務については、その不可抗力による免責の効果を付与しないことを明確に規定する方法である。実務的には、この方法により、不可抗力により免責される債務から金銭債務を除外することを明確にできる。逆のことをわざわざ規定して目立たせ、強調しているのである。

逆に、もっと目立たない小さな変更や加筆で、同じ目的を達成しようとしているのが、次に紹介する規定方法である。いわゆるただし書き条項を加筆するのだ。英語では、これをプロビゾ（Proviso）と呼ぶことがある。

●―第4款　最後にただし書きを加筆することにより、金銭支払債務の履行について、不可抗力条項の援用をしないことを規定する条項

不可抗力条項（ただし書きを加筆） 例文 8

ARTICLE __ FORCE MAJEURE (PROVISO)
_____, provided, however, that any obligation to make payment money when due or maintain secrecy shall in no event be excused.

[和訳]
第__条　不可抗力（ただし書き）
_____、ただし、期限が到来したときに、金銭を支払う義務または秘密保持義務は、いかなる場合でも免除されないものとする。

解説

　空白部分には不可抗力条項が規定されており、規定内容の発生によりその影響を受けた者は履行義務を免除され、履行遅滞とされないことが規定されている。その"any obligation"に対して、金銭支払義務はその恩恵を受けないとただし書きで加筆したものである。金銭支払義務だけだと目立つという場合は、上記例文のように秘密保持義務を併せて規定する方法がある。
　大半の不可抗力条項には、金銭債務への不適用の趣旨が規定されていない。これはなぜなのか、実際に困ることはないのか。飛鳥凛たちのこれからの研究課題になりそうだ。

第4節　さまざまな不可抗力条項――主に支払い義務との関係の観点から

●―第1款　標準的な不可抗力条項――免責を規定

不可抗力により契約上の債務を履行できない場合は、その期間、履行を免除される。

不可抗力条項-01 例文 1

ARTICLE __ FORCE MAJEURE
No failure or delay by the parties hereto in the performance of any obligation herein contained shall be deemed as a breach of this Agreement nor create any liability if the same arises from cause or causes beyond the control of the parties hereto, including, but not limited to, act of God, acts or omissions of any government, compliance with laws, regulations, orders or requests of any government, fire, storm, flood or earthquake, war, rebellion, revolution, riot, strikes or lockouts.

例文 1	不可抗力条項-01
例文 2	不可抗力条項-02
例文 3	不可抗力条項-03
例文 4	不可抗力条項-04

[和訳]
第__条　不可抗力
本契約に規定される義務の当事者による不履行または遅滞は、当該不履行または遅滞が当事者の合理的な制御を超える事由から生ずる場合には、本契約の違反とみなされないものとし、またいかなる責任も生じさせないものとする。上記の事由は、自然災害、政府の行為または行為の懈怠、法・規則・命令・政府要請の遵守、火災、嵐、洪水、地震、戦争、反乱、革命、暴動、ストライキまたはロックアウトを含み、それらに限定されない。

第2款　標準的な不可抗力条項
── 一定期間継続により、解除権が発生する規定

不可抗力とその事態が一定期間継続した場合、解除権が発生することを規定。

例文2　不可抗力条項-02

ARTICLE __ FORCE MAJEURE
Neither party shall be liable to the other for failure to perform any of its respective obligations imposed by this Agreement provided such failure shall be occasioned by fire, flood, explosion of power station or factory, lighting, windstorm, typhoon, earthquake, subsidence of soil, acts of government, governmental interference, civil commotion, riot, war, warlike conditions, terrorism, strikes, labor disturbance, or any other cause beyond its reasonable control.
If the force majeure conditions in fact persist for ninety (90) days or more, either party may terminate this Agreement upon written notice to the other.

[和訳]
第__条　不可抗力
いずれの当事者も、本契約によりそれぞれ課された義務を、火災、洪水、発電所または工場の爆発、雷、嵐、台風、地震、地盤沈下、政府の行為、政府の干渉、内乱、暴動、戦争、戦争状態、テロリズム、ストライキ、労働紛争、または、他の当事者の合理的な制御の及ばない事由によって履行できない場合は、他の当事者に対して責任を負わないものとする。
万一、かかる不可抗力事態が90日またはそれ以上、継続しているときは、いずれの当事者も、他の当事者に対し、書面の通知を出すことにより本契約を解除できるものとする。

第3款　標準的な不可抗力条項
——金銭債務の履行には不適する条項

不可抗力は金銭債務の履行には援用できないと明文で規定。

不可抗力条項-03

例文 3

It is fully understood and agreed by the parties hereto that any obligation of each party to pay money under this Agreement shall in no event be excused by the occurrence of the Force Majeure event.

［和訳］
本契約当事者の本契約上の金銭支払債務は、不可抗力事由の発生によって免責されることは一切ないことを本契約当事者により了解され、合意されている。

第4款　標準的な不可抗力条項——金銭債務は履行を免除されないと明記する条項

金銭債務の履行については両当事者とも、不可抗力事由によってその履行を救済（免除）されないことを規定（前払い金とリース料の支払いだけを考えれば、"neither party"に代えて、the Lesseeでもよい。ここでは、公平を期し、一般ルールを先に規定し、the Lesseeの支払義務の代表的なものを列挙している）。

不可抗力条項-04

例文 4

Notwithstanding the provisions of Paragraph 1 of Article ___ (Force Majeure), neither party shall be relieved of any of its payment obligations hereunder, including the Advance Payment provided for in Article ___ and monthly Lease Fee provided for in Article ___, pursuant hereto.

［和訳］
第__条(不可抗力)の1項にかかわらず、いずれの当事者も、第__条に規定される前払い金、第__条に規定される毎月のリース料を含むその金銭支払義務から免責されないものとする。

第13部

各種レター形式の文書

Notices, Letters

648

|例文1| 更新拒絶通知
|例文2| 相殺通知

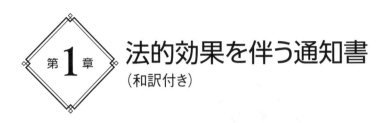

| 第1節 | 自動更新条項に基づく契約更新拒絶通知

◉―第1款　契約更新拒絶通知書

|例文1| 更新拒絶通知

> Pursuant to the provisions of Article __ (Term and Renewal) of the Exclusive Distributorship Agreement dated _____ _____, 20__ with you, we, _____ Corporation, hereby GIVE YOU A NOTICE that we do not have the intention to extend the Exclusive Distributorship Agreement with you after the expiry date set forth in the Exclusive Distributorship Agreement.
> Accordingly, you are kindly reminded that the Exclusive Distributorship Agreement will become null and void after the midnight of _____ ___, 20__.
>
> ［和訳］
> 貴社と締結した20__年__月__日付の独占的販売店契約第__条(期間と更新)の規定に従い、当社_____社は本通知により貴社に対し、独占的販売店契約を更新する意思がないことを通知します。
> したがって、独占的販売店契約は、20__年__月__日(深夜)午後12時以降は無効になることをご承知おきください。

| 第2節 | 相殺通知

◉―第1款　相殺通知書

|例文2| 相殺通知

I, Isaac Rubens, hereby give you, Irene, Lausanne and Trading Corporation (the "Company"), a notice that I set off the amount of your claim of five million U.S. Dollars to me as a result of your sale of your real property of the Guest House with the amount of my claim of five million U.S. Dollars to you as a retirement allowance shown in the minutes of the board of directors of the Company dated _____ _____ _____, a copy of which is attached hereto.

[和訳]
私、アイザック・ルーベンスは、本状により、御社イレーヌ・ローザンヌ・アンド・トレーディング株式会社(「本会社」)に対し、私が、御社の不動産である迎賓館を売却した結果生じた御社の私に対する500万米ドルの請求権を、＿＿＿年＿月＿日に本会社の取締役会議事録に記載された私の御社に対する500万米ドルの請求権により、相殺することを通知申し上げます。

第2章 委任状
（和訳付き）

第1節 契約書調印のための代理人指定委任状

●―第1款　代理人の指定、委任状の有効期間、復代理人の指定権限の付与（委任状〈Power of Attorney〉より抜粋）

代理人の指定条項（復代理人指定権限を含む）。

例文1　委任状-01

We, Irene, Lausanne and Trading Corporation (the "Company"), do hereby appoint Mr. Isaac Rubens, a resident of ＿＿＿＿＿＿, residing at address of the Guest House of the Company, with his passport number of ＿＿＿＿＿ ("Rubens"), as our true and lawful attorney-in-fact, to act for the Company in the name of the Company, on behalf of the Company to do and perform the following:

1. To negotiate with a third party for the sales of the Guest House, hereinafter defined, and to sell and transfer the Guest House to the purchaser at the price and on the conditions which Rubens deems reasonable;
2. To sign and execute a sales agreement of the following real estate (the "Guest House");
   ＿＿＿＿＿＿＿
3. To receive the price of the sales of the Guest House either in cash or by check;
4. To appoint Miss Eileen, as an agent or sub-power-of-attorney-in-fact of Rubens to perform any part of the obligations, privilege or duties of Rubens on behalf of the Company under this Power of Attorney by issuing a power of attorney, provided that such power of attorney shall be effective from the date of issuance by Rubens and remain in effect until 18 June 20＿, unless revoked earlier.

［和訳］

当社、イレーヌ・ローザンヌ・アンド・トレーディング株式会社（「本会社」）は、本状により、＿＿＿＿国の＿＿＿＿＿の旅券を保有する本会社の迎賓館を住所とする＿＿＿＿＿国の住民であるアイザック・ルーベンス（「ルーベンス」）を、当社の名義で、当社のために、下記事項をおこなうための当社の代理人に指名する。

1 第三者と以下に定義を置く本迎賓館を、ルーベンスが合理的だと判断する条件で売り渡し、所有権を移転するために交渉をおこなうこと。
2 下記の不動産(「本迎賓館」)の売買契約に調印し、執行すること。＿＿＿＿＿＿＿＿＿＿
3 本迎賓館の売り渡しの代金を現金または小切手で受領すること。
4 委任状を発行することにより、本委任状に基づき本会社のために、ルーベンスの義務、権利、責務のいかなる部分をも履行するためのルーベンスの復代理人としてアイリーン氏を指名すること。ただし、その復代理人指名委任状の期限は、早めに撤回されない限り、20＿＿年6月18日まで有効とする。

●―第2款　委任状の有効期間

委任状-02

例文 2

This Power of Attorney shall take effect on 1 June 20＿＿, and shall remain effective until 18 June 20＿＿, unless revoked earlier by Rubens or the Company.

［和訳］
本委任状は、20＿＿年6月1日に発効しルーベンスまたは本会社により早めに撤回されない限り、20＿＿年6月18日まで有効とする。

第3章 警告状
（和訳付き）

第1節 商標権侵害に対する警告状

第1款 警告状

第三者に対し、その商標の使用が当方の商標権を侵害するものであることを宣言し、その使用継続を取りやめることを請求する。

例文1　警告状

WARNING
June __, 20__
(Name of Third Party Infringer and its full address)
Dear _____,
It has come to our attention that your company is currently distributing, selling and advertising for sales promotion of (Describe category of Merchandise infringing Sender's Trademarks) under the brand "Karen View"(Karen View brand) in (Describe the country or the area).
We, Aurora Borealis Corporation, for ourselves as licensee, and on behalf of our licensor, Karen View Corporation, hereby give you the notice and warning that "Karen View" is a legally registered trademark of Karen View, and that your use of "Karen View" in (Describe the country or the area) is a trademark infringement.
Our trademark has been registered and renewed on _____ ___, 20__ in _____ under the registration number of _____, and effective until _____, __, 20__ in _____.
Your act also constitutes an unfair practice and method of competition.
We, Aurora Borealis Corporation and Karen View Corporation, demand you to immediately suspend, stop, terminate and refrain from, any and all actions of infringement, namely, distribution, sales and advertisement of the Merchandise of Karen View brand which is unlawful imitation of our above trademark.
We, Aurora Borealis Corporation and Karen View Corporation, reserve the right to claim against you for all and any damage and loss which has been and/or may be incurred by us as a result of, or in connection with your distribution, sale or advertisement or any other unlawful actions.

Yours truly,

For and on behalf of Aurora Borealis Corporation
_____

For and on behalf of Karen View Corporation
_____

[和訳]
警告状
20__年6月__日
(侵害第三者の名前と所在地の正確な記載)
　前略_____様
貴社が現在、(国名など、地域名を記載する)において、カレンビューブランド(以下、「カレンビュー」)で、(この欄に当方の商標を侵害する商品名を記載する)を(卸売)販売、(小売)販売し、また、その販売促進のための広告をしていることが当社の認識するところとなりました。
当社、オーロラ・ボレアリス社は、ライセンシーとしての当社自身と、当社のライセンサーたるカレンビュー社のために、本状をもって、「カレンビュー」がカレンビュー社の法的に登録された商標であり、貴社による(国名など、地域名を記載する)における「カレンビュー」の使用は、商標侵害にあたることを通知し、警告します。
我々の商標は、20__年__月__日に_____に登録番号_____で登録・更新され、20__年__月__日までにおいて有効です。
また、貴社の行為は、不正競争慣行ならびに不正競争行為にあたります。
我々オーロラ・ボレアリス社とカレンビュー社は、貴社に対し、あらゆる侵害行為、つまり、上記の商標の違法な模倣にあたる、カレンビューブランドの商品の(卸売)販売、(小売)販売ならびに広告をただちに差し止め、取りやめ、終了し、控えるよう要求します。
我々オーロラ・ボレアリス社とカレンビュー社は、貴社の(卸売)販売、(小売)販売、広告ならびに他の違法な行為の結果、あるいはそれらに関連して我々が被った、あるいは被る可能性のある、いかなる損害、損失についても貴社に損害賠償を請求する権利を留保しています。
草々

オーロラ・ボレアリス社を代表して
_____

カレンビュー社を代表して
_____

第4章 レターの交換による（履行困難に陥った）契約の解除（和訳付き）

第1節 オーロラ社が相手方へ送付したレター（法務部飛鳥凛によるドラフト）

例文1　解除希望レター

June 1, 20__
Mr./Ms. _____, Managing Director
_____
_____
_____ England
Re: Exclusive Patent Licensing Agency Agreement
dated _____ __, 20__

Dear Mr./Ms. _____,
We write with reference to the above agreement, pursuant to which You, _____ ("_____") appointed us Aurora Borealis Corporation ("ABC") its exclusive licensing agent in ____ and _____ for, inter alia, seeking _____ and Japanese corporations which may be interested in becoming licensees of _____ under Japanese Patents, as therein more particularly described and defined as Subject Patents.
Subsequent to the date of the above agreement, and today, there has been a significant adverse change in the related industries.

（このあとの具体的な説明を省略）

Consequent upon the drastic adverse change of the market conditions which would make our activities very hard, we have taken expert opinion as to the continued compatibilities of our status as your exclusive licensing agent under the agreement. We have been advised by the expert that it would not be prudent for us to continue to act for you as such activities might place us in a position of difficulty or conflict in future.
We would therefore like to propose to you, that, in your discretion, either ABC's status under the agreement will be changed from exclusive licensing agent to non-exclusive licensing agent, thereby entitling you to appoint licensing agents in _____ and _____, or that the agreement be newly terminated with immediate effect.

We regret that we are no longer able to act for you, as originally anticipated by us; and do sincerely hope that we will have the opportunity to act for you in the future in other activities.
In the meantime, we should be grateful if you advise us of your decision in connection with the above matter.
Yours sincerely,
for and on behalf of Aurora Borealis Corporation
_____

Hiroharu Hidaka
General Manager, Legal Division

[和訳]
20__年6月1日
英国
_____
_____社
社長_____様
主題：20__年__月__日付の独占的ライセンシング・エージェント契約

_____様
拝啓　当社は、掲題の契約について書状をしたためております。その書状により、御社、_____社（「_____社」）は、当社オーロラ・ボレアリス社（「ABC」）を、_____国と_____国において、とりわけ_____の日本における特許権のライセンシーになることに関心のある_____国と日本の会社を開拓することについて、独占的なライセンシング・エージェントに指定されました。その詳細は、対象特許として特に記載され、定義されております。
上記契約の日付から今日までの間に、関連業界において重大な不利な変化が発生しております。

（このあとの具体的な説明を省略）

当社の活動を困難にする急激な市場環境の変化を迎え、当社は、当社が上記契約の下で御社の独占的ライセンシング・エージェントの立場を継続することが賢明かどうかについて、専門家の見解を聴取致しました。その結果、当社は専門家から、当社がこのまま御社のためにかかる代理店活動を継続することは、将来、我々を困難または紛争状態の立場に追い込むことになるので、賢明ではないという助言を受けました。

> そこで、当社としては御社に対し、御社の裁量によるご判断で、現在の契約のABCの地位を、独占的ライセンシング・エージェントから非独占的ライセンシング・エージェントに変更し、＿＿＿＿社が新しくライセンシング・エージェントを＿＿＿＿国ならびに＿＿＿＿国に指定できるようにするか、あるいは、当該契約を(合意次第)即日発効条件で解除するかを選択されるよう提案させていただきたいと存じます。
>
> 当社は、契約締結当初描いたように、本件で御社のためにもはや活動できなくなってしまったことを遺憾に思っております。同時に、当社が他の活動分野で御社のために活動できる機会を得たいと希望しております。
>
> 当社は、御社が上記事項について決断をされ次第、ご連絡をいただくことを心待ちにしております。
>
> 敬具
>
> オーロラ・ボレアリス社を代表して
> ＿＿＿＿＿＿＿＿＿＿＿＿＿＿＿＿＿
> 日高尋春
> 法務部長

第2節　相手国（英国ライセンサー）から届いた返事のレター

オーロラ社法務部長の日高尋春氏宛に届いた相手方からのレター。

例文2　解除合意レター

> June ___, 20__
> Mr. Hiroharu Hidaka, General Manager, Legal Division
> Aurora Borealis Corporation
> ＿＿＿＿＿＿＿＿＿＿
> ＿＿＿＿＿＿＿＿＿＿, Tokyo, Japan
> Dear Mr. Hidaka
>
> RE : EXCLUSIVE PATENT LICENSING AGENCY AGREEMENT
> We refer to the Exclusive Patent Licensing Agency Agreement between our two companies dated ＿＿＿＿, 20__ (the "Agreement").
> This letter is to confirm, that notwithstanding the provisions of Article __ (Duration) of the Agreement, the Agreement is terminated by mutual consent of the parties with effect from the date of the counter-signature on your behalf to this letter.

It is further agreed that the provisions of Article __ (Agency Commission) do not in fact apply because no License Agreements were concluded during the life of the Agreement. However, it is also agreed as a condition of termination that you will continue to respect the provisions of Article __ (Confidential Obligation of the Agent) of the Agreement for a further period of six (6) years from the effective date of this letter agreement of termination.

If the above is accepted, would you please confirm your agreement by counter-signing this letter and the enclosed copy where indicated below, and return the copy to us.

Yours faithfully,

For and on behalf of _____

_____

Managing Director

We agree to the terms of the above letter.

Signed _____

Name and Title _____

Date _____

[和訳]

20__年6月__日
日本国東京都

_____
オーロラ・ボレアリス社
法務部長
日高尋春様
拝啓　日高様

主題：独占的特許ライセンシング・エージェント契約

20__年__月__日付の両社の独占的ライセンシング・エージェント契約（「当該契約」）をご参照ください。

本状は、当該契約の第__条（契約期間）の規定にかかわらず、当該契約が本状の下記カウンターサインの日付をもって両社相互の同意により、解除されることを確認するものです。

さらに、第__条（エージェントコミッション）の規定は、当該契約有効期間中において、成約したライセンス契約の案件がなかったという事実に基づき、適用なきものとすることに両社は同意します。

しかしながら、同時に御社が当該契約の第__条（秘密保持義務）の規定を、当該契約の解除の発効日よりさらに6年間にわたり尊重し続けることを解除の条件とすることに合意することを確認します。

もし、上記内容が御社により受諾できるのであれば、本状ならびにその副本の以下に示す欄にカウンターサインすることにより御社の合意をご確認いただき、副本を当社にご返送願います。

敬具
＿＿＿＿＿＿＿社を代表して
＿＿＿＿＿＿＿＿＿
社長
当社は、上記レターの条件に合意します。
サイン欄＿＿＿＿＿＿＿
氏名・役職＿＿＿＿＿＿＿＿＿＿
日付＿＿＿＿＿＿＿＿＿＿

第14部 海外合弁事業契約（株主間契約）

Shareholders Agreement

第1章 海外合弁事業契約の研究とリスクマネジメント

第1節 はじめに

1. 近年、企業の海外進出、国際化の進展に伴い、合弁事業形態や子会社形態による海外での事業経営など、海外での単独あるいは共同経営の機会が増加する傾向にある。単独の経営といっても、現地国政府の規制、現地国の企業や取引先、現地国の従業員との関わりが発生し、その対処が重要になってくる。海外に拠点を求める企業には、それぞれ、狙いやそのような選択を迫られる事情、背景がある。海外進出の動機は、海外事業、海外合弁事業と一言では呼べないほど、その事情や狙いはさまざまである。たとえば、企業は、自国内で適切な工場立地条件が満たされなくなってきたとき、海外により適切な拠点を求めることがある。さもなければ、自国内では、廃業の選択肢しか残っていないからだ。

2. 近年の50年くらいをスパンとして眺めてみると、日本からの海外進出については繊維・セメントなど物資や化学品、電気機器などの製造業に多くの例が見られた。貿易や金融業においても、その国際性から海外進出は数多かった。子会社方式、支店方式、合弁会社方式など、さまざまな形態による海外進出がなされた。海外進出は、長期的に見れば、成功することもあれば、さまざまな障害と衝突し、克服できずに撤退に至ったケースも少なくない。撤退から、リスクの大きさに耐えきれず、倒産してしまうケースまでさまざまである。

3. 新しい市場の拡大を目指して、海外へ進出するケースも多い。中国での自動車市場の拡大を求めて、中国に合弁事業形態で進出する日本をはじめ欧米の自動車会社の合弁事業方式の進出は、その典型的な例であろう。米国では、トヨタ自動車が米国のGM（ゼネラルモーターズ）と合弁事業（NUMMI）をおこなって、ともに協力して小型自動車を生産、販売していたことがある。日本国内においても、味の素と米国のゼネラルフーヅの合弁事業（味の素AGF）や富士写真フィルムと米国のゼロックスの合弁事業（富士ゼロックス）の例がある。国際協力、国際理解の実現のためには、文化交流も有効であるが、このような合弁事業による成功は、（その後、解消に至っても）国際的な企業間の協力、国際理解の面で、多大な貢献をしたと評価できるであろう。

4. エネルギー資源の確保のため、中東、オセアニア、アジアの石油・ガス油田開発など

海外での開発事業を合弁事業形態でおこなうケースも少なくない。この分野では、開発権などがからみ、旧セブンシスターズなどメジャーが資源開発に先行していることやリスクの大きさや政治がからみ、なかなか日本企業は単独での進出が実現しないといわれる。また、相手国との交渉面での力関係からいって、危険地域については、単独進出が常に賢明とは限らない。合弁事業形態による進出には、選択肢の幅が狭く、どちらかといえば強いられたものと、むしろ、合弁事業形態によるメリットを活かすため、積極的に選ばれたものがあるといえよう。

5. ただ、合弁事業形態での経営では、経営に関する相手方との意見が衝突し、対立が解消できないと、デッドロックに陥り、当初意図した経営が推進できないこともある。合弁事業形態による海外事業での進出には、メリットもあり、また、デメリットもある。

企業が海外に進出する場合、また、国内で、合弁事業形態をとって事業をおこなうときに、合弁事業の内容や会社の規模、経営方針や協議の方法、重要事項の決定方法などを取り決め、経営を円滑にするために締結される契約のことを一般に合弁事業契約と呼んでいる。

本書では、合弁事業契約を締結する際に取り決めるべき事項と、合弁事業の取り決めの際に留意すべき事項を、その設立目的を踏まえつつ、検討していきたい。その検討と分析を通して、合弁事業契約を締結するうえで、契約を締結する当事者として、また、契約締結をサポートするプロフェッショナルの立場として、どのような点に留意すべきなのかを吟味し、紛争の解決策や予防する方策を探求することを目的とする。この場合のプロフェッショナルとは、合弁事業の推進を担当する企業の事業部門ならびに法務部門とその支援をおこなう法律事務所など、コンサルタントの立場にある者を指す。

第2節 海外合弁事業に伴うリスクと回避策の探求

●—第1款　はじめに

1. 合弁事業については、その企画、合弁事業契約の締結、設立認可手続き（必要な場合）、合弁会社の設立、事業開始……というようにスタートを切り、推進されていくのが通常である。その設立、事業開始、経営の過程でさまざまな問題や困難に遭遇し、ときには解散し、ときには経営がデッドロックに陥ることも少なくない。そのような場合に合弁事業契約の内容、条件が参照されることとなる。合弁事業契約の内容が、そのような問題や困難の解決に資することもあれば、解決に資する条項がまったく見当たらないこともある。合弁事業が、あるいはその一方の当事者が遭遇する問題や困難の中には、合弁事業契約や、そもそも合弁事業契約で扱う事項ともいえない問題や困難もある。

2. では、どのようにして、合弁事業契約の締結や内容、条件を検討すれば、そのような問題や困難に有効に対抗、対応できるのだろうか。あるいは、問題の解決に直接資することがなくても、その解決の道筋を用意したり、少しでも合弁契約を役立たせたりするためには、プロフェッショナルの立場からは、どのように対応すればいいのだろうか。合弁事業をおこなう目的、狙いが明確になると、その事業に付随して考慮しておかなければならない事業リスク、将来の紛争のリスクのいくつかが浮かびあがってくる。次款以降、個別に具体的な例を検証してみよう。

●─第2款　「合弁事業の目的は何か=合弁事業の基本問題」を把握する。なぜ、完全子会社方式でその事業をおこなわないのか？

　合弁契約を考えるためには、企業がなぜ合弁事業をおこなおうとするのか、その理由と狙いを知ることが、合弁契約の構想をまとめるにあたっての第一歩となる。狙いによっては、合弁事業契約で、相手方に確認させ、合意を取り付ける事項が、それ以外の意図のもとに設立される場合と比べて、大いに異なることがあるからである。

1. 進出先国にとっての基幹産業、基幹工場となる合弁事業の場合

(1) まず、現在、企画し、進出を検討中の合弁事業が進出先の相手国にとって、その産業や国家の開発、発展にとって、基幹産業と位置づけられている場合である。この場合は、相手国にとっては、その国家や産業の発展や近隣諸国への威信にかけて、成功させねばならないという気概や使命があることが通常である。したがって、当方側（外資側）がビジネス上の採算重視の姿勢で、進出を取りやめたり、撤退したり、規模の縮小を図ろうとすると、相手国政府を筆頭に、相手側からの激しい抵抗や反対意見を迎える覚悟が必要とされる。

(2) 鉄鋼、化学、アルミニウム、インフラストラクチャーなどで、相手方が、当方からの進出による資本の投下と技術・経営技術移転を強く期待している場合、このような合弁事業は、両国間の国境を超えた国際協力、架け橋となる機会になる。その半面、相手方の期待を裏切って途中で撤退を図る際には、きわめて強い抵抗を受けることになりかねない。資本も過小資本では、長続きしないことが多い。最初から、一定の金額まで資金援助や追加の投資を強いられる覚悟と体力の余力を温存しておくことが賢明なことが多いだろう。相手国にとって、その合弁事業が他の関連産業を育成するうえで不可欠な役割を担っていたりすると、単独の合弁事業の解散として済ませるわけにはいかないこともありうる。

(3) 言い換えれば、当方が取り組む合弁事業が、資源開発や産業発展、インフラなどの各面で、進出先国政府あるいは社会が基幹産業と位置づける場合は、採算が予想通りにならず、悪化しても、簡単には、合弁事業の撤退、解散という道筋による終結を選べないということである。また、相手方から当方が経営権を取得しようとしても、合弁事業が基幹産業で、代わりの基幹産業が育っていない場合、相手方政府は、何らかの政策的配慮から、当方側の完全支配を望まず、したがって、マジョリティー支配は認

可されない可能性が高いといえよう。むしろ、何らかの法律や行政指導などの介入による相手方への経営権の譲渡を強いられる事態が予測される。

(4) 過去の歴史をたどってみても、合弁事業とは限らないが、外国資本の介入した事業では、運河の国有化、石油開発・精製事業の事実上の国家支配の確立、重要産業の現地資本への移行などに見られるように、進出先国のみで事業が運営できるように相手側による技術と経営手法の吸収が図られた段階からは、進出相手国への資本の移行リスクが予想される。その最も激しい形式が国有化である。

実際には、国有化の方法以外にも、国民化や、行政指導による現地側への経営移管、投資認可期限や開発認可期限の到来とその期限後の認可延長の拒絶などさまざまな現地資本化の道がある。なお、国民化というのは、国営化と区別される概念である。国営化が、国家による外国企業の資産の取得であるのに対し、国民化は、進出先国の民間資本や個人（相手側の国民）による外国資本の取得である。民間による支配である点が異なる。たとえば、今から2年後には、内国資本が60パーセント以上、事業の資本金を保有していなければ、一定分野で、営業活動をすることを認めないという法律を制定することにより、当該国が重要と考える事業分野での外資の支配の終焉をもたらすのである。

(5) 基幹産業に進出する際には、そのような将来の紛争のリスクを認識したうえで、民間企業による国際協力、国際貢献、発展途上国への協力と割り切って、適切な段階での撤収をあらかじめ考慮に入れておくことが賢明であろう。そもそも、基幹産業の事業に外資が進出する場合は、その進出国の政府あるいは、何らかの省庁の認可や届け出が必要とされることが多く、その認可や許容される事業について、期限が付されることも少なくない。

たとえば、認可後20年まで、あるいは認可後30年までというふうに、設立、経営の認可の際に合弁事業の存続に期限が設けられることがある。最初から、永久という形での認可ではないので、多くの場合は、その期限までに解消されることがあろうが、仮に順調に推移したとしても、いずれ、その認可による存続期限がきた場合には、解散か、現地側への持分譲渡による外資撤退か、それとも、存続期限の更新か、という問題が発生する。実際に合弁事業契約を締結する際に、その契約を担当あるいは支援するプロフェッショナルが、その期限到来時にも担当する機会は多くないため、あまり注目されない問題ではあるが、この期限到来時の対応は、合弁事業にとって重要な課題の一つである。

(6) 基幹産業をめぐる問題やリスクは、鉄鋼、アルミニウム、発電、油田・石油開発、道路・空港、金鉱をはじめ鉱山開発などの分野における合弁事業、海外進出、プロジェクトには常につきまとう問題といえよう。エネルギー資源の重要性が増大しつつある近年においては、特に進出側は、現存あるいは今後の開発認可条件や当該国政府との契約の遵守に注力するだけでなく、現地の自然環境、生活環境、民族的な慣行・信仰・しきたりの尊重など、進出国との調和、共存を図ることに留意することが合弁事業の継続的な繁栄と存続の基礎条件となる。

(7) そのような将来の紛争要因を内在させながら、現在の事業を円滑に推し進めるにはどうしたらいいのか。基幹産業の合弁事業の運営には、叡智と工夫が求められる。欧米のコングロマリットを筆頭とする外資、特にMNE（多国籍企業）は、そのようなリスクが顕実化するのを回避するためにさまざまな工夫を考案し、その実効性を試してきた。効果を発揮していることもあれば、カントリーリスクなどの発生のために功を奏さないこともある。

(8) 結局、合弁事業が相手国にとっての基幹産業である場合は、相手国にとって、外資の恣意的な支配をいつまでも許容することはできないわけである。外資側としては、利益の配分、つまり配当施策や相手国における環境や雇用をはじめ、社会との調和など多くの面で、相手国から歓迎されるような経営を心がける必要がある。それでも、当初の進出の際の認可期限の満了の場合には、期間の更新がなされるか、それとも、相手国の資本、企業への円滑な移譲が求められるか、最終的な結論は分からない。

(9) 進出の際に、これは、民間企業による国際協力、国際貢献の一環として、許可された期間のみおこなう事業であるとの覚悟と位置づけが必要とされる事業だということであろう。十分な対価、補償を得ることにより、撤収を図るのも一つの選択肢であるが、撤退時に十分な補償を得られることはあまり期待できないのが実情である。とすれば、外資としては、認可された期間、合弁事業会社の経営をおこなう間に、何らかの形で、総合的に考えれば、その事業からその出資と協力に見合う対価、利益を回収できているというのが、理想的な姿であろう。つまり、進出先国にとって基幹産業にあたる合弁事業は、外資にとっては必ずしも永久的なものではないと割り切って当初の合弁事業契約に取り組むことが賢明と思われる。とすれば、財力、資金的体力のない外資企業が、多大の資金と設備と人員を必要とする相手国の基幹産業の合弁事業方式による進出を決断するのは、慎重でなければならないといえる。むしろ、役務提供や技術の提供など、資金を固定させず、短期で回収できる契約方式によるプロジェクトとして協力することを選択肢に加えるべきである。あるいは、国の補償や保険などによるカバー（リスク軽減）を施したうえで、進出することを検討すべきであろう。

2. 進出外資にとって海外の製造基地（工場）にあたる合弁事業の場合

(1) 外資が発展途上国や先進国に進出する場合に、その本国、本社の生産基地を求めているケースも数多く見られる。本社の拠点となる社会での賃金や土地確保などにコスト上の問題が発生し、海外に生産基地を求めなければ採算が成り立たないことがある。また、本国で、自然環境保護、社会環境の保護、少子化などが進み、もはや工業化や工場そのものが歓迎されないことがある。

(2) そのような状況下で、経済・産業の発展段階の異なる、いまだ経済成長、産業の発展や雇用、新規技術の導入に熱心な段階の国々から、合弁事業としての進出が歓迎されることがある。そのような場合、外国資本や外国企業の生産工場としての進出を受け入れる国側からは、単独進出より合弁事業方式の進出が歓迎されることが多い。なぜなら、経済・産業発展がいまだ進んでいない国の国内産業の支援になるからである。自国内での生産を取りやめ、あるいは縮小して、海外へ進出する側の企業としては、

自国内での技術資産・情報・開発システムと意欲の継承が打撃を受けるリスクと、進出による事業・生産の維持、拡大の得失を計りながら、進出の可否を決断することとなる。

(3) 国内産業や国内資本が、たとえば、50パーセント出資することを条件にして、外資と合弁事業を組むことによって、国内産業に、海外の最新技術の移転を図ることができる。同時に、受け入れ国の内国資本は、合弁事業への経営参加を通じて、企業の運営、経営技術を修得し、また、そのマーケティングを共同で担当することにより、市場での販売、流通についての知識、経験を積むことができる。外資が長年かけて築きあげたブランドや商号を利用することもできる。合弁事業を通じて、民族資本、国内産業にある程度対外的な競争力がつけば、国内資本との合弁を条件とせず、外資政策として、外資単独の進出を認めればいいわけである。

(4) このようなケースでは、外資と内国資本とは、双方のそれぞれの思惑がちょうど一致する段階と、少しずつずれてくる段階がある。外資にしてみれば、経営を迅速におこない、技術、経営に関わる営業秘密を企業内に囲い込み、企業の競争力を維持するために、資本を100パーセント保有する完全子会社方式への移行が理想的である。一方、内国資本側にしてみれば、事業の遂行に必要な技術と経営技術を外資から入手し、受け入れ国の経営者と労働者が、その事業の経営と仕事の仕方を修得し、対外的な信用も獲得すれば、外資が永久に同受け入れ国内で事業を営む必要性はあまり感じられなくなる。むしろ、内国資本が単独で、外資から学んだ手法で経営できれば、経済的には有利ではないか、と考えるようになる。

(5) 外資にしてみれば、現在進出済みの国・市場・労働者などが、経営上の観点から、もし、近隣諸国や他地域に比べてマイナスであれば、より優位な地域に生産基地、工場を移転してもいいわけである。賃金が安いことが当初進出の引き金、決め手になったとすると、やがて進出先国の賃金が高騰し、近隣諸国の発展が進めば、状況は一変する。それは、もともと、本社のある本国から当初の海外進出を果たしたことを考えてみれば、自然な成り行き、結論といってよい。

(6) とすれば、生産基地を求めて合弁事業形態で海外進出した場合は、次の段階への移行のリスクとそのリスクが顕在化した際の紛争が潜在的に含まれているということができる。つまり、海外における合弁事業形態による生産基地は、進出した企業からいえば、100パーセントの経営への移行の指向と、閉鎖または縮小したうえでの近隣諸国への移転が可能性として、当初から紛争要因としてある。また、受け入れ国側からいえば、受け入れ国側の内国資本が、力と意欲さえあれば、外資側からその外資出資分を自らの持分に変え、完全に支配して運営したいという志向があって自然なのである。

(7) また、内国資本側の出資者が個人、自然人の場合は、年齢が高くなれば、引退による撤退、あるいは、第三者への持分譲渡という問題が起こってくることがある。死亡というケースもある。そのような場合、たとえば、外資による出資比率の限度が50パーセントと規制されているとすれば、外資にとっては、相手方(合弁提携先)の相続問題

という複雑な問題と直面することになる。数十人の相続人がそれぞれ、各自自由に相続権を主張し、当分、合弁提携先として機能しないこともある。何も、生産基地としての合弁事業に特有の問題、リスクではないが、相手方が自然人の場合には、このような問題、リスクをはらんでいることを認識しておかなければならない。

(8) このような生産基地を求めて進出する合弁事業の存続条件としては、その進出国にどれだけの広大で購買力が豊かな信頼の置ける市場が継続して存在しているか、ということが重要である。単に生産基地にすぎないのか、つまり、その進出国の市場が未発達で、合弁事業会社の生産製品のほぼ全量を、親会社のある本国あるいは、広大な市場のある近隣諸国に移送しているのか、それとも、ほぼ全量をその進出国の市場、顧客向けに供給、販売する形態の事業なのかが重要なのである。事業というものは、結局、市場、顧客がいなければ、長期的には繁栄しない。

合弁事業契約のリスクを把握し、対処するには、リスクを把握しておかなければならないのだ。

3. 資源共同開発・輸入事業を目的とする合弁事業の場合

(1) 本3項は、前述の1項で取り上げたため、詳細な説明は省きたい。ただ、相手国にとっての資源開発事業という観点から、上記1項では取り上げ、考察したが、本3項では、外資にとって、本国でのエネルギー資源確保、輸入のための海外事業という位置づけで見ている。進出先国での開発支援という性格ではなく、たとえ、同国の資源開発企業との長期輸入契約でもいいのである。ただ、長期輸入契約の段階でとどまっていると、資源供給国側が、より高い価格で購入したいと申し出た国、新たな市場のプレイヤー（買い手）が登場したとき、その買い手国、買い手との間に軍事関係や特殊な協力関係、あるいは逆に交渉力を保有する場合、長期契約によって資源を確保していた買い手は、従来の供給が途絶えることがある。

(2) 契約は締結自由の原則があり、相手方を選ぶ自由もある。契約ベースだけでは心もとないのである。本国の資源確保のために海外で自ら資源メジャーとなって、資源国で開発権（または、その持分権）を獲得して、資源開発をおこない、輸入する。単独ではなかなか開発権を獲得できないので、合弁事業形態となることが多いのである。資源には、石油、鉄鉱石、天然ガス、銅、アルミニウム（ボーキサイト）、ニッケルなど、さまざまな資源が含まれる。この資源開発のための合弁事業形態とは、豪州に見られるように、会社形式をとるとは限らない。日本でいえば組合方式、海外でいえばパートナーシップかストレート・ジョイントベンチャー方式が積極的に活用される。

(3) 合弁事業契約の内容からいっても、会社形態をとらないので、いわば、共同事業契約による合弁事業なのである。合弁事業契約の重要性は、会社形態の合弁事業より、むしろ直接的であり、より重要といえよう。特に当該合弁事業の当事者の立場から、撤退するとき、どのような責任、権益を負担・保有することとなるのか、その手段はどうなのか、契約上の地位を喪失する場合の規定が重要になってくる。有限責任の会社の株式を保有するというよりは、それぞれの当事者が、無限責任方式で、共同で、事業をおこなうという方式なのである。カントリーリスクのとらえ方も重要になってく

る。参加する当事者の資金力やリスクが大きく、契約や持分譲渡をめぐる問題が特に重要、複雑である。開発にあたる共同事業者が、共同で石油などの輸送船、タンカーを建造することも、共同事業では視野に入ってくる。膨大な投資とリスクを伴う事業である。

(4) 石油をはじめ燃料となる資源の長期的な高騰、下落傾向の的確な把握・予測や原子力発電との競合も重要なテーマとなる。同様に、電力会社との長期契約交渉も重要なテーマである。

かかる資源開発事業の成否には、代替物、代替資源の発明、開発も重要なテーマ、要因となってくる。原子力発電の安全性の確認や中東の平和などの実現、人口大国の経済の急速な発展などが、国際的な資源の価格に大きな影響を与えることは、いうまでもない。

資源開発事業は、それぞれの資源国において、認可制度を設け、運営している。どのような外資制限、優遇制度を置き、どのように認可し、運営しているのか、現実の実績を含む調査が大事になってくる。事業の成否には、外交、軍事、その国のカントリーリスクの調査と分析も欠かせない項目となる。場合によってはむしろ、その国に合弁事業会社を設立するよりは、カントリーリスクの小さな国に投資会社を合弁事業方式で設立して、現実の資源開発国には、間接投資をおこなう方式も検討することとなる。

(5) 資源開発・輸入事業は、リスクがあるからといって、躊躇できない側面がある。自国で国内需要をまかなうだけの十分なエネルギー資源の供給が確保できない状況に置かれたとき、民間企業もその社会への貢献のためにも、事業の存続のためにも、資源開発事業に進出することが必要なのである。リスクの大きさやその開発権の確保を考えれば、合弁事業という方式ほど適切な方式はなく、数少ない選択肢の一つである。それだけに、世界における資源開発事業に関わるリスクを管理、軽減し、一定の範囲内に抑える契約技術の習熟、修得が必要とされる分野である。資源開発における合弁事業契約、プロジェクト契約の重要性については、いくら強調しても強調しすぎることはない。併せて重要なのは、事業の適切なパートナーの選択である。

4. 知的財産の活用・使用許諾によるライセンス生産、販売を目的とする合弁事業の場合

(1) 合弁事業の中には、一方の当事者が保有する知的財産の活用による合弁事業がある。たとえば、世界的に有名になった人気上昇中の欧州やアメリカのブランドを日本やアジアの企業がライセンスを得て、生産し、販売したいと希望しているとしよう。そのような場合には、単純に商標ライセンス契約によるライセンス生産という方式も選択肢の一つである。しかし、そのブランドの保有者が、自ら、資本を一部保有することにより、その経営に対する発言権と役員の選任、派遣の権利、さらには、事業利益に対し、ロイヤルティのみでなく、配当という形での分配を求めることがある。その場合の具体的な解決方法は、合弁事業形態によるライセンス生産に行き着く。

(2) ブランドの保有者は、ブランドのライセンスを合弁事業会社に(使用)許諾すると同時に、その合弁会社に希望する比率の出資をおこなう。出資のための財資としては、も

ちろん、手持ち現金もありうるが、実際には、合弁会社からのライセンス契約に基づくロイヤルティの一部を充てることも可能であろう。資本充実の原則などから、設立時には、ブランド保有者兼ライセンサー兼合弁会社への出資者は、一時的な出資金の借り入れもありうるが、実質的には、現物出資と似通った面がある。知的財産の保有者は、その知的財産を合弁会社に譲渡するという形での出資はめったにしない。あるいは、現物出資という形での合弁会社への譲渡はおこなわない。将来、合弁事業を解消したとき、知的財産の保有者は、合弁会社に使用許諾したその知的財産を取り戻すことができるようにしておかないと、合弁事業の終結が知的財産の本来の保有者自らにとって、恐ろしい損失をもたらすからである。

(3) このリスクは、特許やトレードシークレット、コンピュータプログラムの著作権の使用許諾(ライセンス)に基づく共同事業、合弁事業の場合にも当てはまる。

(4) 知的財産の合弁会社に対し、拠出ではなく、出資と使用許諾による合弁会社への参加というのは、ブランドや特許、トレードシークレット、コンピュータプログラムなどの著作権の保有者など、知的財産の保有者にとっては、その合弁事業において生産・製造する製品の品質管理と価格、マーケティングなどの管理も経営者の一人として参画できるというわけで、きわめて合理的な国際企業協力の方式の一つといえよう。もちろん、合弁会社のメンバーやその品格などが、知的財産の保有者の信頼を勝ちえている場合は、別に知的財産の保有者の出資がなくても、周到に企画、ドラフトアップがおこなわれたライセンス契約により、進めることも選択肢の一つになる。ロイヤルティの支払い条項をミニマムロイヤルティやダウンペイメントなどを組み合わせて規定し、ライセンサーからの代表者や指定する者の合弁会社への派遣や帳簿閲覧や品質管理のための手続きをライセンス契約で規定し、運用できるならば、合弁事業によりおこなう必然性はない。むしろ、順調に生産、売り上げが伸びた段階で、ライセンス契約を終結させ、ブランド、特許、トレードシークレット、著作権などの知的財産の保有者自ら、もともと合弁事業のあった地に子会社・完全所有・支配の現地法人方式で、進出することも可能になってくる。合弁会社の成果や経営に不満あるいは、合弁会社が経営陣の対立などにより機能不全に陥ったと判断したときは、ライセンスを打ち切るオプションも残っている。

(5) したがって、この項で取り上げている知的財産保有者との間に合弁事業会社を締結し、知的財産保有者をその株主の一員として迎え入れる合弁事業方式によるライセンス生産は、どちらかといえば、ライセンシーが継続的にライセンス生産をおこなうための商権確保の手段の一つとして活用されることが多いといえよう。特に、排他的、独占的な長期のライセンス契約によるライセンスを確保している合弁事業会社の方式の際はその傾向が強い。

(6) 言い換えれば、合弁事業契約といっても、ライセンス契約といっても、いずれも、それぞれの事業者が、その達成したい事業目的をもって、その目的を達成するために締結されるものである。相手方と合弁事業契約締結の目的が同一であるということはありえない。それぞれ、達成したいと考えている目的が異なるのである。

ライセンスビジネスを推進するための合弁事業契約は、その意味では、当初から、ライセンサー、ライセンシーのそれぞれの異なる、相対立する利益、思惑を含んだ契約であるという性格を持っている。

(7) このようなリスクを認識して合弁事業契約を起案、交渉すると考えれば、結局、いつか、その利害が衝突する時期が到来すると考えて、契約条件を決定していくことが大事となってくる。双方にとって、完全な契約はそもそもありえないのである。
　ライセンシーからいえば、このケースのライセンス契約では、ぜひ、排他的、独占的なライセンスを獲得したい。また、ライセンス契約の存続期間については、なかば、半永久的な期間としたい。もちろん、ミニマムロイヤルティの規定はなるべく避けて、できれば実際の販売高に応じたランニングロイヤルティによる支払い一本に統一したい。
　どのようなライセンシー側の希望でも、導入したい知的財産の保有者が受け入れる見込みがあるならば、合弁会社への現物出資を提案し、交渉を試みればよい。知的財産の使用許諾とその譲渡との間には、ちょうど、ビルのリースと売買の違いと同じほど、契約の終了時には、大きな差異が出てくる。また、合弁会社の運営中に合弁会社の開発部門でなされた発明や改良など知的財産の帰属についても、合弁会社への帰属が第一となろう。

(8) 一方、合弁事業に参画する知的財産の保有者の立場からは、正反対の要求を出したい。つまり、ライセンサーたる合弁会社に自己（ライセンサー）に対するミニマムロイヤルティの支払いは約束させたい。ライセンス契約の期間については、それぞれの事業において合理的な期間、たとえば、5〜7年くらいに設定し、その後の更新については、合弁会社の実績を見て判断したい、ということになろう。合弁会社との都度のライセンス契約更新は、知的財産の保有者にとっては、非常に強い立場からの交渉となる。更新の拒絶は、ライセンシーの立場に立つ他の合弁事業の当事者（株主）や合弁会社、その従業員にとって、代わりに導入できる知的財産の確保の見込みがない限り、死活問題となるからである。

5. 共同研究開発を目的とする合弁事業の場合

(1) 合弁事業方式をとるか、それとも、単なる契約による共同研究開発という方式を選択するかは別として、国際間で企業が共同研究開発をおこなうことがある。そのような場合に、どのような問題や紛争が起こりやすいのか、検討していきたい。
　まず第一に、共同研究開発には、その開発の目標をどう設定するかという問題がある。共同研究開発は、他の各種契約と異なって、目標が実際に達成できるかどうかが、その契約や事業開始時には、当事者にとって不明なのである。

(2) したがって、当初から、共同事業開発というものは、紛争の原因を抱えているといえよう。開発の目標が達成できないときはどうするか、という問題が最初に横たわっている。たとえば、その共同研究開発にかかった費用や設備や人員などの経費をどう互いに負担し合うのか、それとも、それぞれ、費用をかけた側が、負担して終わりとするのか。そうなると、共同開発計画を立てて取り組んだとしても、「共同」というの

は、単に開発計画の情報交換をおこなったにすぎない、ということになりかねない。果たして、それが当事者の共同研究開発をおこなおうと決めた意図だったのか。

(3) もう少し具体的かつ積極的に共同事業化しようとするときに、共同研究開発に従事する両当事者あるいは、共同開発に携わる数社が共同で出資して、別な会社、すなわち合弁会社を設立して、その新会社で、新たな研究開発の目標を設定して、共同で研究開発にあたることがある。その場合、まったく新しい場所に研究設備を設けて、人員も新しく研究員を募集して雇用し、研究開発にあたることがある。また、研究開発の参加者の一部の研究開発の設備や隣接設備に、他の当事者から、その技術者などを派遣して共同研究開発にあたる場合もある。両極端のケース以外にも、この中間的なさまざまな共同研究の仕方がある。

(4) そのような場合、どのように研究開発を進め、どのような研究成果を達成し、どのような場合に解散するか、また、研究成果として、大きな収入や利益を生み出す発明や知的財産、データを生み出したときに、その成果の帰属と利益配分をどうするか、という当事者にとって幸福な問題に遭遇する。研究開発に関わる合弁事業契約では、この研究成果の帰属と配分という重要な問題が起こる。

うっかりすると、その研究開発にそれをおこなう国の資金が導入されていると、国境を越えて成果を持ち出せないケースもありうる。それぞれの国がその自国の産業や安全を保護するための規制を置くことがあるからである。

(5) また、共同研究開発契約書の交渉をしっかりしておかないと、成果について、一部の当事者のみが保有し、他の当事者は、その利用が許諾されるにすぎないことがありうる。共同研究開発契約交渉にあたっては、その基本に戻り、研究開発の成果の帰属、知的財産としての権利の確立の方法、それぞれの成果に対する貢献についての研究者の名誉の問題など、事前に共同開発契約で解決すべきさまざまな問題がある。稀にしか、大発明や大きな利益をもたらす成果が期待できないため、成果の帰属や配分については、契約交渉の段階では、互いに力をそそぐ気にならない条項であるが、知的財産を重視する21世紀の事業では、丁寧に対応しなければならない。

(6) 以前に、欧米との共同開発事業契約で、双方がほぼ同等の研究開発への貢献、費用負担と考えられるケースにおいて、よく読んでみると、欧米の当事者側は、その研究開発の成果をすべて所有、コントロールし、日本側当事者に使用を許諾し、日本側の当事者は、その研究成果を使用する義務を負い、競合する他社の技術の使用を制限されることが規定されていたことがある。共同研究開発契約では、基本としては、相手方と平等の権利は確保したい。相手方が、公平と主張する相手方のドラフトによる契約書文案提案に対しての交渉の仕方として、リトマス試験紙のごとく使うことのできる手法がある。当方側としては、「おっしゃる通りだと思います。まったく同じで公平ですから、相手方の契約書による提案により、相手方が取得する権利と当方が取得する権利を逆にしてみませんか」と答えてみるのである。「どうぞ」と応じてくる場合は、公平であることが多い。しかし、相手方があわてたり、応じようとしないなら、公平な契約規定ではないのだということがよく分かる。共同開発契約では、合弁事業の形

式をとるか、共同事業の方式をとらないかを問わず、公平であることが原則となる。

(7) 共同研究開発事業に関わる契約では、その撤退のオプションをどのように確保するか、その際の果たすべき義務と獲得できる成果が何なのか、が重要である。うっかりすると、撤退者はすべてを失ったうえ、それまでに投下した以上の資金の拠出を求められることがある。そのような契約になっていないか、契約には十分な検討が必要とされる。新聞報道（日本経済新聞、2005年10月15日付）では、東芝（被告）とレキサー・メディア（米国原告）との間のメモリーカードの技術研究開発の提携をめぐる訴訟で、東芝とその米国子会社が4億6,500万米ドルの損害賠償（500億円超）をレキサー・メディアに対し支払うよう米国のカリフォルニア州地方裁判所の判決によって命ぜられている。技術情報の帰属と秘密保持義務違反（情報流出）をめぐる紛争は、日本法のもとでの紛争と異なり、ともすれば、思いがけない規模の損害賠償額や請求根拠が裁判所によって支持されることがあるので、特に注意を要する点である。

(8) 情報（Proprietary Information）に対する保護のレベルが、米国などでは、日本とは桁違いに高い。日本では、およそ問題になりえない事項やどうしても認められないエシクス（倫理）に反する高額の損害賠償額が、判決によって言い渡されることがある。米国クリーブランドクリニック財団の研究所で研究員を務め、その後、日本の理化学研究所（理研）に勤務した岡本卓被告との間の紛争や、岡本被告に対する米国産業スパイ罪に基づく米国での起訴や犯罪人引き渡し協定に基づく引き渡し請求に対する東京高等裁判所の判断（財産価値を否定、岡本被告の米国への引き渡しを否定）など、日本と米国の技術情報に対する財産としての評価、判断には、大きな差異が見受けられる。現実に被った損害額を損害賠償の算出の基本にすえた制度を保有する日本のような国と、米国のように懲罰的賠償を認めて多額の損害賠償額の請求を容認する国の制度の違いもそのような結果をもたらす一因になっている。英国や日本では、懲罰的賠償は倫理に反するものとして、無効である。米国内に保有する資産に対して執行されることがあるので、国境を超えて経済活動をおこなう多国籍企業にとっては、国境というものが防御の面では役に立たないことがある。

6. 同業種の国際的な企業間の協力、リスク回避を目的とする合弁事業の場合

(1) 同じ業種、たとえば、化学品メーカー同士、繊維企業同士、情報関連事業同士、電子機器メーカー同士、食品企業同士で、国境を超えた合弁事業が設立されることがある。各国とも、自国の産業は維持、発展させつつ、外国の優秀な技術や必要な資本、研究人員、研究した成果としての知的財産、情報、マーケット戦略などの共有による合弁事業の発展には、メリットを見出すことがある。そうなると、同業種間の合弁事業の設立や、一方から提携相手先企業への出資や増資新株引き受けなど、手続き的にはさまざまな形態の合弁事業が生まれる。

(2) 本業では、互いに競争相手でありながら、合弁を組む対象の事業では、互いに協力し合い、知恵や技術や人材や資金を出し合うことになる。
国際的に市場を見たときに、実際には飽和状態となってしまった業種、商品もありうる。成長期には多数の企業が十分共存し繁栄したのに、ある時期以降は、それまでの

ように多数の企業がいずれも利益を生み出すには、もはや小さすぎる市場となってしまった製品分野もあろう。合併や廃業も選択肢の一つではあるが、事業の持続的な発展や維持、生き残りのためには、合弁事業による協力もその選択肢の一つとなる。新しい技術や経営手法などを取得することを総合して経営をおこなうことも可能となる。

(3) ただ、このような同業種の企業による合弁事業には、必然的に伴うリスクも見逃せない。
たとえば、独占禁止法違反の可能性があることである。合弁事業そのものが、独占禁止法に違反することもありうる。合弁事業会社を設立したあとで、独占禁止法違反として、解散を命ぜられることが米国ではしばしば起こる。また、合弁事業そのものは独占禁止法の違反にあたらない場合でも、合弁事業を通じて親しくなった互いの親会社の人員による互いの相手方の親会社のビジネスでの競争回避行為、価格情報の交換などは、まさに独占禁止法違反行為にあたることがある。

(4) このように、同業種間の合弁事業には、合併なら独占禁止法上、問題視されないはずの行為や協力が、独立した企業という立場を維持しているために、独占禁止法上、問題視される行為となりうるのである。したがって、競争し合うべき双方の親会社が合弁事業会社を開始するときには、親会社と合弁会社間で、その出向者との間の情報の分離を図るなど、情報交換、協力をしない体制や注意が必要となるケースがある。

(5) また、同業種であるがために避けられない問題がある。一方が相手から、自社の経営に有益な技術や経営手法を吸収した場合は、実際には相手方がパートナーとして存在し続けることが必要でなくなり、その相手方から取得した製品生産技術とマーケティングを自ら自由に試してみたいという欲求が起こるのは自然である。
たとえば、アイスクリームの製法を、それまでは乳業しか営んでいなかった親会社の合弁事業を通じて、外国の同業者から取得した場合、自己のブランドで、単独で生産、販売をしてみたい、と思うようになるのは自然である。つまり、同業種間の合弁事業には、単独で自由に事業をおこなってみたいという自然な要求が生まれることがある。そのような欲求を合弁事業の一方の当事者が抱いたときに、相手方の当事者がどのように対処できるかは、同業種間の合弁事業を推進するときには十分検討し、あらかじめ対処できるように、施策を講じておかなければならない。

(6) たとえば、商標や特許など、知的財産権をあらかじめ確立しておいて、相手方のこのような欲求が起こったときに、あわてずに対応できるようにしておくなどである。もし、単に、トレードシークレットによる防御方法だけであれば、合弁事業の相手方がトレードシークレットによって守られた製造方法や販売方法を修得してしまったあとで、合弁解消後、相手方が単独でそのトレードシークレット活用による事業継続を試みるとき、阻止する方法は限られてくる。
たとえば、競合制限や秘密保持を規定する契約などにより、対応する手法である。ただ、このような手法は、相手方が本社を置く国での経済法とのからみで、効果が制約されることもあるので、注意を要する。

7. 不動産開発事業を目的とする合弁事業の場合

(1) 海外での合弁事業の中には、不動産開発を目的とするものがある。海外での不動産開発の場合には、自国内の事業や海外の他の業種の事業と比べて、異なったリスクにさらされることになる。まず、相場の下落リスクにさらされるということである。不動産自体の下落とその開発により生み出される建築物やコンドミニアム、ホテルなどの商品の相場が下落し、需要が激減してしまうリスクがある。

他の事業と異なり、海外での不動産開発事業は、一見、単純に見えるため、参入しやすいように思われていることがある。しかし、実際に参入してみると、通常は、景気とは逆風の時期に外資参入ということになりやすい。よほど、相場やマーケット、リスク軽減の手法を経験と実力により修得しており、困難を克服できる力がない限り、進出についてはすすめられない事業の一つと位置づけることができる。

(2) 不動産事業には、外資にとって、認識しておかなければならないリスクとして、進出先国での相場の下落、需要の停滞だけではなく、自国通貨、米ドルなどハードカレンシーとの為替リスクの問題、さらには、現地国での不動産所有に関わる外資による所有の制約や課税の問題まである。現地の相手方の不誠実な事業の遂行の仕方も含め、海外不動産事業には、さまざまなリスクがある。あまりにも当たり前のことであるが、海外不動産は自国に持ってくることができない。転売や換金処分は容易ではない。特に、日本のように不動産が資産として、長い間にわたって価値を維持していた国と海外では、まるで条件が異なることがある。

(3) 銀行をはじめ、金融機関からの借り入れや一般投資家からの投資資金など膨大な資金の導入がからむため、その事業の運営においては、横領、流用をはじめ、詐欺も多い業界である。新規事業者が多い場合、業界自体の倫理的な水準の低さもあり、合弁事業の中でも不動産開発事業は、慎重に取り組む必要性の高い事業である。合弁事業契約も海外不動産開発に関わる場合は、さまざまなリスクを考えたうえで、その検討や交渉に取り組むことが必要である。海外不動産共同事業で最も重要なのは、相手方の選択と良好な物件の選択であろう。本業で、自国や海外で十分な経験とリスク克服のノウハウ、技術を修得したのちに進出する分野であろう。

(4) 特に、現地の合弁事業のパートナーが結果的に不誠実な事業者、あるいは遵法精神を欠いた事業者であることが判明した場合、進出した外資まで同一視、あるいは、共犯者扱いされかねないリスクがある。不動産開発は、地域住民の生活環境、ビジネス環境に大きな影響を与えるものであり、その資金が地元の金融機関や市民から調達されたものである場合は、その不動産がかかる資金の最後のよりどころとなっている場合もある。海外不動産の合弁事業契約は細心の注意をもってあたる必要がある。

8. 本邦の企業にとって完全子会社の現地法人のいわば身代わりの合弁事業の場合

(1) もし、100パーセントの出資が認められるなら、完全子会社を設立し、現地法人としたかったところ、進出先国つまり現地国の資本保有に対する制限があり、やむを得ず合弁事業方式で進出するという場合がある。完全子会社方式で大部分の事業が推進できても、本来意図した一部の事業については、外国資本の保有について制限が課され

るため、いわば二本立てで、外資が進出しなければならないケースもある。

この場合は、もし将来、100パーセントの出資が外資に対し、認められるように法制が変更されれば、外資側としては、現在は合弁事業の方式だが、それを廃止・解散し、新規設立か、あるいは、相手方の株式を譲り受け、ただちに完全子会社に変更したいという狙いが設立当初から存在する。廃止・解散するにしても、あるいは、相手方パートナー（現地資本）の保有株式を譲り受けるにしても、合弁事業の相手方とは、よほど明確な取り決めをしておかなければ、相手側から見れば、なんと身勝手で利己的な行動かということになり、あきれられ、同時に激しい抵抗にあうことになりかねない。

(2) 特に、その身代わり合弁事業が、きわめて順調に採算をあげて運営されている場合は、なおさら、解散や株式譲渡による完全子会社の設立、完全子会社化が、困難になる可能性が高くなろう。相手方の意思をゼロとし、すべて外資である当方側の意図の通りに動くよう、合弁事業契約を設計することはできるか。これを徹底すると、いわゆる名義借りということになっていく。俗にNomineeと呼ばれる株式保有である。現地側がNomineeとなって、外資のために現地資本分を保有しているという、いわばサービスを提供する方式である。このようなケースでは、この方式が現地法制上、適法か、違法かという基本的な法的問題に直面する。法的なテーマとしては興味深いが、リスクもそれだけ存在する。何が難しいかというと、進出時に解釈として、現地の専門家から取り付けた専門意見書、法律事務所の意見書、監督官庁からの助言・指導が、後日、名義借りが問題視されるようになったときには、それに耐えられる保証がないことである。発展途上国における法律事務所の意見書や官庁からの助言ほど、いざとなると、あてにできないものはない。これは、政府の方針や支配勢力や現地社会での支配的な勢力に変更が生じて、問題視されるようになるわけだから、それまでの政府や法制度に基づく考え方が無傷で存続するという保証がないからである。革命や旧与党政権の崩壊、国家の分裂などを想像してみると理解できる。

(3) このような状況のもとで、現地規制上、やむを得ず、たとえば、60パーセントまでしか保有できず、現地側の当事者にマイノリティーの出資を依頼する場合があるとしよう。この場合、この合弁事業会社は、当方の意図した経営目的を達成すべく経営できるように、現地側パートナーに協力を求めて出資をあおぐこととなる。このとき、どんなことに気をつけるべきか。リスクとして、相手方パートナーが、自己の利益のために事業の内容や経営方針について、たとえば重要事項について、ことあるごとに異議をとなえたり、トレードシークレットを持ち出したり、経営上、支障となるような行為を始めると、進出したこと自体が誤りとなりかねない。リスクとしては、相手方からどのような協力を確保できるか、いわば重要な方針については、サイレントパートナー、つまり、絶対に異議を申し立てないで、当方側の意向に沿って協力を惜しまない態度を維持してくれるかどうかが、一番大事な事項になる。そのような意図を明確にして、協力を得られるように、合弁事業契約を相手方との間に締結し、協力を確保しようとする。

(4) しかし、会社法上は、相手方は、当方の意向に関わりなく、自己の意思と判断に従っ

て、自己の保有する株式に基づく議決権を行使することが可能である。

結局、合弁事業契約で約束されたことを、どこまで相手方が遵守するかが重要となり、その遵守されない可能性がリスクとなる。このリスクが顕在化したとき、つまり、合弁事業の相手方(パートナー)が合弁事業契約の規定に反して、議決権を現地の会社法に従って行使した場合、どのように当方の権利を守ることができるかが、重要なテーマとなる。一般には、合弁事業契約の効力は、もし、守られなかった場合は、損害賠償の方法しか救済が与えられないと解釈されている。契約通りの履行を求めるのは、通常では無理とされている。そうだとすれば、相手方が信頼できる相手かどうかが、決定的に重要である。これを確保するには、相手方の実質的な変更をどのようにして阻止するかが、決定的に大事になる。合弁事業契約の相手方の契約上の地位の譲渡制限や相手方の実質的なコントロールが変更した場合の途中解除権の確保など、合弁事業契約で対処すべき点も多々ある。しかし、最重要課題は、信頼できる相手方の確保ということであろう。

9. 情報通信技術の発達、特にインターネット普及の国際的な事業への影響と合弁事業

(1) 近年の情報通信技術、特にインターネットの普及は、国内、海外を問わず、多くの事業の研究開発、その運営、マーケティング、事業の国際的な提携、事業のM&A(買収)などに影響を与えている。合弁事業も例外ではない。インターネットに代表される情報通信技術の発達と急速な普及は、情報通信事業を合弁事業形態で運営し、海外の情報通信事業を買収し、または、インターネットを活用したマーケティングを容易にし、国境をなくし、国際的な事業活動を容易にするインフラストラクチャーを提供している。

(2) 従来の店舗による対面販売、サービスの提供やテレビ、郵便などによる通信販売での販売方法に加えて、インターネットを活用した販売が可能となり、仮想店舗方式、携帯電話などさまざまな端末を利用したサービス提供、販売、広告手法が開発されるようになってきている。サービスの中には、情報や金融まで含まれる。消費者、利用者側も抵抗を感じなくなりつつある。そのようなインターネットなどの環境、道具を活用して、事業展開が発展してくると、その顧客からいえば、商品やサービスの提供者の顔が、店舗での販売の場合に比べて見えなくなってきている。多国籍性、国際性というよりは、提供者の顔が見えないという点を強調すれば、うっかりすると、無国籍性と呼ぶべき事業形態すら起こっている。通信情報を伝達管理する機械装置やシステムそのものが、サービスや商品などビジネスを運営、提供しているように、外観上うかがえるケースすらありうる。極端な場合には、無人格性といってもよいだろう。一方、インターネットのビジネスでは、信用ある事業者へのなりすましや他人の商号、商標の無断使用を含めて、詐欺や犯罪、不道徳・反論理的なビジネスも多く混在している。

(3) そのような状況において、インターネットを活用したビジネスを成功させるうえで重要な点の一つは、どのようにして、ターゲットとした顧客層の信用を獲得するかである。海外に進出する場合のその信用獲得方法の一つが、当該市場において地元で事業活動を長くおこない、信用を得ている事業の信用を活用することである。そのために

は、そのような地元で信頼される事業の買収も一つの選択肢であるが、その事業活動をおこなっている相手方と組むのもよいだろう。相手方と組む方法としては、代理店、販売店、ライセンスなどさまざまな形態が存在するが、合弁事業もその一つといえる。事業展開上、どの段階までそのような合弁事業形態を維持するかは、経営判断となる。一定の規模まで事業展開が成功すれば、あとは、合弁事業を解消し、単独で事業を遂行するオプションも出てくる。インターネットを活用するビジネスでは、上位の数社のみが生き残る業界もある。情報産業の競争の激しさ、盛衰の激しさにはすさまじいものがある。インターネット活用による海外進出については、最初は合弁事業形態を選択したとしても、いつ、どのように解消し、単独で運営できるようになるか吟味し、その経営判断と計画に応じて解消する手続きを、当初から合弁事業契約で明確に規定しておくことが欠かせない。

(4) インターネット活用ビジネスの留意点として、検討を欠かせない事項の例に、租税上の問題と事業に関わる許認可がある。国境を超えてサービスや商品の提供をおこなう事業では、ともすれば、どの国で事業をおこない、課税されるのか、また、どのような事業の認可手続きをおこなう必要があるのか不明確な場合がある。国境を超えて、時差を利用した国際事業間の協力を可能とすることは、同時に、いったいどこで事業をおこなっているのか、不明確となりがちである。事業が収益をあげたとき、その収益を生む活動や付加価値を生む活動が、いったいどこの国でおこなわれているのか、さまざまな見方が可能になる。いくつかの解釈が可能となるため、どの国の専門家からも明確な回答や助言が得られない場合すらある。

(5) まして、うっかり国際租税上の課税問題や許認可手続きを無視していると、思いがけない課税の通知や違反行為としての摘発を受けるリスクが発生しかねない。本書では詳細は論じないが、租税条約、付加価値税、消費税、関税、法人税、個人所得税、情報通信事業をはじめとする各種事業認可、届け出などには注意を払っておく必要がある。

また、商標や著作権をはじめ、他社の知的財産権を侵害しないよう留意しなければならない。インターネットを活用したビジネスでは、ともすれば、類似した商標の使用などが起こりやすいのである。

10. 進出先国の国営企業と合弁事業をおこなう場合
(1) 進出先国の国営企業と合弁事業をおこなう場合がある。そのような場合には、合弁相手先と当方(外資側)との間で、その合弁事業によって達成しようとする目的について、十分な合意を得てからおこなうことが鉄則となる。たとえば、次の事項についてどのような合意が得られているのか。
・相手国にとって、その事業が、国家、社会の中で、どのような重要性を持つものなのか
・どのような場合に事業からの撤退を図るのか
・事業の独自の採算というものをどのように考え、事業の目標をどこに置くか
・配当施策をどのように考えるか
・代表取締役、役員や重要な幹部をどのようにして起用するのか

・合弁事業としてのビジネス展開における価格、生産計画、次の段階への増設、事業拡大プランをどうするか

(2) 外資側としては、民間の事業として、合弁事業方式で事業を推進するので、当然、採算を重視し、ともすれば、外資にとっての拠点としての役割を期待する。一方、国営企業側は、国家、社会の利益や目標を達成することを主眼に置き、しかも、基本的には、公務員である国家に仕えるメンバーが、一定の期間、出向形式で合弁事業に携わるということになりかねない。

日本において、かつて、第三セクターという方式で、民間と組んで、各種事業が企画、推進されたことがある。北海道や大阪などでもさかんに推進されたが、必ずしも当初の期待、計画通りには推移していない。外国政府が関わる国営企業との合弁事業にも、第三セクターによる事業経営に伴う問題や困難と共通の問題が随伴すると覚悟して取り組むことが必要である。計画や合弁事業契約においても、さまざまな困難を伴う。外資として相手国の国営企業と合弁事業をおこなう際には、国営企業や公務員の基本姿勢には、もともと、予算を使うという概念や姿勢はあっても、事業活動によって利益を生み出すとか、採算をとるという概念や考え方が共有されていないことがある、という点もわきまえておく必要があろう。

(3) もちろん、逆の面から見ると、国策会社であり、通常の合弁事業が享受できない恩典や保護、優遇措置を受けることも可能であり、第一、相手国におけるその事業の位置づけや評価も高く、なにより、国際貢献、国際協力という意義がある。しかしながら、第三セクターの事業が直面したように、事業としての挫折や不採算は、それまでの期待や協力を裏切ることとなり、その後の経営については、当初の恩典や保護の対象となるとは限らない。安易な採算計画を作りやすい原因にもなりかねないデメリットもある。インフラストラクチャーをはじめ、通常の合弁事業を開始するときに、評価、分析すべき点や事項は、国営企業との合弁事業においても、軽視することなく、慎重に検討すべきである。

(4) 国営企業と合弁事業をおこなう外資側が、あらかじめ覚悟しておかなければならないリスクがある。それは、万一、将来、株主間で紛争が発生したとき、相手方の国営企業側が、法的にも、現実にも、有利な立場に置かれるだろうということである。相手方当事者は、いわば、国家の一部、国家機関でもあるので、いざ、裁判など紛争解決の場に出る際には、国家としてのImmunity（免責特権）を主張することが可能である。仮にそのような特権を合弁事業契約により放棄させていたとしても、現実に法廷で機能するかどうかについては保証がない。また、仮に訴訟提起が可能となっても、相手方は裁判所と同じ国家であるから、公平あるいは、外資に有利な判断を期待できるかどうかの判断、予測には、楽観は許されない。裁判外の紛争解決方法に合意しても、相手方が国家あるいは国家に準ずる機関の場合は、その帰趨の予測は容易ではないと覚悟せざるを得ない。

(5) 結局、民間会社が、進出先国の国営企業との合弁事業をおこなうには、通常の事業とは別な観点からの事業の意味づけ、位置づけをおこなったうえでなければその推進が

賢明ではないというケースがある。そのうえで取り組むと、国際貢献として重要な役割を果たすことがあると同時にそれに伴うリスクを負うことがある。したがって、国際協力、国際貢献といった、通常の採算本位だけの事業ではない位置づけとリスクに対しての吸収余力の判断や国家レベルの保険、補償などの支援の確保など、リスクマネジメントをしたうえで取り組むべき事業という側面がある。企業も社会の一員であり、国内での社会への貢献、寄付活動だけでなく、国際的な貢献に取り組むのも立派な行為である。企業の財務面や事業の体力を見たうえで、国際社会への貢献をおこなうのも、事業の一環である。いずれは、合弁事業の期間が満了すれば、相手方に持分を譲渡して事業から撤収するつもりで、相手国に協力するという方式の合弁事業と、相手国で時期が到来したら、国営事業を民営化し、民間事業として経営し、あるいは、株式上場を果たすという形の事業がありうる。合弁事業には、あらかじめ書かれた教科書やシナリオはないのである。あらゆる可能性とリスクが残されている。

(6) 国家は、一見、大企業より安定しているような幻想（イリュージョン）を与えることがある。しかし、その継続性については、企業よりもろいことがある。過去40年の歴史をふりかえれば、それまで繁栄をきわめているように見えた国家のうち、いったいいくつの国家が滅亡あるいは、分裂してしまったことであろうか。滅亡しないまでも、革命や反乱が起こり、それ以前の体制とは異なった価値観、理念のもとに統治されるケース、あるいは、統治されない内乱状態のケースもある。少し思い浮かべるだけでも、ソビエト連邦、南ベトナム、ユーゴスラビア、チェコスロバキア、東ドイツ、パキスタン（バングラデシュの誕生、独立）、イラン、レバノン……。

国家が滅びたり、分裂したりしたとき、合弁事業契約の実効性は著しく損なわれる。国家そのものの体制が崩壊する革命や戦争、内戦の場合は、合弁事業契約の効果の吟味などといっていられない現実的な生命の危険にさらされることさえある。むしろ、そのような危険を国家や体制の崩壊は必然的に伴うと考えておいたほうがよい。国家の滅亡、分裂の及ぼす影響は、通常の合弁事業のパートナー（民間企業）の倒産の比ではない。それだけに国家企業や国家と組む合弁事業においても、相手方の信用を調べ、吟味することは、企業との合弁事業の場合と同様に、あるいは、それ以上に重要なのである。

●―第3款　基本問題──合弁事業方式を選ぶ理由は？　強いられたものか、それとも積極的な理由があるのか？　狙いは何か？

1. 合弁事業方式で海外事業をおこなうのには、どのような理由があるのか？

(1) 現地法制上、外資による100パーセント保有が可能となった場合でも、完全子会社方式ではなく、合弁事業方式を維持、選択する理由があるか？　あるとすれば、それはどんな理由か？

もっと基本的な研究課題は、現地法人の進出の仕方として、身代わりの現地での合弁事業方式の採用や、通常の完全子会社方式が可能なのに合弁事業方式による進出が賢明かどうかということであろう。外資には、100パーセント資本保有による現地への進出以外は見送る、という方針の選択肢があるということである。これは、すべての

合弁事業契約において、代替策として一つの選択肢でもある。

結局、なんのために合弁事業をおこなうのか、という基本問題に帰結する。仮に100パーセント資本保有による進出が可能なのに、あえて、外資として、現地資本の資本参加を求めることが賢明なのか、その狙いは何か、合弁事業方式により何を実現あるいは確保しようとしているのか、ということにたどり着く。もし、その目的が短期で達成できるなら、目的達成後は、合弁事業方式を維持する理由は何なのかというのが、次の問題となる。

(2) 言い換えれば、合弁事業をおこなうこと自体が目的であることは稀ではないか、という問題である。しかも、積極的な理由があったとしても、それは相手方が抱いている理由と同じとは限らない。相手方と共通の目的を保有することは決して多くはないと仮定してみよう。もし、その共通目的が国際企業間の摩擦、競争の回避なら、合併でもいいわけであり、合弁事業そのものにあるわけではない。相手方が倒産し、競争相手として存在しなくなれば、合弁事業をおこなう理由は消滅する。合弁事業は手段にしかすぎない。また、ともすれば、そのような目的は、社会全体あるいは法秩序から見れば、違法となるものかもしれない。合弁事業方式を採用することによって実現しようとすることが何なのか、という基本的かつどうかすると哲学的な課題にあらためて戻ることになる。

(3) 合弁事業をおこなう古典的な理由の一つは、共同で事業をおこなうことにより、それぞれの一社では困難だった資金調達を可能にすることであろう。資金の貸付機関から見ても、競争相手がひしめく事業では、いつまで存続するか、いったい、どの企業が生き残るか、判断に窮することがある。その競争相手同士が、共同で合弁事業をおこなうのなら、安心して資金を提供できると考える場合があろう。また、事業リスクが大きいときには、合弁事業という方式を採用することにより、リスクを分散し、また、親会社本体から分離して、対外的な債務についての法的責任の限界を設けることができる。ただ、出資の範囲による有限責任の事業をおこなうだけなら、単独の子会社方式でも可能である。あくまで、事業リスクの分散あるいは、事業の持つ得意技ともいうべき得意な技能、マーケティング、能力、信用などを合弁事業に集結させる場合もあろう。

(4) 経済摩擦が国際的に激しいときは、その摩擦をやわらげる役割と狙いがからむことがある。相手国の事業に脅威を与えるようなときに、相手国で信用のあるパートナー（共同事業者）を探し、その事業の進め方で互いに協力することにより、現地国のマーケットや社会にスムーズに溶け込んでいくという狙いを持つのである。事業の外国での持続的な成功と発展のためには、相手国におけるブランドイメージも企業イメージも大事だからである。政治的、社会的配慮ともいえよう。しかし、その配慮が企業としての海外進出の助けになるなら、それは、立派に海外進出戦略としても成り立ち、評価しうるものとなる。海外市場への参入の手段としての合弁事業といえよう。

(5) また、選択の余地なく、外資の出資比率に対し、上限が設けられていることがある。海外の国の国内事業が、まだ単独では海外の企業に対しての競争力がないと判断され

る場合は、国内産業保護と、海外の優れた技術の移転と海外からの潤沢な資金力を活用することと、海外の企業の保有するマーケティング能力や経営能力のノウハウの国内企業への移転を狙って、合弁事業が推進、奨励される。したがって、外資側としては、その貴重な保有技術、経営能力、資金力を相手国の提携先企業や合弁事業に移転させることとなる。当然ながら、気がつくと、相手国に、自社の強力なライバル企業が誕生することとなる。それをどのように受けとめ、活用し、しかも、自社の経営にとって最小限の悪影響にとどめるにはどうするか、ということが問われる。現地側パートナーや外国のパートナーと組む場合、相手方との間の協力、分担関係の認識が大事になってくる。

(6) 合弁事業の提携先、パートナーは、ビジネスの客先であることもある。また、原材料の手当て先でもありうる。技術の導入先あるいは、提供先であることもあろう。特許や著作権、あるいはブランドの許諾先という関係であることもあろう。いずれにしても、互いの協力の役割とそれぞれの狙いと責任を意識しておくことは、合弁事業契約の検討には必須の事項となる。

(7) 合弁事業について、双方あるいは、一方が考えている期間も重要である。短期間の合弁事業もありうる。不動産開発の事業や、研究開発の事業においては、基本的には短期の事業である。いつまでたっても事業目的が達成できない共同事業は、この種の業種や事業においては不自然であり、賢明ではない。

(8) 一方、国際間の企業の合弁事業方式の提携が、むしろ、双方にとって利益があり、いわば共同のグループの形成であることもある。その場合は、できる限り、永続的な事業の展開を望むこととなろう。また、単独の事業をおこなう合弁事業として、育成を図る場合と、むしろ、さまざまな新しい事業に多角的にどんどん業種を拡大していくことを目標とし、どちらかといえば、企業の統合に近い効果を狙った合弁事業もありうる。合弁事業は、双方あるいは、少なくとも一方の親会社よりは新規の企業であるため、設備も新鋭、技術も、経営技術も、出資した親会社より発展していくこともある。

(9) 将来、完全子会社化を、合弁当事者の一方あるいは双方が狙っている場合がある。この場合、将来の合弁事業の解消の方法、相手方の保有株式の譲渡申し入れに関わる手続き、ならびにその対価の算出・決定方法などに関わる規定が非常に重要になってくる。実際の例で、双方が、互いに相手方の保有株式の譲渡を求めたケースがあった。最後は、裁判官の調停による入札によって、高い購入金額を提示した側が相手方の持分を購入して決着が図られたが、それまでの紛争の経緯は苦渋に満ちたものだった。

(10) 合弁事業会社にその利益を蓄積し、独自の企業としての資金調達能力を高め、育成していくことを経営の基本方針とするか、それとも、その進出国で革命、混乱、国有化問題などがいつ起こっても対処できるように、合弁事業会社をコストカンパニーとし、利益を蓄積せず、合法的な範囲で、すべての利益を配当し、取引で利益を回収していく経営方針もありうる。合弁事業の相手方と当方側の方針が逆だとすると、将来、紛争の種になる。パートナーや合弁事業会社が、外資にとって潜在的な競争相手

なのか、それとも、事業のパートナー、客先なのか、その位置づけも大事である。

2. 投資環境の調査と判断

(1) 投資先国の投資環境をどう把握しておくかも、合弁事業契約を検討するには重要な要素になる。政治・体制・社会が安定しているかどうかの調査と判断が大事になる。もし、不安定要素があるならば、合弁事業契約では、そのような事態への対応が柔軟にできるように、撤退、拠点の移転や配当などの早期実施など、さまざまな対応が必要となる。ただ、一番の対応は、そのような不安定な地域への合弁事業は小規模とし、あるいは見送るということになる。最初から進出国を決定することなく、合弁事業の目的を踏まえ、他の進出国のほうが適切なのか検討し、進出先そのものの選択肢を探ればいいのである。合弁事業は、もし進出先国に不安があるならば、そもそも進出しないのが最善の対応なのである。

(2) 調査すべき項目には、通常、政治・経済、民主化の進展の度合い、治安状態、少数民族問題ないし内紛の発生、宗教と文化、言語、教育、事業をおこなううえでの基本的な技能を備えた従業員の雇用の可能性、などがある。生活、教育水準に対する調査と判断は、雇用とマーケットの規模を図るうえで重要である。また、海外への輸出や交流を考えると、その進出先国が国際社会で占める位置も大事になってくる。国際的に孤立をしている国、地域や国連制裁を受ける恐れのある事情、原因を抱える国には、進出を取りやめることを考えなければならない。軍、警察や官庁の腐敗、マフィアなど犯罪組織や外国人の居住に対する当該国の国民感情なども、事業としての成否に影響を持つことがある。

(3) 外資に対し、あるいは、合弁事業会社に対し、経済活動の自由が保障されているか、経済は安定して成長しているか、の調査と判定も大事になってくる。海外からの原材料の輸入は保証されているか、外貨の割り当ては大丈夫か、現地の資材の使用義務が課されることはないか、原料、燃料が確保できるか、インフラストラクチャー(交通、電気、水道、ガス、冷暖房、良港へのアクセス、航空機の便、医療、衛生、道路、住居などの確保)はどうなっているかも重要である。
技術情報の開示、移転、提供については、技術情報をはじめ知的財産の保護の法制と実態はどうか、についても調査し、判定をすることが大事である。技術情報についてまったく保護されない状況ならば、クラウンジュエルともいうべき貴重な最新技術やコンピュータ著作権などを提供することは、望ましくないということになる。何らかの防御手段を講じない限り、そのような国への進出は賢明ではないであろう。国や労働者、社会のモラルの水準も大事な要素である。企業秘密や秘密保持契約、労働規則や法律へのコンプライアンスの精神と実態も判断の要素である。関税、企業税制、所得税制、日本との租税条約の締結の有無とその内容も調査の項目になる。配当送金、ロイヤルティ送金などの際の源泉徴収税など事業の運営に影響のある事項を規制しているのである。

(4) 一番大きな調査項目と判断の対象の一つが、カントリーリスクである。もし、カントリーリスクが大きければ、直接投資をする代わりに、間接投資という方法も選択肢の

一つになる。投資会社を第三国に設けるのである。合弁会社は最初、その安全な、そして法制上も税制上も問題の少ない第三国に設立する。そのうえで、投資先としての進出国に投資会社から、支店あるいは、さらに子会社を設置するのである。

このような場合には、投資そのものについて再検討することもあろうが、資源開発などある程度の危険を引き受けたうえで、国益のためにも進出しなければならない場合には、覚悟のうえでの進出ということになる。このとき、投資会社を設立する地の候補としては、安全な先進国、税制上有利なタックスヘイブン、進出国に近い比較的安全で往来に好都合な国などが挙げられよう。

第3節　リスク・紛争の回避・予防を目指す合弁事業契約のドラフティングと契約交渉

●―第1款　はじめに

1. 合弁事業におけるリスク分析と合弁事業契約のドラフティング

第2節で、合弁事業に伴うリスク・紛争について分析するとともに、その解決策、対応策を吟味してきたが、この節では、あらためて、そのようなリスク・紛争をあらかじめ回避、予防するためにどのように合弁事業契約のドラフティング(起案)と契約交渉にあたればいいのか、検討していきたい。合弁事業契約は、発展途上国で、政府認可の対象とすることもあれば、政府との関わりでは、特に手続きはいらないこともある。その場合でも、当事者間で、契約自由の原則に従い、何らかの目的をもって、合弁事業契約を締結することも可能であり、現実には、多くの場合、何らかの形で、合弁事業契約が締結されることが多い。主目的は、多くの場合、これから設立と運営を始める合弁事業で、誤解から発生する紛争をあらかじめ防ぎ、当事者の役割を定め、互いに目指す権利を明確に確保したいということにある。それぞれの相手方には必ずしも伝えていない隠れた意図のもとに、条項が提案、規定に盛り込まれることもありうる。合弁事業契約は、未来に関わる約束であり、いまだ、起こっていない事項について取り決めるものである。しばしば、過酷な状況に将来、遭遇する可能性もはらんでいることもある。特に歳月がたち、進出先相手国での経済・政治情勢の激変や世界市場の変動、当事者の事業活動・財務内容の変化など、予想しえなかったことがありうるため、そのドラフティングと契約交渉に高度の注意と技術が要求される。

2. 合弁事業契約で規定する項目

はじめに、標準的な合弁事業契約で一般に規定する各項目、事項を見て、その後、次項以降で、各項目の規定の仕方と契約交渉の仕方を吟味、検討していきたい。

合弁事業契約の通常の項目は次の通りである。

・前文(当事者名、契約の調印の日)
・リサイタル条項(合弁事業契約締結に至る経緯と背景、事業目的、当事者の合弁事業経営における役割など)

- 契約締結文言(約因の記載、契約締結に合意をするという確認文言)
- 定義(重要な用語の定義、たとえば当事者の関連会社の定義、合弁会社が取り扱う商品・サービスなどの用語の定義、商号・技術情報などの定義、コントロールの定義、テリトリーの定義など)
- 新会社の資本金と株式発行、当事者の出資比率、引き受け、払い込みに関わる規定、種類株式の発行の有無
- 新会社の商号、事業目的
- 新会社の定款に関する規定
- 株主総会に関わる規定(定足数、決議要件、開催場所、時期、代理出席、議長と可否同数の場合の議長の決議権など)
- 取締役の選任、当事者からの派遣
- 取締役会に関する規定(定足数、決議要件、招集、種類株主による選任など)
- 代表取締役の選任、任期、派遣
- 監査役の選任、役割
- 合弁会社の事業の遂行に関連して、各当事者(株主)との間に締結される重要契約(例:原材料の売買、商号のライセンス、販売店契約、技術援助契約など)
- 合弁会社の帳簿の閲覧権
- 合弁会社の配当、配当受領権
- 株式譲渡の制限、譲渡の場合の条件またはその決定方法。必要な場合、デッドロック条項(双方の株主が衝突し、事業がデッドロックに陥ったときに解決する方法とそのデッドロック解消手続き)
- 合弁会社の資金の調達と当事者の協力義務の有無
- 合弁会社とそれぞれの当事者(株主)間の競合の制限(進出国、世界市場)の有無
- 当事者の破産、契約違反と合弁事業契約上の相手方の権利
- 一般条項(当事者間の関係、独立した合弁会社としての有限責任、あるいはパートナーシップとしての無限責任、不可抗力の発生の場合の当事者の義務と権利、準拠法、紛争解決方法、通知、法令遵守義務、合弁事業契約の有効期間と途中解除、秘密保持義務)
- 事前協議事項

●—第2款　リスク・紛争を防止あるいは抑えるための合弁事業契約のドラフティングと交渉

1. 合弁事業において合弁事業契約が果たそうとする役割

　合弁事業契約の締結において、その契約書の役割は、それぞれの合弁事業とその達成すべき目的によって異なってくる。当方側が事実上100パーセントに近い出資をおこなうような合弁事業で、合弁事業の相手方の協力がほとんどなくても、経営上、何も問題がないと判断されるならば、合弁事業契約を締結する必要性、有用性あるいは、狙いは、特に存在しない場合もあろう。わざわざ、10パーセントの株式を保有している株主と合弁事業契約を締結して、相手方の発言権を確保することになんらメリットを見出せないのなら、締結する必要など最初からないという場合もあろう。ただ、そのような場合で

も、当事者間の紛争の解決方法として、通常の現地での訴訟による解決ではなく、第三国での仲裁による解決などを合意することにメリットを見出すこともあろう。その場合、マイノリティーの相手方は、新会社運営に関わる重要事項について事前の同意を求めるよう事前協議事項を合弁事業契約に取り決めるよう提案してくるかもしれない。合弁事業契約は、相手方との関係でいえば、常に諸刃の剣である。

2. 外資側から見た合弁事業のコントロール、発言権の確保

外資側からいえば、コントロールをどうするか、もし、外資側にマジョリティー支配が与えられなければ、どう対処するか、という問題がある。たとえば、外資の出資比率が49パーセントまでしか認められないとき、どのようにして経営に関わる発言権を確保し、実質的にリーダーシップを確保するか、というテーマである。別にリーダーシップはとらないで、むしろ、相手方（現地側）にリーダーシップをとらせるという選択肢もある。相手方の経営能力に対する評価と、相手方がその合弁事業によって達成しようとする目的がどこにあるのかによって決まる。マイノリティーの出資比率で、実質的なリーダーシップを確保するスキームについては、法律実務家やコンサルタント、経営担当者たちが、種々、開発し、試してきた。短期的には成功することもあれば、期待通りの成果が発揮できないこともある。結局、裁判など明確な場で法廷闘争として争われるとそれに耐えられないスキームも種々あるということであろう。本書では、紙面の都合で、詳細に吟味することは省略したい。

3. 合弁事業の解消と株式の譲渡

株式の譲渡制限についての規定をどうするか、当事者の一方が撤退したいとき、あるいは、一方が倒産や契約違反で合弁事業契約を解消するとき、どのように進めていくのか。合弁事業契約においては、きわめて重要な課題である。なぜならば、その事業の相手方が誰であるかは、決定的に重要だからである。相手方が誰でもいいような合弁事業はありえない。人に品格、品性があるように、企業にも品格、品性がある。倫理的な感覚、遵法精神、社会・国家への貢献、文化・芸術への敬意・愛好など、企業には直接関わりのないように見える項目も、合弁事業を組む相手方を選択するとき、そして、合弁事業を推進し、共同で経営にあたるときには、その円滑な協議や遂行に大きく影響してくるものである。事業の経営は、自由な裁量の部分が大きいだけに、普段の価値観が決定する方向に対して大きく影響するのである。

4. 合弁事業の解消と外資側から見た対処方法の選択肢

相手方が、譲渡したいと申し出てきたときに、当方側（外資）としてどのようなオプションがあるのか、それを外資法の制約や実質的なさまざまな制約のもとに、相手方と合意する規定を起草するのは、プロフェッショナルとして、力の発揮しどころでもある。また、逆に、相手方は、事業の継続をその国の国家・経済・社会のためにも必要とし、望んでいるが、当方（外資）は、採算など経営面の不調から、あるいは、本業との関わりから、撤退を図りたいという場合がありうる。その場合、どのようにすれば撤退が可能なのか。

それぞれの場合の相手方への通知義務、協議、そして、譲渡される株式の承継人をどのようにして決定するか、その際に相手方は、どのような権利を有するのか、そして、

譲渡されるとしたとき、その譲渡対価の決定はどうなるかなど、交渉すべき詳細な項目がある。ファースト・リフューザル条項ほか、さまざまな解決手法が考案され、試されてきた。本書では詳細は省略するが、ファースト・リフューザル条項を基盤として、個別の合弁事業での情報と必要性を勘案して条項を起案し、交渉するのが、現地の会社法や契約法、外資法の趣旨に即しており、合理的な解決方法の筆頭の候補ではないか、と考えている。ファースト・リフューザル条項については、本書第11部第1章でも扱ったので、参照願いたい。

5. 合弁事業の撤退とそれまでの合弁事業の債権債務の処理、清算方法

合弁事業の当事者の一方が撤退する場合には、合弁事業の解消も含め、その解決方法の選択肢はいくつもある。難問の一つに、互いにその撤退の代償をどのように清算、負担するか、という問題がある。合弁事業が、借り入れている借入金、取引先に対して負っている支払い債務、取引先に種々約束している原材料の購入や製品販売の義務、雇用の約束をし、現在、雇用している従業員をどうするか……。通常の企業でも、倒産、解散はありうる事態であるが、合弁事業では、事業そのものは現地側から見て順調であっても、その経営方針をめぐる当事者の対立からデッドロックになり、合弁事業を解消するという事態は決して稀ではない。

合弁事業では、合弁事業契約の規定の仕方を不用意におこなうと、第三者の立場にある合弁事業の債権者から、合弁会社の法人格を否認し、それぞれの合弁事業の当事者(株主、親会社)に対し、合弁事業の代わりに債務を負担、支払うように求められることがある。合弁事業契約の内容も、経営の仕方においても、親会社がすべて合弁会社の債務について負担するように誤解を誘発し、あるいは、言質(いいがかり)を与えるような与地があってはならない。

6. 合弁事業契約における不測のリスクを伴う規定、約定の例――資金調達義務とレター・オブ・アウエアネス(Letter of Awareness)

当事者は、知らず知らずのうちに合弁事業契約で上記に述べたようなリスクをはらんだ規定を置いている場合がある。たとえば、合弁事業の資金調達という条項を置いて、合弁会社の経営にとって必要な資金については、親会社(株主)がそれぞれの出資比率の割合に応じて、責任を持って調達あるいは、貸し付け、合弁会社に資金不足をもたらさないように援助する、と規定する場合である。合弁会社の職員(親会社である外資からの出向者、親会社の財務部門の立場も維持)が、この契約書を持参して、現地金融機関から資金を借り入れたとしよう。間接的に親会社からの借り入れ保証がなされたと現地金融機関が主張したとき、どこまで否定できるか。特に、親会社から、その借り入れについて、Letter of Awarenessが当該金融機関に発行されていたりすると、もっと複雑になる。Letter of Awarenessとは、保証状ではないが、その子会社の借り入れについて、知っているということを確認するレターである。貸借対照表にそのリスクを反映させないで、実質的に関係会社を支援するために発行される書類である。法的な性格は玉虫色で、意図的に不明確にしているのが特徴である。

親会社による合弁会社への資金援助の規定については、本書第11部第2章で扱った。

7. 合弁事業契約を通じて技術情報が漏洩される潜在的リスクの発生

　合弁事業会社に対し、外資側親会社（株主）から技術援助をおこなう場合、たとえば、進出先国側の株主と外資が、それぞれ50パーセントずつの出資だとしよう。外資からの合弁事業会社に対する技術情報の開示と許諾がなされたときに、そのライセンス契約中に開示を受け、技術情報を使用許諾されるライセンシーの定義として、合弁事業会社ならびにそのAffiliates（関連会社）という定義を置くことがしばしばおこなわれている。Affiliatesの定義には、大きく分けて、2種類の定義が拮抗して使用されている。一つは、50パーセント以上の株式を保有し、保有された、あるいは、共通に保有された企業というものである。つまり、親会社、子会社、そして兄弟姉妹会社という3つのカテゴリーをそれぞれ、50パーセントの出資比率も含めて一体、同一の企業と考えるのである。結果として、この考え方を採用した定義を受け入れると、相手方の合弁事業会社は、外資から入手した情報をライセンス契約や秘密保持規定に違反しないで、現地の親会社に提供できることとなる。その親会社が、別な企業グループ（日本側の親会社から見て、ライバル企業）ともう一つのプロジェクトを合弁事業形式で、株式を50パーセントずつ保有し合っている場合、間接的にその別な合弁事業会社に現地側親会社によって開示され、それが間接的にそのライバルの企業（親会社）に開示、移転されるリスクが顕在化する。

8. 合弁事業契約を通じて技術情報が漏洩されるリスクの具体的ケースの吟味

　上記のリスクは、中国の自動車をはじめとする合弁事業会社において、現実に顕在化し、起こりうる事態といえよう。合弁事業会社に対して、ライセンスや技術情報の開示をおこなうときは、具体的にその契約に基づいてどのようなことが起こりうるのか、さまざまな事態をシミュレーションし、詳細に検討して、そのうえで、契約の起案と交渉をする必要がある。上記の例でいえば、Affiliates（関連会社）の定義は、もう一つの典型的な定義の仕方、つまり、50パーセントを超える出資比率の株式保有を条件として、関連会社として扱うほうが賢明ということになろう。あるいは、ライセンス契約や技術情報の開示契約で、その情報にアクセスできる人員を特定の部署のメンバーに限定し、あるいは、具体的な場所を指定することにより、他の部門や人員への開示を制限するなどの工夫も考えられる。

9. 秘密保持契約など契約を遵守する慣行のない地域や企業や人への対応

　どのように周到に準備された契約条項も、契約を遵守する慣行のない地域や企業や人員には、役に立たないことがある。それもリスクの一つとして対応すればいいのである。合弁事業に参画して、その現場を通じて学ぶのは、それぞれの国、事業のさまざまな状況の中で、自らの利益を追求し、生き抜く人々のたくましさ、知恵である。そこには、合弁事業契約や個別のさまざまな契約、規則を軽く乗り越えたエネルギーがある。ともすれば、政府、国家は革命が起こり、分裂し、消滅し、滅んでいくことさえあるが、人々は変わらず、たくましく生き残っていく力を持っている。海外で事業をおこなおうとするとき、その社会に根付いている倫理、宗教、慣習、哲学、風習、教育、食生活、階級、家族、共通の価値観など、一見、大事とは気がつかないでいる基本的な事項が決定的に重要であることがある。合弁事業の現場で働くのは、また、経営に参画してリーダーシップをとるのは、一人一人の人間である。労働関係、雇用関係は、合弁事業

経営の成否にとって、中核といってもよい重要性を持っている。

10. 合弁事業契約と各国の外資法、経済法など強行法規と許認可条件

合弁事業契約において注意すべき事項のうち、その事業の類型別の注意事項などについては、前節で詳しく扱い、分析をおこなった。

たとえば、同業種間の国際的な提携である合弁事業では、競争という面を考えなければならない。経済法としてどの国も、何らかの形で、独占禁止法、（米国では）反トラスト法を維持している。

したがって、競争制限的な行動は、基本的に独占禁止法違反に抵触するリスクをはらんでおり、実際に合弁会社を設立したあとで、監督官庁から、その合弁事業の解散、清算を指示されることもある。したがって、合弁基本契約の中で、そのような指示を受けたときには、どのように合弁事業を解消するか、その手続きと対価について、詳細に規定する方式もある。

基幹産業や資源開発を目的とする合弁事業の場合は、その合弁事業の存続期間がきわめて重要な関心事となる。当初の期間が満了した際の更新の方法や、期間の途中で撤退する際の手続きや負担の規定も大事になってくる。

このような規定も含め、前節で詳しく、議論、吟味したので、ここでは省略したい。

11. 外国における合弁事業の運営に伴う多様なリスクの計算と対処方法

合弁事業には、国内では経験しないリスクも含めて、さまざまなリスクが発生する可能性がある。それを想像力を働かせて、いかに最小限に抑えるか、または、あらかじめそのリスク発生による失敗を予測し、計算に入れて、対応方法を考えておくかが、合弁事業では大事なのである。

すべての事業を成功させるのはもともと無理な話であり、成功させる必要はない。失敗による損害の限度をあらかじめ設定し、本体の企業が耐えられることを確認しておけば、合弁事業の不可抗力やカントリーリスクに起因する挫折リスクを不相当に恐れる必要はないのだ。事業は、どのように周到に準備しても、挫折することがある。しかし、その挫折で親会社まで影響を被るのは、なんとしても避けなければならない。そのためには、合弁事業のリスクをその出資の限度と承知のうえで、融資や債権の信用を付与した範囲内に抑えることは、合弁事業契約や合弁事業の経営に関連するあらゆる契約などで、明確にしておかなければならない。

12. 合弁事業からの不可抗力的事由による撤退により失うものと失ってならないもの

ただ、合弁事業で働く社員や家族の人命を失う形での海外事業の失敗、撤退は、なんとしても避けるように力を尽くしたいものである。合弁事業の候補になる地には、しばしば、土着の病気、医師・病院の不足、誘拐の横行、衛生の悪化、内戦、強盗の横行、冷房・暖房・空調設備の不足、従業員による犯罪行為の横行など、倫理感覚や、治安の不備な地域がある。士気に影響するだけでなく、事業に従事することを命じた側にも、人の心がある限り、傷を残すこととなる。事業の失敗における経済的な損失と人命の損失の差は、質的な違いがある。そのためにも、海外事業の場合は、カントリーリスクを

重視し、不測の被害を受ける範囲、レベルを最小限とする必要がある。

13. 海外合弁事業に関わるリスク──Expatriates（出向者）とその家族、現地従業員（National Staff）への打撃、犠牲

　海外合弁事業に関わるリスクには、採算、経済面のリスクだけでなく、本邦（外資親会社）から派遣される社員・家族と現地で雇用する従業員の安全に関わるリスクがある。実際に現地に派遣されて合弁事業の仕事にあたる人々は、いつのまにか、その使命感や事業の成功を願って、危険を承知で引き受けて、現地の人々とともに献身的に働いてしまう傾向にある。現地合弁事業の経営に携わる外資側から派遣されたExpatriates（出向者）が、自らのリスクを常に気にしているようでは、現地の従業員の信頼を得られるわけがない、と考えるのである。逆に、親会社の命により、危険や困難な状況の中にもかかわらず、外国の合弁事業会社で働くことが、派遣された人々（Expatriates）にとっての生きがいになることもあろう。しかしながら、国際的な活動を事業目的とする企業が、本邦から派遣する社員・家族や現地で雇用する従業員を犠牲にして、永続的な事業の発展を図ることは考えられない。合弁事業の進出予定地や進出地の政治、経済、社会、自然環境の状況と、本邦社員ならびに家族、現地で雇用する従業員の安全に関わる問題については、常に最大限の注意を払う必要がある。経済的な損失については、取り戻すチャンスが残っている。しかし、失われた従業員、家族の命は取り戻す機会がない。不測の被害を受けた場合、それは、長い時間をかけて、事業の将来に対して影響を与え続ける。

第4節　結びにかえて

●―第1款　合弁事業に伴うリスクの認識とそのコントロール

　本章では、ここまで、合弁事業に付随するさまざまなリスクについて、合弁事業の種類、場合に分けて吟味してきた。そして、それぞれの場合にどのような対応が可能なのか、実際的なのかを、合弁事業契約や合弁事業の経営、付帯関連する契約の締結などを通じて、吟味し、検討してきた。合弁事業の経営には、結局、どうしても払拭できないカントリーリスクや、相手方や関連市場の盛衰・変化など、当方側（進出する外資）の意向やコントロール、注意だけでは抑制できないものがある。さまざまなリスクを合弁事業をおこなう際には不可避的に伴う、という前提に立つほかないのである。

●―第2款　合弁事業と合弁事業契約

　そのような限られた条件のもとで、合弁事業契約を工夫し、現地の相手方（当事者）との合弁事業を企画し、リスク軽減のためのドラフティングと契約交渉をしていくことになる。したがって、合弁事業契約はいつも、不完全さを認識したうえで、人間のできる限りの想像力、分析力、人間の判断・行動力・解決能力への信頼、現地社会・法制度の

調査能力などを働かせたうえでの総合的な作品となる。一つ一つの合弁事業は、それぞれの特色、性格を保有しており、共通の完全な標準契約書フォームはない。異なった法制度、価値観、宗教、倫理観、社会感覚を有する互いに外国企業である2社以上の法人が結成し、運営していく合弁事業において、その当事者間でその事業内容と経営方法を律する合弁事業契約を作成し、合弁事業の基本ルールたる約款を作成する作業とは、当事者がこれから設立しようとする合弁事業を律する法を当事者で作成する作業なのである。そのような役割を持つ契約書を作成するというのは、きわめて重要な役割を果たすこととなる。それだけにその合弁事業契約書のドラフティングと交渉は、プロフェッショナルにとってその力を発揮する楽しみがあり、やりがいのある仕事となる。

合弁事業契約のドラフティングについては、本書第11部、第14部第2章や『英文ビジネス契約書大辞典〈増補改訂版〉』(日本経済新聞出版社、2014年)の第7章で扱った。

●―第3款　合弁事業が国際社会において果たす役割

最後に、合弁事業というものは、たとえ、第一の目的がそれぞれの出資者にとっての目的成就であったとしても、付随的には、それぞれ、現地(相手国)社会と外資(親会社)の所属する本国の社会と両方あるいは、最低限、一方の社会の経済、生活、雇用創出、製品・サービスの提供、技術移転、経営手法の移転、国際協力など、何らかの形で貢献しようという基本的な性格と目的がある。事業経営の教育という点では、他に類を見ないほど貢献する。人的な交流を通じて、国際理解を推し進める力にもなる。単なる株式保有のみの投資や資金のみの援助の融資とは、根本的に異なる。合弁事業方式により海外事業をおこなうことは、基本的には、文化、経済、国際理解の推進、国際平和の実現のために、プラス面の多い性格の事業であると評価したい。各種のリスクを負担しつつ、世界各地に赴任し、あるいは、従業員として、合弁事業の運営のために力を尽くしている人々にエールを送りつつ、本章の結びとしたい。

第5節　おわりに

●―第1款　国際商事法研究所(IBL)「海外合弁事業契約講座(1997年3月〜)」

本章(第14部第1章)のもととなっている構想、考え方、着想は、1997年3月に一般社団法人国際商事法研究所(IBL)の「海外合弁事業契約講座」講義の依頼を引き受けたことに始まる。1998年3月を第1回として、2018年3月まで毎年3月(ときには2月)に国際商事法研究所の講座で講義をおこなってきた。毎年の講座では、IBL会員の企業、弁護士など現場で合弁事業に携わっている参加者の方々から合弁事業契約について、質疑を受け、意見交換をおこなう。22年間22回にわたる講座で、参加各社のそれぞれの方々が現場で遭遇している諸問題について問題提起されるのをきっかけに、ともに考え、議論を交わし

てきた。その度に、あらためて、合弁事業契約のあり方、合弁事業への取り組み方、合弁事業の位置づけについて考え、レジュメを改訂し、現場の合弁事業に携わる当事者の視点から、合弁事業契約を見つめてきた。

私にとって10年目、第10回の「合弁事業契約」のIBLでの講演（2006年3月30日）を前に、節目として、それまでの考え方をまとめて、2005年に本章のもととなる論説を著し、発表したもの（明治大学社会科学研究所紀要第44巻第2号2006年3月）に、13年を経て、今回、本書を著すにあたり見直し、加筆した。

第2款　明治大学法学部教授時代（1999～2014年）の研究

1999年4月に明治大学に法学部教授として赴任し、国際契約、知的財産のライセンス、合弁事業、国際取引紛争の解決・予防策の探求を中核として、研究を進め、深めた。その研究にあたっては、さまざまな国際ビジネスの現場で各種国際契約、合弁事業、子会社など事業経営、M&Aに携わり、また、その買収した外国企業の経営に携わる方々、責任者と会い、インタビュー、コンサルティング、意見交換などを重ねてきた。具体的な企業名やお会いした方々については、道義上、守秘義務があり、記載しないが、そうした方々との意見交換を通じて、国際企業活動に伴うさまざまな現場の問題、判断、解決策の探求をおこなった。

明治大学法学部教授に就任した際は、まず最初に3年がかりで、『英文ビジネス契約書大辞典』（日本経済新聞社、全768頁、山本孝夫、単著）の執筆に集中的に取り組み、2001年1月に刊行することができた。『英文ビジネス契約書大辞典』は、タイトルの「……辞典」の与える印象とは異なり、内容は、現実の国際取引で使用される具体的な契約条項に重点を置いた国際契約の研究をまとめたものである。国際動産売買契約、各種知的財産のライセンス契約、事業・株式売買契約、技術援助契約、雇用契約、融資・保証契約、合弁契約などを研究し、その成果をB5判で768頁の書籍とCD-ROM版にまとめた。

本稿は、その際には、ドラフティング、契約条項の研究を中核として研究した合弁事業契約について、合弁事業そのものの企画と経営そのものに焦点をあて、特にその運営に関わるリスクの探求、認識とその対処方法について、研究したものである。タイトルを「海外合弁事業契約の研究とリスクマネジメント」としたゆえんである。なお、『英文ビジネス契約書大辞典』は明治大学奉職15年目の退官直前の2014年2月に大幅に見直し、加筆し（1350頁）、増補改訂版を刊行した。（2014年3月6日、明治大学法学部教授会で〈献呈式〉で、大学からは筆者に明治大学『法律論叢』第86巻2・3合併号〈山本孝夫教授古稀記念論文集〉が贈られ、筆者から『英文ビジネス契約書大辞典〈増補改訂版〉』を贈った。本節第4款で触れる中東合弁事業への出向を含む筆者の略歴・著作・研究は、当該論文集の237頁から261頁に記述されている）

本章は、上述した契機と研究・講義過程を経て、種々、考えをめぐらせた事項について、論稿としてまとめたものである。したがって、個別の書籍を調査しながら、論文として仕上げたものというよりは、上記、研究・講義の過程で意見交換、議論をおこなったさまざまな問題を類型化し、問題の共通点を探ろうと試みたものである。また、そのような試みを通して、現実的ないくつかの対応策、あるいは、受けとめ方について、構想を練ってみたものである。

● ─ 第3款　エピローグ──ジョン・ジャクソン教授
　　　　　（WTOの父、元ミシガン大学教授）を京都に迎えて

　現実の問題をさまざまな事例から、吟味し、問題を見つけ、その解決策を見出そうとするのは、ミシガン大学ロースクール留学中に、恩師のジョン・ジャクソン先生（当時、ミシガン大学ロースクール教授、2005年はジョージタウン大学教授）から学んだことである。私が、ミシガン大学ロースクールに留学していた1972年秋学期、ジョン・ジャクソン教授の国際貿易のクラス（ゼミナール方式のプレゼンテーション中心）では、当時のGATTが弱体化し、国際貿易の諸問題に対し十分に機能していないという認識があり、ジョン・ジャクソン教授の提言と指導のもとに、クラスの学生全員で、当時、世界に存在しなかったWorld Trade Organizationの構想を作りあげクラスで発表した。ジョン・ジャクソン教授の提唱は、20年後に現実に実現し、WTOが誕生し、世界中で20年以上にわたり、重要な役割を果たしている。

　2005年10月29日、33年ぶりに、恩師ジョン・ジャクソン教授に京都でお目にかかった。とてもお元気そうだった。

　尊敬する知己である谷口安平京都大学名誉教授（WTO元上級委員会委員。京都大学大隅健一郎ゼミの先輩）の司会により、ジョン・ジャクソン教授による講演（「誕生10年を迎えるWTOの今後の課題」）を京大で聞く機会を得た。講演のあと、大学と先斗町（楠本）の親睦の席で、ジョン・ジャクソン先生と親しくお話をした。そして46年前の1972年秋にアンナーバーのミシガン大学の教室で聞いた「現実の問題の解決策の研究と実現への挑戦こそが学問研究の神髄である」というジョン・ジャクソン先生の言葉の深さと楽しさを再確認した。

● ─ 第4款　中東の合弁事業（IJPC）

　本章のもととなっている問題意識、考え方と着想は、むしろ、1970年代なかばに、筆者自身が中東のイスラムの国における日本と現地国の50パーセントずつ出資による合弁事業に出向したことに始まる。筆者自身、その現地国法（イスラムの法）を基盤とする現地国の企業のリーガル・オフィサー（法務担当）として、2年間（1976年4月～1978年3月）にわたり出向し、おびただしい数の国際契約のドラフティング（起草）と（日本を含む）海外企業との交渉、事業の遂行、さまざまな問題の解決に携わった。その際の経験と考えたことが本章のもととなっている。外国企業のリーガル・オフィサーとして、親会社の日本企業を含む世界のさまざまな企業と契約交渉をおこない、契約に調印し、問題に対処していくことは、それまでまったく考えなかったさまざまな問題を考え、現実に対処していく不思議な経験だった。日本と外国間の架け橋となる願いを持った両国にとっての夢に満ちた国策会社といってもよい壮大な事業であった。事業そのものは、その後、革命と隣国（イラク）からの攻撃（戦争）により、日本側は撤退する運命をたどった。合弁事業会社の名称をイラン・ジャパン・ペトロケミカル・カンパニーという。それらの具体的な詳細については、守秘義務、あるいは礼儀のため、本章中では吟味や記載の対象とはしていない。ただ、その際の経験とテヘラン、バンダルシャプール（現バンダルホメイニ）の現場で見聞きしたこと、話し合ったこと、経験したことが、筆者が合弁事業と合

弁事業契約を考えるときの基礎、出発点、原体験となっている。1970年代なかばに地の果てと感じられた砂もない土漠で近代的な壮大な石油化学コンプレックスの建設を企画し、計画を作り、革命と戦争の予兆を見、足音を聞く緊迫した環境のなかで合弁事業として実施したのである（「直き故に折れたる剣を軽んずるなかれ。曲がりつつ全きつりばりになお勝るなり。」白楽天）。なお、イランでの石油化学プロジェクトは、革命と戦争による7年の建設工事中断後、イラン側の手により建設が完成し、当初描いた規模をはるかに超える石油化学工場として稼働、操業している。

本章は、なるべく客観的な冷静な目で書こうとして取り組んだ。本章は、当事者に近い視点から見た合弁事業契約論である。

参考文献・書籍

(1) "International Business Transactions, A Problem-Oriented Course book" R.H. Folsom, M.W. Gordon, J.A. Spanogle, Jr（West Publishing, 1991）738 〜 938頁（第5章外国投資）
(2) "International Economic Relations Third Edition" John H. Jackson, William J. Davey, Alan O. Sykes, Jr（West Publishing, 1995）
(3) "Copyright, Patent, Trademark and Related State Doctrine" Paul Goldstein（Foundation Press, 1997）
(4) 『国際商取引法』高桑昭（有斐閣、2003年）特に191 〜 246頁（第6章国際的企業活動）
(5) 『国際取引法入門―当事者の視点から』富澤敏勝（窓社、1999年）105 〜 118頁（第9章合弁契約）
(6) 『国際取引法』北川俊光、柏木昇（有斐閣、1999年）291 〜 337頁（第6章投資に係わる諸問題）
(7) 『英文ビジネス契約書大辞典〈増補改訂版〉』山本孝夫（日本経済新聞出版社、2014年）
(8) 『国際的な企業戦略とジョイント・ベンチャー』澤田壽夫・柏木昇・森下哲郎編著（商事法務、2005年）
(9) 『ジョイント・ベンチャー戦略大全』宍戸善一、福田宗孝、梅谷眞人（東洋経済新報社、2013年）
(10) 『山本孝夫の英文契約ゼミナール』山本孝夫（レクシスネクシス・ジャパン、2016年。第一法規、2018年2月）

（注）上記リストは、本章の構想を練る際に、あらためて、読み直し、考えるきっかけとした参考書籍である。引用した文献というわけではなく、構想を練る際にその考え方や研究への姿勢をヒントにしたいと願って、手にした書籍の一覧表である。参考書籍からの個別の引用はおこなっていない（リストは順不同）。

海外合弁事業契約のドラフティングの手引き
（解説付き）

　海外合弁事業の契約では、重要なリスク、条件、ポイントなどを見つけ、確定するだけでは、リーガル部門・法曹の仕事はできない。それぞれの狙い、ポイントを的確に実現する契約条件を正確に分かりやすい英語で表現（ドラフティング）することができなければ、役割は果たせない。そのためには、どのようなトレーニングを積めばよいか。はじめて合弁事業契約を担当する方は、とにかく自分でドラフトを書いてみることから始めてみよう。相手方の契約書案が手元にあるならば、それをもとに当方側として、反対提案したい条件を書いてみよう。手元になければ、参考となる契約書案や契約文例を見ながら、あなたが守りたい権利について、あるいは、相手方に負担させたい義務を約束させる文章を実際に書いてみよう。契約書のスタイルや表現になじんでいないときは、ともかく、主張したい事項を普通の言葉でもいいから書いてみよう。そのうえで、契約書の一部として提案できるように表現するにはどうすればいいのか、必要な協力を専門家に求めればいいのである。筆者の場合は、英文契約書の手ほどきを、ジョージ・A・ファーネス弁護士（極東裁判の重光葵元外相の弁護人：佐藤・ファーネス法律事務所）から受けた。専門家は、あなたの所属する社内にいる場合もあろう。いなければ、社外の専門家を探して起用することを考えればいいのである。英文契約書や条項を書くことをDrafting（ドラフティング）という。その際、大切なのは用語と英語の表現になじむことである。英文契約書のドラフティングをしながら、問題点を検討して、解決策を探していけばよい。契約書や条項のドラフティングをすることは、交渉の準備になる。基本的で標準的な合弁事業契約（英文）の条項を紹介したい。

　筆者は、海外合弁事業契約のドラフティングや交渉に携わるときや海外合弁事業契約の講義の際は、和訳は作成せず、また和訳を参照しないことをモットーとしている。英文契約の先生がファーネス弁護士であり、出張先やロンドンやサンフランシスコ、合併事業で仕事をすることが多かった。一部の読者には厳しいかもしれないが、本章では、筆者の主義にお付き合いをお願いしたい。そのほうが、実戦での契約交渉力を身につけるためには有効な道だと信ずるからである。交渉時は翻訳には頼れない。なお、和訳を参照しつつ、合弁契約条項を学びたい方には、筆者の書籍では『英文ビジネス契約書大辞典〈増補改訂版〉』（日本経済新聞出版社、2014年）をおすすめしたい。

第1節　株主間契約書フォームと解説

●─第1款　前文

標準的な前文──古典的なフォーマルなスタイル。

例文1　標準的な前文

SHAREHOLDERS AGREEMENT

THIS AGREEMENT, made and entered into this _____ day of_____, 20__, by and between:

(1) Aurora Borealis Corporation, a company incorporated and existing under the laws of Japan, having its principal place of business at ____, Kanda-Surugadai, Chiyoda-ku Tokyo, Japan (hereinafter called "ABC")

(2) Karen View Corporation, a company incorporated and existing under the laws of California, having its principal place of business at _____, California Street, San Francisco, California, U.S.A. (hereinafter called "KVC") and,

(3) Elnox Corporation, a company incorporated and existing under the laws of _____, having its principal place of business at _____ _____ (hereinafter called "ELNOX").

[和訳]

株 主 間 契 約 書

(1) 日本法のもとで設立され、存続している会社であり、日本国東京都千代田区神田駿河台_____に事務所を有するオーロラ・ボレアリス・コーポレーション（以下、「ABC」という）と、

(2) カリフォルニア州法のもとで設立され、存続している会社であり、米国カリフォルニア州サンフランシスコ市カリフォルニア・ストリート_____にその事務所を有するカレンビュー・コーポレーション（以下、「KVC」という）と、

(3) _____国法のもとで設立され、存続している会社であり、_____に住所を有するエルノックス・コーポレーション（以下、「ELNOX」という）との間に20__年__月__日付で締結された本契約は、

解説

1 ❖ 合弁契約における相手方当事者の確認の大切さ

契約交渉の最後の段階で、相手方が、合弁事業契約の当事者として、思いがけない海外関連会社・子会社を指定してくることがある。たとえば、タックスヘイブン（tax haven）の会社や、グループ名は共通でも資産・実態の不明な法人などである。相手方の履行能力・誠実さが合弁事業の成功の鍵であるから、前文の当事者確認は手を抜けない。相手方が合弁会社の株式を第三者、あるいは関係会社に対して譲渡する権利を有するかどうかも含めて検討する。譲渡の余地が残る場合は、譲渡後も、万一、譲り受けた者が不履行をおこなうような場合、本来の信頼できるパートナー（親会社など）が代わってパートナーの義務を履行する保証をとることも考える。

2 ❖ 合弁契約書の英文の表題（タイトル）

タイトルは"Joint Venture Agreement"とすることが一般的であるが、その場合、（極端な

場合）ジョイントベンチャーとしての独立した法人格を持たないいわゆるストレート・ジョイントベンチャー（組合）、Partnership（パートナーシップ）と受け取られて、合弁会社の債権者から各株主（パートナー）が無限責任を負うと責任追及を受けることがある。設立前は株主ではないから、正確さを欠くとの批判はあるが、"Shareholders Agreement"というタイトルのほうをすすめる。

3❖英文契約書の前文のスタイル

英文契約書を見ること、あるいは、ドラフトを作成するのがはじめてという方に。

英文契約書の前文のスタイルは、上記のような古典的な正式スタイルから、簡略化した斬新なスタイルまでさまざまである。各契約書に共通の一般条項に関するドラフティングの基礎知識については、たとえば、『英文ビジネス契約書大辞典〈増補改訂版〉』（日本経済新聞出版社、2014年）の第2章、『山本孝夫の英文契約ゼミナール』（第一法規、2018年）などを参照していただきたい。

●―第2款　リサイタル条項

リサイタル条項-01―― 一般的な条項　　　例文2

WITNESSETH:

WHEREAS, KVC possesses certain technology for the design, manufacture, use, and distribution of ＿＿＿＿＿ (describe names of products) (hereinafter called "Products") and certain intellectual property pertaining thereto;

WHEREAS, the parties hereto have agreed to consider establishing a joint venture company which will manufacture and distribute the Products in the geographic area set forth below

WHEREAS, the parties hereto desire to establish a stock corporation under the laws of ＿＿＿＿＿＿＿＿＿＿ (describe a name of a country or state) to undertake and accomplish the manufacture and marketing of the Products in the Territory as defined in Article 1; and

WHEREAS, the parties hereto believe it to be their best interests and in the best interests of the New Company as defined in Article 2, that they provide for certain rights, duties, and restrictions as among themselves and others who may become shareholders of New Company, all as provided in this Agreement.

NOW, THEREFORE, in consideration of the premises and the mutual covenants, condition and undertakings of the parties herein contained, the parties hereto do hereby agree as follows:

解説

1 ❖ リサイタル条項の役割

リサイタル条項は、契約締結に至った経緯を説明する。契約の一部としての効果はないとされているが、契約の趣旨を明らかにし、解釈に影響を与える。

2 ❖ 合弁契約（Joint Venture Agreement）と株主間契約（Shareholders Agreement）

米国企業との合弁事業契約では、設立前の合弁契約にはあまり法的効果を期待せず、まず、新会社を設立し、パートナーが株主となって、株主として契約（Shareholders Agreement）を締結することが多い。その場合は、リサイタル条項で、設立に至る経緯を説明する。たとえば、次のようなリサイタル条項になる。

●—第3款　米国での株主間契約のリサイタル条項

アメリカで新会社を設立したうえで株主として合弁契約を締結するケース（クラス株式を活用）。

例文3　リサイタル条項-02——バリエーション

Whereas, contemporaneously herewith KVC and ABC have entered into an agreement, dated as of the date hereof（"New Joint Venture Company Agreement"）, pursuant to which KVC and ABC will become fifty percent (50％) owners of the New Company;

Whereas, prior to the effective date of this Agreement described in Section __, the authorized capital stock of the New Company will consist of _____ shares of Class A Common Stock, US$100 par value, and _____ shares of Class B Common Stock, US$100 par value, of which _____ shares of each class will have been issued and will be outstanding and will be held, respectively, by KVC and certain of its subsidiaries and ABC,

Whereas, it is desirable in this Agreement further to define certain of the rights, duties and obligations of the parties hereto, so that this Agreement becomes an integral part of a plan of operation and management of the New Company.

解説

1 ❖ クラス株式の活用

クラス株式（Class Stock）を活用している。クラス株式は、そのグループとして権利が明確に確保できるので、アメリカなどに設立する合弁会社では活用の余地が大きい。合弁協定のパートナーが、意見の相違や株主変更などの理由により、合弁契約での約束に反して株主権を行使するような事態が発生しても、クラス株式の方式をとっていれば、それぞれのクラス株式の株主の意向を活かすことができる。株式数のいかんを問わず、それぞれのクラス株主に一定の発言権、決定権、拒否権を与えることが定款でできるからである。日

本会社法のもとでも、度重なる改正を経て、さまざまな種類の株式の発行が法制上は可能になってきた。ただ、現実のケースで有効に活用するには、新制度を使う側の勇気、担当部署のメンバーの慣れ、経験実績を勘案することも必要である。相手方だけがその使い方を熟知していて、当方が未熟であれば、諸刃の剣となりかねない。新規発行の場合は、適用される会社法において、既発行の株式の保有者の権益を害しないための制限が置かれていることがある。企画するクラス株、種類株の新規発行を企画するときは、その合法性について注意しなければならない（ライブドアによるニッポン放送株式の買収をめぐる際に防衛策としてニッポン放送が発行を企てた第三者（フジテレビジョン）割り当て新株発行が違法と裁判所で判断された事例は教訓であろう）。

第4款　定義条項

合弁事業契約の主要用語の定義　　　例文 4

ARTICLE 1 DEFINITION

1.01 For the purposes of this Agreement each of the following terms shall have the meaning specified below:

"Affiliate" shall mean any person that directly or indirectly controls or is controlled by, or is under common control with, another person.

"Control" shall mean the power, directly or indirectly, to exercise a controlling influence over the management or policies of a person or activities of an individual (either alone or pursuant to an arrangement or understanding with one or more other persons), whether through the ownership of voting securities, through one or more intermediary persons, by contract or otherwise.

"KVC's Trademarks" shall mean the trademarks set forth in Exhibit ____ hereto, as well as any translations, transliterations and variations thereof.

"Technology" shall mean KVC's proprietary technical and marketing information, laboratory data, plant design, and equipment information, operating information, specification and know-how which KVC owns on the date hereof relating to the Products and its production, application, use or sale to extent that KVC has transferable or licensable interest therein and can transfer rights under such interest therein and can transfer rights or acquired by KVC as of the date hereof and during the term of the licensing agreement referred to in Article __ hereof. "Territory" shall mean _____, _____, and _____ _____.

解説

1 ❖ 定義の方法、並べ方

定義の条項は、さまざまである。重要で頻繁に使用する用語を定義する。本例文では、アルファベット順に並べている。細目の項目ナンバーを付す方法もある。"term"という言葉はいくつかの意味があるが、ここでは「用語」である。契約本文では、しばしば「条件」という意味で使われる。

●—第5款　合弁会社の設立に関する規定

例文5　合弁会社の設立-01

ARTICLE 2 INCORPORATION OF NEW COMPANY

2.01　The parties hereto shall, as soon as practicable after this Agreement takes effect pursuant to the provision set forth in Article ____ hereof, incorporate or cause to be incorporated under the law of _____, a stock corporation to be named in _____ language "_____" and in English "_____" (hereinafter called the "New Company").

2.02　The principal office of the New Company shall be in _____, _____. The principal office may be moved to any other place in _____ approved by all the parties hereto.

2.03　The objectives and purposes of the New Company shall be to manufacture the Products in the Territory, in particular, in _____ (country), have manufactured by _____ (OEM manufacturer) in the Territory, use and develop the application or improvement of the Products in the Territory, sell and distribute the Products in the Territory, cause the sale and distribution of the Products by ABC in the Territory, and to undertake the necessary business transaction incidental thereto.

2.04　The duration of the New Company shall be _____ (indefinite).

解説

1 ❖ 会社の存続期間

会社の存続期間は、外資法・会社法・定款の規定によっては無期限でなく、期限が付されることがある。たとえば30年、合弁会社の存続期間が限定されている場合は、(_____ years)となる。

合弁会社の設立-02 例文6

2.05　The New Company shall trade and do business only under the actual corporate name as set forth in Section 2.01 hereof. It shall not trade or do business under any fictitious or assumed name or name(s) of any shareholders.

2.06　The New Company shall not manufacture the Products outside the Territory and shall not conduct or transact business, or become authorized to conduct business, in a country not within the Territory, provided, however, that this Section shall not be deemed to prevent or prohibit the New Company from (i) entering into any agreement with KVC, (ii) convening meetings of its shareholders or Board of Directors outside the Territory or (iii) obtaining raw materials from suppliers located outside the Territory.

―――――― 解説 ――――――

1 ❖ 合弁会社に親会社の商号・商標を使用する場合のリスク。ライセンスする場合、使用料を徴収するかどうか

　合弁会社の商号に、ジョイントベンチャー事業参加当事者の商号・商標の一部を使用する場合がある。使用許諾した当事者が撤退した場合や株式保有率を削減した場合、商号使用料（ロイヤルティ）の問題を考えることが必要になる。

●―第6款　合弁会社の資本金に関する規定

資本金に関する規定 例文7

ARTICLE 3　CAPITAL OF NEW COMPANY

3.01　The New Company shall have the authorized capital of ＿＿＿＿＿＿＿＿＿＿＿＿ (※United States Dollars, or local currency) represented by ＿＿＿＿＿＿＿＿＿＿＿＿ ＿＿＿＿＿＿＿＿＿＿＿＿＿＿＿＿＿＿＿＿ common stock with a par value of ＿＿＿＿＿＿＿＿＿＿＿＿＿＿＿ (※United States Dollars, or local currency).

3.02　The issued capital at the time of incorporation of the New Company shall be ＿＿＿＿＿＿＿＿＿＿＿＿＿＿＿＿.

[3.03　The authorized but unissued shares of the New Company may be issued from time to time as the Board of Directors of the New Company so decides subject to the provisions of this Agreement.]

例文7	資本金に関する規定
例文8	合弁会社の株式の引き受け・払い込み
例文9	定款に関する規定
例文10	株主総会に関する規定-01（総会の開催場所）

── 解説 ──

1 ❖ 英米法のもとでの株式会社の資本──名目資本金、コール（Call）、分割払込制度

英米法などの地域では、株式の制度が日本と異なるため、一部修正して対応することが必要になる。たとえば、株式の引き受けをおこなったあと、分割払込制度をとる法制のケースがある。取締役会の決議に基づく払込請求（Call）によって払い込む。設立時の授権資本と払込資本金額を同額にして混乱・誤解を予防する方法もある。

●─第7款　株式の引き受け、払い込みに関する規定

例文8　合弁会社の株式の引き受け・払い込み

ARTICLE 4 SUBSCRIPTION AND PAYMENT OF PARTIES

4.01　The parties hereto shall subscribe for, at par, shares of the common stock of the New Company to be issued at the time of its incorporation as follows:
　(i)　　KVC　____ percent　_____ shares
　(ii)　　ABC　____ percent　_____ shares
　(iii)　 ELNOX ____ percent　_____ shares

4.02　The parties hereto shall, upon allocation, pay in full in cash for the shares subscribed for pursuant to Section 4.01 hereof.

── 解説 ──

1 ❖ クラスA株式、クラスB株式

米国各州の会社設立の場合は、Class A Common StockとClass B Common Stockを発行して、それぞれのクラスにおける株式保有者の権利を明確にすることができる。Non-Voting Stock、優先株の発行・組み合わせも自由である。

2 ❖ 株式の発行と払い込み

国によって、株式の発行時に全額払い込みを要求することもあれば、数回に分けて払い込む制度をとっている場合もある。合弁会社を設立する地の会社法の要求を調査することが大事である。

●─第8款　新会社の定款に関する規定

例文9　定款に関する規定

ARTICLE 5 ARTICLES OF INCORPORATION

5.01　The New Company shall be incorporated pursuant to Articles of Incorporation in the form attached hereto as Exhibit ＿＿＿, which exhibit shall consist of one copy of the Articles of Incorporation in ＿＿＿＿＿＿＿ (language of the country of the incorporation of the New Company)※, and one copy of the translation thereof in English.【※Only English version is sufficient in English speaking countries.】

5.02　The New Company shall be managed under the provisions of this Agreement, the Articles of Incorporation and the applicable laws and regulations of ＿＿＿＿＿ (country or state of incorporation of the New Company).

―――――――― 解説 ――――――――

1❖二重定款制――基本定款と付属定款

　アメリカ・旧英連邦諸国では、Certificate of Incorporation（基本定款）と Articles of Association（付随定款）の二重定款制の国・州が多い。両定款案または骨子を合弁事業契約書に添付するのが一般的といえよう。一般的な傾向として、定款を重視して、合弁事業・契約のスキームを構築する。いったん、新会社を設立して株主（Stockholder）となってから、株主間契約書を締結する方法をとることがあるのもその一つの表れである。新会社もその契約当事者に加えておく。

2❖定款と合弁設立契約の活用と効果――それぞれの規定に違反した場合どう異なるか？

　債権契約としての効力しかない合弁設立契約より、定款に基づく経営の仕組みを重視するのが米国の企業の姿勢といってもよい。契約というものが訴訟になったときに役立ってはじめて意味があるというプリンシプルを基礎に契約に取り組むと、会社法の株式の種類の組み合わせや定款を最大限に重視してスキームを作ることになるのは、一つの帰結である。

　発展途上国でもインドネシアのように定款が非常に重視される国もある。会社法はアメリカ各州と対照的に実に簡単で、会社運営のルールはむしろ、定款によって規定される。もちろん、合弁契約も重要である。

●――第9款　株主総会の招集・成立・決議に関する規定

株主総会に関する規定-01（総会の開催場所）　　　　　　　　　　　　　　例文10

ARTICLE 6　MEETINGS OF SHAREHOLDERS
6.01　Meetings of shareholders of the New Company shall be held in ＿＿＿＿＿＿, or at such other place as agreed upon by unanimous consent of all the shareholders of the New Company in accordance with applicable law.

例文 10	株主総会に関する規定-01（総会の開催場所）
例文 11	株主総会に関する規定-02（定足数、決議要件）
例文 12	株主総会に関する規定-03（委任状による代理出席、総会の招集）
例文 13	標準的な選任・決議方法　取締役会、取締役の選任

解説

1 ❖ 株主総会開催の場所

通常は本社所在の市である。会社法が許容するケースでは、合弁会社の設立地外の国内や国外で開催するケースがある。

例文 11　株主総会に関する規定-02（定足数、決議要件）

6.02　Except as otherwise required by law, all resolutions of a meeting of shareholders shall be adopted by the affirmative vote of a majority of the shares represented in person or by proxy at such meeting of shareholders, and a quorum for a meeting of shareholders holding a majority of the total issued and outstanding shares of the New Company entitled to vote thereat.

6.03　Each party hereto shall have one vote for each share of which it is the holder and may be present at any meeting of shareholders either in person or by proxy.

解説

1 ❖ 株式保有数と議決権数

一株式について一議決権というわけではない。日本の会社法の発展により、このことは、もはやなじみ（常識）となったが、以前には、誤解に基づく紛争がしばしば見られた。

放置しておけば、持ち株数にかかわらず、出席株主の数により決議される国もあった。クラス株式や転換・優先株式などがからんで複雑になることもある。日本でも、新会社法の制定により、この種類の株式はなじみとなってきた。合弁事業では、当事者である株主の合意により、特別多数決の決議によってすべての事項を決する方法が採用されることもある。たとえば、「3分の2以上」「60パーセント以上」など。株主構成・株式の種類・比率次第である。合弁事業では、設立の地の会社法の強行法規性を調査しながら、この比率を決定していく。

2 ❖ 合弁契約の規定違反行為

合弁契約の事前承諾事項の規定に違反して決議されたときに、契約違反としての損害賠償問題に発展することがあっても、会社法上は有効な決議とされるリスクが高い。絶対に権利を守ろうとするには、決議要件を加重することが少数株主側の権利を確保するのに必要になる。いわゆる特別多数決である。

3 ❖ 3分の2以上の多数決

ドラフトとしては、affirmative vote of holders of not less than two-thirds of common stockなどとなる。「……以上」と「……を超える」についての表現には、細心の注意が必要である。

株主総会に関する規定-03（委任状による代理出席、総会の招集） 例文 12

6.04 A shareholder may exercise its vote by proxy, who need not be a shareholder, provided that such proxy shall present to the New Company a document, the form of which shall be furnished to each shareholder or designated by the New Company, pursuant to law, evidencing his appointment as proxy.

6.05 Except as otherwise permitted by law, each meeting of shareholders shall be convened by the President of the New Company in accordance with a resolution of the Board of Directors upon written notice of the time, place, and purpose of such meeting given not less than _____ (_____) days before the date of the meeting either personally or by mail to each shareholder of record entitled to vote at the meeting.

6.06 The President of the New Company shall act as chairman at general or special meetings of shareholders unless otherwise permitted by the Articles of Incorporation of the New Company.

―――― 解説 ――――

1 ❖ 株主総会議長の議決権

議長が可否同数の場合のCasting Voteを持つ場合がある。PresidentやManaging Directorが議長になる場合などさまざまである。本来の議長が出席できない場合の代行者の規定も必要だ。議長の選任には、定款の規定でも注意を要する。

●――第10款　取締役の選任・取締役会の決議に関する規定

標準的な選任・決議方法　取締役会、取締役の選任 例文 13

ARTICLE 7 BOARD OF DIRECTORS

7.01 Except as otherwise required by law or provided for in the Articles of Incorporation of the New Company, responsibility for the management and direction of the New Company shall be vested in the Board of Directors of the New Company.

7.02 The Articles of Incorporation of the New Company shall provide for the election of six (6) directors of the New Company.

7.03 The directors of the New Company shall be elected at a general meeting of the shareholders.

three (3) of the six (6) directors shall be individuals nominated by KVC, two (2) shall be individuals nominated by ABC, and the remaining one (1) shall be individuals nominated by ELNOX.

Each of the parties hereto shall vote all its shares of the stock of the New Company, and otherwise take or cause to be taken all such other action as may be necessary, to cause the election of the directors nominated in accordance with the foregoing.

In case of the death, resignation or other removal of a director prior to the expiration of his term, the parties hereto agree to cast their votes as shareholders, and otherwise take or cause to be taken all such other action as may be necessary, so as to appoint as his replacement a director nominated by the party hereto who has nominated the director whose death, resignation or other removal was the cause of such vacancy.

7.04 Except as otherwise required by law, the term of office of a director shall expire at the close of the second ordinary general meeting of shareholders to be held subsequent to this election.

The term of office of a director elected to fill a vacancy shall be the same term with the remainder of the term of office of his predecessor.

Notwithstanding the foregoing provisions of this Section 7.04, the term of office of the initial directors of the New Company shall expire at the close of the first ordinary general meeting of shareholders to be held after the election of the initial directors.

7.05 Except as otherwise required by law, a quorum for holding a meeting of the Board of Directors shall be four (4), provided that at least one (1) director nominated by each party shall be present.

All resolutions of the Board of Directors shall require the affirmative vote of four (4) directors.

7.06 No director of the New Company shall be required to own of record or beneficially any shares of the stock of the New Company.

7.07 Regular meetings of the Board of Directors shall be held quarterly at the office of the New Company or at such other place as the Board may designate. Notice of regular meeting of the Board shall be given to each director by mail or hand delivery at least _____ (____) days prior to the date designated for such regular meeting.

解説

1❖取締役の選任と株主の権利

取締役の選任については、クラス株式（Class A、Class B、Class C）を採用すれば、紛争の余地を大幅になくすことができる（米国各州など）。たとえば、次の例文14のようになる。

2❖クラス株式を採用した場合の取締役の選任・取締役会決議方法

米国での合弁事業会社では、クラス株式を採用することにより、各クラス株主にそれぞれ、一定の発言権、選任権などを与えることができ、便利である。

取締役の選任・取締役会決議　　例文 14

(1) The New Company shall have an initial Board of Directors of ＿＿ members. Of such directors, the holders of New Company's Class A Common Stock and Class B Common Stock shall be each entitled to nominate and elect ＿＿＿ (＿＿) directors respectively. Such holders by the affirmative vote of a majority of each class Common Stock shall elect ＿＿ Special Class Directors and may increase or decrease the number of Special Class Directors. Regular meetings of the Board of Directors will be held quarterly.

(2) KVC and ABC agree that, without the prior written consent of the other, neither will vote its shares of Common Stock of the New Company for any person as a nominee to be a director of the New Company who is a director, officer or employee of a ＿＿＿＿＿ corporation or affiliate thereof, other than ＿＿＿＿ or one of its wholly-owned subsidiaries.

(3) KVC shall be entitled to nominate the first Chairman of the Board of Directors of the New Company, and ABC shall be entitled to nominate the first Vice Chairman of the Board of the Directors. KVC and ABC agree to use their best efforts to cause the election of their respective nominees by the Board of Directors. Subsequent chairman and vice chairman of the Board of Directors of the New Company may be of any class of directors.

(4) At each meeting of the Board of Directors, a majority of each of the Class A Directors and Class B Directors shall be necessary and sufficient to constitute a quorum for the transaction of business. An affirmative vote of a majority of each of the Class A Directors and Class B Directors present and voting shall be necessary and sufficient for any action by the Directors.

取締役会の決議方法に関する規定（補充）　　例文 15

◇取締役会の決議方法（補充）

- 例文 15　取締役会の決議方法に関する規定（補充）
- 例文 16　株主の事前承認事項
- 例文 17　代表取締役選任
- 例文 18　監査役の選任

(5) However, any number of directors, whether or not constituting a quorum, present at any meeting or any adjourned meeting of the Board of Directors may make, by majority vote of those present, voting in the aggregate and not by class, ...

解説
---

1 ❖ クラス株式に基づくVeto

クラス株式の活用は、それぞれのパートナーが絶対的な権利を確保できる点で有効である。一方、取締役会の決議では、各クラスの取締役の意見が一致しないときは互いに拒否権（Veto）を持つことになり、何も決定できない。解決のスキームが必要になる。延会では、クラスに関係なく多数決で決する方法が一つのオプションである。

●―第11款　株主の事前同意を要する重要事項

例文 16　株主の事前承認事項

ARTICLE 8　ACTION REQUIRING UNANIMOUS WRITTEN APPROVAL OF THE SHAREHOLDERS

8.01　The parties hereto agree that the following actions require the unanimous written approval of all the shareholders of the New Company:
1. Any change in the name of the New Company;
2. Any change in the general object of the New Company;
3. Any merger or consolidation with or into any other corporation or entity or any dissolution not otherwise in accordance with this Agreement;
4. Any change in authorized, issued, or paid-up capital of the New Company or any amendment to the Articles of Incorporation;
5. Any issuance, sale or repurchase of the shares of the New Company or issuance of, or agreement to issue, any security; right, option, warrant, or instrument of indebtedness convertible into exercisable or exchangeable for shares of the New Company;
6. Any payment on account of the purchase or redemption of the New Company;
7. Any sale or other disposition of all or substantially all the properties or assets of the New Company;
8. The formation, acquisition or sale of any subsidiary of the New Company and the formation of any partnership or joint venture involving the New Company;

解説

1 ❖ 事前協議事項規定の狙いと役割

　本条の意図は、重要事項は全当事者による株主総会、取締役会以前の根回し、協議によって意思統一することである。一致できないときは、議案として提案しない約束となるため、方針が不一致の場合、デッドロックになる。一方が契約に違反して決議してしまうか、株式の買い取りなどの問題に発展することがある。たとえば、拡大方針と縮小方針の衝突のケースである。列挙項目については、事業・当事者の性格、国情によって工夫が必要となる。たとえば、ストックオプション、株主との取引、新事業分野への進出、重要雇用契約、株式の上場などだ。

第12款　代表取締役の指名権・派遣に関する規定

代表取締役選任　　　　　　　　　　　　　　　　　　　　　　　例文 17

ARTICLE 9 APPOINTMENT OF EXECUTIVE MANAGING DIRECTOR

9.01　The Board of Directors of the New Company shall appoint from among its members two (2) executive managing directors, one of whom shall be selected from among the directors nominated by KVC, and the other of whom shall be selected among directors nominated by ABC and ELNOX.

解説

1 ❖ 代表取締役制度とは──株主による指名権

　代表取締役、社長(President)などの役職は、国によって制度が異なる。アメリカなどでは、PresidentあるいはCEO(いずれも、一人)、イギリスではManaging Director(一人)が通常である。経営上、キーポイントとなるのは、トップ(社長)をどちらが派遣し、経営をおこなうかである。交代制がよいのか、一方が継続するのか、投資先現地側パートナーが派遣すべきか、外国投資家本国が派遣すべきかは、経営事項として最も重要である。合弁契約で役員・重要役職者候補を個人名で明示して指定することがある。

第13款　監査役の選任に関する規定

監査役の選任　　　　　　　　　　　　　　　　　　　　　　　例文 18

ARTICLE 10 STATUTORY AUDITORS

10.01　The New Company shall have _____ (____) statutory auditor(s) who shall be nominated by the Board of Directors and elected by the shareholders.

10.02 In case of the death, resignation or other removal of the statutory auditor prior to the expiration of his term, the parties hereto agree to cast their votes as shareholders so as to appoint as his replacement a statutory auditor nominated by the Board of Directors.

解説

1 ❖ 監査役の役割と権限

　監査役に関する規定は、会社法を見て方針を決める。監査役制度は国によって大幅に異なる。インドネシア、オランダなどでは、監査役(コミサリス、コミッショナー)は、取締役以上の大きな権限、すなわち、業務監査権を有し、取締役を解任することができる。人数、指名権確保について、現地会社法、習慣をよくリサーチする必要がある。派遣会社の責任問題が背後にある。

●—第14款　製品の製造・販売、新会社とパートナーとの契約に関する規定
　　　　　　——サービス契約、ライセンス契約、販売店契約

例文19　各株主の合弁新会社との契約、経営協力

ARTICLE 11 MANUFACTURE AND SALES OF PRODUCTS; LICENSE AGREEMENT

11.01 The New Company will establish its own facilities for manufacturing and warehousing in the site of _____ city as soon as practicable after this Agreement takes effect. The details of the facilities are set forth in Exhibit __.

11.02 Without limiting its other obligations under this Agreement, KVC at the request of the New Company shall have the following specific obligations for the purpose of assisting the New Company with respect to the establishment, design, construction, equipment, furnishing and start-up of such facilities:

11.02.01 If requested by the New Company, to prepare and make available to the New Company, blue prints, and other necessary plans and drawings to build and construct such facilities in accordance with the general specifications to be provided by (KVC) pursuant to this Section below.

11.02.02 If requested by the New Company, to assume responsibility for the construction management of such facilities, including access roads, and utilities connections, in accordance with said blueprints, plans, drawings and specifications.

11.02.03 Immediately after the incorporation of the New Company, KVC shall enter into a service agreement with the New Company setting forth detailed terms of such technical and management services as described in this Section above.

11.03 Immediately after the incorporation of the New Company, ELNOX shall enter into a licensing agreement with the New Company in substantially the form attached hereto as Exhibit__.

11.04 Immediately after the incorporation of the New Company, ABC shall enter into an exclusive distribution agreement of the Products in _____ with the New Company.

解説

1 ❖ 合弁会社の製品の販売、工場の建設などをどう進めるか

　新会社の具体的な事業目的に従い、製品の製造・販売、自社工場設立をおこなうことがある。その場合、工場・施設をどう設計・建設、技術導入・指導するかが重要になる。たとえば、株主の一人がその役割を引き受けるとする。であれば、その契約条件は？

2 ❖ 合弁会社のビジネス推進における各株主の具体的な役割と契約方法

　あらかじめライセンス契約、サービス契約内容を確定して新会社と締結することがある。販売を当事者の一社が担当するケースではディストリビューター契約または代理店契約を締結することがある。問題の起こる原因になりがちな株主との契約条件を明らかにすることに意義がある。外国株主がどこまで契約に入り込むことができるかは、受け入れ国側の外資指導方針に従うことになる。継続的な原材料供給契約、事務所リース契約が締結されることもある。

●第15款　帳簿閲覧権に関する規定

合弁契約当事者による帳簿閲覧権　　例文20

ARTICLE 12 RIGHT TO INSPECT ACCOUNT BOOKS

12.01 Each party hereto shall, at any reasonable time during business hours of the New Company, have the right to inspect at its own expense, either by itself or through its duly authorized agent, the accounts, books and operating and other records of the New Company, which the New Company shall maintain in accordance with generally accepted accounting principles and the laws of _____.

解説

1 ❖ 株主による合弁会社の帳簿閲覧権

　最後の2行はin accordance with the internationally (generally) accepted accounting principles

とすることがある。発展途上国や経済体制の異なる国の企業では、帳簿の記録方法のルール・習慣が国際的な基準や外資側の国の基準と相当大きく異なることがあるためである。そのような場合は、現実には会計要員を派遣し、専門家による指導をおこなうことが必要とされる。

●──第16款　配当・配当受取権に関する規定

例文21　配当に関する規定

ARTICLE 13 DIVIDENDS

13.01 KVC, ABC and ELNOX intend that the New Company will pay dividends at such times and in such amounts as its Board of Directors determines are appropriate in light of its earnings, cash flow and capital requirements.

13.02 Dividends may be paid to the shareholders of the New Company of record as of the last day of each fiscal year of the New Company for which dividends are declared (subject to approval of the shareholders) at a general meeting within the scope of such sum as is permitted under applicable law.

────── 解説 ──────

1 ❖ 株式譲渡と配当の支払い先

　上記2項は、会計年度中に株式の譲渡がおこなわれた場合に、誰に配当を支払うのかの基準を示す規定である。日割り計算する方法もあるが、合弁会社の支払い実務を簡単にするためには、上記のように各会計年度の最終日における登録上の株主に支払うとする方法が分かりやすい。

●──第17款　株式譲渡の制限に関する規定

◇標準的な規定

例文22　株式の譲渡制限規定-01──ファースト・リフューザル・ライト

ARTICLE 14 TRANSFER OF SHARES

14.01 Each party hereto agrees not to sell, assign, pledge, or in any other manner transfer title or rights to, or otherwise encumber, any of the shares of the New Company held by it, or take any action leading to or likely to result in any of the foregoing without the prior approval of the Board of Directors of the New Company except in accordance with the provisions of this Article 14 or other Article hereof, provided, however, that approval of the directors nominated by any party hereto shall not be withheld and shall be deemed to have been given where such party has declined or failed to exercise its right of first refusal pursuant to Section __ with respect to shares of the New Company offered for sale by one or more of the parties hereto.

14.02 Subject to the need for approvals as set forth in Article __ hereof, a party hereto may sell all or any portion of the shares of the New Company then owned by it to a third party only on condition that such purchaser agrees in writing, concurrently with such sale, to be fully bound by the terms and conditions of this Agreement.

14.03 A party hereto proposing to effect a sale of any shares of the New Company (the "Offeror") shall give written notice to the other parties hereto, or their assignee, who are then shareholders of the New Company (the "Offerees") of the Offeror's intention, the identity of the prospective third party purchaser, and the terms and conditions of the proposed sale (the "Proposed Sale") and shall make a written offer (the "Offer") to sell the shares of the New Company in question to the Offerees (pro rata, in accordance with the Offerees' shareholdings in the New Company), on the identical terms and conditions of the Proposed Sale, including, but not limited to the purchase price and terms of payment.

14.04 Acceptance by Offerees of any Offer that has been made to it pursuant to Section 14.03 will be effective upon the giving by an Offeree of written notice of acceptance within _____ (____) days after the Offeror's receipt of the Offer......

解説

1❖株式譲渡と譲受人の役割──合弁契約上の前株主（譲渡した株主）の義務を引き継ぐか?

株式譲渡のケースでは、その譲渡希望株主が合弁事業に関連してそれまで負担してきた役割と責任を譲り受けた者が引き継ぐかどうか、履行能力があるかどうかが問題になる。また、譲渡価格も問題になる。

2❖株主のファースト・リフューザル・ライト（First Refusal Right）

他の株主のファースト・リフューザル・ライトの仕組みを規定するのも具体的な解決策としてよく使われる。価格決定のメカニズムと考慮期間が重要である。譲渡希望の意思（Intention）の通知先を合弁契約のパートナー（株主）とする方法もある。設立後一定期間は譲渡を禁止する方法もある。

3❖ファースト・リフューザル・ライトはどのような契約で活用されるか?

ファースト・リフューザル・ライトは、一般の長期売買契約などでも使われるスキームである。言葉の響きとは反対に、同じ条件（値段・数量など）ならば他人が購入するのを拒絶して自分が優先的に購入できる優先権のことである。

- 例文 23　株式の譲渡制限規定-02——他の株主の同意を要すると規定するケース
- 例文 24　株式の譲渡制限規定-03——譲渡株式についての他の株主の優先的購入権
- 例文 25　新会社の資金調達
- 例文 26　新会社の運営の独立性を強調する規定——新会社の運営

例文 23　株式の譲渡制限規定-02——他の株主の同意を要すると規定するケース

ARTICLE 14A
Without first obtaining the written consent of other parties hereto, KVC, ELNOX and ABC agree that no party, nor its successors or assigns, shall sell, assign, transfer, pledge, encumber or otherwise dispose of, whether by operation of law or otherwise, any shares of voting the New Company or instruments convertible into such shares, expressly permitted by and in accordance with the provisions of Section ___ hereof.

──── 解説 ────

1 ❖ 原則譲渡禁止とする規定——ただし、例外として、優先購入権(Preferential Purchase Right)を合弁相手方(他の株主)に付与

　原則として、他の株主(パートナー)の同意なしに株式譲渡ができない規定とし、例外的に譲渡できる特別規定を設けることがある。例外規定として、Preferential Purchase Right(優先購入権)を他のパートナーに合弁契約の効果として与える方法がある。はじめに他の株主に譲渡したいと申し入れ、拒絶されたときに他の第三者に譲渡をオファーすることが認められる。同条件ならば、また他の株主が購入できるスキームとすることが多い。

例文 24　株式の譲渡制限規定-03——譲渡株式についての他の株主の優先的購入権

ARTICLE 14B
In the event any of the parties hereto desires to transfer its shares of the New Company, it shall fist make a written offer to transfer such shares of the New Company held by it to other parties.
If, within ____ days after such offer is made, no agreement is reached with other parties, the party making such offer may offer, subject to the rights in this Section of the other parties, the rejected shares to any person or persons who are acceptable to other parties as evidenced by their approval, which approval shall not be unreasonably withheld.
In the event that, as a result of such offering, the party desiring to transfer receives a bona fide offer which it considers acceptable to purchase the rejected shares, it shall, before transferring such shares to such person, re-offer or cause such shares to be re-offered to other parties who rejected them, up in the terms of such offer to purchase. The parties who rejected them originally shall have ____ days within which to accept such offer.

● ── 第18款　新会社の運営・資金調達に関する規定

　◇標準的な規定

新会社の資金調達

例文 25

ARTICLE 15 FUNDING

15.01 KVC shall make a loan (herein after called "Loan") to the New Company in the amount of _____ United States Dollars (US$ _____) pursuant to the terms and conditions of a loan agreement (hereinafter called "Loan Agreement") in substantially the form attached as Exhibit ___.
The Loan Agreement shall be entered into between KVC and the New Company immediately after the incorporation of the New Company.

15.02 Except as otherwise set forth herein, the New Company shall be responsible for raising the funds necessary to carry on the business of the New Company. In case the New Company cannot raise funds on its own responsibility and if all the parties agree to finance such funds, the parties hereto shall, unless otherwise agreed, make loans in favor of, the New Company in proportion to their then existing shareholdings in the New Company.

解説

1 ❖ 合弁会社の資金調達──株主は出資比率で資金援助をおこなうと規定したらどうなるか？

資金調達を当然のごとく株主が出資比率に応じておこなうという規定には問題がある。株主の有限責任というルールそのものが壊れてしまうリスクをはらむからだ。第三者たる金融機関から、その規定を信じたからこそファイナンスをおこなった、と主張されたら、株主はどうするか？

2 ❖ 合弁会社の資金調達は、原則、合弁会社自身で

原則は合弁会社自身による調達としておき、必要に応じて、当事者で協議して、都度合意により、資金援助していくのがベターだと考える。あらかじめ、特定の株主がローンなどで援助するときは、契約条件を確認しておくほうがよい。合弁会社の資産の担保などにも注意が必要である。

新会社の運営の独立性を強調する規定──新会社の運営

例文 26

The New Company shall be operated as a separate enterprise independent of KVC, EL-NOX and ABC and any transferee of any party.
All major corporate functions, including, without limitation, finance, accounting, insurance, purchasing, production, sales, research and development, shall be staffed by employees of the New Company, or if otherwise agreed, obtained from third parties, except as provided herein and in such service agreements with parties hereto set forth in this Agreement.

例文 26	新会社の運営の独立性を強調する規定——新会社の運営
例文 27	競合制限規定-01——株主と合弁会社との標準的な規定
例文 28	競合制限規定-02——世界市場での競合制限規定
例文 29	株式のリパーチェス

― 解説 ―

1 ❖ 合弁会社と株主の関係を明確に規定する――その狙いは?

合弁会社の独立性を明確にし、親会社の不測の責任を追及するリスクを最小限にしようとすることが試みられる。

現実には、さまざまな方法で新会社への運営協力がおこなわれ、責任追及は避けられないことも多い。サービス契約を締結してふさわしい報酬(Service Fee)を受け取ってサービスを提供することがある。出向の場合は、対価を無償にしたり、高い報酬を得て親会社のビジネスにしたり、さまざまである。

2 ❖ 出向契約を英語で何というか?

Loan Agreementというタイトルを見たことがある。私自身、イランの合弁会社に出向しているときだった。Loaned Staffというわけである。自分がLoanの対象になっているというのは、不思議な感覚だった。出向契約のことをAssignment Agreementともいう。

● 第19款　競合の制限に関する規定

例文 27　競合制限規定-01――株主と合弁会社との標準的な競合制限規定

> ARTICLE 16 COVENANT NOT TO COMPETE
> 16.01 No party hereto shall engage or be interested, whether directly or indirectly, in the business of manufacturing, selling, or otherwise dealing with any product similar to and competitive with the Products in the Territory during the term of this Agreement except with the consent of the other parties hereto.

― 解説 ―

1 ❖ 合弁提携先の競合事業を禁止しているか

投資先国のパートナーが合弁会社の隣で競合事業をおこなったらどうなるか。契約で禁止・制限されているか。合弁会社に主要技術とブランドの使用許諾をしている外資が同じ国・市に同じような商品の販売会社を設立したり、同国向け商品のOEM(Owners Equipment Manufacturing)ビジネスをおこなったらどうなるか。別のパートナーが外国から低価格の類似品を輸入して同国内で販売したらどうなるか。さまざまなケースをシミュレーションしてドラフティングを考えていく。

2 ❖ 合弁会社と(外国)親会社との競合をどう考えるか

親会社の事業展開から見て、厳密な競合制限があまり現実的でも合理的でもないケースがある。一方、外資(株主)の本国への合弁会社からの輸出が問題を引き起こすことがある。販売ポリシーとも関連し、競合条項は重要である。

3 ❖ 合弁会社と親会社との競合制限規定と独占禁止法

厳しすぎる競合禁止規定は、状況によっては、合弁会社を利用した国際カルテルと誤解を受け、反トラスト法上の問題を引き起こすリスクがある。

| 競合制限規定-02──世界市場での競合制限規定 | 例文 28 |

For the entire term of this Agreement each of the parties agrees that it will not directly or indirectly, by means of its Affiliates or otherwise, (i) engage in any Prohibited Competing Business (as hereinafter defined) anywhere in the world, (ii) assist others in engaging in any Prohibiting Competing Business in any manner or (iii) induce employees of KVC, its Affiliates or subsidiaries to terminate their employment with KVC or such Affiliate or subsidiary.

As used in this Section, the term "Prohibited Competing Business" shall mean the manufacture, production, development and improvement of the Products except for the products set forth Exhibit＿.

―――― 解説 ――――

1 ❖ 合弁事業の株主間の競合禁止条項と独占禁止法
　世界市場での競合禁止条項は、合弁事業への参加者が現実の競争者であるか、または潜在的な競争者である場合は、独占禁止法上の抵触問題を検討しなければならない。検討にあたっては、市場の集中度・市場占有率がどの程度であれば反トラスト法上の問題を引き起こすかを検討したうえで判断する。

2 ❖ 合弁企業が解散を命ぜられることがある
　合弁事業を設立したあとで、反トラスト法上の問題が出てきてしまった場合、最悪どうなるか？　最も厳しい措置は、合弁事業の解散である。その場合、どうすればよいか？　次に取り上げる。

●――第20款　株式のリパーチェス（Repurchase）条項

　アメリカでは国際的な合弁事業も反トラスト法の適用の対象となることがある。いったん設立し、スタートした事業がその後、解散を命じられることもしばしばである。反トラスト法の問題のクリアランスはキーポイントの一つである。
　きわめて稀であるが、外資が米国の会社やその一部門に資本参加して合弁事業をスタートする場合、万一、反トラスト法の適用を受け、解散命令・指導を受けたときに備えて規定を置くことがある。一種のプットオプション、リパーチェス条項である。下記の例では、カリフォルニアのKVCがその一部門を新会社（子会社）として独立させて、外資（日本のABC、ELNOX）に株式を売却して合弁事業をスタートさせたケースを想定している。

| 株式のリパーチェス | 例文 29 |

ARTICLE 17　REPURCHASES

It is the firm belief of all of the parties hereto that the establishment by the parties of the New Company and the conclusion of this Agreement is lawful under all applicable laws, including the Anti-trust law of the United States. If, however, as a result of litigation which is initiated against ABC or ELNOX within twenty-four (24) months after the date hereof and which arises out of the sale of the stock of the New Company, ABC and/or ELNOX, after having vigorously contested such litigation, are ordered by the United States federal court applying United States federal anti-trust laws to divest itself of its interest of the New Company, KVC will, if ABC or ELNOX so requests KVC in writing within six months of the entry of such order of divestiture, offer or arrange an offer or offer(s), to repurchase the interest of ABC and/or ELNOX in the New Company.

Within three months of such request by ABC or ELNOX, KVC shall purchase or cause to be purchased the interest of ABC and/or ELNOX at a price which shall be equal to ＿＿＿＿＿＿＿＿＿＿＿＿＿＿＿＿＿＿……

―――― 解説 ――――

1 ❖ 米国反トラスト法違反による国際合弁事業の解散

　本項は、国際的なジョイントベンチャー事業が現実にさまざまな問題・リスクをはらんでいることと、案件ごとに、いろいろドラフティングの工夫をすることがあることを紹介するために触れた。実効性がどこまであるかは別である。交渉の助けになればよいとの考え方もある。合弁契約も、背広や服と同じようにテイラードメイドで仕立てるのが一番よい。

2 ❖ ネガティブ・クリアランス――反トラスト法上の問題がないことを確認する手続き

　このケースでのオーソドックスな対策は、反トラスト法上の問題がないことをシャーマン法、クレイトン法、合併のガイドラインなどを調べ、インフォーマルな照会により、合法性を確認しておくことであろう。ただし、業務提携の秘密保持やビジネスの迅速な決断などの要請を無視できないことがある。実際の対応には、合弁契約では正解がないことがしばしばである。

●――第21款　当事者の破産・契約違反などに関する規定

例文30　当事者の破産・契約違反など

ARTICLE 18 EVENTS OF DEFAULT

18.01 In case of the occurrence of any of the following events:
 (a) if any of the parties hereto fails to perform, or commits a material breach of, any part, provision, or covenant of this Agreement, and fails to rectify or remedy such breach or failure to perform within ＿＿＿＿＿＿ (__) days following delivery to such party of a written notice of the alleged breach or failure to perform;

(b) if any of the parties hereto becomes insolvent or bankrupt, or makes an assignment for the benefit of creditors, or if a committee of creditors is appointed to represent its business and the party fails within _____ (__) days following the appointment of such committee to affect the discharge of such committee, or if any of the parties hereto commits any other act indicating insolvency; or

(c) if the New Company's suffers operating losses in each of any _____ (__) consecutive fiscal years, or, if the total expenditures of the New Company exceeds its tangible assets and income by United States Dollars _____ _____, or such other amount as the parties hereto may hereafter designate in writing, then any of the other parties hereto(in any case of above (c), any of the parties hereto) may terminate this Agreement by giving written notice to the other parties hereto within _____ (__) days after receipt of notice of such event from the New Company or otherwise.

18.02 If this Agreement is terminated pursuant to above 18.01(a) or (b), any of the non-defaulting parties shall be entitled to any of the following:
(a) the dissolution and liquidation of the New Company,
(b) the purchase of all the shares of the New Company held by the defaulting-party at the time of termination of this Agreement. In the event that any of the non-defaulting parties elects the dissolution and liquidation of the New Company, the parties hereto shall exercise their voting rights in a general meeting of shareholders so as to enable the New Company to dissolve and liquidate.

解説

途中解除の事由の中にどのような事由、事態を規定するかは、一見容易にして、ドラフティング上、至難のわざである。なぜなら、たとえば、相手に不利に働くか、当方に不利に働くかは、事態をどう立証、把握できるかによって、効果が逆となることもありうるからである。進出企業にとっては、相手国といったん敵対すると、いわば相手の国での挙証問題となるため、愛国心、一般住民の感情、国家の干渉、歴史的な両国の関係なども含め、容易ではない。一方の当事者あるいは当事者からの出向者が違法行為をおこなった場合、どう扱うかについての規定も検討の余地がある。フォース・マジュール（Force Majeure）条項に対する対処の規定などとも同様に、簡単には解決できない問題や条項があるのは、合弁事業契約におけるドラフティングの楽しみということができよう。

●―第22款　一般条項　General Provisions; Miscellaneous Provisions

合弁契約書も通常の契約書の共通条項として、一般条項を規定する。

例文30	当事者の破産・契約違反など
例文31	No Partnership
例文32	不可抗力(Force Majeure)

たとえば、No Partnership条項、Force Majeure条項、Entire Agreement条項、Amendment条項、No Implied Waiver条項、Notice条項、準拠法、紛争解決方法に関する条項(仲裁または裁判管轄)、当事者の独立した関係の確認条項、Sovereign Immunity放棄条項(主権免責の放棄＝パートナーの一人が国家、国営企業のケース)などがある。

●―第23款　No Partnership、No Joint Venture条項

第22款でリストアップしたNo Partnership条項は、たとえば、次のように規定する。

例文31　No Partnership条項

Nothing contained herein contained shall constitute KVC, ELNOX and ABC members of any partnership, joint venture, association, syndicate or other entity, or be deemed to confer on either of them any express or implied authority to ensure any obligation or liability on behalf of any of the other parties hereto.

―――解説―――

1 ❖ No Partnership条項

本契約を締結して合弁事業会社を運営することがジョイントベンチャー(合弁事業)やパートナーシップを形成するものではない、と強調している。

2 ❖ 合弁会社が、パートナーシップとみなされるとどうして困るのか？

パートナーシップやジョイントベンチャーとみなされると、合弁会社の債権者など、第三者に対してそのメンバー(出資者)が責任を負うことになるからである。アメリカの合弁事業(Incorporated Joint Venture)では、「株主間契約(Stockholders Agreement)」として締結し、Joint Venture Agreementというタイトルの使用を避けることが多い。

●―第24款　フォース・マジュール(Force Majeure)条項

合弁事業契約に不可抗力条項が必要かどうかは、見解の分かれるところである。通常の「合弁契約書」にはないことが多い。では、この不可抗力条項があって役立つことはないのだろうか。革命、内乱、戦争、国連制裁、大災害の発生のケースではどうだろうか。必要かどうか考えてほしい。

第22款でリストアップしたForce Majeure条項は、たとえば次のように規定する。いつ、どのような場合に解除権を発生させるかは難問であるが、重要なポイントの一つである。

不可抗力(Force Majeure)

(1) Force majeure shall mean any event or condition, or not existing as of the date of signature of this Agreement, not reasonably foreseeable as of such date and not reasonably within the control of the parties, which prevents in whole or in material part the performance by one of the parties of its obligations hereunder or which renders the performance of such obligations so difficult or costly as to make such performance commercially unreasonable.

Without limiting the foregoing, the following shall constitute events or conditions of force majeure: acts of state or governmental action, riots, disturbance, war, hostilities, strike, lock-outs, slowdowns, prolonged shortage of energy supplies, epidemics, fire, flood, typhoon, earthquake, landslide, lightning and explosion.

(2) No event described in Section hereof shall be considered an event of force majeure for purposes of this Agreement, unless the party whose performance is prevented or affected thereby gives written notice of such event to the other parties. Such notice shall include a description of the nature of the event, its causes and the respects in which the notifying parties' performance is or may be affected.

The party claiming an event of force majeure shall also notify the other parties immediately upon cessation of such event. All notices given pursuant to this Section shall be given within _____ days after the dates of the commencement and cessation of the event concerned by registered mail.

(3) The respective rights of the parties in the event of force majeure shall be as follows: The party whose performance hereunder is affected by an event of force majeure reasons, shall be released without any liability on its part from performance of its obligations hereunder to the extent and for the period that its performance of such obligation is prevented or made commercially unreasonable as a result of such event.

(4) In the event such force majeure event continues for a period of not less than _____ months and, then the affected party may, by giving a written notice to the other parties and in accordance with the procedures set forth in Exhibit _____, terminate this Agreement without any liability on its part.

●──第25款　上記各条項の和文訳ならびに一般条項の趣旨、文例とドラフティング上の注意点

　この部では、あえて和訳は取り上げなかった。
　もし、合弁事業契約において使用される標準的な各条項の和訳文ならびに一般条項とその和訳文、解説を必要とする方がいたら、『英文ビジネス契約書大辞典〈増補改訂版〉』（日本経済新聞出版社、2014年）の第7章「合弁事業契約」(62例文)、第3章「一般条項」(156例文)を参照するようお願いしたい。本レジュメで取り上げた例文条項と同様の狙いを持

つ条項ならびに、新しい特殊な問題を含む例文条項を扱っている。たとえば、合弁事業会社自身や株主による贈賄禁止条項、撤退の場合の取り扱いのバリエーション（例：共同売却条項など）、新会社と株主間契約の準拠法を異にする条項などである。

　また、ライセンス契約、事業譲渡契約などのドラフティングの準備としての英文契約書の「ドラフティングのための法律基礎知識」については、前掲書の第1章「国際ビジネスと契約書」、「契約条項」（例文・和訳・解説）については、第9章「事業譲渡契約」（66例文）、第5章「ライセンス契約」（162例文）などを参照いただきたい。

第3章 海外合弁事業契約(株主間契約)01——海外合弁契約

第1節 合弁事業契約(株主間契約)フォーム01——単純なフォーム

◉—第1款　SHAREHOLDERS AGREEMENT

SHAREHOLDERS AGREEMENT

THIS SHAREHOLDERS AGREEMENT is made as of the _____ day of _____, 20__, by and between:
Conrad Engineering Corporation, a corporation organized and existing under the laws of _____, having its principal place of business at _____ _____ (hereinafter referred to as "Conrad") and Fuji Systems Corporation, a corporation organized and existing under the laws of _____, having its principal place of business at _____ _____ (hereinafter referred to as "Fuji Systems").

Conrad and Fuji Systems will be hereinafter referred to collectively as the "Parties" and each as a "Party".

RECITALS

Conrad is engaged in _____ services in _____ and _____ (county and/or countries);

Fuji Systems is engaged in _____;

Conrad and Fuji Systems desire to form a new joint venture corporation, which will be engaged in _____ business in _____ (country).

AGREEMENT

NOW, THEREFORE, in consideration of the mutual covenants and promises herein contained, the Parties hereby agree as follows:

ARTICLE 1 INCORPORATION OF A JOINT STOCK CORPORATION

1.1 The parties agree to incorporate a joint stock corporation in accordance with the laws of _____.

1.2 The New Company (hereinafter referred to as the "Company") shall essentially have the same Articles of Incorporation set forth in Exhibit A (Initial Articles of Incorporation of the Company) attached hereto.
It is understood by the Parties that the text in the Exhibit A has been drafted in the English language, the actual text will be drafted in such language as required in accordance with the laws and practices of the country where the Company is incorporated.

ARTICLE 2 CAPITAL OF THE COMPANY

2.1 The Company will have an authorized capital of two hundred million Japanese Yen (¥200,000,000) represented by four thousand (4,000) registered, non-bearer common stocks with a par value of fifty thousand Japanese Yen (¥50,000) each.

2.2 The issued and paid-in capital at the time of incorporation of the Company shall be <u>fifty million Japanese Yen (¥50,000,000)</u> represented by one thousand (1,000) registered, non-bearer common stocks.

2.3 Fuji Systems will subscribe to sixty percent (60%) of the shares of the Company issued at the time of incorporation and at subsequent capital increases.
Conrad will subscribe to forty percent (40%) of the shares of the Company issued at the time of incorporation and at subsequent capital increases.

2.4 Subject to the provisions of this Agreement and the restrictions under the applicable laws, the shares comprised in the balance between the said authorized capital and the initial and paid-in capital will be issued in accordance with agreement between the Parties and in such manner as is determined at the board of directors of the Company.

2.5 Each party will pay in full in cash for the shares subscribed for by it, pursuant to the provisions of Section 2.3 hereof.

ARTICLE 3 OBJECT OF THE COMPANY

3.1 The initial object of the Company will engage in the business of _____ _____,

The object of the Company may expanded by agreement by the Parties in accordance with the provisions and procedures set forth in this Agreement, including the approval of the board of directors and resolution shareholders meetings.

ARTICLE 4 SHAREHOLDERS MEETING

4.1　In addition to statutorily prescribed items, the following matters shall be resolved by the shareholders meeting of the Company:
  (i)　To borrow, make loans and guaranty for the others except in the limits provided for ordinary course of business;
  (ii)　The annual management plan of the Company;
  (iii)　Employment of key staff and remuneration of the employees of the Company;
  (iv)　Any matter, other than the matters designated in Article 5 as important by the Managing Director hereinafter defined in Article 6.

4.2　Fourteen (14) days prior to written notice with the agenda will be required to convene a shareholders meeting of the Company.

ARTICLE 5 BOARD OF DIRECTORS OF THE COMPANY

5.1　The board of directors of the Company will be composed of five (5) members, two (2) of which will be appointed from candidates nominated by Conrad, and three (3) of which will be appointed from nominated by Fuji Systems.
Each of Conrad and Fuji Systems will notify in writing to the other party of the candidates for directors representing each such Party not less than thirty (30) days prior to the date of the shareholders meeting of the Company at which election of directors shall be resolved.
The Parties agree to exercise their voting rights as shareholders so that any director shall be discharged if the Parties having nominated the directors so requests in writing to the other Party, provided, however, that the requesting Party shall bear and indemnify the Company against any costs and damages which may be incurred by the Company in connection with such discharge.

5.2　The quorum necessary for the transaction of the business of the board of directors shall be three (3) members of the board of directors. Fourteen (14) days prior written notice with the agenda shall be required to convene a meeting of the board of directors, unless otherwise agreed by the Parties.

5.3 All actions taken by the Company through the board of directors shall require a majority vote of the directors present at the meeting of the board of directors. Should a meeting of the board of directors be unable to reach a resolution, the Parties will meet and discuss in good faith through their representatives and resolve the matters which are not resolved at the board of meeting. In accordance with the resolution reached by such meeting by the Parties, both Parties shall make the board of directors of the Company do the same resolution herein.

5.4 The managing directors will preside as chairperson at any meetings of the board of directors. If, however, the managing director is unable or unwilling to preside as chairperson at such meeting, any one of the other directors present will chair such meeting in the order determined in the regulations of the board of directors of the Company, a copy the proposed text of which is attached hereto as Exhibit B (Regulations of the Board of Directors of the Company).

5.5 The matters to be resolved at a meeting of the board of directors shall be as follows:
    (i) Convention of general shareholders meeting and determination of the agenda to be proposed thereat.
    (ii) Approval of the financial statements.
    (iii) Payment of interim dividends.
    (iv) Appointment of representative director(s).
    (v) Issuance of new stocks.
    (vi) Issuance of debentures, convertible debentures and debentures with preemptive rights to subscribe to new shares.
    (vii) Approval of a director's engaging in transactions competitive with the business of the Company.
    (viii) Approval of transactions between a director and the Company or any other transactions involving a conflict interest between a director and the Company.
    (ix) Disposal or acquisition of material assets.
    (x) Borrowing in substantial amount.
    (xi) Establishment, alteration or abolition of a substantial organizational unit of the Company.
    (xii) Employment and appointment of key employees.
    (xiii) In addition to the foregoing, matters set forth in laws or ordinances or the articles of incorporation the other regulations of Company.
    (xiv) Any other important matters concerning the execution or management of business of the Company.

5.6　In case immediate action is necessary to comply with applicable laws or regulations, the managing director may take action without a resolution of a meeting of a board of directors so long as such action is not contrary to applicable law or regulations. In such event, such action taken by the managing director shall be reported to the immediately succeeding meeting of the board of directors for its approval.

ARTICLE 6　REPRESENTATIVE DIRECTOR AND MANAGING DIRECTOR

6.1　Unless otherwise agreed in writing between the Parties, the Company shall have one (1) representative director, which shall be elected and appointed by the board of directors meeting.

6.2　The representative director appointed pursuant to the provision of Section 6.1 hereof shall be the CEO and president of the Company.

6.3　In order to fully execute the duties of the representative director, the representative director is required to be a resident of ＿＿＿＿＿＿＿＿＿＿ (country where the Company is incorporated).

ARTICLE 7　AUDITOR OF THE COMPANY

7.1　Each of the Parties is entitled to propose the election of one auditor of the Company each.

7.2　The books and accounts shall be set up in accordance with ＿＿＿＿＿＿ accounting principles generally accepted in ＿＿＿＿＿＿ and in consideration of the reporting requirements of the Parties.
　　　The books and accounts shall also be established and prepared in the English language as well as the financial statements of the Company.

7.3　Each of the Parties shall have the right to receive regular reports from the Company in such intervals and in such forms as are reasonably requested by the Parties, provided, however, that preparation of the reports shall not impose an undue heavy burden on the Company.

ARTICLE 8　PERSONNEL OF THE COMPANY

8.1　The Company shall have qualified personnel, which initially will be delegated by the Parties to the Company.

The delegated personnel shall be paid by the Company in accordance with the regulations and rules of the Company and shall be replaced as soon as practicably possible by employing the Company's own personnel.

Each of the Parties acknowledge that such personnel employed by the Company may need to receive training and guidance from the Parties, and agree that it will provide with such personnel such training and guidance, when reasonably requested by the Company.

8.2 Personnel of each of the Parties, which has been delegated to the Company at the initial stage, may not be recalled by the Company without giving appropriate prior written notice which ordinarily will be given four (4) months in advance.

ARTICLE 9 TRANSFER OF SHARES

9.1 If either of the Parties desires to sell or otherwise transfer all or any part of its shares in the Company after the elapse of ten (10) years from the effective date of this Agreement, it shall first offer to sell or transfer such shares held by it to the other Party at a price equal to the book value of the shares as of the date of close of the preceding fiscal year as determined by the outside accountant of the Company.

9.2 If the Party to which the offer is made does not reasonably accept the within fifty (50) days from the date of receipt of such offer, then the offering Party may sell or transfer to a third party the offered sharers free of the foregoing requirement, provided that the price of such sales or transfer shall not be lower than the price equal to the book value of the shares referred to in Section 9.1 hereof and the transferee agrees to be bound by all of the terms of this Agreement and bear all responsibilities and obligations of the transferring Party, including the guarantee submitted to the commercial banks with respect to the borrowing by the Company, instead of the transferring Party.

If the selling Party proposes to sell at a lower price than the book value stated above, then the other Party shall have the right of first refusal, detailed procedures of exercise of which are described in Exhibit C (First Refusal Right) attached hereto.

If, however, no sales or transfer of the offered shares is made by the offering Party within three (3) months at a price not less than the book value referred to above in this Section 9.2, then the shares covered by the offering Party shall again be subject to the foregoing requirement set forth in Section 9.1 hereof.

9.3 It is understood agreed by both Parties that neither Party may not sell or transfer the shares of the Company to any third party without prior written approval of the other Party and the government of _____, provided that the other Party may withhold its approval for its own business judgment without any other reasonable reason.

Any sales or transfer of the shares of the Company shall be subject to the approval of the government of _____, if required by applicable laws or regulations.

ARTICLE 10 FINANCING OF THE COMPANY

10.1 The investment capital required for the performance of the business of the Company shall be acquired by the Company.

10.2 The sum total of the investment capital of the Company shall be financed by the Company in the form of the share capital and loans.

10.3 The working capital required for the business of the Company shall be obtained by the Company primarily from commercial banks.

10.4 Guarantees required at the initial stage, including amounts of prospective loans and addressees which are prospective commercial banks, are described in Exhibit D (Parties' Guarantees required at the Initial Stage).
Both Parties agree to submit such guarantees to the commercial banks described in Exhibit D upon the request of the Company.

10.5 Any deficiency in working capital which is not obtained by the Company without assistance of the Parties may be available by the Parties proportionate to their shareholding in the Company, on the conditions that each assistance for any additional financing for the Company (i) is approved by the board of directors of the Company and, further (ii) is agreed in writing by each of the Parties who are requested by the Company to provide with such assistance to the Company.

10.6 The Company shall be managed by the managing director and other directors in order to reach for the Company a self-financing condition and adequate profit to pay dividends to its shareholders.

ARTICLE 11 TERM AND RENEWAL

11.1 This Agreement shall come into force on the date on which it is signed by both Parties, or on the date on which all of requisite governmental approvals or formalities prescribed by applicable laws for acquisition of the shares in the Company are obtained, whichever comes later.

11.2 This Agreement shall be effective for a period of ten (10) years from the effective date set forth in Section 11.1 hereof.

11.3 Should this Agreement not be terminated by either Party at that date, by sending six (6) months prior written notice of termination, it shall be renewed automatically for terms of five (5) years each, unless terminated as described above at each date of expiration of the term or any extended term thereof.

ARTICLE 12 NON-COMPETITION

Both Parties agree and undertake to refrain from engaging in _____ business, which competes in the area of _____, with the business of the Company, where such restraint of completion is lawful under the applicable laws.

ARTICLE 13 TERMINATION OF THIS AGREEMENT FOR DEFAULTS

13.1 Each Party may terminate this Agreement by sending a written notice of termination to the Party, if one or several of the following causes occur:
 (i) If the other Party violates material provisions of this Agreement despite cautioning it in writing, and, furthermore, fails to make reparations within a period of sixty (60) calendar days of reminding it in writing to do so;
 (ii) If the other Party contravene the provisions of Article 12 (Non-competition) hereof;
 (iii) If the other Party goes into insolvency, bankruptcy or liquidation;
 (iv) If the other Party becomes such a corporation as controlled by any third party, which is not desirable by the terminating Party as a shareholder of the Company for its business reasons.

13.2 Conrad shall have the option either to purchase the shares from Fuji Systems or to sell the shares to Fuji Systems, if Conrad has terminated this Agreement pursuant to the provisions of Section 13.1 hereof at the price set forth below in Section 13.3 hereof.

If, however, Fuji Systems has terminated this Agreement pursuant to the provisions of Section 13.1 hereof, then Fuji Systems shall have the option either to purchase the shares from Conrad or to sell the shares to Conrad at the price set forth below in Section 13.3 hereof.

13.3 In case of transfer of the shares pursuant to the provisions of Section 13.2 hereof, the transfer price shall be calculated as follows:
   (i) The book value of the shares as of the close of the preceding fiscal year, or net worth value based on financial statements prepared in conformity with accepted accounting principle with adjustment to asset value reflecting current value with respect to real property and securities owned by the Company, whichever the non-defaulting and offering Party desires.

13.4 If, however, neither Party exercises the option as set forth in Section 13.2 hereof within three (3) months after termination set forth in Section 13.1 hereof and the Parties do not agree otherwise within subsequent three (3) months after the said three (3) months, the Company shall be dissolved.

ARTICLE 14　FORCE MAJEURE

14.1 The failure or delay of either Party to perform its obligations under this Agreement due to causes beyond its reasonable control, including without limitation, acts of God, earthquakes, civil disturbances, riots, wars, strikes or lockouts or other labor disputes, fires, epidemics, floods, and other catastrophes (hereinafter referred to as the "Force Majeure") shall not be deemed to be a breach of this Agreement so long as the affected Party shall have used its best efforts to prevent its adverse effect, and shall continue to take all actions within its power to comply as fully as possible with the terms of this Agreement.

14.2 In the event of any of such failure or delay set forth in Section 14.1 hereof, the performance of the obligations of the affected Party shall be deferred to the time when such Force Majeure event ceases to exist.

ARTICLE 15　SEVERABILITY

15.1 Should any portion of this Agreement become void, the remaining provisions of this Agreement shall not be affected thereby and remain to be fully effective.

15.2 The invalid provision, however, shall be replaced by mutual consultation and agreement between the Parties by a valid provision in the spirit of this Agreement as practicable as possible.

ARTICLE 16 NO ASSIGNMENT

16.1　The Parties may not assign the rights or obligations derived from this Agreement to any third party without the prior written approval of the other Party.

16.2　Any assignment made by either Party without the prior written approval set forth above in Section 16.1 hereof shall be null and void.

ARTICLE 17 NOTICE

17.1　The mailing address of Conrad for notice shall read as follows:

Address (for postal mail): _____
Facsimile: _____
Attention: _____ (Person in charge and Department)

The mailing address of Fuji Systems for notice shall reads as follows:
Address (for postal mail): _____
Facsimile: _____
Attention: _____ (Person in charge and Department)

17.2　Notices, important messages and information of both Parties required by or under this Agreement shall be deemed to have been duly delivered if they have been sent by registered airmail by one Party to the address (for postal mail) of the other Party.

ARTICLE 18 CONFIDENTIALITY

18.1　Each of the Parties shall keep the Confidential Information of the other Party defined below in Section 18.3 hereof disclosed to the other Party strictly confidential, and shall not disclose the Confidential Information to any third party without the written consent of the other Party.

18.2　Each of the Parties shall not use the Confidential Information for any other purposes than those intended in this Agreement.

18.3　For the purposes of this Agreement, the "Confidential Information" shall mean any information (oral, written or tangible) in any form or of any type whatsoever concerning either Party or the Company, furnished to one Party (hereinafter referred to as the "Receiving Party") by the other Party (hereinafter referred to as the "Disclosing Party"), except information:

(i) publicly available when disclosed to the Receiving Party or after such disclosure, not through a wrongful act or omission of the Receiving Party;

(ii) already known by the Receiving Party at the time of disclosure as evidenced by appropriate documentation;

(iii) which the Disclosing Party approves for unrestricted release by written authorization;

(iv) required to be released by applicable law or by any securities exchange or any other competent regulatory authority, except to the extent eligible for special treatment under an appropriate protective order.

ARTICLE 19 GOVERNING LAW

This Agreement and all disputes arising out of or in connection with this Agreement shall be governed by, interpreted under, and construed in accordance with the laws of Japan.

ARTICLE 20 ARBITRATION

20.1 Any dispute or controversy which may arise between the Parties out of or in connection with this Agreement or for breach thereof, shall, unless amicably settled between the Parties without undue delay, be finally settled by arbitration in Tokyo, Japan (city and country), in accordance with the commercial arbitration rules of Japan Commercial Arbitration Association (organization of arbitration).

20.2 The award of the arbitration set forth above in Section 20.1 hereof shall be final and binding.

第4章 合弁事業契約（株主間契約）02

第1節 合弁事業契約（株主間契約）フォーム02

SHAREHOLDERS AGREEMENT

THIS AGREEMENT is made and entered into this _____ day of _____, 20___, by and between:

Black Panther Corporation, a corporation duly organized and existing under the laws of _____, having its principal place of business at _____ _____ (hereinafter referred to as "BPC"),

Aurora Borealis Corporation, a corporation duly organized and existing under the laws of _____, having its principal place of business at _____ _____ (hereinafter referred to as "ABC"), and

Tillman's Sachs Dynamics Systems Corporation, a corporation duly organized and existing under the laws of _____, having its principal place of business at _____ _____ (hereinafter referred to as "TSD").

RECITALS

1　BPC has developed Know-how and Patents in the Products as defined in this Agreement; and
2　BPC, ABC and TSD have agreed to organize a joint venture company to manufacture and sell _____ and now desire to establish their respective interests, rights and obligations in connection with such joint venture company as its shareholders;

AGREEMENT

NOW, THEREFORE, the parties hereto, intending to be legally bound by this Agreement, do mutually covenant and agree as follows:

ARTICLE 1　SCOPE AND DEFINITIONS

1.1　GENERAL

Subject to and under the terms and conditions set forth in this Agreement, BPC, ABC and TSD hereby agree to establish a joint venture corporation, the general purpose of which shall be to engage in the develop, manufacture and sell the Products set forth in detail in Exhibit A attached hereto.

1.2　DEFINITIONS

For the purpose of this Agreement, the following terms shall have the meanings set forth below:

1.2.1　"This Agreement" shall mean the present shareholder agreement, including all attachments incorporated herein, as the same may be modified or amended in accordance with the provisions of this present joint venture agreement.

1.2.2　The "Company" shall mean the corporation established pursuant to this Agreement.

1.2.3　The "Shareholders" or a "Shareholder" shall mean, respectively, BPC, ABC and TSD or any of them.
The terms, Shareholder, Shareholders, BPC, ABC and TSD shall include their respective successors in interest.

1.2.4　The "Products" shall mean the products described in detail in Exhibit A attached hereto.

1.2.5　"Know-how" shall mean all inventions (whether or not patentable), other intellectual property, discoveries, designs, formulations, improvements, techniques, methods, concept, test and information (including engineering, manufacturing information, and information relating to equipment, tools and fixtures for manufacturing), and procedures, which relate to or are useful in the manufacture and/or use of the Products.

1.2.6　"Documentation" shall mean all printed or handwritten materials, diagrams, drawings, photographs, manuals, marketing aids, brochures, or copies or reproductions thereof, in whatever form, relating to or useful in the manufacture, use or sales of the Products.

1.2.7　The "Territory" shall mean _____ of _____.

1.2.8 "BPC Patents" shall mean those patents and/or patent applications relating to Products, listed in Exhibit B attached hereto, or reissues, continuations, divisions and extensions thereof, and additions thereto under the laws of _____.

1.2.9 "Improvement Patents" shall mean any and all patents or applications therefor, or reissues, continuations, divisions and extensions thereof and additions thereto, under the laws of _____ which cover the Know-how and which are owned, controlled, acquired, optioned or otherwise licensable by the Company.

1.2.10 "BPC Trademarks" shall mean the trademarks set forth in Exhibit C attached hereto to this Agreement, as well as any translations and transliterations and variations thereof.

1.2.11 "Net Sales Price" shall mean the Company's invoiced sales price for the Products less returns, discounts, taxes, freight and duties.

1.2.12 The "Effective Date of this Agreement" shall mean the date upon which all of the following events shall have occurred:
(i) This Agreement has been duly executed by the Parties hereto;
(ii) The initial subscription of the Company has been subscribed for, paid in and issued in accordance with Article 4 of this Agreement; and
(iii) All of approvals of this Agreement, if required by any applicable law, has been obtained by the Company from the appropriate government authorities.

Until the Effective Date of this Agreement, each Party reserves the right to withdraw its consent to this Agreement, in which event this Agreement shall be null and void.

ARTICLE 2 OBJECT OF THE COMPANY ACTIVITIES

2.1 GENERAL OBJECT
The general object of the activities of the Company shall be the manufacture and sale of the Licensed Products in the Territory and sale of certain other products and systems related to the Products set forth in Exhibit ___.
The Company may also engage in any other lawful activities which are directly or indirectly related to the said general object upon approval of all of the Parties.

2.2 FACILITIES

With a view toward implementation of the aforesaid general object, the Company shall establish, equip, and operate a facility in the area of _____ _____ capable of manufacturing and packaging the Products.

2.3 MODIFICATION OF OBJECT

The general object of the Company may be modified, expanded or limited only upon the agreement of all of the Parties.

ARTICLE 3 ORGANIZATION OF THE COMPANY

3.1 ESTABLISHMENT

The Parties shall jointly organize and establish, in accordance with this Agreement, a corporation for the purpose of carrying on the above-described business promptly after the Effective Date of this Agreement.

3.2 LEGAL FORM

The Company shall be a corporation organized and established under the laws of _____, and the rights and liabilities of the Shareholders of the Company be as provided in such law except as otherwise expressly provided herein.

3.3 NAME

The name of the Company shall be _____.

3.4 DURATION

The Company shall have perpetual duration unless terminated in accordance with the provisions of this Agreement.

3.5 LOCATION OF PRINCIPAL OFFICE

The principal office of the Company shall be in _____.

The principal office may be moved to any other place in _____ approved by all of the Parties.

ARTICLE 4 INITIAL SHARE CAPITAL AND SHAREHOLDING RATIO

4.1 The initial share capital of the Company shall be _____ United States Dollars (US$_____), all of which shall be common stock, with voting rights.

4.2 The shareholding ratio of the common stock in the Company be at the initial stage shall be held by each Party shall be:
(i) Sixty percent (60%) TSD;
(ii) Thirty percent (30%) BPC; and
(iii) Ten percent (10%) ABC.

4.3 TSD shall subscribe for the common stock of the Company and make an initial contribution of Six Million United States Dollars (US$6,000,000) in cash on _____, 20__, to the capital of the Company.

4.4 BPC shall subscribe for the shares of the Company and make an initial contribution of Three Million United States Dollars (US$3,000,000) in cash on _____, 20__, to the capital of the Company.

4.5 ABC shall subscribe for the shares of the Company and make an initial contribution of One Million United States Dollars (US$1,000,000) in cash on _____, 20__, to the capital of the Company.

4.6 The parties agree to make available in the form of payment and cash contribution of shares of the Company upon request and in proportion so as to maintain the ownership interests provided in Section 4.2 hereof up to the following amounts:
(i) TSD US$_____
(ii) BPC US$_____
(iii) ABC US$_____

ARTICLE 5 TRANSFER OF SHARES AND INTEREST; FIRST REFUSAL RIGHT

5.1 NO TRANSFER
Except as otherwise provided in Section ___ hereof, or in Article 5, none of the Parties shall voluntarily sell, transfer or otherwise dispose of any of its shares of or interest in the Company to any other person or entity without the written consent of the other Parties.

5.2 FIRST REFUSAL RIGHT
Except for transfers in accordance with Section __ hereof, TSD shall have a right of first refusal to purchase any shares of or interest in the Company being sold, assigned or otherwise transferred by BPC and ABC (herein after referred to jointly as "B&A") in accordance with the following manner and procedures:
(i) TSD shall have the right to purchase the B&A's shares within ninety (90) days of the receipt, by TSD of B&A's written communication of the terms of the proposed sale, assignment or transfer, at the same price being offered by B&A.

(ii) If no notice of exercise of the right of first refusal referred to in Section 5.2(i) is given within the time specified in Section 5.2(i), then B&A may, during a period of twenty (20) calendar days after the expiration of said period, transfer the shares of or interest in the Company to any third party provided, however, that:
  (a) the price or other consideration for said transfer shall not be less than that specified in the offer made in accordance with Section 5.2(i).
  (b) such third party shall not be a party who is deemed by TSD to be inappropriate for a new shareholder of the Company upon TSD's sole judgment.
(iii) B&A shall not transfer any shares of, or interest in, the Company a lesser price or consideration than specified in the notice sent to TSD pursuant to Section 5.2(i), unless and until shares of, or interest in the Company shall have again offered to TSD as a new offer.
(iv) Any third party to whom shares or an share of, or interest in the Company are transferred pursuant to Article 5 shall accept and agree, in writing to become a party to this Agreement.

ARTICLE 6 MANAGEMENT BY BOARD OF DIRECTORS

6.1 MANAGEMENT BY BOARD OF DIRECTORS
The Company shall be governed and managed by a board of directors which shall be composed of five (5) directors, three (3) of which shall be nominated and appointed by TSD and two (2) of which shall be nominated and appointed jointly by BPC and ABC.
The Parties agree to follow all the procedures and exercise their voting rights so as to realize the results mentioned above in accordance with the applicable laws regarding the election of the members of board of directors, when required.

6.2 APPOINTMENT OF DIRECTORS
A quorum of the board of directors meeting shall be at least consist of four (4) directors.

6.3 FULFILLMENT OF VACANCY IN THE BOARD OF DIRECTORS
Any vacancy in the board of directors of the Company, resulting from death, incapacity, resignation, removal or otherwise, shall be fulfilled by the Party originally making the designation.

6.4 DESIGNATION OF CHAIRPERSON
TSD shall designate the chairperson of the board of directors meeting who shall preside at meetings and shall have such other duties as assigned including a responsibility for arranging for a period meetings of the board of directors.

6.5 ADVANCE NOTICE TO CONVENE THE MEETINGS
Such meetings shall be arranged to accommodate the reasonable requirements of all the of directors and the Parties and notices of such meetings shall be provided to the directors at least thirty (30) calendar days in advance of the date of such meetings, irrespective the requirement under the applicable law, and such notice shall be accompanied by the detailed agenda.

ARTICLE 7 AUDITOR AND INSPECTION OF BOOKS OF THE COMPANY

7.1 APPOINTMENT OF AN AUDITOR
An auditor shall be appointed for the Company and shall report on the condition of the Company to all of the Shareholders.

7.2 INSPECTION BY SHAREHOLDERS OF BOOKS OF THE COMPANY
TSD and B&A shall each have the right at any time to inspect the books of the Company by use of its employees or through an independent certified public account of its choice.

7.3 PARTY'S ACCESS OF BOOKS AND RECORDS OF THE COMPANY UNDER SECRECY AGREEMENTS
Subject to the provisions of any secrecy agreements between the Company and the Parties, or between the Parties or any of them, TSD and B&A shall have full access to all books, records, and Board of Directors Meeting's minutes in order to be fully advised and informed of all Company activities.

ARTICLE 8 MATTERS TO BE APPROVED BY SHAREHOLDERS MEETINGS

8.1 SHAREHOLDERS' APPROVAL
The following activities of the Company shall require the approval of the Shareholders which shall be made by not less than two-thirds of the affirmative votes of the Shareholders of the Company at the shareholders meetings.
  (i)   any change in the Company's name;
  (ii) any change, including increase or decrease of the share capital of the Company;
  (iii) any change in the general object of the Company;
  (iv) declarations of dividend;
  (v)   any merger or consolidation, or any dissolution not otherwise in accordance with this Agreement.

8.2 SHAREHOLDERS MEETINGS

Shareholders meetings shall be convened, held and conducted in accordance with the articles and by-laws and applicable company law.

It is understood that any shareholders meeting will be convened by the chairperson of the board of directors.

ARTICLE 9 MATTERS TO BE APPROVED BY BOARD OF MEETINGS

9.1 APPROVAL BY THE BOARD OF DIRECTORS MEETINGS

The following activities of the Company shall require the approval by the board of directors by affirmative votes of not less than two thirds of directors present at respective meetings.

(i) Change in the Products to be manufactured or sold by the Company;

(ii) Approval of a yearly operating budget, and capital investment plan of the Company prepared by the Company's management;

(iii) Property lease and all purchases and dispositions of land;

(iv) Disposition of assets of the Company in excess of US$_____ for each asset disposition or a cumulative value of US$_____ per month in disposition of assets (except land);

(v) All capital expenditures in excess of US$_____ in each case or a cumulative value of US$_____ per month (except land);

(vi) All purchase commitments amounting to US$_____ or more to any one supplier at any one time;

(vii) The hiring of, terminating of and salary of each Company employee receiving or to receive US$_____ per month exclusive of bonus;

(viii) Each change to be made in the organization structure of the Company;

(ix) All incentive plan, plan for providing any life insurance or any form of insurance for employees and any plan for providing retirement allocations or retirement annuities to retiring employees;

(x) Approval and issuance of periodic financial statements which shall include semi-annual profit and loss statements and semi-annual balance sheets. (Each within fifty (50) days of the end of the accounting period.)

(xi) Election annually of independent certified public accountant to audit the financial records of the Company;

(xii) The disclosure of or the entering into of any license or sublicense of the Company's technology or patent rights;

(xiii) Development and implementation of marketing strategy, including use of trademarks;

(xiv) The creation or assumption of indebtedness either in one transaction or as part of a series in excess of US$_____;

(xv) Designation of third parties from which goods, materials or services valued in excess of US$_____ at any one time will be purchased;

(xvi) Acquisition of patented or unpatented technology either by license or otherwise from third parties;

(xvii) Entering into agreements or transactions in which directors, employees or shareholders have an interest;

(xviii) Encumbering the whole or part of the Company's property;

(xix) Loaning or investing money to third parties or other companies;

(xx) Appointment of third parties to provide manufacturing services for the Company;

(xxi) Appointment of dealers, distributors or sales representatives;

(xxii) Initiation or defense of litigation or arbitration;

(xxiii) Settlement of litigation or other controversies in excess of US$___ _____;

9.2 DELEGATION OF MANAGEMENT BY BOARD OF DIRECTORS TO THE CEO AND PRESIDENT AND AN EXECUTIVE VICE PRESIDENT

TSD shall appoint the Chief Executive Officer and President of the Company and B&A shall appoint a Executive Vice President who, shall, respectively, manage the Company pursuant to the delegation and instruction of, and on behalf of the Board of Directors.

Other management employees, and their titles shall be as agreed by the board of directors.

Any lawful management activities for the Company not reserved to the board of directors or delegated by the board of directors shall be exercisable by the Chief Executive Officer and President and a Executive Vice President.

ARTICLE 10 MANUFACTURING OPERATIONS

10.1 LOCATION

The Company will establish its own facilities for manufacturing and warehousing as soon as practicable after the Effective Date of this Agreement.

10.2 OBLIGATIONS OF TSD

Without limiting its other obligations hereunder, TSD at the request of the Company shall have the following specific obligations for the purpose of assisting the Company with respect to the establishment, design, construction, equipment, furnishing and start-up of such facilities:

(i) To use its best efforts to obtain all necessary permits and approvals to enable the Company to use the site for such facilities in accordance with the purposes of this Agreement;

(ii) If requested by the Company, to prepare and make available to the Company, blueprints and other necessary plans and drawings to build and construct such facilities in accordance with the general specifications to be provided by BPC pursuant to Section 10.3 hereof;

(iii) If requested by the Company, to assume responsibility, for the construction management of such facilities, including access roads and utilities connections, in accordance with said blueprints, plans, drawings and specifications;

(iv) To use its best efforts to obtain any necessary permits or approvals for roadways, rail or utility interconnections;

(v) To use its best efforts to assist in securing the necessary equipment, tools, machines and similar items to be provided to such facilities and competent manual labor therefor.

10.3 OBLIGATIONS OF BPC
Without limiting its other obligations hereunder, BPC shall have the following specific obligations for the purposes of assisting the Company with respect to the establishment, design, construction, equipment, furnishing and start-up of such facilities;

(i) To provide the general conception and specifications of such facilities, including their size, type of construction, general layout and equipment, such that they will enable the Company to carry out the purposes of this Agreement;

(ii) To provide specifications and, in the case of specially-designed equipment, sufficient plans and/or drawings, for those items of equipment which will be necessary for such facilities;

(iii) To provide specifications concerning raw materials and utility usage to enable the Company to enter into satisfactory arrangements for the supply thereof;

(iv) To provide ancillary and subsidiary training, in English, for appropriate employees of the Company at a site or sites which the Company, BPC and TSD consider appropriate.

10.4 SCHEDULE
TSD and BPC shall, as soon as practicable, by mutual agreement, establish a schedule for completion of the tasks referred to in Sections 10.2 and 10.3 hereof.

10.5 REIMBURSEMENT

TSD shall be reimbursed at its cost plus out of pocket expenses for the performance of any obligations to the Company pursuant to Section 10.2 hereof.

BPC's reimbursement for the performance of its obligations to the Company pursuant to Section 10.3 hereof will be deemed to be included in the royalties payable to BPC by the Company pursuant to Section __ hereof.

ARTICLE 11 MARKETING AND SALE OF PRODUCTS

11.1 MARKETING STRATEGY

The Company shall develop and implement a strategy for marketing Products manufactured by the Company.

Marketing strategy shall include, without limitation, policies concerning the pricing, promotion and distribution of the Products.

It is the intent of the Parties that the Company shall develop full sales capability to market the Products manufactured by the Company throughout the Territory.

11.2 DISTRIBUTION BY TSD IN THE AREA OTHER THAN THE TERRITORY

The Company shall grant TSD an exclusive distribution right for all Products sold by the Company in the area of _____, outside of the Territory.

TSD shall be entitled to use its own trademark, including TSD and Tillman's Sachs, in addition to the BPC trademarks or the Company's trademarks in connection with any Product of the Company sold by TSD.

The specific terms of said distribution by TSD, including without limitation, the specific Products covered, applicable pricing and duration of the distribution, are set forth in a separate Distribution Agreement between TSD and the Company attached hereto and incorporated herein as Exhibit __.

11.3 SPECIAL RESTRICTIONS AGAINST SALES

The Company will not make any sales to any country or person if such sales will cause any Party, because of their stock ownership in the Company, to violate any law or regulation of their respective governments.

If a proposed sale to any country or person required a special license from either government, the Company shall obtain such license before making such sales, and the Parties agree to assist the Company in obtaining such license.

11.4 MARKET DEVELOPMENT

The Parties shall make their best efforts to assist the Company in the development of markets within the Territory and agree to provide such sales and application engineering training as is necessary and desirable under mutual agreeable terms and conditions.

ARTICLE 12 LICENSE GRANTS BY BPC

12.1 BPC PATENTS AND KNOW-HOW

BPC hereby grants to the Company an exclusive, irrevocable right and license, with the right to sublicense, under all BPC patents listed in Exhibit __ and under all know-how which is owned, controlled or otherwise licensable by BPC on the Effective Date of this Agreement to make, use, and sell the Products and related products.

The Parties will cause the Company to pay BPC, as a royalty, eight percent (8%) of the Net Sales Price derived by the Company from all sales of the Products and related products covered by BPC patents.

All royalties shall be paid due and payable annually and the Parties will cause the Company to pay BPC on or before the last day of January of each year during which the BPC patents are in force, the total amount of royalties due and payable based on its operation during the calendar year immediately preceding the January payment date.

12.2 BPC TRADEMARKS

Subject to the rights and licenses otherwise granted hereunder, BPC hereby grants to the Company an exclusive right and license to utilize the BPC trademarks in the Territory, upon and in connection with the manufacture and sale of the Products.

The Company shall utilize the BPC trademarks only on or in connection with the manufacture or sale of the Products meeting the required specifications quality controls as reasonably determined by BPC.

12.3 TERMINATION OF GRANT BY BPC UPON TERMINATION OF THIS AGREEMENT

In the event of any termination of this Agreement pursuant to the provisions of Articles 13 and 14 hereof, all rights and licenses granted by BPC hereunder shall terminate immediately.

ARTICLE 13 DEFAULT

13.1 DEFINITIONS OF DEFAULT

For the purposes of this Article 13, a "Default" shall mean any material failure by any of the Parties to make any payment or to perform any other obligation, under or pursuant to this Agreement or any other agreement ancillary to this Agreement, for any reason other than an event of force majeure as defined in this Agreement.

13.2 NOTICE AND CURE

No default as defined in Section 13.1 hereof shall be deemed to have occurred until the Company or the Party not in default shall have first given written notice of such default to the Party in default, and the Party in default shall have failed to cure default within ninety (90) calendar days after receipt of such written notice.

13.3 RIGHTS AND OBLIGATIONS UPON DEFAULT

Upon the occurrence of any event of default by any Party under this Agreement, non-defaulting Party may, at its option, terminate this Agreement in accordance with Article 14 hereof and demand dissolution and liquidation of the Company in accordance with Article 15 hereof.

In the event of such termination the non-defaulting Party shall be compensated for any loss or damage (excluding consequential or contingent damages) sustained as a result of such default.

13.4 NON-DEFAULTING PARTY'S OPTION OF BUYOUT

In the event of termination in accordance with Section 13.3 hereof, the Company at the option of the non-defaulting Party, shall not be dissolved and liquidated, but the following buyout provisions shall have effect:

(i) If BPC or ABC is the defaulting Party, TSD shall have the right to purchase the defaulting Party's then-existing ownership shares of, and interest in the Company at one-half times (50% of) the book value of such shares and interest on the date of termination.

(ii) If TSD is the defaulting Party, BPC and ABC, as their interest may appear, shall have the right to purchase TSD's then existing ownership interest in the Company at one-half times (50% of) the book value on the date of termination.

13.5 In the event of any default which does not result in termination of this Agreement pursuant to Sections 13.1 through 13.4 hereof, the defaulting Party shall compensate the Company and the non-defaulting Party for all loss or damage sustained by them as a direct result (excluding consequential or contingent damages) of the default.

ARTICLE 14 TERMINATION

14.1 BANKRUPTCY

This Agreement shall be terminated, and the Company shall be dissolved in accordance with Article __ hereof, in the event of bankruptcy of any Party.

14.2 MUTUAL AGREEMENT

This Agreement may be terminated at any time by mutual agreement of the Parties.

14.3 UNILATERAL TERMINATION

Any Party, at its option, terminate this Agreement at any point in time:
(i)   Upon the occurrence of an event of default by the other Party in accordance with Article 13 of this Agreement; or
(ii) When the total liabilities of the Company exceed its tangible net assets by US$_____, or such other amount as the Parties may hereafter designate in writing.

14.4 NOTICE OF TERMINATION

A Party having the right to terminate this Agreement pursuant to Articles 13 and 14 of this Agreement and desiring to do so shall give written notice within thirty (30) days of discovery of the events giving rise to such right to the other Parties, stating the grounds for termination, by registered mail (or equivalent) addressed to the other Parties at their designated address as set forth in this Agreement. Such notice shall be effective ninety (90) calendar days after mailing, unless, before such effective date, the grounds for termination have been removed.

ARTICLE 15 DISSOLUTION AND LIQUIDATION

15.1 RELATIONSHIP TO THIS AGREEMENT

The Company shall not be dissolved and liquidated unless this Agreement is terminated pursuant to Article 14 hereof.

15.2 DISTRIBUTION OF ASSETS

After collection of all amounts owed to the Company and payment or settlement of all outstanding debt and obligations thereof, the remaining assets of the Company shall be distributed to the Parties as shareholders, in accordance with the following provisions:
(i)   All assets of the Company, other than cash, shall be sold to the Parties or third parties at prices established by the Company and/or the Parties; and

(ii) All cash and other liquid assets of the Company after completion of the liquidation pursuant to Section 15.2(i) shall be distributed in such manner that the total value of the assets distributed to each Party as shareholders pursuant to this Article 15 shall be proportionate to the ownership interest in the Company held each Party as of that date of dissolution.

ARTICLE 16 FORCE MAJEURE

16.1 DEFINITIONS OF FORCE MAJEURE
For the purposes of this Agreement, the "Force Majeure" shall mean any event or condition, not existing as of the date of signature of this Agreement, not reasonably foreseeable as of such date and not reasonably within the control of the Parties, which prevents in whole or in material part the performance by one of the Parties of its obligations hereunder or which renders the performance of such obligations so difficult or costly as to make such performance commercially unreasonable.

Without limiting the foregoing, the following shall constitute events or conditions of force majeure:
acts of state or governmental action, riots, disturbance, war, warlike conditions, terrorism, strike, lock-outs, slowdowns, prolonged shortage of energy supplies, epidemics, fire, flood, hurricane, typhoon, landslide, earthquake, lighting and explosion.

16.2 NOTICE OF EVENT OF FORCE MAJEURE AND DURATION
No event described in Section 16.1 hereof shall be considered an event of force majeure for purposes of this Agreement unless the Party whose performance is prevented or affected thereby gives written notice of such event to the other Parties.

Such notice shall include a description of the nature of the event, its causes and the respects in which notifying Party's performance is or may be affected.

The Party claiming an event of force majeure shall also notify the other Parties immediately upon cessation of such event.

All notices given pursuant to this Section shall be given within fourteen (14) calendar days after the dates of the commencement and cessation of the event concerned by registered mail.

Should the event of force majeure prevent the giving of notice within such fourteen-day period it shall be given as soon as possible.

16.3 RIGHTS OF PARTIES IN THE EVENT OF FORCE MAJEURE
The respective rights of the Parties in the event of force majeure shall be as follows:
(i) The Party whose performance is affected by an event of force majeure, as defined in Section 16.1 hereof, shall, provided the notice required by Section 16.2 have been given, be released without any liability on its part from performance of its obligations hereunder, but only to the extent and only for the period that its performance of such obligations is prevented or made commercially unreasonable as a result of such event.
(ii) The obligation to pay of such affected Party shall not be released from its performance hereunder by the event of force majeure.

ARTICLE 17 FINANCING PROVISIONS

17.1 ADDITIONAL FINANCING
All cash requirements of the Company which are met through additional capital contributions and continuing operation of the Company may be satisfied through borrowings from commercial banks or other sources of money upon approval of the board of directors of the Company.

Should the Company be unable to borrow sufficient amounts in its own name, the Parties may, severally but not jointly, provide necessary guaranties of the Company's indebtedness in proportion to their respective ownership interests in the Company.

17.2 BANK ACCOUNTS
The Company shall open accounts with such designated banks as the board of directors shall approve.

The opening and operation of the bank accounts of the Company shall be carried out in accordance with the requirement of the respective banks.

17.3 BOOKKEEPING AND ACCOUNTING
The Company shall keep all books of account and make all reports in accordance with the standards, procedures and form to generally accepted practices in

ARTICLE 18 GOVERNING LAW AND JURISDICTION

18.1　GOVERNING LAW
This Agreement and rights and obligations of the Parties under this Agreement shall be governed by and interpreted in accordance with the laws of _____ _____.

18.2　EXCLUSIVE JURISDICTION
The Parties consents to the exclusive jurisdiction of the court of _____located in _____ _____ district courts located in _____, and the Parties hereby waive any rights they may have to assert jurisdiction in any other forum.

ARTICLE 19 ENTIRE AGREEMENT

19.1　ENTIRE AGREEMENT
This Agreement and the exhibits hereto constitute the entire agreement of the Parties in respect to the mattes herein referred to.

19.2　PREVIOUS AGREEMENTS ARE NULL AND VOID
Any and all previous discussions, representations, negotiations, proposals and understandings relative to those matters are merged into and superseded by this Agreement, and any and all other documents exchanged by the Parties prior to the signature of this Agreement and relating to the subject matter hereof, are null and void.

ARTICLE 20 NO WAIVER

No waiver, modification or amendment of this Agreement shall be valid unless made in writing and signed by both Parties.

ARTICLE 21 OFFICIAL AND CONTROLLING TEXT

The official and controlling text of this Agreement shall be the one written in English.

ARTICLE 22 SEVERABILITY

If any part, term or provision of this Agreement shall be found illegal or unenforceable by a court of competent jurisdiction or by binding arbitration, the validity and effect of the remaining parts, term and provisions shall not be affected thereby.

ARTICLE 23 NON-ASSIGNMENT

23.1 NON-ASSIGNMENT
No Party may assign any of its rights or obligations hereunder without the prior written consent of the other Parties.

23.2 ASSIGNMENT TO SUBSIDIARY
Notwithstanding the above provisions of Section 23.1, TSD may assign this Agreement or any of its rights or obligations thereunder to any parent, subsidiary or fifty percent (50%) or more owned affiliate of TSD, provided, however, that
(i)   TSD shall, as a guarantor, remain liable for the full performance by the assignee thereof;
(ii) Such assignee shall be located in _____ as the date of the signing of this Agreement.

ARTICLE 24 NOTICES

24.1 MEANS OF NOTICES
All notices made or required hereunder shall be deemed sufficiently given if made by registered mail (or its equivalent), or by telegram or telex and confirmed by registered mail, properly addressed and sent to the recipient at its designated address.

24.2 RULE TO DETERMINE THE DAY WHEN RECEIVED
All notices shall be deemed to have been sent on the registered date and to have been received on the sixth business day thereafter or when actually received by the recipient, whichever is sooner.

24.3 DESIGNATED ADDRESSES OF PARTIES
For the purposes of this Agreement, the designated addresses of the Parties shall be the following addresses or, with respect to any Party, such other address as such Party may at any time designate in writing for these purposes:

TO : TSD   General Manager
            _____ Division
            Tillman's Sachs Dynamics Systems Corporation
            _____
            _____ (address)

TO : BPC   _____
            _____

TO : ABC   _____
              _____
              _____
              _____
              _____

ARTICLE 25 HEADINGS AND TITLES

The various headings and titles in this Agreement are inserted solely for convenience and shall not affect the meaning or interpretation of this Agreement.

IN WITNESS WHEREOF, the Parties hereto have caused this Agreement to be executed in triplicate by their duly authorized representatives as of the day and year first above written.

                                    For and on behalf of TSD

WITNESS: By : _____
_____   Printed Name : _____
                                    Title : _____

                                    For and on behalf of BPC

WITNESS: By : _____
_____   Printed Name : _____
                                    Title : _____

                                    For and on behalf of ABC

WITNESS: By : _____
_____   Printed Name : _____
                                    Title : _____

第5章 合弁事業契約（株主間契約）03

第1節 合弁事業契約（株主間契約）フォーム03

SHAREHOLDERS AGREEMENT

This Agreement is made and entered into as of the ____day of _____, 20__, by and among:

Conrad Grasso Corporation, a corporation organized under the laws of _____, with its principal office at _____ _____ (hereinafter referred to as "CONRAD"), and

Elnox Corporation, a corporation organized under the laws of _____, with its principal office at _____ _ (hereinafter referred to as "ELNOX"), and

Leonardo Shirase Co. Limited, a corporation organized under the laws of Japan, with its principal office at _____ (hereinafter referred to as "LEO").

RECITALS

1   CONRAD is conducting its business in the area of _____ in the field of the manufacture and sale of certain products bearing its trademarks, such products being listed in Exhibit A attached hereto (hereinafter referred to as the "Products"), and is desirous of exporting to Japan thorough LEO and its affiliated companies and also licensing certain items of such products to ELNOX for manufacture and sales in Japan and _____, including the area of certain Asian countries;

2   CONRAD, ELNOX and LEO have already established a joint venture company with the name of CONRAD, ELNOX & LEO CO. LTD. (hereinafter referred to as the "Company") under the laws of _____, for the purposes of importing such products from _____ for distribution in _____ as well as manufacture and sales of certain items of such products in _____ under the license granted, and with the technical assistance rendered, by CONRAD;

3 CONRAD, ELNOX and LEO wish to increase the share capital of the Company;

4 ELNOX has extensive experience in managing companies of such kind as is similar to the Company in accordance with this Agreement, and wishes to encourage fast and extensive recognition of CONRAD's products in _____;

5 LEO has extensive experience in import and export business, and also has considerable experience in managing companies of such kind as is similar to the Company;

6 CONRAD and ELNOX wish to enter into certain understandings and agreements concerning organization and management of the Company, the disposal of shares of the Company and certain other matters as set forth in this Agreement.

AGREEMENT

NOW, THEREFORE, the parties hereto hereby agree as follows:

ARTICLE 1 DEFINITIONS

The following terms used in this Agreement shall have the meanings set forth below:

(i) "Common Shares" shall mean the Company's shares of common stock with a par value of fifty thousand Japanese Yen (¥50,000) per share.

(ii) "Company" shall have the meaning assigned thereto in the recitals.

(iii) "Distribution Agreement" shall mean the distribution agreement concluded between CONRAD and LEO as of _____, 20__.

(iv) "License Agreement" shall mean a license agreement, a form of which is attached hereto as Exhibit __, and is scheduled to be signed between CONRAD and the Company immediately after the execution of this Agreement.

(v) "Parties" shall mean CONRAD, ELNOX and LEO, and "Party" shall mean either one of the Parties.

(vi) "Person" shall mean any individual, corporation, joint venture, trust, government or any agency or political subdivision thereof.

(vii) "Products" shall mean the products manufactured and sold by CONRAD as set out in the attached Exhibit __ subject to the future amendment based upon agreement of the parties hereto from time to time.

Certain items of the Products set forth in Exhibit __ are planned to be manufactured by the Company in accordance with the plans set forth in Exhibit __.

(viii) "Territory" shall mean Japan and certain Asian countries as well as Oceania and American countries set forth in Exhibit __.

ARTICLE 2 INCREASE OF SHARE CAPITAL

2.1   CONRAD, ELNOX and LEO shall take steps to have the Company increase its paid-up share capital and authorized share capital from Thirty Million Japanese Yen and One Hundred Twenty Million Japanese Yen, respectively to One Hundred Twenty Million Japanese Yen and Four Hundred Eighty Million Japanese Yen, respectively by issuing and allotting at par its new Common Shares with a par value of Fifty Thousand Japanese Yen per share to the parties hereto in such proportion as is prescribed in Section 2.2 hereof.

2.2   The parties hereto shall subscribe for the Company's Common Shares to be issued in accordance with Section 2.1 hereof at par, the number of the Common Shares allotted to each party being as follows:

CONRAD	15% (Fifteen Percent)
ELNOX	65% (Sixty-five Percent)
LEO	20% (Twenty Percent)

2.3   The procedures contemplated in Sections 2.1 and 2.2 hereof shall be effected as soon as practicable after this Agreement is executed, but in any event such procedure shall be completed on or before the _____ the day of _____, 20__.

2.4   The obligations of the parties hereto to subscribe and pay for the new Common Shares are conditional upon governmental approvals and consents, if any, required for such subscription.

ARTICLE 3 PRIMARY OBLIGATIONS OF CONRAD, ELNOX AND LEO

Under this Agreement, CONRAD, ELNOX and LEO shall owe the following obligations respectively:

(i) CONRAD shall supply, through LEO and/or its affiliated companies, to the Company with the Products it manufactures and sells in accordance with the terms and conditions of the Distribution Agreement.

CONRAD shall also grant the license to the Company as soon as practicable after this Agreement becomes effective, to manufacture certain items of the Products set forth in Exhibit __ and render the technical assistance to the Company in accordance with the provisions of the License Agreement to be executed immediately after the execution of this Agreement, detailed terms and conditions for the license, including royalties and technical assistances are set forth in the License Agreement.

(ii) ELNOX will, mainly, be in charge of the management of the Company and shall be engaging in the promotion and advertisement of the Products through the operation of retail shops of the Company in the Territory as well as through its own chain stores and other subsidiaries in the Asian countries, some of which are engaged in the marketing and promotion of the Products at CONRAD retail shops there.

(iii) In connection with the management of the Company by ELNOX, ELNOX shall periodically prepare with the Company and submit, together with the Company, to the other parties hereto the following:

(a) annual business plan of the Company;
(b) annual budget of each fiscal year, containing estimate of the Company's revenues, costs and earnings;
(c) semi-annual distribution plan for the Products the Company plans to distribute, containing the number and identification of its primary customers, etc.;
(d) audited annual balance sheet and financial statements in English;
(e) quarterly sales report of the Company.

(iv) LEO shall be in charge of the management of the Company and shall, through its affiliated companies, and in accordance with the terms and conditions of the Distribution Agreement, purchase from, and pay for the Products to CONRAD, and resell the Products so purchased to the Company.

LEO will, upon the reasonable request of the Company, make every efforts to give financial assistance to the Company, provided, however, that scope of such assistance will be determined by LEO at its sole judgment.

ARTICLE 4 BOARD OF DIRECTORS OF THE COMPANY

4.1 There shall not be more than seven (7) directors of the Company.
Each of ELNOX, LEO and CONRAD has the right to appoint four (4), two (2) and one (1) director, respectively, of the Company.

4.2 It is understand and agreed that, before thirty (30) calendar days in advance of board of directors meeting of the Company for the appointment of the president of the Company, ELNOX will nominate the candidate of the president of the Company subject to the approval of CONRAD and LEO, which shall not be unreasonably withheld.
As soon as ELNOX nominate the candidate of the president of the Company, ELNOX shall notify such nomination to CONRAD and LEO.

CONRAD and LEO shall have the right to approve or disapprove such nomination within fourteen (14) calendar days after the notice by ELNOX of such nomination is received by each of CONRAD and LEO.
In the event that CONRAD and LEO do not give written notice of their disapproval to ELNOX within such fourteen (14) day period, it shall be deemed that such nomination has been approved by CONRAD and LEO.

4.3 It is agreed that the candidate of president as nominated pursuant to the foregoing Section 4.2 hereof shall become the president and representative director of the Company under the applicable laws of Japan, subject to the formal appointment procedures of the board of the directors of the Company.

ARTICLE 5   MATTERS AND TRANSACTIONS TO BE APPROVED BY THE BOARD OF DIRECTORS

The Parties agree that none of the following matters and transactions shall be effected, unless submitted in advance to and approved, in the form of the agenda, by the board of directors of the Company, provided, however, that, before such agenda regarding the following matters are submitted to the board of directors meeting, the agenda shall be approved, in writing, by all of the Parties, approvals of which shall not be unreasonably withheld:

(i)   any merger or consolidation of the Company with or into any Person, the sale or transfer of all or substantially all of the assets of the Company to any Person; or any dissolution or liquidation of the Company;

(ii) filing by the Company of a petition seeking an adjudication of bankruptcy or seeking with respect to itself a decree of commencement of composition, commencement of reorganization procedure or adjustment under the bankruptcy law, the composition law, the company reorganization law, the commercial code or any other applicable insolvency law of _____ or any other jurisdiction;

(iii) any change of the corporate name of the Company and any other amendment to the Articles of Incorporation of the Company;

(iv) any change in the business of the Company that would materially alter the initial purposes of the Company to promote exclusively and distribute and sell in _____ the Products bearing CONRAD trademarks;

(v) any issuance, grant or sale by the Company of any shares of capital stock of the Company or any securities convertible into, or options, warrants or rights of any kind to subscribe to or acquire, any shares of capital stock of the Company to any Person;

(vi) any incorporation of subsidiaries or affiliates of the Company, and any acquisition or disposal of shareholdings in any other company;

(vii) any annual business plan;

(viii) any annual budget of the Company for each fiscal year which shall contain estimate of the Company's revenues, costs and earnings;

(ix) any semi-annual distribution plan for the Products the Company plans to distribute, containing the number and identification of its customers, etc.;

(x) any appointment of key employees of the Company, including, but not limited to, sales managers of the Company as well as outside certified public accountants;

(xi) any declaration of dividends of the Company; and

(xii) any contract or transactions other than (i) to (xi) above the effect of which would materially affect the business of the Company.

ARTICLE 6 PRE-EMPTIVE RIGHT OF THE PARTIES

Whenever new Common Shares are issued, each of the Parties have the right to subscribe for such Common Shares as are newly issued on a pro rata basis in proportion to the percentage of the Common Shares which the Parties then own at the time of the issuance of such Common Shares.

ARTICLE 7 STATUTORY AUDITOR AND AUDIT

7.1 The Company shall have one (1) statutory auditor, who shall be appointed by the board of directors meeting by a vote of not less than two-thirds of directors present at the meeting.

7.2 Outside certified public accountant shall be appointed by the Company subject to the prior approval of all of the Parties. The prior approval of the Parties required for the resolution of the board of directors shall not unreasonably be withheld.

Such outside certified public accountants may, with a reasonable advance notice in writing, during the normal business hours of the Company, inspect such books of account or documents of the Company as they may think relevant at any time during the life of this Agreement.

7.3 Each Party has the right to appoint outside certified public accountants as auditors at its own expense in order to audit the Company and such outside certified public accountants may, with a reasonable advance notice in writing, during the normal business hours of the Company, inspect such books of account or documents of the Company as they think relevant at any time during the life of this Agreement.

If, however, during the course of such audit, such auditors should find a discrepancy of ten (10) or more in the aggregate of either of net sales or net income for any fiscal year of the Company, then the Company shall bear the costs of the audit, and an appropriate amendment of the calculation of royalties payable for the fiscal year shall be made separately in accordance with such results under respective the License Agreement.

ARTICLE 8 NO TRANSFER OF COMMON SHARES

8.1 NO TRANSFER OF COMMON SHARES
None of the Common Shares held by CONRAD, ELNOX or LEO shall be transferred, pledged or in any way disposed of without the prior written approval of the Parties other than the Party who intends to transfer.

8.2 ANY ATTEMPTED TRANSFER IS NUL AND VOID
Any attempted transfer of the Common Shares made by any Party without the prior written approval of all of other Parties shall be null and void.

ARTICLE 9 DISSOLUTION OF THE COMPANY DUE TO FINANCIAL RESULTS

9.1 If the Company should sustain an accumulated loss up to seven hundred percent (700%) of its paid-in capital at any time, any of CONRAD, ELNOX or LEO shall have the right to send to the other Parties a notice that it considers a cause for dissolution to exist, provided, however, that this percentage may be reviewed and agreed upon the Parties after four years from the effective date of this Agreement.

9.2 After such notice has been received by the other Parties, all of the Parties shall meet and negotiate to reach an agreement whereby one or two Parties transfer all the Common Shares of such Party to either other Parties or to a third party.

9.3 In the event that, after eighty (80) calendar day have passed since the Parties commenced the negotiation set forth in Section 9.2 hereof, the Parties have not reached an agreement on a suitable transfer of ownership, any Party may call a special meeting of shareholders of the Company to dissolve the Company, and the Parties agree that at such meeting all the Parties shall vote for and in favor of the dissolution of the Company.

9.4 This Agreement shall terminate without notice upon the consummation of the purchase by a Party or Parties of the Common Shares held by the Party or upon the dissolution of the Company pursuant to Section 9.3 hereof.

ARTICLE 10 CONFIDENTIALITY

10.1 CONFIDENTIAL OBLIGATIONS
During the term of this Agreement and until ten (10) years after the date of termination thereof, CONRAD, ELNOX and LEO shall keep confidential the trade secrets of the Company, including, but not limited to, the confidential information disclosed by CONRAD to the Company, ELNOX or LEO in the course of the performance of this Agreement or the License Agreement.

10.2 UNDERTAKINGS OF ELNOX
ELNOX agree to procure that the Company will use such confidential information disclosed by CONRAD set forth above in Section 10.1 hereof only in the conduct of its business as contemplated under this Agreement and the License Agreement.

ARTICLE 11 TERMINATION

11.1 CAUSES OF TERMINATION
This Agreement may be terminated at any time:
(i) by mutual agreement in writing of all of the Parties;
(ii) by any one of non-defaulting Party or Parties, in the event that one or more of the following occurred with respect to any one of the Parities;
    (a) Application for attachment, bankruptcy, composition, reorganization of company under the applicable laws, or reorganization of company has been filed or the procedure of liquidation has been commenced with respect to the other of the Parties;

(b) The attachment on the material assets of the other of the Parties has been made because of default in paying its debt to third Person, including the governmental bodies;

(c) The other of the Parties stopped or suspended payment;

(d) The clearing house has determined not to clear negotiable instruments of the other of the Parties:

(e) If there is any change in the control of the other of the Parties which may prejudice the interest of the opposite Party or Parties; or

(f) If there is a material change with respect to the assets, credit or business of the other of the Parties and it is considered to be difficult to perform its obligations under this Agreement.

(iii) by any of non-defaulting Parties, if any of the Parties has ceased to have any shareholding in the Company except for the cases where any of the provisions of Articles __, __ or __ hereof is applicable.

(iv) by CONRAD and/or LEO, in the event that ELNOX shall make a material default in the performance or observance of any of the obligations or covenants set forth in this Agreement and shall not remedy such default within thirty (30) calendar days after its receipt of any written notice requiring such remedy given by CONRAD and/or LEO.

(v) By CONRAD and/or ELNOX, in the event that LEO shall make a material default in the performance or observance of any of the obligations or covenants set forth in this Agreement and shall not remedy such default within thirty (30) calendar days after its receipt of any written notice requiring such remedy given by CONRAD and/or ELNOX.

（以下、準拠法、紛争解決条項、全部の合意、不放棄条項、契約終了後も存続する規定など省略）

第6章 標準的な合弁事業契約04

第1節 日本などに設立するケース——フォーム04

SHAREHOLDERS AGREEMENT

THIS AGREEMENT is made and entered into this ____ day of _____, 20__, by and between:
KAREN VIEW CORPORATION, a corporation organized and existing under the laws of _____ , having its principal place of business at _____ (hereinafter referred to as "KAREN VIEW"), _____, a company organized and existing under the laws of _____, having its principal place of business at _____ (hereinafter referred to as "ELNOX") and,
AURORA BOREALIS CORPORATION, a corporation organized and existing under the laws of Japan, having its place of business at _____, Tokyo, Japan (herein after referred to as "ABC").

RECITALS

1 KAREN VIEW possesses certain technology for the design, manufacture, use and distribution of the Products set forth in Exhibit A attached hereto and certain intellectual property pertaining thereto;

2 the parties hereto are desirous of establishing a stock corporation under the laws of _____ to undertake and accomplish the manufacture and marketing of the Products in the Territory as defined hereinafter;

3 the parties hereto believe it to be in their best interests and in the best of the Company, as defined herein, that they provide for certain rights, duties, and restrictions as among themselves and others who may become shareholders of the Company, all as provided herein.

AGREEMENT

NOW, THEREFORE, in consideration of the premises and the mutual covenants, condition and undertakings of the parties herein contained, the parties hereto do hereby agrees as follows:

ARTICLE 1 DEFINITIONS

For the purpose of this Agreement, each of the following terms shall have the meaning specified herein:

1.1 "Affiliate" shall mean any person that directly or indirectly controls or is controlled by, or is under common control with, another person.

1.2 "Control" shall mean the power, directly or indirectly, to exercise a controlling influence over the management or policies or the activities of an individual, whether through the ownership of voting securities, through one or more intermediary persons, by contract or otherwise.
A person that owns or has the direct or indirect power to vote more than fifty percent (50%) of the equity is deemed for the purpose of this Agreement to control such corporation.

1.3 "Proprietary Rights" shall mean rights under Karen View's patents and patent applications, trademarks, and copyrights as described in Exhibit B attached hereto, to the extent that they or the claims thereof relates to the Product, its production, application, use or sale, including such patent, trademark, and copyright rights as may be obtained or acquired by Karen View during the term of the licensing agreement referred to at Section 13.1 hereof.

1.4 "Technology" shall mean Karen View's proprietary technical and marketing information, laboratory data, plant design and equipment information, operating information, specifications and know-how which Karen View owns on the date hereof, (all as described in Appendix C attached hereto) relating to the Products and its production, application, use or sale to the extent that Karen View has transferable or licensable interest therein and can transfer rights under such interest and which is owned, controlled, developed or acquired by Karen View as of the date hereof and during the term of the licensing agreement referred to at Section 13.1 hereof.

1.5 "Territory" shall mean Japan, Republic of Korea, Republic of China (Taiwan), Indonesia, Myanmar, Vietnam, Philippine, Peoples Republic of China, Malaysia, Australia, New Zealand, Hong Kong, Singapore and such other countries and areas as may be added hereto from time to time by agreement of the parties hereto and the Company.

ARTICLE 2 INCORPORATION OF THE COMPANY

2.1 The parties hereto shall, as soon as practicable after this Agreement takes effect pursuant to the provision set forth in Article 26 hereof, incorporate or cause to be incorporated under the laws of _____ a stock corporation to be named in the _____ language "_____" and in English "_____" (hereinafter referred to as the "Company").

2.2 The registered office of the Company shall be situated in _____, _____ (city and country), or such other place as determined by resolution of the general meeting of the shareholders of the Company.

2.3 The objectives and purposes of the Company shall be to manufacture the Products in the Territory, use and develop the application or improvement of the Products in the Territory, cause the sale and distribution of the Products by ABC in the Territory, and to undertake the necessary business transactions incidental thereto.

2.4 The duration of the Company shall be indefinite.

2.5 The Company shall trade and do business only under its actual corporate name as set forth hereinabove and not under any fictitious or assumed name.

2.6 The Company shall not manufacture the Products outside the Territory and shall not conduct or transact business, or become authorized to conduct or transact business, in a country not within the Territory, provided, however, that this Section 2.6 shall not be deemed to prevent or prohibit the Company from:
 (i) entering into any agreement with KAREN VIEW,
 (ii) convening meetings of its shareholders or board of directors outside the Territory or
 (iii) obtaining raw materials from supplier located outside the Territory.

ARTICLE 3 CAPITAL OF THE COMPANY

3.1 The Company shall have authorized capital of Two Hundred Forty Million Japanese Yen (¥240,000,000) represented by Four Thousand Eight Hundred (4,800) common shares with a par value of Fifty Thousand Yen (¥50,000) per share.

3.2 The issued capital at the time of incorporation of the Company shall be Sixty Million Japanese Yen (¥60,000,000).

3.3 The authorized but unissued shares of the Company may be issued from time to time as the board of directors of the Company so decides subject to the provisions of this Agreement.

ARTICLE 4 SUBSCRIPTION AND PAYMENT OF THE PARTIES

4.1 The parties hereto shall subscribe for, at par, shares of the common stock of the Company to be issued at the time of its incorporation as follows:
   (i)   KAREN VIEW   Fifty Percent (50%)   600 shares
   (ii) ELNOX   Thirty-Five Percent (35%)   420 shares
   (iii) ABC   Fifteen Percent (15%)   180 shares

4.2 The parties hereto shall, upon allocation, pay in full in cash for the shares subscribed for pursuant to Section 4.1 hereof and applicable company law.

ARTICLE 5 ARTICLES OF INCORPORATION

5.1 The Company shall be incorporated pursuant to Articles of Incorporation in the form attached hereto as Exhibit __, which exhibit shall consist of one copy of the Articles of Incorporation in the _____ language, and one copy of the translation thereof in the English language.

5.2 The Company shall be managed under the provisions of this Agreement, the Articles of Incorporation and the applicable laws and regulations of _____.

ARTICLE 6 MEETINGS OF SHAREHOLDERS

6.1 Meetings of shareholders of the Company shall be held in _____ or at such other place as agreed upon by unanimous consent of all the shareholders of the Company in accordance with law.

6.2 Except as otherwise required by law, all resolutions of a meeting of shareholders shall be adopted by the affirmative vote of a majority of the shares represented in person or by proxy at such meeting of shareholders, and a quorum for a meeting of shareholders shall be constituted by the presence of shareholders holding a majority of the total issued and outstanding shares of the Company entitled to vote at the meeting.

6.3 Each party hereto shall have one vote for each share of which it is the holder and may be present at any meeting of shareholders either in person or by proxy.

6.4 A shareholder may exercise it vote by proxy, who need not be a shareholder, provided that such proxy shall present to the Company a document, the form of which shall be furnished to each shareholder by the Company, evidencing his/her appointment as proxy.

6.5 Except as otherwise permitted by law, each meeting of shareholders shall be convened by the president of the Company in accordance with a resolution of the board of directors upon written notice of the time, place, and purpose of such meeting given not less than twenty-one (21) calendar days before the date of the meeting either personally or by mail each shareholder of record entitled to vote at the meeting.

6.6 The president of the Company shall act as chairman at general or special meeting of shareholders.

ARTICLE 7 NUMBER AND NOMINATION OF DIRECTORS OF THE COMPANY

7.1 Except as otherwise required by law or provided for in the Articles of Incorporation of the Company, responsibility for the management and direction of the Company shall be vested in the board of directors of the Company.

7.2 The Articles of Incorporation of the Company shall provide for the election of seven (7) directors of the Company.

7.3 The directors of the Company shall be elected at a meeting of shareholders. Three (3) of seven (7) directors shall be individuals nominated by KAREN VIEW, two (2) shall be individuals nominated by ELNOX, and the remaining one (1) shall be individual nominated by ABC.

7.4 Each of the parties shall vote all its shares of the stock of the Company, and otherwise take or cause to be taken all such other action as may be necessary, to cause the election of the directors nominated in accordance with the foregoing.

7.5 In case of the death, resignation or other removal of a director prior to the expiration of his/her term, the parties hereto agree to cast their vote as shareholders, and otherwise take or cause to be taken all such other action as may be necessary, so as to appoint as his/her replacement a director nominated by the party hereto who has appointed the director whose death, resignation or other removal was the cause of such vacancy.

7.6 Except as otherwise required by law, the term of office of a director shall expire at the close of the second ordinary general meeting of shareholders to be held subsequent to his election.
The term of office of a director elected to fill a vacancy shall be coterminous with the remainder of the term of office of his/her predecessor.
Notwithstanding the foregoing provisions of this Section 7.6, the term of office of the initial directors of the Company shall expire at the close of the first ordinary general meeting of shareholders to be held after the election of the initial directors.

ARTICLE 8 BOARD OF DIRECTORS MEETING

8.1 Except as otherwise required by law, a quorum for holding a meeting of the board of directors shall be four (4), provided that at least one (1) director nominated by each party shall be present, and all resolutions of the board of directors shall require the affirmative vote of four (4) directors.

8.2 No director of the Company shall be required to own any shares of the stock of the Company.

8.3 The board of directors shall elect a chairperson of the board in the following manner:
At the first meeting of the board of directors following the first ordinary general meeting of shareholders at which directors are elected, the three directors nominated by ELNOX and ABC shall nominate from amongst their number one individual for the office of chairperson of the board.
Each of the parties hereto shall cause the directors nominated by it to vote in favor of the election as chairperson of the director so nominated.

At the first meeting of the board of directors following the second ordinary general meeting of shareholders at which directors are elected, the three directors nominated by KAREN VIEW shall nominate from amongst their number one individual for the office of chairperson of the board.

Each of the parties hereto shall cause the directors nominated by it to vote in favor of the election as chairperson of the director so nominated.

The procedure described above in this Section __ shall be repeated every four years such that the office of chairperson of the board is rotated for approximately two year terms amongst directors nominated by jointly ELNOX and ABC, and KAREN VIEW respectively (in that order), provided, however, that the first such cycle of rotation shall be three years, and not four years, by reason that the initial directors shall hold such office for one year.

8.4 Regular meetings of the board of directors shall be held quarterly at the office of the Company or at such other place as the board may designate. Notice of regular meetings of the board shall be given to each director by mail or telegram at least three (3) weeks prior to the date designated for such regular meeting.

8.5 Unless otherwise agreed by the parties hereto, no director shall receive any compensation from the Company for serving as a director.

Directors shall be reimbursed for reasonable travel expenses, including reasonable transportation and hotel charges, incurred in connections with attending meetings of the board.

ARTICLE 9 ACTIONS REQUIRING UNANIMOUS WRITTEN APPROVAL OF THE PARTIES

9.1 KAREN VIEW, ELNOX and ABC agree that the following actions shall require the unanimous written approval of all the parties hereto, namely KAREN VIEW, ELNOX and ABC, before submitting the shareholders meetings of the Company:
   (i) Any change in authorized, issued, or paid-up capital of the Company or any amendment to the articles of incorporation.
   (ii) Any issuance, sale or repurchase of the shares of the Company or issuance of, or agreement to issue, any security, right, option, warrant, or instrument of indebtedness convertible into or exercisable or exchangeable for shares of the Company's stock.
   (iii) Any payment on account of the purchase, redemption, or retirement of any shares of the Company.
   (iv) Any sale or other disposition of all or substantially all the properties or assets of the Company.

(v) The authorization or adoption of any stock option plan or stock purchase plan with respect to employees of the Company including without limitation all similar plans, agreements or arrangements.

(vi) The grant of any option or other right pertaining to the shares of the Company.

(vii) Any merger or consolidation with or into, or any purchase or other acquisition of all or substantially all the assets of, any other corporation or entity.

(viii) The formation, acquisition or sale of any subsidiary of the Company and formation of any partnership or joint venture involving the Company.

(ix) The encumbrance, disposition or acquisition of any asset, or the incurring of any actual or contingent liability, in excess of five thousand U.S. dollars or the Japanese Yen equivalent thereof.

(x) Making any loan, or guaranteeing payment of any loan, to any party including any of the parties hereto.

(xi) Investment in any company or participation in any joint venture or partnership, or formation or acquisition of a subsidiary.

ARTICLE 10 REPRESENTATIVE DIRECTORS

The board of directors of the Company shall appoint from among its members two (2) representative directors, one of
whom shall be selected from among the directors nominated by KAREN VIEW, and the other of
whom shall be selected from among the directors nominated by ELNOX and ABC.

ARTICLE 11 STATUTORY AUDITOR

11.1 The Company shall have one statutory auditor who shall be nominated by the board of directors and elected by the shareholders.

11.2 In case of the death, resignation or other removal of the statutory auditor prior to the expiration of his/her term, the parties hereto agree to cast their vote as shareholders so as to appoint as his replacement a statutory auditor nominated by the board.

11.3 The term of office of a statutory auditor shall expire at the close of the second ordinary general meeting of shareholders to be held subsequent to his election. The term of office of a statutory auditor elected to fill a vacancy shall be continuous with the remainder of the term of office of his predecessor.

Notwithstanding the foregoing provisions of this Section 11.3, the term of office of the initial statutory auditor shall expire at the close of the first ordinary general meeting of shareholders to be held after the election of the initial statutory auditor.

11.4 The Company shall prepare or cause to be prepared an annual audit of the account books and records of the operation of the Company.
The annual audit shall result in the issuance of customary financial statements and accompanying auditor's opinion all of which shall be provided to the shareholders not more than sixty (60) calendar days after the end of the Company's fiscal year.

11.5 The financial statements shall include without limitation an audited, consolidated balance sheet of the Company and its subsidiaries, if any, as at the end of such year, and audited, consolidated statements of income and of sources and application of funds of the Company and its subsidiaries, if any, together with changes in financial position for such year, prepared in accordance with generally accepted accounting principles consistently applied, together with a comparison of such statements to the prior fiscal year.

ARTICLE 12 ACCOUNTING PERIOD, BOOKS OF ACCOUNT AND PERIODIC REPORTS

12.1 The accounting period of the Company shall commence on April first of each year and end on March thirty-first of the succeeding year, provided that the first accounting period of the Company shall commence as of the date of organization of the Company pursuant to Section 2.1 hereof and end on the next following March thirty-first.

12.2 The Company shall keep true and accurate books of account and records in accordance with generally accepted accounting principles and in accordance with applicable laws of _____.

12.3 During the term of this Agreement and as soon as practicable after the end of each fiscal year and in any event within ninety (90) calendar days thereafter the Company shall deliver to the parties hereto the report, in the English language, described below ("Annual Report"):
(i) A complete translation of all the financial statements prepared or caused to be prepared by the Company pursuant to Sections 11.4 and 11.5 hereof.

(ii) The Annual Report shall be accompanied by a written statement that shall contain a certification by the auditor of the Company, and by the principal accounting or financial officer that the contents of such report are true, complete, and accurate, that procedures used therein are in accordance with generally accepted accounting principles.

12.4 During the term of this Agreement and as soon as practicable after the end of each fiscal quarter and in any event within thirty (30) calendar days thereafter the Company shall deliver to the parties hereto the report, in the English language, described below (Quarterly Report):

(i) A consolidated balance sheet of the Company and its subsidiaries, if any, as at the end of such quarter, and consolidated statements of income and of sources and applications of funds of the Company and its subsidiaries, if any, together with changes in financial position for such quarter, and an unaudited statements of income for the period beginning with the then current fiscal year to the end of such quarter all prepared in accordance with generally accepted accounting principles consistently applied.

12.5 The Quarterly Report shall be accompanied by a written statement that shall:

(i) contain a certification by the principal accounting or financial officer that the contents of such report are true, complete, and accurate and that procedures used therein are in accordance with generally accepted accounting principles, and

(ii) set forth such other appropriate information as reasonably may be requested by KAREN VIEW from time to time.

ARTICLE 13 LICENSING AGREEMENT AND TECHNICAL ASSISTANT AGREEMENT

13.1 Immediately after the incorporation of the Company, KAREN VIEW shall enter into a licensing agreement with the Company in substantially the form attached hereto as Exhibit __.

13.2 Immediately after the incorporation of the Company, KAREN VIEW shall enter into a technical assistance agreement substantially in the form attached hereto as Exhibit __.

ARTICLE 14 EXCLUSIVE DISTRIBUTORSHIP AGREEMENT

Immediately after the incorporation of the Company, ABC shall enter into an exclusive distributorship agreement with the Company.

ARTICLE 15 OPERATING AGREEMENT

Immediately after the incorporation of the Company, ELNOX shall enter into an operating agreement with the Company.

ARTICLE 16 FUNDING

16.1 KAREN VIEW shall make a loan (hereinafter referred to as the "Loan") to the Company in the amount of Thirty Million Japanese Yen (¥30,000,000) pursuant to the terms and conditions of a loan agreement (hereinafter referred to as the "Loan Agreement") in substantially the form attached hereto as Exhibit __.

16.2 The Loan Agreement shall be entered into between the Company and KAREN VIEW immediately after the incorporation of the Company.

16.3 Except otherwise set forth hereinabove and agreed by the parties hereto to increase the paid-up share capital of the Company separately, the Company shall be responsible for raising the funds necessary to carry on the business of the Company.

16.4 In case, however, the Company cannot raise funds on its own responsibility and if all the parties hereto agree to finance such funds, the parties hereto shall, unless otherwise agreed, make loans to, and/or as the case may be, guarantee loans in favor of, the Company in proportion to their then existing shareholding in the Company.

ARTICLE 17 RIGHT TO INSPECT ACCOUNT BOOKS

Each party hereto shall, at any time during the business hours of the Company, have the right to inspect at its own expense, either by itself or through its duly authorized public certified accountant or other representatives, the account books and records of the Company, which the Company shall maintain in accordance with generally accepted accounting principles and the applicable laws of _____.

ARTICLE 18 RIGHT TO RECEIVE DIVIDENDS

Dividends may be paid to the shareholders of the Company of record as of the last day of each fiscal year of the Company for which dividends are declared, subject to the approval of the shareholders at a general meeting, within the scope of such sum as is permitted under the applicable laws of _____.

ARTICLE 19 COVENANT NOT COMPETE

19.1   No party hereto shall engage or be interested, whether directly or indirectly, in the business of manufacturing, selling or otherwise dealing with any product similar to and competitive with the Products in the Territory during the term of this Agreement except otherwise agreed by the parties hereto.

19.2   For the entire term of this Agreement each of ABC and ELNOX agrees that it will not directly or indirectly, by means of its Affiliates or otherwise,
   (i)   engage in any Prohibited Competing Business (as hereinafter defined) anywhere in the world,
   (ii)   assist others in engaging in any Prohibited Competing Business in any manner,
   (iii) induce employees of KAREN VIEW, its Affiliates or subsidiary.

   As used in this Section 19.2 the term "Prohibited Competing Business" shall mean the manufacture, production, development and improvement of the Products except the products as described in Exhibit ___ as it relates to ELNOX.

ARTICLE 20 NO TRANSFER OF SHARES

20.1   Each party hereto agrees not to sell, assign, pledge, or in any other manner transfer title or rights to, or otherwise encumber, any of the shares of the Company held by it, or take any action leading to or likely to result in any of the foregoing without the prior approval of the board of directors of the Company except in accordance with the provisions of this Article 20 and Article __ hereof, provided, however, that approval shall not unreasonably withheld and shall be deemed to have been given where such party has declined or failed to exercise its right of first refusal pursuant to Article 21 hereof with respect to shares of the Company offered for sale by one or more of the parties hereto.

20.2   Subject to the need for approvals as set forth in Article 21 hereof, a party hereto may sell all or any portion of the shares of the Company then owned by it to a third party only on condition that such purchaser agrees in writing, concurrently with such sale, to be fully bound by the terms and conditions of this Agreement.

ARTICLE 21 RIGHT OF FIRST REFUSAL

21.1 A party hereto proposing to effect a sale of any shares of the Company (hereinafter referred to as "Offeror") shall give written notice to the other parties hereto who are then shareholders of the Company (hereinafter referred to as "Offerees") of the Offeror's intention, the identity of the prospective third party purchaser, and the terms and conditions of the proposed sale (hereinafter referred to as the "Proposed Sale"), and shall make a written offer (hereinafter referred to as "Offer") to sell the shares of the Company in question to the Offerees (pro rata, in accordance with the Offerees' shareholdings in the Company), on the identical terms and conditions of the Proposed Sale, including, but not limited to the purchase price and terms of payment.

21.2 Acceptance by an Offeree of any Offer that has been made to it pursuant to Section 21.1 hereof will be effective (subject to Section 21.3 hereof) upon the giving by an Offeree of written notice of acceptance within sixty (60) calendar days after the Offeree's receipt of the Offer.
The Offer shall be subject to the conditions that the Offerees shall have agreed to purchase all shares subject to the Offer.

21.3 Any shares not accepted for purchase by an Offeree within said sixty (60) calendar days after receipt of the Offer shall be offered by the Offeror on the same terms (pro rata) to any and all other Offerees who have accepted the previous Offer made to them; such Offer shall remain open for thirty (30) calendar day.
If there are two (2) or more Offerees who collectively desire to accept all such unaccepted shares, then such unaccepted shares shall be divided among such Offerees in accordance with their shareholding ratio in the Company immediately before the Offer, provided that if one such Offeree accepts fewer shares than the amount to which it is entitled, the other Offeree may purchase the remaining shares or, as the case may be, the other Offerees may purchase the remaining shares in accordance with their shareholding ratio in the Company immediately before the Offer.

21.4 If, however, all the shares subject to a Proposed Sale and Offer are not accepted for purchase by the Offerees, then the Offeror shall have the right to sell all the shares to the third party as provided in Section 21.5 hereof.

21.5 If all the shares subject to an Offer are not accepted for purchase by the Offerees at the end of the aggregate ninety (90) calendar days period specified in Sections 21.1 through 21.4 hereof, then the Offeror shall have the right, for a period of sixty (60) calendar days thereafter, to sell all such shares to the prospective third party purchaser identified in the Offer on the identical terms of the Offer.

If the Offeror is unable to sell all the shares subject to the Offer to the prospective third party purchaser within sixty (60) calendar days, then the Offeror shall not sell such shares or any other shares of the Company without first repeating the procedure of this Sections 21.1 through 21.4 hereof.

ARTICLE 22 TRANSFER OF SHARES TO PARTY'S AFFILIATES

22.1 Notwithstanding anything in Articles 20 and 21 to the contrary, any party may freely transfer all or any portion of its shares of the Company to an Affiliate of such party, provided that such Affiliate shall, before acquiring any shares of the Company, agree to be fully bound by the terms and conditions of this Agreement and provided further, that, notwithstanding the aforementioned transfer, each of the parties hereto shall remain liable to perform all of their respective obligations under the terms and conditions of this Agreement.

22.2 Affiliates of the parties hereto, to which provisions of Section 22.1 hereof shall apply, are limited to those which have been incorporated before the time of the effective date of this Agreement and are listed in Exhibit __ attached hereto.

ARTICLE 23 EVENT OF DEFAULT

23.1 In case of the occurrence of any of the following events:
  (i) if any of the parties hereto fails to perform, or commits a material breach of, any provisions or covenants of this Agreement, and fails to rectify or remedy such breach or failure to perform within fifty (50) calendar days following delivery to such party of a written notice of the alleged breach or failure to perform;
  (ii) if any of the parties hereto becomes insolvent or bankrupt, or if a committee of creditors is appointed to represent its business and the party fails within sixty (60) calendar days following the appointment of such committee to affect the discharge of such committee,
  (iii) if any of the parties hereto commits any other act indicating insolvency; or
  (iv) (a) if the Company suffers operating losses in each of seven (7) consecutive fiscal years; or
     (b) if the aggregate amount of the Company's expenditures (capital or otherwise, but specifically excluding the initial license fee to KAREN VIEW under the license agreement referred to in Section __ hereof), reduced by income exceeds the sum of Two Hundred Million Japanese Yen (¥200,000,000) then any of the parties hereto (in case of above (iv), any of the parties hereto) may terminate by giving written notice to the other parties hereto within sixty (60) calendar days after receipt of notice of such event from the Company or otherwise.

23.2 If this Agreement is terminated pursuant to above Section 23.1(i), (ii) or (iii), any of the non-defaulting parties shall be entitled to any of the following:
(i) the dissolution and liquidation of the Company,
(ii) the purchase of all the shares of the Company held by the defaulting-party at the time of termination of this Agreement.

In the event that any of the non-defaulting parties elects the dissolution and liquidation of the Company, the parties hereto shall exercise their voting rights in a general meeting of shareholders so as to enable the Company to dissolve and liquidate.

If, however, any of the non-defaulting parties elects the purchase of all of the shares of the Company held by the defaulting party, the defaulting party shall sell such shares to such non-defaulting party or parties.

If there are two (2) or more parties that desire such purchase of the shares of the Company, such shares shall be divided pro rata among such non-defaulting parties in accordance with their then existing shareholdings in the Company (without regard to the shares held by the defaulting party).

23.3 In the case of purchase of shares of the Company by such non-defaulting party or parties set forth in Section 23.2 hereof, the price for the shares of the Company purchased by the non-defaulting party or parties shall be determined based on the net asset value of the Company at the termination of this Agreement, such net value shall be computed by the certified public accountant designated under Sections 11.4 and 11.5 hereof, or such other independent certified public accountant as agreed by the parties hereto.

In determination of such purchase price of shares, it is understood and agreed by the parties hereto that such purchase price shall not include the price for the good will on a going concern basis, and further that such purchase price shall not be less than one Japanese Yen or equivalent.

23.4 If this Agreement is terminated pursuant to Section 23.1(iv) hereof, any of the parties hereto may demand the dissolution and liquidation of the Company by giving written notice to the other parties hereto, provided, however, that such election of dissolution shall be subject to the proposal by any of the parties hereto of purchase of the shares of the Company from the other parties hereto.

If any other party hereto expresses, in writing within thirty (30) calendar days after the date of such demand of dissolution of the Company set forth above in this Section 23.4, its intention to have the Company continue operations, such other party shall have the right to purchase all the shares of the Company held by the demanding party at the price to be determined based on the net value of the Company to be computed by an independent certified public accountant to be mutually agreed by the parties hereto.

Unless any other party hereto expresses, in writing, its intention to have the Company continue within said period, the parties hereto shall, unless otherwise agreed, exercise their voting rights in a general meeting of shareholders so as to enable the Company to dissolve and liquidate.

ARTICLE 24 ENTIRE AGREEMENT

24.1　This Agreement constitutes the entire agreement between the parties hereto with respect to the subject matter hereof and supersedes all prior communications, understandings and agreements relating to thereto except as expressly otherwise herein provided.

24.2　No amendment to or modification of this Agreement shall be effective for any purpose whatsoever, if such amendment or modification is not confirmed in writing by the duly authorized representative of each of parties hereto.

ARTICLE 25 NEW OR ADDITIONAL AGREEMENTS

Notwithstanding the above provision of Article 24 hereof, if any party considers it necessary to enter into a new agreement or additional agreements with regard to matters not provided for in this Agreement, the parties hereto shall consult each other in good faith on said matters and use their best endeavors to arrange a mutually satisfactory new agreement or additional agreements.

ARTICLE 26 NO IMPLIED WAIVER

The failure of one party hereto at any time to require performance by the others of any provision hereof, shall in no way affect such party's right to require full performance thereof at any time thereafter, nor shall the waiver by one party hereto of a breach of any provision hereof, be taken or held to be a waiver by such party of any succeeding breach of such provision hereof or as a waiver of such provision itself.

ARTICLE 27 NOTICES

27.1　All notices under this Agreement shall be given by prepaid airmail letter, cable or telex to be served as follows:

　　　To KAREN VIEW:　Airmail : _____
　　　　　　　　　　　　　　　　 _____
　　　　　　　　　　　　　　　　 _____

	Cable :	_____
		_____
		_____
	Telex :	_____
	Facsimile :	_____
To ELNOX	Airmail :	_____
		_____
		_____
	Cable :	_____
		_____
		_____
	Telex :	_____
	Facsimile :	_____
To ABC	Airmail :	_____
		_____
		_____
	Cable :	_____
		_____
		_____
	Telex :	_____
	Facsimile:	_____

27.2 Each party hereto may, at any time, change its address, by giving notice in manner hereinabove provided.

ARTICLE 28 ARBITRATION

28.1 Any controversy or dispute arising out of or in connection with this Agreement, its interpretation, performance, or termination, which the parties are unable to resolve within a reasonable amount of time after written notice by one party to the other of the existence of such controversy, shall be submitted to arbitration by either party; and, if so submitted by either party shall be settled by arbitration conducted in accordance with the rules on conciliation and arbitration of the American Arbitration Association in effect on the date thereof.

28.2 Any such arbitration set forth above in Section 28.1 shall take place in San Francisco, California, USA and shall be conducted in English.

ARTICLE 29 GOVERNING LAW

This Agreement is subject to and shall be construed and enforced in accordance with the Laws of _____.

IN WITNESS WHEREOF, the parties have caused this Agreement to be executed by their duly authorized representatives in triplicate, each triplicate to be considered an original, one triplicate to be retained by each party hereto, as of the day and year first above written.

      KAREN VIEW : KAREN VIEW CORPORATION

      By :
      Karen View
      CEO and President

      ELNOX : ELNOX CORPORATION

      By :
      Name :
      Title :

      ABC : AURORA BOREALIS CORPORATION

      By :
      Name :
      Title :

第15部 プラント契約

E.P.C. Agreement

第1章 プラント契約の基本知識

第1節 はじめに――プラント契約の基本

　プラント契約やプロジェクト契約は、その工事規模の大きさもあって、しばしばボリュームも項目も膨大なものになる。全体の契約書、あるいは契約条項を紹介することは紙面の制約上、困難なので、その概要ならびにいくつか選抜した契約条項を紹介するにとどめたい。
　いわゆるプラント契約には、その契約対象となる引き受け業務の範囲、リスクの取り方、プラントの種類、契約金額の決め方などにより、さまざまな形態がある。
　プラント契約は、通常、プラントの設計(Engineering)、機器・資材の調達(Procurement)、建設工事(Construction)、試運転といった業務によって構成されている。
　国際的なプラント契約では、実務上、中心となる業務の頭文字をとって、「EPC契約(E.P.C. Agreement)」と呼ばれる。

第2節 国際的プラント契約の重要条件・項目

　契約の締結にあたっては、契約条件を明確にし、紛争を予防することが肝要である。特に以下の条件は、どのようなプラント契約でも重要な条件である。

① 契約の範囲(プラント工事に含まれる範囲など)
② 契約当事者の責任範囲(コントラクター〈建設請負業者；Contractor〉が果たすべき役割、コントラクターの責任範囲)
③ 完成・引き渡しをおこなうべき仕事(Works)と引き渡し期限、提供すべきサービスと期間
④ 品質と保証
⑤ 検収条件
⑥ 不可抗力事由とその効果(自然災害だけでなく、労働紛争、戦争、内乱、革命、戦闘状態、国際的なテロリズムなど)
⑦ (不可抗力事由などによる)工事中断時の扱い、増加費用の負担
⑧ 途中解除
⑨ 損害賠償とその限度(契約額の10パーセント以下に抑えるなど、限度を契約で設定す

ることがある)

　ただ、プロジェクトの実施される時代、国、建設・実施場所、相手方(工事発注者；Owner)、プラント・プロジェクトの種類が違えば、その抱えるリスクはまるで異なってくることがある。未来のリスクに関わる契約条項であり、常に不完全だという割り切りも必要となろう。一方の当事者にとって、完全だという契約なら、相手方の立場から見ればどうか。

　国際的プラント契約、プロジェクト契約では、完全な契約を締結することはありえないという認識も必要である。

第3節　国際的プラント契約の教科書

　国際的なプラント契約の基本的な教科書としては、ICE(イギリス土木学会)の標準約款と、国際的なコンサルタントの加盟団体であるFIDIC(国際コンサルティング・エンジニア連盟)の標準約款などが知られている。ICEとFIDICのプラント契約のフォームは、国際的なプラント契約に携わる人であれば、誰でも一度は手に取り、修得を心がけるべきテキストとされていた。

　現代の実務では、類似の先行プロジェクト契約書事例とこのような国際的な約款とを学びながら、プラント契約に臨むことが賢明な対処法だろう。国際的に広く使用されている標準的な契約条件が、実際に担当するプロジェクトやプラント業務の契約書としてそのまま使用できるケースはむしろ稀だからである。国際プラント契約は、社会、法の発展、新興国の勃興などにより、絶えず、進化、変貌を続けている。

第4節　プラント契約の種類および特徴・用語

　プラント契約の種類について、その特徴、重要用語とともに説明する。

●—第1款　ターンキー契約

　コントラクターが設計から試運転までのすべての業務を引き受け、プラントが実際に運転・操業できるまで完成させたうえで、試運転をし、一定期間(たとえば、3日間)、契約記載の目標数値通りに操業できることを発注者に示し、双方で確認したうえで引き渡す契約を「ターンキー契約(Turn Key Contract)」と呼ぶ。実際の契約書では、どのくらいの期間、試運転をおこなうか、試運転によって生産された品目をどのように検査するか、どの段階で、契約通りの生産ができ、引き渡し完了(Acceptance)がおこなわれるかなどについて、各々のプラント契約で具体的に取り決める。

日本のプラント業界では、このようなターンキーベースによるプラント契約の受注が主流であるといえよう。コントラクターがそこまで完全には引き受けない中間的な契約もさまざまであり、セミターンキー契約(Semi-Turn Key Contract)と呼ばれることもあるが、契約ごとに決まるものであり、一律な定義はない。

●—第2款　ランプサム契約とコスト・プラス・フィー契約

　契約の範囲ではなく、契約金額の決め方による分類の仕方もある。プラントの完成を固定金額(a lump-sum fixed price)で請け負う方式を「ランプサム契約(Lump-sum Contract)」と呼ぶ。これに対し、プラント契約(つまり、プラント工事の完成・引き渡しまで)に要するコストの精算を完成後におこない、そのあとに、一定の比率または金額を報酬として加算して支払う方式を「コスト・プラス・フィー契約(Cost plus Fee Contract)」と呼ぶ。ランプサム契約のもとでは、工事の途中で思いがけない事態が発生し、当初の工事計画やその見積もり額を見直すことになっても、特別な規定や合意がない限り、容易には価格の増額が認められない。

　なお、新たな工事が発注される場合には、追加の注文工事として、別途価格を決めることになる。また、発注者の都合により、工事内容の変更がおこなわれる場合は、変更注文(Change Order)として扱われ、協議のうえ、合意した価格で工事が続行される。

●—第3款　プライム・コントラクター

　プラント設計から試運転までの工事を1社が一括して請け負ったあと、業務をいくつかのスコープ(Scope；範囲)に分けて、下請け業者(Sub-contractor)と契約することも実務上よくおこなわれる。

　この場合、発注者から最初に工事を請け負った契約者のことを「プライム・コントラクター(Prime Contractor)」あるいは「ゼネラル・コントラクター(General Contractor)」と呼ぶ。「元請け業者」や「ゼネコン」と呼ばれることがある。

　プライム・コントラクターは、ある程度の規模、歴史、信用がある会社でなければ務まらない。

●—第4款　コンソーシアム契約

　プラント契約の規模が大きいときには、プライム・コントラクターにあたる請負契約者を数社で分担することもおこなわれる。この場合、コントラクター間で「コンソーシアム契約(Consortium Agreement)」を締結し、それぞれの役割と責任を取り決める。

◉―第5款　　技術ライセンス・指導を受ける場合における発注者の役割

　プラントの建設にあたって、第三者から特許権やノウハウのライセンスを取得し、あるいは技術指導（Technical Services and License）を受けることが必要になる場合がある。
　このようなライセンス契約は、通常、プラント建設工事の発注者が締結する。他の選択肢としては、コントラクターが権利者からライセンスを受けることもあるが、工事が完了し、引き渡したあとも、そのライセンスや技術指導がプラント操業のために継続して必要なケースもあり、その場合には、コントラクターより、発注者自身がライセンシーになるほうが合理的であろう。

◉―第6款　　オーナーズ・サプライ・ポーション

　プラント契約では、通常、「オーナーズ・サプライ・ポーション（Owner's Supply Portion）」と呼ばれる発注者の役割と責任が規定される。工事のために必要な原材料（Raw Material）の支給、建設用地の確保ならびに整地・提供、工事遂行・プラント操業に必要な種々の環境整備、電気・ガス・水などの確保と提供、建設関連の中央・地方政府の認可取得などは、発注者側の負担とすることが一般的である。

◉―第7款　　発注者の基本的な義務

　工事代金の支払い義務を契約に規定される通り、適時に果たすことが基本的な義務といえよう。実際の工事は、通常、発注者の支払いに先立っておこなわれる契約条件の場合が多いため、工事業者にとっては、建設工事に関わる費用については、当初自らの資金負担になることが多い。適時に水が供給されなければ田畑の農耕ができないように、工事業者に対しては、オーナーと呼ばれる発注者は適時に資金提供をおこなわなければ、大規模プラントを完成させることはできない。

◉―第8款　　複合的・国際的なプラント契約

　プラント契約の中には、発電所、製鉄所、製油所、化学品工場など、規模が大きく、建設費用が巨額にのぼるものがある。
　このような場合、建設コストをカバーするため、数か国にまたがる複合的、国際的なファイナンス契約が締結されることがある。また、現地企業と合弁会社を設立し、コントラクターというより、むしろ、発注者側として、プロジェクト、プラント事業を建設・運営し、一定期間（たとえば、10年）が経過したあとに、その保有資本（株式）を現地企業に譲渡して撤退するというケースもある。
　大規模プロジェクトの資金調達の必要性やプラント運営ノウハウの伝達といった事情に応じて、さまざまな手法があり、開発されてきた。

◉―第9款　　多様な資金調達方法を模索する試み

　国際的なプラント契約では、資金調達方法の開発（プロジェクト・ファイナンスなど）、リスクの認識、マネジメントなどが、きわめて重要になる。特に、ファイナンスの方法は、時代の移り変わりに敏感で、一種の流行と呼んでいいほど、経済情勢、金利情勢、為替レートとともに変遷している。

　しかし、コントラクター側から見ると、何より怖い流行は、国家財政の破綻に伴う支払いの停止、免除、猶予である。

　過去には、メキシコなどいくつかの国家で、立て続けに支払いが停止・免除・猶予された時代があった。

　投資リスクをカバーする保険でも、プロジェクト・ファイナンスによるリスク分散でも、すべてをカバーすることはできない。それぞれの救済の範囲は、損失額の一部に限られる。それだけに、絶えず研鑽し続けることが欠かせない領域といえよう。

第2章 プラント契約の各条項
（和訳付き）

　本章では、プラント契約におけるいくつかの条項について、選抜して紹介することとしたい。

　プラント契約は、それぞれのプラントビジネスごとに特色があり、通常、相当のボリュームになるだけでなく、カバーする条項にも違いがある。本書で全体を通しで紹介しようとすると、本書1冊全部を充てても足りないくらいなので、ここでは、プラント契約がどのようなものか、その特徴を示すいくつかの条項を紹介するにとどめたい。

第1節　基本用語の定義条項フォームズ

●――第1款　Contractor（コントラクター）の定義（その1）――コンソーシアムを組成することを明確に規定

コントラクターの定義-01　　　　　　　　　　　　　　　　　　　　　例文 1

> The Contractor shall mean the following entities associated in an unincorporated joint venture : Fuji Conrad Engineering Corporation, Lynx Corporation and Aurora Borealis Corporation and their respective successors and permitted assigns.
> Fuji Conrad Engineering Corporation will be deemed to be the representative of the Contractor.
>
> ［和訳］
> コントラクターとは、法人格を有しないジョイントベンチャーを組成する下記法人を指すものとする：富士コンラッド・エンジニアリング社、リンクス社およびオーロラ・ボレアリス社ならびに各社のそれぞれの承継人および許諾された譲受人。
> 富士コンラッド・エンジニアリング社は、コントラクターの代表とみなされる。

●――第2款　Contractor（コントラクター）の定義（その2）――コンソーシアムの組成に触れず、単に契約者を複数並べる規定

例文2	コントラクターの定義-02
例文3	コントラクターの連帯履行責任
例文4	連帯履行責任からの免除-01
例文5	連帯履行責任からの免除-02
例文6	ターンキーベース

例文2　コントラクターの定義-02

The Contractor shall mean the Party consisting of Fuji Conrad Engineering Corporation, Lynx Corporation and Aurora Borealis Corporation.

[和訳]
コントラクターとは、富士コンラッド・エンジニアリング社、リンクス社およびオーロラ・ボレアリス社により構成される当事者を意味する。

●―第3款　コントラクター各社は連帯履行責任を負うと明確に規定する発注者側に有利なドラフト

例文3　コントラクターの連帯履行責任

Each member of the Contractor shall, jointly and severally, undertake to complete the Work and be liable to Julius Caesar Corporation ("JCC") for the performance of all of its obligations under the terms and conditions hereinafter set forth, as if such member had solely undertaken the Contractors' obligations hereunder.

[和訳]
コントラクター各メンバーは連帯して本工事を引き受け、ジュリアス・シーザー（「JCC」）社に対して本契約の以降に規定する条項・条件に従って、すべてのコントラクターの義務の履行について、あたかも各メンバーが単独で本契約に基づくコントラクターの義務を引き受けたかのように、責任を負うものとする。

●―第4款　複数のメンバーがコントラクターとなる場合に、そのうち1社を契約の連帯履行責任から免除する規定（その1）

例文4　連帯履行責任からの免除-01

Each member of the Contractor shall be jointly and severally liable to JCC for the performance of all of the obligations hereunder as if such member of the Contractor had solely undertaken the Contractor's obligations hereunder, except that Aurora Borealis Corporation shall have only such responsibility pursuant to this Agreement as are specifically and separately confirmed in writing by JCC and Aurora Borealis Corporation.

[和訳]
コントラクターの各メンバーは、本契約に基づくすべての債務の履行について、JCCに対し、あたかもコントラクターの各メンバーが1社単独でコントラクターの本契約に基づく債務を引き受けているかのように責任を負うものとするが、オーロラ・ボレアリス社だけは、JCCとオーロラ・ボレアリス社により特別に別途書面で確認された事項についてのみ、本契約に基づき責任を負うものとする。

第5款　複数のメンバーがコントラクターとなる場合に、そのうち1社を契約の連帯履行責任から免除する規定（その2）

連帯履行責任からの免除-02　　　例文5

Each member of the Contractor, except for Aurora Borealis Corporation, shall be jointly and severally liable to JCC for the performance of all of the obligations hereunder, as if such member of the Contractor had solely undertaken the Contractor's obligations hereunder.

[和訳]
オーロラ・ボレアリス社を除くコントラクター各メンバーは、本契約に基づくすべての債務の履行について、あたかもかかるコントラクターのメンバーが単独で本契約に基づく債務を引き受けたかのように、連帯して、JCCに対し責任を負うものとする。

第6款　Turn Key Basis（ターンキーベース）の定義

ターンキーベース　　　例文6

"Turn Key Basis" shall mean performance of the work by the Contractor by its own efforts and means in accordance with this Contract including designing, engineering work and submitting of technical documentation to JCC ("Designing and Engineering Work"), procurement and supply of the Equipment and Materials, transportation of the Equipment and Materials to the Site from the Contractor's country and third countries, performance of the Construction and Erection Work on the Facilities, provision of technical supervision for the period of pre-start, commissioning and putting of the Facilities into operation ("Technical Supervision"), performance of guarantee commitment and other work and services as it is defined in this Contract.

例文 6	ターンキーベース
例文 7	工事の定義
例文 8	建設および設置工事
例文 9	設備および資材
例文 10	施設

[和訳]
「ターンキーベース」は、本契約に従ったコントラクター自身の努力と手段による業務の遂行を意味するものであり、その業務には、デザインならびにエンジニアリング業務、JCCに対する技術書面の交付（「デザインおよびエンジニアリング業務」）、設備ならびに資材の確保と供給、設備と資材とのコントラクターの国ならびに第三国からの敷地への輸送、建設工事ならびに設置工事、設備の（運転）開始前、コミッショニングならびに稼働させる期間の技術監督の提供（「技術監督」）、保証約束の履行、および、本契約で定義する他の業務ならびに役務の提供が含まれる。

●―第7款　Work（業務、工事）の定義

例文 7　工事の定義

"Work" shall mean the whole scope of work, to be performed by the Contractor in accordance with the terms of this Contract, including designing and engineering, procurement and supply of the Equipment and Materials, Construction and Erection Work and the Technical Supervision for the period of pre-start, commissioning and putting of the Facilities into operation.

[和訳]
「本業務」は、本契約の条件に従ってコントラクターにより履行されるべきすべての業務の範囲を意味するものであり、その業務範囲には、デザインならびにエンジニアリング、設備ならびに資材の確保と供給、建設ならびに設置工事、および、操業開始前、コミッショニングならびに施設の操業開始のための技術監督業務が含まれる。

●―第8款　Construction and Erection Work（建設および設置工事）の定義

例文 8　建設および設置工事

"Construction and Erection Work" shall mean all the work for civil, buildings, erection and installation, performed by the Contractor in accordance with the terms of this Contract.

[和訳]
「本建設および設置工事」は、本契約の条件に従ってコントラクターにより履行される土木、建設および設置のためのすべての工事を意味する。

第9款　Equipment and Materials（設備および資材）の定義

設備および資材

例文 9

"Equipment and Materials" shall mean any and all machinery, equipment, materials and other items, including spare parts, incorporated or intended to be incorporated in the Facilities or to be used in the operation and maintenance thereof, which shall furnished by the Contractor in accordance with this Agreement.

[和訳]
「本設備および資材」は、本契約に従って、コントラクターにより提供され、本施設に組み込まれた、もしくは、組み込まれることを予定し、または、その操業と維持のために試用される、いかなる、そして、すべての機械、設備、資材および代替品を含む他のアイテムを指す。

第10款　Facilities（施設）の定義

施設

例文 10

"Facilities" shall mean the facilities, more fully described in Exhibit __ hereof, to be constructed at the Site in accordance with the terms and conditions of this Agreement.

[和訳]
「本施設」は、本契約の条項、条件に従って本敷地に建設されるべきもので、本契約の添付別紙__に詳細に記載した施設のことを意味する。

第2節 コントラクターの基本的な義務の条項フォームズ

●―第1款　コントラクターの基本的な義務（簡潔な規定・その1）

例文1　コントラクターの義務-01

The Contractor shall execute the Work strictly in accordance with the terms of this Agreement.

［和訳］
コントラクターは、本契約の条件に厳密に従って、本工事を遂行するものとする。

●―第2款　コントラクターの基本的な義務（簡潔な規定・その2）

例文2　コントラクターの義務-02

The Contractor shall perform the Work in strict accordance with the terms of this Contract and Exhibit __ attached hereto.

［和訳］
コントラクターは、本契約の条件および本契約に添付の別紙__に厳密に従って本業務を履行するものとする。

第3節 価格に関する条項フォームズ

●―第1款　固定価格ベースで契約する場合の基本条項

例文1　固定価格

The Contract Price shall be _____.
The aforementioned price shall be a lump sum fixed price, which shall be firm and final and not subject to change except otherwise provided in this Agreement.

[和訳]

契約価格は、_____とする。

上記の価格は固定価格とし、それは確定的かつ最終的なものであって、本契約に別途規定がなされている場合を除き、変更されないものとする。

●—第2款　契約金額を日本円で表す場合

日本円建て　　　　　　　　　　　　　　　　　　　　　　　例文2

__.1　The Contract Price shall be ¥20,460,000,000. ___ (Say Japanese Yen Twenty Billion Four Hundred Sixty Million Only) in total.

__.2　The Contract Price set forth above in Section __.1 is firm and final and not subject to any change except otherwise expressly provided for in this Agreement.

[和訳]

__.1　本契約価格は、合計で204億6,000万日本円とする。

__.2　上記__.1項に規定された契約価格は、固定的で最終的なものとし、本契約で別途取り決められている場合を除き、変更に服さないものとする。

●—第3款　契約金額を米ドルで表す場合

米ドル建て　　　　　　　　　　　　　　　　　　　　　　　例文3

__.1　Fixed Sum

The total price to be paid to the Contractor in full consideration for the performance by the Contractor of the Work shall be composed of a fixed sum of US $230,583,000(Two Hundred Thirty Million Five Hundred and Eighty Three Thousand United States Dollars) (the "Fixed Sum") consisting of such portions set forth in Exhibit __ attached hereto.

__.2　Amounts Included in the Fixed Sum

The Fixed Sum includes all costs and charges of whatsoever nature (whether direct, indirect or ancillary) incurred by or imposed on the Contractor and Sub-contractors in connection with the performance by the Contractor of the Work and its obligations of under this Agreement.

__.3　Adjustment of the Fixed Sum

The Fixed Sum is subject to adjustment only (i) as provided in Sections __, __ and __, and (ii) JCC and the Contractor otherwise agree in writing, subject to the approval of all relevant authorities of the government of _____, if required.

[和訳]
__.1　固定価格
本工事のコントラクターによる履行の完全な対価として、コントラクターに対して支払われる総額は、本契約に添付の別紙__に記載される内訳により構成される固定価格である2億3,058万3,000米ドル（「本固定価格」という）により構成される。

__.2　本固定価格に含まれる金額
本固定価格は、本契約に基づくコントラクターによる本工事および他の義務の履行に関連して、コントラクターおよびサブコントラクターにより負担され、または、それらに対して課せられる（直接、間接または付随的であるかどうかを問わず）すべてのコストおよび費用を含むものとする。

__.3　本固定価格の調整
本固定価格は、(i)__、__ならびに__項に規定された場合、および(ii)JCCとコントラクターとの間で書面により別途合意した場合を除き、調整に服さないものとし、必要な場合には、_____国の関係当局の認可取得を条件とする。

第4節　現地政府の意向によりコントラクターに課される付帯条件（例）フォームズ

●—第1款　現地製の資材・機器の優先使用および現地労働者の雇用促進に関する努力義務

例文1　現地品・雇用調達優先

__. _____ (name of country) OF PARTICIPATION—USE OF PRODUCTS AND SERVICES OF THE COUNTRY OF _____

The Contractor to the maximum extent shall:

(i) select for use as Equipment and Materials, Construction Equipment and Facilities, materials and products produced and manufactured in the country of _____.

(ii) give preference to and using in the performance of the Work _____ labor (both skilled and unskilled), _____ supervisory, professional and other personnel, _____ services and _____ contractors and subcontractors,

(iii) use in performing Work related to materials handling _____ importers, agents and freight forwarders.

[和訳]
__. _____(国)の参加——_____国の製品およびサービスの使用
本契約者は、最大限、下記事項に尽力する。

［本設備および本資材、本建設設備および本設備として、＿＿＿＿＿＿＿国で生産された原料ならびに製品を使用するよう選択すること
(i) ＿＿＿＿＿＿＿国の(熟練、未熟練を含む)労働者、＿＿＿＿＿＿＿国の監督者・専門家および他の人員、＿＿＿＿＿＿＿国のサービスならびに＿＿＿＿＿＿＿国の建設業者およびサブコントラクターに対し、本工事についての優先権を与えること
(ii) 本工事の遂行において資材を取り扱う際には、＿＿＿＿＿＿＿国の輸入業者、代理人および運送業者を使用すること

第2款　現地企業および現地技術者・労働者への技術移転の促進に関する協力義務

現地側への技術移転　　　　　　　　　　　　　　　　　　　　　例文 2

__. TECHNOLOGY TRANSFER
The Contractor shall provide to the employees of the Contractor and its subcontractors and to the employees of JCC training in accordance with the schedules and procedures described in Exhibit __ attached hereto, and, to the extent that the timely performance of the Work is not hindered, shall permit JCC's personnel to observe and participate in all phase of the Work to the maximum extent possible, with the goal being to achieve the maximum transfer of technology possible from such training program and such observation and participation.

［和訳］
__. 技術移転
本契約者は、本契約に添付の図表__に記載したスケジュールおよび手続きに従って、本契約者およびそのサブコントラクターの従業員ならびにJCCの従業員に対し、訓練を実施するものとする。また、本工事の適時の遂行を妨げない限りにおいて、JCCの人員に対し、可能な限りあらゆる段階で最大限の見学および参加を許容するものとし、かかる訓練および許容による達成目標は、かかる訓練計画ならびに見学および参加を通じて、最大限の技術の移転を成し遂げることにある。

第3款　訓練の実施および見学に関する規定

訓練実施　　　　　　　　　　　　　　　　　　　　　　　　　例文 3

Exhibit __ TRAINING AND OBSERVATIONS
1　TRAINING

The Contractor will provide such training to personnel of JCC and _____ personnel of the Contractor as shall be necessary or appropriate or shall be otherwise requested by JCC.

2 OBSERVATIONS

JCC will have the right to post its personnel to all offices of the Contractor where the Work is being performed in order to observe and make inquiries concerning the Work, and such personnel may attend all scheduled working meetings and may be invited, in the discretion of the Contractor, to all other meetings of the Contractor's personnel.

The Contractor will provide reasonable office space with furnishing, secretarial and clerical assistance, and access to word processing, telex and other office services as may be required for JCC's representatives.

Such representatives will conduct themselves in a manner, which does not interfere with or delay the performance of the Work.

3 COSTS OF TRAINING AND OBSERVATIONS TO BE BORNE BY JCC

JCC will be responsible for all travel, hotel, overseas communication, and related expensed of and or all salaries, wages, social benefits and living allowances payable to JCC's personnel, and for any fees payable to third parties, in connection with the observation program referred to above.

[和訳]

図表____　訓練および見学

1　訓練

本契約者は、かかる訓練を、必要もしくは適切、あるいは、JCCの要請がなされるJCCの人員および本契約者の_____(国)人員に対し、実施するものとする。

2　見学

JCCは、本工事について、見学し、質問をするため、本工事が遂行されている本契約者のすべての事務所に対し、その人員を派遣する権利を有するものとし、JCCから派遣された人員は、派遣先で予定されたすべての業務会議に出席することができ、また、本契約者の随意判断で他の本契約者の人員の会議に招待されうるものとする。

本契約者は、JCCの代表者のために、デスク・椅子、秘書および事務的補助ならびにワードプロセッサーやテレックスや他の事務所サービス付きで、必要な合理的な事務所スペースを提供する。

かかるJCC代表者は、本工事を妨害せず、また、遅延させないようなマナーで振る舞うものとする。

3　JCCにより負担されるべき訓練および見学費用

JCCは、JCCの人員に支払われるすべての旅費、宿泊費、国際通信費ならびに、給与、賃金、福利厚生費ならびに日当に関連する費用および上記見学プログラムに関して第三者に支払うべき手数料すべてを負担する。

第5節 プラント工事、工事現場の安全確保に関する条項例のフォームズ

●―第1款　安全対策および事故防止に関する規定（コントラクターに厳しい）

事故防止

例文 **1**

__. SAFEGUARDS AND ACCIDENT PREVENTION

The Contractor shall employ necessary safety devices, safeguards, and safety practices (and the personnel necessary to employ such devices, safeguards and practices) in carrying out its obligations under this Agreement.

The Contractor shall carry out all such obligations in accordance with generally recognized international construction industry practice and in such a manner as not to endanger the lives and health of its own employees, the employees of others and the public or to cause damage to property.

The Contractor shall keep JCC continually advised of those risks or dangerous procedures, which may be encountered or utilized in the course of its performance of this Agreement.

The Contractor shall provide to JCC such temporary protection as may be necessary or appropriate.

The Contractor shall maintain accurate records of, and will report to JCC in writing and in reasonable detail, any accident or other occurrence resulting in death or traumatic injury to any person and any damage to any property of any person, including property, materials, supplies and equipment at the Site.

［和訳］
__. 安全対策および事故防止

本契約者は、本契約に基づくその義務を履行するに際し、安全装置、安全対策および安全手続き（ならびにかかる安全装置、安全対策および安全手続きを採用するのに必要な人員）を採用するものとする。

本契約者は、かかる安全確保に関する義務を、国際的な建設産業界で、一般に承認された慣行に従い、また、本契約者自身の従業員、他の会社の従業員および公衆の生命と健康を危険にさらさず、財産に損傷を与えない方法で、実施するものとする。

本契約者は、JCCに対し、本契約の履行の過程で遭遇し、または活用することのあるかかるリスク・危険防止策について、絶えず報告をおこなうものとする。

本契約者は、JCCに対し、適切と考える仮設的な保護方法を提供する。

例文1　事故防止
例文2　安全な労働環境
例文1　公害防止と植物の保護
例文1　利益相反行為

本契約者は、いかなる人への死亡または継続する負傷を引き起こすいかなる事故もしくは他の事態の発生ならびにいかなる人の財産に対する損傷についても、正確な記録を保管し、それをJCCに報告するものとし、その対象となる財産には、本建設敷地における財産、資材、供給品および設備が含まれる。

第2款　健康で安全な労働環境が確保されない状況に陥った場合に人員を退避させる権利（コントラクターに有利）

例文2　安全な労働環境

If, in the Contractor's opinion, the health, safety or security of personnel of the Contractor or Subcontractor at the Site is, or is apt to be, imperiled by security risks, terrorist acts or threats, the presence of or threat of exposure to hazardous materials, or unsafe working conditions, the Contractor may, in addition to other rights or remedies available to it, evacuate some or all of its personnel from the Site, and/or suspend work.

［和訳］
もし本契約者の意見で、本敷地における本契約者またはサブコントラクターの、健康、安全またはセキュリティが、セキュリティリスク、テロリストの行為もしくは脅威、危険物資にさらされる危険の存在もしくは脅威、または安全性を欠く労働環境により、脅かされ、または脅かされそうになっている場合、本契約者は、それに対し可能とされる他の権利または救済に加えて、本敷地から人員を退避させ、業務を停止できるものとする。

第6節　公害防止および植物保護

第1款　公害防止および植物の保護に関する規定

例文1　公害防止と植物の保護

__1. AVOIDANCE OF POLLUTION
The Contractor shall take all reasonable precautions to avoid pollution or contamination of the air, land or water in the country of ＿＿＿＿＿ arising out of the performance of the Work.

If there should be a discharge or escape of any appreciable quantity of pollutants or contaminants during performance of the Work, the Contractor shall immediately take the action necessary to contain, control, recover or disperse the substance.

___2. PRESERVATION OF VEGETATION
The Contractor shall preserve and protect all existing vegetation such as trees, shrub and grass on or adjacent to the Site, which is not to be removed and which does not unreasonably interfere with the Work.

［和訳］
___1. 公害の防止
本契約者は、本工事の施工から発生する＿＿＿＿＿＿国における公害、空気、土壌もしくは水の汚染を防止するために、あらゆる合理的な予防措置をとるものとする。本工事の遂行中に注目すべき量の公害物資または汚染の処理もしくは除去が必要となった場合は、本契約者は、ただちに公害物資を封鎖、制御、回復または消散させるために必要な措置をとるものとする。
___2. 植物の保護
本契約者は、本敷地または隣接地に現存する樹木、灌木、草などの植物のうち、撤去すべきでなく本工事を不合理に妨害しないものについては、それらを維持し、保護する。

第7節 コントラクターの表明条項例——利益相反行為なきこと;現地労働慣行の習熟

第1款　利益相反行為、不適正な支払いもしくは受領の禁止に関する規定

利益相反行為　　　　　　　　　　　　　　　　　　　　　　例文1

___. NO CONFLICTS OF INTERESTS, OR NO INAPPROPRIATE PAYMENTS
The Contractor represents that neither it nor any one of its officers, directors, employees or agents have made, received, provided or offered any gift, entertainment, payment, loan or other consideration, for the purpose of influencing the procurement of any particular Equipment and Materials or the acceptance of any particular subcontractor or otherwise for the purpose of influencing any individual organization to any course of conduct in any way relating to or affecting this Agreement or the scope of the Work.

［和訳］
___. 利益相反行為、不適正な支払いもしくは受領の禁止

例文1	利益相反行為
例文2	現地の労働慣行の習熟
例文1	診療所
例文1	用地引き渡し

いかなる本設備および資材の調達、サブコントラクターとしての起用、または、他の場面で本契約または本工事の範囲に関連し、もしくは影響を与える方法で、個別の組織の行動に影響を及ぼす狙いをもって、本契約者は、自身またはその役職者、取締役、従業員もしくは代理人は、いずれも、いかなる贈答品、接待、支払い、ローンもしくは他の対価物を渡し、受領し、提供し、もしくは、申し入れてはいないことを表明する。

例文2　現地の労働慣行の習熟

__ LOCAL ATTITUDES AND LABOR RELATIONS

The Contractor acknowledges and represents that it is familiar with all local attitudes in the area of _____, regarding performance of the Work and shall perform the Work in a manner, which is in harmony with such attitudes.

The Contractor shall advise JCC promptly, in writing, of any labor dispute or anticipated dispute to affect, in any manner the performance of the Work, the Contract Price or the Schedule of the Work.

In the settlement or avoidance of such disputes or anticipated disputes, the Contractor shall in all aspects adhere to the laws and regulations of the country of _____ and of all local governmental authorities and shall act in harmony with prevailing local attitudes.

The Contractor shall afford JCC the opportunity to participate in the resolution of any such dispute or anticipated dispute.

[和訳]
__ 現地の慣行および労使関係

本契約者は、本工事の施工に関わる_____地域の慣行に習熟していることを確認し、また、本工事をかかる当地独自の慣行と調和させて遂行することを表明する。

本契約者は、いかなる態様であれ、本工事の施工、契約価格または本工事のスケジュールに影響を与える恐れがある労使紛争または発生しそうな紛争について、書面でJCCに対し、速やかに報告するものとする。

かかる労使紛争または発生しそうな紛争の解決もしくは防止にあたっては、本契約者はあらゆる点において、_____国およびすべての地方政府の法律と規則に従うものとし、また、現地の慣行と調和して振る舞うものとする。

本契約者は、かかる労使紛争または発生しそうな紛争の解決に、JCCを参加させる機会を与えるものとする。

第8節 診療所の設置義務の規定

●―第1款 　診療所の設置義務（コントラクターに有利）

診療所　　　　　　　　　　　　　　　　　　　　　　　　　例文 1

JCC shall make its Site medical facilities and resources available to the personnel of the Contractor and the Subcontractor who need medical attention. Details of such resources are set forth in Exhibit ＿ hereto.

［和訳］
JCCは、本敷地内診療所設備と人員をもって、医療の手当てを必要とする本契約者およびサブコントラクターの従業員に対して、診療をおこなうものとする。その人員の詳細については、本契約添付別紙＿に記載する。

第9節 プラント建設用地の整備、引き渡し、および有害物資の除去義務に関する規定

●―第1款 　プラント建設用地の引き渡しに関する確認条項（オーナー側に有利）

用地引き渡し　　　　　　　　　　　　　　　　　　　　　　例文 1

＿.1　ACCEPTANCE OF THE SITE

The Contractor acknowledges that the Facilities shall be engineered and designed for erection at the Site and that the Contractor has thoroughly investigated and satisfied itself as to all general and local conditions at the Site and the waters adjacent thereto, including, without limitation: sea and land transportation and access to the Site, including the availability and condition of roads; handling and storage of materials, availability and quality of labor and personnel for the Work; availability of water, sand, rock and power; rainfall and other climatic conditions; and tides, currents and surroundings and ground water.

The Contractor acknowledges that it has also thoroughly investigated and satisfied itself as to conditions of the Site, including but not limited to topography, ground surface, shore and harbor conditions, subsurface geology, and the nature and quantity of surface and subsurface materials or obstacles to be encountered.

__.2 NO CLAIM FOR ACTUAL CONDITIONS

The Contractor acknowledges that all appropriate allowance for the matters and conditions referred to in Section __.1 hereof have been taken into account in calculating the Fixed Sum and determining the Schedule of the Work set forth in Exhibit __ attached hereto.

No increase in the Fixed Sum or any extension of the Schedule of the Work based in whole or in part upon any discrepancy between the actual conditions encountered by the Contractor and those which the Contractor anticipated shall be considered by JCC or effected.

[和訳]

__.1 工場敷地の受諾

本契約者は、本施設が、本敷地に建設のために計画され、設計されること、また、本敷地におけるすべての一般的かつ当地の条件、および、それに近接する水道について、完全に調査をおこない、自ら満足していることを確認する。

その調査対象には、次のものを含み、それらに限定されない：

本敷地の水上、陸上の運送ならびに道路の状態を含む本敷地へのアクセス、資材のハンドリングならびに保管、本工事のための労働力ならびに人員の確保とその質、水道、砂、岩ならびに電力、雨ならびに他の気象条件、および、潮流、海流、周囲の環境ならびに地下水

本契約者は、また、自身が本敷地の条件についてそれらを含み、それに限られない下記事項についても、完全に調査し、自ら満足していることを確認する：

地形、地表、海岸、港湾の状態、地下の地質、および地表と地下にあって(工事の過程で)衝突する物質または障害物の性質ならびに数量

__.2 実際の状況に対する苦情の禁止

本契約者は、本契約__.1項に規定された事項および条件について、本契約に添付した別紙__に規定された本固定価格の算出および工程表の決定をする際に、十分な余裕を持って織り込み済みであることを確認する。

本契約者が遭遇した実際の状況と本契約者により期待されていた状況との間に、全体的または部分的に相違が発生したとしても、本固定価格の増額または本工事の工程表の延長についてJCCにより検討され、または影響を受けることにはならないものとする。

●第2款　有害物質の除去義務(コントラクターに有利)

例文2　有害物質の除去

The Contractor has no responsibility or liability for the pre-existing conditions of the Site.

Prior to the Contractor starting any work at the Site, JCC shall provide documentation that identifies the presence and conditions of any hazardous materials existing at the Site that the Contractor may encounter while performing the Work under this Agreement.

JCC shall indemnify the Contractor for any and all claims or damages arising out of or relating to any hazardous materials that are or were present in the Site prior to the commencement of the Contractor's work.

If the Contractor encounters hazardous materials at the Site that require special handling or disposal, JCC shall, upon the request of the Contractor, eliminate the hazardous conditions in accordance with the applicable laws and regulations so that the Contractor's work under this Agreement may safely proceed, and the Contractor shall be entitled to an adequate adjustment of the price and schedule to compensate any increase in the Contractor's cost of, or time required for, performance of any part of the work hereunder.

［和訳］
本契約者は、本敷地に以前から存在する条件について、責任や賠償責任を負わない。

本敷地で工事を開始する前に、JCCは、本契約者が本契約に基づく工事を施工する間に遭遇する可能性のある、本敷地にある危険物資の存在および条件に関し記載した書面を提供するものとする。

JCCは、本契約者の工事開始前に本敷地に存在し、もしくは存在した危険物資から、または関連して発生するいかなるクレームもしくは損害についても、本契約者を免責し、補償する。

もし、本契約者が、本敷地で、特別処置または処分を必要とする有害物質に遭遇したときは、JCCは、本契約者の要請に従い、本契約上の本契約者の工事を安全に遂行できるように、適用法および規則に従って、その有害物質を除去するものとし、また、本契約者は、本契約上の工事の部分を施工するための費用または（工事に）かける時間の増加に充当するために十分な価格およびスケジュールの調整をおこなう権利を有するものとする。

第10節　稀に用いられる条項フォームズ

●―第1款　遺跡、鉱脈、油田などを発見した場合の規定

遺跡・鉱脈などの発見　　　　　　　　　　　　　　　　　　　　　　例文1

|例文1| 遺跡・鉱脈などの発見
|例文2| 死傷事故
|例文3| 不可抗力の証明

___.1 All mineral resources, raw materials, valuables, or ancient items, as well as other objects, of geological and archeological interest, discovered by the Contractor at the Site during the execution of the Work, shall be transferred to JCC.

___.2 The Contractor shall immediately inform JCC upon discovery and take all safety measures such valuables and materials in accordance with the instruction of JCC.

___.3 In case the above-mentioned findings make the Contractor to incur any expenses and losses and/or adversely affect the schedule of the Work, the Contractor and JCC shall meet and jointly coordinate their future actions.

[和訳]

___.1 本工事の執行中に敷地で、コントラクターにより発見された、鉱物資源、原材料、価値ある物資、または、地理学上あるいは考古学上の価値ある古代の物資または他の物資は、JCCに移転されるものとする。

___.2 コントラクターは、かかる発見の際にはただちにJCCに報告するものとし、JCCの指示に従って、かかる価値ある物資および原料を安全に保全する手段を講ずるものとする。

___.3 上記の発見が、コントラクターに対し、費用や損失発生させ、または、本工事のスケジュールに悪影響を与えることになる場合には、コントラクターとJCCは、会談し、共同で、その将来の行動を調整するものとする。

第2款　死傷事故が発生した場合の規定

|例文2| 死傷事故

___.1 The Contractor shall be responsible for all claims, requirements, lawsuits and any kind of expenses, related to injuries and death of the Contractor's personnel as well as citizens of the country of JCC, if such incidents have occurred through the fault of the Contractor in the course of its performance of the Work.

___.2 In case of the death of the Contractor's employees or a member of their family, all expenses, including expenses related to transportation of the corpses of the dead to the place of permanent residence, shall be borne by the Contractor, unless such death is caused by the fault of JCC.

[和訳]

___.1 本工事の遂行中に、コントラクターの過失により事故が発生した場合、コントラクターは、コントラクターの人員およびJCCの所在する国の市民の負傷および死亡に関連するあらゆるクレーム、要求、訴訟ならびにすべての費用について、責任を負うものとする。

__.2 コントラクターの従業員またはその家族が死亡した場合は、死者の遺体の本国の居住地までの輸送に関連する費用は、その死亡の原因が、JCCの過失により引き起こされた場合を除き、コントラクターの負担とする。

第3款　不可抗力事由に該当する事態が発生した場合の証明方法に関する規定

不可抗力の証明

例文 3

__.1 （省略）
__.2 In this event, a certificate issued by the relevant Chamber of Commerce or equivalent in the country of JCC and/or other countries, if applicable, shall be accepted as an evidence of such event of force majeure set forth above in this Article __.
__.3 The Contractor and JCC shall promptly meet and have timely discussion in order to search solution on the implementation of the Project in an acceptable and possible manner.

［和訳］
__.1 （省略）
__.2 この不可抗力事態では、JCCの所在国、または、そのようなケースがあれば他の国の関連する商工会議所もしくはその同等の機関により発行された証明書は、本第__条に規定する不可抗力事態発生の十分な証拠として受け入れられるものとする。
__.3 コントラクターとJCCは、本プロジェクトを受け入れ可能で、現実的な手段で続行できるよう解決策を探るために、速やかに会い、適時、協議するものとする。

第3章 プラント契約に付随する保証状および保証規定フォームズ
（和訳付き）

第1節 ダウンペイメントの返還に関する銀行保証状フォーム

●—第1款　ダウンペイメントの返還に関する銀行保証状

例文 1　銀行保証

Date:_____ __, 20__
To: _____ (Full Name of JCC)
　　_____ (Address of JCC)
Dear Sirs,
Reference Number of the Guarantee Letter
We refer to Contract No._____ (the "Contract") signed as of ____ 20__, between you, Julius Caesar Corporation ("JCC"or "your Company"), and _____ (the "Contractor") concerning to the design and engineering, purchase of equipment and material, construction and erection works, and technical management for the construction of _____ plants in the country of _____, Taking into account your down payment to the Contractor in the amount of US$ _____ (Say _____ United States Dollars Only) in accordance with the Contract, we, the undersigned, _____ Bank, organized and existing under the laws of _____ with the head office in ____, hereby irrevocably and unconditionally guarantee to pay up to you the total sum of US$ _____ (Say _____ United States Dollars) upon receipt of the written request duly signed by an representative of your Company for the said amount, where the said request is proved by the reasons of your claims on this Guarantee with the reference to the provisions of the Contract not fulfilled by the Contractor, and which is followed by :

1 a copy of your written notice to the Contractor prior to the claim presentation on this Guarantee, stating the Contract violations by the Contractor and request for their elimination within the time specified in this notice, and
2 a letter duly signed by an official of your Company, stating that the Contractor has not accomplished its eliminations within the specified time, and
3 a copy of your written notice to the Contractor, stating your intention to submit the claim on this Guarantee in connection with non-fulfillment of the Contract of the elimination of the violation, in accordance with the request, as referred to in this Paragraph 1.

Our commitments on this Letter of Guarantee become effective on the date of the down payment receipt by the Contractor.

The Guarantee sum shall be reduced in proportion to the cost of the equipment and materials shipped and works executed in fact, and the copies of each invoice and shipment bill of lading, as well as the copies of invoices and settlement documents confirmed by your Company's representative within the Contract frame shall be the final proof of the actually shipped equipment, materials and accomplished works.

This Letter of Guarantee shall be automatically null and void on the earliest date of the following events:

a) date when the guaranteed amount under this Guarantee become zero as a result of our payment to you in compliance with the above mentioned conditions.

b) the Final Acceptance of the Works is effected in accordance with the terms of the Contract.

c) _____, 20__.

This Letter of Guarantee shall be immediately returned to us after it becomes null and void.

This letter of Guarantee shall be governed by the laws of _____.

Sincerely yours,

_____ (name of bank and its representative)

[和訳]

日付：_____20__
To：_____（JCCのフルネーム〈完全な名称〉）
　　　_____（JCCの所在地）

前略

保証状の参照番号

ジュリアス・シーザー社（以下「JCC」または「貴社」という）と_____（以下、「コントラクター」という）との間に_____国の_____のプラントの建設のためのデザイン・エンジニアリング、設備・機材の購入、設置・建設工事に関して20__年__月__日付で署名された契約番号_____（以下、「当該契約」という）について参照する。当該契約に従って_____米ドルがコントラクターに対し、貴社からダウンペイメントとして支払われたことを踏まえ、当方、_____に本店を有し、_____法に基づき設立され、存続している_____銀行は、本状をもって、不履行がなされた当該契約の規定を引用され、保証状の請求の根拠が証明されており、かつ、下記書類の添付がなされている場合、貴社の代表者により署名された書面の所定額の支払請求を受領次第、貴社に対し、_____米ドルまでの全額を支払うことを連帯して保証する。

例文1　銀行保証
例文1　親会社保証

1　コントラクターによる当該契約違反ならびにその通知に指定された期間内の違反の治癒の請求を記述した、本保証の請求の提示の前になされたコントラクターに対する貴社の書面通知の写し、および
2　かかる所定の期間内にコントラクターがその治癒をなしていないことを記述した、貴社の代表者により正当に署名された書状
3　1項に記述した要求に従って、違反の除去（治癒）の契約不履行に関連する本保証に基づく請求を提出するという貴社の意図を記述したコントラクターへの通知書の写し

本保証状における当銀行の約束は、コントラクターによりダウンペイメントが受領された日に有効となる。

本保証は、船積みされた設備および執行された工事のコストの割合に応じて、減額されるものとし、各インボイスおよび船積みされた船荷証券ならびに本契約フレーム中の貴社の代表者により確認された完了した書類は、実際に船積みされた設備、資材および完了した工事の最終的な証拠とみなされる。

本保証は、下記の事態のうちいずれかが最初に発生したときは、ただちに無効となる。

a) 上記条件に従ってなされた支払いの結果、本保証の保証金額がゼロとなった日
b) 契約書の条件に従って、本工事の最終検収が終了したとき
c) 20__年_____

本保証状はそれが無効になったあとは、ただちに返却されるものとする。
本保証状は、_____に準拠する。
草々

_____（銀行の名称と代表者名）

第2節　親会社によるコントラクターのための履行保証文言フォーム

●第1款　工事契約の中で履行保証を記載する場合の規定

例文1　親会社保証

ARTICLE __ PERFORMANCE GUARANTEE FROM FUJI CONRAD AND AURORA
__.1 In consideration of entering by JCC into this Agreement with Fuji Phoenix Project Corporation ("Fuji Phoenix"), Fuji Conrad Corporation ("Fuji Conrad") and Aurora Borealis Corporation (hereinafter collectively referred to as the "Guarantor") agree that it shall jointly and severally:

(i) procure that the Fuji Phoenix performs all of its obligations under this Agreement and observes all the terms and conditions set out herein which bind it;

(ii) indemnify and hold harmless JCC from and against any loss or damage (including legal fees) suffered or incurred by JCC due to any breach of this Agreement by Fuji Phoenix;

__.2 Fuji Conrad represents that Fuji Phoenix is its wholly-owned subsidiary.

[和訳]

__条　富士コンラッド社およびオーロラ社による履行保証

__.1 JCC社が富士フェニックス・プロジェクト社(以下、「富士フェニックス社」という)と本契約を締結することを約因として、富士コンラッド社およびオーロラ・ボレアリス社(以下、総称して「保証人」という)とは、連帯して、下記事項に合意する。

(i) 富士フェニックス社が本契約に基づくあらゆる義務を履行し、また、富士フェニックス社を拘束する本契約で規定されたあらゆる条項および条件を遵守すること

(ii) 富士フェニックス社による本契約の違反に基づいてJCCが被った、弁護士料を含むあらゆる損失・損害についてJCCを免責し、補償すること

__.2 富士コンラッド社は、富士フェニックス社が、その完全な子会社であることを表明する。

索引

英文索引／和文索引

Index

英文索引

A

AAA（アメリカ仲裁協会：American Arbitration Association） 555

Absence fee（アブセンスフィー） 308, 374
技術指導のために本来の職場の仕事ができない期間について、補償として支払われるフィーのこと。

acknowledgement（確認） 293
合意より義務感が弱いという感覚がある。実務的には、合意（agreement）と同じ目的で使われることがある。

act of God（自然災害などの不可抗力；天災事変） 321, 362, 377, 643
地震、津波、台風、洪水などの自然災害は含まれるが、戦争、ロックアウト、交通スト、停電、労働争議など人が引き起こす事態は通常は含まれない。フォースマジュール（不可抗力）事由として、具体的に契約書に列記して明確化することが実務的な解決方法である。

affiliates（関連会社） 22, 146, 151, 192, 240, 298, 317, 418, 439, 482, 542, 576, 606, 686, 773

agent（代理店） 42, 68, 78, 88, 172, 205, 226, 227, 253, 263, 440, 488, 537, 540, 541, 654

annual minimum royalty（年間ミニマム・ロイヤルティ） 351
ライセンス契約の対価の取り決めでは、ランニング・ロイヤルティが、実際に販売された数量・金額を基礎として算出されるものだが、それだと金額が不確かなので、販売数量・金額に関わらず、最低でも一定のロイヤルティを支払う約定をする場合、これをミニマム・ロイヤルティと呼ぶ。年間でミニマム・ロイヤルティを決めるとき、annual minimum royaltyと呼ぶ。

anti-bribery clause（贈賄禁止条項） 541

appointment of a Distributor（販売店の指定） 135, 151, 466

arbitration（仲裁） 12, 49, 84

as is（現状） 32, 72, 183

assignment（譲渡） 108, 115, 119, 216, 224, 230, 325, 328, 378, 394, 434, 607, 717, 730, 749

automatically renewed（自動更新された） 139, 213, 215, 449, 450

B

be automatically extended（be automatically renewed）（契約が自動的に更新される） 456

become effective（契約が有効になる；発効する） 33, 82, 120, 136, 139, 213, 322, 377, 388, 389, 413, 449, 451, 452, 456, 754, 805

board of directors（取締役会） 603, 612, 649, 699, 703, 705, 707, 710, 722, 723, 737, 739, 740, 747, 754, 762, 764, 765

bribery（賄賂） 255, 537

burden of proof（挙証責任の負担） 118

business day（営業日） 214, 323, 329, 352, 360, 363, 378, 391, 449, 450, 491, 618, 749

but not limited to（列挙した事項に限定されない） 181, 205, 206, 228, 277, 291, 329, 349, 353, 443, 491, 508, 510, 548, 604, 638, 643, 711, 756, 799

C

calendar days（カレンダーデイズ；歴日） 215, 308, 323, 327, 329, 374, 378, 380, 450, 618, 728, 737, 744, 755, 759, 764, 768, 772

calendar quarter（四半期） 440

calendar year（暦年） 210, 213, 215, 241, 343, 425, 430, 432, 449, 451, 464, 467, 500, 509, 743

choice of law rules（準拠法選択ルール；適用法選択ルール） 48, 121, 346, 556, 557

CIF（運賃保険料込み） 162, 483

closing（クロージング） 315, 316, 352, 376, 403, 404, 407, 409, 410, 416

compensatory damages（填補賠償） 561

compliance with laws（compliance with all applicable laws and regulations）（法令遵守条項） 538, 539, 540, 643

confidentiality agreement（秘密保持契約書） 2, 6, 15, 98, 104, 111, 118, 122, 123, 127, 297
　non-disclosure agreement（秘密保持契約書）と同義で、いずれも実務的に使用される。NDAとも称される。

confidentiality（秘密保持義務；守秘義務） 30, 37, 60, 204, 243, 247, 266, 267, 271, 318, 320, 377, 418, 419, 436, 538, 730, 758

conflict of laws（抵触法） 36, 84, 140, 287, 380, 550, 557
　1つの取引契約にいくつかの国（あるいは州）の法律が関わってくる場合に、どの国（あるいは州）の法律を適用するかを決めるルール。適用法選択ルール。

consideration（約因） 3, 8, 27, 54, 106, 144, 146, 230, 239, 326, 479, 613

construed（解釈される） 6, 12, 24, 44, 73, 74, 100, 108, 115, 119, 121, 140, 218, 271, 278, 342, 346, 380, 426, 433, 631, 731, 777

contingent fees（成功報酬） 581

covenant not to compete（競業禁止） 398, 714

cumulative obligation（累積的な義務） 45, 78

D

damages(損害) 44, 45, 85, 109, 116, 125, 189, 195, 203, 207, 219, 227, 276, 282, 289, 326, 327, 334, 356, 380, 403, 406, 433, 501, 503, 505, 506, 508, 509, 511, 514, 520, 521, 522, 560, 561, 562, 578, 581, 586, 587, 592, 594, 595, 639, 723, 744, 801

definitions(定義) 17, 107, 134, 144, 147, 239, 296, 342, 349, 403, 746, 752, 761

delivery(引き渡し) 9, 58, 99, 102, 108, 159, 161, 174, 176, 179, 180, 183, 199, 210, 212, 214, 222, 224, 228, 245, 246, 249, 251, 257, 259, 260, 261, 280, 286, 303, 310, 346, 368, 371, 449, 452, 453, 467, 545, 613, 617, 704, 716, 773

development(開発) 16, 42, 43, 98, 108, 112, 119, 126, 165, 183, 219, 242, 337, 343, 348, 359, 372, 713, 715, 739, 742, 771

disclaim(否認する：ライセンサーや売主としての保証を排除する) 277, 505

disclosing party(秘密情報の開示者) 9, 27, 55, 87, 88, 94, 95, 99, 102, 107, 117, 244, 267

disclosure(開示) 9, 17, 22, 25, 37, 46, 51, 52, 60, 62, 86, 89, 91, 95, 100, 102, 106, 107, 111, 112, 113, 116, 117, 204, 206, 220, 242, 244, 269, 297, 298, 318, 329, 348, 353, 377, 428, 558, 731, 739

distributorship agreement(販売店契約) 131, 457, 463, 648, 769

distributor(販売店) 131, 462, 463, 464, 465, 466, 467, 477, 482, 488, 500, 505, 509, 517, 526, 528, 530, 537, 539, 541, 648, 740

due and payable(期限が到来し、支払義務が発生した) 207, 218, 219, 344, 591, 743

due diligence(デューデリジェンス) 92, 94, 95, 97, 418, 419

due(期限の到来した) 121, 171, 178, 207, 218, 322, 343, 360, 362, 364, 376, 591, 641, 642, 642, 743

duration and termination(契約有効期間と終了) 33, 82

duration(契約有効期間) 19, 23, 33, 82, 297, 298, 440, 656, 735, 762

E

effective date(発効日) 8, 25, 34, 36, 63, 99, 111, 115, 116, 120, 143, 145, 147, 158, 211, 213, 214, 238, 239, 241, 260, 261, 284, 292, 293, 390, 339, 341, 343, 349, 350, 351, 355, 371, 449, 452, 460, 607, 657, 696, 726, 728, 734, 735, 740, 743, 745, 757, 773

entire agreement(完全なる条項；最終性条項) 34, 48, 79, 109, 115, 127, 129, 292, 346, 380, 473, 626, 718, 748, 775

exchange rate(為替相場；為替換算率) 352

exclusive and non-transferable right(独占的で譲渡不能な権利) 304, 370

exclusive distributor(独占的販売店) 132, 135, 151, 252, 457, 463, 465, 466, 482, 648, 769

exclusive jurisdiction(専属管轄) 24, 116, 234, 571, 572, 575, 748

exclusive licensee（独占的ライセンシー）	477
exclusive license（独占的なライセンス）	319, 359, 377, 477, 485, 489, 545
exclusive remedy（排他的救済方法）	187
execution（調印）	82, 356, 404, 419, 484, 613, 752, 754
exhibits（契約書の添付別紙；添付別表）	105, 112, 117, 143, 150, 241, 242, 251, 296, 302, 304, 306, 311, 329, 342, 353, 367, 389, 397, 403, 414, 419, 464, 465, 466, 475, 526, 549, 581, 748
export restriction（輸出制限；海外持ち出し制限）	539

F

FCPA（Foreign Corrupt Practice Act）（海外腐敗行為防止法）	256, 536
federal court（連邦裁判所）	232, 235, 571, 716
first refusal right（right of first refusal）（ファースト・リフューザル・ライト）	491, 601, 603, 604, 606, 711, 726, 736, 771, 772
fixed sum（定額）	508, 791, 800
FOB（本船渡し）	162, 482, 483
force majeure（不可抗力）	207, 321, 362, 377, 633, 717, 718, 729, 744, 746, 803
Foreign Corrupt Practice Act（FCPA）（海外腐敗行為防止法）	256, 536

G

geographical area（許諾地域）	475, 476, 477
good will（暖簾）	230, 231, 475, 476, 774
governing law（準拠法）	5, 12, 36, 48, 84, 110, 121, 140, 224, 234, 380, 556, 731, 748, 777
grant-back（グラントバック）	319, 320

ライセンシーによる改良技術のライセンサーに対する使用許諾のことを指す。

grant of license（ライセンスの許諾）	304, 342, 358, 370, 471, 480, 481, 483, 485
gross negligence（重過失）	499, 501, 503

H

have manufactured（下請け生産させる）	475, 485, 489, 516, 698
hereafter（以降）	108, 124, 147, 263, 350, 355, 357, 360, 616, 717, 745

hereby（本契約により）　　24, 38, 54, 99, 106, 124, 126, 133, 137, 144, 149, 168, 169, 234, 238, 252, 268, 302, 304, 309, 319, 339, 342, 344, 358, 368, 377, 386, 387, 394, 404, 413, 475, 573, 576, 613, 695, 804

hereof（本契約の）　　24, 34, 35, 46, 60, 70, 79, 81, 85, 96, 109, 115, 125, 184, 213, 219, 292, 298, 303, 308, 328, 330, 350, 356, 392, 433, 456, 462, 485, 558, 623, 628

hereto（本契約の；本契約に）　　3, 9, 99, 103, 149, 293, 296, 389, 422, 466, 570, 580, 598, 603, 604, 639, 790

high safety required use（高度の安全性を要求される用途）　　281, 497, 591, 520, 521, 522

I

ICC（the International Chamber of Commerce）（国際商業会議所）　　233, 483, 555, 566, 579

implied warranty of merchantability（商品性の黙示保証）　　182, 272, 547

implied warranty（黙示保証）　　547

improvements（改良技術情報）　　126, 128, 129, 319, 320, 359, 377

including but not limited to（を含み、しかも、それだけに限定されず）　　181, 205, 206, 228, 277, 291, 349, 443, 491, 508, 510, 548, 604, 638, 643, 711, 756, 758, 772, 799

in consideration of（を約因として；の対価として）　　3, 8, 27, 53, 106, 112, 117, 128, 133, 144, 146, 239, 314, 326, 329, 330, 341, 349, 353, 375, 439, 479, 581, 619, 695, 721, 725, 761, 806

INCOTERMS（インコタームズ）　　161

Indemnification（補償；免責）　　114, 390, 394, 399, 406, 408, 518

indemnify（補償する；免責する；迷惑を一切かけない）　　114, 203, 227, 278, 326, 399, 408, 437, 516, 517, 518, 519, 522, 538, 619, 723, 801, 804

infringement（知的財産権等の侵害）　　195, 277, 280, 305, 358, 361, 371, 505, 510, 548, 549, 586, 587, 588, 590, 591, 652

injunction（差し止め）　　76, 109, 125, 289, 433, 558, 560

injunctive relief（差し止め救済）　　13, 23, 33, 44, 74, 120, 125, 298, 335, 356, 558

in no event（いかなることがあってもない）　　358, 435, 500, 501, 504, 509, 511, 643, 645

intellectual property right（知的財産権）　　21, 31, 119, 197, 246, 278, 298, 317, 337, 376, 504, 510, 585, 590, 591

intellectual property（知的財産）　　69, 198, 246, 263, 271, 277, 278, 288, 282, 337, 338, 440, 505, 695, 755, 760

International Chamber of Commerce（ICC：国際商業会議所）　　233, 483, 555, 566, 579

interpreted（解釈される）　　12, 115, 596, 731, 748

is made and entered into（契約が締結される）	6, 37, 116, 143, 145, 238, 302, 341, 366, 386, 442, 472, 732, 751, 760
is made（契約が締結される）	2, 15, 17, 52, 98, 104, 111, 133, 296, 346, 360, 474, 516, 617, 712, 721, 726

J

JCAA (the Japan Commercial Arbitration Association)（日本商事仲裁協会）	233, 555, 566, 568, 570
jointly and severally（連帯して）	89, 326, 619, 786, 787, 806
jurisdiction（裁判管轄）	13, 24, 46, 76, 84, 109, 116, 234, 289, 555, 566, 571, 572, 574, 575, 748

L

LCIA (London Court of International Arbitration)（ロンドン国際仲裁裁判所（仲裁機関））	565
letter agreement（レター形式の契約書）	123, 657
liability（責任）	185, 189, 224, 276, 281, 401, 409, 499, 513, 561, 595, 643, 718
license agreement（ライセンス契約）	341, 345, 348, 460, 469, 484, 657, 708, 752, 773
Limitation of Liability (Limit of Damages；損害額の上限)	184, 224, 281, 499, 501, 503, 504, 505, 506, 508, 509, 510, 512, 561
limited relationship（限定された関係）	45, 78
living expenses（日当；生活費）	372

M

M&A（合併・企業買収）	384, 534, 585
marks（標章）	192, 194, 220, 221, 246, 247, 264, 588
maximum liability（責任の最高限度）	185, 191, 508
minimum purchase amount（最低購入金額）	450, 462
minimum purchase quantity（最低購入数量）	450
more than（単位超；___より多くの）	210, 259, 316, 329, 342, 353, 360, 635, 637, 755, 761, 768
most favored customer clause（最優遇顧客条項）	544, 545

N

NDA (Non-Disclosure Agreement)（秘密保持契約）	51, 206, 429

need to know（知る必要のある範囲）　　28, 42, 58, 67, 68, 88, 107, 117, 122, 205

negligence（過失）　　186, 189, 499, 501, 503, 506, 509, 515, 521, 523

no amendment（変更の禁止）　　79, 775

no assignment（譲渡禁止）　　108, 115, 119, 128, 378, 434, 730

no bribery（贈賄禁止）　　255, 537

no grant of rights（権利の使用許諾をしていないこと）　　72, 73, 108

non-competition（競合禁止）　　127, 166, 415, 436, 558, 728

non-disclosure obligation（秘密保持義務）　　28, 58, 60, 62, 68, 95, 107, 558

non-exclusive jurisdiction（非専属管轄）　　116, 571, 575

no obligation to conclude any agreement（契約締結義務の不存在）　　70, 71

notary public（公証人）　　400

not less than（単位以上；＿＿以上）　　424, 462, 607, 616, 617, 702, 719, 723, 726, 738, 739, 756, 764

not more than（単位以下；＿＿以下）　　210, 768

no waiver（不放棄）　　35, 48, 81, 82, 110, 292, 363, 435, 748

no warranty（不保証）　　32, 71, 100, 183, 276, 516, 590

null and void（無効）　　108, 115, 119, 328, 359, 457, 607, 648, 730, 734, 748, 757, 805

O

option to renew（更新権；更新オプション）　　459, 493

ownership of confidential information（秘密保持情報の所有権）　　69, 100

P

parol evidence rule（口頭証拠排除の原則）　　626

performance guarantee（履行保証）　　311, 374, 608, 618, 619, 806

petition in bankruptcy（破産申し立て）　　216, 323, 325, 378

property rights（所有権）　　11, 21, 31, 118, 128, 197, 246, 263, 278, 298, 317, 337, 376, 504, 510, 585, 590, 591

proprietary right（トレードシークレットなど財産的価値のある権利）　　31, 60, 263, 761

provided, however, that（ただし、以下を条件とする）　　47, 179, 180, 240, 243, 258, 270, 275, 279, 290, 306, 329, 351, 362, 373, 533, 538, 557, 603, 643, 699, 711, 723, 737, 749, 754, 774

provided that (を条件として)　4, 22, 44, 89, 147, 184, 245, 249, 259, 270, 278, 328, 342, 408, 418, 460, 484, 508, 606, 616, 640, 650, 703, 727, 764, 772

proviso (但し書き)　642, 643

punitive damage (懲罰的賠償)　560, 561, 578, 581

purchase note (買約証)　544, 545, 597

put option (プットオプション；売り戻し権)　616, 617, 619

R

recall action (リコールアクション；安全性に問題のある製品の市場からの引き上げ)　526

recall campaign (リコールキャンペーン；安全性に問題がある製品のお知らせ)　526

recall (リコール)　526, 726

Receiving party personnel (秘密情報等の受領当事者の人員)　67, 68

Receiving party (受領者)　4, 12, 27, 55, 56, 58, 60, 86, 244, 357, 730

Recipient (受領者)　39, 40, 54, 56, 59, 87, 107, 242, 244, 247, 249, 267, 268, 284, 749

Recitals (リサイタル；契約締結の経緯)　2, 7, 16, 26, 38, 53, 105, 117, 133, 144, 296, 302, 341, 348, 367, 402, 442, 471, 475, 477, 721, 732, 751, 760

relocation (リロケーション条項)　437

remedies (救済)　32, 44, 46, 74, 109, 115, 120, 125, 176, 177, 187, 188, 190, 316, 345, 360, 467, 559, 716, 759

representations and warranties (表明・保証；表明保証条項)　386, 406, 413, 501

representations (表明)　11, 44, 72, 100, 115, 119, 120, 192, 265, 346, 358, 397, 403, 478, 548, 581, 748

return of confidential information (秘密情報の返還)　77

right to renew (更新権；更新オプション)　455, 459, 460, 493

right to sublicense (サブライセンスする権利；再許諾権)　358, 743

royalty (ロイヤルティ；使用料)　303, 308, 314, 319, 335, 342, 343, 351, 356, 359, 369, 374, 375, 533, 589, 743

S

Sale and Transfer of Stock of the Company (会社株式譲渡)　413

Sales Note (売約書；売約証)　597

Schedule (添付別紙；スケジュール)　173, 179, 245, 257, 259, 336, 391, 741, 752, 793, 798, 800

set forth (規定された)　31, 36, 40, 42, 59, 107, 108, 146, 149, 182, 241, 242, 302, 491, 526, 527, 582

項目	意味	ページ
Settlement of Disputes	(紛争の解決)	84
settlement	(和解)	121, 279, 327, 339, 345, 380, 408, 499, 509, 569, 586, 595, 740, 745, 798
severability	(分離可能)	80, 109, 115, 362, 461, 622, 729, 748
Share Transfer Agreement	(株式譲渡契約)	385
shipment	(引き渡し、船積み)	172, 186, 196, 245, 805
SIAC	(Singapore International Arbitration Centre：シンガポール国際仲裁センター)	564, 565
Signing	(調印)	33, 113, 129, 440, 657, 749
Sovereign Immunity	(主権免責特権；主権免責)	575, 718
State court	(州裁判所)	234, 571
sub-licensee	(サブライセンシー)	475, 483, 534
substantive law	(実体法)	84, 121, 287, 380, 556, 557, 562
supersede	(優先する)	127, 129, 292, 346, 380, 472, 473, 598, 748, 775

T

項目	意味	ページ
technical information	(技術情報)	112, 168, 242, 244, 302, 304, 309, 314, 318, 320, 329, 334, 337, 338, 348, 353
telegraphic transfer	(電信送金)	262, 352
term and termination	(契約期間と終了；有効期間と解除)	283, 344, 443, 449, 454
termination for cause	(帰責事由による解除)	217, 433
termination with cause	(帰責事由にもとづく解除)	237, 283
termination without cause	(帰責事由のない解除)	213, 215, 237, 283, 448, 449
Territory	(許諾地域)	132, 149, 151, 342, 343, 351, 358, 464, 467, 471, 476, 477, 478, 480, 481, 482, 483, 485, 486, 488, 489, 545, 587, 590, 695, 697, 698, 714, 733, 734, 742, 753, 754, 760, 762, 771
third party infringement	(第三者による侵害)	588, 590
torts	(不法行為)	186, 501, 503, 511, 513, 515, 521
trade secret	(営業秘密；トレードシークレット)	39, 55, 124, 126, 246, 436, 510, 758
trial by jury	(陪審裁判)	573, 580

U

項目	意味	ページ
U.S. District Court	(米国連邦地方裁判所)	571, 572

UCC(Uniform Commercial Code：米国統一商事法典)　　91, 93, 177, 182, 187, 197, 235, 272, 277, 283, 498, 512, 513, 547, 622, 625, 626

UNCITRAL(United Nations Commission of International Trade Law)（国連国際商取引法委員会）　567

W

waiver of Jury trial（陪審裁判の放棄）　573

waiver of sovereign immunity（主権免責特権の放棄）　575

warning（警告）　515, 652

withholding tax（源泉徴収税）　352

without prejudice to（を失うことなしに）　44, 115, 409

with the due diligence of a prudent merchant（善良な管理者の注意義務）　92

和文索引

あ

アブセンスフィー (absence fee)　308

アメリカ仲裁協会 (American Arbitration Association)　232

一般条項　115, 286, 384, 411, 438, 471, 683, 695, 717, 719

委任状 (Power of Attorney)　400, 650, 703

インコタームズ (INCOTERMS)　161, 162

受け入れ側の協力義務　793

営業日　178, 324, 331, 332, 391, 450, 452, 453, 492, 618

営業秘密 (trade secret)　38, 62, 125, 127, 246, 247, 263, 277, 436, 511, 549, 665

大文字による表示　181, 187, 190, 239, 272, 277, 283, 403, 512, 547

か

海外腐敗行為防止法 (FCPA：Foreign Corrupt Practices Act)　256, 468, 536, 538, 540

開示 (disclosure)　4, 9, 15, 37, 52, 87, 92, 105, 237, 244, 268, 291, 329, 341, 435, 502, 558, 681, 686

改良技術情報 (improvements)　320

株主間契約 (shareholders agreement)　448, 602, 604, 619, 620, 659, 693, 696, 701, 718, 720, 721, 732, 751

完全なる条項 (entire agreement clause)　34, 48, 80, 438, 440, 446, 598, 626

技術指導 (technical assistance)　296, 341, 366, 783

技術者の派遣 (dispatch of engineers)　311, 333

許諾地域 (territory；licensed geographic area)　149, 305, 348, 370, 470, 471, 476, 479, 480, 481, 486, 587, 590

契約解除 (termination)　170, 213, 215, 340, 410, 448, 463

契約解除の効果 (effect of termination)　411

契約期間 (term)　54, 83, 139, 213, 241, 322, 326, 424, 426, 441, 445, 449, 455, 457, 458, 461, 463, 471, 480, 490, 492, 544, 657

契約条件 (terms)　142, 209, 251, 385, 391, 485, 492, 562, 589, 599, 636, 669, 693, 780

契約譲渡 (assignment of agreement)　231, 327, 434

現状 (as is)　32, 72, 183, 184

用語	ページ
源泉徴収税（withholding tax）	681
合意裁判管轄	86, 234, 552, 571, 575
公証人（notary public；公証人役場）	400
口頭証拠排除の原則（parol evidence rule）	626
高度の安全性を要求される用途（High Safety Required Use）	201, 281, 514, 516, 518, 520, 521
購入目標数量	464
衡平法・法律（普通法）上の救済（remedies under equity law and common law）	75, 189, 507
合弁会社（joint venture company；incorporated joint venture）	441, 602, 610, 616, 618, 661, 667, 698, 699, 700, 709, 713, 714, 718
合弁事業（joint venture）	602, 616, 659
合弁事業契約（joint venture agreement）	659
国際商業会議所（International Chamber of Commerce）	483, 556, 566, 579
国連国際商取引法委員会（UNCITRAL）	568
雇用契約	215, 398, 421

さ

用語	ページ
最低購入金額（minimum purchase amount）	450, 462, 464
最低購入数量（minimum purchase quantity）	132, 448, 450, 465, 466
裁判管轄	85, 86, 224, 234, 438, 552, 571, 572, 574, 575, 577
最優遇顧客条項（most favored customer clause）	341, 544
サブライセンス（sublicense）	481, 484
自動更新	139, 213, 449, 455, 493, 648
準拠法（governing law）	6, 12, 36, 49, 85, 96, 140, 225, 233, 234, 272, 287, 472, 548, 556, 683, 718
純販売額（Net Selling Price）	304, 369
ジョイントベンチャー（joint venture）	43, 79, 666, 695, 699, 716, 718, 785
商標権使用許諾（grant of license to use the trademark）	470
商標ライセンス	469, 586, 667
使用料（royalty）	699
侵害行為（infringement）	588, 653

租税条約 (tax treaty ; tax convention)　671, 681

ソフトウェア・ライセンス (software license)　78, 183, 519

た

代理店 (agent)　144, 172, 227, 256, 290, 488, 655, 676, 709

知的財産権の帰属　21, 31, 70, 169, 225, 246, 262, 301, 317, 338, 585

仲裁　12, 50, 85, 140, 225, 232, 235, 288, 552, 555, 577, 684

仲裁機関　232, 553, 564

仲裁地　233, 235, 553, 567, 579

仲裁約款　553, 558, 560, 565, 566, 568

注文書　160, 176, 179, 184, 239, 240, 241, 246, 249, 257, 259, 260, 261, 285, 597, 598

懲罰的損害賠償　238, 289, 505, 553, 560, 561, 577, 582, 671

著作権 (copyright)　31, 32, 71, 74, 169, 225, 247, 277, 503, 511, 668, 676, 680, 681

抵触法 (conflict of laws)　85, 556

デューデリジェンス (due diligence)　394, 413, 418, 473

デューデリジェンス条項　413, 419

添付別紙　58, 143, 150, 154, 299, 303, 367, 406, 465, 598, 605, 789, 799

添付別表　150, 242

独占的販売地域　153, 466

独占的販売店　252, 455, 457, 462, 648

トレードシークレット (trade secret)　39, 668, 672

な

日本商事仲裁協会 (JCAA)　13, 50, 233, 555, 566, 568, 569, 570

暖簾 (goodwill)　230, 475

は

陪審　498, 560, 582

陪審裁判　515, 553, 573, 580, 584

陪審裁判の放棄	573, 580
排他的救済方法	188
売約書（Sales Note）	597, 598
派遣された人員の受け入れ（ライセンシーの受け入れ条件）	329
派遣費用	307, 333, 430, 794
販売店	131, 149, 163, 165, 169, 177, 209, 212, 225, 227, 231, 238, 241, 246, 247, 248, 276, 463, 465, 540, 676
販売店契約	131, 448, 449, 455, 457, 462, 499, 526, 528, 531, 541, 648, 683, 708
販売店の指定	135, 148, 151, 252, 264, 465, 466, 482
非専属的管轄	575
非独占的ライセンス（non-exclusive license）	544
秘密情報	5, 7, 9, 204, 242, 266, 271, 283, 290, 299, 418, 429, 435, 502, 549, 558
秘密情報に該当しない情報	27, 57, 65, 67, 68, 103, 243, 266, 300
秘密情報の開示範囲	8, 17, 19, 22, 28, 38, 42, 46, 52, 56, 60, 63, 64, 68, 89, 113, 267, 268, 300, 301, 429, 435
秘密情報の所有権	11, 22, 34, 43, 70, 103, 126, 271, 301
秘密情報の返還	12, 21, 43, 78, 300
秘密保持期間	47, 63, 64, 84, 87, 88, 266, 283, 429
秘密保持義務	92, 299
秘密保持契約書	2, 90, 124, 266
標章	246, 247, 265
表明・保証	11, 73, 103, 385, 387, 388, 389, 396, 399, 406, 413, 436, 467, 478, 502, 511, 534, 548, 585
ファースト・リフューザル・ライト	470, 491, 602, 685, 710
不可抗力	207, 291, 321, 472, 552, 633, 683, 687, 718, 719, 780, 803
不正競争防止法	62, 247
プットオプション	212, 399, 616
不放棄	35, 48, 82, 435
不法行為	41, 65, 170, 187, 189, 225, 502, 504, 511, 513, 522
不保証	11, 32, 72, 73, 103
ブランドの名声維持（品質コントロール）	530, 533, 534

用語	頁
紛争解決条項	85, 86, 225, 289, 472, 551, 599
分離可能	81, 622
米国仲裁協会	13, 50, 140, 558
米国統一商事法典 (UCC：Uniform Commercial Code)	92, 94, 177, 181, 187, 190, 235, 272, 277, 283, 498, 512, 513, 547, 622, 625, 626, 633
法令遵守義務	538, 683
法令遵守条項	538, 683
保証	138, 181, 272, 311, 325, 435, 542, 611, 612, 620
補償	195, 202, 227, 241, 277, 326, 335, 390, 394, 399, 404, 406, 408, 437, 459, 517, 519, 522, 537, 540, 549, 619, 664, 678, 801, 807
補償・免責	399, 516, 517

ま

用語	頁
マスターライセンシー	457, 483
ミニマムロイヤルティ (minimum royalty)	448, 471, 544, 669
免責	180, 181, 201, 207, 326, 513, 540, 576, 578, 618, 636, 638, 640, 643, 677
黙示保証	181, 272, 277
黙示保証の制限	547
黙示保証の排除	182, 511, 547

や

用語	頁
約因 (consideration)	3, 8, 27, 54, 107, 125, 134, 143, 230, 239, 326, 474, 479, 502, 503, 582, 614, 683, 807
有効期間	64, 83, 87, 135, 147, 152, 193, 210, 226, 254, 257, 265, 332, 429, 441, 464, 467, 545, 650, 651, 657
有効期間と解除条項 (Term and Termination)	213, 283, 449, 452, 461
郵便以外の宅配サービス	287

ら

用語	頁
ライセンサーによる保証排除	547
ライセンサーによるライセンシー技術者の訓練	165, 311, 793
ライセンサーの技術者派遣	296, 302, 333, 366, 439, 670

項目	ページ
ライセンサーの損害賠償義務の制限	188, 282, 498, 513, 560, 780
ライセンシーの秘密保持義務	92, 299
ライセンス契約	341, 470, 502, 510, 531, 544, 586
ランニングロイヤルティ	544, 669
履行保証	325, 606, 608, 618, 619, 806
リコール条項	526
リサイタル条項	2, 7, 16, 26, 38, 54, 106, 133, 143, 145, 299, 302, 367, 385, 401, 471, 475, 620, 682, 695
累積的な義務	46, 79
連邦裁判所	232, 235, 571, 572
ロイヤルティ (royalty)	255, 314, 335, 369, 471, 484, 501, 533, 544, 588, 667, 699
ロンドン国際仲裁裁判所 (LCIA)	565

わ

項目	ページ
和解契約	201, 500, 594

謝辞 Acknowledgements

　本書の制作・刊行にあたっては、姉妹編の『英文ビジネス契約書大辞典〈増補改訂版〉』(日本経済新聞出版社、2014年)同様、多くの方々のお世話になったことに対し、お礼を申し上げる。

　筆者の契約知識は、大阪、ニューヨーク、ロンドン・サンフランシスコ駐在、中東の石油化学プロジェクト、東京(三井物産Legal部門)での契約交渉・紛争対応や国際取引法研究会(内田勝一氏・早稲田大学名誉教授、円谷峻氏・横浜国立大学名誉教授・明治大学法科大学院元教授、中村肇氏・明治大学法科大学院教授、佐藤秀勝氏・國學院大學教授)、企業法学会〈JABL〉(田島裕氏・筑波大学名誉教授、高田淳彦氏・鹿島建設顧問、山口卓男氏・弁護士、高田寛氏・明治学院大学教授、児玉晴男氏・放送大学教授)、東京第一弁護士会(仲谷栄一郎氏・弁護士、宍戸善一氏・一橋大学大学院教授)、梅谷眞人氏(富士ゼロックス知的財産部)、加藤知子氏(富士通セミコンダクター法務部・弁護士)、石川文夫氏(元富士通セミコンダクター法務部)、吉田舞氏(元富士通セミコンダクター法務部・現富士通法務渉外部)、田代千年氏(日産自動車元知的財産部・現財務部)、三井悟史氏(元日産自動車知的財産部・現富士ゼロックス知的財産部)、伊藤進氏(明治大学名誉教授)、日本半導体商社協会〈DAFS〉(大西利樹氏)、国際商事法研究所〈IBL〉(姫野春一氏)、早稲田大学アントレプレヌール研究会(松田修一氏・早稲田大学名誉教授、濱田康行氏・北海道大学名誉教授、鹿住倫世氏・専修大学教授)、日本国際知的財産保護協会〈AIPPI〉(松居祥二氏・弁理士、熊倉禎男氏・弁護士)、日本知的財産協会(宗定勇氏)、明治大学法学研究会(明治大学法律研究所)等の各種研究会や、研修(ゼミナール、講師引受)などに参加し、話をうかがい、修得したものである。米国法については、ミシガン大学ロースクール〈LL.M.〉留学時にウイットモア・グレイ教授(契約法)、ジョン・ジャクソン教授(国際貿易法ゼミナール；WTO)、ジェームズ・ホワイト教授・ジェームズ・マーティン教授(商取引法；UCC)、ステファン・リーゼンフェルト教授(国際取引法ゼミナール)に学んだ知識・訓練が基盤となっている。英文契約のドラフティングの手ほどきはジョージ・A・ファーネス弁護士(極東裁判における重光葵元外相弁護人、佐藤・ファーネス法律事務所)から受けた。

　1999年に明治大学法学部専任教授として着任し、古稀退官(2014年)まで、15年間にわたり、国際契約模擬交渉、清里での夏合宿(模擬裁判)、サブゼミ(舞法会、碧法会)などを通じて、国際取引をともに学んだ第1期(1999年〜2001年)から、第14期(2012年〜2014年)の国際取引法(山本孝夫)ゼミナールのゼミ生や舞法生たち教え子から受けた質問や刺激も姉妹

書同様、本書の制作・内容に大きな影響を与えた。在学中のみならず、卒業後に知財・法務・事業部などの新人となった後もさまざまな機会・場所で会って話し、質問を受け、刺激を得た。明治大学法学部教授退官を機に、教授退官記念講義のひとつの形として『ビジネスロー・ジャーナル』誌に（100回越えを目標に）2014年5月号から連載開始した「英文契約書応用講座～新・梁山泊としてのゼミナール」、（50回越えを目指し）2018年2月号から新たに『会社法務A2Z』誌に連載を開始した「山本孝夫の英文契約入門ゼミナール」が、本書の執筆にあたり、研究のヒント、動機づけにもなった。特に、連載や飛鳥凛やその友人・同僚たちのモデルとして、現場の題材や解決策へのひらめきを得ることができ、ありがたかった。そのような協力者を代表し、下記諸君の名をあげておく。青木新、安部美奈子、荒井達、市川楓子、糸瀬彰、内山麻美、大嶽愛、大塚泰子、岡杏奈、奥野麻希、甲斐知幸、金親知憲、金子信、久津名美希、倉内彩圭、小池梓、小島正人、小林香子、齋藤友貴、櫻井真理子、佐藤美緒、高橋里江、田島由芽子、土屋隆一郎、中岡さや香、朴昭蓮、原口夏美、原田さとみ、廣海舞、古舘麻美、堀幹弥、松原千春、南谷梨絵、森幸、山本小百合、吉田有希(以上50音順、敬称略)。

　また、本書のテーマの策定にあたっては、明治大学教授現役時代から引き受け、退官後も継続しているIBL（国際商事法研究所）、DAFS（日本半導体商社協会）の講座、および、明治大学教授退官後に引き受け、近年毎年開講している東麻布（レクシスネクシス・ジャパン社）、西新橋（新社会システム総合研究所）での英文契約講座・ゼミナールに参加していただいた方々からのご質問や、リクエストが、本書や連載において、現場の声としてテーマのヒントになることも多かった。これらの講座や連載を企画し、受講者・読者の方々との橋渡し役として応援していただいている方を代表し、次の方の名前をあげておきたい。梅津大志氏（『ビジネスロー・ジャーナル』誌編集長）、多田奈穂子氏（広報・セミナー担当）（以上、レクシスネクシス・ジャパン社）、大谷孝彦氏（COO、講座企画）、中村絢子氏（セミナー担当）（以上、新社会システム総合研究所）、工藤真澄氏、内藤杏里氏、須鎌裕子氏（『会社法務A2Z』誌編集者）（以上、第一法規社）。
　本書刊行の企画時には、姉妹編『英文ビジネス契約書大辞典』（初版および増補改訂版）の編集者・堀江憲一氏（現在、日本経済新聞社）にお世話になり、本書の制作・編集、刊行にあたっては編集部・野崎剛氏に、渾身の力で取り組んでいただいた。
　また、本書制作にあたっては、姉妹編『英文ビジネス契約書大辞典〈増補改訂版〉』の制作の際の協力に続き、本書の企画・構想・構成、テーマ選定ならびに、膨大な例文の翻訳、英語表現・監修などについて、折りにふれ、娘の山本志織から貴重な協力を得たこ

とを記す。

　本書中の主要登場人物・会社名（Karen View、Aurora Borealis Corporation）も山本志織から提供を受けたものである。

　このたび、英文契約修得、国際取引の研究をはじめる方、英文契約のドラフティングや交渉力の強化を目指す方への教科書として、本書をその姉妹編に続き上梓できることに感謝し、ご指導、ご厚誼をたまわったすべての方々に心からお礼を申し上げたい。

[著者]

山本孝夫（やまもと・たかお）

1943年	京都府生まれ
1966年	京都大学法学部卒業、同年三井物産株式会社入社
1973年	ミシガン大学大学院修了。LL.M.(Master of Laws)取得
	以後、東京、ロンドン、サンフランシスコなどの同社法務部門で、国際取引、プロジェクト契約、訴訟、海外店設置・運営法務、知的財産取引、エンターテインメント契約等を担当。知的財産法務室長を歴任
1999年	明治大学法学部専任教授に就任（2014年3月退官）
	早稲田大学大学院アジア太平洋研究科講師（ビジネスと法、1999〜2003）、横浜国立大学大学院国際社会科学研究科講師（情報化社会と法政策、1999〜2003）、司法研修所講師（知的財産ライセンス、1999〜2000）、札幌大学大学院法学研究科講師（企業法務研究、1997〜2011）、獨協大学法学部講師（国際取引法、1993〜2001）、東北大学工学部非常勤講師（知的財産権入門、1998〜2013）、中小企業診断士試験基本委員（2001〜現在）、企業法学会理事（1995〜現在）等を歴任

著書：『英文ビジネス契約書大辞典〈増補改訂版〉』（日本経済新聞出版社、2014年）、『山本孝夫の英文契約ゼミナール』（第一法規、2018年）、『英文契約書の読み方』（日経文庫、日本経済新聞出版社、2006年）、『英文契約書の書き方〈第2版〉』（日経文庫、日本経済新聞出版社、2006年）、『知的財産・著作権のライセンス契約入門〈第2版〉』（三省堂、2008年）、『ベンチャー企業の経営と支援〈新版〉』（共著、日本経済新聞社、2000年）

論文：「英文契約書 応用講座——新・梁山泊としてのゼミナール」（『BUSINESS LAW JOURNAL』2014年5月号〜）、「山本孝夫の英文契約入門ゼミナール」（『会社法務A2Z』2018年2月号〜）、「国際取引・知的財産法の学び方——梁山泊としてのゼミナール」（『国際商事法務』1994年1月〜1999年10月［58回連載］）、「企業活動と大学教育〜国際取引法と知的財産法の展開」（『企業法学』第5巻、1996年）、「国際取引紛争と外国弁護士起用上の注意点」（『国際商事法務』1993年11〜12月号）

[編集協力]

山本志織（やまもと・しおり）

東京大学法学部卒業、東京大学大学院法学政治学研究科修士課程修了（英米法専攻）
米国テンプル大学ロースクール修了（LL.M.取得）
現在：弁護士法人瓜生・糸賀法律事務所　パラリーガル
日本翻訳者協会法律翻訳分科会（JATLAW）運営委員会委員

論文：「アメリカ契約法の基本原則・概念から詳説する契約書ドラフティング・レビューの着眼点と修正例」（『ビジネス法務』2019年1月号、中央経済社）、"My Experiences as an In-House Paralegal and Legal Translator — Legal Translation as a Legal Profession"（『Translator Perspectives翻訳者の目線2016』、2016年9月、日本翻訳者協会〈Japan Association of Translators〉）、「法律翻訳の学習方法　〜法律事務所で翻訳に従事している経験から〜」（『通訳・翻訳ジャーナル』2016年春号、2016年2月、イカロス出版）、「外国法人に対する人的裁判管轄権　J.McIntyre Machinery v. Nicastro」（『アメリカ法判例百選（別冊ジュリストNo. 213）』2012年12月、有斐閣、立教大学・早川吉尚教授との共著）

翻訳：「日本および諸外国における消費者信用市場を改革する上で製品安全性規制から得られる教訓：実証的規範主義」（『新世代法政策学研究』vol.18、北海道大学グローバルCOEプログラム「多元分散型統御を目指す新世代法政策学」事務局・北海道大学情報法政策学研究センター、2012年11月、学習院大学・小塚荘一郎教授＆シドニー大学ルーク・ノッテジ教授共同著作の英語原文論文を日本語に翻訳）

英文ビジネス契約フォーム大辞典

2019年2月20日　1版1刷

著者
山本孝夫
©Takao Yamamoto, 2019

発行者
金子 豊

発行所
日本経済新聞出版社
〒100-8066　東京都千代田区大手町1-3-7
［URL］https://www.nikkeibook.com/
［電話］（03）3270-0251（代）

装丁
竹内雄二

印刷・製本
中央精版印刷株式会社

ISBN978-4-532-32246-5
Printed in Japan

本書の内容の一部または全部を無断で複写（コピー）することは、法律で
定められた場合を除き、著作者および出版社の権利の侵害になります。